Facticidade e validade

FUNDAÇÃO EDITORA DA UNESP

Presidente do Conselho Curador
Mário Sérgio Vasconcelos

Diretor-Presidente
Jézio Hernani Bomfim Gutierre

Superintendente Administrativo e Financeiro
William de Souza Agostinho

Conselho Editorial Acadêmico
Danilo Rothberg
Luis Fernando Ayerbe
Marcelo Takeshi Yamashita
Maria Cristina Pereira Lima
Milton Terumitsu Sogabe
Newton La Scala Júnior
Pedro Angelo Pagni
Renata Junqueira de Souza
Sandra Aparecida Ferreira
Valéria dos Santos Guimarães

Editores-Adjuntos
Anderson Nobara
Leandro Rodrigues

JÜRGEN HABERMAS

Facticidade e validade

Contribuições para uma teoria discursiva do direito
e da democracia

2ª edição revista

Tradução e apresentação
Felipe Gonçalves Silva e Rúrion Melo

© Suhrkamp Verlag Frankfurt am Main 1994
© 2021 Editora Unesp

Título original: *Faktizität und Geltung. Beiträge zur Diskurstheorie des Rechts und des demokratischen Rechtsstaats*

Direitos de publicação reservados à:
Fundação Editora da Unesp (FEU)
Praça da Sé, 108
01001-900 – São Paulo – SP
Tel.: (0xx11) 3242-7171
Fax: (0xx11) 3242-7172
www.editoraunesp.com.br
www.livrariaunesp.com.br
atendimento.editora@unesp.br

Dados Internacionais de Catalogação na Publicação (CIP) de acordo com ISBD
Elaborado por Vagner Rodolfo da Silva – CRB-8/9410

H114f
    Habermas, Jürgen
      Facticidade e validade: contribuições para uma teoria discursiva do direito e da democracia / Jürgen Habermas; traduzido por Rúrion Melo, Felipe Gonçalves Silva. – 2. ed. – São Paulo: Editora Unesp, 2021.

      Tradução de: *Faktizität und Geltung. Beiträge zur Diskurstheorie des Rechts und des demokratischen Rechtsstaats*
      Inclui bibliografia.
      ISBN: 978-65-5711-072-0

      1. Ciências políticas. 2. Democracia. 3. Estado de direito. I. Melo, Rúrion. II. Silva, Felipe Gonçalves. III. Título.

2021-2376   CDD 320
                                                                                    CDU 32

Editora afiliada:

Sumário

Introdução à Coleção . *9*

Apresentação à edição brasileira . *13*
  Felipe Gonçalves Silva e Rúrion Melo

Prefácio . *25*

I. Direito como categoria de mediação social entre facticidade
  e validade . *33*
  I. Significado e verdade: sobre a tensão entre facticidade e validade
    imanente à linguagem . *41*
  II. Transcendência a partir de dentro: superação do risco de dissenso
    no mundo da vida e nas sociedades arcaicas . *50*
  III. Dimensões de validade do direito . *62*

II. Concepções sociológicas do direito e concepções filosóficas
  da justiça . *79*
  I. O desencantamento do direito pelas ciências sociais . *80*
  II. Retorno do direito racional e impotência do dever . *96*
  III. Parsons *versus* Weber: a função de integração social do direito . *108*

III. Para a reconstrução do direito (I): o sistema de direitos . *127*
  I. Autonomia privada e pública, direitos humanos e soberania popular . *130*
  II. Normas morais e normas jurídicas: sobre a relação de
    complementaridade entre moral racional e direito positivo . *152*

III. A fundamentação dos direitos fundamentais pela teoria do discurso: princípio do discurso, forma do direito e princípio de democracia . *168*

IV. Para a reconstrução do direito (2): os princípios do Estado de direito . *183*

    I. A conexão constitutiva entre direito e política . *184*

    II. Poder comunicativo e positivação legítima do direito . *203*

    III. Princípios do Estado de direito e a lógica da separação de poderes . *224*

V. Indeterminação do direito e racionalidade da jurisprudência . *253*

    I. Hermenêutica, realismo e positivismo . *257*

    II. A teoria dos direitos de Dworkin . *273*

    III. Sobre a teoria dos discursos jurídicos . *287*

VI. Justiça e legislação: sobre o papel e a legitimidade da jurisprudência constitucional . *307*

    I. Dissolução do paradigma liberal do direito . *309*

    II. Normas *versus* valores: crítica contra uma autocompreensão metodológica falsa da adjudicação constitucional . *324*

    III. O papel da jurisprudência constitucional na compreensão liberal, republicana e procedimental da política . *340*

VII. Política deliberativa: um conceito procedimental de democracia . *369*

    I. Modelos normativos *versus* empiristas de democracia . *371*

    II. O procedimento democrático e o problema de sua neutralidade . *386*

    III. Para a tradução sociológica do conceito normativo de política deliberativa . *404*

VIII. Sobre o papel da sociedade civil e da esfera pública política . *421*

    I. Teorias sociológicas da democracia . *423*

    II. Um modelo de circulação do poder político . *438*

    III. Atores da sociedade civil, opinião pública e poder comunicativo . *457*

IX. Paradigmas do direito . *491*

    I. Materialização do direito privado . *495*

    II. Sobre a dialética entre igualdade jurídica e factual: o exemplo das políticas feministas de equiparação . *517*

    III. Crise do Estado de direito e compreensão procedimental do direito . *541*

Estudos prévios e complementos

I. Direito e moral (*Tanner Lectures*, 1986) . *565*

    Primeira aula – Como é possível a legitimidade por meio da legalidade? . *565*

    I. O conceito de racionalidade do direito de Max Weber . *566*

    II. Desformalização do direito: três interpretações . *576*

    III. A racionalidade do procedimento juridicamente institucionalizado: questões prévias . *586*

    Segunda aula – Sobre a ideia de Estado de direito . *594*

    I. Autonomia sistêmica do direito? . *596*

    II. Razão e positividade: sobre o entrelaçamento entre direito, política e moral . *603*

    III. A substituição do direito racional pela ideia de Estado de direito . *614*

II. Soberania popular como procedimento (1988) . *623*

III. Cidadania e identidade nacional (1990) . *653*

    I. Passado e futuro do Estado nacional . *654*

    II. Estado nacional e democracia na Europa unificada . *664*

    III. Imigração e chauvinismo do bem-estar. Um debate . *672*

Posfácio . *681*

Referências bibliográficas . *701*

Índice onomástico . *729*

Introdução à Coleção

Se desde muito tempo são raros os pensadores capazes de criar passagens entre as áreas mais especializadas das ciências humanas e da filosofia, ainda mais raros são aqueles que, ao fazê-lo, podem reconstruir a fundo as contribuições de cada uma delas, rearticulá-las com um propósito sistemático e, ao mesmo tempo, fazer jus às suas especificidades. Jürgen Habermas consta entre estes últimos.

Não se trata de um simples fôlego enciclopédico, de resto nada desprezível em tempos de especialização extrema do conhecimento. A cada passagem que Habermas opera, procurando unidade na multiplicidade das vozes das ciências particulares, corresponde, direta ou indiretamente, um passo na elaboração de uma teoria da sociedade capaz de apresentar, com qualificação conceitual, um diagnóstico crítico do tempo presente. No decorrer de sua obra, o diagnóstico se altera, às vezes incisiva e mesmo abruptamente, com frequência por deslocamentos de ênfase; porém, o seu propósito é sempre o mesmo: reconhecer na realidade das sociedades modernas os potenciais de emancipação e seus obstáculos, buscando apoio em pesquisas empíricas e nunca deixando de justificar os seus próprios critérios.

Certamente, o propósito de realizar um diagnóstico crítico do tempo presente e de sempre atualizá-lo em virtude das transformações históricas não é, em si, uma invenção de Habermas. Basta se reportar ao ensaio de Max Horkheimer sobre "Teoria Tradicional e Teoria Crítica", de 1937, para dar-se conta de que essa é a maneira mais fecunda pela qual se segue com a Teoria Crítica. Contudo, se em cada diagnóstico atualizado é possível entrever uma crítica ao modelo teórico anterior, não se pode deixar de reconhecer que Habermas elaborou a crítica interna mais dura e compenetrada de quase toda a Teoria Crítica que lhe antecedeu – especialmente Marx, Horkheimer, Adorno e Marcuse. Entre os diversos aspectos dessa crítica, particularmente um é decisivo para compreender o projeto habermasiano: o fato de a Teoria Crítica anterior não ter dado a devida atenção à política democrática. Isso significa que, para ele, não somente os procedimentos democráticos trazem consigo, em seu sentido mais amplo, um potencial de emancipação, como nenhuma forma de emancipação pode se justificar normativamente em detrimento da democracia. É em virtude disso que ele é também um ativo participante da esfera pública política, como mostra boa parte de seus escritos de intervenção.

A presente Coleção surge como resultado da maturidade dos estudos habermasianos no Brasil em suas diferentes correntes e das mais ricas interlocuções que sua obra é capaz de suscitar. Em seu conjunto, a produção de Habermas tem sido objeto de adesões entusiasmadas, críticas transformadoras, frustrações comedidas ou rejeições virulentas – dificilmente ela se depara com a indiferença. Porém, na recepção dessa obra, o público brasileiro tem enfrentado algumas dificuldades que esta Coleção pretende sanar. As dificuldades se referem principalmente à ausência de tradução de textos importantes e à falta de uma padronização terminológica nas traduções existentes, o que, no mínimo, faz obscurecer os laços teóricos entre os diversos momentos da obra.

Incluímos na Coleção praticamente a integralidade dos títulos de Habermas publicados pela editora Suhrkamp. São cerca de quarenta volumes, contendo desde as primeiras até as mais recentes publicações do autor. A ordem de publicação evitará um fio cronológico, procurando atender simultaneamente o interesse pela discussão dos textos mais recentes e o interesse pelas obras cujas traduções ou não satisfazem os padrões já alcançados pela pesquisa acadêmica, ou simplesmente inexistem em português. Optamos por não adicionar à Coleção livros apenas organizados por Habermas ou, para evitar possíveis repetições, textos mais antigos que foram posteriormente incorporados pelo próprio autor em volumes mais recentes. Notas de tradução e de edição serão utilizadas de maneira

Facticidade e validade

muito pontual e parcimoniosa, limitando-se, sobretudo, a esclarecimentos conceituais considerados fundamentais para o leitor brasileiro. Além disso, cada volume conterá uma apresentação, escrita por um especialista no pensamento habermasiano, e um índice onomástico.

Os editores da Coleção supõem que já estão dadas as condições para sedimentar um vocabulário comum em português, a partir do qual o pensamento habermasiano pode ser mais bem compreendido e, eventualmente, mais bem criticado. Essa suposição anima o projeto editorial desta Coleção, bem como a convicção de que ela irá contribuir para uma discussão de qualidade, entre o público brasileiro, sobre um dos pensadores mais inovadores e instigantes do nosso tempo.

Comissão Editorial

Antonio Ianni Segatto
Denilson Luís Werle
Luiz Repa
Rúrion Melo

Apresentação à edição brasileira

Felipe Gonçalves Silva*
Rúrion Melo**

Facticidade e validade: contribuições para uma teoria discursiva do direito e da democracia é considerada uma das principais obras políticas do final do século XX. Sua publicação se dá aproximadamente três anos após a queda do muro de Berlim, tendo sido elaborada durante o período mais significativo da chamada reunificação alemã. Para além de sua importância local no âmbito da República Federal da Alemanha, esse momento histórico possui um significado marcante para todo o contexto político mundial: ele é vivenciado por uma ampla gama de intérpretes como a derrocada do socialismo de Estado e a vitória – senão definitiva, aparentemente sólida e duradoura – do capitalismo democrático. Tudo se passava como se as lutas políticas tivessem de aprender a se autolimitar ao terreno estreito de democracias representativas profundamente burocratizadas, autocentradas em processos formais de tomada de decisão sem significativa participação popular e cuja agenda oficial, em seu limite, mostrava-se constrita à autorização de compensações

---

* Professor do Departamento de Filosofia da Universidade Federal do Rio Grande do Sul (UFRGS) e pesquisador do Centro Brasileiro de Análise e Planejamento (Cebrap).

** Professor do Departamento de Ciência Política da Universidade de São Paulo (USP) e pesquisador do Centro Brasileiro de Análise e Planejamento (Cebrap).

atenuantes às disfuncionalidades da economia capitalista. A passagem a seguir, extraída do Prefácio, revela-nos os primeiros traços de um diagnóstico distinto e de uma preocupação teórica que conduzirá toda a obra:

> Mesmo nas democracias estabelecidas, as instituições existentes da liberdade não são mais incontestáveis, ainda que nelas as populações pareçam pressionar não por menos, mas, sim, por mais democracia. Eu suponho, contudo, que a inquietação tem uma razão ainda mais profunda, a saber, a suspeita de que, no marco de uma política completamente secularizada, não é possível haver e nem preservar o Estado de direito sem democracia radical. Discernir o que subjaz a essa suspeita é o objetivo da presente investigação. (Neste volume, p.29)

Esse trecho nos revela o comprometimento central de *Facticidade e validade* com o necessário aprofundamento democrático no interior das formas estabelecidas do Estado de direito. O modo particular como Habermas trabalhará a ideia de "democracia radical" nos remete a estruturas comunicativas profundas enraizadas na sociedade civil, das quais emergem fontes de autocompreensão e autodeterminação social que não se deixam plenamente circunscrever pelas estruturas regulatórias do sistema político. Nesse sentido, o autor admite que os potenciais comunicativos desencadeados nos processos de modernização social possuem um "cerne anárquico", do qual as próprias instituições do Estado democrático de direito precisam se alimentar constantemente. Para além disso, a ideia de democracia radical nos remete à exigência de procedimentos democráticos radicalmente inclusivos, tanto no que se refere a seus participantes quanto aos problemas e questionamentos admitidos. Trata-se aqui da expectativa exigente de que *todos* os concernidos possam participar dos processos discursivos de produção normativa segundo os termos de uma agenda pública por princípio irrestrita. Em ambos os sentidos, a preocupação elementar com as exigências de uma democracia radical conduz a obra no enfrentamento das questões políticas prementes de seu tempo. Em sua dimensão mais ampla, essa preocupação se expressa tanto em críticas aos déficits democráticos no interior do Estado social quanto no combate de sua mera substituição por um paradigma liberal reinterpretado à luz do neoliberalismo.

Facticidade e validade

Vale notar que, nessa defesa de uma democracia radical, o livro busca elucidar o cerne normativo que estaria por trás de uma mudança representativa no diagnóstico a respeito das lutas sociais do período. Com isso, ele pretende contribuir para a compreensão dos potenciais emancipatórios enraizados em importantes transformações que uma sociedade civil em ebulição teria provocado no contexto da derrocada de experiências autoritárias ou da perda de legitimidade política em sociedades de capitalismo tardio ao longo da década de 1980. Nisso teríamos uma novidade: o fato de que a gramática emancipatória dos novos movimentos sociais reivindicava a democratização das instituições formais do Estado de direito, demandando não só direitos civis e políticos mais amplos e diversificados, como também critérios mais exigentes de visibilidade e justificação pública em sua implementação administrativa ou jurisdicional, maior participação nos processos legislativos e decisórios, mais autonomia política por parte das cidadãs e dos cidadãos. A aspiração por aprofundamento democrático e a tradução dos motivos de indignação segundo gramáticas jurídicas fariam parte de um processo novo das lutas sociais, no qual não se daria mais um embate contra o Estado democrático de direito, mas, antes, uma luta por sua efetivação.

Por outro lado, a obra está longe de ser uma expressão unilateral de expectativas otimistas quanto ao aproveitamento de tais tendências, contrastando-as todo o tempo com imperiosos déficits democráticos no interior das democracias estabelecidas. Quando, no trecho destacado anteriormente, nos é adiantada a suspeita de que "não é possível haver e nem preservar Estado de direito sem democracia radical", isso significa que tais déficits democráticos põem em risco o próprio regime de legalidade. Em outras palavras: que o empobrecimento da democracia compromete a manutenção e a estabilidade de uma integração social que se pretende realizar por meio do direito. Isso é reafirmado, ainda no Prefácio, quando somos advertidos sobre a insensibilidade das democracias constitucionais em relação a "recursos *verdadeiramente ameaçados*", a saber, "uma solidariedade social preservada em estruturas jurídicas e carente de regeneração" (p.29). Ou seja, sem serem constantemente irrigadas pelas fontes sociais de solidariedade próprias do entendimento comunicativo, as estruturas jurídicas se enrijecem, ossificam e tendem a ruir.

Tais considerações nos ajudam a compreender uma série de outros aspectos centrais do livro indicados já em seu título: em primeiro lugar, o vínculo entre direito e democracia não será investigado a partir de uma perspectiva puramente normativa; ele buscará abarcar a facticidade de suas condições concretas de existência. Sendo assim, ainda que possa vir a ser questionada em seus resultados, a obra pretende construir uma ponte entre considerações normativas e empíricas habitualmente apartadas na avaliação do Estado democrático de direito. Em segundo lugar, se encontramos a própria legalidade ameaçada com o empobrecimento da democracia é porque, para o autor, as condições de validade (*Geltung*) do direito nos remetem a uma tensão entre positividade jurídica e sua aceitabilidade racional (validez, *Gultigkeit*) – sendo que, para a teoria do discurso, esta última só pode ser satisfeita por meio de processos discursivos que perpassem toda a ordem jurídica e que, em última instância, encontrem sua base principal nas estruturas de uma formação democrática da opinião e da vontade. Para Habermas, depois da fragmentação das garantias metassociais fornecidas pela autoridade religiosa, o que empresta durabilidade legítima a normas jurídicas é a expectativa de poderem ser contestadas e, eventualmente, reelaboradas segundo o livre convencimento de seus destinatários em uma prática cooperativa de autolegislação. Embora claramente idealista, essa pretensão de legitimidade discursiva é vista como parte da própria realidade jurídica. Sem ela, não conseguiríamos explicar as condições modernas de seu reconhecimento social e de sua reprodução em práticas de justificação e aplicação cotidianas. Mais enfaticamente: trata-se de uma idealidade constitutiva de todo o tecido social na medida em que se pretende integrado em termos jurídicos.

Como já indicado em seu título, essa tensão elementar entre facticidade e validade pontuará toda a obra. No Capítulo I, Habermas se propõe a explicar o modo como compreende a passagem dessa tensão, inicialmente encontrada nas interações linguísticas cotidianas, ao *medium* próprio do direito. Grosso modo, ela é originalmente apreendida como um contraste entre a facticidade das condições concretas de comunicações atuais e a idealidade de pressupostos pragmáticos contrafáticos vinculados a uma comunicação livre de dominação. Essa tensão se insere no direito na medida em que este é constituído linguisticamente e o processo de modernização dissolve a fusão entre

Facticidade e validade

facticidade e validade típica das ordens jurídicas tradicionais – nas quais a tradição é, em si mesma, dotada de força normativa e as convicções pessoais se encontram diretamente vinculadas aos aspectos de obediência à norma. Nesse sentido, Habermas se põe a falar de uma tensão entre facticidade e validade *interna* ao direito: uma tensão entre a "força impositiva de coerções externas" (isto é, dirigidas ao comportamento) e a "força vinculante de convicções motivadas racionalmente". Em uma formulação kantiana, interpretada aqui como expressão mesma de um desenvolvimento tipicamente moderno, o direito passa a ser visto simultaneamente como lei da coerção e lei da liberdade. Essa tensão interna, apreendida no capítulo inicial em um grau mais elevado de abstração, é retomada entre os Capítulos III e VI segundo os diferentes planos de concretude de disciplinas dedicadas à autocompreensão do Estado democrático de direito. Nesse percurso, a tensão entre facticidade e validade interna ao direito recebe formulações distintas e interconectadas, tais como o jogo de oposições entre positividade e legitimidade, direito objetivo e direito subjetivo, poder estatal e reserva da lei, segurança jurídica e correção normativa.

Mas, antes de passar a tais desdobramentos da tensão interna entre facticidade e validade, Habermas justifica, ao longo do Capítulo II, a necessidade de se considerar uma tensão *externa* ao direito, vale dizer, uma tensão que se instaura entre "norma e realidade". A atenção necessária a esse tipo de contraste é vista como resultado de um processo de desencantamento do direito promovido pelas ciências sociais – o qual questiona, de diferentes modos, a autocompreensão normativa do sistema jurídico à luz de uma realidade social que, em seu todo, não lhe condiz. Historicamente, esse processo remonta a tradições como a filosofia moral escocesa, a economia política clássica e a crítica marxiana à economia política, as quais, apesar de diferenças metodológicas representativas, compartilhariam a percepção de que existem âmbitos da sociedade que escapam a um regramento consciente por meio do direito positivo. No debate contemporâneo, Habermas apresenta a sociologia jurídica de Niklas Luhmann e a teoria da justiça de John Rawls como representantes exemplares da polarização típica desse campo de análise. Entretanto, se, por um lado, Habermas endossa a necessidade de evidenciar a existência de subsistemas sociais que operam "por trás das costas" de cidadãos dotados de consciência e vontade, por outro, ele se recusa a assumir o tipo de realismo que, em sua concepção, abandonaria a pretensão crítica originalmente alimentada pelo próprio esclarecimento sociológico. Ele considera que a dualidade do direito moderno, já antes acessada a partir da perspectiva interna, deve aqui conduzir sua compreensão como um meio de integração social ambivalente, que "não representa apenas uma forma de saber cultural, mas constitui, ao mesmo tempo, um componente importante do sistema de instituições sociais" (p.124). Isso lhe garante uma abertura tanto a processos de autoesclarecimento comunicativo de significados, normas e identidades sociais quanto aos imperativos funcionais dos sistemas econômico e político – permitindo, enfim, que o *medium* do direito seja apresentado como um possível "transformador entre sistema e mundo da vida" (p.126). Para Habermas, isso possibilita a passagem para um campo de análises empíricas dedicadas à compreensão de processos políticos reais, à luz das possibilidades e bloqueios para uma transposição de fluxos comunicativos enraizados na sociedade civil aos mecanismos institucionalizados de formação da opinião e da vontade – o que nos oferece uma nova arquitetura conceitual desenvolvida nos Capítulos VII e VIII.

Na estrutura do livro, portanto, faz-se determinante compreender como a relação entre direito e democracia é apresentada por Habermas com base em um trabalho reconstrutivo que assume duas perspectivas, uma *interna* e outra *externa*. Embora expostos de perspectivas diferentes, ambos os blocos de capítulos investigam o direito do ponto de vista de sua gênese democrática. Na reconstrução interna do direito, encontramos a centralidade da famosa tese habermasiana da "cooriginaridade" entre direitos humanos e soberania popular, ou, em seus próprios termos, entre autonomia privada e pública. Habermas pretende mostrar que, na impossibilidade de se apelar a bases religiosas ou metafísicas comuns, a legitimação do direito moderno tem de ser buscada na *autonomia* dos membros da comunidade jurídica – a qual, por sua vez, deve recobrir ambas as figuras de autor e destinatário de normas. Nesse sentido, a autonomia jurídica busca assegurar tanto a possibilidade de autolegislação por parte de cidadãs e cidadãos engajados na formação pública da opinião e da vontade, quanto a persecução não coagida dos próprios projetos de vida por parte de sujeitos de direito privados. Contrariamente a uma longa herança teórica que elimina ou sobrepõe alternadamente cada um desses momentos, justificando assim diferentes formas de "repressão à liberdade", a tese da cooriginaridade afirma a pressuposição conceitual e ausência de subordinação normativa entre autonomia privada (o núcleo dos direitos humanos clássicos) e autonomia pública (contida na pretensão moderna de soberania popular). A pressuposição não subordinante dessas duas formas de autonomia não é simplesmente postulada por Habermas, mas desenvolvida a partir de uma reinterpretação discursiva de suas bases conceituais, a qual lhes atribui um caráter eminentemente procedimental, histórico e pós-metafísico. O desenvolvimento dessa tese perpassa toda a chamada reconstrução interna e é considerada o cerne normativo de sua concepção de Estado democrático de direito, servindo de base para posicionamentos acerca do sistema de direitos (Capítulo III), do Estado de direito (Capítulo IV), da jurisprudência constitucional (Capítulo V) e da separação de poderes (Capítulo VI).

Já de uma perspectiva externa, trata-se de reconstruir as exigências de legitimidade do direito tal como se encontram enraizadas nas práticas políticas existentes, seja nos procedimentos deliberativos do jogo democrático (Capítulo VII), seja nos processos de circulação de poder que compõem a dinâmica dos conflitos na esfera pública (Capítulo VIII):

> Não pretendo compreender essa questão no sentido de uma *contraposição* entre ideal e realidade; pois o conteúdo normativo, considerado de início em termos reconstrutivos, encontra-se parcialmente inscrito na facticidade social de processos políticos observáveis. Por isso, uma sociologia da democracia que procede reconstrutivamente precisa escolher seus conceitos fundamentais de tal modo que possa identificar partículas e fragmentos de uma "razão existente" já incorporados nas práticas políticas, por mais distorcidas que possam ser. (p.369)

O modelo de circulação de poder apresentado no Capítulo VIII expõe, à luz de um viés eminentemente sociológico, os processos de disputa em que os cidadãos procuram influir com maior autonomia sobre o modo de atuação do sistema político. Se em geral o sistema político opera de maneira fechada diante da opinião e da vontade dos cidadãos, impondo suas decisões de cima para baixo em processos endógenos carentes de satisfatória participação democrática, Habermas se propõe a mostrar as condições de possibilidade para a formação deliberativa de um "contrapoder", produzido de baixo para cima e voltado não apenas à inserção das vozes silenciadas em processos políticos particulares, mas à exigência de democratização mais ampla das instituições decisórias. Segundo o autor, para que possam se compreender simultaneamente como destinatários e autores das leis, cidadãos e cidadãs precisam ser capazes de fazer que as experiências cotidianas que provocam indignação e revolta (exclusão social, formas de preconceito, violência urbana etc.) sejam publicamente tematizadas pela sociedade civil a ponto de fazer "vibrar as estruturas" que definem "as relações de força entre sociedade civil e sistema político" (p.480). Somente em situações de crise, no bojo de uma esfera pública ativa e mobilizada politicamente, seria possível conectar a vontade dos sujeitos concernidos com o núcleo formal do sistema político. Nesse sentido, a reconstrução externa demonstra também que a gênese democrática do direito *nunca* está garantida de antemão, mas se funda na exigência constante de uma práxis política operada pelos próprios cidadãos e cidadãs à luz dos sempre novos problemas sociais.

O último capítulo da obra trata enfim dos chamados "paradigmas jurídicos", vale dizer, das representações sociais que orientam a prática de criação e aplicação normativa pelos operadores do direito, permitindo, desse modo, acessar os laços de sentido entre "o sistema jurídico e seu ambiente social". Para Habermas, os paradigmas liberal e do Estado social, apresentados como paradigmas historicamente vigentes, representam formas ossificadas de compreensão tanto dos aspectos da vida social merecedores de tratamento jurídico quanto das vias regulatórias mais adequadas a cada caso. Ou seja, eles seriam pautados em concepções substantivas do capitalismo industrial, as quais perenizam suas formas jurídico-institucionais e limitam a inclusão de novos problemas e demandas havidas em sociedade. O trabalho reconstrutivo é dirigido aqui à procedimentalização de ambos os termos que constituem um paradigma jurídico. Nesse processo, encontramos a rememoração de diferentes resultados das reconstruções anteriores. Por um lado, o paradigma procedimental não determina um novo modelo substantivo de sociedade a substituir aqueles presentes nos paradigmas anteriores, mas requer que as instituições jurídicas se mantenham reflexi-

Facticidade e validade

vamente abertas às novas percepções da realidade social geradas em processos deliberativos de formação da opinião e da vontade. Por outro, ele não opera a fixação de um modelo jurídico substantivo a ser aplicado às novas demandas sociais. Seu distanciamento em relação à dogmática dos paradigmas anteriores situa-se no desbloqueio das possibilidades de normatização jurídica e em sua submissão a processos decisórios públicos e argumentativamente motivados, com o intuito de permitir um exercício contínuo de reelaboração institucional que tem por horizonte a configuração simultânea das autonomias pública e privada.

Importante perceber que o projeto teórico contido no livro não almeja eliminar as diversas expressões da tensão entre facticidade e validade – seja assumindo o primado de um desses momentos particulares, seja fundindo-os em algum tipo de monismo conciliatório. Em vez disso, a reconstrução pretende manter esses dois momentos constantemente tensionados como elementos de uma "tensão produtiva", vinculada à possiblidade mesma de uma avaliação intramundana tanto da ordem normativa quanto de sua respectiva facticidade social. Desse modo, um primeiro sentido da crítica desenvolvida na obra dirige-se à superação das limitações complementárias de vertentes teórico-dogmáticas que eliminam um dos componentes dessa tensão – oscilando entre variantes de um idealismo jurídico ingênuo e de um realismo político cínico.

Por outro lado, as pretensões da obra não se limitam a produzir simplesmente um aperfeiçoamento teórico. Ela possui um objetivo *prático* quando identifica e combate, nas diferentes vertentes confrontadas, ossificações de sentido e naturalizações substancialistas acerca dos princípios orientadores do Estado democrático de direito. Desse modo, a crítica reconstrutiva desempenhada no livro nos remete a uma reinterpretação procedimental de diferentes camadas da compreensão do Estado democrático de direito com o objetivo de desfazer seus principais engessamentos dogmáticos, no sentido de devolver importantes potenciais semânticos ao debate público e favorecer uma maior penetração dos impulsos periféricos da política informal no interior dos mecanismos institucionalizados de tomada de decisão – único modo de o Estado democrático de direito ser capaz de cumprir o exigente ônus de sua legitimação discursiva.

Sendo assim, não podemos desconsiderar que o intuito maior de Habermas consiste em reconstruir o direito moderno com o propósito de investigar seus potenciais emancipatórios do ponto de vista de uma práxis efetivamente democrática. O caráter procedimental da reconstrução tem por finalidade evitar o congelamento prévio de sua autocompreensão prática, atribuindo-a a uma práxis contínua de autodeterminação levada a cabo pelos próprios cidadãos e cidadãs concernidos. Desse modo, o paradigma procedimental encontra-se diretamente atrelado à preocupação habermasiana com a gênese democrática do direito, reafirmando a intenção de que seja incorporado tanto por operadores do direito quanto por cidadãos politicamente engajados na ampliação de uma práxis participativa:

> À medida que a teoria como um todo é estabelecida em uma relação com a prática, ela almeja, como eu também afirmo no final do livro, uma mudança naquela pré-compreensão falível, em cujo horizonte não apenas os especialistas em direito, mas também os cidadãos e seus políticos *participam*, em uma divisão de trabalho, no processo de interpretação da Constituição e de realização do sistema de direitos.[1]

Vemos assim que a procedimentalização tem por objetivo ampliar a participação plural dos cidadãos na disputa do que deverá, a cada momento histórico, ser considerado direito legítimo. Mas é importante, sobretudo, retomar o fato de que o livro responde a um momento histórico particular, o qual exigia a crítica dos limites da democracia no interior do Estado de bem-estar social, sem nos apresentar contra ele uma alternativa democrática clara. Por um lado, Habermas identifica tanto os limites democráticos no interior do Estado de bem-estar quanto sua relativa impotência perante as fortes tendências de autorregulação do sistema econômico capitalista. Por outro, declara não poder simplesmente descartá-lo, ignorando em seu interior a existência de significativos ganhos normativos que enriquecem o próprio projeto constitucional — vinculados, em especial, a um processo de "materialização do direito" que passa a exigir condições sociais, ecológicas e técnicas ao *exercício*

---

1 Jürgen Habermas, *A inclusão do outro*. São Paulo: Editora Unesp, p.543.

Facticidade e validade

igualitário da autonomia proclamada juridicamente. Para o autor, tratava-se de fazer a crítica imanente do Estado social em vista não de seu completo abandono, mas da recuperação de importantes processos de aprendizagem havidos em seu interior segundo um "nível mais elevado de reflexão". Seu radicalismo, portanto, não pode ser atrelado àquele da "grande recusa", mas, sim, ao aproveitamento e à ampliação de potenciais comunicativos próprios de uma cultura política democrática.

No entanto, tampouco podem ser ignoradas mudanças significativas em relação ao contexto político em que a obra é elaborada. De lá para cá, acompanhamos a consolidação e a crise do neoliberalismo, cujas consequências são a produção de um imaginário político que tende a expurgar a igualdade material como componente necessário à ordem jurídica; direitos sociais cada vez mais enxutos ou inexistentes; o sequestro do poder decisório por agentes financeiros e a decorrente redução da autonomia pública dos cidadãos e cidadãs. Tudo indica que temos diante dos olhos uma crise de legitimidade de tipo distinto daquela tratada na obra, caracterizada não pelo descompasso pontual entre a norma promulgada e suas exigências de legitimidade democrática: viveríamos agora uma crise de caráter mais generalizado, que põe em risco a própria manutenção do Estado democrático de direito. Ainda assim, o livro é oportuno quando visto não como um modelo teórico fechado em si mesmo, mas como uma agenda de pesquisa que se mantém por princípio aberta. Nesse sentido, seu subtítulo propõe *contribuições* para uma teoria discursiva do Estado democrático de direito, evitando claramente a pretensão sistemática de um modelo filosófico fixo e acabado. Apesar das diferenças de tempo e espaço, é notório que *Facticidade e validade* vem sendo redescoberto por uma ampla gama de pesquisas dedicadas à transformação dos contextos democráticos atuais — como pode ser verificado em estudos dedicados à ascensão do populismo, às novas tecnologias de manipulação e controle da esfera pública, à revitalização da desobediência civil como modelo significativo de ação política, à decomposição das formas clássicas de separação de poderes, entre outros. Apenas com o tempo saberemos de fato medir o impacto das presentes contribuições para o melhor entendimento e avaliação do contexto político brasileiro. Essa nova tradução vem acompanhada da expectativa de que novos impulsos críticos possam emergir de sua leitura e apropriação.

Prefácio

Há muito tempo, a filosofia do direito na Alemanha não é mais assunto de filósofos. Se mal cito o nome de Hegel e me apoio mais firmemente na doutrina do direito de Kant, isto também expressa o estranhamento diante de um modelo que estabeleceu critérios inalcançáveis para nós. Não é casual que a filosofia do direito, na medida em que ainda procura entrar em contato com a realidade social, tenha migrado para as faculdades de direito.[1] Contudo, também evito me ater a uma filosofia do direito juridicamente especializada, que segue tendo seu ponto central na discussão sobre os fundamentos do direito penal.[2] O que, na época, pôde ser reunido nos conceitos da filosofia hegeliana exige hoje uma maneira de proceder que seja metodologicamente pluralista, em que se combinem as perspectivas da teoria do direito, da sociologia e da história do direito, da teoria moral e da teoria social.

Isso me parece oportuno na medida em que, desse modo, é possível elucidar uma faceta pluralista muitas vezes desconhecida da teoria da ação comunicativa. Os conceitos filosóficos fundamentais não formam uma linguagem própria, sobretudo, não mais como um sistema que assimila tudo, mas formam antes meios para a apropriação reconstrutiva do conhecimento

---

1 W. Hassemer, Rechtsphilosophie, Rechtswissenschaft, Rechtspolitik, *Archiv für Rechts- u. Sozialphilosophie*, Stuttgart, v.72, n.2, caderno 44, 1991, p.130-143.

2 A contribuição que a teoria do discurso poderia oferecer a este tema foi esboçada por K. Günther, Möglichkeiten einer diskursethischen Begründung des Strafrechts, in: H. Jung et al. (eds.), *Recht und Moral*, Baden-Baden, Nomos, 1991, p.205-217.

científico. Graças à sua linguagem múltipla, uma filosofia cuja competência própria consiste apenas em se preocupar com a transparência dos conceitos fundamentais pode revelar coerências surpreendentes no plano metateórico. Assim, as suposições fundamentais da teoria da ação comunicativa também se ramificam em diferentes universos discursivos, onde precisam ser comprovadas em contextos preexistentes de argumentação.

O primeiro capítulo trata rapidamente de alguns aspectos da relação entre facticidade e validade, nos quais os fundamentos da teoria da ação comunicativa se encontram apoiados. Certamente este problema abordado no título necessita de um esclarecimento filosófico mais aprofundado do que posso propor aqui. O segundo capítulo esboça uma abordagem que atravessa o vão existente entre as teorias sociológicas do direito e as teorias filosóficas da justiça. Os dois capítulos seguintes levam a cabo a reconstrução de partes do direito racional clássico no quadro de uma teoria discursiva do direito. Nesta reconstrução, opero com hipóteses fundamentais da ética do discurso desenvolvidas em outro lugar.[3] Contudo, chego agora a uma outra determinação da relação complementar entre moral e direito, diferente daquela ainda exposta nas *Tanner Lectures*.[4] Nos capítulos quinto e sexto, a abordagem da teoria do discurso busca ser comprovada em objetos centrais da teoria do direito. Eu me ocupo das discussões atuais na República Federal e nos EUA porque são as duas tradições jurídicas com as quais me encontro em alguma medida familiarizado. Nos capítulos sete e oito, esclareço o conceito normativo de política deliberativa e examino, de uma perspectiva sociológica, as condições próprias do Estado de direito para uma regulação da circulação de poder em sociedades complexas. Ao fazer isso, trato a teoria da democracia principalmente sob aspectos da legitimação. O último capítulo reúne as reflexões da teoria do direito e da teoria social no conceito de paradigma procedimental do direito.

---

3 J. Habermas, *Moralbewußtsein und kommunikatives Handeln*, Frankfurt/Main, Suhrkamp, 1983; Id., *Erläuterungen zur Diskursethik*, Frankfurt/Main, Suhrkamp, 1991.

4 Uma abordagem que me parece normativamente exagerada é aquela escolhida também por K.-O. Apel, Diskursethik vor der Problematik von Recht und Politik, in: K.-O. Apel e M. Kettner (eds.), *Zur Anwendung der Diskursethik in Politik, Recht und Wissenschaft*, Frankfurt/Main, Suhrkamp, 1992, p.29-61.

Facticidade e validade

Além disso, ao longo deste percurso, gostaria de refutar performativamente a objeção de que a teoria da ação comunicativa seria cega para a realidade das instituições[5] — ou que ela teria até mesmo consequências anarquistas.[6] Certamente, aquele potencial das liberdades *comunicativas* desencadeadas possui um cerne anárquico, do qual as instituições do Estado democrático de direito precisam se alimentar caso pretendam efetivamente garantir liberdades *subjetivas* iguais.

Tive de me envolver em discussões jurídicas especializadas de maneira mais aprofundada do que poderia pretender alguém que, como eu, é leigo em questões jurídicas. Entretanto, cresce a cada dia meu respeito pelas impressionantes realizações construtivas dessa disciplina. Entendo as sugestões de esclarecimento acerca da compreensão paradigmática do pano de fundo do direito e da Constituição como uma contribuição à discussão que se volta contra o crescente ceticismo entre colegas juristas em relação ao direito — sobretudo contra aquilo que considero um falso realismo que subestima a eficácia social das pressuposições normativas de práticas jurídicas existentes. Nas controvérsias travadas continuamente desde o século XVII sobre a constituição jurídica da coletividade política, também se articula uma autocompreensão prático-moral da modernidade em seu todo. Isso se expressa em igual medida tanto nos testemunhos de uma consciência moral universalista quanto nas instituições livres do Estado democrático de direito. A teoria do discurso é uma tentativa de reconstruir essa autocompreensão de tal modo que possa afirmar seu sentido normativo próprio tanto diante de reduções cientificistas[7] quanto de assimilações estéticas.[8] As três dimensões de validade diferenciadas na autocompreensão da modernidade não devem ser colapsadas. Após um século que, como nenhum outro, nos ensinou os horrores da desrazão existente, foram destruídos os

---

5 Objeção sempre levantada por R. Bubner e, mais recentemente, feita em Id., Das sprachliche Medium der Politik, in: *Antike Themen und ihre moderne Verwandlung*, Frankfurt/Main, Suhrkamp, 1992, p.188-202, neste volume p.212 e ss.

6 O. Höffe, *Politische Gerechtigkeit*, Frankfurt/Main, Suhrkamp, 1987, p.193 e ss.

7 N. Luhmann, *Beobachtungen der Moderne*, Colônia, Westdeutscher, 1992.

8 J. Derrida, *Gesetzeskraft. Der "mystische Grund der Autorität"*, Frankfurt/Main, Suhrkamp, 1991.

últimos resquícios de uma confiança essencialista na razão. Porém, cada vez mais a modernidade, que se tornou consciente de suas contingências, permanece dependente de uma razão procedimental, o que significa também dizer: uma razão que processa contra si mesma. A crítica da razão é obra da própria razão: este duplo significado kantiano se deve ao discernimento radicalmente antiplatônico de que não há algo nem superior nem inferior para o qual nós, que nos encontramos previamente inseridos em nossas formas de vida estruturadas linguisticamente, poderíamos apelar.

Há três décadas, critiquei com as seguintes palavras a tentativa de Marx transpor a filosofia do direito de Hegel em uma filosofia materialista da história: "Marx, com a crítica da ideologia do Estado de direito burguês, desacredita tão veementemente da própria ideia de juridicidade [*Rechtlichkeit*] e, com a dissolução sociológica da base dos direitos naturais, desabona a intenção do direito natural de forma tão duradoura para o marxismo, que desde então se desfez o liame entre direito natural *e* revolução. Os partidos de uma guerra civil internacionalizada dividiram o legado de um modo claramente fatal: um dos lados assumiu a herança da revolução, o outro, a ideologia do direito natural".[9] Após o colapso do socialismo de Estado e com o fim da "guerra civil mundial", tornou-se manifesto o erro teórico do partido derrotado: ele confundiu o projeto socialista com o projeto – e a imposição forçada – de uma forma de vida concreta. Contudo, se concebermos "socialismo" como súmula das condições necessárias para formas de vida emancipadas, sobre as quais os *próprios* participantes precisam primeiro se entender, reconhece-se que a auto-organização democrática de uma comunidade de direito também forma o núcleo normativo desse projeto. De outro lado, o partido que se vê como vencedor não comemora seu triunfo. No instante em que poderia se apresentar como herdeiro *indivisível* da auto-compreensão prático-moral da modernidade, ele abre mão da tarefa de levar adiante energicamente a domesticação social e ecológica do capitalismo perante as dimensões ameaçadoras da sociedade mundial. Ele respeita de ma-

---

9 As conferências realizadas em outubro de 1962 sobre "direito natural e revolução" foram publicadas em J. Habermas, *Theorie und Praxis*, Frankfurt/Main, Suhrkamp, 1971, p.89-127, neste volume p.134-136.

Facticidade e validade

neira até mesmo zelosa o sentido sistêmico próprio da economia regulada pelo mercado; e está ao menos alerta diante de uma ampliação excessiva do *medium* do poder das burocracias estatais. Contudo, também lhe falta uma sensibilidade mais ou menos semelhante para os recursos *verdadeiramente* ameaçados – uma solidariedade social preservada em estruturas jurídicas e carente de regeneração.

Diante do desafio eminente de uma limitação ecológica do crescimento econômico e da crescente disparidade das relações de vida no norte e no sul; diante da tarefa historicamente única de adaptar sociedades organizadas de acordo com o socialismo de Estado aos mecanismos de um sistema econômico diferenciado; sob a pressão dos fluxos migratórios das regiões miseráveis do sul e agora também do leste; tendo em vista os riscos de novas guerras étnicas, nacionais e religiosas, chantagens atômicas e lutas pela divisão internacional de recursos – diante deste pano de fundo assustador, a política em sociedades do Ocidente constituídas pelo Estado de direito e pela democracia perde hoje sua orientação e sua autoconsciência. Por trás dos floreios retóricos, impera o desânimo. Mesmo nas democracias estabelecidas, as instituições existentes da liberdade não são mais incontestáveis, ainda que nelas as populações pareçam pressionar não por menos, mas, sim, por mais democracia. Eu suponho, contudo, que a inquietação tem uma razão ainda mais profunda, a saber, a suspeita de que, no marco de uma política completamente secularizada, não é possível haver e nem preservar o Estado de direito sem democracia radical. Discernir o que subjaz a essa suspeita é o objetivo da presente investigação. Em última instância, os sujeitos de direito privados não podem desfrutar de liberdades subjetivas iguais se *eles mesmos*, no exercício comum de sua autonomia política, não se esclarecerem acerca de seus interesses e critérios justificáveis, chegando a um acordo sobre os aspectos relevantes sob os quais o igual deve ser tratado igualmente e o desigual, desigualmente.

Não tenho ilusões a respeito dos problemas e dos estados de ânimo que nossa situação suscita. Mas estados de ânimo – e filosofias melancólicas voltadas a eles – não justificam a renúncia derrotista daquele teor radical do Estado democrático de direito para o qual proponho uma nova interpretação, mais adequada às circunstâncias de uma sociedade complexa. Caso contrário, eu teria que escolher um outro gênero literário – por exemplo, o diário de um escritor helenista que apenas documenta para o mundo vindouro as promessas descumpridas de sua cultura em decadência.

O adendo contém dois trabalhos já publicados em alemão. Um deles apresenta o conceito procedimental de democracia em um contexto histórico mais amplo; o outro explica, sob três aspectos diferentes, o conceito sempre mal compreendido de patriotismo constitucional. As *Tanner Lectures*, ministradas há seis anos na Universidade de Harvard, só haviam sido publicadas até agora em inglês, holandês e italiano. Elas remetem aos cursos de filosofia do direito de Frankfurt durante o período acadêmico dos anos de 1985 e 1986.

Neste mesmo tempo, o Programa Leibniz da *Deutschen Forschungsgemeinschaft* [Comunidade Alemã de Pesquisa Científica] me colocou surpreendentemente em condições de conduzir, por cinco anos, um projeto de pesquisa à minha escolha. Essa constelação casual me deu oportunidade para a fundação de um grupo de trabalho sobre teoria do direito. Ele formou o contexto excepcionalmente estimulante e instrutivo em que pude continuar desenvolvendo as linhas iniciadas anteriormente. Senti que essa cooperação – da qual surgiu, em paralelo a muitas outras publicações, uma série de monografias[10] – foi especialmente feliz. Sem a ajuda produtiva de colaboradores competentes, eu não teria tido a coragem de iniciar o projeto de uma filosofia do direito; e tampouco teria podido me apropriar dos argumentos e conhecimentos que foram necessários para sua execução. Ademais, devo agradecer aos membros permanentes do grupo de trabalho, Inge Maus, Rainer Forst, Günter Frankenberg, Klaus Günther, Bernhard Peters e Lutz Wingert, pelos profícuos comentários às primeiras versões do meu manuscrito. Também sou muito agradecido a Thomas A. McCarthy

---

10 K. Günther, *Der Sinn für Angemessenheit*, Frankfurt/Main, Suhrkamp, 1988; B. Peters, *Rationalität, Recht und Gesellschaft*, Frankfurt/Main, Suhrkamp, 1991; I. Maus, *Zur Aufklärung der Demokratietheorie*, Frankfurt/Main, Suhrkamp, 1992; B. Peters, *Die Integration moderner Gesellschaften*, Frankfurt/Main, Suhrkamp, 1993; L. Wingert, *Gemeinsinn und Moral*, Frankfurt/Main, Suhrkamp, 1993; R. Forst, *Kontexte der Gerechtigkeit: Politische Philosophie jenseits von Liberalismus und Kommunitarismus*, Frankfurt/Main, Suhrkamp, 1994.

Facticidade e validade

por seus apontamentos. Devo à perícia jurídica de Klaus Günther tantos ensinamentos que quase hesitaria em eximi-lo, tanto quanto os outros, da responsabilidade por meus erros – o que aqui, porém, faço expressamente. Agradeço à senhora Heide Natkin pela ajuda na produção do manuscrito, em especial ao longo do processo das repetidas correções.

Frankfurt, julho de 1992
J. H.

I
Direito como categoria de mediação social entre facticidade e validade

O conceito de razão prática como uma faculdade subjetiva é uma marca moderna. A transposição da conceituação aristotélica para premissas da filosofia do sujeito tinha a desvantagem de que a razão prática fora apartada de suas incorporações em formas de vida culturais e ordens políticas da vida. Mas tinha a vantagem de que, daquele momento em diante, a razão prática podia estar relacionada à felicidade, compreendida em termos individualistas, e à autonomia moralmente intensificada – à liberdade do homem como um sujeito privado que também pode assumir o papel de um membro da sociedade civil, de cidadão do Estado [*Staatsbürger*] e de cidadão do mundo [*Weltbürger*]. No papel de cidadão do mundo, o indivíduo se funde com o homem em geral – é um "Eu" ao mesmo tempo na qualidade de singular e de universal. A este repertório conceitual do século XVIII foi acrescentada, no século XIX, a dimensão da história. O sujeito individual está envolvido em sua história de vida de modo semelhante a como os Estados, enquanto sujeitos do direito internacional [*Völkerrecht*], estão envolvidos na história das nações. Para isso, Hegel cunha o conceito de espírito objetivo. É certo que Hegel, tanto quanto Aristóteles, estava convencido de que a sociedade encontra sua unidade na vida política e na organização do Estado; a filosofia prática da modernidade parte, hoje como antes, da suposição de que indivíduos pertencem à sociedade como membros de um coletivo ou partes de um todo – mesmo quando o todo tenha de se constituir primeiro pela ligação de suas partes.

Porém, sociedades modernas se tornaram tão complexas nesse ínterim que estas duas figuras de pensamento – de uma sociedade centrada no Estado e de uma sociedade composta por indivíduos – não podem mais ser aplicadas a elas sem problemas. A teoria marxista da sociedade já havia tirado consequência disso ao prescindir de uma teoria normativa do Estado. Neste caso, a razão prática deixa seus rastros de filosofia da história no conceito de uma sociedade democraticamente autoadministrada, em que o poder burocrático do Estado deveria ser absorvido junto com a economia capitalista. A teoria dos sistemas apaga justamente esses vestígios, prescindindo de todo vínculo com o teor normativo da razão prática. O Estado forma um subsistema ao lado de outros subsistemas sociais especificados funcionalmente; estes se encontram um para o outro em relações de sistema-ambiente de modo semelhante às pessoas e sua sociedade. A linha de eliminação da razão prática perseguida de forma consequente parte da autoafirmação de indivíduos concebidos de modo naturalista em Hobbes e segue, com Luhmann, em direção à *autopoiesis* de sistemas controlados de maneira autorreferencial. Nem formas empíricas de atenuação nem esforços de reabilitação parecem poder restituir ao conceito de razão prática a força explanatória que uma vez possuiu na conexão entre ética e política, direito racional e teoria moral, filosofia da história e teoria social.

A filosofia da história só pode deduzir tanta razão de processos históricos na medida em que já a havia inserido nestes com a ajuda de conceitos teleológicos; não é possível, porém, inferir da história ou da constituição dos homens em termos de história natural imperativos normativamente orientados para uma condução racional da vida. Não menos do que a filosofia da história, uma antropologia *à la* Scheler ou Gehlen sucumbe à crítica daquelas ciências que eles pretendem em vão colocar à serviço da filosofia – as fraquezas de uma se comportam de maneira simétrica às fraquezas da outra. Não é mais convincente a renúncia contextualista à fundamentação, que responde às tentativas malogradas de fundamentação da antropologia ou da filosofia da história, mas que nunca vai além do apelo obstinado à força normativa do factual. O célebre caminho de desenvolvimento do Estado democrático de direito no "Atlântico Norte" nos concedeu certos resultados dignos de serem preservados; mas aqueles que, por acaso, não pertencem aos felizes herdeiros dos pais fundadores da Constituição americana não podem, em sua própria tradição, encontrar boas razões que permitiriam distinguir o que é digno de ser preservado daquilo que carece de crítica.

Facticidade e validade

Os vestígios do normativismo do direito racional se perdem, assim, em um trilema, uma vez que não podemos reaver o teor de uma razão prática implodida na sua forma da filosofia do sujeito nem na teleologia da história, nem na constituição dos homens e nem fundamentá-lo no recurso contingente de tradições bem-sucedidas. Isto explica a atratividade da única opção que, ao que parece, ainda encontra-se aberta: a da revogação resoluta da razão como um todo, seja nas formas dramáticas de uma crítica pós--nietzscheana da razão ou na variante mais sóbria de um funcionalismo das ciências sociais que neutraliza tudo o que, da perspectiva dos participantes, ainda possui caráter vinculativo ou significado em geral. Contudo, quem, nas ciências humanas, não quer simplesmente assumir uma posição contraintuitiva, achará esta solução menos atrativa. Por isso, segui um outro caminho com a teoria da ação comunicativa: no lugar da razão prática, entra a razão comunicativa. Isso significa mais do que uma mudança de etiqueta.

Nas tradições de pensamento da antiga Europa, produziu-se uma conexão direta entre razão prática e práxis social. Com isso, essa esfera caiu inteiramente no ângulo de visão de problematizações normativas ou criptonormativas (em decorrência da implosão da filosofia da história). Da mesma maneira que a razão prática devia orientar os indivíduos em sua ação, assim também o direito natural – até chegar a Hegel – pretendeu indicar, normativamente, a única ordem política e social considerada correta. Porém, há um conceito de razão que conserva um outro lugar na formação teórica, o qual foi transferido para o *medium* linguístico e aliviado do vínculo exclusivo com o aspecto moral; ele pode servir aos fins descritivos da reconstrução de estruturas de competência e de consciência pré-existentes e encontrar ligação com os modos funcionais de consideração e de explicações empíricas.[1]

A razão comunicativa distingue-se, antes de tudo, da razão prática pelo fato de não ser mais atribuída ao ator individual ou a um macrossujeito sócio-estatal. Ao invés disso, o que possibilita a razão comunicativa é o *medium* linguístico em virtude do qual interações são encadeadas e formas de vida são estruturadas. Essa racionalidade se inscreve no *telos* linguístico do

---

1 J. Habermas, Rekonstruktive vs. verstehende Sozialwissenschaften, in: *Moralbewußtsein und kommunikatives Handeln*, op. cit., p.29 e ss.

entendimento e forma um conjunto de condições ao mesmo tempo possibilitadoras e delimitadoras. Quem sempre se vale de uma linguagem natural para se entender com um destinatário sobre algo no mundo se vê obrigado a assumir uma atitude performativa e a aceitar determinadas pressuposições. Ele deve partir, dentre outras coisas, do fato de que os participantes perseguem sem reservas seus fins ilocucionários, vinculam seu acordo ao reconhecimento intersubjetivo de pretensões de validade criticáveis e mostram-se dispostos a aceitar os aspectos vinculantes que resultam de um consenso, com consequências relevantes para a interação. O que é aceito deste modo na base da validade do discurso também é compartilhado nas formas de vida reproduzidas mediante a ação comunicativa. A racionalidade comunicativa se manifesta em um contexto descentralizado de condições transcendentalmente possibilitadoras, estruturantes e impregnantes, porém, ela não é uma faculdade subjetiva que possa dizer aos atores o que *devem* fazer.

A razão comunicativa não é, como a forma clássica da razão prática, uma fonte para normas de ação. Ela possui teor normativo somente na medida em que aquele que age comunicativamente admite pressupostos pragmáticos de tipo contrafactual. Pois ele precisa lançar mão de idealizações – por exemplo, atribuir significados idênticos às expressões, erguer uma pretensão de validade para os proferimentos transcendentes ao contexto, presumir imputabilidade aos destinatários, ou seja, atribuir autonomia e veracidade, diante de si e dos outros. Nisso, aquele que age comunicativamente se encontra sob o "ter que" de uma coerção transcendental fraca, mas, com isso, ele já não se encontra também ante o "ter que" prescritivo de uma regra de ação – podendo esta remeter deontologicamente à validade normativa de um mandamento moral, axiologicamente a uma constelação de valores de preferência, ou, empiricamente à eficácia de uma regra técnica. Um leque de idealizações inevitáveis forma o fundamento contrafactual de uma práxis factual voltada ao entendimento, que se orienta de maneira crítica contra seus próprios resultados e pode *transcender* a si mesma. Com isso, a tensão entre ideia e realidade irrompe na facticidade de formas de vida estruturadas linguisticamente. A práxis comunicativa cotidiana exige demais de si mesma com seus pressupostos idealizadores; mas os processos de aprendizagem só podem ocorrer à luz dessa transcendência intramundana.

Facticidade e validade

A razão comunicativa possibilita, assim, uma orientação para as pretensões de validade, mas ela mesma não oferece qualquer orientação determinada de maneira substantiva para a realização de tarefas práticas – ela não é nem informativa e nem imediatamente prática. Ela se estende, de um lado, a todo o espectro de pretensões de validade da verdade proposicional, da veracidade subjetiva e da correção normativa, ultrapassando nisso o âmbito de questões prático-morais. De outro lado, a razão comunicativa se refere somente a discernimentos – a proferimentos criticáveis que, em princípio, são acessíveis ao esclarecimento argumentativo – e se afasta neste ponto de uma razão prática que tem em vista a motivação, a condução da vontade. A normatividade, no sentido de uma orientação vinculante da ação, não se reduz à racionalidade da ação orientada ao entendimento. Normatividade e racionalidade se *interseccionam* no campo da fundamentação de discernimentos morais que foram conquistados em atitude hipotética e carregam apenas a fraca força de motivações racionais, mas em todo caso são incapazes de garantir por si mesmas que seus discernimentos poderão servir como motivação para a ação.[2]

É preciso ter em vista essas diferenças se pretendo manter o conceito de razão comunicativa em conexão com uma teoria social exposta reconstrutivamente. Nesse contexto modificado, também o conceito tradicional de razão prática adquire um outro valor posicional, por assim dizer, heurístico. Ele não serve mais imediatamente de guia para uma teoria normativa do direito e da moral. Tal conceito oferece antes um fio condutor para a reconstrução daquela trama de discursos que formam a opinião e preparam as decisões, trama em que está embutida a dominação democrática exercida conforme o direito. As formas de comunicação típicas do Estado de direito, que se referem à formação política da vontade, à legislação e à práxis da decisão judicial, aparecem, a partir desta perspectiva, como parte do processo abrangente de uma racionalização de mundos da vida de sociedades modernas que se encontram sob a pressão de imperativos sistêmicos. É certo que, com essa reconstrução, obteríamos, ao mesmo tempo, um critério crítico

---

2 Id., *Erläuterungen zur Diskursethik*, op. cit.

de acordo com o qual as práticas de uma realidade constitucional obscura poderiam ser avaliadas.

Apesar da distância em relação ao conceito de razão prática conhecido da tradição, de modo algum é trivial que uma teoria contemporânea do direito e da democracia em geral ainda procure se ligar à formação conceitual clássica. Ela parte da força sócio-integradora de processos de entendimento isentos de coerção (porque são motivados racionalmente), que possibilitam distâncias e diferenças reconhecíveis com base em um compartilhamento continuado de convicções. Dessa perspectiva, hoje filósofos da moral e do direito conduzem seus discursos normativos de maneira mais vivaz do que nunca. Na medida em que eles, na atitude performativa de participantes e concernidos, especializam-se em questões de validade normativa, caem, contudo, na tentação de permanecer no interior do horizonte limitado de mundos da vida que há muito tempo já foram desencantados pelos observadores das ciências sociais. Teorias normativas se expõem à suspeita de não conhecer devidamente aqueles fatos duros que há muito desmentiram a autocompreensão do Estado constitucional moderno inspirada pelo direito racional. Do ângulo de visão da objetivação das ciências sociais, uma formação conceitual filosófica, que ainda opera com a alternativa entre uma ordem estabilizada de maneira *violenta* e uma ordem legitimada de maneira *racional*, pertence à semântica transitória do início da modernidade, que supostamente teria se tornado obsoleta com a completa transposição de sociedades estratificadas para sociedades diferenciadas funcionalmente. Também aqueles que em suas estratégias teóricas atribuem uma posição central a um conceito comunicativo sucedâneo da "razão prática" precisam, ao que parece, sublinhar uma forma especial e particularmente pretensiosa de comunicação que, a partir de um amplo espectro de comunicações observáveis, deixe descoberta somente uma pequena parte: "segundo tais restrições, dificilmente ainda será possível preencher novamente os requisitos de uma teoria suficientemente complexa da sociedade no novo paradigma do entendimento".[3]

---

3 N. Luhmann, Intersubjektivität oder Kommunikation, *Archivo di Filosofia*, 1986, v.LIV, p.51, nota 28.

Facticidade e validade

Arrastadas para cá e para lá entre facticidade e validade, as teorias da política e do direito se decompõem em campos que ainda têm pouco a dizer entre si. A tensão entre abordagens normativistas, que sempre correm o risco de perder o contato com a realidade social, e abordagens objetivistas, que se tornam cegas perante todos os aspectos normativos, pode ser compreendida como advertência para não nos fixarmos em uma perspectiva disciplinar, mas nos mantermos abertos para diferentes pontos de vista metodológicos (participante *versus* observador), para diferentes finalidades teóricas (explicação de compreensão de sentido e análise conceitual *versus* descrição e explicação empírica), diferentes perspectivas de papéis (juiz, político, legislador, cliente e cidadão) e atitudes pragmáticas de pesquisa (hermenêutica, crítica, analítica etc.).[4] As investigações seguintes se movem neste campo ampliado.

Até agora, a abordagem da teoria do discurso foi talhada para a formação individual da vontade, demonstrando seu valor no domínio da filosofia moral e da ética. Mas, sob pontos de vista funcionais, é possível fundamentar por que a forma pós-tradicional de uma moral conduzida por princípios aponta para uma complementação pelo direito positivo.[5] Por essa razão, questões da teoria do direito extrapolam, de saída, o quadro de um modo de consideração meramente normativo. A teoria discursiva do direito – e do Estado de direito – terá de romper os percursos convencionais da filosofia do direito e do Estado, mesmo se incorporar suas problemáticas. Nos *primeiros dois* capítulos, persigo o duplo objetivo de explicar por que a teoria da ação comunicativa atribui à categoria do direito um valor posicional central e por que, por sua vez, ela forma um contexto apropriado para uma teoria discursiva do direito. Nisso, trata-se de evidenciar uma abordagem reconstrutiva que absorve em si ambas as perspectivas: a da teoria sociológica do direito e da teoria filosófica da justiça. Nos capítulos *três* e *quatro*, o teor normativo do sistema de direitos e da ideia de Estado de direito será reconstruído sob pontos de vista da teoria do discurso. Em ligação com problemáticas do direito racional, tento mostrar que a antiga promessa de uma

---

4 Peters, *Rationalität, Recht und Gesellschaft*, op. cit., p.33 e ss.
5 Cf. adiante Capítulo III, p.127 e ss.

auto-organização jurídica de cidadãos livres e iguais pode ser concebida de modo novo sob condições de sociedades complexas. Em seguida, examino e elaboro o conceito discursivo do direito e do Estado democrático de direito no contexto das discussões contemporâneas. O *quinto* capítulo trata, de maneira geral, do problema da racionalidade da jurisprudência e o *sexto* do problema da legitimação da jurisprudência constitucional. O *sétimo* capítulo desenvolve o modelo de política deliberativa em discussão com teorias da democracia que se apoiam em um conceito empírico de poder. No *oitavo* capítulo, investigo como funciona a regulação da circulação de poder feita pelo Estado de direito em sociedades complexas. Em conexão com esses discernimentos da teoria da sociedade, a teoria discursiva do direito serve, por fim, à introdução de um paradigma procedimental do direito, que, como deve ser mostrado no *último* capítulo, pode superar a oposição entre modelos sociais do direito formal burguês e do Estado social.

* * *

Na teoria do direito, sociólogos, juristas e filósofos disputam a determinação adequada da relação entre facticidade e validade; dependendo de como tomam posição diante desta relação problemática, eles chegam a diferentes premissas e estratégias teóricas. Por isso, vou inicialmente explicar a problemática da teoria social que justifica meu interesse na teoria do direito. A teoria da ação comunicativa absorve a tensão entre facticidade e validade em seus conceitos fundamentais. Com essa decisão arriscada, ela se mantém vinculada à interpretação clássica de uma conexão interna, também sempre mediada, entre sociedade e razão, ou seja, entre limites e coerções sob as quais se realiza a reprodução da vida social, de um lado, e a ideia de uma condução consciente da vida, de outro lado.[6] Com isso, no entanto, a teoria da ação comunicativa evoca o problema de ter de explicar de que

---

6 Husserl considera de modo semelhante o papel fundamental de pretensões de validade na constituição do mundo da vida. Cf. J. Habermas, Vorlesungen zu einer sprachtheoretischen Grundlegung der Soziologie, in: *Vorstudien und Ergänzungen zur Theorie des kommunikativen Handelns*, Frankfurt/Main, Suhrkamp, 1984, p.35 e ss.

maneira é possível levar a cabo a reprodução da sociedade em um solo tão frágil quanto o das pretensões de validade transcendentes. O *medium* do direito se apresenta como candidato para uma tal explicação, principalmente na forma moderna do direito positivo. Pois tais normas jurídicas possibilitam comunidades profundamente artificiais, mais precisamente associações de parceiros do direito livres e iguais, cuja coesão se baseia simultaneamente tanto na ameaça de sanções externas quanto na suposição de um acordo motivado racionalmente.

Com o conceito de ação comunicativa, a importante função de coordenação da ação fica ao encargo das energias ilocucionárias vinculantes de um uso da linguagem orientado ao entendimento. Por esta razão, relembro de início de que maneira se modificou a interpretação clássica da relação entre facticidade e validade presente na filosofia idealista quando a linguagem é concebida como um *medium* universal de corporificação da razão (I). A tensão entre facticidade e validade, infiltrada no próprio modo de coordenação da ação, coloca altas exigências à manutenção das ordens sociais. Mundo da vida, instituições naturalizadas e direito precisam compensar as instabilidades de uma socialização que se realiza sobre a tomada de posição com "sim" ou "não" diante de pretensões de validade criticáveis (II). Nas sociedades econômicas modernas, esse problema geral se torna mais agudo particularmente quando se trata do vínculo normativo de interações estratégicas que se libertaram da eticidade tradicional. Desse modo, explica-se, de um lado, a estrutura e o sentido da validade de direitos subjetivos, de outro lado, as conotações idealistas de uma comunidade de direito que, na qualidade de uma associação de cidadãos livres e iguais, determina as próprias regras de sua vida em comum (III).

I. Significado e verdade: sobre a tensão entre facticidade e validade imanente à linguagem

A transposição dos conceitos fundamentais de "razão prática" para a "racionalidade comunicativa" tem, para a teoria social, a vantagem de não precisar simplesmente deixar de lado os questionamentos e as soluções de problemas que foram desenvolvidos na filosofia prática de Aristóteles a

Hegel. De modo algum está determinado que a indiferença diante de questões do mundo da vida, que em todo caso não se emudeceram, precisa ser o preço que temos de pagar pelas premissas do pensamento pós-metafísico. Enquanto a teoria não negar a si mesma o acesso à base das intuições cotidianas dos leigos, já por razões de metódo, ela não pode ignorar os problemas que se impõem objetivamente aos participantes. É certo que a filosofia prática adota suas questões fundamentais ("O que devo fazer?" ou "O que é bom para mim no longo prazo e como um todo?") imediatamente do cotidiano e as elabora sem o filtro de uma objetivação das ciências sociais. A renúncia ao conceito fundamental de razão prática sinaliza a ruptura com esse normativismo. Mas também o conceito sucedâneo de razão comunicativa preserva parte da herança idealista, que de forma alguma é sempre vantajosa no contexto modificado de uma formação teórica comprometida com objetivos explicativos.

Por mais distante que hoje o conceito de razão possa estar de suas origens platônicas e por mais que tenha se transformado graças à mudança de paradigmas, continua lhe sendo constitutiva uma referência que, mesmo não voltada a conteúdos ideais e ideias, remete ao menos a uma formação idealizadora de conceitos. Toda idealização impele os conceitos para além da adaptação mimética a uma realidade dada e carente de explicação. Ora, na medida em que essa operação com o conceito de razão comunicativa é atribuída à própria realidade social, se for, por assim dizer, incorporada a tal realidade, reaviva-se a bem fundamentada desconfiança das ciências experimentais contra aquele tipo de confusão entre razão e realidade. Em que sentido algo como uma razão comunicativa poderia estar incorporada aos fatos sociais? E o que nos impele a uma tal hipótese, ao que parece, totalmente contraintuitiva? Sem pretender recapitular as características básicas de uma teoria da ação comunicativa, tenho de relembrar brevemente de que maneira a relação entre facticidade e validade, que surge inicialmente no âmbito elementar da formação do conceito e do juízo, apresenta-se *após a virada linguística*.

(1) Depois que as hipóteses metafísicas de fundo pressupostas por Kant acerca da oposição abstrata entre o inteligível e o fenomenal deixaram de ser convincentes, e depois que o cruzamento especulativo das duas esferas

Facticidade e validade

da essência e da aparência postas dialeticamente em movimento por Hegel perdeu com razão sua plausibilidade, vieram à tona, no decorrer do século XIX, concepções empíricas que deram primazia a uma explicação psicológica de relações lógicas e conceituais em geral: conexões de validade foram assimiladas a processos factuais de consciência. Voltam-se contra esse psicologismo, com argumentos quase idênticos, ou no mínimo semelhantes, Charles S. Peirce nos Estados Unidos, Gottlob Frege e Edmund Husserl na Alemanha, por fim G. E. Moore e B. Russell na Inglaterra. Eles abrem o caminho para a filosofia do século XX, na medida em que se recusam a aceitar que a psicologia empírica pudesse se tornar a ciência fundamental para a lógica, a matemática e a gramática.

Frege resume a objeção central na seguinte tese: "Nós não somos portadores dos pensamentos da mesma maneira que somos portadores de nossas representações".[7] Representações são sempre minhas ou suas; elas precisam ser atribuídas a um sujeito cujas representações são identificáveis no espaço e no tempo, enquanto os pensamentos excedem as fronteiras de uma consciência individual. De acordo com seu conteúdo, pensamentos, mesmo quando são apreendidos por diferentes sujeitos em lugares e tempos diferentes a cada vez, permanecem em sentido estrito *os mesmos* pensamentos.

A análise de proposições predicativas simples mostra, além disso, que os pensamentos têm uma estrutura mais complexa do que os objetos do pensamento representativo [*vorstellenden Denkens*]. Com a ajuda de nomes, designações e expressões dêiticas, relacionamo-nos com objetos particulares, ao passo que sentenças em que tais termos singulares assumem a posição do sujeito expressam em seu todo uma proposição ou retratam um estado de coisas. Se tal pensamento é verdadeiro, a sentença que o expressa retrata um fato. Nessa simples reflexão se apoia a crítica à concepção segundo a qual o pensar seria uma consciência representativa. Apenas objetos são dados na representação; apreendemos estados de coisas ou fatos nos pensamentos. Com essa crítica, Frege dá o primeiro passo em direção à virada linguística. Daqui em diante,

---

7 G. Frege, *Logische Untersuchungen*, Göttingen, Vandenhoeck u. Ruprecht, 1966, p.49.

pensamentos e fatos não podem mais ser fixados imediatamente no mundo dos objetos representáveis; são acessíveis somente como estados de coisas *representados* [*dargestellt*], ou seja, expressos em proposições.

(2) Os pensamentos são estruturados de forma proposicional. É possível esclarecer o que isso significa com base na construção gramatical de proposições assertóricas simples. Não preciso entrar nisso aqui. É importante apenas que a estrutura das proposições seja onde podemos ler a estrutura dos pensamentos; e as proposições são componentes elementares e passíveis de verdade de uma linguagem gramatical. Colocamo-nos, portanto, no *medium* da linguagem quando queremos explicar o *status* peculiar mediante o qual pensamentos se distinguem de representações. Ambos os momentos – o modo como o pensamento ultrapassa as fronteiras de uma consciência empírica individual e a independência do conteúdo do pensamento diante do fluxo de vivências de um indivíduo – podem ser descritos de tal maneira que as expressões linguísticas tenham *significado idêntico* para diferentes usuários. Em todo caso, os membros de uma comunidade linguística têm de pressupor na prática que falante e ouvinte podem compreender uma expressão gramatical de modo idêntico. Eles presumem que expressões iguais mantêm o mesmo significado na variedade de situações e de atos de fala em que são utilizadas. Já no âmbito do substrato semiótico de significados, o tipo do signo deve poder ser reconhecido como o mesmo signo na multiplicidade de eventos semióticos correspondentes. Nesta relação concretamente percebida entre *type* [tipo] e *token* [signo] reflete-se aquela relação lógica entre universal e particular que o idealismo filosófico havia concebido como relação entre essência e aparência. O mesmo vale para o conceito ou o significado e as formas de manifestação de sua expressão. A idealidade, apoiada em signos linguísticos e regras gramaticais, caracteriza um pensamento geral, idêntico a si mesmo, aberto e acessível, transcendente em relação à consciência individual, e que não se confunde com as representações particulares, episódicas, acessíveis apenas privadamente ou imanentes à consciência. São essas regras que emprestam aos eventos linguísticos na perspectiva fonética, sintática e semântica sua forma determinada, perpetuada e reconhecível mediante todas as variações.

(3) A idealidade da universalidade do conceito e do pensamento está entrelaçada com uma idealidade de um tipo totalmente diferente. Todo pensamento completo possui um estado de coisas como seu conteúdo determinado, que pode ser expresso em uma proposição enunciativa. Mas, para além do teor enunciativo ou do conteúdo, todo pensamento exige uma outra determinação: pergunta-se se é verdadeiro ou falso. Sujeitos pensantes e falantes podem tomar posição diante de todo pensamento com um "sim" ou "não"; por isso, o mero fato de se ter um pensamento é complementado com um ato de juízo. Apenas o pensamento afirmado ou a proposição verdadeira expressam um fato. O juízo afirmativo de um pensamento ou o sentido assertórico de uma proposição enunciativa colocam em jogo, com a validade [*Geltung*] do juízo ou a validez [*Gültigkeit*] da proposição, um outro momento de idealidade.

A crítica semântica ao pensamento representativo já implica que a proposição "Esta bola é vermelha" não expressa a representação individual de uma bola vermelha. Trata-se antes da apresentação do fato *de que* a bola é vermelha. Isso significa que um falante que expressa "p" de modo assertórico não se refere, com seu juízo afirmativo ou sua afirmação, à existência de um objeto, mas à existência de um estado de coisas correspondente. Tão logo "p" é expandido à proposição *"Há* ao menos um objeto que é uma bola e do qual *é válido* que seja vermelho", vê-se que a validade da verdade de "p" e a existência ou o ser-o-caso do estado de coisas ou circunstância correspondentes não podem ser compreendidos em analogia com a presença ou existência de um objeto. O ser da veracidade não pode ser confundido com a existência.[8] Caso contrário, seríamos levados, como Frege, Husserl e depois também Popper, a uma concepção platônica de significado segundo a qual os pensamentos, proposições ou estado de coisas se aproximam de um ser-em-si ideal. Esses autores se veem obrigados a complementar a arquitetônica da filosofia da consciência meramente com um terceiro mundo de imagens ideais atemporais que se opõe ao mundo de processos localizáveis no espaço e no tempo, mais precisamente ao mundo objetivo de objetos e

---

8 Cf. E. Tugendhat, *Einführung in die sprachanalytische Philosophie*, Frankfurt/Main, Suhrkamp, 1976, p.35 e ss.

acontecimentos experienciáveis ou manipuláveis, de um lado, bem como ao mundo subjetivo das vivências às quais sempre temos acesso privilegiado, de outro lado.

No entanto, essa Doutrina dos Três Mundos dos platônicos do significado não é menos metafísica que a Doutrina dos Dois Reinos do idealismo subjetivo. Pois permanece um enigma como os três mundos podem entrar em contato entre si: "Mesmo o atemporal precisa de algum modo estar entrelaçado com o temporal", afirma Frege.[9] Se significados e pensamentos foram hipostasiados, antes de mais nada, em objetos idealmente existentes, as relações entre os mundos, tanto a relação da apresentação dos fatos quanto a relação de apreensão e juízo dos pensamentos, suscitam questões persistentes sobre as quais há décadas a semântica formal em vão tem se esforçado em responder.

(4) O *status* ideal, que empresta aos pensamentos uma estrutura proposicional fixa, independente dos fluxos de experiências, na medida em que ele assegura aos conceitos e juízos conteúdos universais, intersubjetivamente reconhecidos e, neste sentido, idênticos, remete por si à ideia de verdade. Mas a idealidade da *validade veritativa* não pode ser explicada, tal como a idealidade da *universalidade do significado*, apenas como invariantes gramaticais, isto é, com a estrutura de regras da linguagem em geral. E uma vez que a semântica formal reportada a Frege opera somente com um conceito semântico de linguagem que encobre todos os aspectos do uso da linguagem, relegando-os à análise empírica, ela tampouco pode esclarecer o sentido de verdade dentro do horizonte da comunicação linguística. Ela recorre em vez disso à relação ontológica entre linguagem e mundo, proposição e fato ou pensamentos e capacidade intelectual (na qualidade de faculdade subjetiva de apreender e julgar pensamentos). Em contrapartida, Ch. S. Peirce levou a virada linguística adiante de maneira consequente na medida em que incluiu o uso da linguagem na análise formal.

Assim como fez Humboldt em relação à conversação, também Peirce considera a comunicação, a título de interpretação universal de signos, como

---

9 Frege, *Logische Untersuchungen*, op. cit., p.52.

Facticidade e validade

o coração das operações linguísticas. Com o modelo dessa práxis voltada ao entendimento, ele consegue explicar não somente o momento eminentemente universal da formação do conceito, mas também o momento de formação de juízos verdadeiros que supera os limites temporais. No lugar do conceito diádico de um mundo representado pela linguagem, aparece, com Peirce, o conceito triádico da representação linguística de algo para um intérprete possível.[10] O mundo, na qualidade de súmula dos fatos possíveis, constitui-se somente para uma comunidade de interpretação cujos membros se entendem uns com os outros sobre algo no mundo e no interior de um mundo da vida compartilhado intersubjetivamente. "Real" é o que pode ser apresentado em enunciados verdadeiros, ao passo que o "verdadeiro" só pode ser explicado por sua vez com referência à pretensão que uma pessoa ergueu diante de outra quando afirmou um enunciado. Com o sentido assertórico de seu significado, um falante ergue a pretensão criticável à validez de enunciados afirmados; e porque ninguém dispõe da possibilidade de um acesso direto às condições não interpretadas de validade, a "validez" tem de ser compreendida epistemicamente como "validade que se prova para nós". A pretensão autorizada de verdade de um proponente deve poder ser defendida com boas razões contra as objeções de possíveis oponentes e, ao final, poder contar com um acordo motivado racionalmente da comunidade de interpretação em seu todo.

Contudo, quanto a isso, não é suficiente a referência a qualquer comunidade *particular* de interpretação que se estabeleceu em sua forma de vida particular. Mesmo se não conseguirmos escapar da esfera da linguagem e da argumentação e tivermos de entender a realidade como a totalidade daquilo que podemos representar em enunciados verdadeiros, não podemos esquecer que a referência à realidade é a referência a algo independente de nós, neste sentido a algo transcendente. Com cada pretensão de verdade, falante e ouvinte transcendem os critérios provincianos de todo coletivo individual, de toda práxis particular voltada ao entendimento, localizada aqui e agora. Por isto, Peirce constrói, com a ajuda do conceito contrafac-

---

10 J. Habermas, Charles S. Peirce über Kommunikation, in: *Texte und Kontexte*, Frankfurt/Main, Suhrkamp, 1991, p.9-33.

tual de *"final opinion"* [opinião final], um consenso obtido sob condições ideais, algo como uma transcendência a partir de dentro: *"The real, then, is that which, sooner or later, information and reasoning would finally result in, and which is therefore independent of the vagaries of me and you. Thus, the very origin of the conception of reality shows that this conception essentially involves the notion of a community, without definit limits, and capable of a definite increase of knowledge"*.[11] Peirce explica a verdade como aceitabilidade racional, isto é, como o resgate de uma pretensão de validade criticável sob as condições de comunicação de um auditório de intérpretes capazes de julgar, que é idealmente ampliado no espaço social e no tempo histórico.

(5) Com essa explicação da ideia de verdade com base na pragmática linguística tocamos na relação entre facticidade e validade que é constitutiva para a própria práxis de entendimento e, neste caso, diante da realidade da natureza objetivada na ação instrumental ou na práxis metodológica das ciências, mostra-se relevante para a realidade de nível superior da sociedade, que também pertence à *"community of investigators"* [comunidade de investigadores] de Peirce. A idealidade da universalidade do conceito nos coloca ante o problema de explicar, com base na estrutura de regras da linguagem, de que maneira significados idênticos podem manter na multiplicidade suas respectivas realizações linguísticas. A idealidade da validade da verdade nos confronta com a tarefa ambiciosa de explicar, com base nas condições comunicativas da práxis argumentativa, como as pretensões de verdade, erguidas *hic et nunc* e estabelecidas mediante o reconhecimento ou a aceitação intersubjetivos, podem, ao mesmo tempo, ultrapassar os padrões aplicados em cada comunidade particular de intérpretes para tomadas de

---

11 C. S. Peirce, *Collected Papers*, v.5, Cambridge, 1966, p.311; cf. também K.-O. Apel, *Der Denkweg von Charles S. Peirce*, Frankfurt/Main: Suhrkamp, 1975; J. E. McCarthy, *Semiotic Idealism: Transactions of the Ch. S. Peirce Society*, v.20, 1984, p.395 e ss. ["O real, então, é o que, cedo ou tarde, resultaria finalmente em informação e argumentação, e que, portanto, é independente dos nossos caprichos. Assim, a própria origem da concepção de realidade mostra que esta concepção envolve essencialmente a noção de uma comunidade sem limites definidos, e capaz de um aumento definitivo de conhecimento" – N. T.]

Facticidade e validade

posição com sim e não. Apenas este momento transcendente distingue as práticas de justificação orientadas às pretensões de verdade das outras práticas reguladas meramente por convenções sociais. Para Peirce, a referência a uma comunidade *ilimitada* de comunicação serve para a substituição do momento da eternidade (ou do caráter supratemporal) da incondicionalidade pela ideia de um processo de interpretação aberto, mas orientado a um objetivo, que transcende os limites do espaço social e do tempo histórico a partir de dentro, vale dizer, da perspectiva de uma existência finita situada no mundo. De acordo com Peirce, os processos de aprendizagem da comunidade ilimitada de comunicação devem formar no tempo aqueles arcos que lançam uma ponte sobre todas as distâncias espaçotemporais. E devem poder ser realizadas no mundo aquelas condições que precisam ser pressupostas como suficientemente satisfeitas para a incondicionalidade das pretensões de validade transcendentes. Tais condições são consideradas "suficientemente" satisfeitas na medida em que qualificam nossa respectiva práxis argumentativa como componente, localizado espaçotemporalmente e supostamente inevitável, do discurso universal de uma comunidade de interpretação ilimitada. Com essa *projeção*, a tensão entre facticidade e validade se desloca para os pressupostos da comunicação, que, embora possuam um teor *ideal* e sejam satisfeitos somente de maneira aproximativa, todos os participantes têm de assumir *factualmente* cada vez que afirmarem ou criticarem a verdade de um enunciado e quiserem entrar em uma argumentação para a justificação dessa pretensão de validade.

Com esse modelo, no entanto, Peirce, que de início se deixa guiar pelo objetivo de uma transformação semiótica das problemáticas da teoria do conhecimento e da ciência, tem em vista a práxis argumentativa de uma república de instruídos. O que vale para o entendimento obtido no interior de uma comunidade de comunicação de pesquisadores vale também, *mutatis mutandis*, para as comunicações cotidianas. Pois a teoria dos atos de fala revela, para a práxis comunicativa cotidiana, estruturas e pressuposições inteiramente semelhantes. Também aqui os participantes se entendem uns com os outros sobre algo no mundo, na medida em que aspiram validade para seus proferimentos. Diferentemente dos processos de pesquisa regulados pela argumentação, na práxis cotidiana a linguagem certamente não é usada de maneira exclusiva ou principalmente em sua função expositiva; estão em jogo aqui *todas* as funções da linguagem e referências ao mundo, de modo que o espectro de pretensões de validade se expande para além das pretensões de verdade. Além disso, essas pretensões, que, ao lado de pretensões assertóricas, contam também com pretensões à veracidade subjetiva e à correção normativa, são erguidas de início de maneira ingênua, vale dizer, em *intentione recta*, mesmo se permanecem implicitamente atreladas à possibilidade do resgate discursivo.

A localização desse espectro ampliado de validade no mundo da vida torna, por isso, necessária uma universalização do conceito de uma comunidade de comunicação ilimitada, desenvolvido por Peirce, de tal modo que não seja restrito à busca cooperativa da verdade entre os cientistas. Podemos perseguir aquela tensão entre facticidade e validade que Peirce revelou nos pressupostos incontornáveis da argumentação da práxis científica, mediante os pressupostos comunicativos de diferentes tipos de argumentações, até chegar aos pressupostos pragmáticos de atos de fala individuais e aos contextos de interação a eles vinculados.[12]

II. Transcendência a partir de dentro: superação do risco de dissenso no mundo da vida e nas sociedades arcaicas

Qualquer que seja nosso posicionamento em relação aos detalhes dessa concepção controversa e ainda carente de esclarecimento, podemos reter o fato de que, com a explicação do significado de expressões linguísticas e da validade de proposições enunciativas, baseamo-nos em idealizações que estão vinculadas com o *medium* da linguagem: a idealidade da universalidade do conceito e do significado é acessível a uma análise semântica da linguagem, e a idealidade dos conceitos de validade é acessível a uma análise pragmática do uso da linguagem orientada ao entendimento. Essas idealizações

---

12 J. Habermas, Zur Kritik der Bedeutungstheorie, in: *Nachmetaphysisches Denken*, Frankfurt/Main, Suhrkamp, 1988, p.105 e ss.; cf. A. Wellmer, Konsens als Telos sprachlicher Kommunikation?, in: H. J. Giegel (org.), *Kommunikation und Konsens in modernen Gesellschaften*, Frankfurt/Main, Suhrkamp, 1992, p.18-30.

Facticidade e validade

que habitam a própria linguagem conquistam, além disso, um significado para a *teoria da ação* quando a força ilocucionária vinculante dos atos de fala é usada para a coordenação dos planos de ação de diferentes atores. Com o conceito de ação comunicativa, que estabelece o entendimento linguístico como *medium* da coordenação da ação, também as imputações contrafactuais dos atores, que orientam suas ações às pretensões de validade, conservam relevância imediata para a construção e conservação das ordens sociais; pois estas *existem* no modo do reconhecimento de pretensões de validade normativas. Isso significa que a tensão entre facticidade e validade inerente à linguagem e ao uso linguístico reaparece no modo de integração de indivíduos socializados, pelo menos de indivíduos socializados comunicativamente, e precisa ser corroborada pelos participantes. Na integração social levada a cabo pelo direito positivo, essa tensão é estabilizada de uma maneira particular, como veremos.

(1) Toda interação social realizada sem o exercício de uma violência manifesta se deixa compreender enquanto solução do problema de como os planos de ação de vários atores podem ser coordenados entre si de tal forma que as ações de uma parte "se vinculem" às de outra. Uma tal vinculação continuada reduz a margem das possibilidades de escolha, que se encontram sob uma dupla contingência, a uma medida que torna possível um encadeamento de intenções e ações mais ou menos isentas de conflito, permitindo surgir padrões de comportamento e a ordem social em geral. Enquanto a linguagem é usada somente como *medium* para a transmissão de informações e redundâncias, a coordenação da ação é conduzida pela influência recíproca de atores atuando uns em relação aos outros com vistas a fins. Porém, quando as forças ilocucionárias dos atos de fala assumem um papel de coordenação da ação, a própria linguagem se revela como fonte primária da integração social. Apenas neste caso devemos falar de "ação comunicativa". Pois nela os atores, no papel de falante e ouvinte, negociam interpretações de situações comuns e combinam entre si seus respectivos planos mediante processos de entendimento, ou seja, pela via de uma persecução sem reservas de fins ilocucionários. As energias vinculantes da linguagem, contudo, podem ser mobilizadas para a coordenação de planos de

ação apenas se os participantes suspenderem a atitude objetivante de um observador e de um agente orientado imediatamente pelo próprio sucesso em favor da atitude performativa de um falante que quer se *entender* com uma segunda pessoa sobre algo no mundo. Sob essas condições, as ofertas de atos de fala podem obter um efeito de coordenação da ação, já que da tomada de posição afirmativa dos destinatários diante de uma oferta sincera resultam obrigações relevantes para o prosseguimento da interação.

O uso da linguagem orientado ao entendimento, para o qual se destina a ação comunicativa, funciona na medida em que os participantes chegam a um acordo sobre a validade pretendida de seus atos de fala ou identificam dissensos que eles levam mutuamente em consideração no curso posterior da ação. Com cada ato de fala são erguidas pretensões de validade criticáveis que pretendem ser intersubjetivamente reconhecidas. A oferta de um ato de fala produz efeito de coordenação quando, com sua pretensão de validade, um falante assume *uno actu* também uma garantia suficientemente digna de confiança para, se for preciso, resgatar a pretensão erguida com o tipo correto de razões. Com tais pretensões de validade incondicionais, que de acordo com sua pretensão apontam para além de todos os critérios provincianos, localmente adaptados e aceitos, aquela tensão ideal, porém, entra na facticidade do mundo da vida, que Peirce analisou a partir do exemplo da validade veritativa de enunciados científicos. A ideia do resgate de pretensões de validade criticáveis exige idealizações que são efetuadas pelos próprios agentes comunicativos e, com isso, trazidas do céu transcendental ao chão do mundo da vida. A teoria da ação comunicativa *destranscendentaliza* o reino do inteligível apenas com a finalidade de fixar aquela força idealizante da antecipação transcendente nos pressupostos pragmáticos inevitáveis dos atos de fala, ou seja, no coração da práxis comunicativa cotidiana, "força" que Peirce demonstrou nas formas de comunicação por assim dizer extraordinárias da práxis de argumentação científica. Mesmo as ofertas mais efêmeras de atos de fala, as tomadas de posição de sim/não mais convencionais, *apontam* para razões potenciais e, com isso, para o auditório idealmente ampliado da comunidade ilimitada de interpretação, o qual elas teriam de esclarecer a fim de ser justificadas, ou seja, racionalmente aceitáveis.

Facticidade e validade

(2) Distinguimos a idealidade da universalidade do conceito e do significado da idealidade dos conceitos de validade. Estes aspectos podem ser explicados em virtude da estrutura de regras da linguagem em geral, de um lado, e das pressuposições do uso da linguagem orientado ao entendimento, de outro. Ambos os níveis de idealização são erigidos na própria comunicação linguística e, mediante a ação comunicativa, intervêm na constituição da realidade social de interações conectadas, difundidas radialmente no espaço e no tempo. A idealidade da universalidade do significado molda as conexões da ação comunicativa na medida em que os participantes não podem de modo algum pretender se entender com alguém sobre algo no mundo se, com base em uma linguagem comum (ou traduzível), não *pressupõem* conferir significados idênticos às expressões utilizadas. Mal-entendidos podem se revelar enquanto tais somente se esta condição for preenchida. A suposição do uso de expressões linguísticas com significado idêntico pode se mostrar frequentemente falsa da perspectiva de um observador, ou até mesmo invariavelmente falsa sob o microscópio dos etnometodólogos; mas este pressuposto permanece necessário também como algo contrafactual para todo o uso da linguagem orientado ao entendimento.

Toda a sociologia que é consciente do fato de que o caminho para seu domínio de objetos passa pela compreensão hermenêutica de sentido tem de contar com essa tensão entre facticidade e validade. Mas ela ainda não precisa se deixar abalar por esta circunstância em sua autocompreensão delineada convencionalmente segundo uma ciência experimental, já que pode atribuir aos *próprios* sujeitos agindo comunicativamente a capacidade adquirida com a competência linguística de remediar os distúrbios na comunicação que resultaram de meros mal-entendidos. Os mal-entendidos desmentem de maneira inofensiva as idealizações necessariamente efetuadas. Algo semelhante vale para uma outra suposição, que é inevitável na ação comunicativa e, mais uma vez, não deixa de ser idealizante. Os participantes da interação precisam se atribuir reciprocamente imputabilidade, ou seja, precisam supor que podem orientar suas ações de acordo com pretensões de validade. Tão logo essa expectativa de racionalidade é comprovada falsa, os participantes – tanto quanto os observadores sociológicos na qualidade de participantes virtuais – trocam sua atitude performativa em favor de uma atitude objetivadora.

Um outro problema, porém, decorre da consideração daqueles pressupostos exigentes e contrafactuais da ação comunicativa, que devem assegurar às pretensões de validade seu caráter incondicional. Pois esse *segundo nível de idealização* determina a constituição da realidade social, de modo que todo acordo alcançado comunicativamente (possibilitando a coordenação da ação, a estrutura complexa de interações e o concatenamento de sequências de ação) seja medido pelo reconhecimento intersubjetivo de pretensões de validade e, com isso, confira às tomadas de posição de sim/não, as quais se baseiam em uma dupla negação, uma função-chave para o funcionamento dos jogos de linguagem cotidianos. Essas tomadas de posição carregam os fatos sociais que elas mesmas criam com um uma tensão ideal porque reagem a pretensões de validade para cuja justificação é preciso pressupor o assentimento de um auditório idealmente ampliado. De acordo com seu sentido, a validade pretendida para enunciados e normas (também para proposições de vivências) transcende espaços e tempos, enquanto a pretensão atual é erguida a cada vez aqui e agora, dentro de um determinado contexto, sendo aceita ou rejeitada – com consequências para a ação produtoras de fatos. A *validez* pretendida de nossos proferimentos e das práticas de nossa justificação se distingue da *validade social* de padrões factualmente em voga e de expectativas com as quais estamos meramente acostumados ou que foram estabilizadas por ameaças de sanção. O momento ideal da incondicionalidade está profundamente embutido nos processos factuais de entendimento porque as pretensões de validade mostram uma face de Jano: na qualidade de pretensões, ultrapassam todo contexto; ao mesmo tempo, precisam ser erguidas e aceitas aqui e agora se tivessem de levar a um acordo com efeitos de coordenação – pois, para tanto, não há um contexto zero. A universalidade da aceitabilidade racional afirmada explode todos os contextos, mas apenas a aceitação vinculante em determinado local coloca as pretensões de validade nos trilhos sobre os quais uma práxis cotidiana contextualizada pode deslizar.

Uma sociologia compreensiva que reconhece em seu domínio de objetos essa segunda tensão, mais radical, entre facticidade e validade, precisa rever

Facticidade e validade

sua autocompreensão delineada convencionalmente segundo uma ciência experimental, passando a se conceber como uma ciência social que procede de forma reconstrutiva. Ela precisa de uma abordagem reconstrutiva para explicar de que maneira, sob as condições de uma socialização desse modo instável e que opera com suposições contrafactuais permanentemente ameaçadas, a integração social pode em geral se realizar.

(3) O primeiro passo para a reconstrução das condições de integração social conduz ao conceito de *mundo da vida*. O ponto de referência é formado pelo problema de saber como a ordem social resultaria de processos de formação de consenso ameaçados por uma tensão explosiva entre facticidade e validade. A dupla contingência, que precisa ser absorvida de cada formação interativa, assume, no caso da ação comunicativa, a forma particularmente precária de um risco sempre presente de dissenso, instalado no próprio mecanismo de entendimento, pelo qual todo dissenso causa altos custos do ponto de vista da coordenação da ação. Normalmente, tem-se apenas poucas alternativas à disposição: operações simples de reparação; deixar de lado pretensões controversas com a consequência de diminuir o terreno das convicções compartilhadas; a passagem para discursos dispendiosos com saída incerta e efeitos de problematização perturbadores; interrupção da comunicação e saída de cena; por fim, a transposição para a ação estratégica, uma ação orientada sempre ao próprio êxito. A motivação racional para o acordo que repousa sobre o poder dizer não tem certamente a vantagem de ser uma estabilização *não coercitiva* das expectativas de comportamento. Mas o alto risco de dissenso, que se nutre sempre novamente das experiências, ou seja, das contingências inesperadas, tornaria a integração social mediante o uso da linguagem orientado ao entendimento totalmente improvável caso a ação comunicativa não estivesse inserida em contextos do mundo da vida, que cuidam da retaguarda mediante um massivo consenso de fundo. As operações explícitas do entendimento se movem desde o início, por assim dizer, no horizonte de convicções comuns não problemáticas; simultaneamente, elas se alimentam dos recursos daquilo que é *sempre familiar*. A inquietação continuada decorrente da experiência e contradição, da contingência e crítica, choca-se no decorrer da práxis cotidiana com uma

rocha ampla e inabalável de padrões consensuais profundos de interpretação, lealdades e habilidades.

Não preciso desenvolver a análise do mundo da vida do ponto de vista da pragmática formal, nem do lugar que uma arquitetônica teórica da ação comunicativa ocupa entre discurso e mundo da vida. O mundo da vida forma simultaneamente o horizonte para situações de fala e a fonte de operações de interpretação, ao passo que, por sua vez, só pode se reproduzir em virtude da ação comunicativa.[13] Em nosso contexto, o que interessa no saber de fundo do mundo da vida é aquele caráter peculiar do elemento pré-predicativo e pré-categorial para o qual Husserl já havia chamado a atenção com o fundamento "esquecido" do sentido da práxis cotidiana e da experiência mundana.[14]

Durante a ação comunicativa, o mundo da vida nos enlaça no modo de uma certeza imediata, a partir da qual vivemos e falamos sem distanciamento. É possível descrever a presença do pano de fundo da ação comunicativa, que atravessa tudo, embora de maneira latente e imperceptível, como uma forma mais intensa e, ao mesmo tempo, deficiente, de saber e de poder. De um lado, fazemos um uso involuntário deste saber, sem saber reflexivamente *que* o possuímos. O que confere a este saber de fundo uma certeza absoluta, emprestando-lhe de maneira subjetiva a qualidade de um saber ampliado, é, objetivamente considerada, aquela propriedade que lhe priva justamente de um acesso constitutivo do saber: nós fazemos uso deste tipo de saber sem termos consciência de que poderia ser falso. Uma vez que todo saber é falível e é sabido enquanto tal, o saber de fundo em geral não expõe um saber em sentido estrito. Falta-lhe a referência interna à possibilidade de vir a ser problematizado, porque só entra em contato com pretensões de validade criticáveis no instante em que é proferido; porém, neste instante da tematização, ele não serve mais como pano de fundo do mundo da vida, mas se *desintegra* em sua modalidade de pano de fundo. O saber de fundo não pode

---

13 J. Habermas, *Theorie des kommunikativen Handelns*, v.2, Frankfurt/Main, Suhrkamp, 1981, p.182-232; Id., Handlungen, Sprechakte, sprachlich vermittelte Interaktionen und Lebenswelt, in: *Nachmetaphysisches Denken*, op. cit., p.63-104.

14 Id., E. Husserl über Lebenswelt, Philosophie und Wissenschaft, in: *Texte und Kontexte*, op. cit., p.34-43.

Facticidade e validade

ser falsificado enquanto tal; ele se decompõe tão logo é tematizado, caindo no turbilhão das possibilidades de tematização. O que lhe empresta sua estabilidade singular e de início o imuniza contra a pressão de experiências contingentes é o peculiar *nivelamento da tensão entre facticidade e validade*: na própria dimensão da validade se apaga aquele momento contrafactual de uma idealização que transborda aquilo que sempre está dado, tornando possível, pela primeira vez, uma confrontação frustrada com a realidade; ao mesmo tempo, permanece intacta enquanto tal a dimensão da qual o saber implícito retira a força de suas convicções.

(4) Uma fusão semelhante de facticidade e validade, outra vez estabilizadora de expectativas de comportamento, encontra-se em uma forma totalmente diferente no nível do saber disponível tematicamente e que já passa pela ação comunicativa, a saber, naquelas instituições arcaicas que se apresentam com uma pretensão aparentemente incontestável. Nas instituições protegidas por tabus de sociedades tribais, expectativas cognitivas e normativas se solidificam de maneira inseparável com um complexo de convicções ligado a motivos e orientações de valor. A autoridade de instituições detentoras de poder encontra os agentes *no interior* de seu mundo da vida social. Este agora não é mais descrito como saber de fundo, como ocorre na pragmática formal da perspectiva dos participantes, mas é objetivado a partir da perspectiva sociológica do observador. O mundo da vida, do qual as instituições constituem um componente, vem à tona como um contexto reproduzido pela ação comunicativa de tradições culturais, ordens legítimas e identidades pessoais que se entrecruzam.

A teoria antropológica das instituições de Arnold Gehlen volta sua atenção ao fenômeno de um consenso normativo original, transfigurado auraticamente, que pode ser distinguido de forma analítica das certezas do mundo da vida. Pois este acordo se relaciona especialmente às expectativas de comportamento que, apesar de seu profundo ancoramento institucional, são culturalmente legadas e adquiridas na qualidade de saber explícito.[15] Na interação de narrativas míticas e ações rituais, é possível mostrar por que

---

15 A. Gehlen, *Der Mensch*; Id., *Urmensch und Spätkultur*, Bonn, Athenäum, 1956.

este saber só pode ser tematizado sob reserva. As restrições da comunicação, que são fixadas de maneira cerimonial, protegem contra problematizações a validade autoritária dos conteúdos descritivos, valorativos e expressivos que se entrelaçam em uma síndrome. O complexo cristalizado de convicções afirma um tipo de validade guarnecido com a força do factual. Desta vez, a *fusão de facticidade e validade* não se realiza no modo de uma familiaridade originária com certezas estáveis, permanecendo como que às nossas costas enquanto mundo da vida, mas no modo de uma autoridade que nos cobre de sentimentos ambivalentes e nos *confronta* imperiosamente. Durkheim trabalhou a ambivalência deste modo de validade no *status* de objetos sagrados, que causavam em seus contempladores um sentimento confuso de pavor e entusiasmo, provocando neles ao mesmo tempo veneração e tremor.[16] Essa simbiose de afecções contrárias nos é acessível ainda hoje na experiência estética; ela foi domesticada e tornada repetível no choque disparado pelo surrealismo, que autores como Bataille e Leiris tanto produziram quanto também descreveram literariamente.[17]

No fascínio ao mesmo tempo assustador e atraente das instituições detentoras de poder, é curioso encontrarmos fundidos dois momentos que hoje nos parecem incompatíveis. A ameaça de um poder vingativo e a força de convicções vinculantes não apenas coexistem, mas se originam da mesma fonte mítica. As sanções impostas por homens são secundárias: elas punem violações contra uma autoridade que lhes é anterior, originalmente *coercitiva* e ao mesmo tempo *vinculante*. É desta autoridade que as sanções sociais emprestam, por assim dizer, seu significado ritual. Evidentemente, a integração de coletividades sociais mediante uma ação que se orienta pelas pretensões de validade só pode ser assegurada de início se o risco de dissenso que lhe é inerente pudesse ser amortecido *na própria dimensão da validade*. Ainda hoje nossas reações profundamente enraizadas às violações contra o tabu do incesto lembram o fato de que a estabilidade das expectativas de comportamento tinha de ser assegurada nos núcleos das sociedades organizadas por

---

16 Cf. Habermas, *Theorie des kommunikativen Handelns*, v.2, op. cit., p.79 e ss.

17 W. Benjamin, Der Surrealismus, in: *Gesammelte Schriften*, II, Frankfurt/Main, Suhrkamp, 1974, p.295 e ss.

Facticidade e validade

parentesco através de convicções que possuíam uma autoridade *fascinante*, ao mesmo tempo vinculante e assustadora, e isto *abaixo* daquele limiar em que para nós a coerção sancionadora se separa de maneira irreversível da coerção não coercitiva, sublimada pela força da convicção, de razões plausíveis.

Para além desse limiar, a validade é mantida pela força do factual, seja na forma de certezas do mundo da vida que são subtraídas da comunicação por permanecerem no pano de fundo, seja na forma de convicções que dirigem o comportamento já disponível comunicativamente, mas que se encontram sob as restrições comunicativas de uma autoridade fascinante, sendo imunizadas contra a problematização.

(5) Apenas o terceiro passo da reconstrução nos conduz à categoria do direito. O ancoramento da ação comunicativa nos contextos do mundo da vida e uma regulação do comportamento pelas instituições originais explicam como, em grupos pequenos e relativamente desdiferenciados, é possível, em geral, que a integração social ocorra a partir da base improvável dos processos de entendimento. Contudo, as margens para o risco de dissenso, gerado por tomadas de posição de sim/não perante pretensões de validade criticáveis, crescem no decorrer da evolução social. Quanto mais aumenta a complexidade da sociedade e se amplia a perspectiva antes limitada etnocentricamente, mais fortemente se destaca uma pluralização de formas de vida e individualização das histórias de vida, diminuindo as zonas de sobreposição ou de convergência de convicções de fundo próprias do mundo da vida; e na medida de seu desencantamento, complexos sacralizados de convicções se decompõem sob aspectos diferenciados de validade em conteúdos de uma tradição diluída comunicativamente, os quais podem ser tematizados de forma mais ou menos voluntária. Mas, sobretudo, os processos de diferenciação *social* impõem uma multiplicidade de tarefas funcionalmente especificadas, de papéis sociais e posições de interesse, que permite à ação comunicativa se liberar dos vínculos institucionais rigorosamente circunscritos e aumentar sua margem de opções, ao mesmo tempo liberando a ação guiada por interesses, isto é, orientada individualmente ao êxito, que passa a ser exigida em âmbitos cada vez mais amplos

Esses poucos apontamentos devem servir para indicar o *problema* surgido nas sociedades modernas: como a validade de uma ordem social pode ser estabilizada na medida em que, do ponto de vista dos próprios atores, ações comunicativas tornadas autônomas se diferenciam das interações estratégicas. Naturalmente, sempre existiram ações estratégicas orientadas por interesse no quadro de uma ordem normativa. Em sociedades organizadas pelo Estado, a ordem normativa desenvolvida já foi determinada por normas jurídicas. Porém, em sociedades tradicionais, mesmo o direito se nutre ainda de uma força autorizadora do sagrado sublimada em termos religiosos. Na fusão sagrada de facticidade e validade está enraizada, por exemplo, a conhecida hierarquia legal da tradição jurídica europeia, de acordo com a qual o direito instituído pelo soberano permanece *subordinado* ao direito natural cristão administrado pela igreja.

No que segue, partirei da situação de uma sociedade amplamente profanizada, em que as ordens normativas precisam ser conservadas sem garantias metassociais. Tampouco as certezas já pluralizadas e crescentemente diferenciadas do mundo da vida oferecem uma compensação suficiente para esse déficit. Assim, o ônus da integração social se desloca cada vez mais em direção às operações de entendimento dos atores, para os quais validade e facticidade, isto é, a força vinculante de convicções motivadas racionalmente e da coerção impositiva de sanções externas, são incompativelmente separadas. Se os contextos de interação não podem se perpetuar em ordens estáveis somente pela influência recíproca de atores que agem orientados ao êxito, como assumo junto com Durkheim e Parsons, a sociedade, *em última instância*, tem de ser integrada através da ação comunicativa.[18]

---

18 O conceito fundamental de ação comunicativa explica de que maneira a integração social pode ocorrer pelas forças vinculantes de uma linguagem compartilhada intersubjetivamente. Isto impõe delimitações pragmáticas aos sujeitos que querem utilizar as energias vinculantes da linguagem, obrigando-os a abandonar a perspectiva egocêntrica de sua orientação ao êxito para estabelecer critérios públicos de racionalidade voltada ao entendimento. Sob este ângulo, a sociedade se apresenta na qualidade de mundo da vida estruturado de forma simbólica, que se reproduz pela ação comunicativa. Disto não se segue naturalmente que as interações estratégicas não poderiam ter lugar no mundo da vida. Mas tais interações têm um valor posicional diferente daquele encontrado em Hobbes ou na teoria

Facticidade e validade

Em tal situação o problema se agrava: de que maneira mundos da vida desencantados, internamente diferenciados e em si mesmos plurais podem ser socialmente integrados se, simultaneamente, cresce o risco de dissenso em âmbitos de ação desonerados das autoridades sagradas e desvinculados de instituições fortes? De acordo com esse cenário, a progressiva necessidade de integração parece sobrecarregar desesperançosamente a capacidade integradora do mecanismo de entendimento à disposição, especialmente se uma crescente quantidade de interações estratégicas indispensáveis para a estrutura social é liberada, como é o caso justamente nas sociedades econômicas modernas.[18a] Em caso de conflito, aqueles que agem comunicativamente se encontram ante a alternativa de interromper a comunicação e agir de maneira estratégica – suspender ou postergar um conflito não resolvido. Uma saída é oferecida pela *regulação normativa de interações estratégicas*, sobre a qual os próprios atores se *entendem*. A natureza paradoxal de tais regras se mostra à luz da premissa segundo a qual, para os próprios sujeitos agentes, facticidade e validade são separadas em duas dimensões que se excluem mutuamente. Para atores que agem orientados ao êxito, todos os componentes da situação se transformam em fatos que eles avaliam à luz de suas próprias preferências, ao passo que os atores que agem orientados ao entendimento dependem de uma compreensão da situação negociada em comum e só interpretam os fatos relevantes à luz de pretensões de validade intersubjetivamente reconhecidas. Mas se para os próprios sujeitos a orientação ao êxito e a orientação ao entendimento mostram-se de tal maneira como as únicas

---

dos jogos: elas não são mais concebidas como mecanismo para a *produção* de uma ordem instrumental. As interações estratégicas encontram antes seu lugar em um mundo da vida já constituído, por assim dizer, em outra parte. Certamente, aquele que age estrategicamente também mantém todas as vezes sobre suas costas o pano de fundo do mundo da vida; mas este é então neutralizado em sua força coordenadora da ação. Tal pano de fundo não oferece mais garantia de consenso porque o agente estratégico trata os dados institucionais tanto quanto os outros participantes da interação apenas como fatos sociais. Na atitude objetiva de um observador, ele não pode se entender com eles na qualidade de segunda pessoa.

18a As objeções usuais à teoria da ação comunicativa falham em reconhecer esta premissa de um dissenso persistente nas sociedades modernas. Cf. Giegel, *Kommunikation und Konsens in modernen Gesellschaften*, op. cit., Introdução, p.7-17.

alternativas possíveis, então as normas que são adequadas para a integração social, ou seja, para uma regulação das interações estratégicas que todos os participantes possam considerar vinculante, precisam satisfazer duas condições contraditórias que, do ponto de vista dos atores, não poderiam ser cumpridas simultaneamente. Tais regras têm de representar, de um lado, restrições factuais que mudam o leque de dados de tal modo que o ator, ao assumir a atitude de alguém que atua estrategicamente, se vê obrigado a adaptar seu comportamento na direção que objetivamente deseja; de outro lado, essas regras precisam, ao mesmo tempo, desencadear uma força de integração social na medida em que impõem obrigações a seus destinatários, o que, segundo nosso pressuposto, é possível apenas sobre a base de pretensões de validade normativas intersubjetivamente reconhecidas.

O tipo de normas buscado teria, assim, que causar em seus destinatários uma disposição à obediência baseada *simultaneamente* na coerção factual e na validade legítima. Normas desse tipo deveriam se apresentar com uma autoridade que dotasse de validade a força do factual, mas, dessa vez, sob a condição de uma polarização já consumada entre ação orientada ao êxito e ação orientada ao entendimento, lançando luz, com isto, à incompatibilidade *percebida* entre facticidade e validade. Mas, como havíamos suposto, ruíram aquelas garantias metassociais do sagrado que possibilitavam a força ambivalente de vinculação de instituições arcaicas e, com isso, uma ligação entre validade e facticidade na dimensão da própria validade. Encontramos a solução desse enigma naquele sistema de direitos que provê as liberdades subjetivas de ação com a coerção do direito objetivo. Visto de um ponto de vista histórico, os direitos subjetivos privados, que definem âmbitos legítimos de liberdades individuais de ação e, nessa medida, são talhados de acordo com uma persecução estratégica de interesses privados, constituem também o núcleo do direito moderno.

III. Dimensões de validade do direito

Desde Hobbes, as regras do direito privado burguês, baseado na liberdade de contrato e na propriedade, foram consideradas protótipo do direito em geral. Em sua teoria do direito, também Kant parte dos direitos subje-

Facticidade e validade

tivos naturais que outorgam a toda pessoa a capacidade de exercer coerção contra as violações de suas liberdades subjetivas de ação asseguradas juridicamente. Com a passagem do direito natural ao direito positivo, essa autorização para o uso da coerção, que não pode mais ser imediatamente exercida por pessoas de direito privadas após a monopolização de todos os meios de coerção legítima passar para o Estado, transforma-se na competência para impetrar uma ação judicial. Ao mesmo tempo, os direitos subjetivos privados são complementados com direitos de defesa (estruturalmente homólogos) contra o poder do Estado. Estes protegem as pessoas jurídicas privadas contra as intervenções ilegais do aparelho estatal em sua vida, liberdade e propriedade. No nosso contexto, interessa-nos antes de tudo o *conceito de legalidade* com o qual Kant, partindo dos direitos subjetivos, explica o complexo modo de validade do direito em geral. Na dimensão da validade jurídica, facticidade e validade se entrelaçam mais uma vez, mas agora ambos os momentos não se juntam em um amálgama indissolúvel – como nas certezas do mundo da vida ou da autoridade dominante de instituições fortes, subtraídas de toda discussão. No modo de validade do direito, a facticidade da *imposição* jurídica por parte do Estado se entrelaça com a força fundadora de legitimidade de um procedimento de *positivação* do direito, que, em sua própria pretensão, deveria ser considerado racional porque garante a liberdade. A tensão entre esses dois momentos que permanecem distintos se intensifica na medida em que é operacionalizada de modo comportamentalmente eficaz.

(1) Para Kant, a relação entre facticidade e validade, estabilizada na validade jurídica, apresenta-se como a conexão interna, fundada pelo próprio direito, entre coerção e liberdade. O direito está ligado de antemão à autorização da coerção; mas esta coerção só se justifica enquanto "impedimento de um obstáculo à liberdade", ou seja, com a finalidade de fazer frente à usurpação da liberdade de cada um. Essa "ligação [interna] da coerção recíproca universal com a liberdade de todos" se expressa na pretensão de validade do direito.[19] As regras jurídicas estabelecem as condições de coer-

---

19 I. Kant, Einleitung in die Rechtslehre, in: *Werke*, v.IV, p.338-339.

ção, "sob as quais o arbítrio de um pode ser unido ao arbítrio de outro de acordo com uma lei universal da liberdade".[20] De um lado, a legalidade do comportamento pode ser constrangida como "a mera concordância de uma ação com a lei";[21] por isso, é permitido aos sujeitos a obediência à lei por outras razões que não apenas morais. As "condições de coerção" precisam ser percebidas pelos destinatários somente como *ocasião* para o comportamento conforme a regras; pois uma ação por dever, a submissão ao direito motivada moralmente, não pode ser imposta coercitivamente já por razões analíticas. De outro lado, porém, a "associação" do arbítrio de cada um com o arbítrio de todos os outros, ou seja, a integração social, só é possível com base em regras normativamente válidas, que sob o ponto de vista moral — "de acordo com uma lei universal da liberdade" — *recebem* o reconhecimento não coercitivo, porque racionalmente motivado, de seus destinatários. Ainda que as pretensões jurídicas estejam ligadas à competência para coagir, elas sempre devem poder ser obedecidas em razão de sua pretensão da validade normativa — ou seja, por "respeito à lei".[22] O paradoxo das regras de ação, que, independentemente de seu reconhecimento ter sido moralmente merecido, exigem objetivamente apenas um comportamento em concordância a normas, resolve-se com o conceito de legalidade de Kant: normas jurídicas são, sob aspectos diferentes, ao mesmo tempo leis de coerção e leis da liberdade.

O duplo aspecto da validade jurídica, que começamos a esclarecer recorrendo a conceitos da teoria kantiana do direito, pode também ser explicado da perspectiva da teoria da ação. Os dois componentes da validade jurídica, ou seja, coerção e liberdade, deixam à escolha dos destinatários a perspectiva que deveriam adotar enquanto atores. Para um modo de consideração empírico, a validade do direito positivo é determinada de início de maneira tautológica, já que é considerado direito o que adquire força de lei segundo procedimentos juridicamente válidos — e apesar da possibilidade de derrogação juridicamente dada, conserva provisoriamente força de lei.

---

20 Ibid., p.337.

21 Ibid., p.324.

22 Ibid., p.510-511.

Facticidade e validade

Mas o sentido dessa validade jurídica se explica apenas pela referência simultânea a ambos os polos, ou seja, à validade social ou factual do direito, de um lado, e à legitimidade ou validez do direito, de outro.[23] A *validade social* das normas jurídicas se determina pelo grau de imposição, ou seja, pela aceitação a ser factualmente esperada no círculo dos parceiros de direito. Contudo, diferentemente da validade convencional dos usos e costumes, o direito positivado não se apoia sobre a facticidade crescente de formas de vida habituais e transmitidas, mas sobre a *facticidade artificialmente produzida* da ameaça de sanções definidas conforme ao direito e reclamáveis diante de um tribunal. Pelo contrário, a *legitimidade* das regras é medida pela resgatabilidade discursiva de sua pretensão de validade normativa, em última instância se são obtidas em um procedimento racional de legislação – ou se puderam ao menos ter sido justificadas sob pontos de vista pragmáticos, éticos e morais. A legitimidade de uma regra é independente de sua imposição factual. Mas, pelo contrário, a validade social e a obediência factual variam com a crença na legitimidade dos parceiros de direito, e esta se apoia por sua vez na suposição de legitimidade, ou seja, na ideia de que as normas são passíveis de fundamentação. Outros fatores, como intimidação, poder das circunstâncias, costumes e meros hábitos precisam estabilizar com mais força uma ordem jurídica em termos substitutivos quanto menos essa ordem for legítima, ou, em todo caso, tomada como legítima.

Geralmente, o sistema jurídico em seu todo possui um grau mais elevado de legitimidade do que as normas jurídicas individuais. Dreier assinala como condições necessárias para a validade de um sistema jurídico que "em primeiro lugar, deve ser em geral socialmente eficaz e, em segundo lugar, eticamente justificado. Para a validade jurídica de normas particulares, que sejam instituídas conforme uma constituição que satisfaça os critérios mencionados e, consideradas em si mesmas, que apresentem, em primeiro lugar, um mínimo de eficácia social ou oportunidade de eficácia, e, em segundo lugar, um mínimo de justificação ética ou capacidade de justificação".[24]

---

23 R. Dreier, Recht und Moral, in: *Recht – Moral – Ideologie*, Frankfurt/Main, Suhrkamp, 1981, p.180 e ss. Neste volume, p.211 e ss.

24 Ibid., p.198. Dreier utiliza a expressão "ética" no sentido de "moral".

A dupla referência da validade do direito em relação à facticidade da validade social medida pela obediência média às normas, de um lado, e à legitimidade da pretensão ao reconhecimento normativo, de outro lado, deixa aos parceiros do direito a escolha de, diante de uma mesma norma, assumir uma atitude objetivadora ou uma atitude performativa e adotar um enfoque de leitura correspondente. Para o "arbítrio" de um ator que se orienta pelo próprio sucesso, a regra forma na expectativa de imposição de mandamentos jurídicos uma limitação factual – com consequências calculáveis para o caso de uma violação da regra. Porém, a regra vincula a "vontade livre" de um ator, que quer se entender com outros autores a respeito das condições comuns para o êxito de sua própria ação, com sua pretensão de validade normativa – e com a possibilidade de seu exame crítico. O caráter aberto dessa alternativa não significa uma fusão dos momentos, que *permanecem* incompatíveis da perspectiva do ator. Pois, conforme a perspectiva escolhida, a norma jurídica forma uma outra espécie de componente da situação: para aquele que age estrategicamente, ela se situa no âmbito dos fatos sociais, que reduzem externamente sua margem de opções; para aquele que age comunicativamente, ela se situa no âmbito das expectativas obrigatórias de comportamento, em relação às quais é suposto um acordo racionalmente motivado entre os parceiros de direito. Por esta razão, de acordo com o ponto de vista considerado, o ator atribuirá a uma prescrição juridicamente válida o *status* de um fato com consequências prognosticáveis ou com a obrigatoriedade deontológica de uma expectativa normativa de comportamento. A validez jurídica de uma norma – e nisso consiste sua peculiaridade – garante *simultaneamente duas coisas*: tanto a legalidade do comportamento no sentido de uma obediência média às normas, que, se necessário, é imposta por sanções, quanto também a legitimidade da própria regra, tornando possível a todo momento a obediência à norma por respeito à lei.

Nos direitos subjetivos privados é possível perceber a dupla perspectiva do ator, ligada às leis de coerção e às leis da liberdade. Tais direitos, na medida em que liberam o motivo do comportamento conforme a regras, toleram, por assim dizer, uma atitude estratégica do ator diante da norma individual. Como componente de uma ordem jurídica legítima em seu todo, eles lidam, ao mesmo tempo, com uma pretensão de validade normativa

Facticidade e validade

baseada no reconhecimento racionalmente motivado, que, afinal, *exige* dos destinatários uma submissão ao direito a partir do motivo não coercitivo do dever. Essa exigência significa que a ordem jurídica tem de tornar sempre *possível* a obediência às suas regras por respeito à lei. A partir dessa análise do modo de validade do direito coercitivo, resultam consequências para a positivação do direito: o direito positivo também precisa ser legítimo.

Uma ordem jurídica não precisa apenas garantir que cada pessoa tenha em geral seus direitos reconhecidos por todas as outras pessoas; o reconhecimento recíproco dos direitos de cada um por todos se apoia antes em leis cuja legitimidade implica garantir a cada um liberdades iguais, uma vez que "a liberdade de arbítrio de cada um pode coexistir com a liberdade de todos os outros". As leis morais satisfazem esta condição *per se*; mas, para as regras do direito positivo, tal condição tem de ser satisfeita pelo legislador político. Portanto, o processo de legislação forma, no sistema jurídico, o verdadeiro lugar da integração social. Por isso, é preciso supor que os participantes do processo legislativo se retiram do papel de sujeitos de direito privado e assumem com seu papel de cidadãos a perspectiva de membros de uma comunidade jurídica livremente associada, em que um acordo sobre os princípios normativos da regulação da vida em comum já está assegurado pela tradição ou pode ser produzido pelo entendimento acerca das regras normativamente reconhecidas. Aquela união característica de coerção factual e validade legítima, que esclarecemos com base na autorização subjetiva para a percepção estratégica dos próprios interesses, reforçada pela competência estatal para a coerção, exige um processo de positivação do direito em que os cidadãos participantes não podem tomar parte apenas no papel de sujeitos de direito que agem orientados ao êxito. Uma vez que os direitos políticos de participação e de comunicação são constitutivos para um procedimento de legislação eficaz para a legitimação, estes direitos subjetivos não podem ser concebidos *como* pertencentes somente aos sujeitos de direitos privados isolados, mas antes têm de ser percebidos na atitude dos participantes que agem orientados ao entendimento em uma práxis intersubjetiva de entendimento. Por isso, no conceito de direito moderno, que aumenta a tensão entre facticidade e validade, ao mesmo tempo operacionalizando-a de maneira eficaz para o comportamento, já está presente a *ideia democrática* desenvolvida por Rousseau e Kant, segundo a qual a pretensão de legitimidade de uma ordem jurídica construída por direitos subjetivos só pode ser resgatada pela força de integração social da "vontade unânime e associada de todos" os cidadãos livres e iguais.

Ainda vamos nos ocupar detalhadamente da ideia de autonomia cidadã [*staatsbürgerlichen Autonomie*]. De início, ela nos lembra o fato de que as leis de coerção precisam comprovar sua legitimidade como leis da liberdade no processo — e pelo tipo de processo — de legislação; e nesta positivação do direito se reproduz, mais uma vez, a tensão entre facticidade e validade, mas de uma maneira diferente do que ocorre na dimensão da validade de normas já positivadas. Certamente, o comportamento legal pode ser descrito como uma obediência às normas que entram em vigor tanto pela ameaça de sanções quanto pelas decisões de um legislador político. Mas a facticidade da positivação do direito se distingue da imposição sancionadora do direito na medida em que a permissão para a coerção jurídica tem de *remeter* a uma *expectativa de legitimidade* vinculada à tomada de decisão (também passível de ser modificada e, em princípio, corrigida) do legislador. A positividade do direito está ligada à expectativa de que o procedimento democrático de positivação fundamente a suposição de aceitabilidade racional das normas positivadas. Na positividade do direito não se expressa a facticidade de uma vontade arbitrária, meramente contingente, mas a vontade legítima que é tributária de uma autolegislação presumivelmente racional de cidadãos politicamente autônomos. Também em Kant o princípio de democracia tem de preencher uma lacuna em um sistema de egoísmo ordenado juridicamente, o qual não pode se reproduzir a partir de si mesmo, mas permanece dependente de um consenso de fundo por parte dos cidadãos. Porém, essa *lacuna de solidariedade*, que deixa em aberto o emprego meramente legal dos direitos subjetivos talhados conforme a ação orientada ao êxito, não pode ser fechada, por sua vez, por direitos do mesmo tipo, pelo menos não unicamente por tais direitos. O direito positivado não pode assegurar as bases de sua legitimidade unicamente por uma legalidade que deixa à mercê dos destinatários suas atitudes e motivos.

Ou a ordem jurídica, como as formações transitórias estamentais ou absolutistas do início dos tempos modernos, está inserida nos contextos de um *ethos* que envolve toda a sociedade, ficando assim subordinada à autoridade

Facticidade e validade

de um direito suprapositivo ou sagrado; ou as liberdades subjetivas de ação são complementadas por direitos subjetivos *de um outro tipo* – pelos direitos dos cidadãos, que não se direcionam mais somente à liberdade de arbítrio, mas à autonomia. Pois sem o respaldo religioso ou metafísico, o direito coercitivo talhado para o comportamento legal pode manter sua força integradora somente se os *destinatários* particulares das normas jurídicas puderem ao mesmo tempo se entender em sua totalidade como *autores* destas normas. Nesta medida, o direito moderno se alimenta de uma solidariedade que se concentra no papel de cidadão e que, em última instância, tem origem na ação comunicativa. Como veremos, a liberdade comunicativa dos cidadãos pode assumir a forma de uma práxis organizada de autodeterminação mediada por instituições e procedimentos jurídicos, porém não pode ser completamente substituída pelo direito coercitivo. Essa conexão interna entre a facticidade da imposição do direito e a legitimidade do processo de sua positivação, a qual se fundamenta do ponto de vista de sua validade, significa, contudo, uma hipoteca para os sistemas jurídicos, uma vez que estes devem aliviar o ônus da integração social das exigentes operações de entendimento dos atores que agem comunicativamente. Pois nada parece menos inverossímil aos olhos do sociólogo esclarecido do que acreditar que as operações de integração do direito moderno se alimentariam unicamente ou em primeira linha apenas de um acordo normativo, seja pré-existente ou alcançado, isto é, da fonte da solidariedade.

Principalmente com os imperativos funcionais de sociedades altamente complexas, entra em jogo uma facticidade social que, enquanto momento de imposição do direito, não se encontra mais em uma relação interna com a pretensa legitimidade da ordem jurídica. A autocompreensão normativa pode ser desmentida por fatos sociais que intervêm a partir de fora no sistema jurídico. Facticidade e validade se encontram aqui em uma relação *externa*, pois ambos os momentos – de um lado, as implicações de sentido do direito válido e, de outro, as delimitações sociais a que estão submetidas factualmente as decisões jurídicas – podem ser descritas independentemente uma da outra. Antes de abordar esse tema no próximo capítulo, eu gostaria de recapitular as relações *internas, discutidas até aqui*, entre facticidade e validade, que são constitutivas para a infraestrutura do direito de sociedades modernas.[25]

(2) Após a virada linguístico-analítica efetuada por Frege e Peirce, superou-se a oposição clássica entre ideia e realidade fenomênica, oposição que se tornou conhecida a partir da tradição platônica, interpretada de início ontologicamente e, depois, nos termos da filosofia da consciência. As próprias ideias são concebidas como imediatamente incorporadas na linguagem, de modo que a facticidade dos signos e expressões linguísticas que aparecem no mundo é internamente vinculada à idealidade da universalidade do significado e da validade veritativa. A universalidade semântica de significados linguísticos obtém sua determinação ideal unicamente no *medium* de signos e expressões que, de acordo com as regras gramaticais, destacam-se na qualidade de tipos reconhecíveis da corrente de eventos semióticos e processos discursivos (por exemplo, documentos escritos). Além disso, é possível esclarecer a diferença entre a validade e o ter-por-verdadeiro de um enunciado uma vez que o conceito de validade ideal deve ser compreendido como assertividade racional sob condições ideais, ou seja, somente em referência ao resgate discursivo de pretensões de validade. Se "válido" é entendido como predicado ternário, a idealidade da validade veritativa só pode ser expressa nas pressuposições exigentes de nossa prática de justificação, ou seja, no âmbito do uso da linguagem. Nisso se revela a conexão interna que existe entre a validade de um enunciado e a prova de sua validade para um auditório idealmente ampliado. O que é válido precisa poder ser comprovado diante de objeções factualmente expostas. Da mesma maneira que no caso da idealidade da universalidade do significado, a dimensão da validade se constitui na própria linguagem apenas mediante uma tensão entre facticidade e validade: a verdade e as condições discursivas para a aceitabilidade racional se esclarecem reciprocamente.[26]

---

25 No que se segue, apoio-me nas sugestões que me foram oralmente feitas por Lutz Wingert.

26 H. Putnam, *Vernunft, Wahrheit und Geschichte*, Frankfurt/Main, Suhrkamp, 1982.

Facticidade e validade

No âmbito da ação comunicativa, com o uso da linguagem orientada ao entendimento, mediante o qual os atores coordenam suas ações, aquela relação de tensão emigra para o mundo dos fatos sociais. Enquanto a facticidade dos eventos semióticos e dos processos discursivos podia ser compreendida como um momento necessário para a dimensão do significado e da validade, temos de conceber a tensão intralinguística entre facticidade e validade, que com as pretensões de validade se instalou na ação comunicativa, como um momento da facticidade social, a saber, daquela práxis comunicativa cotidiana pela qual as formas de vida se reproduzem. Na medida em que a coordenação da ação e, com isto, a rede de interações se desenvolve mediante processos de entendimento, as convicções intersubjetivamente compartilhadas formam o *medium* da integração social. Os atores estão convencidos acerca do que entendem ou consideram válido. Por isso, as convicções que se tornam problemáticas podem ser apoiadas ou rejeitadas unicamente com base em razões. Mas as razões não são disposições a se ter opiniões capazes de serem descritas de maneira naturalista; elas formam antes a moeda de uma troca discursiva pela qual as pretensões de validade criticáveis são resgatadas. A força que as razões possuem para motivar racionalmente é tributária de uma relação interna com a dimensão do significado e da validade de proferimentos linguísticos. Nesse sentido, elas são ambíguas por natureza, porque podem tanto reforçar quanto abalar convicções. Com elas, a tensão entre facticidade e validade, que é inerente à linguagem e a seu uso, penetra na sociedade. Na medida em que se apoia em convicções, sua integração social é vulnerável ao efeito desestabilizador de razões desvalorizadoras (e antes de tudo à desvalorização de uma categoria inteira de razões). A tensão ideal que irrompe na realidade social remete à circunstância de que a aceitação de pretensões de validade, que produz e perpetua fatos sociais, apoia-se na aceitabilidade de razões dependentes do contexto, as quais sempre estão expostas ao risco de serem desvalorizadas por razões melhores e processos de aprendizagem transformadores dos contextos.

Essas propriedades estruturais da socialização comunicativa explicam por que o mundo da vida simbolicamente pré-estruturado, mediado por interpretações e convicções, por que o tecido social em seu todo, é perpassado por suposições de validade falíveis. Elas tornam compreensível por que as expectativas sociais de comportamento, que dependem de suposições de validade falíveis, alcançam, no melhor dos casos, uma espécie precária de estabilidade. Esta estabilidade se deve às operações de integração social que afastam o perigo sempre presente de uma desestabilização por meio de um dissenso fundamentado. As razões certamente só valem ante o pano de fundo de padrões de racionalidade dependentes do contexto;[27] porém, razões que acentuam os resultados de processos de aprendizagem transformadores do contexto também podem minar os padrões habituais de racionalidade.

Nós conhecemos duas estratégias que enfrentam esse risco de dissenso e, com isto, a instabilidade que habita a socialização comunicativa em geral: a limitação [*Eingrenzung*] e a desobstrução [*Entschränkung*] do mecanismo comunicativo. O risco embutido na ação comunicativa é *limitado* por aquelas certezas intuitivas que se deixam compreender por si mesmas de maneira inquestionável porque são desacopladas de todas as razões comunicativamente disponíveis e capazes de ser mobilizadas deliberadamente. Essas certezas que estabilizam comportamentos, a partir das quais se constrói o pano de fundo do mundo da vida, permanecem aquém do limiar da tematização possível e são separadas daquela dimensão aberta inicialmente apenas na ação comunicativa, em que podemos distinguir entre a aceitabilidade e a mera aceitação de convicções e razões. Observamos uma fusão semelhante entre facticidade e validade na dimensão de validade daquelas convicções controladoras do comportamento que estavam vinculadas às imagens de mundo sagradas e à autoridade carismática das grandes instituições. Essa espécie de autoridade não se baseia no fato de que as convicções normativas permaneceram como pano de fundo e não poderiam ser tematizadas e nem ligadas a razões; ela se baseia antes em uma seleção prescritiva de temas e na fixação rígida de razões. Na medida em que a disposição comunicativa sobre razões e sua mobilização são contidas, silenciando com isso a crítica, as normas e os valores priorizados em termos de autoridade formam, para

---

27 R. Rorty, *Solidarität oder Objektivität: Drei philosophische Essays*, Stuttgart, Reclam, 1988; para uma abordagem crítica, cf. H. Putnam, Why Reason Can't Be Naturalized, *Synthese*, n.52, n.1, p.1-23, jul. 1982.

as ações comunicativas, um banco de dados que permanece subtraído da corrente de problematização de seus processos de entendimento. Somente quando normas e valores são tornados comunicativamente disponíveis e expostos ao livre jogo de razões mobilizáveis, considerando a diferença *categorial* entre aceitabilidade e mera aceitação, a integração social efetuada por valores, normas e entendimento passa a depender completamente das operações daqueles que agem comunicativamente.

Sob as condições modernas de sociedades complexas, que exigem em larga escala uma ação orientada por interesses, portanto, uma ação neutralizada em termos normativos, surge aquela situação paradoxal em que a ação comunicativa *desobstruída* não pode nem delegar, nem carregar seriamente o fardo da integração social que lhe recai. Ela pode domesticar com seus próprios recursos o risco de dissenso que lhe é inerente apenas se prolongar os discursos por tempo ilimitado, o que, por sua vez, acabaria por ampliar esse mesmo risco. Ao considerarmos que tipo de mecanismo poderia permitir uma comunicação deslimitada se desonerar das operações de integração social sem desmentir a si mesma, a positivação completa do direito, até então apoiado no sagrado e entrelaçado com a eticidade convencional, aparece como uma saída plausível desse impasse: é criado um sistema de regras que vincula as estratégias da limitação e da desobstrução do risco de dissenso inscrito na ação comunicativa e, ao mesmo tempo, as diferencia de acordo com uma divisão de trabalho.

De um lado, a garantia estatal da imposição do direito oferece um equivalente funcional para a estabilização de expectativas da autoridade carismática. Enquanto as instituições que apoiam as imagens de mundo fixam as convicções controladoras do comportamento pela limitação da comunicação, o direito moderno permite substituir convicções por sanções, libertando os motivos da obediência às regras sem deixar de impor sua observância. Em ambos os casos, evita-se uma desestabilização causada pelo dissenso fundamentado, uma vez que os destinatários não podem colocar em questão a validade das normas que eles mesmos devem seguir. No entanto, este "não poder" ganha um outro sentido, a saber, um sentido racional com respeito a fins, porque se altera o próprio modo de validade. Enquanto no sentido de validade das convicções vinculadas à autoridade facticidade e validade estão entrelaçadas, na validade jurídica ambos os momentos se separam um do outro – a aceitação imposta da ordem jurídica é diferenciada da aceitabilidade das razões sobre as quais apoia sua pretensão de legitimidade. Essa dupla codificação remete, *de outro lado*, ao fato de que a positividade e a pretensão à legitimidade do direito também levam em consideração aquela deslimitação da comunicação que, em princípio, expõe todas as normas e valores a exame crítico. Os parceiros do direito devem supor que também autorizariam, por meio de uma livre formação política da opinião e da vontade, as regras às quais eles mesmos se submeteriam na qualidade de destinatários. Contudo, esse processo de legitimação conduz ao componente do sistema jurídico, já que necessita da institucionalização jurídica diante das contingências próprias da comunicação cotidiana, que flutua de maneira disforme. Com exceção dessa restrição da comunicação, o risco constante da contradição é prolongado discursivamente de maneira ilimitada, transformando-se na força produtiva de uma formação política da opinião e da vontade presumivelmente racional.

(3) Desse modo, se considerarmos o direito moderno como um mecanismo que exonerou as operações altamente exigentes do entendimento daqueles que agem comunicativamente das tarefas da integração social, sem impedir, em princípio, a deslimitação das margens de comunicação, ambos os lados tornam-se compreensíveis: tanto a positividade do direito, quanto sua pretensão à aceitabilidade racional. Com efeito, a positividade do direito significa que, com a estrutura conscientemente positivada de normas, surge um fragmento de realidade social produzido artificialmente e que só existe até nova ordem, já que pode ser modificado ou colocado fora de ação em cada um de seus elementos singulares. Sob o aspecto da modificabilidade, a validade do direito positivo aparece como a expressão pura de uma vontade que empresta duração a determinadas normas contra a possibilidade sempre presente de virem a ser revogadas. O *pathos* do positivismo jurídico, como veremos, alimenta-se desse voluntarismo da pura positivação. De outro lado, a positividade do direito não pode se fundar unicamente na contingência de decisões arbitrárias sem que isto traga prejuízos para a força de integração social. Pelo contrário, o direito retira sua força vinculante da aliança que a positividade do direito estabelece com a pretensão à

Facticidade e validade

legitimidade. Nessa ligação, reflete-se aquele entrelaçamento estrutural da aceitação baseada em fatos com a aceitabilidade exigente de pretensões de validade, que, como se sabe, foi apresentado como uma tensão entre facticidade e validade já na ação comunicativa e nas ordens sociais mais ou menos naturalizadas. Essa tensão ideal retorna de maneira intensificada no âmbito do direito, mais precisamente na relação entre a coerção jurídica, que garante um nível médio de aceitação de regras, e a ideia de autolegislação – ou a suposição da autonomia política dos cidadãos unidos – que é a única capaz de resgatar a pretensão de legitimidade das próprias regras, ou seja, torná-las racionalmente aceitáveis.

Dessa tensão mantida na dimensão da validade do direito resulta, além disso, a necessidade de organizar o próprio poder político nas formas do direito legítimo – poder que é usado para a imposição jurídica (e para a aplicação do direito baseada na autoridade), de onde o direito retira sua positividade. A ideia do Estado de direito responde ao desiderato da transformação jurídica do poder pressuposto no próprio direito. Nele, a práxis política de autolegislação assume uma forma institucionalmente diferenciada. Pois com a ideia de Estado de direito é colocada em marcha uma espiral de autoaplicação do direito, a qual deve realçar a suposição internamente inevitável da autonomia política diante da facticidade do poder juridicamente não domesticado e que se infiltra no direito *a partir de fora*. A configuração do Estado de direito pode ser entendida como uma sequência, em princípio aberta, de providências orientadas à experiência contra a subjugação do sistema jurídico por um poder – ilegítimo – de relações que contradizem a sua autocompreensão normativa. Neste caso, trata-se de uma relação *externa* (percebida da perspectiva do sistema jurídico) entre facticidade e validade, uma tensão entre norma e realidade, que exige propriamente um tratamento normativo.

Sociedades modernas não são integradas apenas socialmente, mediante valores, normas e processos de entendimento, mas também sistemicamente, pelos mercados e pelo poder empregado de maneira administrativa. Dinheiro e poder administrativo são mecanismos de integração social que formam sistemas e não coordenam ações de modo necessariamente intencional, isto é, impondo custos comunicativos sobre a consciência dos participantes da interação, mas sim objetivamente, como que pelas suas costas. A "mão invisível" do mercado é, desde Adam Smith, o exemplo clássico para este tipo de regulação. Pela via da institucionalização jurídica, ambos os meios se encontram ancorados nas ordens sociais do mundo da vida mediante a ação comunicativa. Desse modo, o direito moderno está ligado a todos os três recursos de integração social. Por meio de uma práxis de autodeterminação, que exige dos cidadãos o exercício comum de suas liberdades comunicativas, o direito abastece sua força de integração social em última instância a partir das fontes de solidariedade social. As instituições do direito privado e do direito público, por outro lado, possibilitam a instauração de mercados e a organização de um poder estatal; pois as operações do sistema econômico e do sistema administrativo, que se diferenciam dos componentes sociais do mundo da vida, são efetuadas nas formas do direito.

Assim, pelo fato de estar vinculado tanto ao dinheiro e ao poder administrativo quanto à solidariedade, o direito lida em suas operações de integração com imperativos de diferentes proveniências. Mas em lugar algum está escrito nas normas jurídicas *como* equilibrar estes imperativos. Nas matérias dos diferentes campos do direito é possível reconhecer a origem da necessidade de regulação, à qual reagem a política e a positivação do direito. Porém, nos imperativos funcionais do aparelho estatal, do sistema econômico e de outros domínios sociais deixam-se penetrar com frequência interesses não filtrados normativamente, porque são os mais fortes e podem se servir da força legitimadora da forma jurídica a fim de encobrir sua capacidade de imposição meramente factual. Por esta razão, enquanto meio de organização de uma dominação política que remete aos imperativos funcionais de uma sociedade econômica diferenciada, o direito moderno continua sendo um *medium* profundamente ambíguo de integração social. Muito frequentemente, o direito empresta ao poder ilegítimo apenas a aparência de legitimidade. À primeira vista, não conseguimos ver se as operações de integração se apoiam no consentimento dos cidadãos associados ou se resultam da autoprogramação estatal e do poder estrutural da sociedade, produzindo, por sua vez, com base nesse substrato material, a pretensa lealdade das massas.

Contudo, as margens de uma autolegitimação naturalizada do direito tornam-se tanto mais estreitas quanto menos o sistema jurídico como um

Facticidade e validade

todo puder se apoiar em garantias metassociais e se imunizar contra a crítica. Certamente, um direito que em sociedades modernas carrega o fardo principal da integração social se encontra submetido à pressão *profana* dos imperativos funcionais de reprodução da sociedade; mas ao mesmo tempo ele se encontra sob a coação por assim dizer *idealista* para legitimá-los. Segundo a autocompreensão constitucional da comunidade jurídica, as operações de integração sistêmica que a economia e o aparelho estatal efetuam mediante o dinheiro e o poder administrativo também *devem* permanecer acopladas ao processo de integração social representado pela práxis de autodeterminação dos cidadãos. A tensão entre o idealismo do direito constitucional e o materialismo da ordem jurídica, especialmente de um direito econômico que somente reflete a distribuição desigual do poder social, encontra seu eco na discrepância entre a consideração filosófica e a empírica do direito. Antes de voltar às reflexões sobre a tensão entre facticidade e validade interna ao direito, eu gostaria de discutir a relação externa entre facticidade social e autocompreensão do direito moderno, mais precisamente a maneira como essa relação se reflete nos discursos sociológicos sobre o direito e nos discursos filosóficos sobre a justiça.

II
Concepções sociológicas do direito e concepções filosóficas da justiça

Mediante a ação comunicativa, o potencial de racionalidade da linguagem é requerido, mobilizado e liberado no curso da evolução social para funções de integração social. O direito moderno preenche as lacunas funcionais de ordens sociais sobrecarregadas nas suas operações de integração social. Na dimensão de validade desse direito se intensifica aquela tensão entre facticidade e validade que, com o conteúdo ideal dos pressupostos pragmáticos da ação comunicativa, já se encontra inscrita na prática cotidiana não formalizada. Na medida em que tomamos consciência do conteúdo ideal da validade do direito nas ideias de organização e auto-organização conscientes da comunidade jurídica, inicialmente formuladas pela tradição do direito racional, e esse conteúdo ideal se choca com os imperativos funcionais da economia controlada pelo mercado e da administração burocrática, a autocompreensão normativa traz ao primeiro plano uma crítica articulada no quadro das ciências sociais. De um lado, o direito precisa manter sua forte pretensão de que nem mesmo os sistemas funcionais controlados pelo dinheiro e pelo poder administrativo podem se subtrair totalmente a uma "integração social" mediada pela consciência da sociedade como um todo; de outro lado, é precisamente esta pretensão que parece ser vítima do desencantamento sociológico do direito. Saber como a sociedade elabora essa contradição é um tema que há muito tempo vem ocupando as investigações articuladas nos termos da crítica da ideologia e da crítica do poder. Vou seguir essa linha de uma crítica do direito que confronta pretensão e realidade[1] apenas na medida em que desemboca em uma objeção mais radical segundo a qual um direito que se tornou periférico tem cada vez mais que se despojar da aparência de normatividade, caso ainda queira continuar cumprindo suas funções diante da crescente complexidade social. Se estivesse correta, essa afirmação retiraria a base em que se apoia uma teoria do discurso conectada com a autocompreensão normativa do direito; uma tal abordagem discursiva teria perdido então, de saída, o contato com uma realidade que se tornou cínica. Em oposição ao ceticismo das ciências sociais ante o direito, as teorias filosóficas da justiça sublinham decididamente o conteúdo moral das ordens jurídicas modernas. Essas construções racionais do direito servem à fundamentação de princípios de acordo com os quais uma sociedade bem ordenada deveria ser instaurada; mas elas se distanciam tanto da realidade das sociedades contemporâneas que têm dificuldade de especificar as condições para a realização desses princípios.

Seguirei de início a linha de discussão no quadro das ciências sociais proposta pela teoria dos sistemas, tendo por finalidade examinar os benefícios e as desvantagens de um desencantamento objetivista do direito (I). Com base na concepção de direito desenvolvida por John Rawls, mostrarei em seguida as dificuldades complementares de um discurso filosófico sobre a justiça levado a cabo de maneira puramente normativa (II). Seguindo Max Weber e Talcott Parsons, desenvolvo finalmente a dupla perspectiva a partir da qual o sistema jurídico é internamente levado a sério com a reconstrução de seu conteúdo normativo e, ao mesmo tempo, pode ser descrito externamente como componente da realidade social (III).

I. O desencantamento do direito pelas ciências sociais

O valor posicional da categoria do direito oscilou durante os três últimos séculos na análise do Estado e da sociedade em função das diferentes conjunturas científicas. De Hobbes a Hegel, o direito natural moderno se serviu dela como uma categoria-chave pela qual deveriam ser mediadas todas

---

1 Cf. Peters, *Rationalität, Recht und Gesellschaft*, op. cit., p.136-166.

as relações sociais. As figuras jurídicas de pensamento pareciam suficientes para projetar o modelo de legitimação de uma sociedade bem ordenada. A sociedade correta se apresentava como aquela instaurada segundo um programa jurídico racional. Porém, já as doutrinas da sociedade natural dos filósofos morais escoceses fizeram valer, contra as concepções do direito natural racional, a objeção de que os contextos naturais de vida ligados a práticas, costumes e instituições resistiam a uma reconstrução baseada em conceitos do direito formal. Adam Ferguson e John Millar se encontram entre a política clássica e a economia política contemporânea, colocando-se ainda no caminho entre Aristóteles e Marx.[2] Na qualidade de empiristas, eles se voltam contra o *prescritivismo* de um direito racional que desconsidera, com argumentos normativos, as particularidades históricas e os dados socioculturais; na qualidade de sociólogos e antropólogos extemporâneos, também se voltam contra um *racionalismo* que pretendia dissolver, em um sistema de regras construído com vontade e consciência, a rede informal de relações sociais consuetudinárias, instituições naturais, constelações de interesses e estruturas de classe profundamente enraizadas.

Contudo, o modelo do contrato social podia se apoiar na evidência de que a moderna sociedade de troca parecia assegurar às pessoas privadas, mediante a participação nas transações econômicas, algo como uma autonomia e igualdade naturais. Esse caráter da sociedade burguesa, que garantia espontaneamente a liberdade, parecia necessitar apenas da declaração de um direito formal. Certamente, essa intuição só foi explicitada nas versões liberais encontradas de Locke a Kant e Thomas Paine.[3] Mas o propósito de construir instituições estruturantes nos termos do direito natural racional certamente leva, em todas as teorias do contrato social, a que se possa entender a sociedade em seu todo como o contexto intencional de uma as-

---

2 A. Ferguson, *Versuch über die Geschichte der bürgerlichen Gesellschaft*, Frankfurt/Main, Suhrkamp, 1986; J. Millar, *Vom Ursprung des Unterschieds in den Rangordnungen und Ständen der Gesellschaft*, Frankfurt/Main, Suhrkamp, 1967.

3 C. B. Macpherson, *Die politische Theorie des Besitzindividualismus*, Frankfurt/Main, Suhrkamp, 1973; W. Euchner, *Naturrecht und Politik bei John Locke*, Frankfurt/Main, Suhrkamp, 1979.

sociação voluntária de membros originalmente autônomos e iguais.[4] Essa ideia improvável só pode adquirir uma certa plausibilidade ante o pano de fundo de que considera a sociedade civil como uma base natural sobre a qual as partes se encontram, de saída, como livres e iguais – "de saída" porque os proprietários de mercadorias, imaginados como os chefes masculinos da família, sob as condições igualitárias de uma pequena economia de mercado equilibrada, como Marx havia dito, assumem *virtualmente*, diante de toda socialização política conduzida intencionalmente, a posição de sujeitos de direito com autonomia privada. Esse pano de fundo encontra-se menos presente naqueles autores que não determinam o estado de natureza a partir da economia, mas em termos de uma teoria do poder; ainda assim, as construções hobbesianas do estado de natureza formam um equivalente para a suposição da sociedade burguesa como uma esfera que, antes de toda regulação jurídica, deveria atuar como fonte da socialização política, porque as relações econômicas de concorrência já implicam sujeitos contratantes e que, nesta medida, estabelecem o direito.

Essa premissa, desenvolvida explicitamente ou aceita de modo tácito, explica por que a análise econômica da sociedade burguesa, originada da filosofia moral escocesa, abalou persistentemente a tradição do direito racional. Com Adam Smith e Ricardo, desenvolveu-se uma economia política que concebe a sociedade burguesa como uma esfera dominada por leis anônimas de intercâmbio de mercadorias e de trabalho social. Em seguimento à economia política, Hegel a denominou "sistema de necessidades", na qual os indivíduos são privados de toda liberdade efetiva. Enquanto crítico da economia política, Marx reconhece, por fim, na anatomia da sociedade burguesa tão somente as estruturas em que o processo de autovalorização do capital salta sobre a cabeça de indivíduos que alienam a si mesmos, criando formas sempre mais drásticas de desigualdade social. De um conjunto de condições *autorizadoras* e possibilitadoras da liberdade, sob as quais os indivíduos podem se associar com consciência e vontade e submeter o processo social ao seu próprio controle comum, a sociedade burguesa se transforma então em

---

4 I. Fetscher e H. Münkler (orgs.), *Pipers Handbuch politischer Ideen*, v.3, Munique, Piper, 1985, cap.VIII, p.353 e ss.

Facticidade e validade

um sistema de *dominação anônima*, que se autonomiza diante das intenções de indivíduos inconscientemente socializados, obedece apenas à sua própria lógica e submete a sociedade em seu todo a imperativos economicamente decodificados que visam apenas sua própria estabilização.

Com essa mudança de perspectiva, que foi conduzida pela economia política e pela crítica da economia política, a categoria do direito perde seu papel-chave na estratégia teórica. A reprodução da vida social não é apenas muito complexa para se deixar apreender nas figuras de pensamento normativas do direito racional. Os mecanismos de integração social, ao que parece, também são de um tipo totalmente diferente, ou seja, não são normativos. A anatomia da sociedade burguesa apreendida nos conceitos da economia política possui um efeito desmascarador: as relações de produção, e não as relações jurídicas, formam o esqueleto que mantém coeso o organismo social. A imagem medicinal logo é suplantada pela venerável metáfora da construção da casa: o direito pertence à superestrutura política da base econômica de uma sociedade, onde a autoridade de uma classe social sobre as outras classes é exercida na forma apolítica do poder de disposição privado sobre os meios de produção. A circulação recursivamente fechada de produção e reprodução de valores de troca se impõe sobre as operações do direito moderno voltadas à integração social, reduzindo o direito a mero epifenômeno. Com isso, o mecanismo de mercado descoberto e analisado pela economia política salta ao primeiro plano da teoria social. O modelo realista de uma socialização anônima, que se impõe por detrás das costas dos atores, dissolve o modelo idealista de uma associação conduzida intencionalmente e mantida de forma continuada pelos parceiros do direito.

Contudo, Marx ainda retém o conceito clássico de totalidade social, cuja influência se estende de Aristóteles a Hegel. O pináculo e o centro do todo social, aos quais os indivíduos são integrados como partes, são simplesmente invertidos da cabeça aos pés. No lugar da unidade manifesta de uma ordem estatal juridicamente constituída, entra a unidade latente sistemicamente produzida do processo econômico global de autovalorização do capital. Esse processo, entendido como totalidade negativa, permanece referido em termos de filosofia da história à contraimagem clássica e preservada de uma totalidade produzida conscientemente. Depois que a teleologia da natureza, de Vico a Condorcet, foi transferida para a dimensão da história,[5] a sociedade pode ser concebida como totalidade em vir a ser, referida a si mesma e que somente realiza sua essência intrínseca de uma socialização intencional no curso do processo histórico, mais precisamente como associação *futura* de produtores libertos do fetiche do capital, a qual submete as condições do processo de vida material a seu controle comum.

Essa construção vulnerável – deixando de lado outras objeções – não pôde resistir à crítica dirigida às hipóteses de fundo de uma teleologia da história, nem às reservas contra conceitos holistas de sociedade. Porém, no que concerne à teoria da história, o olhar estritamente objetivador lançado por Marx se impôs sobre diversas linhas da tradição, dirigindo-se, a partir de fora, aos mecanismos de socialização e perante o qual toda integração social decorrida mediante valores, normas e processos de entendimento, também por intermédio do direito, se desfaz em mera aparência. Finalmente, quando na linha de um funcionalismo marxista também desaparece a esperança depositada na filosofia da história, a sociedade é colocada fora da própria dinâmica da história e, sob as coerções ditatoriais e repetitivas de um processo de acumulação que se acelera e tudo perpassa, solidifica-se em um mundo de relações sociais reificadas.[6] O sentido *melancólico* dessa teoria dos sistemas é tributário da referência a uma totalidade interpretada de maneira meramente negativa como contexto de coerção.[7] Ainda que o discernimento acerca da diferenciação progressiva e da complexidade crescente da sociedade também proíba essa referência invertida a um todo abstrato composto por uma razão instrumental inflada, a teoria dos sistemas *empregada em termos afirmativos* perde seu aguilhão crítico e desprende-se, ao mesmo tempo, da fixação filosófica voltada a um único mecanismo de socialização centrado na troca de equivalentes.

O funcionalismo sistêmico pode superar mais uma vez o realismo do modelo de Marx com o conceito de uma sociedade descentrada, desagrega-

---

5 K. Löwith, *Weltgeschichte und Heilsgeschehen*, Stuttgart, Kohlhammer, 1953.

6 S. Benhabib, *Critique, Norm and Utopia*, Nova York, Columbia University Press, 1986.

7 W. Lepenies, *Melancholie und Gesellschaft*, Frankfurt/Main, Suhrkamp, 1969.

da em muitos sistemas e funcionalmente diferenciada; nela, o observador sociológico se vê subsumido, junto com sua ciência, como mais um sistema ao lado de outros. Nessa sociedade estilhaçada policentricamente, sem base e sem ponta, os vários sistemas parciais, que são recursivamente fechados e conservam suas fronteiras, formam ambientes uns para os outros; eles se encontram, por assim dizer, em um âmbito horizontal e se estabilizam na medida em que se observam uns aos outros e, sem possibilidades de uma intervenção direta, relacionam-se uns com os outros de maneira reflexiva. As capacidades transcendentais de sujeitos conscientes, que Husserl concebeu em termos monádicos, são transpostas para sistemas despidos da subjetividade de mônadas conscientes, mas que, por seu turno, continuam monadicamente encapsulados em si mesmos.

N. Luhmann herda a teoria dos sistemas da fenomenologia transcendental, convertendo, deste modo, a filosofia do sujeito em um objetivismo radical. Ainda que de modo diferente, as teorias estruturalistas da sociedade, de Lévi-Strauss a Althusser e Foucault, deram o mesmo passo. Tanto aqui quanto lá, os sujeitos, que sempre constituíram os próprios mundos ou, em um nível superior, partilharam intersubjetivamente seus mundos da vida comuns, perderam seu lugar; e, com eles, todas as operações de integração intencionais, efetuadas conscientemente pelos atores, perderam seu direito. Foram apagados todos os vestígios hermenêuticos nos quais uma teoria da ação que parte internamente da autocompreensão dos atores ainda poderia encontrar acesso à sociedade. Com essa radicalização da análise marxista dos sistemas, as novas teorias objetivistas da sociedade se distanciam tanto da estreiteza e do lastro normativo dos conceitos holistas fundamentais quanto da filosofia da história. Abre-se naturalmente o olhar à amplitude de variação, à contingência e à multiplicidade das sociedades altamente complexas.

Também as investigações da sociologia do direito tiraram proveito do novo paradigma. O sistema jurídico – ou as estruturas que lhe são subjacentes – reconquistou uma parte de sua autonomia que, por assim dizer, foi perdida para a crítica da ideologia. O direito não é mais considerado apenas um epifenômeno, obtendo novamente um sentido intrínseco. Contudo, em uma sociedade totalmente descentrada, ele ainda possui uma posição periférica, formando um sistema ou um discurso em meio a uma variedade desordenada de sistemas e discursos. Seus respectivos fenômenos, ou seja, as comunicações estruturadas ou controladas juridicamente, são descritos em uma linguagem que passa objetivamente ao largo da autocompreensão dos atores, sem procurar e nem encontrar inserção no saber intuitivo dos participantes. Sob os olhares artificialmente distanciados do observador dos sistemas, que concebe a si mesmo como sistema em um ambiente, ou do etnólogo, que também encara as práticas nativas e jogos de linguagens como o estrangeiro não iniciado, todo contexto de vida social se cristaliza em uma segunda natureza hermeneuticamente inacessível, mediante a qual o saber contraintuitivo é reunido em um tipo de conhecimento próprio das ciências naturais.

No caminho que vai das antigas controvérsias entre doutrinas da sociedade natural e doutrinas do direito natural no século XVIII até o estruturalismo e a teoria dos sistemas, a reflexão das ciências sociais parece definitivamente minar não apenas o acesso prescritivo e racionalista das teorias contratualistas à sociedade, mas, em geral, parece também desvalorizar o direito enquanto uma categoria central da teoria social. A sociologia do direito de Niklas Luhmann marca o ponto final provisório nesse eixo da história da teoria.[8] Tal sociologia me interessa aqui somente como a variante mais consequente de uma teoria que, em comparação com as teorias clássicas da sociedade, atribui ao direito uma posição marginal e neutraliza o fenômeno internamente acessível da validade do direito sob uma descrição objetivista.

O direito é concebido aqui unicamente sob o ponto de vista funcional da estabilização de expectativas de comportamento. Em sociedades diferenciadas funcionalmente, o direito é especializado em generalizar consensualmente de tal modo as expectativas na dimensão temporal, social e objetiva que, em casos de conflitos surgidos de maneira contingente, possamos chegar a decisões vinculantes de acordo com o código binário do lícito ou ilícito. O sistema jurídico em seu todo abrange todas as comunicações que

---

8 N. Luhmann, *Ausdifferenzierung des Rechts*, Frankfurt/Main, Suhrkamp, 1981; Id., *Legitimation durch Verfahren*, Neuwied, 1969.

Facticidade e validade

são orientadas ao direito. Em sentido estrito, ele abrange aqueles atos jurídicos que alteram as situações jurídicas, pelas quais são reacoplados, com procedimentos jurídicos institucionalizados, normas jurídicas e interpretações da dogmática jurídica. No entanto, essas determinações convencionais da sociologia do direito adquirem seu sentido específico apenas pela suposição de que a diferenciação evolucionária do direito possa ser compreendida como uma autonomização, que finalmente torna o direito que se tornou positivo independente em um sistema autopoiético. Portanto, o sistema jurídico se delimita de maneira autorreferencial como um círculo comunicativo de tal modo fechado recursivamente diante de seus entornos que desenvolve suas relações externas somente mediante observações. Ele descreve seus próprios componentes uma vez mais em categorias jurídicas e usa essas autotematizações para constituir e reproduzir os atos jurídicos com seus próprios meios. O sistema jurídico se torna autônomo na medida em que seus componentes estão ligados de tal modo uns com os outros "que normas e ações jurídicas se produzem reciprocamente e que, por seu turno, seus procedimentos e sua dogmática relacionam essas relações".[9]

A primeira consequência desse conceito é o desacomplamento entre um sistema monadicamente fechado, mas ao mesmo tempo aberto, e todos os outros sistemas de ação. O sistema jurídico tornado autônomo não pode mais manter uma troca *direta* com seus ambientes intrassociais, nem mais influenciá-los em sentido regulatório. Na base da construção de cada um dos próprios ambientes, o contato produzido pela observação com acontecimentos para além dos limites sistêmicos oferece ao sistema jurídico fechado de maneira autopoiética apenas *ocasiões* para influir sobre si mesmo. As funções de controle concernentes à sociedade em seu todo lhes são negadas. Em todo caso, o direito pode "regular" a sociedade em um sentido metafórico: na medida em que ele transforma a si mesmo, ele se apresenta aos outros sistemas como um ambiente modificado diante do qual aqueles podem "reagir" novamente de um modo igualmente indireto. Retornarei em breve a este ponto.

---

9 G. Teubner, *Recht als autopoietisches System*, Frankfurt/Main, Suhrkamp, p.46.

A segunda consequência que nos interessa de início diz respeito à extinção de todos os vestígios que a autocompreensão normativa do sistema jurídico ainda havia deixado nas teorias clássicas da sociedade. Já a reinterpretação feita pelas teorias da aprendizagem das expectativas normativas de comportamento, convertendo-as em expectativas cognitivas mantidas de maneira contrafactual, apaga a dimensão deontológica da validade e, com isso, o sentido ilocucionário de normas de ação e mandamentos. Luhmann se apropria dessa ideia e explica as expectativas normativas com a estratégia da não aprendizagem: "Nesse caso, o psicólogo [pensa] somente em um comportamento de aprendizagem por conta própria, relutante no que concerne à aprendizagem – e não em um comportamento que escolhe a mesma estratégia, porém se apoia assim na moral dominante, nas instituições, no direito. Daí se conclui que somente normas sociais despatologizam a não aprendizagem".[10] A diferença entre ser e dever-ser, entre a validade veritativa e a validade deontológica é reduzida a duas possibilidades de reação, que, como aprendizagem e não aprendizagem, apresentam uma alternativa *apenas* com referência às expectativas *cognitivas*. Portanto, são "normativas" as expectativas cognitivas que, em caso de decepção, não se está disposto a rever. Com essa mudança de rumo nos conceitos fundamentais, a sociologia funcionalista do direito se torna cega diante do sentido complexo de validade do direito.

Somente essa reinterpretação empirista dos aspectos normativos do direito torna plausível a suposição de desligamento do sistema jurídico no tocante a todas as relações *internas* com a moral, de um lado, e a política, de outro. Ela prejudica uma análise mais ampla, já que o direito se reduz à função especial de aplicação jurídica. E, nisso, perde-se de vista a conexão interna entre o direito e a organização democrático-estatal, do surgimento, da aquisição e do uso do poder político.

Decisiva, por fim, é a objetivação do direito em um sistema autorregulado. Nessa descrição, a comunicação acerca do lícito e do ilícito é privada de seu sentido concernente à *integração social*. Com isso, as normas e atos jurí-

---

10 N. Luhmann, Normen in soziologischer Perspektive, *Soziale Welt*, Baden-Baden, v.20, n.1, 1969, p.35.

Facticidade e validade

dicos perdem toda vinculação com a suposição de processos racionalmente motivados no interior de uma associação de parceiros do direito. Na medida em que a operação de integração do direito voltada à superação de conflitos é descrita como operação *sistêmica*, ela é assimilada ao modelo de socialização não intencional. Com isso, também as pretensões de validade e razões expressas em discursos jurídicos perdem seu valor intrínseco. O sentido dos argumentos jurídicos se esgota na função de diminuir o valor de surpresa das decisões motivadas de outro modo e aumentar a sua aceitação factual. Da perspectiva do observador sociológico, o que para os participantes conta como fundamentação se reduz ao formato de ficções necessárias: "Porque as razões são dificilmente substituíveis como garantidoras para contextos de decisão, ao jurista isso *parece* como se as razões justificassem a decisão e não as decisões justificassem as razões".[11]

Argumentações jurídicas, que, como veremos, possuem um valor posicional central para uma teoria discursiva do direito, são, da perspectiva da teoria dos sistemas, comunicações especiais, em que é possível superar diferenças de opinião que surgem no momento da atribuição do código de valores lícito ou ilícito por intermédio da troca de razões. Sob pontos de vista funcionais, contudo, contam apenas os efeitos perlocucionários que podem ser obtidos com razões: elas são meios com os quais o sistema jurídico se convence das próprias decisões. Mas se as razões não dispõem mais da força intrínseca da motivação racional – se as razões, como indica a fórmula de Luhmann, não se deixam fundamentar – a cultura da argumentação formada com muito dispêndio se transforma em um enigma. Ainda deveria ser explicado por que "precisa-se de razões que não são razões de modo algum".[12]

---

11 N. Luhmann, *Die soziologische Beobachtung des Rechts*, Frankfurt/Main, Alfred Metzner, 1986, p.33.

12 Id., Juristische Argumentation, manuscrito, 1991, p.1. A resposta que Luhmann ofereceu não é tão convincente. Ela consiste mais ou menos no seguinte: Se "informações" tornam conhecido o desconhecido e se "redundâncias" apresentam a repetição do conhecido, as comunicações podem, no geral, ser entendidas como a transferência contínua de informações a redundâncias. As argumentações desempenham a mesma coisa a partir de um estágio reflexivo. Elas utilizam razões

Ao final de um longo processo de desilusão das ciências sociais, a teoria dos sistemas acabou com os últimos vestígios do normativismo do direito racional. O direito, que se recolheu a um sistema autopoiético, é revestido por esse ângulo sociológico que aliena todas as conotações normativas e que, em última instância, se referem à auto-organização de uma comunidade jurídica. Nessa descrição do sistema autopoiético, o direito marginalizado narcisisticamente se limita a reagir aos próprios problemas, que, em todo caso, são ocasionados de fora. Por conseguinte, ele não pode perceber nem elaborar problemas que sobrecarregam o sistema social *em seu todo*. Ao mesmo tempo, em conformidade com sua constituição autopoiética, ele tem de contestar todas as operações a partir de recursos autoproduzidos, afastando as pretensões mais amplas de legitimidade, como Luhmann esclareceu com base no procedimento dos tribunais. Não existe um *output* que o sistema jurídico pudesse oferecer na forma de regulações: intervenções no ambiente lhes são proibidas. Nem há um *input* que o sistema jurídico pudesse receber na forma de legitimações: o processo político, a esfera pública e a cultura política formam ambientes cujas linguagens o sistema jurídico não compreende. O direito produz para seus ambientes o ruído

---

para garantir uma medida suficiente de redundância com a ajuda de redundâncias existentes e, deste modo, para se contrapor à pressão da variação de informações afluindo em grande número. De maneira correspondente, argumentações jurídicas elaboram a necessidade de fundamentação que surge pela pressão da variação de novos casos com a finalidade de assegurar a consistência das decisões ao longo do tempo; elas erguem, assim, uma barreira dogmática contra a disposição cognitiva de adaptação de uma práxis de decisão que avalia interesses e se orienta ao êxito. Essa proposta é implausível porque a conservação dogmática do direito válido teria de ser obtida sem riscos mediante a restrição da argumentação. As razões não possuem apenas uma função de redundância, mas são, desde sempre, de dois gumes: elas asseguram não apenas a coerência de um estoque de saber, mas também são inovadoras, uma vez que interpretam o novo de maneira nova e transformam contextos de saber. Por isso, as decisões jurídicas baseadas em princípios também necessitam de custos de argumentação mais significativos do que decisões rotineiras. Aliás, um modo de consideração da teoria dos sistemas em geral não pode explicar a função intrínseca de fundamentação, que consiste em evitar ou corrigir falhas, porque não admite uma distinção entre decisões jurídicas factuais e corretas.

Facticidade e validade

que os sistemas podem, em todo caso, considerar somente como variações de suas próprias ordens internas – para os quais o direito forma, por sua vez, um ambiente.

Essa *indiferença recíproca* entre o direito e os outros sistemas sociais funcionais, contudo, também não condiz com as interdependências empiricamente observáveis, mesmo quando, sob a impressão dos resultados da pesquisa de implementação, os efeitos de controle do comportamento das intervenções jurídicas são interpretadas de maneira cética[13] e, ao contrário de percepções correntes, o processo legislativo é abstraído como um procedimento estritamente interno ao direito. Não posso discutir aqui a crítica e as manobras evasivas em detalhe,[14] mas gostaria de mencionar uma consequência que G. Teubner tira da fragmentação da sociedade em uma multiplicidade de sistemas parciais autônomos, que a cada vez seguem seus próprios discursos e precisam conviver com construções sempre próprias e incompatíveis entre si acerca da realidade. O construtivismo jurídico se vê confrontado tanto teórica quanto empiricamente com a questão de saber o que significa a uniformidade autorreferencial do sistema jurídico para as possibilidades de comunicação com outros "mundos epistêmicos": "Há algo como um mínimo epistêmico na sociedade moderna, que sirva como denominador comum para discursos sociais apesar de toda autonomização? Há algo como uma covariação ou mesmo uma coevolução entre epistemes sociais autônomas? Ou a vinculação só é passível de ser produzida na medida que uma episteme é reconstruída no quadro de uma outra episteme?".[15] Teubner trata essa questão separadamente: no lado receptivo da elaboração do estranho "saber factual" econômico, técnico, psiquiátrico e

---

13 R. Mayntz (ed.), Steuerung, Steuerungsakteure, Steuerungsinstrumente, H. 70, Hi-Mon, Gesamthochschule Siegen, 1986; cf. Id., *Implementation politischer Programme II*, Opladen, Westdeutscher, 1983.

14 R. Münch, Die sprachlose Systemtheorie: Systemdifferenzierung, reflexives Recht, reflexive Selbststeuerung und Integration durch Indifferenz, *Zeitschrift für Rechtstheorie*, n.6; Luhmann, Einige Probleme mit "reflexivem" Recht, *Zeitschrift für Rechtstheorie*, v.6, 1985; cf. também G. Teubner (ed.), *Autopoietic Law: a New Approach to Law and Society*, Berlim, De Gruyter, 1988.

15 G. Teubner, Die Episteme des Rechts, in: D. Grimm (ed.), *Wachsende Staatsaufgaben: sinkende Steuerungsfähigkeit des Rechts*, Baden-Baden, Nomos, 1990, p.126.

científico em geral, que precisa ser traduzido e reconstruído no código do direito sem que o próprio sistema jurídico pudesse assumir "a autoridade epistêmica plena" para a fiabilidade deste tipo de saber estranho; e no lado regulador da "influência" de domínios sociais estranhos, por mais indireta que seja. Em ambos os lados, Teubner se vê obrigado a supor um *medium* de "comunicação social universal". Do lado da influência reguladora de sub-sistemas, discursos, epistemes estranhas, entre outros aspectos, ele abre o direito autopoiético sob o termo da "interferência" entre direito e sociedade (que ele distingue da "coevolução" e da "interpenetração") para contatos reais com a economia, política, família etc., os quais possuem um caráter não apenas episódico. Na medida em que tais sistemas parciais entram em contato uns com os outros através das *mesmas* ocorrências comunicativas, as ações no mesmo ato comunicativo podem "interferir" em cada uma das diferentes referências sistêmicas.

Assim, por exemplo, na celebração de um contrato de arrendamento, o ato jurídico "se intersecciona" a uma transação econômica e a processos no mundo da vida dos participantes: "Mediante a interferência sistêmica entre direito, mundo da vida e economia, os sistemas parciais podem fazer mais do que apenas observar uns aos outros ou regular a si mesmos".[16] Eles podem se comunicar uns com os outros, pois, "toda comunicação especial [...] é sempre também – literalmente *uno actu* – comunicação da sociedade em geral".[17] Como já revela a expressão "mundo da vida", que é estranha à teoria dos sistemas, Teubner tem de admitir um *medium* comunicativo comum a todas as comunicações sociais, sobre o qual está assentado o código especial dos sistemas parciais: "Sistemas sociais parciais utilizam o fluxo social da comunicação e derivam deste fluxo comunicações especiais como novos elementos".[18] Além disso, as interferências ligadas aos atos individuais de comunicação podem se enrijecer estruturalmente a ponto de causar interferência nos papéis de outros integrantes. Eu não acredito que essa proposta possa levar a uma versão compatível com a teoria dos sistemas.

---

16 Id., *Recht als autopoietisches System*, op. cit., p.109.

17 Ibid., p.107.

18 Ibid., p.108.

Facticidade e validade

De um lado, o discurso jurídico deve ser aprisionado em sua autorreprodução e construir apenas imagens internas do mundo exterior; de outro lado, ele deve transformar e utilizar a "comunicação social universal" para "influenciar" construções sociais universais da realidade, utilizando, por este caminho, também as construções de outros mundos discursivos. Dificilmente é possível combinar ambos os enunciados. Se a primeira parte do enunciado estiver correta, então certamente um único e mesmo ato de comunicação pertence a pelo menos dois discursos diferentes; mas a identidade de ambas as expressões só pode ser objetiva, não sendo reconhecível da perspectiva de um dos discursos participantes. Pois, caso contrário, poderia haver entre elas uma relação de tradução que impacta o fechamento recursivo das circulações da comunicação que, em princípio, são impermeáveis entre si. É notável a seguinte formulação que fala em favor dessa interpretação: "Todo ato jurídico é ao mesmo tempo – *uno actu* – um acontecimento da comunicação social universal. Um único e *mesmo* acontecimento comunicativo está engatado em dois discursos sociais diferentes: no discurso jurídico institucionalizado especializado e na comunicação universal difusa. A interferência do direito em outros discursos sociais não significa que estes se dissolveram em um superdiscurso multidimensional e também não significa que as informações entre eles seriam 'trocadas'. Pelo contrário, a informação em cada discurso é constituída de forma nova, e a interferência não acrescenta ao todo nada além da *simultaneidade* de dois acontecimentos comunicativos".[19] Ora, a simultaneidade não pode garantir, por si só, a identidade de uma expressão que contém significados diferentes sempre de acordo com a linguagem de referência. O que se mantém idêntico no acontecimento temporal deveria ser percebido novamente na diferença de seus significados e retido do ângulo de visão de qualquer observador. Uma vez que, segundo os pressupostos da teoria dos sistemas, é impossível haver uma tal posição de observador, muito menos um sujeito concernente à sociedade em seu todo, um acontecimento comunicativo tem de poder ser identificado como *o mesmo* em pelo menos em um dos discursos. Essa operação problemática pode, no melhor dos casos, ser descrita no *medium* da

---

19 Teubner, Die Episteme des Rechts, op. cit., p.27 (grifo de J. H.).

comunicação universal, que circula amplamente pela sociedade. Mas esse *medium* funciona como uma linguagem natural que torna possível traduções das "linguagens estrangeiras" enrijecidas nos códigos especiais, fazendo entre estas a mediação da troca de informações que estava impedida de ocorrer de maneira direta. De que outro modo seria possível o "teste de coerência social" a que estão expostos em uma "comunicação social duradoura" os discursos fechados autorreferencialmente? Se Teubner pretendesse tornar plausível a segunda parte de seu enunciado deste modo, ele deveria, contudo, postular para a sociedade em seu todo uma circulação da comunicação que certamente recua abaixo do nível do fechamento autopoiético, assumindo para os discursos especiais, todavia, funções de intérprete, na medida em que extrai deles conteúdos informativos e os transmite adiante.

Evidências empíricas impelem Teubner em direção a hipóteses que destroem a arquitetônica teórica elaborada por ele. Evidentemente, em uma sociedade plenamente descentrada, não sobra lugar para a autotematização e autoinfluência da sociedade em seu todo, porque ela é separada de maneira centrífuga em sistemas parciais que podem se comunicar consigo mesmos sempre somente em sua própria linguagem. No lugar do centro perdido da sociedade, Teubner coloca então o "mundo da vida". Este se constitui por uma linguagem que circula por todos os domínios sociais e aponta para um tipo de estrutura autorreferencial que possibilita traduções a partir de todos os códigos. Uma interferência dos sistemas, que afirma que "não somente a observação, mas a ligação comunicativa entre sistema e 'mundo da vida' é possível",[20] exige, sob o limiar de códigos especificados funcionalmente, um *medium universal* de comunicação. Este parece se confundir com a linguagem cotidiana. Ele se apoia sobre a diferenciação de meios de controle como dinheiro ou poder, mas não pode ser concebido propriamente como um mecanismo sistêmico. Essa proposta se ajusta muito mal a uma conceituação do direito como um sistema autopoiético, pois aponta antes em direção a uma teoria da ação comunicativa, que distingue um mundo da vida vinculado à linguagem cotidiana de sistemas que são abertos a seus ambientes de maneira adaptativa e controlados por códigos especiais.

---

20 Id., *Recht als autopoietisches System*, op. cit., p.109.

Facticidade e validade

Essa concepção não comete o erro de atribuir aos discursos especiais uma capacidade de solução de problemas *superior em todos os aspectos* à linguagem cotidiana não especializada. Da mesma maneira que o outro monopólio antropológico, a mão, também a linguagem cotidiana, gramaticalmente complexa e estruturada reflexivamente, possui a vantagem da multifuncionalidade. Com sua capacidade praticamente ilimitada de interpretação e forma de circulação, ela é superior aos códigos especiais na medida em que forma uma caixa de ressonância para os custos externos de sistemas parciais diferenciados, permanecendo sensível, desse modo, a situações de problemas concernentes à sociedade em seu todo. Definições e elaborações de problemas de acordo com a linguagem cotidiana permanecem difusas e são intensamente operacionalizadas em um nível mais baixo de diferenciação do que sob os aspectos unilaterais, especificamente ligados a códigos de custos e benefícios, ordem e obediência etc. Para tanto, porém, a linguagem cotidiana tampouco está presa a um único código; ela possui desde o início um caráter multilinguístico e não precisa pagar o preço da especialização, a saber, o de ser surda a problemas que são formulados em uma linguagem estrangeira.

Em suma, se levarmos isso em consideração, a especificação funcional do mundo da vida é de tal forma efetuada que seus componentes – cultura, sociedade, estrutura de personalidade – se diferenciam precisamente *nos limites* de uma linguagem multifuncional, por cujo *medium*, porém, permanecem *entrelaçados*. Portanto, temos de especificar de que maneira os sistemas são formados por uma diferenciação que se realiza com a introdução de códigos especiais, pela qual, a partir dos componentes sociais do mundo da vida, e apenas destes, são configurados sistemas funcionais como a economia controlada pelo dinheiro e uma administração controlada pelo poder.[21] Sob tais premissas, o direito conserva uma função de charneira entre sistema e mundo da vida que é incompatível com a representação de um isolamento e um encapsulamento autopoiéticos do sistema jurídico. O que Teubner descreve como "operação de interferência" resulta da dupla posição peculiar e da fun-

---

21 Cf. J. Habermas, Handlungen, Sprechakte, sprachlich vermittelte Interaktionen und Lebenswelt, op. cit., p.98 e ss.

ção mediadora do direito entre um mundo da vida reproduzido pela ação comunicativa, de um lado, e os sistemas sociais funcionais que formam ambientes uns para os outros, de outro lado. A circulação da comunicação no mundo da vida é rompida no ponto onde se chocam os *media* dinheiro e poder administrativo, que são surdos diante de mensagens da linguagem cotidiana; pois os códigos especiais não são apenas diferenciados de uma linguagem cotidiana ricamente estruturada, mas também se separaram desta. A linguagem cotidiana forma, na verdade, um horizonte universal do entendimento; em princípio, ela pode traduzir tudo *a partir* de todas as linguagens. Inversamente, porém, ela não pode operacionalizar suas mensagens para todos os destinatários tendo em vista sua eficácia para o comportamento. Para a tradução *em* um código especial, ela continua dependente de um direito que se comunica com os *media* de controle dinheiro e poder administrativo. O direito funciona, por assim dizer, como um transformador que assegura que a rede de comunicação socialmente integradora da sociedade em seu todo não se rompa. Apenas na linguagem do direito as mensagens normativamente dotadas de conteúdo podem circular *por toda a sociedade*; sem a tradução para o código complexo do direito, aberto na mesma medida para mundo da vida e sistema, essas mensagens permaneceriam surdas nos domínios de ação controlados pelos *media*.[22]

II. Retorno do direito racional e impotência do dever

No início dos anos 1970, o ataque operado pelas ciências sociais ao normativismo do direito racional desencadeou uma reação surpreendente. Na esteira da reabilitação geral de problemáticas da filosofia prática, a filosofia do direito deu uma virada que trouxe de volta a tradição do direito racional de uma maneira um tanto inesperada. Mais tarde, desde a publicação de *Uma teoria da justiça*, de John Rawls (1971), o pêndulo oscilou para o outro

---

22 Na perspectiva da teoria dos sistemas, a circulação sobre toda a sociedade é um indício do *status* arcaico de uma moral que foi ultrapassada pelos sistemas funcionais. Cf. N. Luhmann, Ethik als Reflexionstheorie der Moral, in: *Gesellschaftsstruktur und Semantik*, v.III, Frankfurt/Main, Suhrkamp, 1990, p.358-448.

Facticidade e validade

lado. Não apenas entre filósofos e juristas, mas também entre economistas, ensaiou-se um discurso que se vincula aos teoremas dos séculos XVII e XVIII de tal modo como se nunca tivéssemos tido notícia do desencantamento do direito pelas ciências sociais. Sem uma reflexão metacrítica sobre a mudança de perspectiva conduzida pela economia política e pela teoria social, com uma retomada direta da argumentação do direito racional, foram rompidas as pontes entre ambos universos discursivos. Nesse ínterim, contudo, no interior do discurso normativo ressurgiu aquela questão acerca da impotência do dever, que já havia motivado Hegel a estudar Adam Smith e David Ricardo a fim de se certificar da constituição da sociedade burguesa moderna como um momento da realidade da ideia ética.[23] Nessa perspectiva, o interesse de John Rawls nas condições de aceitação política de sua teoria da justiça, inicialmente desenvolvida *in vacuo*, aparece como o retorno de um problema reprimido. Trata-se aí do velho problema de como pode ser realizado o projeto racional de uma sociedade justa, que se contrapõe abstratamente a uma realidade sem razão, depois que se esgotou historicamente a confiança da filosofia da história na dialética entre razão e revolução levada a cabo por Hegel e Marx – e somente o caminho reformista de tentativa e erro ainda permanece tanto praticamente aberto quanto moralmente aceitável.[23a]

Em sua "teoria da justiça", Rawls havia desenvolvido a ideia de uma sociedade "bem ordenada" sob condições modernas de vida. Ela forma um sistema que possibilita a cooperação justa entre parceiros de direito livres e iguais. As instituições fundamentais de uma tal sociedade precisam ser dispostas de acordo com um esquema que possa ser fundamentado à luz da justiça como equidade e, assim, *merecer* o assentimento moralmente motivado de todos os cidadãos. Para a fundamentação de ambos os princípios supremos de justiça, Rawls propõe, de acordo com o modelo contratualista, um procedimento que pode ser compreendido como a explicação do ponto

---

23 A. E. Buchanan, *Marx and Justice: the Radical Critique of Liberalism*, Londres, Rowman & Littlefield, 1982; P. Koslowski, *Gesellschaft und Staat*, Stuttgart, Klett-Cotta, 1982, cap.6, p.242-292.

23a Para o que se segue, cf. K. Baynes, *The Normative Grounds of Social Criticism: Kant, Rawls, and Habermas*, Nova York, Suny Press, 1992.

de vista da avaliação imparcial de questões de justiça política que sejam moralmente ricas em conteúdo. Na "posição original", as partes envolvidas no processo de justificação estão submetidas exatamente às restrições (entre outras, concernentes à igualdade, à independência e ao desconhecimento acerca de sua própria posição em uma sociedade futura) que garantem que todos os acordos fundamentados em expectativas racionais voltadas a fins são ao mesmo tempo do interesse de todos, ou seja, são corretos ou justos em sentido normativo.[24]

Já neste *primeiro nível* de justificação normativa de seu modelo de uma sociedade bem ordenada – que, na terminologia americana, possui traços "liberais" e, na europeia, "social-democratas" –, Rawls havia se ocupado com o problema da autoestabilização. No § 86 de *Uma teoria da justiça*, ele se esforça para demostrar a "congruência entre o justo e o bem". As partes que se unem na posição original em torno de princípios racionais são grandezas artificiais ou construtos; elas não podem ser identificadas com os cidadãos de carne e osso que viveriam sob as condições reais de uma sociedade disposta segundo princípios de justiça. Elas também não são idênticas àqueles cidadãos racionais pressupostos na teoria, dos quais se espera que também venham a agir moralmente, ou seja, colocando seus próprios interesses abaixo dos deveres de um cidadão leal do Estado. O senso de justiça pode fundamentar o desejo de agir justamente; mas este não é um motivo automaticamente eficaz, como, por exemplo, o desejo de evitar dores. Por essa razão, Rawls se apoia em uma "teoria fraca do bem" para mostrar que as instituições justas criaram relações em conformidade com os interesses de bem-estar de cada um em perseguir seus próprios planos de vida livremente escolhidos sob condições iguais, permitindo com isso que outras pessoas possam também perseguir seus próprios planos de vida. Em uma sociedade bem ordenada, satisfazer as exigências da justiça a cada vez também seria bom para mim. Ou, nas palavras de Hegel: a moralidade do indivíduo encontraria seu contexto ético nas instituições de uma sociedade justa. A autoestabilização da

---

24 J. Rawls, *Theorie der Gerechtigkeit*, Frankfurt/Main, Suhrkamp, 1975. Os detalhes não precisam nos interessar aqui. Cf. minhas análises em Habermas, *Erläuterungen zur Diskursethik*, op. cit., p.125 e ss. e p.303 e ss.

sociedade justa, portanto, não se apoia na coerção jurídica, mas na força socializadora de uma vida sob instituições justas; pois tal vida forma e, ao mesmo tempo, consolida as disposições de justiça dos cidadãos.

No entanto, tudo isso só vale sob a premissa de que já existam instituições justas. Uma outra questão consiste em saber de que maneira tais instituições podem ser *estabelecidas* sob as circunstâncias dadas. Para uma teoria filosófica da justiça, essa questão não se coloca sob pontos de vista pragmáticos, mas é pensada, de início, de modo a permiti-la refletir sobre as condições político-culturais daquele pluralismo de convicções axiológicas sob as quais a teoria da justiça deveria encontrar ressonância no público contemporâneo de cidadãos. Nesse *segundo nível* de argumentação, não se trata do problema da aplicação de uma teoria considerada válida, mas da questão de saber de que maneira o conceito de sociedade bem ordenada, desenvolvido nos termos de uma teoria normativa, pode ser situado no contexto de uma cultura política e de uma esfera pública existentes, de tal modo a encontrar factualmente o assentimento de cidadãos dispostos ao entendimento. Nesse contexto, o conceito de "equilíbrio reflexivo" [*reflective equilibrium*] exerce de início um papel ambíguo, que não foi suficientemente diferenciado pelo próprio Rawls.

O equilíbrio reflexivo designa um método que também exerce um papel importante no nível da construção teórica. Isso significa aqui o procedimento característico em geral para as teorias reconstrutivas no qual o saber intuitivo de sujeitos competentes pode ser explicitado de uma forma racional com base em proferimentos exemplares. Um outro papel é assumido pelo procedimento de reconstrução racional no segundo nível, onde a teoria da justiça volta a se relacionar reflexivamente com seu contexto de inserção, expondo, assim, como e por que seus enunciados trazem ao conceito a substância normativa das instituições mais comprovadas de nossa práxis cotidiana e das melhores tradições de nossa cultura política. Com a demonstração de que seus princípios formulados de maneira convincente refletem as convicções fundamentais latentes da população, a teoria deve encontrar um "lugar" na vida política: "*The aim of political philosophy, when it presents itself in the public culture of a democratic society, is to articulate and to make explicit those shared notions and principles thought to be already latent in common sense; or, as is often the case,*

Jürgen Habermas

if common sense is hesitant and uncertain, to propose to it certain conceptions and principles congenial to its most essential convictions and historical traditions".[25] Uma vez que, no curso dos anos 1970, Rawls enfraqueceu a forte pretensão universalista de fundamentação de sua teoria da justiça, foi perdido, no entanto, o sentido diferencial que dizia respeito ao apelo a nossas melhores intuições normativas, de um lado, no contexto de *fundamentação* da teoria e no contexto do esclarecimento público sobre e da *propaganda* política para os princípios de uma teoria já defendida entre os filósofos especialistas, de outro lado. Quanto mais Rawls acredita que a própria teoria da justiça poderia se apoiar *in loco* nas intuições culturalmente marcadas, que nenhum "de nós" poderia recusar de maneira razoável, menos claras ficam as fronteiras entre a tarefa de uma fundamentação filosófica dos princípios de justiça, de um lado, e o empreendimento de autocompreensão política de uma comunidade de direito concreta sobre os fundamentos normativos de sua vida em comum, para os quais, em todo caso, as propostas de explicação dos filósofos podem ter uma função catalizadora ou esclarecedora, de outro lado.

De início, o segundo conceito relevante nesse contexto, o de "*overlapping consensus*" [consenso sobreposto], padeceu de uma ambiguidade semelhante. Porém, Rawls reconheceu posteriormente que o primeiro nível de fundamentação filosófica precisava ser separado de maneira mais clara do segundo nível, concernente às reflexões voltadas à aceitação: "*Here (on the second stage) the idea of an overlapping consensus is introduced to explain how, given the plurality of conflicting comprehensive religious, philosophical and moral doctrines always found in a democratic society [...] free institutions may gain the allegiance needed to endure overtime*".[26]

---

25 J. Rawls, Kantian Constructivism in Moral Theory, *Journal of Philosophy*, Nova York, v.77, n.9, p.518, set. 1980. ["O objetivo da filosofia política, quando esta se apresenta na cultura pública de uma sociedade democrática, é articular e tornar explícitas aquelas noções compartilhadas e princípios que pensamos já ser latentes no senso comum; ou, como frequentemente é o caso, se o senso comum for hesitante e incerto, propor certas concepções e princípios congênitos a suas mais essenciais convicções e tradições históricas" – N. T.]

26 Id., The Domain of the Political and Overlapping Consensus, manuscrito, 1989, p.I. ["Aqui (no segundo estágio) a ideia de um consenso sobreposto é introduzida para explicar de que maneira, dada a pluralidade de doutrinas abrangentes

Facticidade e validade

No entanto, mesmo essa passagem do texto ainda dá suporte para leituras concorrentes. Não sabemos ao certo se a questão da estabilização de uma sociedade justa tratada em *Uma teoria da justiça* apenas deve ser aprofundada tendo em vista o fato do pluralismo de visões de mundo ou se o conceito de "consenso sobreposto" responde à questão de como, sob circunstâncias dadas, é possível assegurar à teoria uma medida de aceitação ponderada, que é necessária para um melhoramento reformista das instituições existentes à luz da teoria. No que se segue, parto dessa segunda leitura.

Em uma sociedade pluralista, a teoria da justiça só poderá contar com aceitação caso se limite a uma concepção pós-metafísica em sentido estrito, evitando tomar partido no conflito entre formas de vida e visões de mundo concorrentes. Em muitas questões teóricas, mais ainda nas questões práticas, o uso público da razão também não conduz ao almejado acordo racionalmente motivado. A causa para tanto reside no ônus que as próprias pretensões ideais da razão impõem ao espírito finito. Isso já vale também para discursos científicos. Acrescenta-se aos discursos práticos o fato de que, mesmo sob condições ideais, questões da vida boa podem encontrar uma resposta racional somente no interior do horizonte de um projeto de vida que já se pressupõe válido. Assim, uma teoria da justiça talhada sobre relações modernas de vida precisa dar conta de uma variedade de formas e planos de vida que coexistem em pé de igualdade; da perspectiva de diferentes tradições e histórias de vida, sempre haverá espaço para um dissenso razoável a seu respeito.[27] Por isso, ela deve se limitar ao círculo estreito daquelas questões de princípios político-morais em torno das quais um "consenso sobreposto" pode ser esperado. Trata-se precisamente das questões que se referem a valores neutros quanto a visões de mundo e que devem ser aceitáveis universalmente. São buscados princípios e normas que incorporem interesses capazes de universalização.

---

religiosas, filosóficas e morais conflitantes, sempre presentes em uma sociedade democrática (...), instituições livres podem conquistar a obediência necessária para perdurar ao longo do tempo" – N. T.]

27 Rawls também coloca isso na conta do *burdens of reason* ["ônus da razão"]. Neste ínterim, os artigos de Rawls de 1978 a 1989 foram reunidos em *Politischer Liberalismus*. Para o "ônus da razão", cf. p.336-399.

Rawls imagina que uma teoria pós-metafísica da justiça, que inclui um conceito fraco de bem, isto é, apenas formalmente definido, apresenta uma intersecção de enunciados normativos em que interpretações mais abrangentes do *self* e do mundo – ainda que dependentes de contexto, sejam elas éticas ou mesmo religiosas e metafísicas – se "sobrepõem". Contudo, essas imagens de mundo concorrentes, como eu gostaria de acrescentar, têm de levar em conta, pelo menos em certa medida, as condições do pensamento pós-metafísico, uma vez que se colocam sem reservas em uma confrontação pública e argumentativa: *"The hope is that, by this method of avoidance, as we might call it, existing differences between contending political views can at least be moderated, even if not entirely removed, so that social cooperation on the basis of mutual respect can be maintained. Or if this is expecting too much, this method may enable us to conceive how, given a desire for free and uncoerced agreement, a public understanding could arise consistent with the historical conditions and constraints of our social world".*[28]

Não é tão claro o que Rawls de fato ganhou com estas reflexões. Ele certamente mostra que uma teoria normativa da justiça, como a que propõe, pode encontrar ancoramento em uma cultura em que por tradição e costume, as convicções liberais fundamentais já estão enraizadas nas práticas cotidianas e nas intuições do cidadão individual. Rawls acredita que, hoje, não é apenas na cultura pluralista dos Estados Unidos que nos deparamos com um *milieu* caracterizado desse modo; ele sabe também que esse pluralismo deveria ser desenvolvido e até mesmo intensificado na medida em que os princípios de justiça postulados assumissem uma forma concreta nas instituições centrais da sociedade. Mas, de acordo com minha interpretação, a correspondência entre a teoria pós-metafísica da justiça e seu

---

28 J. Rawls, Justice as Fairness: Political Not Metaphysical, *Philosophy and Public Affairs*, v.14, n.3, 1985, p.231. ["Espera-se que, por esse método de esquiva, como podemos chamá-lo, as diferenças existentes entre visões políticas conflitantes possam pelo menos ser moderadas, ainda que não inteiramente removidas, de modo que a cooperação social com base no respeito mútuo possa ser mantida. Ou, se isso significa que nossa expectativa é muito alta, esse método pode nos permitir conceber como, dado um desejo de alcançar um acordo livre e sem coerção, poderia surgir um entendimento público consistente com as condições históricas e as constrições de nosso mundo social" – N. T.]

Facticidade e validade

contexto americano de surgimento não significa que Rawls "apenas tenta sistematizar os princípios e percepções intuitivas típicos para o liberal americano".[29] Richard Rorty atribui a Rawls "uma atitude de cima a baixo histórica e antiuniversalista";[30] ele não teria fornecido de modo algum uma explicação procedimentalmente racional da avaliação imparcial de questões político-morais, mas "uma descrição histórico-sociológica" das atuais intuições americanas da justiça.

A apropriação contextualista de Rorty não é plausível, pois um objetivo tão modesto de explicação não esclarece o considerável esforço de fundamentação que Rawls despendeu em prol de sua teoria. Rorty funde aqueles dois níveis de argumentação que Rawls distingue, confundindo o sentido reconstrutivo que o equilíbrio reflexivo possui no contexto da justificação com o sentido do esclarecimento existencial ou da autocompreensão ética que a teoria da justiça então assume quando é capaz de iluminar seu próprio contexto de surgimento. Se *desde o início* ela estivesse atrelada à autor-reflexão de um processo de formação e tivesse de trazer ao conceito apenas *determinadas* tradições políticas que podem ser reconhecidas pelos liberais que cresceram nelas, então o segundo passo de uma certificação reflexiva das condições de aceitabilidade, o qual aponta para além da fundamentação teórica, perde sua razão de ser. Assim, Rawls teria evitado desde o começo o abismo do direito racional entre teoria normativa e práxis reformista, pagando o preço, contudo, pela renúncia à pretensão de validade universal da teoria. Portanto, ele teria de admitir que ambos os princípios de justiça não pretendem ser válidos, por exemplo, para os alemães, porque na cultura e na história alemã não é possível encontrar um equivalente em termos de formação para a tradição constitucional americana.[31] Eu não vejo indícios para uma tal concessão. Pois a ausência de uma cultura política complacente (que, entretanto, também existe na Alemanha) não pode contar como uma

---

29 R. Rorty, Der Vorrang der Demokratie vor der Philosophie, in: *Solidarität oder Objektivität*, op. cit., p.101; sobre isto, ver a discussão entre Bernstein e Rorty em *Political Theory*, v.15, nov. 1987, p.538-580.

30 Rorty, Der Vorrang der Demokratie vor der Philosophie, op. cit., p.91.

31 Cf. a crítica de Apel à posição de Rorty em K.-O. Apel, Zurück zur Normalität?, in: *Diskurs und Verantwortung*, Frankfurt/Main, Suhrkamp, 1988, p.412 e ss.

falsificação dos princípios de justiça, que são válidos de acordo com o juízo bem ponderado das partes na posição original. Esse juízo imparcial deve poder ser reproduzido por todos, não somente por aqueles que pertencem à herança afortunada de Jefferson. Os pressupostos da comunicação, sob os quais aquelas partes chegam a um acordo, explicam um ponto de vista moral que não é privilégio de uma determinada cultura, mas que, em geral, está profundamente ancorado, em última análise, nas simetrias de reconhecimento recíproco entre sujeitos que agem comunicativamente.

Porque essas condições abstratas que tornam possível a *avaliação* imparcial de questões práticas não coincidem com as condições sob as quais estamos dispostos a *agir* a partir de um discernimento moral, Rawls busca pela força motivacional de uma cultura política complacente, encontrando-a no lugar privilegiado de uma tradição constitucional continuada que foi desenvolvida ao longo de dois séculos e é sempre novamente desafiada por conflitos de classe e de raça, porém renovada e vitalizada pelas interpretações radicais. Se entendemos isso em sentido literal, contudo, a força *política* de convencimento da teoria fica restrita a uns poucos contextos capazes de encontrar ressonância.

Essa consequência leva Ronald Dworkin a buscar uma inserção menos contingente. De modo algum ele gostaria de tornar a eficácia de princípios liberais dependente dos potenciais sociais latentes que, por sorte, poderiam vir à tona de tradições *já existentes*. Por isso, em última instância, Dworkin não exige da teoria apenas o fardo da fundamentação para princípios abstratos que estariam como que flutuando no ar, mas a incumbe com a tarefa de uma fundação ética desses princípios. Ele se volta contra o desacoplamento entre um conceito pós-metafísico de justiça e os projetos abrangentes, mas concretamente assentados, e por isso também motivadores, de uma vida bem-sucedida. No lugar do primado deontológico do correto frente ao bem, Dworkin propõe uma *ética liberal* que certamente é formal o bastante para ser compatível com o dissenso razoavelmente esperado em torno de orientações de vida, mas ainda suficientemente substancial para poder formar um contexto de motivação apropriado aos princípios liberais abstratos. Essa teoria em seu todo deve inserir o conceito deontológico de justiça em uma ética consoante: *"Liberal philosophers who [...] adopt the restricted view that liberalism is a theory of the right but not the good face the problem of explaining what reasons people have to be liberals [...]: they try to find motives people have in either self-interest or morality, for setting aside their convictions about good life when they act politically. I argue that liberals should reject this restricted view of their theory. They should try on the contrary to connect ethics and politics by constructing a view about the nature or character of the good life that makes liberal political morality seem continuous rather than discontinuous with appealing philosophical views about the good life."*[32]

---

32 R. Dworkin, Foundations of Liberal Equality, *The Tanner Lectures on Human Values*, v.VIII, Salt Lake City, University of Utah Press, 1990, p.2-3. ["Os filósofos liberais que (...) adotam a visão restrita segundo a qual o liberalismo é uma teoria do correto mas não do bem enfrentam o problema de explicar quais razões as pessoas possuem para ser liberais (...): eles tentam encontrar motivos que as pessoas têm tanto no autointeresse quanto na moralidade para colocar de lado suas convicções sobre a vida boa quando agem politicamente. Eu argumento que os liberais não deveriam rejeitar uma visão restrita de sua teoria. Eles deveriam tentar, pelo contrário, conectar a ética com a política, construindo uma visão sobre a natureza ou o caráter da vida boa que faz a moralidade política liberal parecer contínua, em vez de descontínua, em relação às visões filosóficas atraentes sobre a vida boa" – N. T.] No que diz respeito ao conceito pós-metafísico de justiça de Rawls, ele acrescenta: *"A political conception of justice, constructed to be independent of and neutral among different ethical positions people in the community hold, is perhaps more likely to prove acceptable by everyone in the community than any conception that is not neutral in this way. If we were statesmen intent on securing the widest possible agreement for some political theory, which could then serve as the basis of a truly and widely consensual government, we might well champion a political conception for that reason [...] But we need more from a theory of justice than consensual promise; we need categorical force. Liberals insist that political decisions be made on liberal principles now, even before liberal principles come to be embraced by everyone, if they ever will be"* (Ibid., p.17). ["Uma concepção política de justiça, construída para ser independente e neutra diante de diferentes posições éticas tomadas pelas pessoas na comunidade, é talvez mais provável de se mostrar aceitável por todos na comunidade do que alguma concepção que não é neutra neste sentido. Se fôssemos homens de Estado querendo assegurar o acordo mais amplo possível para alguma teoria política, então seria melhor selecionar uma concepção política para este fim (...). Mas necessitamos mais de uma teoria da justiça do que de uma promessa consensual; necessitamos de força categórica. Os liberais insistem que as decisões políticas sejam tomadas agora com base em princípios liberais, mesmo antes que tais princípios liberais sejam abraçados por todos, se é que algum dia serão" – N. T.] Cf. também R. Dworkin, Liberal Community, *California Law Review*, v.77, n.3, 1989, p.516 e ss.

Jürgen Habermas

No entanto, no próprio projeto de Dworkin se mostra o dilema em que hoje, sob as condições de um pensamento pós-metafísico, tem de se enredar toda ética que pretende possuir validade universal. Enquanto ela emite enunciados substanciais, suas premissas permanecem presas ao contexto de surgimento de determinadas interpretações do Eu e do mundo, sejam históricas ou mesmo pessoais; ainda que permaneça suficientemente formal, sua substância ainda reside no esclarecimento do procedimento de discursos éticos de autocompreensão. Eu não preciso tratar disso neste momento.[33] De qualquer modo, a fraqueza da tentativa empreendida por Rawls de superar o vão entre as exigências ideais da teoria e a facticidade social reside em um plano que não pode ser reparado por uma teoria ética. Pois a realidade resistente com a qual o argumento normativo pretende entrar em contato não é composta apenas, nem mesmo em última linha, pelo pluralismo de ideais de vida e orientações axiológicas conflitantes, mas pelo material mais rígido de instituições e sistemas de ação.

No primeiro nível da construção da teoria, Rawls também lida com as questões da institucionalização no Estado de direito dos princípios de justiça fundados inicialmente *in abstracto*. E tampouco desconhece o aspecto da sanção estatal – diferentemente da moral, que pode apelar unicamente ao senso de justiça –, ligado externamente ao comportamento de seus destinatários. Mas a relação do direito positivo com a justiça política permanece sem explicação. Rawls se concentra na questão da legitimidade do direito sem tematizar a forma jurídica enquanto tal e, com isso, a *dimensão institucional* do direito. O que há de específico na validade jurídica, a tensão entre facticidade e validade que habita o próprio direito, não está no seu campo de visão. Por isso, também a tensão externa entre a pretensão de legitimidade do direito e a facticidade social não é percebida por inteiro. A realidade que se contrapõe à norma acaba sendo muito reduzida no segundo passo, em que se trata de refletir sobre as condições culturais para a aceitação da teoria da justiça. Rawls reflete acerca de quão plausível são os princípios de justiça ante o pano de fundo das tradições políticas e no *contexto cultural* da comunicação pública de uma sociedade contemporânea pluralista.

---

33 Cf. J. Habermas, Zum pragmatischen, ethischen und moralischen Gebrauch der praktischen Vernunft, in: *Erläuterungen zur Diskursethik*, op. cit., p.100-118.

Facticidade e validade

Ele não se refere aos processos de decisão concretamente institucionalizados nem às tendências sociais e políticas que possivelmente se opõem aos princípios do Estado de direito e atribuem uma imagem antes de tudo sarcástica às instituições da sociedade bem ordenada.

O conceito "político" de justiça de Rawls responde a um problema que Hegel havia tratado sob o termo da relação entre moral e eticidade. Para o direito racional clássico, o problema da relação entre norma e realidade foi colocado de início em um outro âmbito. O direito racional partia da diferença entre direito e moral e considerava, no próprio direito positivo, a tensão mencionada entre facticidade e validade. Nessa medida, desde o início ele era mais realista do que uma teoria da justiça estabelecida moralmente. Ele havia se confrontado mais amplamente, por assim dizer, com a realidade do processo político. Se Rawls quisesse retomar *essa* problemática, ele não poderia, no segundo nível de sua argumentação, contentar-se com uma reflexão acerca das condições de uma *cultura* política complacente, mas deveria antes se debruçar sobre a reconstrução normativamente conduzida do desenvolvimento social do Estado de direito e de sua *base social*.

Essa tarefa complexa exige um investimento empírico que vai além de uma certificação de contextos político-culturais concernente apenas à história das ideias. Para tanto, contudo, são insuficientes as abordagens da teoria social tratadas até aqui, que meramente descartam a autocompreensão normativa do sistema jurídico ao assumir a perspectiva do observador. Somente quando as análises da sociologia do direito vincularem a abordagem externa com uma reconstrução estabelecida internamente, a teoria normativa não buscará mais se ligar à realidade *imediatamente* através da consciência política de um público de cidadãos. Uma teoria normativa empregada na reconstrução do desenvolvimento jurídico de sociedades concretas poderia conservar seu lugar em conexão com uma descrição crítica de cada momento do processo político como um todo. Para essa dupla perspectiva de uma análise talhada em igual medida para a reconstrução e para o desencantamento do sistema jurídico,[34] encontram-se interessantes pontos de partida nas teorias clássicas da sociedade que vão de Durkheim e Max Weber até Parsons.

---

34 Cf. Peters, *Rationalität, Recht und Gesellschaft*, op. cit., p.35 e ss.

Jürgen Habermas

III. Parsons *versus* Weber:
a função de integração social do direito

Falta ao discurso filosófico da justiça aquela dimensão institucional à qual, desde o início, está direcionado o discurso das ciências sociais sobre o direito. Sem a visão do direito como sistema de ação empírico, os conceitos filosóficos permanecem vazios. Porém, em contrapartida, enquanto a sociologia do direito insistir na visão objetivadora a partir de fora, fazendo-se insensível em relação à dimensão simbólica, cujo sentido só pode ser acessível internamente, a intuição sociológica corre o riso de permanecer cega. Armaram-se contra este risco principalmente as abordagens inspiradas pelo neokantismo, que operam com a concepção de que ideias e interesses (Max Weber) ou valores culturais e motivos (Parsons) se *interpenetram* nas ordens sociais. Eles compreendem a ação institucionalizada como realização seletiva de valores culturalmente reconhecidos sob delimitações típicas das situações. Ordens normativas conferem realidade às expectativas normativas de comportamento na medida em que especificam valores em consideração a condições concretas de aplicação e os integram a posições dadas de interesse. Max Weber se deixou guiar por uma antropologia dualista segundo a qual os sujeitos agentes são confrontados tanto com problemas de necessidade interna quanto externa, ambicionando tanto bens ideais quanto materiais. Também T. Parsons parte de orientações axiológicas e disposições de necessidade que devem ser harmonizadas entre si. Independentemente de tais hipóteses estarem ligadas a uma teoria da personalidade, a partir do problema formal da coordenação da ação é possível desenvolver um conceito semelhante ao de instituição.

Em toda situação estão abertas para um ator mais possibilidades do que podem vir a ser realizadas em sua ação. Se cada participante da interação, em virtude de suas próprias expectativas de êxito, escolhesse uma alternativa a partir de um leque de opções, deveria resultar da confluência contingente de seleções independentes um conflito duradouro que não se estabilizaria, já que os participantes se comportam reflexivamente entre si com expectativas mutuamente aguardadas de, a cada vez, tomar sua própria decisão em conjunto com a expectativa das decisões antecipadas dos

Facticidade e validade

outros atores. Nenhuma ordem social surge do encontro contingente de diferentes conjuntos de interesse e de cálculos de sucesso. Por isso, com a finalidade de explicar a formação e a estabilidade de padrões de comportamento, Durkheim postulou tanto a existência de um consenso habitual prévio em torno de valores quanto uma orientação dos participantes por valores reconhecidos intersubjetivamente. Contudo, é preciso explicar então de que maneira atores, que são livres em suas decisões, deixam-se em geral *vincular* por normas, ou seja, *submetem-se* a normas para a realização de valores correspondentes. Pois os atores não experimentariam a coerção sempre branda de pretensões normativas como um poder imposto externamente caso se apropriassem deste enquanto coerção moral, isto é, convertendo-o em motivos próprios. Durkheim se preocupa com a tradução sociológica daquela autonomia kantiana que funda a vinculação a ordens suprapessoais no discernimento pessoal e, desse modo, faz da autonomia algo mais do que a mera liberdade de escolha. Exige-se, assim, uma relação simétrica entre a autoridade moral de normas válidas e o autocontrole ancorado nas estruturas da personalidade. Como diz Parsons, os valores internalizados têm de corresponder aos valores institucionalizados. Assim, os destinatários das normas só seriam suficientemente motivados à obediência média das normas se tivessem internalizado os valores nelas incorporados.

Certamente, a internalização, que confere à orientação axiológica dos agentes uma base motivacional, não é, em regra, um processo isento de repressão; porém, ela *resulta* em uma autoridade da consciência que, para os indivíduos, leva consigo a consciência da autonomia. Apenas nesta consciência o caráter peculiarmente obrigatório das ordens sociais "válidas" encontra um destinatário que se deixa "obrigar" por livre vontade.

A isso corresponde a concepção de Weber de acordo com a qual as ordens sociais somente podem ser estabelecidas como ordens legítimas a longo prazo. A "validade de uma ordem deve significar, para nós, mais do que uma mera conformidade a regras, condicionada por costume ou conjuntos de interesse, do decurso da ação social",[35] na qual o "costume" se baseia em um hábito surdo, como que mecânico, enquanto a "ação legitimamente

---

35 M. Weber, *Wirtschaft und Gesellschaft*, Colônia, Mohr, 1956, p.22.

ordenada" requer a orientação consciente por um consenso [*Einverständnis*] supostamente válido: "Queremos compreender por consenso o fato de que uma ação orientada às expectativas de comportamento dos outros tem, por causa disso, uma chance empiricamente 'válida' de ver essas expectativas satisfeitas, porque há, objetivamente, a probabilidade de que esses outros venham a tratar aquelas expectativas em termos práticos como significativamente 'válidas' para seu comportamento, apesar da ausência de um acordo explícito [...]. A súmula da ação comunitária, na medida em que se orienta a tais oportunidades de concordância de determinado tipo, deve se chamar 'ação consensual' [*Einverständnishandeln*]".[36] Weber certamente afirma nessa passagem que os motivos a partir dos quais temos expectativas diante do comportamento dos outros são indiferentes. Mas a tais motivos precisa pertencer *também* ao menos a suposição justificada de uma "ordem legítima"; e esta se baseia em um consenso axiológico na medida em que as ideias e valores incorporados nela tenham de ser intersubjetivamente reconhecidos: "Pretendemos chamar o conteúdo de sentido de uma relação social a) de 'ordem' apenas quando a ação for orientada (em média e de maneira aproximada) por determinadas 'máximas'. Buscaremos b) falar então da 'validade' dessa ordem somente quando essa orientação objetiva *também* ocorrer segundo aquelas máximas (portanto, se em alguma medida for importante em termos práticos) porque, de alguma maneira, são consideradas válidas para a ação por serem obrigatórias ou exemplares [...]. Uma ordem mantida somente por motivos racionais com respeito a fins em geral é muito mais instável do que a simples força do costume, devido ao caráter rotineiro do comportamento; a orientação ao êxito é, entre todos, o tipo mais frequente de atitude interna. Mas ela é muito mais instável do que aquela surgida com o prestígio da exemplaridade ou da obrigatoriedade, isto é, da '*legitimidade*'".[37]

Na ação ordenada de maneira legítima, o acordo mutuamente pressuposto se refere ao fato de que, "ao lado de outros motivos, a ordem aparece ao menos a uma parte dos agentes também como obrigatória e exemplar e,

---

36 Id., Über einige Kategorien der verstehenden Soziologie, in: *Methodologischen Schriften*, Frankfurt/Main: Fischer, 1968, p.196-197.

37 Id., *Wirtschaft und Gesellschaft*, op. cit., p.22-23.

Facticidade e validade

portanto, como *devendo* ser válida". Por outro lado, uma ordem legítima não se baseia apenas em um acordo normativo que está ancorado intrapsiquicamente mediante a internalização de valores correspondentes. Na medida em que sua validade não é fundamentada na autoridade religiosa ou, em termos puramente morais, na crença racional com respeito a valores, ou seja, protegida por sanções internas correspondentes (medo diante da perda dos bens da salvação, consciência da vergonha e da culpa) e a capacidade de auto-obrigação, tal ordem precisa de garantias externas. Nestes casos, a expectativa de legitimidade de uma ordem social é estabilizada por convenção ou pelo direito. Como se sabe, Weber fala de "convenção" quando a validade social é garantida externamente por "uma desaprovação geral e praticamente sentida" do comportamento desviante; fala-se de "direito" quando o comportamento médio conforme a normas é garantido pela ameaça de sanções externas por parte de uma "instância de constrição". O entendimento, que pode ser presumido na ação ordenada de maneira legítima, modifica-se segundo o tipo de garantias internas e externas que são apresentadas como razões da legitimidade. Ele se apoia em um *amálgama de razões e motivos empíricos*, em que as razões se diferenciam ao serem produzidas por narrativas míticas, imagens de mundo religiosas ou doutrinas metafísicas, ou se possuem uma origem profana e surgem do uso pragmático-racional voltado a fins, ético ou moral da razão prática.

Nessa base mista de validade do acordo que assegura validade a uma ordem social e, com isto, uma obediência factual que pode ser esperada em média, reflete-se a natureza ambivalente das instituições. Os interesses só podem ser satisfeitos por tempo ilimitado mediante expectativas generalizadas de comportamento se estas estiverem ligadas a ideias que justifiquem a pretensão de validade normativa; pois as ideias podem ser impostas empiricamente somente quando vinculadas a interesses que lhes emprestam força motivacional. Em termos metodológicos, resulta a consequência de que as ordens legítimas podem ser analisadas em igual medida tanto "de cima para baixo" quanto "de baixo para cima"; uma sociologia que procede reconstrutivamente precisa dar conta de ambas as perspectivas. Desse modo, o discurso sociológico do direito também consegue se vincular ao discurso filosófico da justiça, ultrapassando assim ao mesmo tempo seus próprios limites.

A análise reconstrutiva efetuada da perspectiva participante do juiz ou do cidadão se dirige ao conteúdo de sentido incorporado no substrato normativo, àquelas ideias e valores a partir dos quais é possível explicar a pretensão de legitimidade ou a validade ideal de um sistema jurídico (ou de normas particulares). A análise empírica efetuada da perspectiva do observador se dirige ao todo das crenças na legitimidade, das situações de interesse, sanções e circunstâncias, ou seja, à lógica das situações de ação a partir das quais são explicadas a validade empírica e a imposição factual das expectativas de comportamento institucionalizadas juridicamente. Max Weber faz uma distinção entre o *modo de consideração jurídico* e o *sociológico*. Enquanto um tem a ver com o conteúdo de sentido objetivo das proposições jurídicas, o outro trata de uma prática regulada pelo direito, para a qual "entre outras coisas, as representações dos seres humanos sobre o 'sentido' e o 'valor' de determinadas normas jurídicas desempenham um papel importante".[38]

Weber inicia sua sociologia do direito com essa distinção. O modo de consideração jurídico se pergunta "o que vale idealmente como direito. Isso quer dizer: qual significado, e isto significa, por sua vez: qual sentido normativo deveria ser atribuído logicamente a um construto linguístico que se apresenta como norma jurídica? (O modo de consideração sociológico), por outro lado, pergunta: o que acontece factualmente no interior de uma comunidade, porque existe a chance de que os homens, ao participarem da ação comunitária [...], considerem determinadas ordens subjetivamente válidas e as tratem em termos práticos, ou seja, orientem sua própria ação a partir delas".[39] No entanto, Weber empurra o trabalho reconstrutivo de análise conceitual de maneira geral para a jurisprudência; ele não faz aqui uma distinção suficiente entre dogmática jurídica, teoria do direito e filosofia do direito. A negligência com a filosofia do direito talvez se deva, aliás, ao fato de Weber se manter cético diante de abordagens cognitivistas na teoria moral (como as que são representadas hoje por Rawls ou pela ética do discurso). A delimitação disciplinar estreita da reconstrução das condições

---

38 Weber, Über einige Kategorien der verstehenden Soziologie, op. cit., p.181.

39 Id., *Rechtssoziologie*, ed. J. Winckelmann, Neuwied, Hermann Luchterhand, 1960, p.53.

de sentido e de validade à dogmática jurídica permite salientar a oposição entre aquelas duas perspectivas metodológicas mais fortemente do que a conexão entre elas, que, segundo Weber, existiria ao menos implicitamente. Ele deveria então compreender de maneira inclusiva o modo de proceder de sua própria sociologia do direito. As condições de validade ideal, que são supostas pelas crenças na legitimidade, formam condições necessárias, ainda que insuficientes, para a validade social de uma ordem jurídica. Pois ordens jurídicas são "ordens legítimas" que de modo algum unem ideias e interesses sem algum tipo de fratura, mas que, por uma interpretação dos interesses mediante ideias, permitem que também razões e pretensões de validade alcancem eficácia factual.

Nos materiais de trabalho de Weber sobre história e tipos de direito, as análises reconstrutivas assumem um lugar de destaque. Em consonância com os trabalhos de Klaus Eder,[40] Rainer Döbert e os meus, Wolfgang Schluchter tentou elaborar detalhadamente os aspectos internos do desenvolvimento do direito analisado por Weber. Ao lado da diferenciação progressiva nos âmbitos substantivos do direito, Weber acompanha a racionalização do direito sob o duplo ponto de vista da configuração generalizadora e sistematizadora de vias e programas jurídicos, de um lado, e da transformação das bases de validade cognitiva do direito, de outro. Schluchter reconstrói a variação do nível de fundamentação das decisões jurídicas segundo o padrão daqueles estágios de desenvolvimento da consciência moral, que Kohlberg havia demonstrado para a ontogênese seguindo J. Piaget.[41] Schluchter resume a análise realizada sob pontos de vista imanentes ao direito da seguinte maneira: "O ponto de partida foi dado pelas distinções de Weber, que fala em direito revelado, tradicional, deduzido e positivado, de um lado, e em racionalização formal e material do direito, de outro lado. A tese era a seguinte: Weber fez uma distinção entre um lado formal e um lado material do direito e discutiu a sua racionalização sob ambos os pontos de vista, atribuindo a cada

---

40 K. Eder, *Die Entstehung staatlich organisierter Gesellschaften: Ein Beitrag zu einer Theorie sozialer Evolution*, Frankfurt/Main, Suhrkamp, 1976; Id., *Geschichte als Lernprozess? Zur Pathogenese politischer Modernität in Deutschland*, Frankfurt/Main, Suhrkamp, 1985

41 L. Kohlberg, *The Philosophy of Moral Development: Essays on Moral Development*, v.I, São Francisco, Harper & Row, 1981.

um pesos diferentes. Por isso, é preciso que haja uma racionalização tanto das vias jurídicas quanto da base jurídica, as quais, mesmo que possuam um nexo histórico e empírico, devem ser separadas analiticamente. Enquanto o procedimento jurídico se logiciza, a base de validade do direito se torna abstrata e universal. Ao mesmo tempo, ela é adaptada e, portanto, seculari-zada por princípios transcendentes e imanentes ao direito".[42]

Em nosso contexto, interesso-me apenas pelo ponto de vista de metódo segundo o qual também a sociologia do direito é dependente de uma recons-trução exigente das condições de validade daquele "acordo de legalidade", que é pressuposto no sistema jurídico moderno. Pois dessa perspectiva se vê que a positivação do direito e a diferenciação entre direito e moral que a acompanha são resultado de um processo de racionalização que certa-mente destrói as garantias metassociais da ordem jurídica, porém não faz desaparecer o momento de indisponibilidade contido na pretensão de legi-timidade do direito. O desencantamento das imagens religiosas de mundo não possui apenas consequências negativas, demolindo o "duplo reino" do direito sagrado e profano, e, com isso, a hierarquia legal; ele leva também a uma reorganização da validade do direito, na medida em que adapta os conceitos fundamentais da moral e do direito *simultaneamente* a um nível de fundamentação pós-convencional. Com a diferenciação entre normas de ação e princípios de ação, com o conceito de produção normativa condu-zida por princípios e da combinação voluntária de regras normativamente vinculantes, com o conceito de força juridicamente positivada de pessoas de direito que desfrutam de autonomia privada etc., formou-se a representação de normas positivamente instituídas, ou seja, modificáveis, mas ao mesmo tempo criticáveis e carentes de justificação. Luhmann reduziu a positivida-de do direito à seguinte fórmula demasiadamente curta: "que o direito não

---

42 W. Schluchter, *Die Entwicklung des okzidentalen Rationalismus*, Tübingen, Mohr Siebeck, 1979, p.148; cf. também Id., Beiträge zur Werttheorie, in: *Religion und Lebensführung*, v.1, Frankfurt/Main, Suhrkamp, 1988, p.165 e ss. Para a crítica de Schluchter à ética do discurso, cf. minhas considerações em Habermas, *Die nachholende Revolution*, Frankfurt/Main, Suhrkamp, 1990, p.131 e ss.

Facticidade e validade

é instituído (isto é, escolhido) somente por decisão, mas que também *vale* em razão da decisão (portanto, é contingente e modificável)".[43] De fato, a positividade do direito pós-metafísico também significa que as ordens jurídicas podem ser construídas e desenvolvidas somente à luz de princípios racionalmente justificados, sendo assim universalistas.

Max Weber faz jus a esta *conexão interna entre princípio de positivação* [*Satzung*] *e princípio de fundamentação* no âmbito da teoria da ação, na medida em que analisa a ação regulada juridicamente – diferenciando ação societária [*Gesellschaftshandeln*] e ação comunitária [*Gemeinschaftshandeln*] – a partir do modelo de uma associação voltada a fins baseada na positivação racionalmente convencionada. Pois ele supõe um acordo na legalidade que reúne em si ambos os momentos dos tipos ideais: um estatuto vale porque, de um lado, foi *positivamente instituído* e, de outro, porque foi *racionalmente acordado* em conformidade com o direito válido de associação. A racionalidade específica de tal positivação reside em que os membros se submetem à coerção das regras sancionadas pelo Estado somente em virtude de um consenso fundamentado. Na opinião de Weber, contudo, as ordens legais não podem ser consideradas legítimas unicamente em virtude da suposição de um tal acordo alcançado de maneira racional, mas também "por força de imposição – em razão de uma dominação considerada legítima de homens sobre homens – e de obediência".[44] No entanto, essa alternativa permanece carente de explicação, uma vez que a dominação legal só pode ser considerada legítima, por seu turno, em razão de sua conformidade ao direito.

A base de validade paradoxal da "dominação legal" não se refere apenas ao uso pouco claro do conceito de racionalidade,[45] mas também ao tratamento peculiarmente restrito do direito moderno que Weber assume nos limites de sua sociologia da dominação. Embora ele explique a racionalização do direito a partir de seus aspectos internos, tendo à mão os meios analíticos para reconstruir as bases de validade do direito moderno, estas ainda permanecem sob a sombra do ceticismo axiológico acerca das *funções*

---

43 N. Luhmann, *Rechtssoziologie*, Opladen, Westdeutscher, 1983, p.210.

44 Weber, *Wirtschaft und Gesellschaft*, op. cit., p.26.

45 Habermas, *Theorie des kommunikativen Handelns*, v.I, op. cit., p.355 e ss.

que o direito satisfaz *para* a organização conforme competências e para o exercício da dominação legal. Os tipos jurídicos servem a Weber em geral como fio condutor para a investigação dos tipos de dominação legítima; nisto, o direito moderno entra a tal ponto no nexo funcional com a dominação burocrática do instituto racional do Estado que a *função de integração social própria ao direito* não recebe mais a atenção devida. Segundo Weber, em última instância o Estado de direito remete sua legitimação não à forma democrática da formação política da vontade, mas somente às premissas do exercício da dominação política em conformidade com o direito, a saber, à estrutura abstrata de regras das leis, à autonomia da jurisprudência tanto quanto à vinculação à lei e à construção "racional" da administração (com continuidade e escrituração dos negócios públicos, organização dos serviços com respeito a competências, hierarquia administrativa, formação técnica dos funcionários, separação entre cargo e pessoa, separação entre instância administrativa e meios empregados na administração etc.). Em Weber resulta uma imagem especificamente alemã do Estado de direito, à qual se incorpora a dominação elitista dos partidos políticos.

Uma outra imagem surge quando, como faz Parsons, o Estado constitucional moderno é considerado da perspectiva de uma juridificação do poder político, que é efetuada sob as delimitações estruturais das bases racionais de validade do direito moderno e favorece a irrupção do modo de legitimação democrático, ancorado na sociedade civil, na esfera pública política e no *status* de cidadão. Parsons denomina o domínio nuclear, a partir do qual deve ser desenvolvido cada sistema social diferenciado, de "sistema comunitário" (*societal community*). Ele abrange todos os domínios de ação especializados nas operações de integração – de um lado, práticas simbólicas, que (da mesma maneira que os ritos, cultos religiosos, cerimônias nacionais etc.) asseguram a solidariedade social; de outro lado, instituições de segundo nível, que (como a moral e o direito) regulam conflitos de ação típicos, ou seja, quando ocorrem anomalias que colocam em risco a estabilidade das expectativas de comportamento institucionalizadas no primeiro nível. A moral e o direito representam assim uma espécie de garantia contra perdas para as operações de integração social de todas as outras ordens institucionais. Já em sociedades tribais, uma tal estrutura autorreferencial de normas surge

Facticidade e validade

junto com as práticas jurídicas arcaicas, como conciliação, oráculo, contenda, vingança de morte etc.[46] Em consideração ao próprio processo de institucionalização, o direito é uma ordem legítima que se tornou reflexiva. Enquanto tal, ele forma o núcleo de um sistema comunitário que, por sua vez, constitui a estrutura nuclear da sociedade em geral.

Diferentemente de Weber, Parsons acompanha a evolução social do direito sob o aspecto de sua função *própria* – de garantia da solidariedade social –, não sob o aspecto da contribuição do direito para a configuração da dominação. Em sociedades anteriores às grandes civilizações, o direito está entrelaçado com outros complexos normativos, permanecendo difuso. Um direito parcialmente autônomo se forma primeiro com a passagem das sociedades tribais para as grandes civilizações. Esse passo evolucionário é caracterizado por uma forma de organização estatal em que o direito e o poder político introduzem uma síntese digna de nota. De um lado, o Estado possibilita a institucionalização de procedimentos de jurisprudência e de implementação do direito, os quais se antepõem às partes em conflito; de outro lado, o Estado se constitui inicialmente na forma de uma hierarquia de cargos conforme ao direito, legitimando-se ao mesmo tempo pela forma jurídica do exercício da dominação administrativa. Assim, o direito sancionado pelo Estado e o poder político exercido conforme o direito se exigem reciprocamente. Apenas neste nível, os elementos conhecidos do sistema jurídico podem ser desenvolvidos: normas jurídicas ou programas de decisão, que remetem a *possíveis* casos futuros e asseguram *ex ante* as pretensões jurídicas; normas jurídicas secundárias, que possibilitam o estabelecimento e a mudança das normas primárias de comportamento; uma organização da jurisprudência, que transforma as pretensões jurídicas em possibilidades de demanda judicial; a execução do direito, sobre a qual se apoia a ameaça de sanções etc.

Porque somente o direito estatal assume os traços específicos de um sistema jurídico, a decisão de Max Weber de conceber o direito como parte do sistema político possui certa plausibilidade em termos de estratégia teórica.

---

46 Cf. U. Wesel, *Frühformen des Rechts in vorstaatlichen Gesellschaften*, Frankfurt/Main, Suhrkamp, 1985.

Menos plausível é o passo seguinte de Luhmann de separar novamente o direito da política (pela diferenciação ocorrida na modernidade), autonomizando, assim, o direito em seu próprio subsistema ao lado da administração, da economia, da família etc. Parsons adota uma outra perspectiva ao ver ligações (da mesma maneira que Durkheim) entre o desenvolvimento do direito e a evolução do sistema comunitário. Nas sociedades modernas, essa comunidade forma uma sociedade civil, dissociando-se inclusive das amarras do intercâmbio econômico capitalista (suposto no conceito de "sociedade civil" de Hegel). Da forma precursora da *societal community*", a "*civil society*" herda o papel de lugar tenente para a integração social da sociedade em seu todo.

Parsons trata o aspecto interno da adaptação do direito tradicional à fundamentação racional e à positividade apenas de passagem, sob o título da generalização de valores e da inclusão; ao universalismo moral da base de validade do direito moderno corresponde a inclusão sucessiva de todos os membros da sociedade na associação de pessoas de direito livres e iguais. Parsons tematiza o desenvolvimento do direito sobretudo sob aspectos externos. A modernidade inicial é dominada por um processo estruturante de diferenciação de um sistema econômico controlado pelo *medium* do dinheiro a partir da ordem de dominação política, que, por seu turno, assume a forma de um sistema controlado pelo poder administrativo. Ambos os subsistemas significam, ao mesmo tempo, uma dissociação da sociedade civil em relação à economia e ao Estado. As formas tradicionais de comunidade se modernizam em direção a uma sociedade civil que, sob a marca do pluralismo religioso, também toma distância dos sistemas de ação culturais. Com esses processos de diferenciação, surge uma necessidade de integração de novo tipo, à qual o direito positivado reage de três maneiras.[47] Os meios de controle dinheiro e poder administrativo são ancorados no mundo da vida mediante a institucionalização jurídica dos mercados e das organizações burocráticas. Simultaneamente, os contextos de interação, em que os conflitos existentes puderam até então ser superados eticamente sobre a base do costume, da lealdade e da confiança, são juridificados, ou seja, for-

---

47 T. Parsons, *The System of Modern Societies*, Englewood Cliffs, Prentice-Hall, 1971.

Facticidade e validade

malmente organizados de modo que, em caso de conflito, os participantes possam erguer pretensões jurídicas. E a universalização de um *status* de cidadão institucionalizado pelo direito público forma o complemento normativo para a juridificação de potencialmente todas as relações sociais. O núcleo dessa cidadania é formado pelos direitos políticos de participação, que são percebidos nas novas formas de intercâmbio da sociedade civil, em uma rede protegida pelos direitos fundamentais de associações voluntárias, assim como nas formas de comunicação de uma esfera pública política produzida pelas mídias de massa.

Porque a positivação do direito resulta necessariamente da racionalização de suas bases de validade, o direito moderno só pode estabilizar, em suas expectativas de comportamento, uma sociedade complexa com mundos da vida estruturalmente diferenciados e subsistemas funcionalmente autonomizados se ele, na qualidade de lugar tenente de uma *"societal community"*, que por sua vez se transformou na sociedade civil, puder manter a pretensão herdada da solidariedade na forma abstrata de uma pretensão de legitimidade digna de confiança. O sistema jurídico moderno cumpre essa promessa por meio da universalização e da concretização do *status* de cidadão: "*A societal community as basically composed of equals seems to be the 'end of the line' in the long process of undermining the legitimacy of such older, more particularistic ascriptive bases of membership as religion, ethnic affiliation, region or locality, and hereditary position in social stratification [...]. This basic theme of equality has long antecedents but was first crystallized in conceptions of 'natural rights' [...]. The current prominence of poverty and race problems as in the United States is largely owing to deep moral repugnance that the conception of an inherently 'lower' class, to say nothing of an inferior race, arouse in modern societies, despite vociferous objections to modern egalitarianism among certain groups*".[48]

---

48 Ibid., p.118-119. ["Um sistema comunitário, composto basicamente de iguais, parece ser o 'fim da linha' no longo processo de enfraquecimento da legitimidade de bases mais antigas, com atribuições mais particularistas do estatuto de associado, como é o caso na religião, filiação étnica, região ou localidade, e posição hereditária na estratificação social (...). O tema básico da igualdade possui longos antecedentes, mas foi cristalizado primeiro na concepção dos 'direitos naturais' (...). A proeminência atual da pobreza e do problema racial nos Estados Unidos se deve em grade medida à profunda repugnância moral que a concepção de uma

No contexto do desenvolvimento de uma sociedade civil como base para um processo de formação pública e inclusiva da opinião e da vontade entre parceiros de direito voluntariamente associados, Parsons ressalta, por fim, o significado da igualdade no que concerne às oportunidades de educação, em geral reforçando o desacoplamento entre saber cultural e estruturas de classe: *"The focus of the new phase is the educational revolution which in a certain sense synthetizes the themes of the industrial and the democratic revolutions: equality of oportunity and equality of citizenship"*.[49] Com esse conceito de "revolução educacional", Parsons também toca naquelas condições relativas à cultura política de uma esfera pública política capaz de obter ressonância, pela qual Rawls se interessa com razão na medida em que os critérios valorativos dos processos de legitimação constituídos nos termos do Estado de direito se tornam mais dependentes dos processos não organizados de comunicação pública e quanto mais a pretensão de legitimação dos sistemas jurídicos modernos de fato for resgatada na moeda da efetiva igualdade dos cidadãos.

Parsons entende o direito moderno como uma correia de transmissão sobre a qual a solidariedade, isto é, as estruturas exigentes de reconhecimento recíproco que conhecemos a partir das relações de vida concretas, pode ser transposta em uma forma abstrata, porém vinculante, para as relações

---

classe inerentemente 'inferior', para não dizer de uma raça inferior, fez surgir nas sociedades modernas, apesar das objeções gritantes ao igualitarismo moderno entre certos grupos" – N. T.]

49 Ibid., p.97. ["O foco da nova fase é a revolução educacional que em certo sentido sintetiza os temas das revoluções industrial e democrática: igualdade de oportunidade e igualdade de cidadania" – N. T.] Já para Durkheim isso já havia se tornado importante, porque ele concebeu e caracterizou a democracia como "a forma de dominação da reflexão", uma vez que "entre os cidadãos e o Estado há uma comunicação constante". (E. Durkheim, *Physik der Sitten und des Rechts: Vorlesungen zur Soziologie der Moral*, Frankfurt/Main, Suhrkamp, 1991, p.131). A maturidade da democracia se mede pelo nível desta comunicação pública: "Desta perspectiva, a democracia nos aparece como aquela constituição política em que a sociedade amplia a consciência que tem de si mesma. Um povo é mais democrático quanto mais o papel da discussão mediante razões, da reflexão e do espírito crítico for levado em consideração na regulação de seus assuntos públicos. E, inversamente, ele é menos democrático quanto maior for o peso do inconsciente, dos hábitos inconfessados, em suma, os prejulgamentos subtraídos ao exame" (p.128).

Facticidade e validade

sistemicamente mediadas de uma sociedade complexa. Serve-lhe de referência empírica aquela expansão dos direitos dos cidadãos que T. Marshall investigou a partir do exemplo da Inglaterra.[50] A divisão proposta por Marshall entre "direitos civis", "políticos" e "sociais" segue uma classificação jurídica conhecida. De acordo com tal classificação, os direitos liberais de defesa protegem o sujeito de direito privado contra intervenções ilegais do Estado na vida, na liberdade e na propriedade; os direitos políticos de participação possibilitam ao cidadão ativo tomar parte no processo democrático de formação da opinião e da vontade; e os direitos sociais de participação garantem aos clientes do Estado de bem-estar social uma renda mínima e segurança social. Marshall defende a tese de que, nessa sequência, o *status* dos cidadãos de sociedades ocidentais foi sucessivamente ampliado e consolidado ao longo dos dois ou três últimos séculos.

Esse conceito de cidadania recebeu atenção renovada nas discussões mais recentes. Marshall havia investigado a inclusão progressiva dos cidadãos sobretudo em conexão com processos de modernização capitalista. Mas o esquema de acordo com o qual a ampliação de direitos dos cidadãos se apresenta como resultado de uma evolução social certamente é muito estreito. Em contrapartida, A. Giddens ressaltou o papel das lutas e movimentos sociais.[51] No entanto, é unilateral o acento nas lutas de classe motivadas economicamente. Também os movimentos sociais de outra espécie, sobretudo provocados por migrações e guerras, fizeram avançar, em diferentes dimensões, a ampliação do *status* de cidadão.[52] Pelo contrário, fatores que estimulam a juridificação de novas relações de inclusão também influem sobre a mobilização política da população e, com isso, sobre a ativação dos direitos civis existentes.[53] Por fim, a classificação que Marshall faz dos direitos foi ampliada não apenas com os direitos culturais, mas também com novos ti-

---

50 T. H. Marshall, Citizenship and Social Class, in: *Class, Citizenship and Social Development*, Westport, Praeger, 1973.

51 A. Giddens, *Profiles and Critiques in Social Theory*, Berkeley/Los Angeles, University of California Press, 1982, p.171.

52 B. S. Turner, *Citizenship and Capitalism: the Debate over Reformism*, Londres, Unwin Hyman, 1986.

53 M. Barbalet, *Citizenship*, Stratford, Open University Press, 1988.

pos de direitos civis, pelos quais lutam hoje principalmente os movimentos feministas e ecológicos. Nesse aspecto, vem à tona uma diferença que fica mais clara a partir do modo de consideração jurídico apresentado internamente do que pelo modo de consideração sociológico.

O desenvolvimento linear que Marshall e Parsons vinculam ao seu conceito de cidadania se aplica, em todo caso, àquilo que os sociólogos chamam de maneira geral de "inclusão". Em uma sociedade sempre mais diferenciada em termos funcionais, cada vez mais pessoas obtêm direitos mais abrangentes de acesso e de participação em um número maior de sistemas parciais – quer se trate de mercados, empresas e postos de trabalho, de cargos, tribunais e exércitos permanentes, de escolas e hospitais, teatros e museus, de associações políticas e meios de comunicação pública, partidos, instituições de autoadministração ou parlamentos. Porém, essa imagem de um progresso linear se deve a uma descrição que permanece neutra diante dos ganhos ou das perdas de autonomia. Ela é cega diante do aproveitamento efetivo de um *status* de cidadão ativo, mediante o qual o indivíduo pode influir sobre a transformação democrática de seu *status*.[54] Apenas os direitos políticos de participação, como se sabe, fundamentam o estabelecimento reflexivo e autorreferencial do direito de um cidadão. Os direitos negativos de liberdade e os direitos sociais de participação, pelo contrário, podem ser concedidos de maneira paternalista. Em princípio, o Estado de direito e o Estado social também são possíveis sem democracia. Portanto, também ali onde todas as três categorias de direitos são institucionalizadas, esses direitos de defesa e de participação apresentam uma cabeça de Jano. Os direitos liberais, que vistos historicamente se cristalizaram em torno da posição social do proprietário privado, podem ser concebidos, sob pontos de vista *funcionais*, como a institucionalização de um sistema econômico regulado pelo mercado, garantindo, sob pontos de vista *normativos*, determinadas liberdades subjetivas privadas. Sob pontos de vista *funcionais*, os direitos sociais significam a instalação de burocracias do Estado de bem-estar social, enquanto, sob pontos de vista *normativos*, garantem pretensões compensa-

---

54 D. Held, Citizenship and Autonomy, in: *Political Theory and the Modern State*, Oxford, Stanford University Press, 1989, p.214-242.

tórias à participação justa na riqueza social. Certamente, tanto as liberdades subjetivas quanto a segurança social também podem ser consideradas como base jurídica para aquela autonomia social. Mas, nesse caso, trata-se de conexões empíricas, não de conexões conceitualmente necessárias. Pois os direitos de liberdade e de participação social podem significar igualmente a defesa privatista do papel de cidadão que, com isso, se reduz às relações de um cliente perante administrações providentes e prestacionais.

A síndrome do privatismo da cidadania e o exercício do papel de cidadão a partir dos interesses de clientes se tornam tanto mais prováveis quanto mais a economia e o Estado, que são institucionalizados pelos mesmos direitos, desenvolvem um sentido sistêmico próprio, empurrando os cidadãos para o papel periférico de meros membros da organização. Os sistemas da economia e da administração têm a tendência de se fechar diante de seus entornos e de obedecer unicamente aos próprios imperativos do dinheiro e do poder administrativo. Eles rompem o modelo de uma comunidade jurídica que determina a si mesma mediante a práxis dos cidadãos. A tensão entre a ampliação da autonomia privada e da autonomia política, de um lado, e da normalização foucaultiana do gozo passivo de direitos concedidos paternalisticamente, de outro lado,[55] está presente no próprio *status* de cidadãos das democracias de massa do Estado social. Por esta razão, uma sociologia que quer se manter sensível a tensões desse tipo não pode renunciar a uma reconstrução racional dos direitos civis da perspectiva interna do sistema jurídico. Nos conceitos fundamentais de sua teoria dos sistemas, Parsons também nivela o que Max Weber reconstruiu a título de racionalização do direito. Pois ele trata a "inclusão" e a "generalização de valores" como dimensões nas quais o conteúdo normativo do conceito jurídico de integração social, incorporado no Estado de direito moderno, desaparece atrás de hipóteses neutras apenas na aparência, diluindo-se em diferentes âmbitos de integração sistêmica.[56]

---

55 F. Ewald, *L'Etat providence*, Paris, Grasset, 1986.

56 Seguindo Parsons, a teoria de Richard Münch se expõe à mesma objeção, uma vez que trabalha com um conceito normativamente carreado de interpenetração entre sistemas parciais; cf. R. Münch, *Theorie des Handelns*, Frankfurt/Main, Suhrkamp, 1982; Id., *Die Kultur der Moderne*, v.1-2, Frankfurt/Main, Suhrkamp, 1986.

A fim de nos prevenir contra tais nivelamentos, reconstruirei nos próximos dois capítulos o conceito de cidadania inicialmente em seu conteúdo normativo, na medida em que analiso o sistema de direitos e os princípios do Estado de direito sob pontos de vista da teoria do discurso. Ao fazer isto, porém, procuro evitar uma ambiguidade propagada nos discursos filosóficos da justiça, que é sugerida pelo uso das expressões "direito" (*Recht*) e "direitos" (*Rechte*). Falamos de "direitos" tanto no sentido moral quanto no jurídico. Em vez disso, eu gostaria de distinguir de antemão direito e moral, sem me contentar, como Rawls, com a distinção entre justiça política e moral, já que ambas se encontram no mesmo âmbito de pretensões de validade puramente normativas. Por "direito", eu entendo o direito moderno positivado, que aparece com a pretensão tanto à fundamentação sistemática quanto à interpretação vinculante e à sua imposição. Diferentemente da moral pós-convencional, o direito não representa apenas uma forma de saber cultural, mas constitui, ao mesmo tempo, um componente importante do sistema de instituições sociais. O direito é, ao mesmo tempo, sistema de saber e sistema de ação. Ele pode ser entendido tanto como um texto de proposições e interpretações normativas quanto como instituição, isto é, um complexo de reguladores da ação. Pois na medida em que as orientações axiológicas e motivos estão entrelaçados no direito enquanto sistema de ação, as normas jurídicas adquirem imediatamente uma eficácia para a ação que falta aos juízos morais. De outro lado, as instituições jurídicas se distinguem das ordens institucionais naturalizadas pela sua racionalidade comparativamente elevada; pois nelas se incorpora um sistema de saber dogmaticamente reconfigurado, ou seja, articulado em nível científico e entrelaçado com uma moral conduzida por princípios.

Com esse conceito de direito, a análise filosófica assegura passagens para uma análise empírica apoiada sob uma "dupla perspectiva". De um lado, a renúncia à abordagem da teoria dos sistemas, seja de proveniência parsoniana ou luhmanniana, não pode ser comprada com o retorno a um conceito holista de sociedade. O "corpo de cidadãos" [*Staatsvolk*] ou a "associação de parceiros do direito livres e iguais" são construções do sistema jurídico tanto inevitáveis quanto inadequadas como modelo para a sociedade em seu todo.

Facticidade e validade

O conceito de mundo da vida, que deriva da teoria da comunicação, também rompe com a figura de pensamento de um todo composto de partes. O mundo da vida se forma a partir de uma rede de ações comunicativas ramificadas em espaços sociais e tempos históricos; e as ações comunicativas não se alimentam somente das fontes de tradições culturais e ordens legítimas como dependem também das identidades de indivíduos socializados. Por isso, o mundo da vida não é uma grande organização à qual pertencem seus membros, uma associação ou federação em que os indivíduos se reúnem, ou um coletivo composto por seus integrantes. Os indivíduos socializados não conseguiriam se afirmar como sujeitos se não encontrassem apoio nas relações de reconhecimento recíproco, articuladas nas tradições culturais e estabilizadas em ordens legítimas – e vice-versa. A práxis comunicativa cotidiana, em que certamente o mundo da vida está centrado, produz-se *cooriginariamente* a partir da interação entre reprodução cultural, integração social e socialização. Cultura, sociedade e pessoa se pressupõem reciprocamente.[57] O conceito de ordem jurídica como uma associação de parceiros do direito, ao qual os discursos filosóficos se prendem até hoje, é muito concretista para a teoria da sociedade.

Na visão da teoria da ação comunicativa, podemos afirmar que o sistema de ação "direito", na qualidade de uma ordem legítima que se tornou reflexiva, pertence aos componentes sociais do mundo da vida. Da mesma maneira que este se reproduz junto com a cultura e as estruturas de personalidade pelo fluxo da ação comunicativa, também as ações jurídicas formam o *medium* através do qual as instituições jurídicas se reproduzem simultaneamente com as tradições jurídicas intersubjetivamente partilhadas e as capacidades subjetivas de interpretação e observação das regras jurídicas. Como parte dos componentes sociais, essas regras jurídicas formam ordens legítimas de nível superior; simultaneamente, porém, também são representadas nos outros dois componentes do mundo da vida enquanto simbolismo do direito e competências adquiridas pela socialização jurídica. Todos os três componentes participam cooriginariamente na produção das ações jurídicas. Pertencem ao direito todas as comunicações que são orientadas ao

---

57 Cf. Habermas, *Nachmetaphysiches Denken*, op. cit., p.95-104.

direito, uma vez que as regras jurídicas se relacionam reflexivamente com a integração social realizada no processo de institucionalização. Mas o código jurídico não encontra vínculo somente no *medium* da linguagem cotidiana, sobre o qual caminham as operações do entendimento do mundo da vida que são responsáveis pela integração social; ele também traz notícias dessa sua origem em uma forma que permanece inteligível para o código especializado da administração controlada pelo poder e da economia controlada pelo mercado. Nessa medida, a linguagem do direito, diferentemente da comunicação moral restrita às esferas do mundo da vida, funciona como um transformador entre sistema e mundo da vida, já que circula como parte da comunicação da sociedade em seu todo.

III
Para a reconstrução do direito (I):
o sistema de direitos

As considerações feitas até aqui serviram à finalidade propedêutica de introduzir a categoria do direito, particularmente a do direito moderno, na visão da teoria da ação comunicativa. Uma teoria crítica da sociedade não pode se limitar certamente à descrição da relação entre norma e realidade efetuada pela perspectiva do observador. Antes de retomar no Capítulo VII essa tensão externa entre as pretensões normativas do Estado democrático de direito e a facticidade de seus contextos sociais, gostaria de reconstruir racionalmente nos próximos capítulos a *autocompreensão* dessas ordens jurídicas modernas. Parto, desse modo, dos direitos que os cidadãos têm de reconhecer entre si caso pretendam regular legitimamente sua convivência com os meios do direito positivo. Essa formulação já indica que o sistema de direitos é perpassado em seu todo por uma tensão interna entre facticidade e validade, característica do modo ambivalente da validade jurídica.

Como vimos no Capítulo I, o conceito de direito subjetivo cumpre um papel central na moderna compreensão do direito. Ele corresponde ao conceito de liberdade de ação subjetiva: direitos subjetivos (*rights*, no inglês) estabelecem as fronteiras no interior das quais um sujeito está autorizado ao livre exercício de sua vontade. Com efeito, eles definem liberdades iguais de ação para todos os indivíduos entendidos como portadores de direitos, ou pessoas de direito. Lê-se no artigo 4 da Declaração dos Direitos do Homem e do Cidadão de 1789:

Jürgen Habermas

A liberdade consiste em poder fazer tudo aquilo que não prejudica a um outro. Assim, o exercício dos direitos naturais de cada homem não possui limites além daqueles necessários a assegurar o gozo dos mesmos direitos pelos demais membros da sociedade. Esses limites podem apenas ser fixados por lei.

Kant incorpora essa proposição ao formular o seu princípio universal do direito, segundo o qual uma ação em conformidade ao direito é aquela cuja máxima permite a liberdade de arbítrio de cada um coexistir com a liberdade de todos segundo uma lei universal. Rawls o segue na formulação de seu primeiro princípio de justiça: "Cada um deve ter igual direito ao sistema mais amplo de iguais liberdades fundamentais compatível com um igual sistema para todos demais".[1] O conceito de lei explicita a ideia da igualdade de tratamento já contida no conceito de direito: na forma de leis gerais e abstratas, todos os sujeitos possuem os mesmos direitos.

Tais determinações conceituais básicas explicam por que o direito moderno é especialmente adequado à integração social de sociedades econômicas, as quais dependem das decisões descentralizadas de sujeitos individuais orientados pelo sucesso próprio em esferas de ação eticamente neutralizadas. Entretanto, o direito não pode atender apenas às exigências funcionais de uma sociedade complexa, tendo também de satisfazer as condições precárias de uma integração social que se realiza, em última instância, por meio de operações de entendimento entre sujeitos que agem comunicativamente, isto é, por meio da aceitabilidade de pretensões de validade. O direito moderno desloca as exigências normativas de indivíduos moralmente desonerados para leis que asseguram a compatibilidade das liberdades de ação.[2]

---

1 Rawls, *Theorie der Gerechtigkeit*, op. cit., p.81; em resposta a uma crítica de H. Hart (*Rawls on Liberty and Its Priority*, p.230-252), Rawls substituiu essa formulação por uma outra, que para mim não parece melhor: "Cada pessoa tem igual direito a um esquema plenamente adequado de iguais liberdades fundamentais que seja compatível com um esquema similar de liberdades para todos" (J. Rawls, The Basic Liberties and Their Priorities, in: The Tanner Lectures on Human Values 1982 (hg. von St. McMurrin), Salt Lake City, 1983, p.5).

2 E. W. Böckenförde, Das Bild vom Menschen in der Perspektive der heutigen Rechtsordnung, in: *Recht, Staat, Freiheit: Studien zu Rechtsphilosophie, Staatstheorie und Verfassugsgeschichte*, Frankfurt/Main, Suhrkamp, 1991, p.58-66.

Facticidade e validade

Estas recebem sua legitimidade de um procedimento legislativo que, por sua vez, apoia-se no princípio da soberania popular. O paradoxo da geração de legitimidade a partir da legalidade tem de ser explicado com a ajuda de direitos que garantem aos cidadãos o exercício de sua autonomia política.

Trata-se de um paradoxo porque tais direitos do cidadão, como direitos subjetivos, possuem, por um lado, a mesma estrutura de todos os direitos que concedem ao indivíduo esferas de liberdade de arbítrio. A despeito das diferenças nas modalidades de uso desses direitos, os direitos políticos têm de poder ser interpretados também como liberdades de ação subjetivas, as quais levam em consideração apenas o comportamento legal, *liberando* assim os motivos para o comportamento conforme a regras. Por outro lado, o procedimento democrático de criação legislativa precisa confrontar seus participantes com a expectativa normativa de orientação ao bem comum, pois ele próprio só pode extrair sua força legitimadora do processo de *entendimento* dos cidadãos sobre as regras de sua convivência. Nas sociedades modernas, o direito só pode cumprir a função de estabilização das expectativas se ele também for capaz de manter uma conexão interna com a força sociointegradora da ação comunicativa.

Gostaria de elucidar esse nexo problemático entre liberdades subjetivas privadas e a autonomia do cidadão com o auxílio do conceito discursivo de direito. Isso nos remete a um problema persistente que irei tratar antes de tudo em dois contextos distintos. Até agora não se conseguiu harmonizar de modo satisfatório os conceitos fundamentais de autonomia privada e pública, o que pode ser demonstrado pela relação não esclarecida entre direito subjetivo e direito público no interior da dogmática jurídica, bem como pela concorrência não solucionada entre direitos humanos e soberania popular na tradição do direito racional (I). Em ambos os casos, as dificuldades podem ser explicadas não apenas pelas premissas da filosofia da consciência, como também por uma herança metafísica do direito natural, a saber, na subordinação do direito positivo ao direito natural ou moral. Na realidade, entretanto, o direito positivo e a moral pós-convencional diferenciam-se cooriginariamente a partir das reservas em decomposição da eticidade substancial. A análise kantiana da forma do direito nos permitirá retomar a discussão sobre a relação entre direito e moral para mostrar que o princípio da democracia não pode ser subordinado ao princípio moral, como acontece na construção kantiana da doutrina do direito (II). Apenas depois desse trabalho preliminar posso fundamentar o sistema de direitos com a ajuda do princípio do discurso, de modo a tornar claro por que autonomia privada e pública, direitos humanos e soberania popular se pressupõem reciprocamente (III).

I. Autonomia privada e pública, direitos humanos e soberania popular

(I) Na dogmática do direito civil alemão, que entre nós é determinante para a compreensão do direito em seu todo, a doutrina do direito subjetivo foi inicialmente influenciada pela filosofia do direito idealista. Para Savigny, uma relação jurídica assegura "o poder que cabe a cada pessoa: uma região em que rege sua vontade — e rege com nosso consentimento".[3] Até aqui, ainda é destacado o nexo das liberdades subjetivas de ação com o reconhecimento intersubjetivo dos parceiros do direito. Na continuação de seu pensamento, porém, cresce o valor intrínseco atribuído ao direito privado; o "direito em sentido subjetivo" deve ser legítimo *per se*, pois, partindo da inviolabilidade da pessoa, do livre exercício da vontade individual, garante uma "região de controle independente".[4] Também para Puchta, o direito é essencialmente direito subjetivo: "O direito é o reconhecimento da liberdade que advém em igual medida aos homens como sujeitos com o poder da vontade".[5] Segundo essa interpretação, direitos subjetivos são direitos negativos que protegem esferas de ação individual, pois fundamentam pretensões jurídicas contra intervenções não autorizadas na liberdade, na vida e na propriedade. A autonomia privada é garantida nessa esfera colocada sob a proteção jurídica, sobretudo a partir do direito de fechar contratos, adquirir, herdar ou alienar propriedade.

---

3 F. C. Savigny, *System des heutigen Römischen Rechts*, v.I, Berlim, 1840, §4.

4 Ibid., §53.

5 G. F. Puchta, *Cursus der Institutionen*, Leipzig, Breitkopf und Härtel, 1865, §4.

Facticidade e validade

No final do século XIX, entretanto, cresce a percepção de que o direito privado poderia legitimar-se por si mesmo apenas enquanto a autonomia privada dos sujeitos de direito encontrava um fundamento na autonomia moral da pessoa. Uma vez que o direito em geral perde sua fundamentação idealista, sobretudo o suporte da teoria moral kantiana, o invólucro do "poder de dominação individual" foi despojado do núcleo normativo de uma liberdade da vontade considerada de saída legítima e digna de proteção. Possuía força legitimadora apenas aquele laço que Kant estabelecera, com a ajuda do princípio do direito, entre liberdade de arbítrio e a vontade autônoma da pessoa. Depois que esse laço foi rompido, o direito pôde apenas se afirmar, de acordo com a interpretação positivista, como a forma que reveste determinadas decisões e competências com a força da obrigatoriedade fática. A partir de Windscheid, os direitos subjetivos valem como reflexos de uma ordem jurídica que transfere aos indivíduos o poder da vontade corporificado nela objetivamente: "O direito é um poder ou domínio da vontade conferido pela ordem jurídica".[6]

Posteriormente é incluída nessa definição a interpretação utilitarista de Ihering, segundo a qual a substância do direito seria não a vontade, mas a utilidade:[7] "Conceitualmente, o direito subjetivo é um poder jurídico conferido ao indivíduo pela ordem jurídica, com o objetivo de servir como um meio para a satisfação de interesses humanos".[8] A referência à fruição e ao interesse permitiu estender essa compreensão dos direitos subjetivos privados aos direitos em geral. Não se depreende de um direito subjetivo apenas o direito de *A* a algo protegido contra a intervenção de terceiros, mas eventualmente também um direito, seja absoluto ou relativo, a uma parcela nos benefícios organizados. Finalmente, Hans Kelsen designa o

---

6 B. Windscheid, *Lehrbuch des Pandektenrechts*, v.2, Frankfurt/Main, 1906, §37. Aqui encontramos também acordo com os apontamentos contidos na definição de Regelsberger: "Um direito subjetivo existe quando a ordem jurídica deixa ao encargo do participante a realização de um fim reconhecido, isto é, a satisfação de um interesse reconhecido, conferindo-lhe um poder jurídico para tanto".

7 R. Ihering, *Geist des römischen Rechts*, Leipzig, 1888, parte III, p.338.

8 L. Enneccerus, *Allgemeiner Teil des Bürgerlichen Rechts*, Tübingen, 1959, §72.

direito subjetivo em geral como o interesse objetivamente protegido pelo direito e a liberdade de arbítrio (ou uma "permissão do querer", no sentido de Windscheid) objetiva e juridicamente garantida. Ao mesmo tempo, ele despe o direito objetivo das conotações até então influentes da teoria imperativista de Thon. Segundo Kelsen, a autorização subjetiva é cumprida não apenas pela vontade de um detentor do poder de comando. Sua validade é revestida de um dever [*Sollgeltung*] — as proposições jurídicas estatuem liberdades de ação devidas. Esse "dever", no entanto, não é entendido em sentido deontológico, mas empírico, como a validade que o legislador político atribui às suas decisões com o acoplamento de normas penais ao direito estatuído. O poder de sanção estatal qualifica a vontade do legislador como "vontade do Estado".

A interpretação de Kelsen marca com isso a outra extremidade da dogmática do direito privado proveniente de Savigny, perdendo com isso expressamente o ponto de referência fornecido pelo teor moral de direitos subjetivos definidos de modo individualista — precisamente a vontade livre ou o poder de dominação de uma pessoa que *merece* ser protegida em sua autonomia privada sob o ponto de vista moral. Kelsen desfaz a ligação que o conceito jurídico de pessoa possuía não somente com a pessoa moral, mas também com a pessoa natural, pois um sistema jurídico que se torna plenamente autônomo tem de se manter com ficções autoproduzidas; isto desloca a pessoa natural para seu ambiente, como Luhmann fará nos termos de uma virada naturalista posterior. A ordem jurídica mesma cria com direitos subjetivos o lugar lógico para o sujeito jurídico como portador desses direitos:

> Quando se deixa de tomar o sujeito jurídico como ponto de referência [...], isso é feito para evitar que o juízo "um sujeito jurídico ou uma pessoa 'possui' direitos subjetivos" se transforme em uma tautologia vazia: existem direitos subjetivos [...]. Pois autorizar ou obrigar a pessoa significaria: autorizar direitos, tornar obrigatórios deveres, em síntese normatizar normas.[9]

---

9 H. Kelsen, *Allgemeine Staatslehre*, Bad Homburg, 1968, p.64.

Com o desacoplamento da pessoa moral e da pessoa natural do sistema jurídico, abre-se para a dogmática jurídica o caminho para uma interpretação puramente funcionalista dos direitos subjetivos. A doutrina dos direitos subjetivos entrega-se a um funcionalismo sistêmico que, por meio de decisões metódicas, abandona todas as considerações normativas.[10]

Depois de 1945, a mudança da ordem do direito privado durante o regime do nacional-socialismo[11] provocou certamente reações moralmente fundadas contra o "destronamento" jurídico-objetivo e o consequente solapamento moral dos direitos subjetivos. Mas a restauração jusnaturalista do nexo entre autonomia privada e autonomia moral não conseguiu convencer por muito tempo. O ordoliberalismo apenas renovou aquela compreensão individualisticamente reduzida dos direitos subjetivos, que se limita a instigar uma interpretação funcionalista da ordem do direito privado como o âmbito para o intercâmbio econômico capitalista:

> A ideia de direito subjetivo mantém viva a concepção de que o direito privado e a proteção jurídica nele fundamentada servem, em última instância, para a manutenção da liberdade do indivíduo na sociedade, isto é, que a liberdade individual constitui uma das ideias fundamentais para a existência do direito. Pois a ideia de direito subjetivo vem expressar que o direito privado é o direito de parceiros do direito independentes entre si e que agem de acordo com suas próprias decisões.[12]

Contra a reinterpretação funcionalista dessa concepção, L. Raiser apresenta finalmente a tentativa de corrigir o princípio individualista por meio de direitos sociais, restituindo por essa via o conteúdo moral do direito

---

10 J. Schmidt, Zur Funktion der subjetktiven Rechte, *Archiv für Rechts- und Sozialphilosophie*, Stuttgart, v.57, n.3, 1971, p.383-396.

11 B. Rüthers, *Die unbegrenzte Auslegung*, Frankfurt/Main, Athenäum/Fischer/Taschenbuch, 1973.

12 H. Coing, Zur Geschichte des Begriffs "subjektives Recht", in: H. Coing, F. G. Lawson e K. Grönfors, *Das subjektive Recht und der Rechtsschutz der Persönlichkeit*, Frankfurt/Main/Berlim, Alfred Metzner, 1959, p.39 e ss., neste volume p.40-41.

privado. Ele não retoma a estrutura conceitual de fundamentação utilizada por Savigny, mas se vê impelido pela materialização de âmbitos nucleares do direito privado burguês a *restringir* o conceito de direito subjetivo às clássicas liberdades de ação. Assim como antes, esses direitos fundamentais devem garantir "a autoafirmação e a responsabilidade própria da pessoa em sociedade"; porém, eles têm de ser complementados por direitos sociais:

> Ética e politicamente, tão importante quanto o reconhecimento dessas posições jurídicas (privadas) é garantir a inclusão do indivíduo, também por meio do direito, nos contextos de ação regulados por ordens de estruturas relacionais que o cercam e o conectam com os outros; isto é, criar e garantir os institutos do direito nos quais o indivíduo assume uma *posição de membro*.[13]

Os direitos "primários" são muito fracos para garantir a proteção jurídica à pessoa quando ela está inserida "em ordens maiores, supraindividuais".[14] Essa tentativa de recuperação, contudo, é cumprida de modo exageradamente concretista. O direito privado sofre decerto uma mudança de sentido na passagem do paradigma do direito formal burguês para o direito materializado do Estado social.[15] Essa mudança de sentido, entretanto, não pode ser confundida com uma revisão dos próprios princípios e conceitos fundamentais que, na mudança de paradigmas, apenas são *interpretados* de modo diferente.

Ainda assim, Raiser faz-nos lembrar do sentido intersubjetivo dos direitos subjetivos ocultado pela leitura individualista. Ele consiste basicamente no reconhecimento recíproco de sujeitos de direito que cooperam entre si. Com direitos subjetivos não se supõe necessariamente o isolamento dos parceiros do direito, que Raiser gostaria de corrigir. Os sujeitos de direito, que se atribuem reciprocamente iguais direitos subjetivos, podem estar

---

13 L. Raiser, Der Stand der Lehre vom subjektiven Recht im Deutschen Zivilrecht, in: *Die Aufgabe des Privatrechts*, Frankfurt/Main, Athenäum, 1977, p.98 e ss., neste volume p.133.

14 Ibid., p.113.

15 Cf. a seguir, no Capítulo IX.

Facticidade e validade

ligados por um tipo de união pessoal às pessoas privadas que fazem uso estratégico do direito, confrontando-se como adversários. Porém, esses papéis não são idênticos:

> *A right, after all, is neither a gun nor a one-man show. It is a relationship and a social practice, and in both those essential aspects it is an expression of connectedness. Rights are public propositions, involving obligations to others as well as entitlements against them. In appearance, at least, they are a form of social cooperation, no doubt, but still, in the formal analysis, cooperation.*[16]

Direitos subjetivos não se referem conceitualmente a indivíduos atomizados e alienados, que se enfrentam possessivamente uns contra os outros. Pelo contrário, eles pressupõem, como elementos da ordem jurídica, a colaboração de sujeitos que se reconhecem de forma mútua em seus direitos e deveres, reciprocamente referidos uns aos outros, como sujeitos de direito livres e iguais. Esse reconhecimento recíproco é constitutivo para uma ordem jurídica, da qual derivam direitos subjetivos reclamáveis judicialmente. Nesse sentido, direitos subjetivos e direito objetivo são cooriginários. No entanto, as compreensões estatistas do direito objetivo são certamente enganosas, pois este resulta dos direitos que os sujeitos se atribuem reciprocamente. Não basta uma introdução aditiva de direitos sociais para explicar a estrutura intersubjetiva das condições de reconhecimento que está na base da ordem do direito enquanto tal. O desconhecimento dessa estrutura marca tanto as origens idealistas quanto as ramificações positivistas da dogmática do direito civil alemão.

---

16 F. Michelman, Justification (and Justifiability) of Law in a Contradictory World, *Nomos*, v.28, 1986, p.71 e ss., neste volume p.108-109. ["Um direito, afinal, não é nem uma arma, nem um evento individual. É uma relação e uma prática social, e em ambos os aspectos ele é expressão de conectividade. Direitos são proposições públicas, envolvendo obrigações para com outros, assim como exigências contra eles. Em sua aparência, ao menos, eles mostram-se como uma forma de cooperação social; sob uma análise formal, entretanto, eles ainda se caracterizam, sem nenhuma dúvida, como uma forma de cooperação" – N. T.]

Como mostramos, o início da doutrina do direito subjetivo foi marcado pela compreensão normativa de direitos imbuídos de conteúdo moral, os quais reclamavam uma legitimidade superior à do processo de legislação política. O sentido garantidor da liberdade deveria atribuir aos direitos subjetivos uma autoridade moral independente da regulação democrática, a qual não poderia ser fundamentada no âmbito da própria teoria do direito. Como reação a isso, verificamos um desenvolvimento que culmina na subordinação abstrata dos direitos subjetivos ao direito objetivo, cuja legitimidade se esgota, finalmente, em uma compreensão jurídico-positivista da dominação política. No entanto, esse desdobramento da discussão encobre o verdadeiro problema, que está ligado à posição central dos direitos subjetivos privados: não foi possível esclarecer de onde o direito positivo obtém sua legitimidade. A fonte de sua legitimidade encontra-se certamente no processo democrático de produção legislativa, o qual invoca, por sua vez, o princípio da soberania popular. Entretanto, o modo como o positivismo jurídico introduz esse princípio não preserva o conteúdo moral independente dos direitos subjetivos — a proteção da liberdade individual, enfatizada por Coing. De um modo ou de outro, perde-se o sentido intersubjetivo das liberdades de ação estabelecidas juridicamente e, com isso, também a relação entre autonomia privada e autonomia do cidadão, produzindo imagens reduzidas de ambos os momentos.

(2) Partindo de um conceito de liberdade idealista, Savigny ainda podia admitir que o direito privado, como um sistema de direitos negativos e procedimentais que garantem a liberdade, legitima-se por si mesmo segundo fundamentos racionais. Mas Kant não havia respondido de modo inequívoco à questão da legitimação de leis gerais que deveriam poder fundamentar um sistema do egoísmo bem ordenado. Mesmo em sua doutrina dos direitos, não se faz suficientemente clara a relação entre princípio da moral, do direito e da democracia (se pudermos chamar de princípio da democracia aquilo que em sua visão determina o governo republicano). Os três princípios dão expressão, cada um à sua maneira, à mesma *ideia de autolegislação*. Com esse princípio de autonomia, Kant reagiu à tentativa frustrada de Hobbes de justificar o estabelecimento de um sistema de direitos burgueses meramente a partir do autointeresse esclarecido dos participantes, sem o auxílio de fundamentos morais.

Facticidade e validade

Se olharmos de volta para Hobbes de uma perspectiva kantiana, encontramos uma leitura que enxerga nele mais o teórico de um Estado de direito burguês sem democracia que o apologista do absolutismo ilimitado. Para Hobbes, com efeito, o soberano limita-se a poder distribuir suas ordens segundo a linguagem do direito moderno. Este garante uma ordem em cujo interior são asseguradas às pessoas privadas liberdades subjetivas segundo leis gerais: "Pois os soberanos não podem fazer mais pela felicidade no interior do Estado do que preservar os cidadãos contra guerras internas e externas, permitindo que possam, com isso, gozar tranquilamente de sua fortuna, adquirida pelo próprio empenho".[17]

Para Hobbes, que claramente reveste o status de súdito com direitos privados, o problema da legitimação não pode ser naturalmente regulado no *interior* de uma ordem jurídica já estabelecida, fazendo uso de direitos do cidadão e processos da legislação democrática. Esse problema precisa ser resolvido no mesmo momento em que se constitui o poder do Estado, como que em um só golpe, o que é mais correto dizer: o problema da legitimidade aqui desaparece. Hobbes pretende mostrar que uma sociedade absolutista é justificada, em seu todo, como uma ordem instrumental constituída a partir das ponderações teleológicas de todos os participantes. E com isso dispensa a tarefa de uma fundamentação normativa do *exercício* da dominação política segundo a forma do direito. A tensão entre facticidade e validade inscrita no próprio direito seria dissolvida se a dominação constituída juridicamente pudesse ser descrita como a manutenção de um sistema do egoísmo ordenado que a todos favorece. O que parece exigido moralmente surgiria de modo espontâneo das ações interessadas de egoístas racionais ou, como diria Kant, de um "povo de demônios". A fundamentação utilitarista da ordem burguesa do direito privado – que prega "o bem do maior número durante o tempo que for possível"[18] – confere justiça material a um soberano que, por razões conceituais, é incapaz de cometer injustiça.

---

17 T. Hobbes, *Lehre vom Bürger*, cap.6; cf. J. Habermas, Die klassische Lehre von der Politik in ihren Verhältnis zur Sozialphilosophie, in: *Theorie und Praxis*, Frankfurt/Main, Suhrkamp, 1971, p.48-88.

18 Hobbes, *Lehre vom Bürger*, op. cit., cap.13, p.3.

Para cumprir essa demonstração, Hobbes precisa mostrar não apenas por que uma tal ordem satisfaz *ex post*, isto é, aos olhos de leitores que já se encontram na condição civil, os interesses de todos os participantes simetricamente. Ele tem de explicar também por que um tal sistema poderia ser preferido do mesmo modo por cada um dos sujeitos atomizados, os quais, já no estado de natureza, agem segundo uma racionalidade com respeito a fins. Como Hobbes atribui às partes na condição natural a mesma atitude orientada pelo sucesso que o direito privado supõe entre seus destinatários, parece razoável ali construir o ato da socialização originária fazendo uso de um instrumento do direito civil, o contrato – e, assim, descrever esse ato como um contrato de dominação que todos pactuam entre si a favor de um deles, nomeado como soberano. No entanto, Hobbes não leva em consideração nesse ponto uma circunstância fundamental. Os sujeitos orientados por preferências próprias tomam suas decisões em uma perspectiva da primeira pessoa do singular; esta não é, entretanto, a perspectiva na qual as partes no estado de natureza efetuam um exame cujo resultado os levam a trocar suas liberdades de ação naturais, conflitantes, porém ilimitadas, pelas liberdades do direito privado, compatibilizadas entre si e limitadas segundo leis gerais. A passagem racionalmente motivada do conflito permanente do estado de natureza para uma condição de cooperação garantida de forma coercitiva, sob a abdicação parcial e recíproca da liberdade entre todos, exigiria duas condições a serem satisfeitas.

As partes teriam, *em primeiro lugar*, de poder compreender o significado geral de uma relação social apoiada no princípio da reciprocidade. Os sujeitos do direito privado, que só existem virtualmente no estado de natureza, ainda não aprenderam a assumir antes de qualquer socialização a perspectiva de um outro, tampouco a considerar a si mesmos na perspectiva de uma segunda pessoa. Apenas com isso poderiam perceber a própria liberdade não mais como uma liberdade natural exercida contra obstáculos fáticos, mas como uma liberdade constituída por meio do reconhecimento recíproco. Para aplicar o instrumento do contrato, eles já precisariam dispor da concepção cognitivo-social de uma mudança de perspectiva entre as contrapartes, a qual, segundo a própria teoria do contrato, só poderia ser adquirida no estado da sociedade. *Por outro lado*, as partes que celebram o

Facticidade e validade

contrato teriam ainda de poder assumir o distanciamento de suas liberdades naturais de um segundo tipo. Elas teriam, cada uma, de poder adotar a perspectiva *social* da primeira pessoa do plural, que o autor Hobbes e seus leitores sempre assumiram tacitamente, mas que não se encontra disponível aos sujeitos no estado de natureza. Sob as premissas hobbesianas lhes é negado justamente o ponto de vista a partir do qual cada um pode avaliar se a reciprocidade da coerção, que limita o arbítrio de cada um segundo leis gerais, é do interesse simétrico de todos, podendo ser por isso desejada por todos os participantes. O tipo de argumento moral necessário aqui é reconhecido por Hobbes nas passagens em que ele recorre à regra de ouro – *Quod tibi fieri non vis, alteri ne feceris*[19] –, tida por ele como uma lei natural. Uma tal impregnação moral do estado de natureza entra em contradição, no entanto, com os pressupostos naturalistas da prova que ele pretende atingir, a saber, fundamentar a construção de um sistema do egoísmo bem ordenado a partir do autointeresse esclarecido de todos os indivíduos.[20]

A questão empirista – como um sistema de direitos pode ser explicado a partir da interligação entre posições de interesse e cálculos de utilidade de agentes racionais que se relacionam apenas ocasionalmente? – sempre voltou a ganhar atenção de autores perspicazes; mas, mesmo com os meios modernos da teoria dos jogos, não se pode encontrar uma resposta satisfatória. Já por essa razão, entre outras, a reação de Kant ao *fracasso* dessa tentativa merece ser reconsiderada.

---

19 Id., *Leviathan*, Neuwied, 1966, p.100, p.131, p.208. ["Não faça aos outros aquilo que não quer que façam a você" – N. T.]

20 *Mutatis mutandis*, a argumentação de O. Höffe também persegue esse objetivo hobbesiano de demonstração. A justiça consiste para ele em limitações da liberdade distribuídas universalmente e que, assim, são vantajosas por igual para todas as partes: "Devido à vantagem produzida para todos, a justiça natural não necessita de convicções morais ou de justiça pessoal para sua aplicação. Ela pode contentar-se com o autointeresse como princípio motivacional [...]." (Höffe, *Politische Gerechtigkeit*, op. cit., p.407). Esse princípio é aprimorado em Höffe, *Kategorische Rechtsprinzipien*, Frankfurt/Main, Suhrkamp, 1990; Id., *Gerechtigkeit als Tausch?*, Baden-Baden, Nomos, 1991. Cf. a crítica de Klaus Günther, Kann ein Volk von Teufeln Recht und Staat moralisch legitimieren?, *Rechtshistorisches Journal*, Frankfurt/Main, v.10, 1991, p.233-267.

Kant enxergou que os direitos subjetivos não poderiam continuar a ser fundamentados segundo um modelo extraído do direito privado. Ele levanta a objeção convincente de que Hobbes não teria considerado a diferença estrutural entre a figura de legitimação do contrato de socialização e o contrato privado. De fato, deve-se esperar algo além de um enfoque estritamente egocêntrico das partes que celebram um contrato no estado de natureza: "O contrato que instaura uma Constituição civil é de tipo tão particular [...] que ele se distingue essencialmente de todos os outros (contratos) que nele em princípio se fundam".[21] Enquanto as partes fecham de modo corrente um contrato "para uma finalidade determinada", o contrato social é um "fim em si mesmo". Ele fundamenta "o direito de os homens viverem sob leis públicas coercitivas, por meio das quais pode ser determinado a cada um o que é seu e assegurado contra a usurpação de todos os outros".[22] Segundo Kant, as partes não concordam em nomear um soberano ao qual entregam a competência de legislar; o contrato social possui a particularidade de não possuir qualquer conteúdo especial, mas representa em si mesmo o modelo de uma socialização sob a égide do princípio do direito. Ele estabelece performativamente as condições sob as quais uma ordem legítima alcança validade. Pois "o direito é a limitação da liberdade de cada um na condição de sua concordância com a liberdade de todos, na medida em que esta é possível segundo uma lei universal".[23]

Sob esse aspecto, o contrato social serve à *institucionalização* do único direito "inato" a iguais liberdades subjetivas de ação. Kant vê esse direito humano originário fundamentado na vontade autônoma de indivíduos que, enquanto pessoas morais, dispõem preliminarmente da perspectiva social de uma razão que examina leis, a partir da qual eles podem fundamentar moralmente sua saída do estado de liberdades incertas, e não apenas pela astúcia. Ao mesmo tempo, Kant percebe que esse único direito humano tem de se diferenciar em um *sistema de direitos*, por meio do qual tanto a "liberdade de cada membro da sociedade enquanto homem" quanto "a sua igualdade

---

21 I. Kant, *Über den Gemeinspruch*, v.VI, p.143-144.

22 Ibid., p.144.

23 Ibid.

com todos os outros enquanto súdito" assumem uma figura positiva. Isso acontece na forma de leis públicas, as quais apenas como atos da vontade pública dos cidadãos autônomos e unidos podem pretender legitimidade: "Aqui, porém, não é possível nenhuma outra vontade a não ser a de todo o povo (situação em que todos decidem por todos e, por conseguinte, cada um por si mesmo): pois apenas consigo mesmo ninguém pode cometer injustiça".[24] Já que a pergunta sobre a legitimidade das leis que garantem a liberdade tem de encontrar uma resposta *dentro* do direito positivo, o contrato social torna o princípio do direito imperante, uma vez que conecta a formação política da vontade do legislador às condições de um *procedimento democrático*, sob as quais os resultados obtidos em conformidade com o procedimento expressam *per se* a vontade consensual ou o consentimento racional de todos os participantes. Dessa maneira, o contrato social conecta o direito dos homens a iguais liberdades subjetivas, fundamentado moralmente, com o princípio da soberania popular.

Os direitos humanos, fundamentados na autonomia moral de cada um, ganham uma figura positiva apenas mediante a autonomia política dos cidadãos. O princípio do direito parece cumprir a mediação entre o princípio moral e o princípio da democracia. Contudo, não está suficientemente claro como esses dois princípios se relacionam entre si. O conceito de autonomia, no qual se apoia toda a construção, é decerto introduzido por Kant na perspectiva de certo modo privada daquele que julga moralmente; contudo, esse conceito é explicitado na lei formal do imperativo categórico, com o auxílio do modelo de uma "legislação" pública realizada de modo democrático, tomado de empréstimo de Rousseau. O "princípio moral" e o "princípio da democracia" se esclarecem conceitualmente de forma mútua; contudo, tal circunstância é encoberta pela arquitetônica da doutrina do direito. Se aceitarmos essa leitura, o princípio do direito não constitui um componente intermediário entre princípio moral e princípio da democracia, mas sim o outro lado do próprio princípio da democracia. A falta de clareza sobre a relação entre esses três princípios nos conduz a uma não confessada *rela-*

---

24 Ibid., v.VI, p.150.

ção de concorrência entre os *direitos humanos*, fundamentados moralmente, e o *princípio da soberania popular*, encontrada tanto em Kant quanto em Rousseau.

Antes de ir mais a fundo nesse ponto, gostaria de introduzir um excurso a fim de esclarecer que significado abordagens histórico-teóricas desse tipo podem ter para uma consideração sistemática sobre as autonomias privada e pública.

(3) *Excurso.* As ideias de direitos humanos e soberania popular determinam, ambas, a autocompreensão normativa de Estados democráticos de direito até hoje. Esse idealismo constitucionalmente ancorado não deve ser entendido apenas como um capítulo ultrapassado da história das ideias políticas. Pelo contrário, a história da teoria é um componente necessário e um reflexo da tensão entre facticidade e validade instalada no próprio direito, isto é, uma tensão entre a positividade do direito e a legitimidade pretendida por ele. Essa tensão não pode ser trivializada, muito menos ignorada, pois a racionalização do mundo da vida admite cada vez menos que a exigência de legitimação do direito posto, apoiado nas decisões modificáveis de um legislador político, seja satisfeita pelo uso da tradição e da eticidade consuetudinária. Gostaria de relembrar rapidamente o potencial de racionalidade liberado tanto pela cultura quanto pela socialização, cuja pressão é sentida de maneira crescente pelo direito desde as primeiras codificações do final do século XIX.

Nas doutrinas clássicas, sobretudo de tradição aristotélica, e nas teorias do direito natural cristão transformadas pelo tomismo, as quais permanecem influentes até o século XIX, ainda se reflete o *éthos* abrangente de toda uma sociedade, o qual perpassa as diversas camadas da população e interliga as diferentes ordens sociais. Na dimensão vertical dos componentes do mundo da vida, esse *éthos* garantia que os padrões culturais de valores e instituições fossem suficientemente sobrepostos aos motivos e orientações da ação consolidados nas estruturas de personalidade. No âmbito horizontal das ordens legítimas, ele permitia a concatenação dos elementos normativos da eticidade, da política e do direito. Esse suporte é rompido no curso do desenvolvimento que interpreto como racionalização do mundo da vida. As tradições culturais e os processos de socialização são os primeiros a se submeter à pressão da reflexão, de modo que eles passam a ser tematizados

Facticidade e validade

cada vez mais pelos próprios atores. Na mesma medida, as práticas consuetudinárias e os padrões de interpretação de uma eticidade convencional diferenciam-se das decisões práticas que passam pelo filtro da reflexão e da formação independente do juízo. Com isso, o uso da razão prática alcança uma especialização importante em nosso contexto. As ideias modernas de *autorrealização* e de *autodeterminação* sinalizam não apenas dois temas diferentes, mas tipos distintos de discurso, especificados conforme o sentido próprio de questionamentos *éticos* e *morais*. Por sua vez, a lógica própria de cada um desses questionamentos é expressa em desenvolvimentos filosóficos que têm início no final do século XVIII.

Aquilo que desde Aristóteles era chamado de "ética" recebe a partir de então um novo sentido subjetivista. Isso vale tanto para histórias de vida individuais quanto para tradições e formas de vida compartilhadas intersubjetivamente. Em conexão e reagindo a uma crescente literatura autobiográfica de confissão e autoexame, forma-se de Rousseau a Sartre, passando por Kierkegaard, uma espécie de reflexão que modifica a atitude de cada um em relação à própria vida. Em síntese, no lugar das orientações exemplares para uma vida virtuosa e dos modelos de vida boa recomendados para a imitação, interpõe-se cada vez mais fortemente a exigência abstrata de uma apropriação consciente e autocrítica da própria história de vida, de aceitação responsável da biografia individual, insubstituível e contingente. A interioridade radicalizada é sobrecarregada com a tarefa de autocompreensão, na qual se entrecruzam autoconhecimento e decisão existencial. A exigência dessa sondagem de possibilidades factualmente encontradas, mas criadoras da identidade, é caracterizada em Heidegger pela expressão "projeto lançado".[25] O súbito aparecimento da reflexão no processo histórico-vital cria uma nova tensão entre consciência da contingência, autorreflexão e responsabilidade para com a própria existência individual. E, na medida em que essa constelação vai abarcando esferas cada vez maiores de padrões de socialização dominantes, os *discursos ético-existenciais* ou *clínicos* tornam-se não

---

25 Esse aspecto foi reconstruído por E. Tugendhat com meios linguístico-analíticos (Tugendhat, *Selbstbewusstsein und Selbstbestimmung: Sprachanalytische Interpretationen*, Frankfurt/Main, Suhrkamp, 1979).

somente possíveis, como também, em certo sentido, inevitáveis: os conflitos que nascem de tal constelação, quando não solucionados com vontade e consciência, fazem-se sentir em sintomas persistentes.

Não só a condução da vida pessoal, mas a tradição cultural é crescentemente submetida a discursos de autocompreensão. De Schleiermacher a Gadamer, passando por Droysen e Dilthey, surge em conexão às ciências históricas, e também em reação a elas, uma problematização sobre o modo como nos apropriamos das nossas tradições intersubjetivamente compartilhadas. Mas no lugar das autointerpretações religiosas ou metafísicas, é a história que se converte então no *medium* para a autocertificação de culturas e povos. A hermenêutica filosófica parte certamente de questões metodológicas das ciências históricas, mas responde também a uma insegurança provocada pelo historicismo – a uma refração reflexiva no modo dessa apropriação pública da tradição, operada na primeira pessoa do plural.[26] Durante o século XIX, sob o signo de uma afiliação entre historicismo e nacionalismo, ergueu-se a primeira forma de uma identidade pós-tradicional. Mas esta ainda se nutria de um dogmatismo da história nacional, o qual se encontra em dissolução ao longo do tempo. Um pluralismo nos modos de se ler tradições por princípio ambivalentes oferece sempre novos motivos para discussões de autocompreensão, que esclarecem as partes em disputa sobre a necessidade de se decidir conscientemente a partir de quais continuidades querem viver, quais tradições querem interromper e quais prosseguir. Na medida em que as identidades coletivas só podem se formar na figura estilhaçada, dinâmica e esgarçada de uma tal consciência pública descentrada, *discursos ético-políticos* com suficiente profundidade tornam-se não apenas possíveis como inevitáveis.

A irrupção da reflexão nas histórias de vida e tradições culturais fomenta o individualismo de projetos de vida pessoais e um pluralismo das formas de vida coletivas. Ao mesmo tempo, porém, as regras de convivência também se tornam reflexivas; nelas se impõem orientações de valor de tipo universalista. Nas teorias filosóficas mais relevantes, reflete-se desde o final do

---

26 J. Habermas, Geschichtsbewusstsein und posttraditionale Identität, in: *Eine Art Schadensabwicklung*, Frankfurt/Main, Suhrkamp, 1987, p.271 e ss.

século XVIII uma consciência normativa modificada. Máximas, estratégias e regras de ação não se legitimam mais simplesmente por dar expressão aos contextos tradicionais. Com a distinção entre ações autônomas e heterônomas, a consciência normativa é de fato revolucionada. Ao mesmo tempo, cresce a necessidade de justificação, que sob as condições do pensamento pós-metafísico pode ser satisfeita somente por *discursos morais*. Estes se dirigem à regulação imparcial de conflitos de ação. Diferentemente das considerações éticas, que se orientam pelo *télos* da minha ou nossa vida boa ou não fracassada, as considerações morais exigem uma perspectiva desligada de todo egocentrismo ou etnocentrismo. Sob o ponto de vista moral do igual respeito por cada um e de uma consideração igualitária dos interesses de todos, as pretensões normativas de regulação legítima das relações interpessoais, agora circunscritas com mais clareza, veem-se levadas pela esteira da problematização. No horizonte do nível de fundamentação pós-tradicional, o indivíduo forma uma consciência moral regida por princípios e orienta sua ação pela ideia de autodeterminação. E aquilo que no âmbito da vida pessoal chama-se autolegislação ou autonomia moral equivale, para a constituição de uma sociedade justa, à interpretação jurídico-racional da liberdade política, isto é, à autolegislação democrática.

Na medida em que as tradições culturais e os processos de socialização tornam-se reflexivos, toma-se consciência da lógica de questões éticas e morais instauradas nas estruturas do agir orientado pelo entendimento. Sem o respaldo de cosmovisões religiosas ou metafísicas imunes à crítica, as orientações práticas podem ser obtidas, em última instância, somente por meio de argumentações, isto é, das formas de reflexão próprias da ação comunicativa. A racionalização de um mundo da vida se mede pelo grau em que suas estruturas se encontram perpassadas e fluidificadas pelos potenciais de racionalidade inseridos na ação comunicativa e liberados pelo discurso. Os processos de formação individual e os sistemas de saber cultural são aqueles que, comparativamente, oferecem menor resistência à forte pressão das problematizações. E tão logo o sentido próprio das questões éticas e morais se impõe, as alternativas às ideias normativas que dominam a modernidade já não conseguem ser justificadas por muito tempo. A conduta de vida consciente da pessoa individual mede-se pelo ideal expressivista de autorrealização, pela ideia deontológica de liberdade e pela máxima utilitarista do aumento das chances individuais de vida. A eticidade das formas de vida coletivas mede-se, de um lado, pelas utopias de uma convivência não alienada e solidária no horizonte de tradições apropriadas de forma autoconsciente e crítica; de outro, por modelos de uma sociedade justa, cujas instituições estão estruturadas de modo que as expectativas de comportamento e os conflitos sejam regulados igualitariamente no interesse de todos os atores; uma variante disso são as ideias do incremento e distribuição justa da riqueza social vinculadas ao Estado de bem-estar.

Uma consequência dessas reflexões é de especial interesse em nosso contexto atual: na medida em que a "cultura" e as "estruturas de personalidade" tornam-se carregadas desse tipo de ideais normativos, também se submete à pressão um direito que se vê despojado de seus fundamentos sagrados. O terceiro componente do mundo da vida, a "sociedade", como totalidade de ordens legítimas, concentra-se com tanto mais força no sistema jurídico, como vimos, quanto mais lhe são atribuídas funções de integração da sociedade em seu todo. As transformações esboçadas nos outros dois componentes podem explicar por que as ordens jurídicas modernas só podem se legitimar recorrendo a fontes que não as ponham em contradição com os ideais de vida e de justiça pós-tradicionais, os quais se tornaram inicialmente determinantes na condução da vida pessoal e na cultura. Os motivos para a legitimidade do direito tem de estar em harmonia, sob pena de dissonâncias cognitivas, com os princípios morais de justiça universal e solidariedade, assim como com princípios éticos para a condução da vida projetada de modo consciente e autorresponsável, tanto para indivíduos quanto para coletividades. Contudo, essas ideias de autodeterminação e autorrealização não se harmonizam facilmente entre si. Por isso, o direito racional também reagiu às ideias de justiça e aos ideais de vida modernos com respostas que dão a elas acentos diferentes em cada caso.

(4) Os direitos humanos e o princípio da soberania popular formam, não por acaso, as únicas ideias em cuja luz ainda é possível justificar o direito moderno. Pois ambas as ideias condensam aqueles conteúdos que sobrevivem quando a substância normativa de um *éthos* ancorado em tradições religiosas e metafísicas passa pelo filtro de fundamentações pós-tradicionais.

Facticidade e validade

Na medida em que questões éticas e morais se diferenciaram entre si, a substância normativa filtrada discursivamente encontra seu desenvolvimento em ambas as dimensões da autodeterminação e da autorrealização. Certamente os direitos humanos e a soberania popular não correspondem apenas a essas duas dimensões de forma linear. Mas entre ambos os pares de conceitos existem afinidades que podem ser acentuadas em maior ou menor medida. As tradições políticas que pretendo nomear de modo simplificado como "liberais" e "republicanas", em consonância com um debate atual conduzido nos Estados Unidos, concebem os direitos humanos, de um lado, como expressão da autodeterminação moral e a soberania popular, de outro, como expressão da autorrealização ética. Segundo esse entendimento, os direitos humanos e a soberania popular aproximam-se mais de uma relação de concorrência do que de complementaridade recíproca.

Dessa forma, por exemplo, F. Michelman observou na tradição constitucional norte-americana uma tensão entre o domínio impessoal das leis, fundido com a ideia de direitos humanos inatos, e a auto-organização espontânea de uma comunidade que, por meio da vontade soberana do povo, dá a si mesma suas próprias leis.[27] Essa tensão, entretanto, pode ser dissolvida tanto de um lado, quanto de outro. Os liberais evocam o perigo de

---

27 F. Michelman, Law's Republic, *The Yale Law Journal*, New Haven, v.97, n.8, jul. 1988, p.1499 e ss.: "*I take American constitutionalism — as manifest in academic theory, in the professional practice of lawyers and judges, and in the ordinary political self-understanding of Americans at large — to rest on two premises regarding political freedom: first, that the American people are politically free insomuch as they are governed by themselves collectively, and, second, that the American people are politically free insomuch as they are governed by laws and not by men. I take it that no earnest, non-disruptive participant in American constitutional debate is quite free to reject of those two professions of belief. I take them to be promises whose problematic relation to each other, and therefore whose meanings, are subject to an endless contestation*". ["Considero que o constitucionalismo americano — tal como se manifesta na teoria constitucional acadêmica, na prática profissional de advogados e juízes, assim como na autocompreensão política dos americanos de forma ampla — repousa em duas premissas concernentes à liberdade política: a primeira é a de que os americanos são politicamente livres na medida em que são governados por si mesmos coletivamente, e a segunda é a de que os americanos são politicamente livres na medida em que são governados por leis e não por homens. Penso que nenhum participante honesto, não desagregador, possa recusar alguma dessas profissões de fé no debate cons-

uma "tirania da maioria" e postulam a superioridade dos direitos humanos que asseguram as liberdades pré-políticas dos indivíduos e estabelecem limites à vontade soberana do legislador político. Os representantes de um humanismo republicano acentuam, por outro lado, o valor próprio e não instrumentalizável da auto-organização dos cidadãos, de tal modo que, em uma comunidade originalmente política, os direitos humanos só ganham obrigatoriedade como elementos da própria tradição, da qual se apropriam de forma consciente. Enquanto na concepção liberal os direitos humanos se impõem ao exame moral como algo dado, ancorado em um estado de natureza fictício, na concepção republicana a vontade ético-política de uma comunidade que busca autorrealização não pode reconhecer nada que não corresponda a seu próprio projeto de vida, assumido de forma autêntica. Em um caso prevalece o momento moral-cognitivo; em outro, o ético-volitivo. Em oposição a isso, Rousseau e Kant buscaram o objetivo de pensar no conceito de autonomia a união de razão prática e vontade soberana, de tal modo que a ideia de direitos humanos e o princípio da soberania popular se interpretam *reciprocamente*. No entanto, esses autores não conseguem uma conexão inteiramente simétrica dos dois conceitos. De maneira geral, Kant se aproxima mais de uma leitura liberal da autonomia política e Rousseau, mais de uma leitura republicana.

Kant obtém o "princípio universal do direito" da aplicação do princípio moral a "relações externas" e dá início a sua doutrina do direito com aquele direito a iguais liberdades subjetivas revestidas de uma coerção autorizada, as quais cabem a cada homem por "força de sua humanidade". Esse direito originário regula o "meu e seu interiores"; na aplicação ao "meu e seu exteriores", resultam dele os direitos subjetivos privados (que posteriormente Savigny e a vertente kantiana da dogmática do direito civil alemão tomam como ponto de partida). Esse sistema de direitos, que compete de forma inalienável a cada homem e ao qual "homem nenhum poderia renunciar mesmo que quisesse",[28] legitima-se por princípios morais antes mesmo de

---

titucional. E me parece que sejam premissas com relação problemática entre si e, portanto, cujos sentidos encontram-se sujeitos a contestações sem fim" – N. T.]

28 Kant, *Über den Gemeinschpruch*, op. cit., v.VI, p.161.

se diferenciar na figura de leis públicas, isto é, independentemente da autonomia política dos cidadãos, a qual se constitui tão somente com o contrato social. Desse modo, os princípios do direito privado gozam já no estado de natureza da validade de direitos morais; assim, os "direitos naturais" que protegem a autonomia privada dos homens precedem a vontade soberana do legislador. Sob esse aspecto, a soberania da "vontade unificada e concordante" dos cidadãos é limitada por meio de direitos humanos fundamentados moralmente. Kant decerto não interpretou o vínculo da soberania popular com os direitos humanos como uma restrição, pois partia da premissa de que ninguém *poderia* concordar, no exercício de sua autonomia cidadã, com leis que atentassem contra sua autonomia privada assegurada pelo direito natural. Mas seria necessário, então, explicar a autonomia política a partir de uma conexão *interna* da soberania popular com os direitos humanos. E é precisamente isso o que deveria cumprir a construção do contrato social. No entanto, a passagem *progressiva* da moral ao direito na linha de fundamentação impede que o contrato social ocupe na construção da doutrina do direito kantiana a posição central que de fato possui em Rousseau.

Rousseau parte da constituição da autonomia dos cidadãos e estabelece *a fortiori* uma conexão interna entre soberania popular e direitos humanos. Como a vontade soberana do povo só pode se expressar na linguagem de leis gerais e abstratas, ela carrega *inscrito* em si aquele direito a iguais liberdades subjetivas que, em Kant, *precede* a formação da vontade política como um direito humano fundado moralmente. Por isso, em Rousseau, o exercício da autonomia política não se encontra mais sob a reserva de direitos inatos; em vez disso, o teor normativo dos direitos do homem penetra no próprio modo de exercício da soberania popular. A vontade unificada dos cidadãos é ligada, por meio do *medium* de leis gerais e abstratas, a um procedimento de legislação democrática que exclui *per se* todos os interesses não passíveis de universalização e que só permite regulações que garantam a todos iguais liberdades subjetivas. Segundo essa ideia, o exercício procedimental da soberania popular assegura ao mesmo tempo a substância do direito humano originário de Kant.

Entretanto, Rousseau não levou consequentemente a cabo essa ideia luminosa, pois se fixou com mais ênfase que Kant à tradição republicana. Ele confere à ideia de autolegislação uma interpretação mais ética que moral e concebe a autonomia como a realização da forma de vida consciente de um povo concreto. Como sabemos, Rousseau descreve a constituição contratualista da soberania popular como um ato existencial de socialização, por meio do qual indivíduos isolados e orientados a seu próprio êxito se *transformam* em cidadãos de uma comunidade ética orientados ao bem comum. Como membros de um corpo coletivo, eles se fundem no macrossujeito de uma práxis que rompe com os interesses particulares de pessoas privadas meramente submetidas a leis. Rousseau leva ao extremo as exigências éticas dos cidadãos inscritas no conceito republicano de comunidade. Ele conta com virtudes políticas ancoradas no *éthos* de uma comunidade mais ou menos homogênea, integrada por meio de tradições culturais compartilhadas. A única alternativa a isso seria a coerção estatal: "Quanto menos as vontades particulares se reportam à vontade geral, isto é, os costumes às leis, maior deve ser a força repressora. Assim, para ser bom, o governo deve ser relativamente mais forte à medida que o povo se torna mais numeroso".[29]

Mas se a práxis de autolegislação tem de se alimentar da substância ética de um povo que já se entendeu *de antemão* a respeito de suas orientações valorativas, Rousseau não consegue explicar como a postulada orientação ao bem comum dos cidadãos pode ser mediada com as posições de interesse socialmente diferenciadas das pessoas privadas, isto é, como a vontade geral construída normativamente pode se conectar, sem repressão, com o arbítrio dos indivíduos. Para isso seria necessário um ponto de vista genuinamente moral, a partir do qual pudesse ser avaliado se aquilo que é bom *para nós* é igualmente do interesse de cada um. Na versão ética do conceito de soberania popular, o sentido universalista do princípio do direito acaba, enfim, por se perder.

Ao que tudo indica, o conteúdo normativo do direito humano originário não pode se reduzir simplesmente à gramática de leis gerais e abstratas, como supõe Rousseau. O sentido da igualdade de conteúdo do direito, contida em sua pretensão de legitimidade moderna e que de fato importa a Rou-

---

29 J.-J. Rousseau, *Contrat Social* III, p.1; em alemão: *Staat und Gesellschaft*, Munique, Goldmanns Gelbe Taschenbucher, 1959, p.53.

Facticidade e validade

sseau, não pode ser explicado suficientemente só por meio das propriedades *lógico-semânticas* de leis gerais. A forma gramatical de preceitos universais não diz nada acerca de sua validez. A pretensão de que uma norma atenda de forma igualitária ao interesse de todos possui, sobretudo, o sentido da aceitabilidade racional: todos os possíveis afetados por uma norma teriam de poder dar a ela seu consentimento fundado em boas razões. E isto, por sua vez, só pode ser alcançado sob condições pragmáticas de discursos nos quais, baseado nas informações relevantes, impõe-se tão somente a coerção do melhor argumento. Rousseau presume encontrar o conteúdo normativo do princípio do direito já nas propriedades lógico-semânticas *daquilo* que se quer; mas esse princípio só poderia ser extraído daquelas condições pragmáticas que determinam *como* se forma a vontade política. O visado nexo interno entre soberania popular e direitos humanos repousa no conteúdo normativo de *um modo de exercício da autonomia política*, que não se encontra já assegurado pela forma de leis gerais, mas sim pela forma de comunicação que permite a formação discursiva da opinião e da vontade.

Contudo, essa conexão permanece obstruída tanto em Kant quanto em Rousseau. Sob as premissas da filosofia da consciência, razão e vontade certamente podem ser reunidas no conceito de autonomia — mas apenas na medida em que essa faculdade de autodeterminação é imputada a um sujeito, seja o eu inteligível da *Crítica da razão prática*, seja o povo do *Contrato social*. Se a vontade racional só pode se formar no sujeito individual, então a autonomia moral do indivíduo precisa se impor à autonomia política da vontade unificada de todos, assegurando de antemão a autonomia privada de cada um como um direito natural. Se a vontade racional só pode se formar no macrossujeito de um povo ou uma nação, a autonomia política tem de ser entendida como a realização autoconsciente da essência ética de uma comunidade concreta; neste caso, a autonomia privada só poderá ser protegida do poder de dominação da autonomia política mediante a forma não discriminatória de leis gerais. Ambas as concepções passam ao largo da força legitimadora de uma formação discursiva da opinião e da vontade, na qual a força ilocucionária do uso da linguagem voltada ao entendimento é empregada para unir razão e vontade — e para alcançar convicções com as quais todos os indivíduos podem estar de acordo sem coerções.

151

Mas se os discursos (e, como veremos, negociações cujos procedimentos são fundados discursivamente) constituem o lugar em que se pode formar uma vontade racional, a legitimidade do direito se baseia, em última instância, em um mecanismo comunicativo: como participantes em discursos racionais, os parceiros do direito têm de poder avaliar se a norma sob exame conta, ou poderia contar, com o assentimento de todos os possíveis afetados. Portanto, a almejada conexão interna entre soberania popular e direitos humanos precisa ser buscada em um sistema de direitos que estabelece precisamente as condições sob as quais podem ser institucionalizadas em termos jurídicos as formas de comunicação necessárias à gênese politicamente autônoma do direito. O sistema de direitos não pode ser reduzido nem a uma leitura moral dos direitos humanos, nem a uma leitura ética da soberania popular, pois a autonomia privada não pode nem subordinar a autonomia política, nem ser por ela subordinada. As intuições normativas que vinculamos aos direitos humanos e à soberania popular podem apenas se fazer valer em sentido *pleno* no sistema de direitos se partirmos da ideia de que o direito a iguais liberdades subjetivas de ação não pode ser moralmente imposto ao legislador soberano como um limite externo, nem tampouco instrumentalizado como um requisito funcional para seus fins. A cooriginaridade [*Gleichursprünglichkeit*] da autonomia privada e da autonomia pública só se mostra quando deciframos, segundo os termos da teoria do discurso, a figura de pensamento da "autolegislação", segundo a qual os destinatários de direitos são ao mesmo tempo seus autores. A substância dos direitos humanos se insere então nas condições formais da institucionalização jurídica desse tipo de formação discursiva da opinião e da vontade, na qual a soberania popular assume um formato jurídico.

II. Normas morais e normas jurídicas: sobre a relação de complementaridade entre moral racional e direito positivo

(I) Nas duas linhas da história da teoria analisadas, a dogmática do direito civil e a tradição do direito racional, encontramos dificuldades que podem ser explicadas por déficits similares: a conexão interna entre direito subjetivo e objetivo, por um lado, e entre autonomia privada e pública, por outro, só pode ser explorada se levarmos a sério e explicitarmos de maneira adequada a estrutura intersubjetiva dos direitos e a estrutura comunicativa da autolegislação. Mas antes de procurar cumprir essa tarefa e introduzir o sistema de direitos segundo a teoria do discurso, a relação entre direito e moral deve ser esclarecida. Pois as dificuldades analisadas não repousam apenas nas falsas colocações da filosofia da consciência, mas também na hipoteca assumida perante a tradição jusnaturalista ao manter a distinção entre direito positivo e direito racional. Com isso, prendemo-nos a uma duplicação do conceito de direito sociologicamente implausível e que, sob considerações normativas, possui consequências inaceitáveis. Parto de que, no nível pós-metafísico de fundamentação, regras jurídicas e morais se diferenciam *simultaneamente* da eticidade tradicional e se apresentam como duas classes de normas de ação distintas, mas que caminham *lado a lado* e se complementam. Por isso, o conceito de autonomia tem de ser compreendido de forma suficientemente abstrata, a fim de poder assumir um formato específico para um e outro tipo de normas de ação — de um lado, como princípio da moral e, de outro, como princípio da democracia. Ao se evitar assim uma redução do conceito de autonomia aos termos de uma teoria moral, o princípio kantiano do direito perde sua função mediadora; em vez disso, ele passa a servir ao esclarecimento dos aspectos sob os quais as regras jurídicas se distinguem das morais. Mesmo os direitos humanos, que se inscrevem na práxis de autodeterminação democrática, precisam ser compreendidos de antemão como direitos em sentido jurídico, não obstante seu conteúdo moral.

Em sua "Introdução à metafísica dos costumes", Kant procede de modo diferente. Ele parte da lei da liberdade moral, como conceito determinante, e dela obtém as leis jurídicas por meio de uma *restrição*. A teoria moral lhe confere todos os conceitos superiores: vontade e arbítrio, ação e motivação, dever e inclinação, lei e legislação servem primeiramente à determinação do juízo e da ação morais. A mencionada restrição dos conceitos fundamentais da moral é operada na doutrina do direito em três dimensões. Segundo Kant, o conceito do direito não se refere primariamente à vontade livre, mas ao *arbítrio* dos destinatários; estende-se, além disso, às *relações externas* de uma pessoa com as demais e, finalmente, vem revestido da *autorização da coerção*, que uma pessoa está justificada a exercer contra outra no caso de infração. O princípio do direito restringe o princípio moral sob esses três pontos de vista. E segundo essa restrição, *reflete-se* a legislação moral na jurídica, a moralidade na legalidade, os deveres da virtude nos deveres jurídicos etc.

Na base dessa construção encontra-se a representação platônica de que a ordem jurídica reflete e, ao mesmo tempo, concretiza no mundo fenomênico a ordem inteligível de um "reino dos fins". Mesmo que se desconsiderem os pressupostos metafísicos de fundo assumidos por Kant, na duplicação mesma do direito em direito natural e positivo, sobrevive uma herança platônica, a saber, a intuição de que a comunidade ideal de sujeitos moralmente imputáveis — a comunidade de comunicação ilimitada de Josiah Royce até Apel[30] — penetra nos planos do tempo histórico e do espaço social através do *medium* do direito, assumindo na comunidade jurídica uma forma concreta localizada no espaço e no tempo. Essa intuição não é falsa em todos os seus aspectos, pois uma ordem jurídica só pode ser legítima se não contradiz princípios morais. Por meio do componente de legitimidade da validade jurídica, conserva-se uma referência à moral inscrita no direito positivo. Mas essa referência moral não deve nos levar a posicioná-la acima do direito, no sentido de uma hierarquia entre duas ordens normativas. A ideia de uma hierarquia entre essas ordens de leis pertence ao mundo do direito pré-moderno. Ao invés disso, a moral autônoma e o direito positivo, dependente de justificação, encontram-se em uma *relação de complementaridade*.

Do ponto de vista sociológico, ambos se diferenciaram simultaneamente daquele *éthos* social abrangente no qual ainda se entrelaçavam o direito tradicional e a ética das leis. Com o abalo dos fundamentos sagrados desse tecido formado pela moral, pelo direito e pela eticidade, têm início processos de diferenciação. No âmbito do saber cultural, como vimos, as questões jurídicas se separam das questões morais e éticas. No âmbito institucional, o direito positivo se separa dos usos e costumes, reduzidos agora a meras convenções. As questões jurídicas e morais certamente se referem aos mes-

---

30 J. Royce, *The Spirit of Modern Philosophy*, Boston, Houghton, Mifflin and Company, 1892.

Facticidade e validade

mos problemas: como é possível ordenar de maneira legítima as relações interpessoais e coordenar as ações entre si por meio de normas justificadas, ou como solucionar consensualmente conflitos de ação sem o pano de fundo de princípios normativos e regras intersubjetivamente reconhecidos? No entanto, eles se referem aos mesmos problemas de diferentes maneiras. Apesar dos pontos de referência comuns, a moral e o direito se distinguem *prima facie* na medida em que a moral pós-tradicional representa apenas uma forma de saber cultural, enquanto que o direito ganha também obrigatoriedade no plano institucional. O direito não é somente um sistema simbólico, mas também um sistema de ação.

A percepção empiricamente informada de que as ordens jurídicas complementam de modo cooriginário uma moral que se tornou autônoma não suporta mais a representação platonizante que sustenta um tipo de relação de cópia entre direito e moral – como se apenas projetássemos uma mesma figura geométrica em distintos planos de representação. Por isso, os direitos fundamentais que aparecem na figura positiva de normas constitucionais não podem ser entendidos como simples reflexo de direitos morais, nem a autonomia política como mero reflexo da autonomia moral. Em vez disso, as normas gerais de ação se *ramificam* em regras morais e regras jurídicas, isto é, dividem-se nessas duas classes de regras complementárias mas independentes. Do ponto de vista normativo, isso se encontra em conformidade com a aceitação de que a autonomia moral e a autonomia do cidadão são cooriginárias e podem se explicar com a ajuda de um princípio do discurso comedido, que simplesmente dá expressão ao sentido das exigências de fundamentação pós-convencionais. Esse princípio, assim como o próprio nível de fundamentação pós-convencional, no qual a eticidade substancial se decompõe em diferentes componentes, possui certamente um teor normativo, pois explicita o sentido da imparcialidade de juízos práticos. Mas se encontra em um nível de abstração que, apesar desse teor normativo, *ainda é neutro* perante a moral e o direito; isto é, ele se refere a normas de ação em geral:

> D: São válidas [*gültig*] apenas as normas de ação com as quais todos os possíveis concernidos poderiam concordar como participantes de discursos racionais.

Essa formulação contém conceitos básicos que necessitam de explicação. O predicado "válido" refere-se a normas de ação e a seus correspondentes enunciados normativos gerais; ele expressa um sentido normativo inespecífico de validez normativa, ainda indiferente à distinção entre moralidade e legitimidade. Por "normas de ação" entendo as expectativas de comportamento generalizadas temporal, social e objetivamente. Por "concernido" chamo todo aquele cujos interesses podem ser atingidos pelas consequências previsíveis de uma práxis geral regulada pelas normas. E por "discurso racional" deve ser compreendida *toda* tentativa de entendimento sobre pretensões de validade problemáticas realizada sob condições de comunicação que permitam, dentro de um espaço público constituído por obrigações ilocucionárias, o livre processamento de temas e contribuições, informações e argumentos. Indiretamente, essa expressão refere-se também a "negociações", na medida em que estas sejam reguladas por procedimentos discursivamente fundamentados.

Para uma formulação de "D" suficientemente abstrata é certamente importante que o tipo de temas e contribuições e a espécie de argumentos que "contam" não sejam restringidos *a priori*. O princípio moral resulta em primeiro lugar da especificação do princípio geral do discurso para aquelas normas de ação que podem ser justificadas *unicamente* do ponto de vista da consideração simétrica dos interesses. O princípio da democracia resulta de uma especificação correspondente para normas de ação que se apresentam na forma de direito e que podem ser justificadas com o auxílio de argumentos pragmáticos, ético-políticos e morais – portanto, não somente a partir de argumentos morais. Gostaria apenas de esclarecer, antecipando a análise do próximo capítulo, que o tipo de argumento é derivado da lógica dos questionamentos correspondentes. Em questionamentos morais, a humanidade, ou uma suposta república de cidadãos do mundo, constitui o ponto de referência para a fundamentação de regras que sejam do interesse simétrico de todos. Os argumentos decisivos têm de poder ser aceitos em princípio por cada um. Em questionamentos ético-políticos, a forma de vida de "nossa respectiva" comunidade política forma o sistema de referência para a fundamentação de regulações que valem como expressão de

Facticidade e validade

uma autocompreensão coletiva consciente. Os argumentos decisivos têm de poder ser aceitos em princípio por todos aqueles que compartilham "nossas" tradições e valorações fortes. Os conflitos de interesse exigem um equilíbrio racional entre orientações valorativas e constelações de interesses concorrentes. Aqui é a totalidade dos grupos sociais ou de subculturas diretamente implicadas que forma o sistema de referência para a negociação de compromissos. Tais acordos, se obtidos em condições de negociação consideradas equitativas, têm de poder ser aceitos, a princípio, por todas as partes, mesmo que por razões distintas.

Em meus estudos sobre a ética do discurso publicados até o momento, não diferenciei suficientemente o princípio do discurso do princípio moral. O princípio do discurso limita-se a explicar o ponto de vista a partir do qual normas de ação podem ser *imparcialmente* fundamentadas, partindo da ideia de que ele próprio se funda nas relações simétricas de reconhecimento inscritas em formas de vida comunicativamente estruturadas. A introdução do princípio do discurso já pressupõe que questões práticas em geral podem ser julgadas com imparcialidade e decididas racionalmente. Esse pressuposto não é trivial; sua justificação permanece reservada a um exame da teoria da argumentação que retomarei provisoriamente no capítulo seguinte. Essa investigação nos conduz à diferenciação entre tipos distintos de discurso (e de negociações procedimentalmente reguladas), relativos à lógica do questionamento e às respectivas classes de argumentos. Com efeito, deve ser mostrado de acordo com quais regras podem ser respondidas as questões correspondentes a cada tipo de discurso, sejam elas pragmáticas, éticas ou morais.[31] Essas regras de argumentação operacionalizam, por assim dizer, o princípio do discurso. Nos discursos de fundamentação moral, o princípio do discurso assume a forma de um princípio de universalização. Nessa medida, o princípio moral cumpre o papel de uma regra da argumentação. A partir dos pressupostos universais da argumentação, ele pode ser fundamentado nos termos da pragmática formal como um modo de reflexão da

---

31 Habermas, Zum pragmatischen, etischen und moralischen Gebrauch der praktischen Vernunft, op. cit., p.100-108.

ação comunicativa.[32] Mas não posso aqui me aprofundar nesse tema. Nos discursos de aplicação, o princípio moral é complementado por um princípio de adequação. Disso ainda nos ocuparemos no tocante aos discursos de aplicação jurídica.[33] Em nosso contexto, entretanto, é importante por ora apenas ressaltar os aspectos sob os quais é possível distinguir o princípio da democracia do princípio moral.

Nesse ponto é necessário cautela. Pois nessa encruzilhada não se deve sucumbir ao preconceito arraigado segundo o qual a moral dirige-se apenas às relações sociais que recaem sob a responsabilidade pessoal, enquanto que o direito e a justiça política cobririam os âmbitos de interação institucionalmente mediados.[34] A formulação do princípio moral segundo a teoria do discurso já sobrepuja as fronteiras, histórica e socialmente contingentes, entre âmbitos da vida privados e públicos; ela enfatiza o sentido da validade universalista de regras morais ao exigir que a assunção ideal de papéis, que segundo Kant é efetuada de modo privado por cada indivíduo, converta-se em uma práxis pública, exercida coletivamente por todos. Além disso, uma distinção regional das competências da moral e do direito segundo âmbitos de ação privados e públicos mostra-se contraintuitiva, já pelo fato de que a formação da vontade do legislador político estende-se também aos aspectos morais das matérias carentes de regulação. Pois, em sociedades complexas, a moral só pode alcançar efetividade para além de domínios estritamente locais com sua tradução para o código do direito.

---

32 Cf. W. Regh, Discourse and the Moral Point of View: Deriving a Dialogical Principle of Universalization, *Inquiry*, v.34, n.1, 1991, p.27-48; id., *Insight and Solidarity: the Idea of a Discourse Ethics*, Evanston, dissertação (filosofia), Northwestern University, 1991.

33 Günther, *Der Sinn für Angemessenheit*, op. cit.; Habermas, Zum pragmatischen, etischen und moralischen Gebrauch der praktischen Vernunft, op. cit., p.137-142. Cf. adiante, Capítulo V.

34 Nesse sentido, A. Wellmer, em *Ethik und Dialog: Elemente des moralschen Urteils bei Kant und in der Diskursethik*, Frankfurt/Main, Suhrkamp, 1986, contrapõe ao princípio moral, que deveria ser aplicado privadamente, um princípio de justiça que regularia a formação comum da vontade política. O. Höffe procura distinguir de forma semelhante o ponto de vista moral do ponto de vista da justiça política (Höffe, *Politische Gerechtigkeit*, op. cit., p.41).

Facticidade e validade

Para obter critérios seletivos aptos à distinção entre princípio da democracia e princípio moral, parto da circunstância de que o princípio da democracia deve estipular um procedimento de criação legítima de normas jurídicas. Ele determina que só podem pretender validade legítima as leis jurídicas capazes de receber o assentimento de todos os parceiros do direito em um processo discursivo de produção normativa, articulado ele próprio juridicamente. O princípio da democracia, em outras palavras, explica o sentido performativo da práxis de autodeterminação de parceiros do direito, os quais reconhecem uns aos outros como membros livres e iguais de uma associação que integram voluntariamente. Por isso, o princípio da democracia encontra-se em um *plano distinto* do princípio moral.

Enquanto este cumpre o papel de uma regra de argumentação para a decisão racional de questões morais, o princípio da democracia pressupõe já de antemão a possibilidade de se decidir racionalmente questões práticas, bem como de se fazer uso de *todos* os tipos de fundamentação desempenhados em discursos (e em negociações procedimentalmente reguladas) aos quais se deve a legitimidade das leis. Desse modo, o princípio democrático não fornece resposta alguma à questão a ser esclarecida pela teoria da comunicação: se e como os assuntos políticos podem em geral ser tratados discursivamente. Sob o pressuposto de que é possível uma formação racional da opinião e da vontade política, o princípio da democracia apenas nos diz como esta pode ser institucionalizada – a saber, por meio de um sistema de direitos que assegure a cada um a igual participação no processo de criação de normas jurídicas e que garanta simultaneamente seus pressupostos comunicativos. Enquanto o princípio moral opera no plano da estrutura *interna* de um determinado jogo de argumentação, o princípio da democracia se refere ao plano de sua institucionalização *externa*, isto é, à participação em igualdade de direitos na formação discursiva da opinião e da vontade política, efetivada segundo formas de comunicação garantidas juridicamente.

A diferença dos planos de referência é um dos pontos de vista pelo qual o princípio da democracia pode se distinguir do princípio moral. O outro se refere à diferença entre normas jurídicas e as demais normas de ação. Enquanto o princípio moral se estende a todas as normas de ação que podem ser justificadas com o auxílio somente de argumentos morais, o princípio da democracia é configurado segundo normas jurídicas. Essas regras não são provenientes da base de interações simples, mais ou menos naturalizadas e como que previamente dadas. A forma jurídica que as reveste apenas se constitui no curso da evolução social. Em contraste com as regras de interação que surgem naturalmente e só podem ser julgadas sob o ponto de vista moral, as normas jurídicas possuem um caráter artificial – constituem uma camada intencionalmente gerada de normas de ação reflexivas, isto é, aplicáveis a si mesmas. Por isso, o princípio da democracia deve não apenas estabelecer um procedimento de criação legítima de normas jurídicas, mas também orientar a produção do próprio *medium* do direito. Na visão do princípio do discurso, têm de ser fundamentadas as condições que os direitos devem satisfazer para a constituição de uma comunidade jurídica e para servir como meio de sua auto-organização. Por isso, com o sistema de direitos é preciso criar ao mesmo tempo a *linguagem* pela qual essa comunidade pode entender-se como uma associação voluntária de parceiros do direito livres e iguais.

Os dois aspectos sob os quais distinguimos o princípio da democracia e o princípio moral correspondem, assim, a duas tarefas que cabe ao almejado sistema de direitos cumprir. Ele deve não apenas institucionalizar uma formação racional da vontade política, mas também garantir o próprio *medium* pelo qual esta pode ser expressa como vontade comum de parceiros do direito livremente associados. Para especificarmos esta segunda tarefa, temos de tornar precisas as características formais das regras de ação jurídicas.

(2) No que segue, gostaria de esclarecer as determinações formais do direito recorrendo à relação de complementaridade entre direito e moral. Esse esclarecimento é parte de uma explicação funcional, não de uma fundamentação normativa do direito. Pois a forma jurídica não é um princípio que possa ser "fundamentado", seja em termos epistêmicos, seja em termos normativos. Como mencionado, Kant já havia caracterizado a legalidade, ou a forma jurídica do comportamento, recorrendo a três abstrações referentes aos destinatários do direito, não a seus autores. Em primeiro lugar, o direito faz abstração da capacidade dos destinatários vincularem sua própria vontade livremente, contando apenas com seu *arbítrio*. Além disso, o direito faz abstração da complexidade dos planos de ação inseridos no mundo da

Facticidade e validade

vida, restringindo-se à *relação externa* do comportamento interativo entre atores sociais típicos. Por fim, como vimos, o direito faz abstração do *tipo de motivação*, contentando-se com o efeito da ação em conformidade à regra.

Ao tipo de ação assim delimitada nos termos da forma jurídica corresponde o status especificamente restrito dos próprios sujeitos de direito. Normas morais regulam relações e conflitos interpessoais entre pessoas naturais que se reconhecem, ao mesmo tempo, como membros de uma comunidade concreta e como indivíduos insubstituíveis.[35] Elas são dirigidas a pessoas individuadas por sua história de vida. As normas jurídicas, diferentemente, regulam relações e conflitos interpessoais entre atores que se reconhecem como membros de uma comunidade abstrata, gerada pelas próprias normas jurídicas. Elas também se dirigem a sujeitos individuais, cuja individuação, todavia, não se dá mais por uma identidade pessoal construída nos termos de sua história de vida, mas por sua capacidade de assumir a posição de membros sociais típicos de uma comunidade constituída juridicamente. Da perspectiva dos destinatários, a relação jurídica faz abstração da capacidade de uma pessoa vincular sua vontade a convicções normativas, exigindo-se tão somente a capacidade de tomar decisões racionais com respeito a fins, isto é, a liberdade de arbítrio.[35a] Dessa redução da vontade livre de uma pessoa com responsabilidade moral (e ética) ao arbítrio de um sujeito jurídico determinado por suas preferências particulares seguem os demais aspectos da legalidade. Apenas matérias que abrangem relações externas podem ser reguladas juridicamente. Pois o direito impõe o comportamento conforme a regras. Isso pode explicar, por sua vez, um

---

35 Wingert, *Gemeinsinn und Moral*, op. cit.

35a Essa abstração tem um significado assegurador da liberdade. O status da pessoa de direito protege a esfera na qual uma pessoa concreta pode se desenvolver livremente, de forma moralmente responsável e conduzindo sua vida eticamente. A redução da pessoa de direito a um portador de direitos subjetivos individuado por meio de sua liberdade de arbítrio assume, decerto, um sentido moral e ético, na medida em que a garantia jurídica de liberdades subjetivas assegura uma esfera para um modo de vida consciente e autônomo. O direito atua como uma "máscara protetora" (H. Arendt) ante a fisionomia de uma pessoa individuada por sua história de vida, que procura agir conscientemente e viver de forma autêntica. Cf. Forst, *Kontexte der Gerechtigkeit*, op. cit.

efeito de atomização da forma jurídica, o qual não desmente os fundamentos intersubjetivos do direito enquanto tal.

Mesmo que o conceito kantiano de legalidade tenha até aqui se mostrado útil para conduzir a análise das determinações formais do direito, não podemos entender os aspectos da legalidade como restrições da moral; em vez disso, gostaria de esclarecê-los a partir da relação de complementaridade entre direito e moral segundo o modo como nos é sugerido pela sociologia: a constituição da forma jurídica se faz necessária para compensar os *déficits* surgidos com a decomposição da eticidade tradicional. Pois a moral autônoma, baseada unicamente em fundamentos racionais, ocupa-se tão somente da correção do juízo. Com a passagem ao nível de fundamentação pós-convencional, a consciência moral se descola das práticas tornadas habituais pela tradição, reduzindo o *éthos* social abrangente a mera convenção, costume e direito consuetudinário.

Uma moral racional relaciona-se de modo fundamentalmente crítico com todas essas orientações de ação naturalizadas, tidas como autoevidentes, perpetuadas institucionalmente e ancoradas em termos motivacionais por meio de padrões de socialização. Tão logo uma alternativa de ação e seu pano de fundo normativo são expostos ao olhar crítico dessa moral, eles são levados pela espiral da problematização. A moral racional se especializa em questões de justiça e considera fundamentalmente *tudo* sob o olhar rigoroso, mas estrito, da universalizabilidade. Ela tem por *télos* a avaliação imparcial de conflitos de ação moralmente relevantes, possibilitando um saber que certamente serve à orientação da ação, mas que não gera a *disposição* para a ação correta. Sublimada como forma de saber, a moral racional é representada, como todo saber, no plano da cultura; ela existe em primeira instância apenas como conteúdo de significado dos símbolos culturais, os quais podem ser entendidos e interpretados, transmitidos e reelaborados criticamente. Naturalmente, essa moral culturalmente oscilante também se refere a ações *possíveis*; mas já não possui por si mesma nenhum contato com os motivos que podem lhe conferir força impulsionadora para converter-se em prática, nem com instituições que cuidam para que as expectativas moralmente justificadas sejam de fato cumpridas. Uma moral arredada no sistema cultural mantém uma relação virtual com a ação enquanto não for atualizada

Facticidade e validade

pelos *próprios* atores motivados. Para isso, estes têm de estar dispostos a agir conscientemente. Portanto, uma moral racional depende de processos de socialização que produzam instâncias de consciência que lhe sejam correspondentes, isto é, formações apropriadas do superego. Além da débil força motivacional de bons argumentos, ela só pode assumir eficácia prática a partir da internalização de princípios morais em sistemas de personalidade.

A passagem do saber à ação permanece incerta – devido à vulnerabilidade de um autocontrole precário e altamente abstrato dos sujeitos de ação moral; sobretudo, devido à improbabilidade dos processos de socialização que produzem um tipo de competências tão exigentes. Uma moral dependente do substrato de estruturas de personalidade propícias permaneceria limitada em sua eficácia caso não pudesse atingir os motivos dos agentes por um *outro* caminho que não o da internalização, a saber, o da institucionalização de um sistema jurídico que complementa a moral racional do ponto de vista da eficácia para a ação. O direito é ao mesmo tempo: um sistema de saber e um sistema de ação; ele pode ser entendido tanto como um texto repleto de proposições e interpretações normativas quanto como uma instituição, isto é, como um complexo de regulamentações da ação. Pelo fato dos motivos e das orientações axiológicas encontrarem-se nele interligados em um sistema de ação, as proposições jurídicas possuem uma eficácia prática imediata que falta aos juízos morais. Por outro lado, as instituições jurídicas se distinguem das ordens institucionais naturais devido ao seu grau comparativamente alto de racionalidade; pois nela se cristaliza um sistema de saber sólido, refinado dogmaticamente e conectado a uma moral orientada por princípios. Desse modo, por se estabelecer em simultâneo nos planos da cultura e da sociedade, o direito pode *compensar* as fraquezas de uma moral racional que existe primariamente na forma de um saber.

A pessoa que julga e age moralmente tem de se apropriar desse saber, elaborá-lo e pô-lo em prática de modo independente. Ela se submete a exigências (a) cognitivas, (b) motivacionais e (c) organizatórias próprias, das quais se vê *liberada* enquanto pessoa de direito.

(a) A moral racional oferece apenas um procedimento para a avaliação imparcial de questões conflituosas. Ela não é capaz de apresentar um catálogo de deveres ou mesmo um conjunto de normas hierarquicamente ordenadas, só exigindo dos sujeitos que formem seu próprio juízo. Além disso, sua liberdade comunicativa exercitada em discursos morais apenas conduz a convicções falíveis no conflito de interpretações. Os problemas de fundamentação de normas não são, em primeira linha, os mais difíceis de serem tratados. Pois, normalmente, o que se encontra em disputa não são os próprios princípios morais, que obrigam, por exemplo, o igual respeito a todos, a justiça distributiva, a benevolência com os necessitados, a lealdade, a sinceridade etc. Ao invés disso, é a abstração dessas normas altamente generalizadas que provoca problemas de aplicação quando um conflito premente extrapola a rotina de interações em contextos familiares. A decisão desse tipo de caso concreto e difícil de ser tratado exige operações complexas. De um lado, as características relevantes da situação precisam ser descobertas e descritas à luz de normas indeterminadas e concorrentes; de outro, a norma mais adequada tem de ser escolhida, interpretada e aplicada à luz de uma descrição o mais completa possível da situação. Frequentemente, problemas de fundamentação e aplicação em casos complexos exigem demais das capacidades analíticas do indivíduo. Essa *indeterminação cognitiva* é absorvida pela facticidade da regulação jurídica. O legislador político determina quais normas são consideradas direito e os tribunais resolvem para as partes envolvidas, de forma razoável e definitiva para cada caso, as disputas de interpretação acerca da aplicação de normas válidas que demandam exegese. O sistema jurídico exime as pessoas de direito, em seu papel de destinatárias, do poder de definir os critérios para avaliação do que é justo e injusto. Do ponto de vista da complementaridade entre direito e moral, o processo de legislação parlamentar, a prática institucionalizada das decisões judiciais, assim como o trabalho profissional de uma dogmática jurídica dedicada à precisão das regras e sistematização das decisões, representam para o indivíduo um alívio dos onerosos encargos cognitivos envolvidos na formação de seus próprios juízos morais.

(b) A moral racional não sobrecarrega o indivíduo apenas com o problema de decidir conflitos de ação, mas também com expectativas relativas à sua força de vontade. De um lado, ele deve estar disposto a encontrar uma solução consensual para situações de conflito, isto é, a entrar em discursos

Facticidade e validade

ou emulá-los de modo advocatício. De outro, cabe a ele procurar força para agir conforme suas decisões morais em cada caso, eventualmente contra seu próprio interesse; isto é, ele tem de conciliar dever e inclinação. O agente, enquanto tal, precisa entrar em acordo consigo mesmo como destinatário de mandamentos morais. Portanto, à indeterminação cognitiva de um juízo principiológico deve se somar a *incerteza motivacional* da ação orientada por princípios já conhecidos. Esta é absorvida pela facticidade da imposição do direito. Uma moral racional, na medida em que não se encontra suficientemente ancorada nos motivos e orientações de seus destinatários, depende de um direito que imponha o comportamento conforme à norma, deixando abertos seus motivos e orientações. O direito positivo recobre as expectativas normativas com ameaças de sanção, de modo que os destinatários podem se limitar a considerações de prudência orientadas pelas consequências de suas ações.

O problema da fraqueza da vontade dá origem a um outro, o da *presunção de razoabilidade* [*Zumutbarkeit*]. Pois, de acordo com a moral racional, os indivíduos examinam a validez de normas sob o pressuposto de que estas são seguidas factualmente por cada um. Entretanto, se são válidas precisamente aquelas normas que merecem o assentimento racionalmente motivado de todos os concernidos sob condição de sua observância prática universal, não pode ser exigido de ninguém o cumprimento de uma norma enquanto tal condição não for cumprida. Cada um tem de poder esperar de todos a observância das normas válidas. Assim, as normas válidas só são exigíveis se puderem ser impostas factualmente contra o comportamento desviante.

(c) Um terceiro problema resulta do caráter universalista da moral racional, a saber, o da *imputabilidade das obrigações*, especialmente em atenção a deveres positivos que, de forma recorrente — e com tanta maior frequência quanto mais complexa torna-se a sociedade —, exigem esforços cooperativos ou desempenho organizacional. Por exemplo, o dever inequívoco de impedir o próximo anônimo a morrer de fome contrasta claramente com o fato de que milhões de habitantes do Primeiro Mundo deixam morrer milhões de pessoas nas regiões mais pobres do planeta. Mesmo a ajuda caritativa só pode ser transmitida nesses casos por vias organizacionais; o transporte de alimentos e medicamentos, de roupa e infraestrutura, superam em muito a iniciativa e os âmbitos de ação dos indivíduos particulares. Como mostram muitos estudos, uma mudança estrutural – e não apenas caritativa – das situações de fome e pobreza exigiria uma nova ordem econômica internacional. Problemas similares, que podem ser resolvidos apenas em termos institucionais, encontram-se naturalmente em todas as regiões e vizinhanças. Quanto mais a consciência moral assume orientações de valor universalistas, tanto maior se torna a discrepância entre exigências morais incontestáveis, por um lado, e obstáculos organizacionais e resistências à mudança, por outro. Desse modo, exigências morais que só podem ser cumpridas por meio de redes anônimas de ação e do desempenho organizacional encontram destinatários claros apenas no interior de um sistema de regras aplicáveis sobre si mesmas. Somente o direito é *por si mesmo* reflexivo nesse sentido; ele conta com regras secundárias que servem à produção de regras primárias, estas voltadas diretamente à regulação do comportamento. Ele pode estabelecer competências e fundar organizações; em síntese, pode gerar um sistema de imputabilidades dirigidas não somente a pessoas de direito naturais [*natürliche Rechtspersonen*], como também a sujeitos jurídicos artificiais, como corporações e agências.

Essa questão da divisão moral do trabalho,[36] de maneira similar aos demais problemas tratados, relativos à exigibilidade, à fraqueza da vontade e à decidibilidade, sinaliza limites da moral pós-convencional que justificam funcionalmente sua complementação pelo direito. Outro problema que resulta do nível pós-convencional de fundamentação da moral racional é que as instituições até então fundadas na tradição perdem sua base de legitimidade. Pois, na medida em que padrões morais mais exigentes já não podem ser assimilados de forma ingênua, põe-se em marcha um fluxo de problematizações que expõe instituições desvalorizadas à pressão da justificação. Entretanto, a própria moral, que fornece os pontos de vista para uma avaliação desencantada das instituições existentes, não oferece qualquer meio *operativo* para sua reconstrução. Para isso, o direito positivo co-

---

36 H. Shue, Mediating Duties, *Ethics*, Chicago, v.98, n.4, jul. 1988, p.687-704.

Facticidade e validade

loca-se em reserva como um sistema de ação que pode assumir o lugar de outras instituições.

É certo que o direito presta-se não apenas à reconstrução de complexos institucionais naturalizados que ameaçam ruir devido à perda de sua base legitimatória. No curso da modernização social surge uma necessidade organizatória de tipo *novo*, a qual só pode ser satisfeita construtivamente. Âmbitos de interação tradicionais, como a família e a escola, têm seu substrato institucional revestido em termos jurídicos, mas sistemas de ação formalmente organizados, como mercados, empresas e administrações, já são *criados* via constituição jurídica. A economia capitalista regida por meio do dinheiro ou a burocracia estatal organizada por uma hierarquia de competências surgem apenas no *medium* de sua institucionalização jurídica.

Apesar do que podem ter sugerido os problemas tratados até aqui, a necessidade de compensação da moral pós-convencional não é suficiente para explicar as realizações específicas do código do direito, com o qual se procura dar resposta a necessidades crescentes de regulação e organização em sociedades cada vez mais complexas. As proporções reais podem ser melhor compreendidas apenas quando se considera inversamente a moral do ponto de vista do sistema jurídico. Uma moral racional que só tivesse eficácia por intermédio de processos de socialização e da consciência dos indivíduos permaneceria restrita a um raio de ação muito reduzido. A moral pode se difundir a *todos* os âmbitos de ação por meio de um sistema jurídico com o qual se encontra internamente vinculada, inclusive sobre esses âmbitos de interação autonomizados e regidos por meios sistêmicos de controle, os quais exoneram os atores de todas as exigências normativas com a única exceção da obediência geral ao direito. Em sociedades menos complexas, a força sociointegrativa perpassa o *éthos* de uma forma de vida na medida em que uma eticidade integral liga entre si todos os componentes do mundo da vida, permitindo que os deveres concretos se encontrem alinhados às instituições e ancorados de modo eficaz nos motivos pessoais. Só poderemos avaliar como os conteúdos morais são capazes de se propagar socialmente sob condições de alta complexidade pelos canais de regulação jurídica quando tivermos diante dos olhos o sistema jurídico em seu todo.

Jürgen Habermas

III. A fundamentação dos direitos fundamentais pela teoria do discurso: princípio do discurso, forma do direito e princípio de democracia

(I) Podemos agora unir as diferentes linhas de nossa argumentação para fundamentar um sistema de direitos que faça valer de forma *equilibrada* autonomia privada e pública dos cidadãos. Esse sistema deve conter precisamente aqueles direitos fundamentais que os cidadãos têm de se atribuir mutuamente se pretendem regular legitimamente sua convivência com o meio do direito positivo. Como no direito racional clássico, tais direitos devem ser introduzidos pela perspectiva inicial de um não participante. Para isso, já cumprimos uma série de passos preparatórios. Partimos da história da dogmática do direito subjetivo para apresentar o paradoxo de uma legitimidade que surge da legalidade. Desenvolvemos posteriormente uma leitura do conceito de autonomia nos termos da teoria do discurso, a qual nos permite reconhecer a conexão interna entre direitos humanos e soberania popular. Por fim, estudamos a relação complementar entre direito e moral para esclarecer as determinações formais que distinguem as normas jurídicas das normas gerais de ação. O interessante é que dessa própria forma jurídica já se segue a posição de destaque assumida pelos direitos subjetivos nas ordens jurídicas modernas.

Quando se introduz o direito em geral como um complemento da moral na estabilização de expectativas de comportamento, a facticidade da criação e da imposição do direito (assim como sua autoaplicação construtiva) revela-se constitutiva para um determinado tipo de interação moralmente desonerada. O *medium* do direito enquanto tal pressupõe direitos subjetivos que definem o status da pessoa jurídica como portadora de direitos. Esses direitos são modelados segundo a liberdade de arbítrio de atores tipificados e isolados, isto é, de acordo com liberdades subjetivas de ação admitidas condicionalmente. A autorização do arbítrio, que libera atores autointeressados dos contextos obrigatórios da ação orientada pelo entendimento, não passa do reverso de um outro aspecto do direito, a saber, o da coordenação das ações por meio de leis coercitivas que delimitam exteriormente os espaços de escolha. Isso explica o lugar fundamental ocupado por

Facticidade e validade

direitos que asseguram e compatibilizam entre si as liberdades subjetivas imputáveis individualmente.

Elas garantem uma autonomia privada que também pode ser descrita como a liberação das obrigações da liberdade comunicativa. Com Klaus Günther, entendo a "liberdade comunicativa" como a possibilidade, pressuposta reciprocamente na ação orientada pelo entendimento, de assumir posição frente aos proferimentos de um defrontante e às pretensões de validade por eles levantadas, as quais se fazem dependentes de um reconhecimento intersubjetivo.[37] A isso estão ligadas obrigações das quais as liberdades subjetivas protegidas juridicamente nos *liberam*. A liberdade comunicativa apenas existe entre atores que procuram se entender acerca de algo segundo um enfoque performativo, esperando uns dos outros tomadas de posição perante pretensões de validade reciprocamente levantadas. Essa dependência da liberdade comunicativa com respeito a relações intersubjetivas explica por que ela sempre se encontra vinculada a obrigações ilocucionárias. Alguém só detém a possibilidade de tomar posição, com um "sim" ou com um "não", frente a pretensões de validade suscetíveis à crítica se o outro estiver disposto a fundamentar, caso necessário, a pretensão levantada com seu ato de fala. E, na medida em que os sujeitos que agem comunicativamente admitem que a coordenação de seus planos de ação passa a depender de um consentimento, apoiado nas tomadas de posição recíprocas e no reconhecimento intersubjetivo de pretensões de validade, contam apenas os argumentos que podem ser aceitos *em comum* pelos participantes. São os *mesmos* argumentos aceitos em cada caso que possuem força racionalmente motivadora para a ação comunicativa. Por outro lado, para um ator que toma as suas decisões em posse de sua liberdade subjetiva, não tem importância se os argumentos prevalecentes *para ele* também poderiam ser aceitos pelos demais. Por isso, a autonomia privada de um sujeito de direito pode ser entendida essencialmente como a liberdade negativa de retirar-se do espaço público das obrigações ilocucionárias recíprocas para uma posição

---

37 K. Günther, Die Freiheit der Stellungnahme als politisches Grundrecht, in: P. Koller et al., Theoretische Grundlagen der Rechtspolitik, *Archiv für Rechts- und Sozialphilosophie*, caderno 51, 1991, p.58 e ss.

de observação e influência mútuas. A autonomia privada estende-se a ponto de o sujeito de direito *não* precisar prestar contas ou dar respostas, nem apresentar argumentos publicamente aceitáveis para seus planos de ação. Liberdades de ação subjetivas justificam a *saída* da ação comunicativa e a recusa das obrigações ilocucionárias; elas fundamentam uma privacidade que nos exime do peso da liberdade comunicativa reciprocamente assumida e exigida.

O princípio kantiano do direito, que estatui um direito a liberdades subjetivas de ação, pode então ser entendido como o dever de se constituir um código jurídico configurado por direitos subjetivos, os quais imunizam os sujeitos de direito frente às exigências da liberdade comunicativa. No entanto, o princípio do direito não exige apenas o direito a liberdades subjetivas em geral, mas a *iguais* liberdades subjetivas. A liberdade de *cada um* deve poder coexistir com a liberdade de todos segundo uma lei universal. Somente com isso entra em jogo a pretensão de legitimidade do direito positivo, que sob os aspectos das determinações formais do direito ainda não havíamos podido considerar. Na formulação kantiana do princípio do direito, a "lei universal" suporta a carga de legitimação. Com isso, encontramos sempre presente o imperativo categórico como pano de fundo: a forma da lei universal legitima a distribuição de liberdades de ação porque nela se expressa um teste de universalização bem-sucedido de uma razão que examina leis. Disso resulta em Kant uma subordinação do direito à moral, a qual é inconciliável com a representação de uma autonomia efetivada *no próprio* medium *do direito*.

A ideia de autolegislação *dos cidadãos* exige que aqueles que estão submetidos ao direito como seus destinatários possam simultaneamente se entender como seus autores. Para satisfazer essa ideia, não basta entender o direito a iguais liberdades subjetivas como um direito fundamentado moralmente e que o legislador político teria apenas de positivar. Como pessoas que julgam moralmente, podemos sem dúvida nos convencer da validez do direito humano originário, contanto que já disponhamos de um conceito de legalidade. Mas *como* legisladores morais, não somos idênticos aos sujeitos de direito, aos quais esse direito é *atribuído* como destinatários. Mesmo se cada sujeito de direito, no papel de uma pessoa moral, pudesse se convencer de que poderia ter dado a si mesmo determinadas leis jurídicas,

Facticidade e validade

essa ratificação moral posterior e privada não eliminaria de modo algum o paternalismo de um "domínio das leis", ao qual se veriam submetidos todos os sujeitos de direito politicamente heterônomos. Apenas a criação *politicamente autônoma* do direito possibilita àqueles que são também seus destinatários uma compreensão correta da ordem jurídica em seu todo. Pois o direito legítimo só é compatível com um modo de coerção jurídica que não destrua os motivos racionais da obediência ao direito. O direito positivo não pode *obrigar* seus destinatários, mas tão somente permiti-los, a abdicar do exercício de sua liberdade comunicativa e da tomada de posição frente à pretensão de legitimidade do direito; isto é, não pode forçá-los a abandonar em um caso particular sua atitude performativa com relação ao direito em benefício da postura objetivante de um ator que decide segundo seu arbítrio e cálculo de utilidade. As normas jurídicas têm de *poder* ser seguidas por convicção.

Assim, a ideia de autolegislação dos cidadãos não pode ser reduzida à autolegislação *moral* de uma pessoa *individual*. A autonomia tem de ser concebida em termos mais gerais e neutros. Por isso, introduzi um princípio do discurso que é, em primeira medida, indiferente em relação à moral e ao direito. O princípio do discurso deve assumir a figura de um princípio da democracia apenas pela via de sua institucionalização segundo a forma jurídica, que por sua vez confere força legitimadora ao processo de criação normativa. A ideia decisiva é que o princípio da democracia se deve ao entrecruzamento do princípio do discurso com a forma jurídica. Entendo esse entrecruzamento como uma *gênese lógica de direitos* que pode ser reconstruída passo a passo. Ela começa com a aplicação do princípio do discurso ao direito a liberdades subjetivas de ação em geral – constitutivo da forma jurídica enquanto tal – e termina com a institucionalização jurídica de condições para um exercício discursivo da autonomia política, com a qual a autonomia privada, apresentada inicialmente em termos abstratos, pode ser configurada juridicamente. Por isso, o princípio da democracia pode aparecer somente como núcleo de um *sistema* de direitos. A gênese lógica desses direitos constitui um processo circular, no qual o código do direito e o mecanismo para a geração de direito legítimo, isto é, o princípio da democracia, constituem-se *cooriginariamente*.

O curso da apresentação vai do abstrato ao concreto, sendo que nessa concretização a perspectiva inicialmente exterior da apresentação vai sendo internalizada pelo próprio sistema de direitos apresentado. Cabe a esse sistema conter precisamente os direitos que os cidadãos têm de reconhecer mutuamente se desejam regular sua vida em comum de maneira legítima com os meios do direito positivo. O significado das expressões "direito positivo" e "regulação legítima" já foi esclarecido. Com o conceito de forma jurídica, que estabiliza expectativas sociais de comportamento do modo como foi indicado, e o princípio do discurso, em cuja luz pode ser examinada a legitimidade de normas de ação em geral, dispomos dos meios necessários para introduzir *in abstrato* as três categorias de direitos que engendram o próprio código jurídico ao fixar o status de pessoa de direito:

(1) Direitos fundamentais resultantes da configuração politicamente autônoma do *direito à maior medida possível de iguais liberdades subjetivas de ação*. Esses direitos exigem como correlatos necessários:

(2) Direitos fundamentais resultantes da configuração politicamente autônoma do *status de membro* em uma associação voluntária de parceiros do direito;

(3) Direitos fundamentais que resultam imediatamente da *exigibilidade* de direitos e da configuração politicamente autônoma da *proteção jurídica* individual.

Essas três categorias de direitos são derivadas já da aplicação do princípio do discurso ao *medium* do direito enquanto tal, quer dizer, das condições de formalização jurídica de uma socialização horizontal. Elas ainda não podem ser entendidas no sentido dos direitos de defesa liberais, pois se limitam a regular as relações que os cidadãos livremente associados estabelecem entre si *antes* de qualquer organização juridicamente objetiva do poder estatal, de cujo abuso os cidadãos têm de se defender. Precisamente, esses direitos fundamentais garantem apenas a autonomia *privada* dos sujeitos de direito, na medida em que estes se reconhecem a princípio em seu papel de destinatários de leis, outorgando-se com isso um status em razão do qual podem reclamar direitos e fazê-los valer uns contra os outros. Somente no passo seguinte os sujeitos de direito adquirem também o papel de *autores* de sua ordem jurídica, e isso por meio de:

(4) Direitos fundamentais à participação com igualdade de oportunidades nos processos de formação da opinião e da vontade, nos quais os cidadãos exercem sua *autonomia política* e estabelecem o direito legítimo.

Esta categoria de direitos encontra aplicação reflexiva na interpretação jurídico-constitucional e nas ulteriores configurações políticas dos direitos fundamentais indicados de (1) a (4). Os direitos políticos fundamentam o status de cidadãos livres e iguais, o qual possui um caráter autorreferencial na medida em que possibilita aos cidadãos alterar sua posição jurídica material com a finalidade de interpretação e configuração de sua autonomia privada e pública. A fim de cumprir esse objetivo, os direitos mencionados até agora *implicam*, finalmente:

(5) Direitos fundamentais à provisão de condições de vida asseguradas social, técnica e ecologicamente na medida em que isso for necessário, de acordo com as respectivas situações dadas, para o aproveitamento em igualdade de oportunidades dos direitos indicados de (1) a (4).

No que segue, limitar-me-ei a alguns comentários sobre os quatro direitos de liberdade e participação fundamentados de modo absoluto, já que no último capítulo irei retomar os direitos sociais, fundamentados de modo relativo. A compreensão dos direitos fundamentais segundo a teoria do discurso tem a finalidade de esclarecer a conexão interna entre direitos humanos e soberania popular, bem como resolver o paradoxo do surgimento da legitimidade a partir da legalidade.

ad (1) As normas de ação estabelecidas segundo a forma jurídica autorizam os atores a fazer uso de suas liberdades subjetivas de ação. A questão sobre quais dessas leis são legítimas não pode ser respondida atendo-se exclusivamente à *forma* dos direitos subjetivos. Apenas com o auxílio do princípio do discurso mostra-se que *cada um* tem direito à maior medida possível de *iguais* liberdades subjetivas de ação. São legítimas apenas aquelas regulações que satisfazem essa condição de compatibilidade entre o direito de cada um e o igual direito de todos. O princípio do direito de Kant coincide com esse direito universal a iguais liberdades; pois vem dizer apenas que se deve estabelecer um código jurídico em forma de direitos subjetivos legitimamente distribuídos que garantam a proteção da autonomia privada dos sujeitos de direito. Decerto, o código jurídico não se encontra ainda plenamente institucionalizado apenas com esses direitos. Pois ele precisa encontrar aplicação no interior de uma determinada comunidade jurídica e fixar direitos que uns podem acionar e fazer valer contra os outros. É a isto que se referem os direitos mencionados em (2) e (3).

ad (2) As regras jurídicas, diferentemente das regras morais, não regulam interações possíveis entre sujeitos capazes de linguagem e ação *em geral*, mas somente contextos de interação de uma sociedade concreta. Isso deriva já do próprio conceito de positividade do direito, isto é, da facticidade da produção e da imposição do direito. As normas jurídicas são provenientes das decisões de um legislador histórico, referem-se a um território jurídico geograficamente delimitado e um coletivo socialmente delimitado de parceiros do direito, portanto, a um âmbito de validade especial. Essas limitações relativas ao tempo histórico e ao espaço social decorrem já da circunstância de que cabe aos sujeitos jurídicos delegar sua faculdade de exercer coerção a uma instância que monopolize os meios de coerção legítima e, conforme o caso, empregue-os em seu lugar. Pois todo o monopólio da violência sobre a Terra, e isso valeria mesmo para um governo mundial, é uma grandeza finita – permanecendo provinciana em relação ao futuro e ao universo. Desse modo, a instauração de um código jurídico exige direitos que regulem o pertencimento a uma associação *específica* de parceiros do direito e que, portanto, permita a diferenciação entre membros e não membros, cidadãos e estrangeiros. Em comunidades estatalmente organizadas, esses direitos recebem a forma de direitos de pertencimento ao Estado. Não iremos nos ocupar aqui dos aspectos externos desse direito, que se apoia no reconhecimento do respectivo Estado segundo o direito internacional público. No que se refere a seu aspecto interno, o status de membro constitui a base para a atribuição de posições jurídicas materiais que, em conjunto, compõe o status de cidadania. Da aplicação do princípio do discurso segue-se que todos precisam estar protegidos da abjudicação unilateral dos direitos de pertencimento, mas que cada um tem de ter o direito de renunciar voluntariamente ao status de membro. O direito à emigração implica que o pertencimento a uma comunidade jurídica tem de repousar em um ato de consentimento (pelo menos suposto) por parte do membro. Ao mesmo tempo, a imigração, isto é, a ampliação da comu-

Facticidade e validade

nidade jurídica pela inclusão de estrangeiros que desejam obter os direitos de pertencimento, demanda uma regulação baseada no igual interesse de membros e solicitantes.

ad (3) Finalmente, a institucionalização jurídica do código de direitos exige a garantia dos meios jurídicos para que cada pessoa que se sinta prejudicada em seus direitos possa fazer valer suas pretensões. Do caráter coercitivo do direito segue-se a exigência de que, em casos de conflito, o direito vigente seja interpretado e aplicado de forma vinculante segundo um procedimento específico. As pessoas de direito só podem exercer a faculdade de queixa e, assim, mobilizar as autorizações ao uso da força acopladas a seus direitos caso tenham livre acesso a tribunais que operem de modo independente e efetivo, decidindo os casos de litígio com imparcialidade e autoridade no âmbito das leis. À luz do princípio do discurso, portanto, podem ser fundamentados direitos básicos à justiça que assegurem a todos a mesma proteção jurídica, igual direito de serem ouvidos, igualdade na aplicação do direito, isto é, igualdade perante a lei etc.

Resumindo, pode-se constatar que o direito a iguais liberdades de ação subjetivas, com os correlatos direitos de pertencimento e garantias processuais, estabelece o código do direito enquanto tal. Em suma, não há direito legítimo na ausência desses direitos. Nessa institucionalização jurídica do *medium* direito, por certo, não se tratam ainda dos conhecidos direitos fundamentais liberais. Além do fato de que neste momento ainda não cabe falar em poder Estatal organizado, contra o qual esses direitos de defesa são dirigidos, os direitos fundamentais inscritos no código do direito permanecem, por assim dizer, *insaturados*. Eles precisam ser *interpretados* e *configurados* por um legislador político conforme as circunstâncias. O código do direito não pode ser estabelecido em abstrato, mas apenas pela atribuição mútua de *determinados* direitos por cidadãos que desejam regular legitimamente sua convivência com o auxílio do direito positivo. Por outro lado, esses direitos individuais particulares só cumprem a função de estabelecer o referido código se puderem ser entendidos como explicitação das mencionadas categorias de direitos. Os direitos fundamentais liberais clássicos à dignidade humana, à liberdade, à vida e à integridade corporal da pessoa, à liberdade de movimento, à liberdade de escolha profissional, à propriedade, à inviolabilidade do domicílio etc. podem ser lidos como interpretações e configurações do direito universal à liberdade no sentido de um direito a iguais liberdades subjetivas. De maneira semelhante, a proibição da extradição, o direito de asilo e, de modo geral, o status material dos deveres de cidadania e as prestações correspondentes etc. significam uma concretização do status geral de membro de uma associação voluntária de parceiros do direito. E as garantias de acesso são interpretadas como direitos processuais e princípios jurídicos como a não retroatividade, a proibição de ser punido mais de uma vez pelo mesmo fato, a proibição de tribunais especiais, a garantia de independência objetiva e pessoal do juiz etc.

Devemos nos ater a *ambos* os aspectos: por um lado, as três primeiras categorias de direitos são guardadores de lugar insaturados para a especificação de direitos fundamentais particulares, ou seja, são princípios jurídicos pelos quais o legislador constitucional se orienta. Por outro lado, este tem que se orientar pelos mencionados princípios na medida em que se serve do *medium* do direito em geral, sem que isso signifique um prejuízo a sua soberania. Pois nesses princípios vemos valer o sentido racionalizador da forma jurídica enquanto tal, enfatizado por Hobbes e Rousseau.

ad (4) Na gênese dos direitos, contudo, aplicamos até aqui o princípio do discurso à forma jurídica apenas a partir do ponto vista externo do teórico. O teórico *diz* aos cidadãos quais direitos eles *teriam* de reconhecer reciprocamente caso queiram regular legitimamente sua convivência com os meios do direito positivo. Isso explica a natureza abstrata das categorias jurídicas discutidas. Agora temos de realizar uma mudança de perspectiva, necessária para que os cidadãos possam aplicar por si próprios o princípio do discurso. Pois, *como* sujeitos de direito, só podem alcançar autonomia se eles se compreenderem e atuarem como autores dos diretos a que desejam se submeter na qualidade de destinatários. Mas, como sujeitos de *direito*, já não lhes cabe decidir o *medium* em que podem realizar sua autonomia. Eles não podem mais dispor sobre a linguagem da qual têm de se servir. O código do direito é dado anteriormente aos sujeitos como única linguagem com a qual podem expressar sua autonomia. A ideia de autolegislação precisa se fazer valer no próprio *medium* do direito. Por isso, as condições sob as quais os cidadãos podem julgar, à luz do princípio do discurso, se o direito que estabelecem

Facticidade e validade

é legítimo, são por sua vez garantidas juridicamente. Para isso servem os direitos políticos fundamentais de participação nos processos de formação da opinião e da vontade do legislador.

Segundo essa mudança de perspectiva, já não podemos fundamentar, do *nosso ponto de vista*, iguais direitos de comunicação e participação. Agora são os próprios cidadãos que deliberam e – no papel de legisladores constitucionais – decidem como devem ser constituídos os direitos que atribuem ao princípio do discurso a figura de princípio da democracia. Segundo o princípio do discurso, só podem pretender validade as normas que puderem obter o assentimento de todos os potenciais atingidos como participantes de discursos racionais. Os almejados direitos políticos, portanto, precisam garantir a participação em todos os processos de deliberação e decisão relevantes para a produção legislativa, de modo que seja assegurado para cada um, em igualdade de condições, a liberdade comunicativa de se posicionar frente a pretensões de validade suscetíveis à crítica. À regulação simétrica do uso político de liberdades comunicativas corresponde o estabelecimento de uma formação da opinião e da vontade políticas na qual o princípio do discurso encontra aplicação. Assim como a liberdade comunicativa, antes de qualquer institucionalização, depende de condições adequadas a um uso da linguagem voltado ao entendimento, os direitos a fazer *uso público da liberdade comunicativa* referem-se a formas de comunicação e a procedimentos discursivos de consulta e decisão assegurados juridicamente. Estes precisam garantir que todos os resultados obtidos de maneira formal e procedimentalmente correta tenham a seu favor a presunção de legitimidade. Iguais direitos políticos de participação para cada um resultam, portanto, de uma juridificação simétrica da liberdade comunicativa de todos os parceiros do direito; e essa liberdade *exige*, inversamente, modos de formação discursiva da opinião e da vontade políticas que tornem possível o exercício da autonomia política de acordo com os direitos dos cidadãos.

Ao se introduzir o sistema de direitos desse modo, torna-se compreensível a interligação entre soberania popular e direitos humanos, quer dizer, a cooriginaridade entre autonomia política e privada. Nem o campo de ação da autonomia política dos cidadãos se vê limitado por direitos naturais ou morais, que apenas aguardam pela força de sua positivação, nem a autonomia privada do indivíduo é simplesmente instrumentalizada para fins de uma legislação soberana. Nada é dado anteriormente à práxis de autodeterminação dos cidadãos, a não ser, por um lado, o princípio do discurso, instalado nas próprias condições de socialização comunicativa, e, por outro, o *medium* do direito. Com efeito, para a implementação do princípio do discurso, como princípio da democracia, no processo de produção legislativa fazendo uso de iguais direitos de comunicação e participação, o *medium* do direito deve ser exigido. É certo que o estabelecimento do código jurídico enquanto tal já implica direitos de liberdade que produzam o status de pessoas jurídicas e garantam sua integridade. Mas esses direitos são condições necessárias que apenas *possibilitam* o exercício da autonomia política; e, como condições possibilitadoras, não podem *limitar* a soberania do legislador, mesmo que não estejam à sua disposição. Condições possibilitadoras não impõem restrições àquilo que constituem.

Nem o princípio do discurso, nem a forma jurídica de relações interativas são por si mesmos suficientes para justificar direito algum. O princípio do discurso só pode assumir a figura de um princípio da democracia por meio do *medium* do direito se ambos se entrelaçam um com o outro, *constituindo* um sistema de direitos no qual autonomia privada e pública se pressupõem de modo recíproco. Inversamente, todo exercício da autonomia política significa ao mesmo tempo uma interpretação e uma configuração desses direitos, em princípio insaturados, por um legislador histórico. Isso vale, inclusive, para os próprios direitos políticos exigidos para isso. O princípio de que todo poder do Estado emana do povo tem de ser *especificado*, de acordo com o contexto, na forma de liberdades de opinião e informação, de reunião e associação, liberdades de fé, de consciência e confissão religiosa, de direitos à participação em eleições e sufrágios políticos, à filiação em partidos ou movimentos de cidadãos etc. Nos atos constituintes de uma interpretação juridicamente vinculante do código de direitos, os cidadãos fazem uso originário de uma autonomia política que, com ele, se constitui de modo performativo e autorreferencial. Por isso, os capítulos dos direitos fundamentais das constituições históricas podem ser entendidos como modos contextualmente distintos de se ler o *mesmo* sistema de direitos.

Facticidade e validade

Esse sistema de direitos, entretanto, não é dado anteriormente ao legislador constitucional como um direito natural. Ganha-se em geral consciência deles apenas em uma interpretação constituinte particular. Ao promoverem uma leitura desse sistema de direitos aos olhos de sua própria situação, os cidadãos simplesmente explicitam o sentido do empreendimento com o qual já se comprometeram ao decidir regular legitimamente sua convivência por meio do direito. Um tal empreendimento já pressupõe uma compreensão intuitiva do princípio do discurso e do conceito de forma jurídica. Por isso, ao mencionarmos "o" sistema de direitos, queremos dizer, no melhor dos casos, aquilo com que concordam as diversas explicações da respectiva autocompreensão dessa prática. Também "nossa" introdução teórica dos direitos fundamentais em termos abstratos revela-se *ex post* um artifício. Ninguém pode ter acesso a um sistema de direitos singular independentemente das interpretações históricas já existentes. Não existe "o" sistema de direitos em pureza transcendental. Mas, depois de mais de dois séculos de evolução do direito constitucional europeu, temos modelos suficientes diante dos olhos; eles podem orientar uma reconstrução generalizadora dessa compreensão que necessariamente rege a prática intersubjetiva de autolegislação empreendida com os meios do direito positivo. O caráter de fundação constituinte, que com frequência sela o êxito das revoluções políticas, sugere a imagem enganosa de uma "fixação" de normas estáticas, subtraídas ao tempo e resistente à transformação histórica. A primazia técnico-jurídica da Constituição sobre as simples leis pertence à sistemática dos princípios do Estado de direito; mas ela representa apenas uma fixação *relativa* do conteúdo das normas constitucionais. Como veremos adiante, toda Constituição é um projeto que só pode ter *duração* no modo de uma interpretação constitucional contínua, conduzida sempre à frente em todos os planos da produção normativa.

Ao assegurar de maneira equânime a autonomia privada e pública, o sistema de direitos operacionaliza aquela tensão entre facticidade e validade que conhecemos inicialmente como uma tensão entre a positividade e a legitimidade do direito. Ambos os momentos se vinculam na interpenetração recíproca da forma jurídica com o princípio do discurso, assim como na face de Jano que o direito volta a seus destinatários, por um lado, e a seus

Jürgen Habermas

autores, por outro. De um lado, sobre os trilhos de leis impositivas que compatibilizam iguais liberdades de ação subjetivas entre todos, o sistema de direitos permite o desencadeamento do arbítrio autointeressado de sujeitos individuais orientados pelo êxito; de outro, ele mobiliza e une na práxis de autolegislação as liberdades comunicativas de cidadãos presumivelmente orientados ao bem comum. E nesse ponto irrompe de um novo modo a tensão entre facticidade e validade; com efeito, ela se concentra na circunstância, paradoxal à primeira vista, de que os direitos fundamentais políticos têm de institucionalizar o uso público das liberdades comunicativas *na forma* de direitos subjetivos. O código do direito não dá outra opção: os direitos de comunicação e participação precisam ser formulados em uma linguagem que deixe os sujeitos de direito autônomos livres para decidir, conforme a ocasião, *se* e *como* pretendem utilizá-los. É deixado ao arbítrio dos destinatários cumprir uma mudança de perspectiva, a qual lhes permita exercer sua vontade livre enquanto autores do direito: alterar a orientação pela defesa dos interesses particulares para a do entendimento acerca das normas passíveis de assentimento geral, o que envolve decidir se pretendem ou não fazer uso público de suas liberdades comunicativas.

Perdemos de vista essa diferença quando nos limitamos a uma análise semântica dos direitos. Se a uma pessoa compete determinado direito, então ela possui uma pretensão correspondente a x, podendo fazê-la valer frente a outras pessoas. Nesse plano analítico, pode-se diferenciar direitos negativos e positivos, mas ainda não se abarca com isso a especificidade da forma jurídica.[38] Apenas no plano pragmático saltam-nos aos olhos os aspectos da legalidade analisados a partir dos conceitos kantianos de liberdade de arbítrio, de relações externas e de autorização para a coerção. Sob esses aspectos, pode-se conhecer a referência ambígua que os direitos subjetivos possuem com o uso público das liberdades comunicativas: essas autorizações têm de *poder* ser entendidas também *at face value*, isto é, como liberdades subjetivas de ação. Diferentemente da moral, o direito não pode *obrigar*

---

38 Sobre a análise semântica de conceitos jurídicos, cf. H. J. Koch, *Die juristische Methode im Staatsrecht: Über Grenzen von Verfassungsund Gesetzesbindung*, Frankfurt/Main, Suhrkamp, 1977, p.29 e ss.

Facticidade e validade

seus destinatários a adotar a orientação pelo entendimento na utilização de seus direitos subjetivos, mesmo que os direitos políticos de cidadania *requeiram* justamente esse tipo de uso público. Certamente, o *factum* dessa ambivalência possui um bom sentido normativo.[39]

O surgimento da legitimidade a partir da legalidade só parece um paradoxo sob a premissa de que o sistema jurídico tem de ser representado como um processo circular que se fecha recursivamente e se legitima a *si mesmo*. A isso se opõe já a evidência de que as instituições jurídicas da liberdade se decompõem sem as iniciativas de uma população *acostumada* à liberdade. Sua espontaneidade não pode ser forçada por meio do direito; ela se regenera a partir de tradições que mantenham vivo o sentido da liberdade e a conservem em relações associativas de uma cultura política liberal. É certo que as regulações jurídicas podem tomar providências para que se mantenham baixos os custos das virtudes cidadãs exigidas, podendo ser cobradas sem ônus excessivo. A compreensão do sistema de direitos segundo a teoria do discurso dirige o olhar para ambas as direções. Por um lado, o peso da legitimação ligado à criação do direito é deslocado das qualificações dos cidadãos para processos juridicamente institucionalizados de formação discursiva da opinião e da vontade. Por outro, a juridificação da liberdade comunicativa significa também que o direito precisa se abrir para fontes de legitimação das quais não pode dispor.

---

39 Apesar das consequências problemáticas, este é o núcleo da argumentação de A. Wellmer, Models of Freedom in the Modern World, *Philosophical Forum*, v.XXI, n.I, 1989-1990, p.227-252.

IV
Para a reconstrução do direito (2): os princípios do Estado de direito

A reconstrução do direito tem a importância de uma explicação de significado. Com o sistema de direitos, certificamo-nos das pressuposições a partir das quais os membros de uma comunidade jurídica moderna têm de partir caso pretendam considerar legítima sua ordem jurídica, sem que para isso possam se apoiar em razões de tipo religioso ou metafísico. Porém, uma coisa é a legitimidade dos direitos e a legitimação dos processos de positivação do direito, outra, a legitimidade de uma ordem de dominação e a legitimação do exercício da dominação política. Os direitos fundamentais reconstruídos em nosso experimento mental são constitutivos para cada associação de parceiros do direito livres e iguais; nesses direitos, a socialização horizontal dos cidadãos é refletida como que em *statu nascendi*. Mas o ato autorreferencial da institucionalização jurídica da autonomia política ainda mostra-se incompleto em aspectos essenciais; ele não pode se estabilizar por si mesmo. O momento da concessão recíproca de direitos permanece um evento metafórico, que talvez possa ser relembrado e ritualizado, mas é incapaz de perdurar sem o dispositivo de um poder estatal. Para que o entrelaçamento das autonomias privada e pública seja mantido permanentemente no sistema de direitos, o processo de juridificação não pode se limitar às liberdades subjetivas de ação de pessoas privadas e às liberdades comunicativas dos cidadãos. Ele tem de se estender imediatamente àquele poder político *já pressuposto* no *medium* jurídico, ao qual tanto a positivação do direito quanto sua imposição devem seu caráter factual obrigatório. Da constituição cooriginária e do entrelaçamento conceitual de direito e política resulta uma carência crescente de legitimação, a saber, a necessidade de canalizar juridicamente o próprio poder estatal de sanção, organização e execução. Essa é a ideia de Estado de direito (I). Gostaria de esclarecer essa ideia com base nas condições que devem ser satisfeitas para a produção do poder comunicativo (II) e para o uso de um poder administrativo vinculado ao poder comunicativo (III).

I. A conexão constitutiva entre direito e política

(1) O direito [*Recht*] se apresenta como um sistema de direitos [*System der Rechten*] na medida em que pudermos considerá-lo sob a função de estabilização de comportamentos que lhe é própria. Contudo, esses direitos subjetivos só podem entrar em vigor e ser implementados pelas organizações que tomam decisões coletivamente vinculantes. De modo inverso, essas decisões devem seu caráter coletivo obrigatório à forma jurídica da qual se revestem. Essa *conexão interna entre direito e poder político* se reflete nas implicações que os direitos subjetivos anteriormente discutidos têm para o direito objetivo.

O direito a iguais liberdades subjetivas de ação se concretiza em direitos fundamentais, que enquanto direitos positivos são reforçados com ameaças de sanção e podem ser reivindicados contra a infração de normas ou interesses contrários. Assim, tais direitos pressupõem o poder de sanção de uma organização que dispõe dos meios de aplicação legítima da violência para assegurar o respeito pelas normas jurídicas. Isso concerne ao aspecto segundo o qual o Estado mantém na reserva uma força de caserna para, por assim dizer, "assegurar" seu poder de comando.

O direito a iguais direitos de pertencimento a uma associação voluntária de parceiros do direito pressupõe um coletivo delimitado no tempo e no espaço, com o qual os membros se identificam e no qual eles podem atribuir suas ações como parte de um mesmo contexto de interação. Um tal coletivo só pode se constituir como comunidade jurídica se dispuser de uma instância central que aja em nome do todo. Isso concerne ao aspecto da autoafirmação sob o qual o Estado emprega sua capacidade de organização e auto-organização para conservar tanto de maneira externa quanto interna a identidade de uma vida em comum organizada juridicamente.

Facticidade e validade

O direito à proteção jurídica individual se concretiza em direitos fundamentais que fundam as pretensões a uma justiça independente e que julga de maneira imparcial. Ele pressupõe, portanto, a instauração de um sistema judicial organizado estatalmente, que usa seu poder de sanção para as decisões vinculantes sobre casos de litígio e sua capacidade de organização com a finalidade de proteger e aperfeiçoar o direito.

Por fim, o direito à positivação político-autônoma do direito se concretiza em direitos fundamentais que fundam iguais pretensões à participação nos processos democráticos de legislação. Esses próprios processos devem ser instituídos com a ajuda do poder organizado pelo Estado. Além disso, a formação política da vontade instaurada na forma legislativa depende de um Poder Executivo capaz de executar e implementar os programas decididos. Isso concerne ao aspecto central sob o qual o Estado se diferencia como uma instituição pública para o exercício burocrático da dominação legal. O poder do Estado obtém uma forma institucional sólida primeiramente ao organizar os cargos da administração pública. A abrangência e o peso do aparelho estatal dependem da medida com que a sociedade utiliza o *medium* do direito para influir com consciência e vontade sobre seus processos de reprodução. Essa dinâmica de autoinfluência é acelerada pelos direitos de participação social [*Teilhabe*], que fundam as pretensões à satisfação de condições sociais, culturais e ecológicas para o aproveitamento em igualdade de chances dos direitos à liberdade privada e dos direitos à participação [*Teilnahme*] política.

Em suma, o Estado é necessário como poder de sanção, organização e execução porque os direitos devem ser impostos, porque a comunidade jurídica necessita tanto de uma força que estabilize sua identidade quanto de uma jurisprudência organizada e porque da formação política da vontade procedem programas que precisam ser implementados. No entanto, esses aspectos não são apenas complementos funcionalmente necessários para o sistema de direitos, mas *implicações* sobre o direito objetivo que já estavam contidas *in nuce* nos direitos subjetivos. Pois o poder organizado em termos estatais não se estabelece como que externamente ao lado do direito, mas é *pressuposto* por ele e estabiliza a si mesmo nas formas do direito. O poder político pode se desenvolver somente pelo código do direito que é institucionalizado na forma de direitos fundamentais. Por isso, com sua ideia de

Estado de direito, o constitucionalismo alemão pôde criar de início uma ligação direta entre direitos de liberdade e poder organizado do Estado.[1] O Estado de direito deveria garantir a autonomia privada e a igualdade jurídica dos cidadãos. A fundamentação do sistema de direitos pela teoria do discurso, por seu turno, torna mais clara a conexão interna entre autonomia privada e pública. Seu sentido normativo pleno não conserva o direito *per se* pela sua *forma*, nem por um *conteúdo* moral dado *a priori*, mas por um *procedimento* de positivação do direito que produz legitimidade. Nessa medida, o conceito material de lei das *antigas* doutrinas liberais do direito público, que foram elaboradas por Mohl, Rotteck, Welcker e outros, oferece uma chave melhor para a ideia democrática de Estado de direito. Esses autores entendem por "lei" uma regra geral e abstrata, que tem sua gênese no assentimento dos representantes do povo, atendendo a um procedimento caracterizado pela discussão e pela publicidade. A ideia de Estado de direito exige que as decisões coletivamente vinculantes do poder organizado pelo Estado, que emprega o direito para a satisfação de suas próprias funções, não sejam revestidas somente pela forma do direito, mas que também se legitimem com base no direito legitimamente positivado. Não é a forma jurídica enquanto tal que legitima o exercício da dominação política, mas tão só a vinculação ao direito *legitimamente positivado*. E no nível de justificação pós-tradicional, o direito apenas é considerado legítimo se puder ser racionalmente aceito em uma formação discursiva da opinião e da vontade entre todos os parceiros do direito.

No entanto, de outro lado, isso também traz como consequência a incorporação do exercício da autonomia política no Estado: a legislação se constitui como um poder *no* Estado. Com a passagem da socialização horizontal de cidadãos que se atribuem direitos de modo recíproco para a forma de organização vertical de socialização do Estado, a práxis de auto-

---

1 E. W. Böckenforde, Entstehung und Wandel des Rechtstaatsbegriffs, in: *Recht, Staat, Freiheit: Studien zu Rechtsphilosophie, Staatstheorie und Verfassungsgeschichte*, Frankfurt/Main, Suhrkamp, 1991, p.143-169; I. Maus, Entwicklung und Funktionswandel der Theorie des bürgerlichen Rechtsstaats, in: M. Tohidipur (ed.), *Der bürgerliche Rechtsstaat*, v.I. Frankfurt/Man, Suhrkamp, 1978, p.11-82.

Facticidade e validade

determinação dos cidadãos é institucionalizada – como formação informal da opinião na esfera pública política, como participação política dentro e fora dos partidos, como participação nas eleições gerais, nas deliberações e nas tomadas de decisão de corporações parlamentares etc. Uma soberania popular internamente entrelaçada com as liberdades subjetivas também se entrelaça com o poder estatalmente organizado, em particular no modo como o princípio "Todo poder do Estado emana do povo" é efetivado pelos pressupostos da comunicação e pelos procedimentos de uma formação da opinião e da vontade diferenciada institucionalmente. No conceito de Estado de direito elaborado pela teoria do discurso, a soberania popular não se incorpora mais em uma assembleia aparentemente identificável de cidadãos autônomos. Ela se retira para a circulação comunicativa de fóruns e corporações que ocorre, por assim dizer, sem sujeito. Somente nessa forma anônima seu poder tornado comunicativamente fluido pode vincular o poder administrativo do aparelho do Estado à vontade dos cidadãos. No Estado democrático de direito, como veremos, o poder político se diferencia em poder comunicativo e administrativo. A soberania popular não se concentra mais em um coletivo, nem na presença fisicamente apreensível de cidadãos reunidos, nem na de representantes associados, mas se realiza na circulação de deliberações e decisões racionalmente estruturadas. A afirmação de que não pode haver soberano no Estado de direito conservaria um sentido auspicioso.[2] Mas precisamos tornar mais precisa essa interpretação, já que ela não priva a soberania popular de seu teor radicalmente democrático.

Ao reconstruirmos em seguida a conexão interna entre direito e poder político, precisamos de antemão evitar um mal-entendido. Ela não se refere nesta investigação a um desnível entre norma e realidade, isto é, ao poder como uma facticidade social diante da qual as ideias podem ser desmentidas. Como fizemos até aqui, o olhar se volta, antes, para uma tensão entre facticidade e validade *intrínseca* ao direito. De início, essa tensão havia sido apresentada na dimensão da validade do direito – como a tensão en-

---

2 M. Kriele, *Einführung in die Staatslehre*, Reinbek, Rowohlt, 1975; Opladen, VS Verlag für Sozialwissenschaften, 1981, p.224 e ss.

tre a positividade e a legitimidade do direito – e no interior do sistema de direitos – como a tensão entre autonomia privada e pública. Ampliamos essa perspectiva com a ideia de Estado de direito. Passamos dos direitos para uma dominação juridicamente organizada, cujo exercício deve estar ligado ao direito legítimo. Contudo, com a aplicação reflexiva do direito ao poder político que lhe é tacitamente pressuposto, a tensão entre facticidade e validade é deslocada para uma outra dimensão: ela se volta para o próprio poder político constituído pelo Estado de direito. A dominação política se apoia em um potencial de ameaça que é protegido por um poder de caserna; simultaneamente, porém, ela se deixa *autorizar* pelo direito legítimo. Da mesma maneira como na validade do direito, também no caráter coletivamente obrigatório das decisões políticas se vinculam ambos os momentos, o da coerção e o da pretensão de validade normativa – só que agora de modo invertido. Enquanto o direito, independentemente de sua positividade, reclama de saída validade normativa, o poder, independentemente de sua autorização, está à disposição de uma vontade política como meio para a obtenção de fins coletivos. Por esse motivo, se considerado empiricamente, o direito com frequência funciona apenas como a forma da qual *se serve* o poder político. Ora, do ponto de vista normativo, *essa* facticidade invertida do poder externo ao direito, que o instrumentaliza e, por isso, torna-se ilegítimo, não é nosso tema por enquanto. Abre-se à análise conceitual somente aquela tensão entre facticidade e validade com a qual o poder político enquanto tal encontra-se carregado, já que possui uma conexão interna com o direito e, em razão da qual, precisa se legitimar. Essa relação conceitual não pode ser confundida com a oposição entre norma e realidade, que – conforme veremos no Capítulo VIII – só é acessível a uma análise empírica.

(2) O complexo formado por direito e poder político caracteriza a passagem de sociedades organizadas por parentesco para as primeiras sociedades já organizadas pelo Estado, das quais surgiram os antigos impérios com suas grandes civilizações. O entrelaçamento de direito e poder político, no entanto, só se tornou um problema *enquanto tal* nas sociedades transitórias do início da época moderna. Apenas a partir de Maquiavel, o poder do Estado, que se desonerou dos contextos de tradições sagradas, é concebido de

Facticidade e validade

maneira naturalista e considerado um potencial que pode ser calculado por seus detentores sob pontos de vista estratégicos e utilizado de acordo com uma racionalidade voltada a fins. As evidências desse novo poder administrativo, concentrado em um Estado detentor do monopólio da violência, impõem aos teóricos do direito racional os conceitos com os quais pretendem explicar a correlação do direito sancionado estatalmente com o poder organizado conforme o direito. Hobbes conta, de um lado, com a *estrutura de regras* das relações contratuais e das leis e, de outro, com o *poder de comando* de um soberano, cuja vontade pode dominar quaisquer outras vontades existentes sobre a Terra. Com base em um contrato de dominação, o poder do Estado é constituído na medida em que a vontade soberana assume funções legislativas e reveste suas manifestações imperativas com a forma do direito. Mas o poder da vontade do soberano, que é canalizado pelas leis, permanece essencialmente o poder substancial de uma vontade fundada na pura decisão. Esta vontade se submete à razão abstraída na forma da lei para meramente se servir dela. A facticidade do poder de comando naturalizado encontra, *sem mediação alguma*, a estrutura normativa das leis que concedem aos súditos liberdades subjetivas de ação. Os vestígios desse antagonismo não foram inteiramente apagados nem mesmo por Kant e Rousseau, embora neles a racionalidade da estrutura normativa (da lei e dos procedimentos democráticos), valorizada pela ideia de autonomia, deva orientar as decisões soberanas do povo unido. As ideias reformistas de Kant denunciam ainda o respeito hobbesiano pelos fatos naturais do poder político, pelo núcleo decisório impenetrável da política, no qual se cindem direito e moral.[3]

Os conceitos fundamentais do direito racional elaborados pela filosofia do sujeito obscurecem, tanto hoje como antes, o olhar sociológico voltado para a força de integração social daquele substrato naturalizado das sociedades *pré-estatais*, ao qual durante muito tempo o complexo formado pelo direito e pelo poder político pôde de fato se *vincular*. Os fenômenos que só começam a surgir na modernidade – a concentração do poder administra-

---

3 C. Langer, *Reform nach Prinzipien: Zur politischen Theorie Immanuel Kants*, Sttutgart, Klett-Cotta, 1986.

tivo, a positivação do direito e o surgimento da dominação legal – ocultam aquelas condições de partida sob as quais o poder do Estado surgiu inicialmente nas formas da dominação tradicional. Nas sociedades estamentais, o *poder social*, apoiado sobre o prestígio de príncipes, padres ou membros de famílias privilegiadas, formavam uma síndrome junto com as *normas de ação reconhecidas* (que deviam sua força obrigatória aos poderes míticos, ou seja, a um consenso de fundo sagrado), a qual, sob o limiar evolutivo do poder organizado estatalmente, possibilitava as instituições de conciliação de conflito e de formação coletiva da vontade. Por isso, o complexo estatal formado por direito e política pôde ser erguido sobre uma base arcaica de integração social que não foi considerada nas construções jusnaturalistas do direito racional. Para a gênese do direito e da política, no entanto, escolho a forma de apresentação de um modelo abstrato que, da riqueza infinita do material antropológico disponível, realça somente aspectos considerados relevantes no interesse de uma reconstrução conceitual.

(a) Construo inicialmente dois tipos de resolução de conflito e de formação coletiva da vontade que não fazem uso nem do direito sancionado estatalmente, nem do poder político estruturado segundo a forma do direito, mas que oferecem a base sobre a qual o direito e o poder político podem se constituir reciprocamente.

Com Parsons, parto de que as interações sociais encadeadas no tempo e no espaço estão sob as condições de uma dupla contingência.[4] Os atores esperam uns dos outros que eles, em princípio, possam decidir suas condutas de um determinado modo. Por isso, toda ordem social, obedecendo a alguns padrões estáveis de comportamento, tem de se apoiar em mecanismos de coordenação da ação – em regra, na influência e no entendimento. Se a coordenação não for obtida, resultam consequências anônimas para a ação que são experimentadas como problemáticas pelos próprios participantes. Problemas de coordenação desse tipo aparecem sob duas expressões típicas. Ou se trata da regulação de um conflito provocado por orientações de ação individuais inconciliáveis ou da escolha e da realização cooperativa de fins

---

4 T. Parsons, R. F. Bales e E. Shils, *Working Papers in the Theory of Action*, Nova York, Talcot Parsons, 1953, p.63 e ss.

Facticidade e validade

coletivos (regulação de conflitos interpessoais *versus* persecução de fins e programas coletivos).[5] No caso mais simples, um número maior de atores entra em conflito pelo mesmo bem e busca resolvê-lo consensualmente; ou um grupo de atores enfrenta um desafio que só pode superar de forma cooperativa. No primeiro caso, os participantes estão diante da questão "Devemos conviver de acordo com quais regras?"; no outro, a questão é "Quais fins pretendemos alcançar e por qual caminho?". A conciliação se refere à estabilização de expectativas de comportamento em caso de conflito; a formação coletiva da vontade se refere à escolha e realização efetiva de fins consensuais. Parsons fala de *pattern-maintenance* [manutenção de padrão] e *goal-attainment* [obtenção de fins].[6]

Interações simples se espraiam sobre um *continuum* que é limitado dos dois lados pelos tipos puros de ação, tanto orientada por valores quanto regulada por interesses. Uma coordenação impessoal da ação resulta do consenso de valores, em um caso, e do equilíbrio de interesses, no outro. Esses motivos formam, na maior parte das vezes, uma mistura; dependendo da relevância e da tematização de um ou outro aspecto, porém, os próprios atores adotam atitudes diferentes: a atitude performativa de um agente orientado ao entendimento ou a atitude objetivante de um ator que se orienta pelas consequências da ação à luz de suas próprias preferências.

Portanto, dependendo da perspectiva do ator, os problemas de coordenação da ação acabam percebidos de modo diferente. Sob as condições da ação orientada por valores, os atores buscam o (ou apelam ao) consenso; sob condições da ação orientada por interesses, direcionam-se ao equilíbrio de interesses ou ao compromisso. A práxis voltada ao *entendimento* se diferencia da práxis voltada à *negociação* [*Verhandlung*] por sua finalidade: em um caso, o acordo obtido é compreendido como consenso, no outro, como convenção [*Vereinbarung*]. Lá, apela-se à consideração de normas e valores; aqui, à avaliação de conjuntos de interesse.

---

5 T. Raiser, *Rechtssoziologie*, Frankfurt/Main, Luchterhand, 1987.

6 T. Parsons e E. Shils, *Toward a General Theory of Action*, Cambridge, Harvard University Press, 1951.

Tipos elementares de resolução de conflito e de formação coletiva da vontade

Coordenação de ação sobre:	Problemas		
	Regulação de conflitos interpessoais	Persecução de fins coletivos	
		Finalidade	Implementação
Orientação axiológica	Consenso	Decisão por autoridade	Poder de comando com divisão organizada de trabalho
Conjunto de interesses	Conciliação	Formação de compromisso	

"Consenso" e "conciliação" são as rubricas para dois tipos de resolução de conflito. Sob as condições da ação regulada por normas, é provável que, para resolverem um conflito, as partes saibam o que *devem* fazer em caso estrito com base em um consenso existente de valores. À estrutura dessa resolução corresponde o uso de autoridades morais (por exemplo, sacerdotes) e respectivos procedimentos decisórios (por exemplo, oráculos). Sob as condições da ação regulada por interesses, é provável que, para resolverem um conflito, as partes cheguem a um equilíbrio entre seus interesses com base em suas posições factuais de poder e respectivos potenciais de ameaça, normalmente na forma de compensações pelos prejuízos sofridos. À estrutura dessa resolução corresponde a mobilização de um mediador que organiza e dá andamento às negociações, mas que não pode tomar decisões vinculantes por não estar *acima* das partes.[7] "Autoridade" e "compromisso", por outro lado, são rubricas para dois princípios da formação da vontade, sob a luz dos quais é possível resolver um dissenso a respeito de finalidades. Pessoas individuais ou famílias desfrutam de prestígio o bastante para interpretar com autoridade as convicções axiológicas compartilhadas; ou as partes conflitantes chegam a um compromisso tolerável, ainda que com base em seu poder factual. A rubrica "poder de comando com organização" deve nos lembrar que a realização cooperativa de fins torna necessária uma divisão organizada de trabalho sob direcionamento.

---

7 Raiser, *Rechtssoziologie*, op. cit., p.301 e ss.

Facticidade e validade

Não é casual que as quatro estratégias derivadas de resolução de problemas possam ser ilustradas por meio das instituições tribais de conciliação de conflito e de formação coletiva da vontade. Esses fatos da antropologia do direito não precisam nos interessar aqui.[8] Para as reflexões seguintes, importa apenas que as técnicas de "conciliação" e de "formação de compromisso" se apoiem sobre posições sociais de poder que surgiram das diferenças de prestígio das associações familiares, hierarquicamente organizadas e da diferenciação entre os papéis de anciões, sacerdotes e chefes (em tempos de guerra ou de paz). Esse poder social se distribui segundo um sistema de status que representa uma mistura de normas ancoradas em imagens de mundo religiosas e práticas mágicas. Ora, as duas outras técnicas — a resolução de conflito por consenso e uma formação coletiva da vontade com força de autoridade — se apoiam *imediatamente* em um complexo normativo no qual costumes, moral e direito ainda se entrelaçam uns com os outros de maneira simbiótica.

Se partirmos dessas hipóteses, é possível apresentar a *constituição coorigi-nária de direito estatal e poder político* segundo um modelo de dois níveis. O primeiro nível é caracterizado pela posição de um juiz-rei que monopoliza as funções de conciliação de conflito; o segundo nível, pela institucionalização jurídica de um quadro de dominação, possibilitando que a formação coletiva da vontade seja realizada na forma organizada da dominação política.[9]

(b) Um líder que dispõe inicialmente de prestígio e poder social factualmente reconhecido pode se responsabilizar pelas funções dispersas de resolução de conflito, na medida em que assume a administração dos bens sagrados e se declara o intérprete exclusivo das normas sagradamente reconhecidas e moralmente obrigatórias da comunidade. Uma vez que o direito sagrado representa uma fonte de justiça a partir da qual é possível legitimar o poder, cresce a *autoridade normativa* do status de juiz-rei: o direito sagrado, constituído pelo entrelaçamento dos costumes com a moral, autoriza a

---

8 Wesel, *Frühformen des Rechts in vorstaatlichen Gesellschaften*, op. cit.; L. Pospisil, *Anthropologie des Rechts*, Munique, C. H. Beck, 1982.

9 Para o que se segue, cf. Eder, *Die Entstehung staatlich organisierter Gesellschaften*, op. cit.; J. Habermas, *Zur Rekonstruktion des Historischen Materialismus*, Frankfurt/Main, Suhrkamp, p.173 e ss.

posição de seu intérprete vocacionado. O poder factual, que de início havia qualificado o detentor desse status a assumir essa posição, converte-se assim em poder legítimo. Essa transformação do poder social em poder político, contudo, não pode se efetuar sem uma mudança simultânea de forma do direito sagrado. Pois, nas mãos de um detentor autorizado do poder, a prática de conciliação de conflito se converte em normas que passam a obter, para além de mera obrigatoriedade moral, a *validade afirmativa* de um direito *factualmente imposto*. O poder social naturalizado do juiz-rei estava protegido por um recurso de violência do qual a jurisprudência pode agora tomar emprestado suas ameaças de sanção: o poder estatal afirma o direito consuetudinário que vive unicamente da autoridade sagrada e o transforma em um direito sancionado pelo soberano, tornando-se, por essa razão, vinculante. Esses dois processos, que se desenvolvem *simultaneamente*, são reacoplados: a autorização do poder pelo direito sagrado e a sanção do direito pelo poder social se efetuam *uno acto*. Assim, poder político e direito estatalmente sancionado surgem como os dois componentes que formam o poder estatal organizado conforme o direito.

Constituição de direito e política

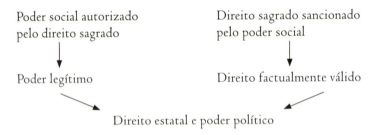

No segundo nível de nosso modelo, os componentes cooriginários de direito estatal e poder político se conectam na institucionalização de cargos que possibilitam uma forma organizada de exercício da dominação política, isto é, a dominação organizada estatalmente. Agora, o direito não legitima somente o poder político, mas o poder é capaz de se servir do direito como um meio de organização. Em virtude dessa função instrumental do direito, a autoridade normativa do poder do Estado adquire a competência de to-

Facticidade e validade

mar decisões juridicamente vinculantes. Apenas nesse nível podemos falar de uma dominação estatalmente organizada em sentido estrito. A função dessa dominação consiste em realizar fins coletivos por intermédio de decisões vinculantes. De outro lado, uma execução penal estatalmente organizada assegura aos atos da jurisprudência o caráter obrigatório. Somente em razão dessa função instrumental do poder o tribunal se transforma em órgão de um Estado. O direito deve a este último sua função de estabilizar as expectativas de comportamento generalizadas de maneira temporal, social e material. A partir dessas funções que o direito e o poder cumprem *um para o outro*, podemos distinguir as *funções próprias* que o direito e o poder realizam para a sociedade como um todo.[10]

Logo que empresta à dominação política uma forma jurídica, o direito serve à constituição de um código binário de poder. Quem dispõe do poder pode comandar os demais. Nessa medida, o direito atua como meio organizacional do poder do Estado. Contrariamente, uma vez que as decisões judiciais precisam ser respeitadas, o poder serve à constituição de um código binário do direito. Os tribunais decidem o que é justo ou injusto. Nessa medida, o poder serve à institucionalização estatal do direito.

A conexão funcional entre código do direito e código do poder

Código	Funções	
	Função própria	Função de um para o outro
Poder	Realização de fins coletivos	Institucionalização estatal do direito
Direito	Estabilização de expectativas de comportamento	Meio organizacional da dominação política

Apenas na modernidade a dominação política pode se desenvolver nas formas do direito positivo em direção à dominação legal. A contribuição que o poder político traz para a função própria do direito, ou seja, para a

---

10 Sobre a teoria dos meios de comunicação de Parsons, cf. Habermas, *Theorie des kommunikativen Handelns*, op. cit., v.2, p.384 e ss.

estabilização de expectativas de comportamento, reside assim na produção de uma *segurança jurídica* que permite aos destinatários do direito calcular as consequências do seu próprio comportamento e do comportamento dos outros. Sob esse ponto de vista, as normas jurídicas tiveram de assumir a forma de determinações compreensíveis, não contraditórias e precisas, em regra formuladas textualmente; elas devem poder ser conhecidas por todos os seus destinatários e, portanto, ser públicas; e têm de regular de maneira geral cada um dos fatos e vinculá-los a consequências jurídicas para que assim possam ser aplicados igualmente a todas as pessoas e a todos os casos.[11] A isso corresponde uma codificação que confere às regras jurídicas um grau elevado de consistência e de explicação conceitual. Essa é a tarefa de uma jurisprudência que elabora cientificamente o *corpus* jurídico e se submete a uma configuração e a uma sistematização dogmáticas.

Por sua vez, a contribuição que o direito faz para a função própria do poder estatalmente organizado pode ser vista em especial na formação de regras secundárias, no sentido de H. L. A. Hart. Trata-se aí tanto das normas de competência, que conferem faculdades especiais às instituições do Estado ou as constituem originalmente, quanto das normas de organização, que estabelecem procedimentos de acordo com os quais programas legais são gerados e elaborados na administração e na justiça. De modo algum o direito se esgota nas normas reguladoras de comportamento, mas serve à organização e ao controle do poder estatal. Ele funciona no sentido de regras constitutivas que não só garantem a autonomia privada e pública dos cidadãos, como produzem instituições estatais, procedimentos e competências.

(3) Essa análise das relações entre código do direito e código do poder poderia, contudo, sugerir a imagem equivocada de uma troca equilibrada e *autossuficiente* entre direito e poder político. Da perspectiva de uma análise limitada em termos funcionalistas, o direito de fato se esgota em sua contribuição para a constituição do código do poder e na realização de sua função própria. Entre o direito positivo e o poder político parece se instaurar um

---

11 Lon Fuller vê nisso o fundamento da moralidade inerente ao direito positivo (L. Fuller, *The Morality of Law*, Chicago, Yale University Press, 1969); sobre isso, cf. R. G. Summers, *Lon Fuller*, Palo Alto, Stanford University Press, 1984.

Facticidade e validade

processo circular que estabiliza a si mesmo. Porém, na verdade, a profanação do poder que remonta ao início da era moderna logo trouxe à consciência o fato de que a forma jurídica enquanto tal não é suficiente para a legitimação do exercício da dominação. Decerto o poder político deve sua autoridade normativa unicamente àquela fusão com o direito que eu havia exposto no modelo. Essa reconstrução também revela, no entanto, que o direito apenas conserva sua força legitimadora na medida em que puder atuar como uma fonte de justiça. Da mesma maneira que o poder político tem à disposição meios coercitivos de caserna como fonte de violência estatal, também o direito tem de *permanecer* presente como fonte da justiça. Porém, esta fonte seca se o direito ficar arbitrariamente à disposição da razão de Estado.

Na Europa dos séculos XVII e XVIII, quando a positivação do sistema jurídico já estava em pleno desenvolvimento, os teóricos do direito racional se viram confrontados com o tipo que Max Weber descreveu como dominação legal. Nessa situação, a ideia de Estado de direito tinha o sentido de crítica do poder, revelando a contradição que residia na própria ordem jurídica estabelecida: o privilégio injustificado de interesses com mais capacidade de se impor *pode* se esconder nas formas de dominação legal. Nesse aspecto, o direito racional denuncia a contradição entre o direito como forma de organização de *toda* dominação organizada estatalmente, que pode se afirmar factualmente, e o direito como condição de legitimidade *daquela* ordem de dominação que apela à autoridade de leis justificadas. Nas sociedades tradicionais, podia ser produzida uma conexão plausível entre o direito factualmente estabelecido e o direito legitimamente reivindicado desde que fossem completamente satisfeitas as condições do seguinte cenário.

Ante o pano de fundo de imagens de mundo religiosas reconhecidas, o direito possuía de início uma base sagrada; esse direito, em regra interpretado e administrado por juristas teólogos, foi amplamente aceito como componente reificado de uma ordem sagrada divina e permaneceu subtraído enquanto tal do poder de disposição humano. Também o detentor de posições políticas de dominação era, na qualidade de juiz supremo, subordinado a esse direito natural. O direito "positivo" em sentido pré-moderno, por ainda ser estabelecido burocraticamente pelo soberano, apoiava sua autoridade sobre a legitimidade do soberano (mediada por sua competência judicial), sobre sua interpretação da ordem jurídica existente ou sobre o costume, enquanto o direito consuetudinário, por sua vez, era garantido pela autoridade da tradição. Mas logo que, com a passagem para a modernidade, a imagem de mundo religiosa vinculante se decompôs nos poderes de crença [*Glaubensmächte*] subjetivos e o direito perdeu sua dignidade metafísica e sua indisponibilidade, essa constelação se alterou desde sua base.

Um direito convencionalizado se separou da moral racional pós-convencional e se tornou dependente das decisões de um legislador político que podia programar tanto a justiça quanto a administração sem se vincular a outras normas que não aquelas da "razão natural". Na circulação entre poder compreendido instrumentalmente e direito instrumentalizado, abriu-se uma lacuna de legitimação que o direito racional quis fechar – na verdade, teve de fechar –, recorrendo à razão prática. Pois as condições de constituição daquele complexo formado pelo direito e pela política, pleno de consequências em termos evolucionários e que havia possibilitado a passagem para sociedades organizadas estatalmente, foram infringidas na medida em que o poder político não podia mais se legitimar com base em um direito legítimo *por si mesmo*. A razão deveria substituir a fonte sagrada da justiça que havia se esgotado. No entanto, o direito racional também ficou em larga medida preso ao encanto dogmático da construção tradicional de um poder autorizado pelo direito suprapositivo; ele não conseguiu superar a representação de um antagonismo originário entre direito e poder. Depois que a cúpula do direito sagrado foi derrubada e os dois pilares do direito politicamente positivado e do poder instrumentalmente utilizável foram abandonados como ruínas, o substituto para o direito sagrado que autoriza a si mesmo deveria ser obtido unicamente da razão, o qual poderia devolver a verdadeira autoridade ao legislador político na qualidade de detentor do poder.

Uma perspectiva completamente diferente se abre com o conceito de autonomia política elaborado pela teoria do discurso, que explica por que as liberdades comunicativas deveriam ser mobilizadas para a produção do direito legítimo. Essa explicação faz que a legislação dependa da gênese de um outro tipo de poder – a saber, daquele *poder comunicativo*, sobre o qual Hannah Arendt dizia que ninguém pode realmente "possuir": "O poder

Facticidade e validade

surge entre os seres humanos quando agem juntos, e desaparece logo que voltam a se separar".[12] Segundo esse modelo, o direito e o poder comunicativo surgem cooriginariamente da "opinião sobre a qual muitos estão publicamente de acordo".[13] O enfoque da teoria do discurso a respeito da autonomia política torna necessária uma diferenciação no conceito de poder político. Para que não se deixe secar a fonte da justiça a partir da qual o próprio direito obtém sua legitimidade, um poder comunicativo jusgenerativo precisa estar subjacente ao poder da administração estatal constituído juridicamente. Contudo, esse conceito introduzido dogmaticamente por Hannah Arendt necessita de uma análise esclarecedora.

Até aqui, consideramos o uso público de liberdades comunicativamente desencadeadas somente sob o aspecto *cognitivo* que torna possível a formação racional da opinião e da vontade: o livre processar dos respectivos temas e contribuições, informações e razões deve fundamentar a suposição de racionalidade para os resultados obtidos de forma procedimental. Mas as convicções discursivamente adquiridas e intersubjetivamente partilhadas possuem ao mesmo tempo uma força *motivacional*. Mesmo que esta não vá além da débil força motivacional fornecida por boas razões, sob esse aspecto o uso público de liberdades comunicativas aparece como gerador de potenciais de poder. Isso se deixa ilustrar com o modelo de tomada de posição sim/não diante de uma simples oferta de atos de fala. A *convicção comum*, que é produzida ou reforçada pelo reconhecimento intersubjetivo de uma pretensão de validade erguida com um ato de fala entre falante e ouvinte, significa a aceitação implícita de obrigações relevantes para a ação; nesse ponto, ela cria um novo fato social. Na medida em que as liberdades comunicativas dos cidadãos são mobilizadas para a produção do direito legítimo, tais obrigações ilocucionárias se condensam em um potencial com o qual têm de contar os detentores de posições de poder administrativo.

---

12 H. Arendt, *Vita Activa*, Sttutgart, 1960, p.194; cf. para o que se segue, Habermas, Arendts Begriff der Macht, in: *Philosophisch-politische Profile*, Frankfurt/Main, Suhrkamp, p.228-248.

13 H. Arendt, *Über die Revolution*, Munique, Piper, 1965, p.96.

Para Hannah Arendt, o fenômeno fundamental do poder não consiste, como em Max Weber, na oportunidade de, no interior de uma relação social, impor a própria vontade contra resistências, mas no potencial de uma *vontade comum* formada em uma comunicação isenta de coerção. Ela opõe o "poder" [*Macht*] à "violência" [*Gewalt*], ou seja, a força consensualmente produzida de uma comunicação orientada ao entendimento à capacidade de instrumentalização de uma vontade alheia para fins próprios: "O poder surge da capacidade humana de não somente agir ou fazer algo, mas de se unir com os outros e agir em acordo com eles".[14] Esse poder comunicativo só pode se formar em esferas públicas não deformadas, resultando das estruturas de intersubjetividade intacta de uma comunicação não distorcida. Ele surge no contexto de uma formação da opinião e da vontade que, com as liberdades comunicativamente desencadeadas que cada um possui para "em todos os assuntos fazer um uso público de sua razão", trazer à tona a força produtiva da "mentalidade alargada". Pois esta se caracteriza pelo fato "de que cada um apoia o seu juízo em um outro, não tanto em um juízo real, mas antes de tudo um juízo possível, pondo-se no lugar de cada um dos outros".[15]

H. Arendt não concebe o poder político como potencial para a imposição de interesses próprios ou para a realização de fins coletivos, nem como o poder administrativo que toma decisões coletivamente vinculantes, mas como uma força *autorizadora* que se exprime na criação do direito legítimo e na fundação de instituições. Ele se manifesta em ordens que protegem a liberdade política, em resistência às opressões que ameaçam externa e internamente a liberdade política, sobretudo naqueles atos de aprofundamento da liberdade "que dão vida a novas instituições e leis".[16] Seu surgimento se dá de maneira mais pura naqueles momentos em que os revolucionários tomam o poder que está nas ruas; quando uma população decidida a praticar

---

14 Id., *Macht und Gewalt*, Munique, Piper, 1970, p.45.

15 Fazendo referência à *Crítica do juízo*, de Kant (§40, B 158), H. Arendt explica a conexão interna entre poder, liberdade comunicativa, discurso e imparcialidade em *Das Urteilen: Texte zu Kants Politischer Philosophie*, Munique, Piper, 1982, p.17-103.

16 Id., *Macht und Gewalt*, op. cit, p.42.

Facticidade e validade

a resistência passiva se opõe apenas com as mãos aos tanques estrangeiros; quando minorias convictas contestam a legitimidade das leis existentes e praticam a desobediência civil; quando nos movimentos de protesto irrompe o "puro prazer em agir". Trata-se sempre do mesmo fenômeno de *união do poder comunicativo com a produção do direito legítimo*, que H. Arendt detecta nesses diferentes eventos históricos e para o qual a força constituinte da Revolução Americana serve como modelo.

Diferentemente do que ocorre nas construções do direito racional, o contraste conceitual determinante entre "poder" e "violência" empurra o poder para o lado do direito. Na tradição do direito racional, a passagem do estado de natureza para o estado de sociedade devia ser caracterizada pelo fato de que as partes, ao concluírem o contrato, renunciavam às liberdades enraizadas na força física de cada um. Elas entregam suas liberdades ilimitadas de ação ao poder do Estado, que reúne os potenciais anárquicos de poder originalmente separados e os institui para a imposição disciplinadora de liberdades subjetivas legalmente limitadas. Aqui, o direito surgido da renúncia à violência serve à canalização de uma violência que se igualou ao poder. A diferenciação de Arendt entre poder e violência supera essa oposição. O direito se vincula *por natureza* a um poder comunicativo que produz direito legítimo. Com isso, deixa-se para trás a tarefa clássica que consistia em encontrar um substituto para a fonte esgotada da justiça de um direito natural que legitima a si mesmo – um substituto a partir do qual a violência meramente factual poderia remeter à autoridade de uma violência dominante dotada de poder legítimo. Em vez disso, H. Arendt tem de explicar como os cidadãos unidos, na medida em que formam o poder comunicativo, produzem direito legítimo, e de que maneira eles garantem juridicamente essa práxis, isto é, o exercício de sua autonomia política. A união conceitual entre positivação do direito e formação do poder esclarece retrospectivamente mais uma vez por que o sistema de direitos, que respondeu a essa mesma questão, precisa aparecer imediatamente *como* direito positivo e não pode reclamar para si nenhuma validade moral ou jusnaturalista superior à formação da vontade dos cidadãos.

Entretanto, com o conceito de poder comunicativo apreendemos somente o *surgimento* do poder político, não o uso administrativo do poder já

201

constituído, ou seja, o processo do exercício do poder. Muito menos explicamos com esse conceito a luta por posições que autorizam a disposição do poder administrativo. Arendt ressalta que tanto o uso quanto a concorrência pela aquisição e conservação do poder dependem da formação e da renovação comunicativas desse poder. Contra as teorias sociológicas que se restringem aos fenômenos da *alocação do poder* e da *concorrência pelo poder*, ela objeta, com razão, que nenhuma dominação política pode expandir como quiser os recursos de seu poder. O poder produzido comunicativamente é um bem escasso pelo qual as organizações competem e com o qual os membros da administração pública se ocupam, mas que nenhum deles pode produzir por conta própria:

> O que mantém coeso um corpo político é seu respectivo potencial de poder, e o que solapa a comunidade política é a perda de poder e, finalmente, a impotência. O próprio processo é intangível, porque o potencial de poder, diferentemente dos meios da violência, que podem ser armazenados para ser intactamente utilizados em caso de necessidade, no geral, só existe na medida em que é realizado [...]. Trata-se do poder realizado somente quando palavras e atos aparecem interligados entre si, portanto, quando palavras não são vazias e atos não são silenciosamente violentos.[17]

Ora, a concordância entre palavras e atos permite medir a legitimidade de uma dominação, porém ainda não explica o outro estado de agregação em que o poder comunicativo precisa se transmudar antes que, na forma do poder administrativo, possa assumir aquelas funções de sanção, organização e execução que, como mostramos, o sistema de direitos pressupõe e das quais depende.

Com o conceito de poder comunicativo, torna-se necessária uma diferenciação no conceito de poder político. A política como um todo não pode coincidir com a práxis daqueles que falam uns com os outros e agem de maneira politicamente autônoma. O exercício da autonomia política

---

17 Id., *Vita Activa*, op. cit., p.193-194.

Facticidade e validade

implica a formação discursiva de uma vontade comum, não ainda a implementação das leis que dela resultam. O conceito do político se estende com razão *também* ao emprego do poder administrativo na concorrência pelo acesso ao sistema político. A constituição de um código do poder significa que um sistema administrativo é controlado pelas autorizações que tornam vinculantes as decisões coletivas. Por essa razão, proponho considerar o direito como o *medium* pelo qual o poder comunicativo se converte em poder administrativo. Pois a transformação do poder comunicativo em poder administrativo tem o sentido de um *empoderamento* daqueles legalmente autorizados. A ideia de Estado de direito pode, em geral, ser interpretada então como a exigência de que o sistema administrativo controlado pelo código do poder se vincule ao poder comunicativo responsável pelo estabelecimento do direito, libertando-se assim das interferências do poder social, ou seja, do poder de imposição factual de interesses privilegiados. O poder administrativo não deve produzir a *si mesmo*, mas pode somente se regenerar com a transferência do poder comunicativo. Em último caso, é essa transferência que deve regular o Estado de direito, sem, contudo, mexer no próprio código do poder e, com isso, interferir na lógica de autorregulação do sistema administrativo. Em termos sociológicos, a ideia de Estado de direito limita-se a iluminar o aspecto político da produção de um equilíbrio entre os três poderes de integração de toda a sociedade: dinheiro, poder administrativo e solidariedade.

Antes de discutir os princípios do Estado de direito, preciso tratar das condições sob as quais o poder comunicativo pode ser formado. Para isso, parto da lógica de questionamento que determina a estrutura de formação da opinião e da vontade de um legislador democrático.

II. Poder comunicativo e positivação legítima do direito

(1) Os direitos políticos de participação se referem à institucionalização jurídica de uma formação pública da opinião e da vontade que termina nas resoluções sobre políticas e leis. Ela deve ser efetuada nas formas de comunicação que, como vimos, consideram o princípio do discurso em um duplo aspecto. De início, esse princípio possui o *sentido cognitivo* de filtrar

contribuições, temas, argumentos e informações, de modo que os resultados alcançados tenham para si a suposição de aceitabilidade racional; o procedimento democrático deve fundamentar a legitimidade do direito. Mas o caráter discursivo da formação da opinião e da vontade na esfera pública política e nas corporações parlamentares também possui o *sentido prático* de produzir relações de entendimento que são "livres de coerção", no sentido de H. Arendt, e desencadeiam a força produtiva da liberdade comunicativa. Somente de estruturas da intersubjetividade intacta o poder comunicativo pode produzir convicções comuns. Esse *entrelaçamento de positivação discursiva do direito e formação comunicativa do poder* se explica em último caso porque na ação comunicativa as razões também formam motivos. Esse entrelaçamento se torna necessário sobretudo porque comunidades concretas, que pretendem regular sua vida em comum com os meios do direito, não podem separar completamente questões de normatização das expectativas de comportamento das questões sobre finalidades coletivas, tal como seria possível em uma comunidade idealizada de pessoas moralmente responsáveis. As questões políticas se distinguem das questões morais.

Diferentemente da moral, o direito não regula contextos de interação *em geral*, mas serve como *medium* para a auto-organização de comunidades jurídicas que, sob condições históricas determinadas, impõem-se em seu entorno social. Com isso, conteúdos concretos e pontos de vista teleológicos migram para o direito. Enquanto regras morais que dizem respeito aos interesses simétricos *de todos* expressam por excelência uma vontade universal, regras jurídicas são expressão da vontade particular dos membros de uma comunidade jurídica determinada. E enquanto a vontade moralmente livre permanece de certa forma virtual, por se referir apenas ao que poderia ser aceito racionalmente por todas as pessoas, a vontade política de uma comunidade jurídica, que certamente deve estar em consonância com discernimentos morais, também é expressão de uma forma de vida intersubjetivamente partilhada, de interesses existentes e de fins pragmaticamente escolhidos. Da natureza dos questionamentos políticos resulta que, no *medium* do direito, a normatização dos tipos de comportamento se abre, por assim dizer, para finalidades coletivas. Com isso, amplia-se o espectro das razões que são relevantes para a formação política da vontade: às razões morais são acrescentadas as razões éticas e pragmáticas. Desse modo, o peso se desloca da formação da opinião para a formação da vontade.

Quanto mais concretos são a matéria carente de regulação e seu respectivo recorte jurídico, *também* mais se manifestam, na aceitabilidade de normas fundamentadas, a autocompreensão de uma forma de vida histórica, o equilíbrio entre os grupos de interesse concorrentes e uma escolha empiricamente informada entre fins alternativos. O ponto de vista teleológico, introduzido nos conteúdos jurídicos com esses componentes volitivos, reforça-se na medida em que uma sociedade concentra no Estado a persecução de fins coletivos; pois a legislação tem, em igual medida, de programar os domínios ampliados de função e as operações crescentes de organização do Estado. Mesmo no *modelo liberal*, em que a persecução de fins coletivos foi em geral deslocada do poder do Estado (limitado à implementação de direitos subjetivos) para os mecanismos de mercado e associações voluntárias,[18] o direito não pode se livrar dos pontos de vista teleológicos da legislação tributária e da segurança militar. Por outro lado, a consideração de fins coletivos não pode destruir a forma jurídica – e, com isso, a função própria do direito; ela não pode dissolver o direito na política. Caso contrário, a tensão entre facticidade e validade que se manifesta no direito moderno simplesmente desapareceria. A legitimidade seria assimilada à positividade de uma eticidade substancial exemplar se o direito – como no *modelo institucionalista* – fosse obrigado a articular "ordens concretas" previamente dadas.[19] No entanto, em comparação com as regras morais, o recorte mais concreto do direito diz respeito tanto ao conteúdo (a) quanto ao sentido de validade de normas jurídicas (b) e ao modo de legislação (c).

(a) Abordagens deontológicas da teoria moral impedem que, *a limine*, mandamentos morais se submetam a uma interpretação teleológica. Elas

---

18 F. A. Hayek, *Die Verfassung der Freiheit*, Tübingen, Mohr, 1971.

19 Sobre a abordagem antropológica na sociologia do direito, cf. H. Schelsky, *Die Soziologen und das Recht*, Opladen, VS Verlag für Sozialwissenschaften, 1980; sobre as ideias a respeito da ordem concreta na jurisprudência, cf. C. Schmitt, *Über drei Arten des rechtswissenchaftlichen Denkens*, Hamburgo, Hanseatische Verlagsanstalt, 1934. Sobre C. Schmitt, cf. I. Maus, *Bürgerliche Rechtstheorie und Faschismus*, Munique, Fink, 1980.

defendem com razão que o sentido do dever moral seria mal compreendido se quiséssemos ver nele somente a expressão do caráter desejável de determinados bens. Nós "devemos" obedecer a mandamentos morais porque os reconhecemos como corretos e não porque esperamos realizar com eles determinados fins – sejam fins da felicidade pessoal suprema ou do bem-estar coletivo. Questões de justiça dizem respeito a pretensões discutíveis em conflitos interpessoais. Nós podemos avaliá-los com imparcialidade à luz de normas válidas. Por sua vez, as próprias normas precisam resistir a um teste de universalização que examina o que é simetricamente bom para todos. Da mesma maneira que "verdadeiro" é um predicado para a validez de proposições assertóricas, também "justo" é um predicado para a validez daquelas proposições normativas universais que expressam mandamentos morais. Por isso, a justiça não é um valor entre outros. Valores sempre concorrem com outros valores. Eles indicam quais bens determinadas pessoas ou coletivos sob certas circunstâncias desejam ou preferem. Apenas da perspectiva deles os valores podem ser temporariamente instaurados em uma ordem transitiva. Enquanto os valores reivindicam validade relativa, a justiça estabelece uma pretensão de validade absoluta: mandamentos morais reivindicam validade para todos e para cada um. Normas morais também incorporam valores ou interesses, mas apenas aqueles que são capazes de universalidade em vista das respectivas matérias. Essa pretensão de universalidade exclui que mandamentos morais sejam interpretados teleologicamente, ou seja, em termos de preferência *relativa* por determinados valores ou interesses.

Mas na fundamentação e na aplicação de normas jurídicas entra em jogo uma referência a bens e fins coletivos; normas jurídicas não se encontram no mesmo nível de abstração que as normas morais.[20] No geral, elas não dizem o que é simetricamente bom para todos os seres humanos; elas regulam o contexto de vida dos cidadãos de uma comunidade jurídica concreta. Nesse caso, não se trata da regulação de conflitos de ação tipicamente recorrentes

---

20 R. Dworkin, Principle, Policy, Procedure, in: *A Matter of Principle*, Cambridge, Clarendon Press, 1985, p.72-103.

sob pontos de vista da justiça. A necessidade de regulação não se esgota em problemas que exigem um uso moral da razão prática. O *medium* do direito também se ocupa de problemas que requerem a persecução cooperativa de fins coletivos e a proteção de bens coletivos. Por isso, discursos de fundamentação e de aplicação precisam se abrir para o *uso pragmático* e, sobretudo, *ético-político da razão prática*. Uma vez que a formação coletiva racional da vontade visa a programas jurídicos concretos, ela tem de superar os limites dos discursos de justiça, incluindo problemas de autocompreensão e de equilíbrio de interesses.

Essa ampliação do espectro de fundamentação, contudo, não prejudica a similaridade estrutural que o sistema de direitos produz entre direito e moral. Mesmo a mais simples legislação precisa ser compreendida junto à concretização do sistema de direitos desenvolvido na Constituição. Tanto as regras morais quanto as leis jurídicas são "universais" ao menos em dois aspectos. De início porque elas se dirigem a muitos destinatários indeterminados, não permitindo, portanto, exceções, além de excluir privilégios e discriminações em suas aplicações. Isso diz respeito à igualdade na aplicação do direito. Enquanto as normas morais se dirigem a todas as pessoas, normas jurídicas, por sua vez, são endereçadas somente aos membros de uma comunidade jurídica. Mas isso ainda não confere uma "universalidade" *substancial* às leis *per se*. Em termos ideais, leis jurídicas também regulam uma matéria no interesse simétrico de todos os concernidos e expressam, nessa medida, interesses passíveis de universalização. Não obstante, a consideração simétrica de todos os interesses significa no direito algo diferente do que ocorre na moral.

A *igualdade de conteúdo do direito* não se esgota na justiça, porque as matérias reguladas por lei com frequência não permitem o grau de abstração com que exclusivamente são tratadas questões morais de justiça. Matérias jurídicas tocam em bens e fins coletivos, de modo que, com isso, surgem questões de formas de vida concretas, inclusive relativas à identidade comum. Porém, com isso exige-se que se esclareça não somente o que é simetricamente bom para todas as pessoas, mas também quem são os respectivos participantes e como eles querem viver. Considerando os fins que eles escolhem à luz de avaliações fortes, acrescenta-se ainda a questão de como podem alcançar tais fins da melhor maneira. Portanto, o domínio das questões de justiça se amplia para abarcar problemas de autocompreensão e questões sobre a escolha racional de meios – e, naturalmente, problemas de equilíbrio entre interesses que não permitem uma universalização, mas tornam necessários compromissos. Somente se puder expressar um consenso racional em relação a *todas* essas espécies de problemas, uma lei é substancialmente universal, no sentido de uma igualdade material de tratamento.

A igualdade do conteúdo jurídico forma o critério normativo para boas leis, já que estas não são instauradas apenas sob o ponto de vista da segurança jurídica "como um meio para o controle mais confiável e detalhado possível dos processos de ação social"; sob o ponto de vista da configuração racional de uma forma de vida intersubjetivamente partilhada, elas são constituídas tanto "como forma de ação jurídica que permite a realização das decisões de uma vontade política democrática", quanto também "como meios que servem à proteção de um espaço de liberdade individual e de disposição".[21] Mas se a igualdade do conteúdo jurídico é medida por um tal conjunto complexo de critérios, o sentido deontológico das leis jurídicas também não coincide com o sentido de correção das regras morais, que pode ser medido unicamente com base em critérios de justiça.

(b) Uma vez que normas jurídicas precisam ser impostas, o momento da validez ou da aceitabilidade racional na dimensão de validade do direito se vincula em todo caso com o momento da validade social ou da aceitação. A validade do direito possui o sentido ilocucionário de uma declaração: a autoridade estatal declara que uma norma vigente foi suficientemente justificada e é factualmente aceita. Em nosso contexto, trata-se, no entanto, unicamente de uma diferenciação no sentido da validez ou da legitimidade do direito.

De acordo com o enfoque de leitura sugerido pela teoria do discurso, as normas morais podiam se fundar sobre uma pretensão de validade puramente cognitiva porque o princípio de universalização disponibiliza uma

---

21 E. Denninger, Verfassung und Gesetz, in: P.-A. Albrecht et al., *Kritische Vierteljahresschrift für Gesetzgebung und Rechtswissenschaft*, Munique, J. Schweitzer, 1986, p.300-301.

Facticidade e validade

regra de argumentação que torna possível decidir racionalmente questões prático-morais. As normas jurídicas, independentemente de seu domínio restrito de validade, também erguem a pretensão de *estar em acordo* com normas morais, ou seja, de não atentar contra estas. Mas as razões morais não têm aqui uma seletividade *suficiente*. Normas jurídicas obtêm sua validez ao poderem ser justificadas com razões não apenas morais, mas também pragmáticas e ético-políticas. Na fundamentação de normas jurídicas, temos de fazer uso da razão prática em toda sua extensão. Todavia, essas *outras* razões possuem uma validade relativa, ou seja, dependente do contexto. Uma autocompreensão coletiva só pode ser autêntica dentro do horizonte de uma forma de vida preexistente; a escolha de estratégias só pode ser racional em consideração a fins estabelecidos; um compromisso só pode ser equitativo com referência a dados conjuntos de interesse. As razões correspondentes valem relativamente à identidade histórica ou culturalmente marcada de uma comunidade jurídica, às orientações axiológicas ou aos fins e interesses de seus membros. Pois se partirmos do fato de que atitudes e motivações se modificam no decorrer de uma formação coletiva racional da vontade dependendo dos argumentos, a facticidade dos contextos existentes não pode ser eliminada; caso contrário, tanto discursos éticos e pragmáticos quanto compromissos políticos perderiam sua razão de ser. Em virtude dessa referência ao *substrato factual da vontade* de uma comunidade jurídica, um momento volitivo é introduzido no sentido da validez (e não apenas da obrigatoriedade social) das normas jurídicas. A expressão "legitimidade", utilizada para os componentes de validade do direito, denota uma diferença em relação à dimensão deontológica da "moralidade". Normas morais dotadas de validez são "corretas" no sentido de justas, como explicado pela teoria do discurso. Normas jurídicas dotadas de validez estão em conformidade com normas morais; mas elas são "legítimas" no sentido de que, além disso, expressam a autocompreensão autêntica de uma comunidade jurídica, a consideração equitativa de seus valores compartilhados e interesses, bem como a escolha racional com respeito a fins de estratégias e meios.

(c) O elemento teleológico se reflete não somente no conteúdo e no sentido da validade das leis, mas também nas contingências do processo legislativo. Normas morais, que em geral regulam racionalmente o convívio entre sujeitos capazes de fala e de ação, decerto não são simplesmente "descobertas", mas ao mesmo tempo construídas.[22] Porém, no caso das normas jurídicas, com a ajuda das quais constituímos racionalmente uma forma de vida concreta, o momento da construção se manifesta com ainda mais força. Quanto mais as normas visam a determinadas formas de vida e circunstâncias, menos conta o momento passivo do conhecimento em comparação com o momento ativo do projeto e da configuração. As razões que justificam as regras morais conduzem a um *consentimento* [*Einverständnis*] racionalmente motivado; a fundamentação das normas jurídicas, diferentemente, serve a um *acordo* [*Vereinbarung*] racionalmente motivado. Em um caso, convencemo-nos de quais deveres nós *temos*, no outro, quais são as obrigações com as quais nos comprometemos ou que *devemos assumir*. Rawls defende nesse contexto a diferença entre deveres naturais e obrigações (*natural duties* versus *obligations*) que assumimos de maneira voluntária. Obrigações "surgem por um ato voluntário [...]. Além disso, seu conteúdo é sempre definido por instituições ou práticas cujas regras especificam o que se tem de fazer". Em contraste, deveres naturais são caracterizados "pelo fato de que valem entre os seres humanos independentemente de suas relações institucionais; eles valem para todos na medida em que são considerados pessoas morais iguais".[23]

A ideia de autolegislação, que para a vontade individual significa autonomia moral, assume para a formação coletiva da vontade o significado da autonomia política, não somente porque o princípio do discurso é aplicado a outros tipos de normas de ação e adquire forma jurídica com o sistema de direitos. Não é unicamente a forma do direito que distingue a autolegislação política da autolegislação moral, mas a contingência da forma de vida, dos fins e das situações de interesse, que estabelece previamente a identidade da vontade que determina a si mesma. Enquanto a vontade moralmente boa é como que absorvida na razão prática, a vontade política racionalmente fundamentada também conserva algo de contingente, na medida em que as próprias razões só valem em relação a contextos aleatórios. Por essa razão,

---

22 Rawls, Kantian Constructivism in Moral Theory, op. cit., p.127 e ss.

23 Id., *Theorie der Gerechtigkeit*, op. cit., p.136.

Facticidade e validade

o caráter comum das convicções discursivamente produzidas do legislador político se manifesta na forma do poder comunicativo.

(2) O peso comparativamente maior do momento volitivo no processo de positivação do direito se explica pela lógica dos questionamentos não morais, bem como de sua dependência ao contexto, que fazem parte da formação da opinião e da vontade do legislador político. Se quisermos saber as formas de comunicação que garantem o caráter discursivo de uma práxis de autodeterminação, precisamos nos concentrar no aspecto cognitivo e identificar os questionamentos relevantes elaborados nos processos legislativos. Kriele identifica o caráter frutífero da teoria do discurso no fato de

tornar consciente o que já é pressuposto em todo discurso, a saber, que a possibilidade da razão depende da observância das regras do discurso. Esse "tornar consciente" possui também uma função política: ela defende a discussão como forma de governo – portanto, do Estado democrático de direito – contra teorias políticas que em princípio questionam sua base filosófica.[24]

Kriele quer dizer com isso que, "sob os pressupostos dessa abordagem, a argumentação política e jurídica se torna significativa", mesmo que os pressupostos idealizadores da argumentação em geral "não sejam plenamente realizáveis na práxis política".[25] Com essa ressalva, Kriele lembra que a lógica do discurso não pode ser imediatamente identificada com os procedimentos institucionalizados no Estado de direito. Uma aplicação *imediata* da ética do discurso ao processo democrático (ou a utilização de um conceito não elucidado de discurso) leva a inconsistências, oferecendo aos céticos subterfúgios para desacreditar do projeto de uma teoria discursiva do direito e da política já desde sua base.[26] Daí serem necessárias algumas diferenciações.

---

24 M. Kriele, *Recht und prakstische Vernunft*, Göttingen, Vandenhoeck & Ruprecht, 1979, p.31.

25 Ibid., p.30.

26 H. Scheit, *Wahrheit, Diskurs, Demokratie*, Freiburg, Alber Karl, 1987, p.370 e ss.

Jürgen Habermas

O princípio do discurso faz que a validez de todas as normas de ação dependa do assentimento daqueles que participam como concernidos "em discursos racionais". Uma vez que o princípio do discurso depende de normas procedimentais que regulam interações simples entre um círculo ilimitado de destinatários, surgem questões que correspondem a um tipo determinado de discurso, a saber, à forma de argumentação moral. Se o princípio do discurso é aplicado a normas de ação que podem se apresentar sob a forma jurídica, entram em jogo questionamentos políticos de outro tipo. A lógica desses questionamentos corresponde a diferentes tipos de discurso e formas de negociação.

Um coletivo é confrontado com a questão "O que devemos fazer?" quando são impostos determinados problemas que precisam ser superados cooperativamente, ou quando surgem conflitos de ação que devem ser solucionados de modo consensual. O tratamento racional dessas questões requer uma formação da opinião e da vontade que conduz a uma resolução fundamentada sobre a persecução de fins coletivos e sobre a regulação normativa da vida em comum. Em um caso, o coletivo se compreende como um quase-sujeito com capacidade de agir orientado a fins, no outro, como uma comunidade de indivíduos que estão de acordo sobre quais comportamentos eles podem legitimamente esperar uns dos outros. Ora, logo que se instauram os códigos do direito e do poder, as deliberações e as decisões assumem o modelo diferenciado de uma formação *política* da opinião e da vontade. De um lado, o coletivo que delibera e toma decisões se separa daquelas partes ou instâncias que agem por ele, ou seja, que podem aplicar e implementar os programas que foram decididos. De outro, o coletivo de membros da sociedade se transforma em um conjunto formado por parceiros do direito que exercem sua autonomia no quadro de um sistema de direitos carente de interpretação e em elaboração. O direito não empresta somente uma forma determinada às normas de regulação dos conflitos; ele também impõe certos limites à realização de fins coletivos. Os programas traduzidos na linguagem do direito possuem, eles mesmos, a forma da lei (dependendo do caso, também a forma de leis que estabelecem medidas especiais, leis para casos específicos, leis regulatórias ou diretrizes) ou subscrevem o direito válido. Nas deliberações sobre políticas e leis, a questão fundamental "O que devemos fazer?" se diferencia sempre de acordo com o tipo de matéria carente de regulação. A expressão "dever" retém um sentido inespecífico, já que não determina o problema correspondente e o aspecto sob o qual pode ser solucionado. Gostaria de especificar esse aspecto seguindo o fio condutor de questionamentos pragmáticos, éticos e morais. Os participantes fazem a cada vez um uso diferente da razão prática sob os aspectos da conformidade a fins, do bem e do justo. A cada um desses usos correspondem tipos diferentes de discurso que aqui só posso esboçar em traços largos.[27]

Questões pragmáticas se apresentam da perspectiva de um ator que, diante de preferências e finalidades dadas, busca o meio mais adequado para a realização de seus fins. Os próprios fins podem ser problematizados. Portanto, não se trata somente de uma escolha de meios voltada a fins, mas da ponderação racional de fins à luz de valores aceitos. A vontade do ator é aqui estipulada por interesses ou por orientações axiológicas e só está aberta a novas determinações em relação a alternativas quanto à escolha de meios ou finalidades. Para a escolha fundamentada de técnicas e estratégias de ação, há espaço para comparações e ponderações que o ator, apoiado em observações e prognósticos, pode fazer sob os pontos de vista da eficiência ou de outras regras de decisão. As ponderações axiológicas de fins e as ponderações racionais de meios levam a recomendações hipotéticas que põem em relação causas e efeitos segundo preferências de valores e finalidades. Essas diretrizes de ação têm a forma semântica de imperativos condicionados. Em última instância, elas retiram sua validez do saber empírico que assimilam. Fundamentam-se em *discursos pragmáticos*. São decisivos aí os argumentos que relacionam o saber empírico a preferências dadas e fins estabelecidos, avaliando as consequências de decisões alternativas (que, em regra, são obtidas sob incerteza), de acordo com máximas subjacentes.

Contudo, uma vez que os próprios valores orientadores são problemáticos, a questão "O que devemos fazer?" aponta para além do horizonte da racionalidade voltada a fins. Preferências conflitantes exprimem muitas vezes oposições de interesse que não podem ser suavizadas no âmbito

---

27 Para o que se segue, cf. Habermas, *Vom pragmatischen, ethischen und moralischen Gebrauch der praktischen Vernunft*, op. cit., p.100-118.

Jürgen Habermas

dos discursos. Mas muitas vezes os interesses e as orientações axiológicas encontram-se tão entrelaçados com a forma de vida intersubjetivamente partilhada de uma comunidade que decisões importantes relacionadas a valores afetam a autocompreensão de uma coletividade. *Questões ético-políticas* se estabelecem da perspectiva dos membros que, em questões vitais, querem se esclarecer sobre qual forma de vida gostariam de partilhar e com quais ideais pretendem projetar sua vida comum. Questões ético-existenciais postas no singular – quem eu sou e gostaria de ser, qual modo de vida é bom para mim – são repetidas no plural, alterando assim seu sentido.[28] A identidade de um grupo se refere a situações em que seus membros podem dizer enfaticamente "nós"; não se trata de uma identidade do Eu em grande formato, mas constitui seu complemento. A maneira com que nós nos apropriamos das tradições e formas de vida nas quais nascemos e as desenvolvemos seletivamente decide sobre como nos reconhecemos nessas tradições culturais, ou seja, sobre quem somos e gostaríamos de ser como cidadãos. Importantes decisões axiológicas são geradas e modificadas pela autocompreensão político-cultural de uma comunidade histórica. Um esclarecimento sobre essa autocompreensão foi oferecido por uma hermenêutica que se apropriou criticamente de cada uma dessas tradições e, com isso, serviu à certificação intersubjetiva de orientações de vida autênticas e de convicções axiológicas.[29]

Questões éticas são respondidas com conselhos clínicos que se apoiam na reconstrução de uma forma de vida tornada ao mesmo tempo consciente e crítica, ou seja, uma forma de vida que pôde ser apreendida de maneira exploratória. Elas vinculam os componentes descritivos das tradições formadoras de identidade com os componentes normativos do projeto de um modo de vida exemplar, que se justifica a partir das tomadas de posição em relação à sua gênese. O sentido imperativo desses conselhos pode ser com-

---

28 R. Beiner, *Political Judgment*, Londres/Chicago, Methuen, 1983; E. Vollrath, *Die Rekonstruktion der politischen Urteilskraft*, Stuttgart, Klett, 1977.

29 A hermenêutica filosófica de Gadamer (*Wahrheit und Methode*) esclarece a lógica desse processo de autocompreensão; para uma análise mais voltada a questões ético-políticas, cf. A. MacIntyre, *Whose Justice? Which Rationality?*, Notre Dame/Indiana, University of Notre Dame Press, 1988.

preendido como um dever que não depende de preferências ou fins subjetivos, mas que implica quais modos de ação são "bons para nós" a longo prazo e como um todo. Tais conselhos são fundamentados em *discursos éticos*. Nestes, são decisivos os argumentos que se apoiam em uma explicação da autocompreensão de nossa forma de vida historicamente tradicional, fazendo que, nesse contexto, decisões axiológicas sejam medidas com base no fim *para nós* absoluto de uma condução de vida autêntica.

Até aqui, consideramos os processos de uma formação política racional da vontade sob dois aspectos. Por um lado, as deliberações servem tanto para a precisão e ponderação de fins coletivos quanto para a construção e seleção de estratégias de ação apropriadas para sua obtenção. Por outro, o horizonte de orientações axiológicas, no qual se instauram as respectivas finalidades e realização de fins, pode ser incluído no processo de formação racional da vontade durante o percurso de uma autocompreensão de tradições reapropriadas. Nos discursos pragmáticos, examinamos a adequação de estratégias de ação sob o pressuposto de que sabemos o que queremos. Em discursos ético-políticos, asseguramo-nos de uma configuração de valores sob o pressuposto de que ainda não sabemos o que *realmente* queremos. Em discursos desse tipo, é possível fundamentar programas na medida em que não são apenas adequados a determinados fins, mas, considerados em seu todo, mostram-se bons para nós. Uma fundamentação satisfatória, no entanto, ainda precisa considerar um outro aspecto, o da justiça. Se queremos e devemos aceitar um programa, isso depende também de saber se a práxis correspondente é *simetricamente* boa *para todos*. Com isso, deslocamos mais uma vez o sentido da questão "O que devemos fazer?".

Em *questões morais*, o ponto de vista teleológico, sob o qual superamos problemas mediante cooperação orientada a fins, fica em segundo plano diante do ponto de vista normativo com o qual examinamos como nossa vida em comum pode ser regulada no interesse simétrico de todos. Assim, uma norma só é justa se todos puderem almejar que, em todas as situações comparáveis, ela seja seguida por cada um. Mandamentos morais possuem a forma semântica de imperativos categóricos ou incondicionados. O sentido imperativo desses mandamentos pode ser compreendido como um dever que não depende nem de preferências e fins subjetivos, nem do fim para nós absoluto de uma forma de vida boa ou bem-sucedida. O que "devemos" fazer tem aqui o sentido de que tal práxis correspondente é justa. Tais deveres são fundamentados em *discursos morais*. Nestes, são decisivos argumentos voltados à demonstração de que interesses incorporados em normas controversas são capazes de universalização. Nos discursos morais, a perspectiva etnocêntrica de um coletivo determinado se amplia para a perspectiva abrangente de uma comunidade de comunicação ilimitada, cujos membros se colocam todos na situação e na compreensão de mundo de si mesmo possuída por cada um, praticando em conjunto uma assunção ideal de papéis (no sentido de G. H. Mead).

O princípio de universalização obriga o participante do discurso a examinar normas controversas com base em casos individuais *previsivelmente típicos* para saber se poderiam encontrar assentimento refletido por parte de todos os concernidos. Regras morais só passam por esse teste em uma versão universal, completamente descontextualizada; por essa razão, elas podem ser aplicadas apenas naquelas situações-padrão que foram consideradas desde o princípio tendo em vista seu componente condicional "se". Porém, uma vez que nos *discursos de fundamentação* não podemos levar em consideração *ex ante* todas as constelações possíveis de casos individuais futuros, a aplicação de regras exige um esclarecimento argumentativo com direito próprio. Em tais *discursos de aplicação*, a imparcialidade do juízo não é afirmada por um princípio de universalização, mas por um princípio de adequação. Voltarei a essa proposta de Klaus Günther no contexto de minha análise sobre as práticas de decisão judicial.

(3) Ora, no processo de formação discursivamente estruturada da opinião e da vontade de um legislador político, a positivação do direito se entrelaça com a formação do poder comunicativo. Podemos esclarecer essa vinculação com base em um modelo processual constituído por uma lógica de argumentação que parte de questionamentos pragmáticos, ramifica-se na formação de compromissos e nos discursos éticos, avança em direção ao esclarecimento de questões morais e termina com o controle jurídico das normas. Nessa sequência, modifica-se a constelação de razão e vontade. Com o deslocamento do sentido ilocucionário do "dever" — que parte de propostas técnicas ou estratégicas, passa por conselhos clínicos e chega a

mandamentos morais —, modifica-se também o conceito de vontade, para o qual esses imperativos se orientam a cada vez.

O dever de propostas pragmáticas, que é relativizado por metas e valores dados, dirige-se ao *arbítrio* de atores que tomam decisões sensatas com base em situações de interesse e orientações axiológicas hipoteticamente pressupostas. Os próprios interesses e valores permanecem externos aos discursos pragmáticos em que se fundamenta a escolha racional entre alternativas de ação. A validez de propostas pragmáticas não depende, portanto, de saber se as diretrizes de ação foram de fato adotadas e seguidas. Não há nenhuma relação *interna ao discurso* entre razão e vontade, entre a reflexão prática e a aceitação dos resultados.

O dever de conselhos clínicos, sempre relativizado pelo *télos* de nossa vida boa, é destinado à *força de resolução* de um coletivo que quer se certificar de seu modo de vida autêntico. Em tais processos de autocompreensão, os papéis de participante do discurso se sobrepõem aos de membros de uma comunidade histórica. Aqui, gênese e validade não podem mais ser separadas como nas estratégias de ação projetadas de acordo com uma racionalidade voltada a fins. Os discernimentos extraídos de discursos ético-políticos se transformam junto com a autocompreensão hermeneuticamente esclarecida de um grupo e também de sua identidade; com a fundamentação de decisões axiológicas importantes, as resoluções são induzidas pelos discernimentos, pois aqui os argumentos estão ligados ao esforço em prol de um modo de vida autêntico. Por outro lado, em tais resoluções hermeneuticamente esclarecidas, também se expressa a afirmação de uma forma de vida à luz de tradições criticamente apropriadas. Razão e vontade se determinam de maneira recíproca em discursos éticos; pois estes permanecem inseridos no contexto que é neles tematizado. No processo de autocompreensão hermenêutica, os participantes da argumentação não podem abandonar a forma de vida na qual já se encontram factualmente.

Em contrapartida, a entrada em discursos morais exige que deixemos em segundo plano todos os contextos normativos que existem de modo contingente. Eles estão submetidos a pressupostos da comunicação que demandam romper com a autocompreensão do mundo da vida, em especial com a atitude hipotética diante das respectivas normas de ação tematizadas e suas pretensões de validade. O dever categórico de mandamentos morais está direcionado para a *vontade* de atores que se determinam racionalmente ao discernir o que todos poderiam querer. Diferentemente do arbítrio ou da força de resolução, essa vontade se libertou dos traços heterônomos de interesses contingentes e orientações axiológicas, sobretudo de formas de vida culturais e tradições marcadas pela identidade. Segundo a terminologia kantiana, a vontade autônoma está *inteiramente* permeada pela razão prática. Podemos dizer também que a vontade autônoma se internalizou na razão. No entanto, a razão prática paga por sua racionalidade o preço de ter de se impor no mundo social em que busca atuar unicamente com a fraca força da motivação racional com que se deixa determinar. Esse déficit motivacional, contudo, é compensado nas deliberações do legislador político por meio da institucionalização jurídica.

Portanto, as constelações de razão e vontade se alteram de acordo com os aspectos pragmáticos, éticos e morais das matérias carentes de regulação. A partir dessas constelações se explica o problema de que parte a formação discursiva de uma vontade política comum. Suponhamos, para simplificar, que questões políticas sejam postas de início na forma pragmática de uma escolha de fins coletivos axiologicamente orientada e por uma ponderação racional de estratégias voltadas a tais fins, as quais o legislador político quer adotar. Podemos deixar nosso modelo processual começar com a fundamentação pragmática de programas gerais que permanecem dependentes de aplicação e desenvolvimento. A fundamentação depende em primeira linha de interpretações corretas da situação e da descrição adequada do respectivo problema, do afluxo de informações relevantes e seguras, da elaboração correta dessas informações (inclusive, se necessário, com orientações teóricas) etc. Nessa *primeira etapa* da formação da opinião e da vontade, é necessário um certo saber especializado, que naturalmente é falível e poucas vezes neutro em termos axiológicos, portanto, sempre discutível. Na avaliação política de especialistas e contraespecialistas, entram em cena pontos de vista que dependem de preferências. Nestas se expressam conjuntos de interesses e orientações axiológicas que, na *segunda etapa*, concorrem abertamente entre si; trata-se então de tomar uma decisão consensual com base em descrições, prognósticos e alternativas de ação entre diferentes

Facticidade e validade

sugestões oferecidas para, enfim, procurar resolver o problema iminente. Nessa etapa, as próprias orientações axiológicas problemáticas são postas em discussão, tornando necessária uma mudança de patamar da discussão. Discursos pragmáticos se referem somente à construção e à avaliação das consequências de possíveis programas, não à formação racional da vontade, a qual apenas pode adotar uma proposta ao se *apropriar* dos fins e valores hipoteticamente pressupostos em tais programas.

Em caso ideal, e de onde partimos em nosso modelo, é decidido com razões o patamar em que as controvérsias devem ser *prosseguidas*. Como se decide isso depende do aspecto sob o qual a própria matéria carente de regulação é acessada em um esclarecimento posterior. *Três alternativas* são apresentadas. Se se trata de um questionamento moralmente relevante – pensemos em questões de direito penal como o aborto ou os prazos prescricionais para diferentes delitos, questões de direito processual penal como a proibição de determinados métodos de recolhimento de provas, ou em questões de política social, de direito tributário, organização do sistema escolar e do sistema de saúde, que concernem à distribuição da riqueza social, das oportunidades para a vida e para a sobrevivência em geral –, então entram em cena discursos que submetem interesses e orientações axiológicas controversos a um teste de universalização no quadro do sistema constituído e interpretado nos termos do Estado de direito. Se, pelo contrário, trata-se de um questionamento eticamente relevante – pensemos em questões ecológicas de proteção do meio ambiente e dos animais, do planejamento de tráfego e da urbanização, ou em questões de política de imigração, de proteção de minorias culturais e étnicas, em questões de cultura política de modo geral –, então entram em cena discursos que perpassam os interesses e as orientações axiológicas controversas, tornando reflexivamente conscientes as convicções profundas de uma forma de vida comum no caminho de um processo de autocompreensão.

Mas em sociedades complexas, mesmo sob condições ideais, dificilmente estão abertas uma ou outra alternativa, pois ocorre sempre que todas as regulações propostas afetam diferentes interesses de modos diferentes a cada vez, sem que seja possível chegar a um interesse universalizável ou fundamentar o primado evidente de um valor determinado. Nesses casos, há ainda a alternativa das negociações, que exigem, no entanto, a disposição à cooperação das partes que agem orientadas ao êxito.[30] *Negociações* naturalizadas ou não reguladas visam a compromissos que sejam aceitáveis para os participantes sob três condições. Tais compromissos preveem um arranjo que (a) seja mais vantajoso a todos do que a ausência de qualquer arranjo, além de impedir as figuras tanto do (b) oportunista, que busca vantagens mas não pretende cooperar, (c) quanto do explorado, que na cooperação doa mais do que recebe. Processos de negociação se aplicam a situações em que relações sociais de poder não podem ser neutralizadas, como se pressupõe, diferentemente, no caso de discursos racionais. Os compromissos alcançados nessas negociações incluem uma convenção capaz de equilibrar interesses opostos. Enquanto um acordo racionalmente motivado se apoia em razões que convencem todas as partes *do mesmo modo*, um compromisso pode ser aceito por diferentes partes por *distintas* razões a cada vez. A corrente discursiva de uma formação racional da vontade, entretanto, seria rompida caso o elo constituído por um tal compromisso não pudesse recorrer à validade do principio do discurso ainda que indiretamente nas negociações.

Não seria possível que isso acontecesse de forma direta, ou seja, dentro das próprias negociações, porque com ameaças e promessas as partes introduzem um poder de negociação nas interações que pode privar a linguagem empregada em comum de suas energias ilocucionárias e limitar o uso das expressões à obtenção estratégica de efeitos perlocucionários:

> *To bargain is to engage in communication for the purpose of forcing or inducing the opponent to accept one's claim. To achieve this end, bargainers rely on threats and promises that will have to be executed outside the assembly itself. Bargaining power does not derive from the "power of the better argument", but from material resources, manpower and the like. Statements asserted in a process of bargaining are made with the claim to being credible, in the sense that*

---

30 J. Elster (*The Cement of Society*, Cambridge, Cambridge University Press, p.50) define o motivo para as negociações como segue: "*Bargaining occurs when there are several cooperative arrangements and the parties have conflicting preferences over them*". ["A negociação ocorre quando existem muitos arranjos cooperativos e as partes possuem preferências conflitantes sobre eles" – N. T.]

Facticidade e validade

bargainers must try to make their opponents believe, that the threats and promises would actually be carried out.[31]

Por essa razão, o princípio do discurso, que deve garantir um consenso sem coerção, só pode ser aqui indiretamente considerado, quer dizer, mediante procedimentos que *regulam* as negociações sob pontos de vista da equidade. Assim, o poder de negociação, embora não neutralizável, deve ser ao menos disciplinado por uma distribuição igual entre as partes. Na medida em que o processo de formação de compromissos ocorrer segundo procedimentos que assegurem a todos os interessados oportunidades iguais de participação nas negociações, garantindo-se nelas oportunidades iguais para influenciar reciprocamente uns aos outros e alcançando também, com isso, oportunidades iguais para a imposição de todos os interesses afetados, então é possível afirmar que existe a suposição fundamentada de que os acordos obtidos sejam equitativos.

Tais procedimentos definem a consideração simétrica de interesses de cada participante como um problema de *acordo* procedimental justo entre detentores do poder, não como um problema de entendimento entre participantes do discurso que fazem uso de sua liberdade comunicativa para tomar posição em prol de pretensões de validade criticáveis para assim se *convencer* reciprocamente acerca da correção de seus argumentos. Considerada em termos normativos, porém, uma formação equitativa de compromisso não se sustenta pelas próprias pernas. Pois as condições procedimentais, sob as quais compromissos factualmente obtidos também supõem ser equitativos, precisam ser justificadas em discursos morais. Além disso, as negociações

---

31 Id., *Arguing and Bargaining*, manuscrito, 1991, p.3. ["Negociar significa se engajar na comunicação com o propósito de *forçar* ou *induzir* o oponente a aceitar a pretensão levantada por alguém. Para obter esse fim, os negociadores se apoiam em ameaças e promessas que deverão ser realizadas fora da própria assembleia. O poder de negociação não deriva do 'poder do melhor argumento', mas dos recursos materiais, da força física etc. Declarações afirmadas no processo de negociação são feitas com a pretensão de serem críveis, no sentido de que os negociadores precisam tentar *fazer* que seus oponentes *acreditem* que as ameaças e as promessas de fato seriam postas em prática" – N. T.]

só são admissíveis e necessárias quando estão em jogo interesses particulares, ou seja, não universalizáveis, o que só pode ser examinado, por sua vez, em discursos morais.[32] Portanto, negociações equitativas não destroem o princípio do discurso, antes o pressupõem.

Uma vez que a formação de compromissos não pode substituir discursos morais, a formação política da vontade não pode se reduzir à formação de compromissos. *Mutatis mutandis*, isso também vale para discursos ético-políticos. Pois seus resultados têm de ser ao menos compatíveis com princípios morais. Uma autocompreensão fundamentalista, por exemplo, privilegiaria decisões axiológicas à luz das quais seriam preferíveis regulações não igualitárias. Unicamente sob as condições de um pensamento pós-metafísico, discursos ético-políticos levam a regulações que *per se* seriam compatíveis com o interesse simétrico de todos os concernidos. Assim, somente a compatibilidade de todos os programas constituídos ou obtidos discursivamente com o que também pode ser justificado em termos morais oferece uma garantia para a consideração geral do princípio do discurso. A formação política racional da vontade se apresenta no modelo processual como uma rede de discursos e negociações que podem ser reacoplados entre si por várias vias. Mas as transferências seguem *no mínimo* as seguintes vias:

Um modelo processual de formação política racional da vontade

---

32 J. Habermas, *Legitimationsprobleme im Spätkapitalismus*, p.153 e ss; Id., *Die Utopie des guten Herrschers*, in: *Kleine politische Schriften I-IV*, Frankfurt/Main, Suhrkamp, p.44 e ss.

Facticidade e validade

A formação política da vontade termina nas decisões sobre políticas e leis que precisam ser formuladas na linguagem do direito. Isso exige no final um controle de normas pelo qual é possível examinar se os novos programas se ajustam ao sistema jurídico vigente. Pois o legislador político só está autorizado a positivar o direito se for para a fundamentação de programas que sejam compatíveis com o sistema de direito (já que não podem ser imediatamente interpretados e constituídos) e se refiram a um *corpus* de leis válidas. Sob esse *aspecto jurídico*, todas as decisões devem se submeter a um teste de coerência. Pois a homogeneidade do direito precisa ser garantida já por razões de segurança jurídica. Como ainda veremos, no Estado de direito instaurado, o controle de normas pelo legislador também está submetido à revisão de um tribunal que controla a conformidade constitucional de leis aprovadas.[33]

---

33 Essa circunstância nos lembra de que os discursos morais e éticos, que são componentes formais da formação política da vontade, distinguem-se dos discursos morais e éticos cotidianos não somente por causa de sua institucionalização jurídica. Os pontos de vista éticos e morais que desembocam na fundamentação das normas jurídicas são levados em consideração na pretensão de legitimidade do direito, porém não rompem a forma do direito. Em comparação com os discursos morais e éticos cotidianos, os resultados canalizados juridicamente das deliberações morais e éticas do legislador possuem um sentido modificado, mais precisamente um sentido *especificamente limitado*. Isso se evidencia nos discursos éticos que, quando conduzidos da perspectiva da primeira pessoa do singular, são caracterizados pela questão existencial dos modos de condução autêntica da vida. Esses conselhos clínicos são endereçados a pessoas naturais, não a sujeitos de direito. Também discursos cotidianos, que da perspectiva de um "nós" são direcionados seja para uma comunidade de comunicação histórica determinada, seja para uma comunidade de comunicação ilimitada, conduzem a propostas e mandamentos que se dirigem para pessoas naturais, individuadas no contexto de suas respectivas histórias de vida. Em contrapartida, leis que regulam os comportamentos são dirigidas a pessoas de direito socialmente tipificadas, que se individuam unicamente por sua liberdade de arbítrio. Como esclarecemos com a análise da forma jurídica, as relações jurídicas se referem a "aspectos externos" das matérias carentes de regulação. Nisso se explica, por exemplo, a diferença entre o quinto mandamento do Decálogo e suas determinações penais correspondentes a respeito dos delitos de morte, embora ambas as regulações possam convergir amplamente em seu *conteúdo moral*.

Jürgen Habermas

III. Princípios do Estado de direito
e a lógica da separação de poderes

(I) Após essas reflexões preparatórias, é possível reunir nossas diferentes linhas de argumentação com a finalidade de fundamentar os princípios para uma organização jurídica do poder público sob os pontos de vista da teoria do discurso. A constituição recíproca de direito e poder político institui uma conexão entre ambos os momentos que abre e perpetua a possibilidade latente de uma instrumentalização do direito para o emprego do poder. Contrariamente, a ideia de Estado de direito requer uma organização do poder público que torna obrigatório que a dominação política seja constituída conforme o direito e se legitime, por sua vez, nos termos do direito legitimamente posto. É certo que o código do direito e o código do poder sempre apresentam prerrogativas um para o outro para que assim possam satisfazer suas respectivas funções. Mas essa relação de troca se nutre de uma positivação legítima do direito que, como vimos, está intimamente ligada à formação do poder comunicativo. Com isso, o conceito de poder político se diferencia. No sistema da administração pública, concentra-se um poder que tem sempre de voltar a se regenerar a partir do poder comunicativo. Por isso, o direito não é apenas constitutivo para o código do poder que regula os processos administrativos. Ele forma ao mesmo tempo o *medium* para a conversão do poder comunicativo em poder administrativo. A ideia de Estado de direito, por essa razão, pode ser desenvolvida com base nos princípios a partir dos quais o direito legítimo resulta do poder comunicativo e este, por sua vez, é transformado pelo direito legitimamente positivado em poder administrativo.

Uma vez que a formação discursivamente estruturada da opinião e da vontade do legislador político deve ser efetuada nas formas de comunicação em que a questão "O que devemos fazer?" pode ser respondida racionalmente sob diferentes aspectos, gostaria agora de desenvolver os princípios do Estado de direito partindo da perspectiva de uma institucionalização jurídica daquela rede de discursos e negociações que apresentei há pouco de maneira simplificada segundo um modelo processual.

Facticidade e validade

No *princípio da soberania popular*, segundo o qual todo o poder emana do povo, o direito subjetivo à igual participação na formação democrática da vontade vai ao encontro da possibilidade concedida pelo direito objetivo de uma práxis institucionalizada de autodeterminação política. Esse princípio forma a charneira entre o sistema de direitos e a construção de um Estado democrático de direito. Da interpretação do princípio da soberania popular pela teoria do discurso (a) resulta o princípio da proteção jurídica abrangente dos indivíduos, que é garantida por uma justiça independente (b), os princípios da legalidade da administração e do controle tanto judicial quanto parlamentar da administração, (c) bem como o princípio da separação entre Estado e sociedade, que deve evitar que o poder social se transfira sem filtro algum no poder administrativo, ou seja, sem passar pelas comportas da formação comunicativa do poder (d).

ad (a) No enfoque da teoria do discurso, o princípio da soberania popular afirma que todo poder político deriva do poder comunicativo dos cidadãos. O exercício da dominação política se dirige para (e se legitima pelas) leis que os cidadãos deram a si mesmos em uma formação discursivamente estruturada da opinião e da vontade. Se a entendemos como um processo para solução de problemas, essa práxis deve sua força a um *procedimento democrático* que tem de garantir um tratamento racional de questões políticas. A aceitabilidade racional dos resultados obtidos conforme o procedimento se explica pela institucionalização de formas encadeadas de comunicação, assegurando idealmente que todas as questões, temas e contribuições relevantes venham à baila e, com base nas melhores informações e razões possíveis, sejam elaborados em discursos e negociações. É essa institucionalização jurídica de determinados procedimentos e condições de comunicação que torna possível um emprego efetivo de iguais liberdades comunicativas e, ao mesmo tempo, *impele* ao uso pragmático, ético e moral da razão prática, isto é, a um ajuste equitativo de interesses.

O princípio da soberania popular também pode ser considerado de imediato sob o aspecto do poder. Nesse caso, ele exige que a competência legislativa seja transmitida para a totalidade dos cidadãos, que só podem gerar suas convicções comuns com os meios do poder comunicativo. Ora, as decisões fundamentadas e vinculantes sobre políticas e leis exigem que deliberações e resoluções ocorram *face to face*. Por outro lado, nem todos os cidadãos podem, no âmbito de interações diretas e simples, se "reunir" nessa práxis exercitada em comum. Uma saída para esse problema é oferecida pelo *princípio parlamentar* de instauração de corporações representativas que deliberam e tomam decisões. A composição e o modo de trabalho dessas corporações parlamentares precisam, por sua vez, ser reguladas sob pontos de vista que resultam da lógica de estabelecimento de tarefas. Por isso, o modo de eleição, o status dos representantes (imunidade, mandato livre *versus* imperativo, formação de grupos parlamentares), a maneira como as corporações tomam decisões (*princípio da maioria*, leituras reiteradas dos projetos de lei), mesmo a organização do trabalho (formação de comitês), todos esses aspectos levantam questões em princípio relevantes. Essas questões procedimentais precisam ser reguladas à luz do princípio do discurso, de modo que os pressupostos comunicativos necessários para discursos pragmáticos, éticos e morais, de um lado, e as condições para negociações equitativas, de outro, possam ser suficientemente satisfeitos.

Da lógica dos discursos resultam ainda o princípio do *pluralismo político* e a necessidade de complementar a formação parlamentar da opinião e da vontade, na qual colaboram os partidos políticos, com uma formação informal da opinião aberta a todos os cidadãos na esfera pública política. Seguindo Kant, em especial John Stuart Mill e John Dewey analisaram o princípio de publicidade e o papel que uma opinião pública deveria ter para o controle do Parlamento.[34] Apenas o *princípio da garantia de esferas públicas autônomas* e o *princípio da concorrência entre os partidos*, junto com o princípio parlamentar, exaurem o conteúdo do princípio da soberania popular. Ele exige uma estruturação discursiva das arenas públicas em que circulações anônimas da comunicação se descolam do âmbito concreto das interações simples. Uma formação informal da opinião que prepara e influencia a formação política da vontade se livra das constrições institucionais de uma deliberação entre as pessoas presentes que é sempre programada para tomadas de

---

34 Sobre John Stuart Mill, cf. J. Hellesnes, Toleranz und Dissens, *Zeitschrift für Philosophie*, v.40, 1992, p.245-255; sobre John Dewey, cf. R. B. Westbrook, *John Dewey and American Democracy*, Ithaca, Cornell University Press, 1991.

Facticidade e validade

decisão. Considerando o espaço de ação que devem garantir para o livre processar de opiniões, pretensões de validade e tomadas de posição, essas arenas certamente precisam estar protegidas por direitos fundamentais, porém não podem ser organizadas em seu todo como as corporações.

ad (b) As comunicações políticas dos cidadãos se estendem para todos os assuntos de interesse público, mas desembocam por fim nas decisões das corporações legislativas. A formação política da vontade tem em vista a legislação porque, de um lado, o sistema de direitos que os cidadãos têm de reconhecer reciprocamente somente pode ser interpretado e constituído, antes de mais nada, mediante leis; de outro, porque o poder organizado do Estado, que tem de agir como parte para um todo, só pode ser programado e dirigido mediante leis. As competências legislativas, que em princípio pertencem aos cidadãos em sua totalidade, são consideradas pelas corporações parlamentares ao *fundamentar* as leis de acordo com um procedimento democrático. As leis formam a base para as pretensões jurídicas individuais; estas resultam da *aplicação* das leis a casos individuais, sejam autoexecutadas ou implementadas por via administrativa. Do caráter reclamável dessas pretensões seguem a garantia da via jurídico-processual e o *princípio da garantia de uma proteção jurídica individual abrangente.*

Contudo, a divisão das competências concernentes à legislação e à aplicação do direito em dois poderes estatais distintos, que tanto institucional quanto pessoalmente independem um do outro, não se deixa compreender de maneira evidente. A Atenas clássica oferece apenas um dentre muitos outros exemplos de que assembleias populares e Parlamentos também reservam funções judiciais. Certamente, por razões pragmáticas, uma separação entre Poder Judicial e Poder Legislativo se impõe logo que a configuração dogmática do direito e a cientificação da jurisprudência resultam de uma ampla profissionalização da prática de decisão judicial. Porém, tanto do ponto de vista normativo quanto da sistemática jurídica, outras razões são determinantes. Por um lado, a diferença lógico-argumentativa entre fundamentação e aplicação de normas reflete-se nas formas comunicativas dos discursos de fundamentação e de aplicação, que precisam ser institucionalizadas juridicamente de diferentes modos. Nos discursos jurídicos de aplicação, é decisivo saber qual das normas pressupostas como válidas é adequada em uma situação dada, isto é, uma situação descrita da maneira mais completa possível em todas as suas características relevantes. Esse tipo de discurso demanda uma constelação de papéis em que as partes (e, caso necessário, os agentes do Estado) podem apresentar todos os aspectos relevantes de um caso perante um juiz, que figura como representante da comunidade política que julga de maneira imparcial; e requer, além disso, uma divisão de competências mediante a qual o tribunal tem de fundamentar sua sentença diante de uma esfera pública jurídica em princípio ilimitada. Em contrapartida, nos discursos de fundamentação, há basicamente apenas participantes. Por outro lado, a justiça faz uso dos meios repressivos do aparelho do Estado para implementar suas decisões e tornar efetivo o direito, impondo-se nesse ponto sobre a administração. Por esse motivo, a justiça precisa se separar da legislação e se prevenir contra uma autoprogramação. Isso explica, portanto, o *princípio da vinculação da justiça com o direito válido.*

Aliás, da relação do princípio da proteção jurídica com o direito fundamental ao devido processo legal derivam todos os outros princípios para a especificação das tarefas, modo de trabalho e garantia de status de uma justiça independente, a qual deve aplicar o direito de tal forma que tanto a segurança jurídica quanto a aceitabilidade racional das decisões judiciais estejam garantidas.[35]

ad (c) Apenas o *princípio da legalidade da administração* pode esclarecer o sentido central da separação de poderes.[35a] Além de uma diferenciação funcional que se explica pela divisão de trabalho lógico-argumentativa entre fundamentação de normas e aplicação de normas, a diferenciação institucional, que se expressa na constituição de poderes separados do Estado, tem como fim vincular o uso do poder administrativo ao direito democraticamente positivado, de tal modo que o poder administrativo se regenere unicamente a partir do poder comunicativo produzido em comum pelos cidadãos. Já consideramos sob esse aspecto do poder a vinculação legal da justiça, que precisa se servir

---

35 E. Denninger, *Staatsrecht*, v.1, Reinbek, Rowohlt, 1973, p.101 e ss.; K. Hesse, *Grundzüge des Verfassungsrechts der Bundesrepublik Deutschland*, Heidelberg, Müller, 1990, p.76 e ss.; e Kriele, *Einführung in die Staatslehre*, op. cit., p.104 e ss.

35a E. Schmidt-Assmann, Der Rechtsstaat, in: J. Isensee e P. Kirchhoff (eds.), *Handbuch des Staatsrechts*, Heidelberg, Müller, 1987, §24, p.987-1043.

Facticidade e validade

das operações do Executivo. Mas sob esse mesmo aspecto identificamos, sobretudo, a relação do Poder Legislativo com um Executivo que está sob a *reserva da lei*. A reserva legal tem por consequência anular decretos, positivações, regulamentos e medidas que contradigam uma lei. O *primado da lei* legitimada pelo procedimento democrático significa cognitivamente que a administração não pode interferir nas premissas que são subjacentes às suas decisões. Em termos práticos, isso significa que o poder administrativo não pode intervir nos processos de positivação do direito (e da jurisprudência).

O emprego do poder administrativo pelo legislador e pela justiça só é inofensivo na medida em que esse poder torna possível a institucionalização dos discursos correspondentes. Enquanto o poder administrativo for dirigido para a instauração e organização da positivação e aplicação do direito, ele opera no modo das *condições de autorização*. Se, pelo contrário, a administração pretender cumprir outras funções que não as administrativas, então os processos de legislação e de jurisprudência se submetem a condições *restritivas*. Tais intervenções violam os pressupostos comunicativos dos discursos legislativos e jurídicos, abalando os processos de entendimento argumentativamente regulados que são os únicos a fundamentar a aceitabilidade racional de leis e decisões judiciais. Por isso, a autorização do Executivo para editar decretos legais requer uma normatização especial do direito administrativo. Assim, o direito administrativo ressalta o *princípio da proibição da arbitrariedade no interior do Estado*.[36]

Na verdade, a constituição de um poder de execução tem por consequência que as liberdades resultantes do direito a iguais liberdades subjetivas de ação adquiram o sentido *adicional* dos *direitos de defesa* liberais, os quais protegem os sujeitos de direito privadamente autônomos contra o aparelho do Estado. Uma vez que o Poder Executivo foi constituído, os direitos que, de início, os cidadãos reconhecem reciprocamente apenas na dimensão horizontal das interações de cidadão com cidadão, precisam se expandir para a dimensão vertical das relações dos cidadãos com o Estado. Considerados historicamente, esses direitos "liberais" em sentido estrito formam o cerne das declarações dos direitos humanos. Deles decorre o sistema de direi-

---

36 P. Kunig, *Das Rechtsstaatsprinzip*, Tübingen, Mohr Siebeck, 1986, p.312 e ss.

tos que, a princípio, foi fundamentado pelo direito racional.[37] Na mesma direção aponta a construção do controle parlamentar da administração e, sobretudo, o sistema de *tribunais administrativos*; ambos complementam o controle *ex ante* do legislador por um controle *ex post*. Em princípio, todo ato editado ou recusado pela administração se torna objeto de uma ação judicial de contestação ou de obrigação. Além disso, sujeitos de direito individuais (e, dependendo do caso, também associações) que se sentirem feridos em seus direitos fundamentais pela intervenção do Executivo (ou de terceiros) têm assegurado pelo tribunal constitucional o caminho judicial para reclamar seus direitos.

ad (d) O *princípio da separação entre Estado e sociedade* na tradição do direito público alemão é interpretado de maneira concretista, no sentido de um Estado de direito liberal. Mas, via de regra, o princípio visa à garantia jurídica de uma autonomia social, conferindo também a cada um iguais oportunidades para, na qualidade de cidadão, fazer uso de seus direitos políticos de participação e de comunicação. Esse princípio não corresponde de modo algum somente ao modelo de Estado de direito burguês que se limita à garantia da segurança interna e externa, abrindo mão de todas as outras funções de regulação estatal e abandonando-as a uma sociedade econômica que regula a si mesma, com a expectativa de que as condições justas de vida se produzam espontaneamente pela autonomia assegurada nos termos do direito privado a partir do livre jogo de suas finalidades e preferências subjetivas.[38]

O princípio de separação entre Estado e sociedade requer em sua concepção abstrata uma sociedade civil, ou seja, relações associativas e uma cultura política que se desacoplou suficientemente das estruturas de classe. Voltarei ainda a esse aspecto da relação problemática entre poder social e democracia. Cabe à sociedade civil absorver e neutralizar a distribuição

---

37 Cf. as clássicas contribuições em R. Schnur (ed.), *Zur Geschichte der Erklärung der Menschenrechte*, Darmstadt, Wissenschaftliche Buchgesellschaft, 1964.

38 D. Grimm, *Recht und Staat der bürgerlichen Gesellschaft*, Frankfurt/Main, Suhrkamp, 1987; E. W. Böckenförde (ed.), *Staat und Gesellschaft, Freiheit: Studien zur Staatstheorie und zum Verfassungsrecht*, Darmstadt, Suhrkamp, 1976; D. Suhr, Staat – Gesellschaft – Verfassung von Hegel bis heute, Der Staat, v.17, n.3, 1978, p.369 e ss.; Böckenförde, *Recht, Staat, Freiheit*, op. cit.

desigual de posições de poder social e suas consequências para fazer que o poder social só venha à tona na medida em que *possibilitar*, e não *limitar*, o exercício da autonomia dos cidadãos. Utilizo a expressão "poder social" como medida para a possibilidade que um ator social possui para impor nas relações sociais seus próprios interesses mesmo diante da resistência de outros atores. Mesmo que não apenas de maneira administrativa, o poder social pode tanto possibilitar quanto limitar a formação do poder comunicativo. Em um caso, a disposição sobre o poder social significa que as condições materiais necessárias para a percepção autônoma de iguais liberdades de ação e de comunicação foram satisfeitas. Em negociações políticas, por exemplo, os participantes podem fazer que suas ameaças e promessas tenham credibilidade em virtude do poder social. No outro, a disposição sobre o poder social abre oportunidades para que atores particulares influenciem o processo político de modo a priorizar seus próprios interesses em detrimento dos direitos iguais dos cidadãos. Desse modo intervencionista, empresas, organizações e associações podem transformar seu poder social em poder político, seja diretamente pela ação sobre a administração ou indiretamente, pela intervenção controlada na esfera pública política.[39]

Em termos organizatórios, o princípio segundo o qual a intromissão imediata do poder social sobre o poder administrativo deve ser bloqueada ganha expressão no preceito da responsabilidade democrática por parte dos detentores de cargos políticos diante de seus eleitores e Parlamentos. Os representantes devem se submeter periodicamente a novas eleições; à responsabilidade do governo e de cada um de seus ministros por suas próprias decisões e pelas de seus assessores autorizados corresponde o direito de controlar e substituir os representantes do povo.

A ideia de que o poder do Estado podia se posicionar acima das forças da sociedade como um *pouvoir neutre* [poder neutro] sempre foi ideologia.[40]

---

39 Cf. meu "Prefácio à edição de 1990", de *Strukturwandel der Öffentlichkeit*, Frankfurt/ Main, Suhrkamp, 1990, p.11-50.

40 Principalmente uma ideologia disseminada pela escola da Carl Schmitt. Ver, por exemplo, W. Weber, *Spannungen und Kräfte im westdeutschen Verfassungssystem*, Stuttgart, Vorwerk, 1951; E. Forsthoff (ed.), *Der Staat der Industriegesellschaft: Dargestellt am Beispiel der Budesrepublik* Deutschland, Munique, C. H. Beck, 1971.

Mas um processo político que *procede* da sociedade civil tem de alcançar, diante de potenciais de poder ancorados na estrutura social (poder das associações, modo de financiamento de partidos), algum grau de autonomia necessária para evitar que o sistema administrativo, seja no papel do Poder Executivo, seja como poder de sanção, se degenere como um partido entre outros. Há, por exemplo, o risco de que o Estado, como participante em arranjos corporativos, renuncie à pretensão de realizar a justiça política pela consumação do direito legitimamente positivado. Por causa de novas tendências no direito penal (como *bargaining* [negociação] nos procedimentos penais),[41] o princípio da separação entre Estado e sociedade continua se fazendo relevante na atualidade.

Os princípios desenvolvidos de (a) a (d) compõem uma arquitetônica fundada sobre uma única ideia: a organização do Estado de direito deve, em última instância, servir à auto-organização politicamente autônoma de uma comunidade que se constituiu, por meio do sistema de direitos, como uma associação de parceiros do direito livres e iguais. As instituições do Estado de direito devem assegurar um exercício efetivo da autonomia política de cidadãos socialmente autônomos. Mais precisamente, devem permitir, por um lado, que o poder comunicativo de uma vontade racionalmente formada possa surgir e encontrar expressão em programas de leis; por outro, deve possibilitar que esse poder comunicativo circule por toda a sociedade através da aplicação racional e da implementação de programas de leis, desenvolvendo assim uma força de integração social tanto pela estabilização de expectativas quanto pela realização de fins coletivos. Com a organização do Estado de direito, o sistema de direitos é diferenciado em uma ordem constitucional em que o *medium* do direito pode se fazer eficaz como um transformador amplificado das fracas correntes de integração social de um mundo da vida estruturado comunicativamente. Gostaria de ressaltar ainda dois aspectos: de um lado, o Estado de direito institucionaliza o uso público de liberdades comunicativas (2) e, de outro, regula a transformação do poder comunicativo em poder administrativo (3).

---

41 Sobre a substituição da persecução penal estatal pelos acordos privados, cf. W. Naucke, Versuch über den aktuellen Stil des Rechts, *Schriften der H. Ehlers-Akademie*, v.19, 1986.

Facticidade e validade

(2) A cada questionamento, os tipos de discurso e as negociações cumprem diferentes papéis da lógica de argumentação para uma formação política racional da vontade. Eles se realizam nas correspondentes formas de comunicação. Estas, por sua vez, precisam ser institucionalizadas juridicamente se pretendem garantir a pretensão dos cidadãos ao exercício de seus direitos políticos de participação. O conceito de institucionalização refere-se de imediato a comportamentos normativamente esperados, de modo a permitir que os membros de um coletivo social saibam qual comportamento podem exigir uns dos outros, quando devem se comportar de uma determinada forma e sob quais circunstâncias. Mas também é possível institucionalizar procedimentos que fixam com quais regras uma cooperação deve proceder para cumprir determinadas tarefas. Normas procedimentais, por exemplo, regulam a celebração de contratos, a fundação de uma associação ou a tomada de decisão em corporações que se auto-organizam. Também as deliberações parlamentares ou os debates acerca de tarifas e impostos são instaurados com a ajuda de normas jurídicas procedimentais.

As negociações se distinguem por uma forma de comunicação particular. Mas aqui não encontramos uma forma interna de argumentação que corresponda à forma externa da comunicação. Os procedimentos que devem assegurar a equidade de compromissos possíveis regulam, entre outras coisas, a autorização à participação, a escolha dos delegados e, com isso, a composição das delegações; em determinados casos, eles se estendem para o modo de condução das negociações, seus turnos e duração, os tipos de temas e contribuições, a admissão de sanções etc. Essas e outras questões semelhantes são reguladas sob o ponto de vista de que todos os respectivos interesses possam ser considerados de maneira simétrica e que todas as partes sejam constituídas com igual poder, permitindo que a troca de argumentos seja talhada para a persecução mais racional possível das próprias preferências. Os procedimentos voltados a compromissos devem evitar o risco de que estruturas de poder assimétricas e potenciais de ameaça desigualmente distribuídos prejudiquem o resultado das negociações. Um outro risco consiste em aplicar os procedimentos voltados a compromissos em questões morais ou éticas, para que estas, de maneira despercebida e silenciosa, venham a ser *redefinidas* em termos de questões estratégicas. Por mais exigente que possa ser a institucionalização de procedimentos voltados a compromissos, eles se referem sempre à regulação de interações estratégicas. Deles se distinguem os tipos de procedimento que regulam os discursos – por exemplo, os procedimentos dos tribunais.

Aqui o procedimento jurídico encontra um "procedimento" totalmente diferente, a saber, os processos de argumentação que obedecem a uma lógica própria. Ainda esclareceremos em detalhes, com base no modelo dos procedimentos dos tribunais, de que maneira as ordens processuais possibilitam e institucionalizam discursos jurídicos de aplicação sem que a argumentação enquanto tal possa ser normatizada. Eles definem, protegem e estruturam o espaço da ação em que as argumentações devem ocorrer. As práticas de decisão judicial, em virtude de sua comparativamente alta racionalidade, oferecem o melhor caso de interligação de dois tipos de procedimento, ou seja, um cruzamento do procedimento jurídico de institucionalização com um processo de argumentação que em sua estrutura *interna* se subtrai à institucionalização jurídica. Nesse cruzamento de procedimentos, mostra-se que o universo do direito pode se abrir como que de dentro para a argumentação, pela qual as razões pragmáticas, éticas e morais encontram acesso na linguagem do direito sem deter o jogo argumentativo, de um lado, ou romper o código do direito, de outro. Na verdade, a *inserção dos discursos no procedimento jurídico* deixa intacta sua lógica interna, mas a institucionalização procedimental submete os discursos a determinadas limitações temporais, sociais e materiais. Normas procedimentais, por exemplo, regulam a participação, a distribuição de papéis, bem como o espectro de temas e o decurso dos processos argumentativamente controlados de formação da opinião e da vontade. Desse modo, os meios do direito são instaurados de modo reflexivo para que discursos de criação e aplicação jurídica possam ser socialmente esperados em determinados lugares para determinados tempos.

Em virtude de seu conteúdo idealizador, os pressupostos comunicativos das argumentações são satisfeitos somente de maneira aproximada. Além disso, sem um critério independente do procedimento, não seria possível avaliar, da perspectiva dos próprios participantes, se os pressupostos pretensiosos da comunicação são suficientemente satisfeitos a cada vez. Já por essa razão, permanece aberta a possibilidade de revisão de concepções provisoriamente fundamentadas à luz de novas informações e argumentos que podem vir a surgir. Esse falibilismo é compensado pelo direito ao garantir que as decisões estão dentro do prazo, são inequívocas e vinculantes. Pois os procedimentos jurídicos só podem ser controlados da perspectiva de um observador se as normas procedimentais forem respeitadas. Assim, a obrigatoriedade social de um resultado obtido conforme procedimentos jurídicos, que empresta força vinculante ao código do direito, entra no lugar de uma racionalidade procedimental imanente, ou seja, assegurada apenas pela forma da argumentação. A institucionalização jurídica também tem o sentido de enxertar nos discursos e em sua racionalidade procedimental imperfeita uma justiça procedimental quase pura, como diz Rawls. Nessa via, a lógica da argumentação não é suspensa, mas posta a serviço da produção de decisões com força jurídica.

A *regra da maioria*, de acordo com a qual questões concretas são decididas em tribunais compostos de forma colegiada, em Parlamentos ou em órgãos de autoadministração, é exemplo de um aspecto importante da regulação de processos deliberativos a partir de procedimentos jurídicos. A regra da maioria mantém uma relação interna com a busca pela verdade, já que a decisão da maioria forma somente uma cesura em uma discussão em andamento, retendo o resultado provisório, por assim dizer, de uma formação discursiva da opinião. Portanto, a decisão da maioria deve ser obtida sob a premissa de que os objetos em disputa são discutidos de modo qualificado, ou seja, sob os pressupostos comunicativos de um discurso correspondente. Só assim seu conteúdo pode ser considerado resultado racional, ainda que falível, de uma argumentação que, em razão da necessidade institucional da decisão, foi interrompida — e em princípio pode ser retomada. As objeções contra as decisões majoritárias que possuem consequências irreversíveis se apoiam na interpretação segundo a qual a minoria derrotada só dá plenos poderes à maioria sob a reserva de que ela mesma continua tendo a chance de, no futuro, derrotar a maioria com melhores argumentos e rever a decisão tomada. Assim, por exemplo, o voto de uma minoria divergente, que é anexado à fundamentação da sentença de um tribunal de última instância, tem o sentido de fixar argumentos que, em casos semelhantes, poderiam convencer a maioria de um futuro colegiado de juízes.[42] Contudo, em questões materiais discursivamente elaboradas (para não mencionar questões pessoais), as decisões da maioria não retiram *per se* sua legitimidade da alternância das relações da maioria;[43] essa é uma condição necessária, no entanto, para que a regra da maioria não comprometa a legitimidade de um processo de argumentação que deve fundamentar a presunção de correção das decisões falíveis. Aliás, dependendo sempre da matéria, é preciso qualificar a maioria. Geralmente as decisões da maioria são limitadas pelos direitos fundamentais que protegem as minorias; pois no exercício de sua autonomia política, os cidadãos não podem atentar contra o sistema de direitos que, a princípio, constitui essa autonomia.[44] A regra da maioria exerce outro papel no caso dos compromissos; nas negociações, os resultados das votações são indícios para uma dada distribuição do poder.[45]

O *procedimento democrático*, que institucionaliza as formas de comunicação necessárias para uma formação política racional da vontade, tem de levar em conta ao mesmo tempo diferentes condições de comunicação. A legislação se efetua em uma rede complexa de processos de entendimento e práticas de negociação. Por isso, discursos pragmáticos e jurídicos — na entrada e na saída de nosso modelo processual[46] — se deixam compreender acima de tudo como uma questão de especialistas. Se desconsiderarmos a organização do fluxo e da elaboração dessas informações, sobretudo o ajuste equitativo de interesses, a autocompreensão ética e a fundamentação moral das

---

42 B. Guggenberger e C. Offe (eds.), *An den Grenzen der Mehrheitsdemokratie*, Opladen, VS Verlag für Sozialwissenschaften, 1984.

43 C. Glusy, Das Mehrheitsprinzip im demokratischen Staat, in: Guggenberger e Offe, *An den Grenzen der Mehrheitsdemokratie*, op. cit., p.61-82.

44 G. Frankenberg e U. Rödel, *Von der Volkssouveränität zum Minderheitenschutz: die Freiheit politischer Kommunikation im Verfassungsstaat: untersucht am Beispiel der Vereinigten Staaten von Amerika*, Frankfurt/Main, Europäische Verlagsanstalt, 1981.

45 H. J. Varain, Die Bedeutung des Mehrheitsprinzips, in: Guggenberger e Offe, *An den Grenzen der Mehrheitsdemokratie*, op. cit., p.56: "Muitas dessas maiorias não passam de alianças temporais [...]. Mas para todas ainda está aberta a possibilidade da derrota e de estabelecer alianças com novas maiorias. Assim, encontramos na decisão da maioria uma forma coesa de expressão da vontade".

46 Cf. a figura da p.222.

regulações são relevantes para o caráter racional das deliberações parlamentares. A formação política da opinião e da vontade, além da questão pragmática sobre o que *podemos fazer* diante de tarefas concretas, precisa esclarecer em primeira linha três pontos: a questão subjacente da formação de compromissos (como *podemos harmonizar* preferências concorrentes), a questão ético-política (quem somos e quem realmente *queremos ser*) e a questão prático-moral (como *devemos agir* de maneira justa). Nas negociações de interesses divergentes, pode-se formar uma vontade geral *agregada*; nos discursos hermenêuticos de autocompreensão, pode-se formar uma vontade geral *autêntica*; nos discursos morais de fundamentação e aplicação, pode-se formar uma vontade geral *autônoma*. Nessas negociações e discursos, são determinantes outras espécies de argumentos aos quais correspondem diferentes formas de comunicação em que a argumentação é efetuada a cada vez. Na verdade, se considerarmos de forma ainda mais diferenciada, é possível reconhecer estruturas profundas que, a cada vez, exigem a satisfação de diferentes condições. Isso se mostra nas consequências que as formas individuais de comunicação possuem para a compreensão do *sistema representativo* e para a relação entre Parlamento e opinião pública em geral.

Os representantes normalmente são escolhidos em eleições livres, igualitárias e secretas. Esse procedimento tem um sentido imediatamente claro para a delegação de representantes que possuem um mandato para *negociar compromissos*. Pois a participação em uma práxis de negociação equitativamente regulada exige a representação simétrica de todos os concernidos; e ela deve assegurar que todos os interesses e orientações axiológicas correspondentes possam ser considerados com o mesmo peso. Enquanto, por exemplo, nos debates acerca dos impostos o mandato é rigorosamente circunscrito, o próprio mandato dos representantes do povo permanece temporalmente indeterminado se considerarmos as negociações parlamentares tão somente sob o aspecto da negociação de interesses; pois as eleições políticas gerais, de onde surgem as representações populares, produzem um amplo agrupamento de interesses ou generalização de valores. Enquanto a política for reduzida à negociação de interesses vigentes, representados pelos mandatários escolhidos, a discussão clássica sobre mandato imperativo ou não imperativo e sobre a apreensão de uma vontade hipotética ou empírica do povo perde sua razão de ser.

Uma diferença entre a vontade empírica e a hipotética do povo só pode vir à tona se as preferências discutidas no processo político não forem consideradas algo meramente dado, mas requerimentos acessíveis à troca de argumentos e que podem ser modificados discursivamente.[47] Apenas com uma lógica inerente à formação política da opinião e da vontade entra em jogo um momento de razão que altera o sentido da representação. Se os representantes são eleitos como participantes em discursos conduzidos de maneira representativa ou interina, de início a eleição não significa a delegação do poder da vontade. A limitação social de corporações parlamentares se encontra em uma tensão peculiar com o livre acesso que os discursos conduzidos representativamente deveriam realmente exigir com base em seus pressupostos comunicativos.

Discursos ético-políticos devem satisfazer condições de comunicação para uma autocompreensão hermenêutica dos coletivos. Eles devem possibilitar uma compreensão autêntica de si, permitindo criticar ou reforçar projetos de identidade. O consenso no qual desemboca uma autocertificação coletiva exitosa não é nem expressão de uma convenção (como um compromisso negociado), nem uma convicção motivada de maneira exclusivamente racional (como o acordo obtido discursivamente sobre questões de fato ou questões de justiça). Nele, ambas as coisas se expressam simultaneamente: autoconhecimento e decisão por uma forma de vida. Para tanto, as condições para uma comunicação sistematicamente não distorcida devem ser satisfeitas, protegendo os participantes contra repressões sem que eles tenham de se separar de seus contextos de experiência e de interesses. Discursos de autocompreensão exigem uma interação sem ansiedade, reflexiva e disposta a aprender com as tradições culturais que formam a própria identidade. Em nosso contexto, é particularmente importante que não possa haver excluídos nos processos de autocertificação; em princípio, as tomadas

---

47 E. Fraenkel, Die repräsentative und plebiszitäre Komponente im demokratischen Verfassungsstaat, in: *Deutschland und die westlichen Demokratien*, edição, prefácio e posfácio Alexander v. Brünneck, Frankfurt/Main, Suhrkamp, 1991, p.153-203.

Facticidade e validade

de posição sim/não não se deixam delegar a um outro. *Todos* os concernidos têm de poder participar nos discursos, mesmo que não o façam necessariamente da mesma maneira. Em princípio, todos têm de possuir chances iguais de tomar posição com um sim ou com um não diante de proferimentos relevantes. Desse modo, esses discursos que, por motivos técnicos, têm de se realizar representativamente, não devem ser interpretados segundo o modelo da delegação; eles constituem somente o centro organizado ou o foco da circulação comunicativa de uma esfera pública não organizável em seu todo e que perpassa toda a sociedade. Discursos conduzidos de forma representativa podem satisfazer essas condições de participação simétrica de todos os membros apenas se permanecerem abertos, sensíveis e receptivos a estímulos, temas e contribuições, informações e razões que fluem de uma esfera pública estruturada comunicativamente, ou seja, desprovida de poder, próxima de sua base social e pluralista.

Consequências semelhantes resultam dos pressupostos comunicativos de *discursos morais*, sob os quais cada participante pode adotar a perspectiva de todos os demais. Quem participa de argumentações morais tem de poder assumir que foram suficientemente satisfeitos os pressupostos pragmáticos para uma práxis pública voltada ao entendimento, universalmente acessível e livre de coerções internas e externas, permitindo apenas a força racionalmente motivada do melhor argumento. A improbabilidade dessa forma de comunicação torna regra a imposição advocatícia de discursos morais de fundamentação. Mas isso não significa desoneração alguma para a composição e o caráter das organizações com as quais são instaurados os discursos de fundamentação conduzidos representativamente. Representação aqui significa apenas que, com a escolha dos representantes, cuidamos do maior espectro possível de perspectivas de interpretação esperadas, incluindo a compreensão de si e do mundo de grupos que se situam à margem. Diferentemente dos discursos ético-políticos, nos discursos morais o círculo de possíveis concernidos não se limita aos membros de um determinado coletivo. O ponto de vista moral, sob o qual políticas e leis são avaliadas a partir de um teste sensível de universalização, exige acima de tudo uma abertura sem reservas das deliberações institucionalizadas para o afluxo de informações, a pressão de problemas e potenciais de estímulo da opinião pública não organizada. Ao mesmo tempo, o ponto de vista moral transcende toda comunidade jurídica concreta e cria distância em relação ao etnocentrismo de nosso entorno mais próximo.

O equilíbrio político de interesses exige a escolha de delegados que são encarregados da tarefa de formar compromissos; o modo de escolha deve garantir uma representação equitativa e a agregação de conjuntos de interesse e preferências. A autocompreensão coletiva e a fundamentação moral exigem, pelo contrário, a escolha de participantes em discursos conduzidos representativamente; o modo de escolha tem de assegurar uma inclusão mediada por decisões pessoais de todas as perspectivas relevantes a cada vez. Além disso, da lógica dos discursos de autocompreensão e de justiça resultam razões normativas que obrigam a formação política da opinião e da vontade institucionalizada, mas que permanece porosa segundo prescrições da publicidade a se abrir perante a circulação informal da comunicação política mais ampla. No quadro de uma discussão dos princípios do Estado de direito, trata-se do significado constitucional de um *conceito normativo de esfera pública*.[48] A formação política da vontade, que se organiza na forma de um poder estatal legislativo, destruiria a base social de seu modo de funcionamento racional se obstruísse as fontes espontâneas das esferas públicas autônomas ou se isolasse contra o afluxo de temas, contribuições, informações e argumentos que fluem livremente em uma esfera pré-estatal estruturada igualitariamente. As corporações parlamentares devem trabalhar com os parâmetros de uma opinião pública que opera de certo modo sem sujeito, mas que não pode ser formada no vácuo, apenas sob o pano de fundo de uma cultura política liberal. Se o sistema de direitos explicita as condições sob as quais os cidadãos podem se unir para formar uma associação de parceiros do direito livres e iguais, a cultura política de uma população expressa como ela compreende intuitivamente o sistema de direitos no contexto histórico de sua vida em comum. Os princípios do Estado de direito só podem se tornar a força motriz para o projeto dinamicamente compreendido de realização de uma associação de livres e iguais se forem

---

48 "Soberania popular como procedimento", neste volume, p.623-652.

Facticidade e validade

situados de tal modo no contexto da história de uma nação de cidadãos a ponto de poder se vincular com seus motivos e convicções.[49]

Neste modelo comunicativo, a *relação do Parlamento com a esfera pública* se apresenta de modo distinto do que na visão clássica da compreensão representativa ou plebiscitária da democracia. De acordo com o princípio *Stat pro ratione voluntas* [Que a vontade do povo sirva de razão], a *teoria plebiscitária* parte da hipótese de que há uma vontade hipotética do povo capaz de expressar os respectivos interesses gerais, assumindo, porém, que há uma ampla convergência entre as condições de autodeterminação democrática e a vontade empírica do povo. Contrariamente, a *teoria da representação*, ao inverter o *dictum* de Hobbes *"Autoritas non veritas facit legem"* [A autoridade, não a verdade, faz as leis], parte da hipótese racional de que o bem comum hipotético pode ser mediado por deliberação unicamente a partir do âmbito das corporações representativas descoladas da vontade empírica do povo. Ambas as concepções foram integradas de modo peculiar por Carl Schmitt em sua reconstrução típico-ideal do parlamentarismo burguês. Ele concebe a força plebiscitária de uma vontade empírica do povo supostamente homogênea como a raiz de onde brota a formação discursiva da opinião e da vontade do Parlamento:

> O Parlamento do Estado de direito burguês é [...] o lugar em que se realiza uma discussão pública das opiniões políticas. Maioria e minoria, partido do governo e oposição buscam chegar a uma decisão correta ao debater com argumentos e contra-argumentos. Na medida em que no Parlamento formação nacional e razão representam e reúnem em si a inteligência comum de um povo, desencadeando, por conseguinte, uma discussão genuína. Isto é, em discursos e contradiscursos públicos, a vontade comum genuína do povo é obtida como uma *volonté générale*. O próprio povo não pode discutir [...], apenas aclamar, escolher e dizer sim ou não às questões que lhe são levantadas.

---

49 C. Taylor, The Liberal-Communitarian Debate, in: N. Rosenblum (ed.), *Liberalism and the Moral Life*, Cambridge, Harvard University Press, 1989, p.176 e ss. Sobre a "nação de cidadãos", cf. neste volume, "Cidadania e identidade nacional", p.653-680.

Disso deveria resultar a ideia básica do parlamentarismo: "O Parlamento representa toda a nação como tal e, mediante discussão e tomada de decisão públicas, promulga leis, isto é, normas racionais, justas e gerais que determinam e regulam a vida estatal comum".[50]

Curiosamente, C. Schmitt se apoia nesse ponto sobre a conhecida concepção de Marx, que, na verdade, contradiz sua própria tese. Pois Marx sabe naturalmente que o liberalismo inicial de modo algum quis *reservar* a discussão pública às corporações parlamentares:

> O regime parlamentar vive da discussão, como deve proibir a discussão? [...] A luta dos oradores na tribuna provoca a luta dos rapazes da imprensa, o clube de debate no Parlamento é complementado necessariamente pelo clube de debate nos salões e nos bares [...]. O regime parlamentar deixa tudo a cargo das decisões das maiorias, como as maiorias fora do Parlamento não devem querer decidir? Quando os senhores no topo do Estado tocam o violino, que outra coisa é de se esperar senão que os de baixo dancem?[51]

Por isso, E. Fraenkel e C. Schmitt reforçam não somente com argumentos empíricos, mas também de acordo com uma teoria liberal do processo político constituído pelo Estado de direito, que a formação discursiva da opinião e da vontade de modo algum se limite ao Parlamento. Pelo contrário, os círculos de comunicação se entrelaçam uns com os outros e se influenciam reciprocamente nos diferentes âmbitos da esfera pública política, dos partidos políticos e associações, das corporações parlamentares e do governo.[52]

Contudo, essa ideia pode ser desdobrada apenas em um modelo comunicativo que se livrou das concepções concretistas da representação do povo como uma entidade. Antes, ele compreende *estruturalmente* o acoplamento da

---

50 C. Schmitt, *Verfassungslehre*, Berlim, Duncker & Humblot, 1928, p.315-316.

51 K. Marx, *Der 18. Brumaire des Louis Napoleon*, Berlim, 1953, p.61.

52 E. Fraenkel, Parlament und öffentliche Meinung, in: *Deutschland und die westlichen Demokratien*, op. cit., p.209: "A teoria da *virtual representation* [representação virtual] e a utopia da *volonté générale* estão ambas igualmente muito distantes da ideia de uma interdependência entre Parlamento e opinião pública como componentes decerto independentes, mas indissociavelmente ligados".

Facticidade e validade

formação institucionalizada da opinião e da vontade com a formação informal da opinião em esferas públicas culturalmente mobilizadas. Esse acoplamento não é possível nem pelo caráter homogêneo do povo e da vontade popular, nem pela identidade de uma razão à qual se atribui a capacidade de simplesmente *descobrir* um interesse universal subjacente.[53] A concepção da teoria do discurso se instaura de maneira transversal diante de concepções clássicas. Se a soberania dos cidadãos diluída comunicativamente se faz valer no poder da discussão pública, de onde surgem as esferas públicas políticas, mas é configurada nas decisões das corporações legislativas que *procedem de forma democrática* e são *politicamente responsáveis*, então o pluralismo de convicções e interesses não é reprimido, mas estimulado e reconhecido tanto em decisões majoritárias revisáveis quanto em compromissos. Pois a unidade de uma razão completamente procedimentalizada se recolhe na estrutura discursiva das comunicações públicas. Ela não reconhece a espontaneidade e a força legitimadora de um consenso que não tenha sido obtido sob a reserva falibilista e a base de liberdades comunicativas desencadeadas anarquicamente. Na excitação dessa liberdade, não há mais ponto fixo a não ser o próprio procedimento democrático – um procedimento cujo sentido é inerente ao próprio sistema de direitos.

(3) A clássica separação de poderes é explicada com uma diferenciação das funções do Estado: enquanto o Legislativo justifica e aprova programas gerais e a justiça soluciona conflitos de ação com essa base legal, a administração cuida da implementação de leis que não são autoexecutivas [*Selbstexekutiv*], mas que precisam ser aplicadas. A Justiça elabora o direito válido enquanto tal, a saber, sob o ponto de vista da estabilização de expectativas de comportamento, decidindo com autoridade em casos individuais o que é justo ou injusto. A execução administrativa processa o conteúdo teleológico do direito válido na medida em que submete essas políticas à forma da lei e controla a realização administrativa de fins coletivos. Sob os

---

53 Cf. minha crítica ao texto *Die geistesgeschichtlite Lage des heutigen Parlamentarismus*, de C. Schmitt, em J. Habermas, Die Screcken der Autonomie, in: *Eine Art Schadensabwicklung*, op. cit., p.101-114.

pontos de vista da divisão de trabalho em uma lógica de argumentação, os discursos jurídicos servem à aplicação de normas, enquanto a racionalidade das atividades administrativas é assegurada pelos discursos pragmáticos.

Esses discursos pragmáticos são configurados com a seleção de tecnologias e escolhas de estratégias consideradas apropriadas sob certas circunstâncias (considerando os recursos escassos, prazos, resistências à aceitação e outras restrições) para realizar legislativamente valores e fins dados:

> *Administration is the process of realizing stated values in a world of contingent acts. The legitimating ideals of administration are accuracy and efficiency. Administrators are to discover and undertake those actions that will be instrumental to the achievement of specified ends, without, of course, forgetting that no particular goal or end exhausts the collective demand for a good life. Administrators are to do the job assigned in a cost-effective fashion. Because values are specified, administration is oriented towards facts — some concrete or historical "What is the world like?", some probabilistic "What actions in that world will cause it to conform to the goals that have been stated?". Answering these sorts of questions implies an investigative turn of mind. Doing so efficiently generally requires division of labor and hierarchical control — in short, bureaucracy [...]. It surely makes a difference to the maintenance of the possibility of liberal autonomy and to the democratic participation that officials have discretion bounded by stated and general policies, structured by hierarchical authority, exercised in a procedurally regular fashion, and reviewed for rough conformity to some paradigm of instrumental rationality.*[54]

---

54 J. L. Mashaw, *Due Process in the Administrative State*, New Haven, Yale University Press, 1985, p.230. ["A administração é o processo de valores estabelecidos em um mundo de atos contingentes. Os ideais legitimadores da administração são exatidão e eficiência. Os administradores têm de descobrir e empreender aquelas ações que são instrumentais para a realização de fins específicos, sem esquecer, claro, que nenhum objetivo ou fim particular esgota a demanda coletiva por uma vida boa. Os administradores devem cumprir a tarefa que lhes foi designada de uma maneira rentável. Uma vez que valores são especificados, a administração está orientada para fatos — alguns concretos 'Como está o mundo?', alguns probabilísticos 'Quais ações neste mundo se conformam aos objetivos que foram fixados?'. Responder a esse tipo de questões implica uma mudança investigativa de espírito. Fazer isso de maneira eficiente em geral requer uma divisão de trabalho e um controle hierárquico — em suma, burocracia (...). Certamente faz diferença para a manutenção da possibilidade da autonomia liberal e da participação democráti-

Facticidade e validade

Da divisão funcional de poderes fundamentada pela lógica da argumentação resulta uma especificação de tarefas para a administração, das quais não são exemplo nem as burocracias ministeriais, nem as corporações autoadministradas do direito comunal alemão, mas o tipo de administração "exclusivamente responsável por matérias e meios" das instâncias intermediárias. O cumprimento profissional dessas funções é sem dúvida um importante componente legitimatório da administração em um Estado democrático de direito. Mas nisso não se esgota sua legitimidade.

Apenas sob os pontos de vista de uma teoria do poder se explica a lógica da separação de poderes, uma vez que a separação funcional assegura ao mesmo tempo o primado da legislação democrática e a reinserção do poder administrativo no poder comunicativo. Portanto, os cidadãos politicamente autônomos só podem se entender como autores do direito, ao qual estão submetidos como sujeitos privados, se o direito que eles estabelecem legitimamente puder determinar a *direção* da circulação do poder político. No âmbito do governo, a isso serve, por exemplo, a autorização dada pelos cidadãos a seus dirigentes em eleições gerais; sobretudo, a isso serve o princípio da legalidade de uma administração que deve se submeter a um controle parlamentar e judicial. O controle se refere a dois aspectos das atividades administrativas: de um lado, ao caráter profissional da execução das leis, de outro, à estrita observância das atribuições normativas que garante a legalidade da execução e, com isso, a reserva legal diante de intervenções administrativas. A racionalidade do cumprimento profissionalmente competente de tarefas por especialistas não autoriza a autoprogramação *paternalista* de órgãos executivos.[55] A lógica da divisão de poderes exige antes que a

---

ca que as discrições dos funcionários sejam vinculadas a políticas estabelecidas e gerais, estruturadas por autoridade hierárquica, exercidas de uma maneira procedimental e revisadas em vista de sua conformidade rigorosa a uma racionalidade instrumental" – N. T.]

55 Sobre esse modelo expertocrático de administração, cf. Mashaw, *Due Process in the Administrative State*, op. cit., p.19: "*By virtue of constant exposure to a single type of problem, as well as by selection of personnel with specialized training the administrative agency could bring to bear an expertise that generalist courts and generalist legislatures could rarely hope to match. Although the agency may not have the requisite scientific knowledge or technical expertise to effect*

administração apenas possibilite a satisfação mais profissional possível de suas tarefas sob premissas que não estão mais à sua disposição: o Executivo deve se limitar ao *uso* do poder administrativo no quadro das leis.

Essa subordinação da administração às leis não pode ser confundida com um mecanismo de limitação do poder de outro tipo. A divisão regional ou funcional do poder administrativo em uma administração estruturada de modo federativo, ou a subdivisão do Executivo em administrações especiais e universais, seguem o padrão do *checks and balances* [pesos e contrapesos] — da distribuição de competências que acontece no interior de uma separação dos poderes já efetuada de maneira funcional. Com a lógica da separação de poderes, essa *distribuição* do poder administrativo é apenas indireta, ou seja, na medida em que a descentralização do aparato administrativo tem efeitos de diferimento, bloqueio e moderação que abrem a administração em seu todo a controles externos.

Se o direito deve ser fonte normativa de legitimação e não simplesmente um meio factual de organização da dominação, o poder administrativo precisa permanecer vinculado ao poder produzido comunicativamente. Esse reacoplamento do poder administrativo que realiza fins com o poder comunicativo que produz o direito pode ser efetuado por uma separação funcional de poderes, porque a tarefa do Estado democrático de direito não consiste somente em distribuir o poder político de forma equilibrada, mas também de despojá-lo de seu caráter violento por meio da racionalização. A domesticação jurídica da violência política naturalizada não pode ser concebida como disciplinamento de um poder da vontade que é incontrolável

---

final solutions at the inception of it's operations, the expertise model of administration imagines that over time experience and research will produce increasingly sound administrative judgment". ["Em virtude da exposição constante a um tipo singular de problema, assim como pela seleção de pessoal com treinamento especializado, a agência administrativa poderia chegar a um grau de especialização que cortes gerais e legislaturas gerais dificilmente seriam capazes de alcançar. Embora a agência não possa ter o requisito de um conhecimento científico ou de especialização técnica para obter soluções finais no início de suas operações, o modelo expertocrático de administração pressupõe que, ao longo do tempo, a experiência e a pesquisa produzirão avaliações administrativas cada vez mais sólidas" – N. T.]

Facticidade e validade

em sua substância. Ela dissolve antes essa substância e a transforma em um "Império da Lei", limitando-se a expressar a auto-organização politicamente autônoma da comunidade jurídica. O interessante do direito racional, que com Rousseau e Kant opera a ideia de autodeterminação, é a unificação de razão prática e vontade soberana que afasta da dominação política tudo o que é meramente naturalizado, uma vez que remete o exercício da dominação política ao exercício da autonomia dos cidadãos.

Por esse motivo, o *conceito de lei* constitui um elemento central nas construções que o direito racional faz do Estado de direito burguês. Se a lei for compreendida como norma geral que se torna válida pelo consentimento dos representantes do povo mediante procedimentos caracterizados pela discussão e pela publicidade, reúnem-se nela ambos os momentos: o poder de uma vontade formada intersubjetivamente com a razão do procedimento legitimador. A lei democrática é caracterizada então pela "combinação da arbitrariedade substantiva das decisões jurídicas com a não arbitrariedade de seus pressupostos procedimentais".[56] A gênese democrática e os princípios aprioristicos do direito, aos quais a lei teria de corresponder, assegura justiça à lei: "A justiça da lei é garantida pelo procedimento especial de sua gênese".[57] O primado da Constituição diante da legislação é plenamente compatível com isso; pois uma Constituição, que interpreta e configura o sistema de direitos, não contém "senão os princípios e as condições do processo irrevogável de legislação".[58]

A doutrina da separação de poderes, todavia, se apoia sobre uma interpretação restrita desse conceito de lei. Ela caracteriza a lei em termos semânticos pela forma das proposições normativas, considerando então que o princípio da legalidade da administração seria satisfeito se a execução ad-

---

56 I. Maus, Zur Theorie der Institutionalisierung bei Kant, in: G. Göhler et al. (eds.), *Politische Institutionen im gesellschaftlichen Umbruch*, Opladen, VS Verlag für Sozialwissenschaften,1990, p.358 e ss., e neste volume, p.392-393.

57 Id., Entwicklung und Funktioswandel des bürgerlichen Rechtsstaates, op. cit., p.15.

58 Id., Zur Theorie der Institutionalisierung bei Kant, op. cit., p.374-375. Para a passagem do direito natural material para o procedimental em Kant, cf. também Maus, *Zur Aufklärung der Demokratietheorie*, op. cit., p.148 e ss.

ministrativa se limitasse apenas à concretização dos conteúdos universais das normas tendo em vista as circunstâncias correspondentes. De acordo com esse viés de leitura, a lei deve sua legitimidade não ao procedimento democrático, mas à sua forma gramatical. A abreviação semântica sugere uma interpretação da separação de poderes baseada na lógica de subsunção. Segundo essa interpretação, o vínculo do Legislativo com a Constituição e do Executivo com as leis seria medido pela subordinação, operada de acordo com a lógica de subsunção, dos conteúdos especiais das normas aos respectivos conteúdos universais: os decretos, positivações e prescrições precisam se subsumir à lei da mesma maneira que leis ordinárias se submetem à Constituição. A lógica da separação de poderes pode ser operacionalizada dessa forma em razão de suas relações de inclusão. Essa explicação, ao mesmo tempo econômica e elegante, manteve até hoje sua força sugestiva, mas suscitou objeções que se dirigiram menos à lógica da separação de poderes do que a seu *enfoque liberal*.

Pois o esquema clássico da separação de poderes pode ser cada vez menos preservado quanto mais as leis perderem a forma de programas condicionais e assumirem o formato de programas voltados a fins. Também essas leis materiais surgem em regra como normas gerais que são formuladas sem nome próprio e dirigidas a muitos destinatários indeterminados. Elas contêm, no entanto, cláusulas gerais e conceitos jurídicos indeterminados, além de finalidades concretas análogas a políticas a serem adotadas, que deixam à administração uma ampla margem de discricionariedade. Em virtude do aumento de intervencionismo estatal, cada vez mais domínios jurídicos são materializados, de tal modo que uma administração dedicada a tarefas de planejamento e implementação pode cada vez menos se limitar a uma aplicação técnica de normas universais e suficientemente determinadas, de modo isento a questões normativas. Esse desenvolvimento bem documentado e com frequência discutido na República Federal da Alemanha[59] também vale para os EUA e outros países comparáveis:

---

59 Id., Verrechtlichung, Entrechtlichung und der Funktionswandel von Institutionen, 1986, p.277-331.

Facticidade e validade

> *When Congress requires the newer administrative agencies, under statutes such as the Water Quality Act, the Air Quality Act, the Consumer Product Safety Act, the Occupational Safety and Health Act, the Motor Vehicle Safety Act, or the Toxic Safety Act, to make trade-offs between the need for public health or safety and the need for employment, product diversity, and a vibrant economy, it seems clear that administrators must make value choices that outrun any definition of technical or professional competence. Administrative discretion to choose among competing social values thus undermines the [...] transmission belt [...] model of administrative legitimacy.*[60]

Esse tipo de objeção, contudo, apenas esclarece que o princípio da legalidade da administração não foi concebido de maneira abstrata o suficiente a partir do modelo da execução de leis universais como correia de transmissão, e isso pode ser considerado de um duplo ponto de vista. Os princípios do Estado de direito devem ser instaurados em uma ordem jurídica independentemente de qualquer condição histórica específica e de qualquer *forma concreta de institucionalização*. Nesse âmbito de análise em que estou me movendo até aqui, falamos apenas de institucionalizações necessárias *em geral*, mas não da realização dos princípios em instituições políticas dadas. A constituição de diferentes poderes do Estado e a separação abstrata de suas funções de modo algum significa a diferenciação de outras tantas organizações. Assim, por exemplo, uma reação à margem de discricionariedade das burocracias do Estado social consiste em construir novas formas de participação e estruturas discursivas no processo de decisão da própria administração com a finalidade de evitar o risco de uma autoprogramação não autorizada. Os clientes concernidos obtiveram novos direitos procedimentais diante das autoridades:

---

60 Mashaw, *Due Process in the Administrative State*, op. cit., p.22. ["Quando o Congresso demanda novas agências administrativas, como a Lei de Qualidade da Água, a Lei de Qualidade do Ar, a Lei de Segurança dos Produtos de Consumo, a Lei de Segurança Ocupacional e de Saúde, a Lei de Segurança dos Veículos Motorizados ou a Lei de Segurança Tóxica, exigindo acordos entre a necessidade de saúde pública e segurança e a necessidade de emprego, de diversidade de produtos e uma economia dinâmica, fica claro que os administradores precisam fazer escolhas axiológicas que excedem qualquer definição de competência técnica ou profissional. O arbítrio administrativo de escolher entre valores sociais concorrentes enfraquece o (...) modelo de legitimidade administrativa (...) como correia de transmissão" – N. T.]

Jürgen Habermas

Rather than imposing new decisional criteria or priorities on administrators, courts required that decisions be taken only after listening to the views or evidence presented in the administrative process. All of these techniques tended to broaden, intensify or redefine the participation of affected parties in the administrative process.[61]

Certamente, a introdução de audiências pelos tribunais e outras formas de participação no processo administrativo dão origem a novos riscos, que Mashaw discute sob as rubricas *overintrusion* [intromissão excessiva] e *underprotection* [proteção deficiente]. Mas mesmo essa crítica se apoia em critérios normativos que foram emprestados da lógica da separação de poderes.

Além disso, os princípios têm de ser formulados de maneira suficientemente abstrata, não apenas independentemente das variadas formas de sua institucionalização. Também o conceito semântico de norma geral, em que se pretendeu fixar a lógica da separação de poderes, é neste caso bastante prejudicial. A função de charneira, que a lei satisfaz na construção de um Estado de direito constituído conforme a separação de poderes, não se deixa explicar satisfatoriamente apenas sob o ponto de vista semântico. O olhar tem de se dirigir aos discursos e às negociações em que se forma a vontade do legislador e ao potencial de razões nas quais as leis podem ser legitimadas. Da perspectiva da teoria do discurso, as funções da legislação, da justiça e da administração podem ser diferenciadas segundo as formas de comunicação e os potenciais de razões. As leis regulam a conversão do poder comunicativo em poder administrativo na medida em que são obtidas mediante um procedimento democrático, fundamentam uma proteção jurídica garantida por tribunais que julgam com imparcialidade e *subtraem* da administração implementadora a disposição sobre as razões normativas que subjazem às resoluções legislativas e às decisões judiciais. Essas razões normativas pertencem a um universo dentro do qual o Legislativo e o Ju-

---

61 Ibid., p.26-27. ["Em vez de impor novos critérios de decisão ou prioridades sobre os administradores, as Cortes exigem que as decisões sejam tomadas unicamente após considerar as visões ou evidências apresentadas pelos interesses que tradicionalmente não foram revelados no processo administrativo. Todas essas técnicas tendem a ampliar, intensificar e redefinir a participação das partes afetadas no processo administrativo" – N. T.]

Facticidade e validade

diciário partilham o trabalho de fundamentação e de aplicação de normas. Uma administração limitada aos discursos pragmáticos não pode mover nada com contribuições próprias *nesse* universo; ao mesmo tempo, ela se relaciona com as premissas normativas que precisam sustentar suas próprias decisões empiricamente informadas de acordo com uma racionalidade voltada a fins.

Considerada nos termos da lógica da argumentação, a separação de competências entre instâncias que criam, aplicam e executam leis resulta da *distribuição de possibilidades de acesso a diferentes espécies de razões* e da correlação das respectivas formas de comunicação, as quais estabelecem o tipo de interação com essas mesmas razões. Apenas o legislador político tem acesso irrestrito a razões normativas e pragmáticas, inclusive àquelas constituídas por resultados de negociação, e isso, entretanto, somente no quadro de um procedimento democrático fixado a partir da perspectiva da fundamentação de normas. A justiça não pode dispor a bel-prazer das razões agregadas nas normas legais; porém, as mesmas razões exercem um outro papel quando utilizadas em um discurso de aplicação do direito, inscrito em decisões consistentes em vista da coerência do sistema jurídico em seu todo. Diferentemente das atividades legislativas e da jurisprudência, à administração está vedada a interação construtiva e reconstrutiva com razões normativas. As normas administradas ligam a persecução de fins coletivos às premissas legais e limitam a atividade administrativa ao horizonte da racionalidade com respeito a fins. Elas possibilitam que as autoridades escolham entre tecnologias e estratégias de ação unicamente com a ressalva de que não persigam – como sujeitos de direito privado – seus próprios conjuntos de interesse e preferências.

O discurso do "legislador", da "justiça" e da "administração" sugere uma compreensão muito concreta, preconcebida por formas determinadas de institucionalização, a qual prescinde do grau de abstração com o qual esboçamos, da perspectiva da teoria do discurso, as definições das *funções* de legislação, aplicação e execução. Apenas sob os pontos de vista abstratos da disposição sobre diferentes espécies de razões e de correlação de formas correspondentes de comunicação é possível avaliar as formas concretas de institucionalização de princípios que resultam da lógica da separação de poderes. Na medida em que, por exemplo, a implementação de programas finalistas sobrecarrega a administração com a percepção de que, ao organizar suas tarefas, ela ao menos implicitamente desenvolve e aplica as leis, a base de legitimação das estruturas tradicionais da administração passa a não ser mais suficiente. A lógica da separação de poderes precisa então ser realizada em outras estruturas — por exemplo, pela instauração de formas correspondentes de participação e de comunicação ou pela introdução de procedimentos judiciais e parlamentares, de procedimentos voltados à formação de compromissos etc.[62] Discutirei esse assunto com mais detalhes no próximo capítulo.

---

62 A correlação linear entre princípios do Estado de direito e as formas correspondentes de sua realização organizatória está fora de questão em virtude de uma imagem como aquela da autoadministração comunal. Como se sabe, esta não pode ser ajustada ao clássico esquema da separação de poderes. A inclusão da autoadministração comunal na administração geral do Estado resulta, sob pontos de vista jurídicos, somente de "que o direito comunal é organizatório em seu cerne e está, portanto, em estreita interação com a organização jurídica do país" (D. Czybulka, *Die Legitimation der öffentlichen Verwaltung: Unter Berücksichtigung ihrer Organisation sowie der Entstehungsgeschichte zum Grundgesetz*, Heidelberg, Müller, 1989, p.195). Mas se considerarmos sob pontos de vista funcionais, a descentralização de autoridades abrangentes no âmbito de decisões tomadas pela base permite um entrelaçamento organizatório entre funções do Estado que estão em ampla consonância com a lógica da separação de poderes. Na verdade, as comunas não dispõem apenas de uma competência legislativa, mas de autonomia de normatização. A legitimação por eleições gerais e pessoais, a forma parlamentar da formação da vontade, a participação voluntária de leigos etc. possibilitam aos cidadãos das comunas influenciar os programas e o processo de uma administração universal, que vai além de outros modelos de participação administrativa (ou de "participação organizada dos concernidos"). Mas é ainda mais difícil o princípio de separação entre Estado e sociedade. Essa organização permanece vulnerável diante da pressão informalmente exercida por pessoas ou grupos socialmente poderosos. O exemplo da auto-organização comunal serve apenas para nos lembrar que os princípios do Estado de direito não podem ser projetados diretamente do âmbito organizatório das instituições políticas ou mesmo do âmbito do processo político. De modo algum todos os fenômenos que falam contra o clássico esquema da separação de poderes sustentam objeções contra sua própria lógica.

V
Indeterminação do direito e racionalidade da jurisprudência

Introduzimos o sistema de direitos e os princípios do Estado de direito em atenção ao modo como tais questões são postas pela tradição do direito racional. A mudança de perspectiva da teoria do contrato para a teoria do discurso que realizamos até aqui não significa ainda qualquer mudança no nível de abstração. As indicações ilustrativas ocasionais que fizemos acerca do sistema jurídico da República Federal da Alemanha ou dos EUA certamente nos fazem lembrar de que os princípios do Estado de direito e os direitos fundamentais podem bem ser definidos em abstrato, mas só podem ser de fato encontrados em Constituições históricas e sistemas políticos. Eles são interpretados e ganham corpo em ordens jurídicas concretas – no plano do simbolismo cultural, isso se dá no direito constitucional e no âmbito do sistema de ação, na realidade das Constituições e nos processos políticos. Esses são objetos do direito internacional comparado e da ciência política. E apesar de não constituirem nosso tema, eles o atingem indiretamente. As ordens jurídicas concretas representam não apenas distintas variantes da efetivação dos mesmos direitos e princípios, mas refletem também diferentes paradigmas jurídicos. Entendo por estes as convicções exemplares de uma comunidade jurídica quanto ao modo como o sistema de direitos e os princípios do Estado de direito podem ser efetivados no contexto perceptível de uma sociedade dada.

Um *paradigma jurídico* explica com o auxílio de um modelo de sociedade contemporânea a maneira como os princípios do Estado de direito e os direitos fundamentais têm de ser compreendidos e aplicados para que, com isso, possam cumprir no contexto presente as funções que lhes são normativamente atribuídas. Um "modelo social de direito" [Wieacker] representa algo como a teoria social implícita do sistema jurídico, isto é, a imagem que este produz no que tange ao seu entorno social. E no quadro oferecido por um tal modelo, o paradigma jurídico determina como são entendidos e podem ser realizados os direitos fundamentais e os princípios do Estado de direito. Os dois paradigmas jurídicos mais ricos em consequências na história do direito moderno e que ainda hoje concorrem entre si são os paradigmas do direito formal burguês e o do direito materializado no âmbito do Estado social. Com a interpretação do direito e da política segundo a teoria do discurso, sigo o intuito de dar contornos mais nítidos a um terceiro paradigma jurídico que supere em si os outros dois. Parto da hipótese de que uma compreensão procedimental do direito é a mais apropriada aos sistemas jurídicos que emergem ao final do século XX nas democracias de massa dos Estados sociais. Antes de entrar propriamente na discussão dos paradigmas, gostaria de dedicar este e o próximo capítulo para ampliar o escopo de nossas investigações, tornando plausível a abordagem da teoria do discurso inicialmente conduzida segundo a perspectiva da filosofia do direito (com a introdução do sistema de direitos e dos princípios do Estado de direito) sob pontos de vista agora próprios da teoria do direito, ou seja, em consideração ao sistema jurídico em *sentido mais estrito*.

Uma dupla delimitação é recomendada para os sistemas jurídicos modernos. Ao direito como sistema de ação podemos atribuir a totalidade das interações reguladas por normas jurídicas. Nesse *sentido amplo*, por exemplo, Luhmann define o direito como o subsistema social especializado na estabilização de expectativas de comportamento. Ele é composto de todas as comunicações sociais formuladas com referência ao direito.[1] Disso podemos distinguir o sistema jurídico em *sentido estrito*. A ele pertencem não apenas as interações que se orientam pelo direito, mas também aquelas destinadas a produzir direito novo e a reproduzi-lo enquanto tal. Para a institucionalização do sistema jurídico nesse sentido, é necessária uma au-

---

1 Luhmann, *Ausdifferenzierung des Rechts*, op. cit., p.35 e ss.

toaplicação do direito na forma de regras secundárias, as quais constituem e transferem competências para produzir, aplicar e implementar o direito. Segundo essas funções, diferenciam-se os "poderes" estatais da legislação, da justiça e da administração.

Considerados empiricamente, no entanto, diversas instituições participam da referida produção e reprodução do direito em sociedades de nosso tipo, sendo que, conforme o caso, mais de uma função pode ser cumprida simultaneamente por cada uma delas. No Estado democrático de direito, a legislação política é considerada a função central. Dela participam hoje não somente os partidos políticos, os eleitorados, as corporações parlamentares e o governo, mas também a práxis decisória de criação do direito desempenhada pelos tribunais e pela administração na medida em que se autoprogramam. A função da aplicação das leis é cumprida não apenas pelas diferentes instâncias do Judiciário, no horizonte da dogmática e da esfera pública jurídicas, mas implicitamente também pelas administrações. E a função de execução das leis é praticada não somente pelo governo e pela administração, como também, indiretamente, pelos tribunais. Uma parte dessas funções jurídicas é ainda delegada pelos órgãos do Estado a organismos semipúblicos ou privados.

Incluo ainda no sistema jurídico em sentido lato os sistemas de ação juridicamente normatizados, dentro dos quais se destaca um âmbito de produção privadamente autônomo de atos jurídicos, constituído por meio do direito reflexivo, contra os cursos de ação governados por normas jurídicas materiais. Além disso, existe uma estratificação entre os âmbitos de interação formalmente organizados, estabelecidos pela forma jurídica, e aqueles apenas revestidos juridicamente, sendo regulados de forma primária por instituições extrajurídicas. Em âmbitos formalmente organizados, como a economia e o aparato estatal, todas as interações são regidas juridicamente e, mesmo na perspectiva do ator, encontram-se referidas ao direito, enquanto que em âmbitos como a família ou a escola, somente em caso de conflito o direito emerge de sua presença de fundo e alcança a consciência dos atores.[2]

---

2 Antes que o conflito se instaure, falta-lhes uma "consciência jurídica" clara quanto à necessária proteção dos próprios interesses.

Jürgen Habermas

Essas indicações são suficientes para uma localização elementar do sistema jurídico em sentido estrito. É nesse âmbito de análise que uma teoria discursiva do direito deve a princípio se comprovar. Diferentemente das teorias filosóficas da justiça, a *teoria do direito* se move dentro das fronteiras das ordens jurídicas concretas. Seus dados são extraídos do direito vigente, das leis e dos precedentes, das doutrinas dogmáticas, dos contextos políticos da legislação, da atividade legislativa, das fontes históricas do direito etc. Diferentemente da filosofia, a teoria do direito não pode negligenciar todos aqueles aspectos que surgem da conexão entre direito e poder político, em primeira linha, a questão da autorização jurídica para o emprego estatal da violência legítima.[3] Por outro lado, a teoria do direito compartilha com a dogmática jurídica a perspectiva privilegiada do juiz. Isso se explica pelo valor posicional funcional que a jurisprudência ocupa no sistema jurídico em sentido estrito. Como todas as comunicações jurídicas remetem a pretensões passíveis de exigibilidade, o processo judicial constitui o ponto de fuga para a análise do sistema jurídico. A escolha dessa perspectiva de investigação representa tão somente um compromisso metodológico, não uma restrição da análise ao âmbito da jurisprudência. No que se refere a seu conteúdo, a teoria do direito abarca também o legislador e a administração, vale dizer, todos os subsistemas que se ocupam da criação e reprodução do direito, assim como o sistema jurídico em sentido amplo. Ela se distingue da dogmática jurídica pela pretensão de alcançar uma teoria da ordem jurídica em seu todo. Nisso leva em consideração as perspectivas dos demais participantes, agregando os papéis do legislador político, da administração e dos parceiros do direito (tanto como clientes quanto cidadãos), sem abrir mão de sua própria perspectiva explicativa,

---

3 Sob esse ponto de vista, R. Dworkin encontra uma distinção entre *law* e *justice*, quer dizer, entre o juridicamente correto e a justiça: "Justiça é uma questão da correta ou melhor teoria dos direitos morais e políticos [...]. O direito envolve a questão sobre quais direitos subjetivos supostamente fornecem uma justificação para utilizar ou suspender a força coletiva do Estado, já que se encontram incluídos ou implicados nas decisões políticas efetivas do passado" (R. Dworkin, *Law's Empire*, Cambridge, Harvard University Press, 1986, p.97).

que é a do especialista em direito.[4] Tal qual pode ser mostrado a partir da concepção de direito de Ronald Dworkin como um *medium* que assegura a "integridade" da sociedade em seu todo, a autocompreensão coletiva dos parceiros do direito deixa-se perceber também na perspectiva de análise da teoria do direito. Não obstante, a teoria do direito continua sendo, em primeira linha, a *teoria da jurisprudência* e do discurso jurídico.

A tensão entre facticidade e validade imanente ao direito se manifesta dentro da jurisprudência como uma tensão entre o princípio da segurança jurídica e a pretensão de uma decisão correta. Discutirei de início quatro concepções exemplares de direito, as quais preveem soluções distintas para o problema da racionalidade da jurisprudência (I). Especial interesse será atribuído à proposta de Ronald Dworkin, que projeta as presunções de racionalidade da prática das decisões judiciais sobre o plano de uma reconstrução racional do direito vigente. As exigências ideais da teoria por ele postulada dão origem a uma viva discussão (II). As objeções de Frank Michelman contra o solipsismo da concepção de Dworkin abrem caminho para uma teoria intersubjetiva do discurso jurídico. A tese de que o discurso jurídico deve ser concebido como um caso especial do discurso (de aplicação) moral, surgida nesse contexto, não é inteiramente adequada frente à complexidade da relação entre a justiça e a legislação (III).

I. Hermenêutica, realismo e positivismo

(I) Uma teoria da justiça estabelecida em termos imediatamente normativos e que, em sua tentativa de justificar os princípios de uma sociedade bem ordenada, opera para além das instituições e tradições vigentes tem de se colocar o problema de como compatibilizar ideia e realidade. O que se impõe aqui como um problema consequencial de uma teoria já acabada constitui o ponto de partida para uma teoria do direito que opera dentro da esfera do direito vigente. Vimos de que modo a tensão entre facticidade e validade se insere na categoria de direito, manifestando-se em ambas as

---

4 Cf. R. Dreier, *Was ist und wozu Allgemeine Rechtstheorie?*, Tübingen, Mohr Siebeck, 1975; N. MacCormick, *Legal Reasoning and Legal Theory*, Oxford, Clarendon Press, 1978.

dimensões da validade jurídica. O direito válido garante, por um lado, a imposição de expectativas de comportamento sancionadas estatalmente e, com isso, a segurança jurídica; por outro, processos racionais de positivação e aplicação do direito prometem a legitimidade das expectativas de comportamento estabilizadas desse modo – as normas *merecem* obediência e, assim, devem sempre poder ser seguidas também por respeito à lei. No âmbito da prática das decisões judiciais, ambas as garantias têm de poder ser resgatadas simultaneamente. Não basta transformar pretensões conflituosas em pretensões jurídicas e decidi-las de modo vinculante por meio de sua exigência perante as Cortes. Para cumprir a função sociointegradora da ordem jurídica e a pretensão de legitimidade do direito, os juízos proferidos precisam satisfazer ao mesmo tempo as condições de *decisões consistentes* e de *aceitabilidade racional*. Como ambas não se acomodam facilmente, dois tipos de critérios têm de ser harmonizados na prática das decisões judiciais.

Por um lado, o princípio da segurança jurídica exige decisões tomadas de modo consistente no quadro da ordem jurídica existente. O direito válido é produto de um inabarcável tecido de decisões passadas de legisladores e juízes, ou ainda de tradições do direito consuetudinário. Essa história institucional do direito constitui o pano de fundo de cada prática decisória atual. Na positividade do direito, refletem-se também as contingências de tal contexto de surgimento. Por outro lado, a pretensão de legitimidade da ordem jurídica requer decisões que não só estejam de acordo com o tratamento dado no passado a casos análogos e com o sistema jurídico vigente, mas que se fundamentem com racionalidade em sua matéria, de modo que possam ser aceitas pelos parceiros do direito como decisões racionais. As sentenças de juízes, que decidem um caso atual também no horizonte de um futuro presente, exigem validez à luz de regras e princípios legítimos. Nessa medida, tais fundamentações precisam se emancipar das contingências do contexto de surgimento. Essa mudança de perspectiva, da história à sistemática, efetua-se de forma explícita na passagem da justificação interna de uma sentença, apoiada em premissas previamente dadas, à justificação externa das premissas mesmas.[5] Do mesmo modo que as leis, as decisões judiciais também são

---

5 J. Wróblewski, Legal Syllogism and Rationality of Judicial Decision, *Rechtstheorie*, v.14, n.5, 1974.

Facticidade e validade

"criações tanto da história quanto da moral: o que um indivíduo está autorizado a ter na sociedade civil depende tanto da prática quanto da justiça de suas instituições políticas".[6]

O problema da racionalidade da jurisprudência consiste, assim, em responder como a aplicação de um direito surgido em termos contingentes pode ser cumprida de forma internamente consistente e fundamentada externamente de modo racional, garantindo com isso simultaneamente a *segurança jurídica* e a *correção normativa*. Partindo da constatação de que a opção do direito natural, que submete pura e simplesmente o direito válido a critérios suprapositivos, não representa mais uma via de solução aberta, três conhecidas alternativas se apresentam de início ao tratamento dessa questão central de teoria do direito, a saber, as respostas da (a) hermenêutica jurídica, (b) do realismo e (c) do positivismo jurídico.

(a) Contra o modelo convencional que enxerga a decisão jurídica como a subsunção de um caso à regra pertinente, a hermenêutica jurídica tem o mérito de ter revalidado a ideia aristotélica de que nenhuma regra pode regular sua própria aplicação.[7] Um estado de coisas conforme à regra constitui-se apenas por meio de sua descrição em conceitos de uma norma a ele aplicada, enquanto que o significado da norma só é concretizado por meio de sua aplicação a um estado de coisas regulativamente específico. Uma norma só pode "abranger" uma situação complexa do mundo da vida seletivamente, sob os pontos de vista fixados por meio dela própria como relevantes, ao passo que o estado de coisas constituído por meio dela nunca esgota o conteúdo de significado vago de uma regra geral, mas o faz valer de forma igualmente seletiva. Essa descrição circular assinala um problema metodológico que cabe a toda teoria do direito esclarecer.

A hermenêutica propõe para isso um modelo processual de interpretação. A interpretação começa com uma pré-compreensão, caracterizada em termos avaliativos, que estabelece uma relação prévia entre norma e estado de coisas, abrindo o horizonte para o estabelecimento de relações posteriores. A pré-compreensão, de início difusa, torna-se mais precisa à medida que,

---

6 R. Dworkin, *Bürgerrechte ernstgenohmmen*, Frankfurt/Main, Suhrkamp, 1984, p.153.
7 Gadamer, *Wahrheit und Methode*, op. cit.

sob sua direção, norma e estado de coisas se concretizam ou se constituem reciprocamente.[8] A hermenêutica assume uma posição própria no interior da teoria do direito ao resolver o problema da racionalidade da jurisprudência com a inserção contextualista da razão na articulação histórica da tradição. Por conseguinte, a pré-compreensão do juiz é marcada pelos *topoi* compartilhados de uma eticidade tradicional. Isso orienta o estabelecimento de relações entre normas e estados de coisas à luz de princípios historicamente aceitos. A racionalidade de uma decisão seria em última instância medida pelos "*standards* dos costumes ainda não solidificados em normas", por uma "sabedoria jurisprudencial que antecede a lei".[9] A hermenêutica assim convertida em teoria do direito atém-se à pretensão de legitimidade das decisões judiciais. A indeterminação de um processo de compreensão circular pode ser progressivamente reduzida com a referência a princípios. Mas estes apenas se legitimam pela história dos efeitos daquelas formas de vida e de direito nas quais o próprio juiz se encontra de modo contingente.

(b) Mas em sociedades pluralistas, nas quais competem entre si diferentes poderes de crença [*Glaubensmächte*] e constelações de interesses, o recurso a um *éthos* dominante, atualizado por meio da interpretação, não fornece um fundamento convincente para a validez das decisões jurídicas. O que vale para alguns como um *tópos* historicamente comprovado, para outros não passa de ideologia ou mero preconceito. As escolas realistas do direito reagem a esse estado de coisas. Elas não contestam o valor descritivo da metodologia hermenêutica, mas fazem uma avaliação distinta daquela pré-compreensão que dirige o processo de interpretação. Nas operações de seleção envolvidas na prática decisória dos juízes, entram em jogo determinantes extrajurídicos que só podem ser explicados por meio de análises empíricas. Esses fatores externos explicam como os juízes preenchem seus espaços decisórios; além disso, permitem a elaboração de *prognósticos* acerca

---

8 W. Hassemer, Juristische Hermeneutik, *Archiv für Rechts- und Sozialphilosophie*, Stuttgart, v.72, n.2, 1986, p.195 e ss; cf. também U. Neumann, *Juristische Argumentationslehre*, Darmstadt, Wissenschaftliche Buchgesellschaft, 1986, p.54 e ss.

9 J. Esser, *Grundsatz und Norm in der richterlichen Fortbildung des Privatrechts*, Tübingen, Mohr, 1964, p.182; id., *Vorverständnis und Methodenwahl in der Rechtsfindung*, Kronberg, 1972.

das decisões judiciais em termos históricos, psicológicos e sociológicos. As consequências céticas que acompanham essa abordagem do direito parecem evidentes. Na medida em que o resultado de um processo judicial pode ser explicado pelas posições de interesse, pelo processo de socialização, pelo estrato social, pela orientação política e pela estrutura de personalidade do juiz, ou ainda pelas tradições ideológicas, pelas constelações de poder, pelos fatores econômicos e de outros tipos que operam dentro e fora do sistema jurídico, a prática decisória já não é determinada internamente pela seletividade do procedimento, pelas bases fáticas e pelos fundamentos jurídicos. A lógica própria do direito, já fragilizada na visão da hermenêutica jurídica, vale dizer, relativizada ali com seu enraizamento no contexto das tradições, desaparece agora por completo sob uma descrição "realista" do processo de aplicação do direito.

Na visão do realismo jurídico, da escola do direito livre e da jurisprudência dos interesses,[10] não se pode mais estabelecer nenhuma diferença clara entre direito e política com base em características estruturais. Entretanto, se os processos de decisão jurídica podem ser descritos de modo similar aos processos políticos de poder, o postulado que exige a garantia da segurança jurídica por meio de decisões consistentes, com base em um sistema de normas suficientemente determinadas, perde seu sentido. A produção jurídica do passado deixa de reger as decisões atuais na medida em que estas repousam amplamente na discricionariedade do juiz. No melhor dos casos, a pretensão de legitimidade do direito pode conservar o sentido de que o juiz, assim como o político, toma suas decisões em virtude de orientações valorativas que ele tem por racionais, levando em consideração consequências futuras. O direito passa então a valer como um instrumento de controle do comportamento que pode ser mobilizado para fins políticos tidos como racionais, isto é, fundamentados utilitariamente ou em função do bem-estar econômico.[11] A representação idealista dos participantes do processo,

---

10 G. Ellscheid e W. Hassemer (eds.), *Interessenjurisprudenz*, Darmstadt, Wissenschaftliche Buchgesellschaft, 1974.

11 Sobre o realismo jurídico americano, cf. R. S. Summers, *Instrumentalism and American Legal Theory*, Ithaca, NCROL, 1982.

segundo a qual a totalidade (ou a maior parte) dos casos pode ser decidida de modo consistente e correto com base no direito válido, é submetida pelas escolas realistas a uma crítica desencantadora realizada pela perspectiva do observador. Por outro lado, porém, a prática das decisões judiciais não pode ser operada sem suposições idealizantes. Em última instância, uma revogação explícita da segurança jurídica significa que a jurisprudência tem de renunciar ao cumprimento da função, própria do direito, de estabilizar expectativas de comportamento. Os realistas não conseguem explicar como a capacidade de funcionamento do sistema jurídico se compatibiliza com uma consciência radicalmente cética dos especialistas participantes.

(c) O positivismo jurídico, diferentemente, procura sustentar a função de estabilização das expectativas de conduta sem, por outro lado, ter de apoiar a legitimidade da decisão jurídica na autoridade contestável das tradições éticas. Em contraposição às escolas realistas, teóricos como Hans Kelsen e H. L. A. Hart trabalham o sentido normativo específico das proposições jurídicas e a estrutura sistemática de um sistema de regras que possibilita a consistência das decisões a elas vinculadas e a independência do direito em relação à política. Em contraposição aos hermeneutas, enfatizam o fechamento e a autonomia de um sistema jurídico impermeável a princípios extrajurídicos. O problema da racionalidade é, com isso, resolvido em favor da primazia de uma história institucional delimitada estritamente e purificada de qualquer fundamento de validade suprapositivo. Uma norma fundamental ou regra de reconhecimento, segundo as quais podem ser decididas que normas pertencem ao direito válido, permitem ordenações inequívocas.

Se pressupormos um tal sistema jurídico *autônomo* e, além disso, diferenciado em regras primárias que regulam o comportamento e regras secundárias destinadas à produção autorreferencial de normas, a validez das prescrições jurídicas pode ser medida simplesmente pela observância dos procedimentos juridicamente estabelecidos para a positivação do direito. Essa legitimação por meio da legalidade do procedimento de criação do direito privilegia a procedência, isto é, o processo correto de positivação ou a tomada de decisão em detrimento da fundamentação racional do conteúdo da norma: regras são válidas [*gültig*] porque promulgadas por instituições jurídicas competentes. A legitimação da ordem jurídica como um todo é deslocada para sua origem, isto é, para uma norma fundamental ou regra de reconhecimento que legitima tudo sem ser ela mesma suscetível de justificação racional; ela tem de ser factualmente aceita como parte de uma forma de vida histórica à qual se adere costumeiramente. Hart torna isso plausível com o conceito de jogo de linguagem de Wittgenstein. Assim como a gramática de um jogo de linguagem, a regra de reconhecimento encontra-se também enraizada em uma práxis que pode ser descrita exteriormente como um fato, mas que os próprios participantes "presumem sua validez", assumindo-a como culturalmente autoevidente.[12]

A vinculação da validade do direito à sua gênese permite apenas uma solução assimétrica ao problema da racionalidade. A razão ou a moral são, por assim dizer, subordinadas à história. Por isso, a interpretação positivista da prática das decisões judiciais faz que a segurança jurídica obscureça a garantia de correção normativa. A primazia da segurança jurídica evidencia-se no tratamento dos "casos difíceis" (*hard cases*). Nestes, mostra-se de forma particularmente clara o problema hermenêutico fundamental de como justificar a adequação da inevitável seletividade das decisões. O positivismo subestima esse problema, analisando suas consequências como sintomas do caráter inevitavelmente vago das formulações da linguagem cotidiana. Hart atribui a necessidade de interpretação das normas jurídicas à estrutura fundamentalmente aberta das linguagens naturais e chega a uma conclusão decisionista. Na medida em que o direito válido não apresenta uma determinação suficientemente precisa de um estado de coisas, o juiz se vê obrigado a decidir segundo sua própria discricionariedade. O juiz preenche esse espaço de discricionariedade mediante preferências não fundamentá-

---

12 H. L. A. Hart, *Der Begriff des Rechts*, Frankfurt/Main, Suhrkamp, 1973, p.155: "A regra de conhecimento [existe] apenas como uma prática complexa mas normalmente coordenada dos juízes, funcionários e pessoas privadas que identificam o que é o direito com o auxílio de determinados critérios. A existência da regra de conhecimento repousa nesse tipo de facticidade".

veis juridicamente, orientando eventualmente suas decisões por critérios morais não mais cobertos pela autoridade do direito.

(2) A teoria dos direitos de Ronald Dworkin pode ser entendida como a tentativa de evitar as deficiências das propostas de solução realista, positivista e hermenêutica, explicando, com uma concepção deontológica de direitos, como a prática das decisões judiciais pode satisfazer simultaneamente as exigências de segurança jurídica e aceitabilidade racional. Contra o realismo, Dworkin se atém tanto à necessidade quanto à possibilidade de decisões consistentes vinculadas a regras e que garantem um grau suficiente de segurança jurídica. Contra o positivismo, defende a necessidade e a possibilidade de uma "única decisão correta" a cada caso, cujo conteúdo (e não apenas a forma de seu procedimento) é legitimado à luz de princípios reconhecidos. A referência hermenêutica a uma pré-compreensão determinada por princípios, entretanto, não restringe o juiz à história dos efeitos de tradições autoritativas dotadas de conteúdo normativo; esse recurso o obriga, em vez disso, a apropriar-se criticamente de uma história institucional do direito na qual a razão prática foi deixando suas trilhas. As Cortes decidem quais direitos políticos cabem a quem; e estes são entendidos por Dworkin como direitos que gozam, ao mesmo tempo, de validade positiva e merecem reconhecimento sob pontos de vista da justiça.

A tese de que tais direitos "existem" conta com uma razão prática historicamente encarnada e que ao mesmo tempo perpassa a história. Ela se funda no ponto de vista moral e se articula em uma norma fundamental que exige igual consideração e respeito a todos. A norma fundamental de Dworkin coincide com o princípio do direito kantiano e com o primeiro princípio de justiça de Rawls, segundo os quais cada um possui o direito a iguais liberdades subjetivas de ação. Mas contra Rawls, Dworkin traz explicitamente a objeção de que as partes na posição original apenas podem entrar em acordo sobre esse princípio porque o direito fundamental à igual consideração e respeito já regula sua admissão, isto é, pertence de modo geral às condições mesmas do acordo racional. Em Dworkin, a norma fundamental não se submete a fundamentações posteriores, gozando do status de um "direito natural [...] que todos os homens e mulheres possuem [...] simplesmente

Facticidade e validade

por se tratar de seres humanos, dotados das capacidades de fazer planos e praticar justiça".[13] Para que sejam evitadas as conotações jusnaturalistas, isso pode ser entendido também como uma explicação do sentido deontológico dos direitos fundamentais em geral. Esse sentido de validade é comunicado também aos direitos institucionalmente vinculantes, ou direitos "políticos", e atribui um momento de incondicionalidade às pretensões jurídicas individuais. Dworkin compreende os direitos subjetivos como "trunfos" em um jogo no qual os indivíduos defendem suas pretensões justificadas contra prejuízos gerados por fins coletivos: "Segue-se da definição de um direito que ele não pode ser sobrepujado pela totalidade dos fins sociais. Podemos nos deter aqui, por simplicidade, à afirmação de que nenhum fim político pode ser qualificado como direito se ele não impõe um determinado limiar aos fins coletivos em geral".[14] Isso não significa que todos os direitos subjetivos valem de modo absoluto, mas, sim, que impõem determinadas limitações ao cálculo de custo-benefício envolvido na realização de fins coletivos, justificadas, afinal, pelo princípio de igual respeito a cada um.

A teoria dos direitos de Dworkin repousa sobre a premissa de que os pontos de vista morais cumprem um papel na jurisprudência porque o direito positivo assimilou conteúdos morais de modo inevitável. Para uma teoria discursiva do direito, que parte da ideia de que razões morais também penetram no direito por meio do processo democrático de legislação, assim como das condições de equidade na formação de compromissos, essa premissa não denota nenhuma surpresa.[14a] Ainda assim, ela carece de alguma explicação, uma vez que os conteúdos morais, ao serem *traduzidos* para o código jurídico, experimentam uma mudança de seu significado em decorrência da especificidade da forma jurídica.

Excurso sobre os conteúdos morais do direito: o significado jurídico dos conteúdos morais e a amplitude de variação de seus pesos específicos são mais

---

13 Dworkin, *Bürgerrechte ernstgenommen*, op. cit., p.300.

14 Ibid., p.162.

14a R. Alexy, Zur Kritik des Rechtspositivismus, in: R. Dreier (ed.), *Rechtspositivismus und Wertbezug des Rechts*, Stuttgart, Franz Steiner, 1990, p.9-26; contrariamente, cf. Hoerster, *Verteidigung des Rechtspositivismus*.

evidentes no âmbito das regras primárias, reguladoras do comportamento. Se seguirmos a classificação proposta por B. Peters e dividirmos essas regras não procedimentais, de um lado, em proibições e mandamentos repressivos ou restitutivos e, de outro, em "benefícios" e transferências,[15] pode-se perceber que os conteúdos morais do direito possuem um amplo espectro de variação. Eles se reduzem a um mínimo representado pela expectativa de obediência às normas jurídicas em geral, independentemente de seu conteúdo. Um indicador do peso relativo do conteúdo moral pode ser encontrado na força das reações contra as infrações correspondentes – que vão desde as desaprovações e reprimendas informais por parte dos parceiros do direito até as sanções impostas pelas Cortes. A categorização das penas (que vão do crime até as meras infrações à ordem), assim como a distribuição dos fatos penais e civis (que fundamentam direitos de ressarcimento), pode ser entendida como a ponderação do conteúdo moral pela dogmática jurídica. Os tipos penais elementares, como assassinato ou homicídio, a lesão corporal, o roubo, o sequestro etc., são considerados moralmente reprováveis, enquanto que a condenação à restituição por prejuízos causados acompanha normalmente uma desaprovação ao fato, mas não o desprezo moral do agente.

Algo distinto é aquilo que se refere às reações contra benefícios ou custos distribuídos em função do comportamento, como as subvenções, as taxas e os impostos diferenciados etc., ou ainda às reações contra transferências de renda e prestações concedidas independentemente do comportamento segundo critérios do Estado social. O direito que reveste políticas de tributação progressiva e transferência de recursos, de redistribuição de riqueza e alocação de bens coletivos, dirige-se de forma moralmente neutra a destinatários supostamente orientados, em primeira linha, por cálculos de custo-benefício ou apenas por "necessidade". As falhas no controle do comportamento pretendido pelo legislador não são "repreensíveis". Isso significa que a validade das normas jurídicas que contêm benefícios ou transferências é, de certo modo, exonerada moralmente. O que não quer dizer, todavia, que tais normas necessariamente, ou mesmo normalmente, sejam isentas de conteúdo moral – já que fazem parte de programas jurídi-

---

15 Peters, *Rationalität, Recht und Gesellschaften*, op. cit., p.278-279.

cos moralmente justificados. Os critérios morais que servem ao legislador para julgar as correspondentes políticas impregnam o conteúdo do direito, em cujas formas essas políticas são operadas. Assim, os argumentos que estabelecem finalidades, que Dworkin distingue dos argumentos concernentes a princípios, podem mesmo possuir relevância moral.

Entre as regras moralmente carregadas e aquelas sem qualquer conteúdo moral encontram-se as regras procedimentais intermediárias que conferem competências específicas a órgãos semipúblicos, como as câmaras, as universidades, as associações profissionais etc. Para o exercício dessas competências (como as de conduzir lutas trabalhistas, negociar compromissos, estabelecer regras organizacionais etc.), existem procedimentos e requisitos formais que podem também envolver comportamentos moralmente relevantes, como deveres de informação e cuidado, de evitar meios não permitidos de luta etc. Mesmo no direito privado, cumprem seu papel lemas como o de "fidelidade ou boa-fé", ou a responsabilização por efeitos não intencionais de ações que lesam direitos. Interessante perceber que tais preceitos de forma e procedimento não conseguem plenamente explicitar, nem enquadrar juridicamente, a substância moral daquilo que Durkheim chamou de fundamentos não contratuais do contrato. Isso se refere sobretudo à capacidade de o juízo moral ao menos acompanhar, senão dirigir, a competência de criação e aplicação de normas jurídicas. Essa interpretação pode ser problemática para as autorizações normativas do núcleo do direito privado. Mas decerto possui plausibilidade em relação a âmbitos nos quais as competências estatais para a positivação do direito e para a organização são delegadas a agentes "privados" apenas no nome — como ocorre entre as partes envolvidas em negociações salariais ou entre membros de conselhos fiscais eleitos segundo as normas do direito constitucional.

Em seu papel de *critério para o direito correto*, a moral possui naturalmente sua sede primária na formação política da vontade do legislador e na comunicação política da esfera pública. Os mencionados efeitos da moral *no direito* significam apenas que conteúdos morais são traduzidos ao código jurídico e passam a ser dotados de um outro modo de validade. A sobreposição dos conteúdos não altera em nada a diferenciação entre moral e direito, transcorrida de modo irrevogável no nível de fundamentação pós-convencional e sob as condições modernas do pluralismo das visões de mundo. Enquanto for preservada a *diferença de linguagens*, a migração de conteúdos morais para dentro do direito não significa sua moralização *imediata*. Quando Dworkin fala do uso de argumentos de princípio na justificação externa de decisões judiciais, o que tem em vista na maioria dos casos são princípios jurídicos que resultam da aplicação do "princípio do discurso" ao código jurídico. O sistema dos direitos e os princípios do Estado são certamente tributários da razão prática, mas antes de tudo na figura especial que esta assume no princípio democrático. O conteúdo moral dos direitos fundamentais ou dos princípios do Estado de direito pode ser também explicado porque as normas fundamentais do direito e da moral, ambas fundadas no mesmo princípio do discurso, entrecruzam-se de maneira *substantiva*.

(3) Seja qual for o modo como Dworkin concebe a relação entre direito e moral, sua teoria dos direitos demanda uma compreensão deontológica das pretensões de validade jurídicas. Com isso ele rompe o círculo no qual a hermenêutica jurídica se via enredada com seu recurso aos *topoi* historicamente aceitos de um *éthos* tradicional. Dworkin dá à abordagem hermenêutica uma virada construtivista. Partindo de uma crítica ao positivismo jurídico, particularmente a sua tese da neutralidade (a) e ao pressuposto de um sistema autonomamente fechado (b), ele desenvolve suas ideias metodológicas de uma "interpretação construtiva" (c).

(a) Dworkin, de início, combate o pressuposto de legitimação do direito pela simples legalidade do procedimento de criação normativa. O discurso jurídico é independente da moral e da política somente no sentido de que os princípios morais e as finalidades políticas também têm de ser traduzidos à linguagem neutra dos direitos, conectando-se assim ao código jurídico. Mas, por trás dessa unicidade do código, esconde-se um complexo sentido da validade do direito legítimo, explicando por que em decisões de princípios são permitidas razões de proveniência extralegais, isto é, considerações de ordem pragmática, ética e moral, incluindo-as na argumentação jurídica.

Com base em conhecidos precedentes do direito anglo-saxão, sobretudo norte-americano, Dworkin analisa como os juízes superam situações de indeterminação jurídica por meio da referência sistemática ao pano de fundo de finalidades políticas e princípios morais. Eles alcançam decisões

Facticidade e validade

bem fundamentadas com a elaboração jurídica de argumentos de finalidades e de princípios. Tais justificações externas são possíveis porque o próprio direito válido incorpora conteúdos teleológicos e princípios morais, assimilando em especial as razões decisórias do legislador. Contudo, estas podem outra vez vir à tona nas decisões principiológicas dos tribunais superiores. Na prática das decisões judiciais, os argumentos de princípio certamente gozam de primazia sobre os argumentos de finalidades: estes têm seu lugar genuíno no processo legislativo, alcançando o discurso jurídico por meio dele. A jurisprudência é direcionada à aplicação de normas jurídicas estabilizadoras de expectativas; ela leva em conta a determinação legislativa de objetivos à luz de princípios, pois "os argumentos de princípios justificam uma decisão política, mostrando que ela respeita ou assegura um determinado direito individual ou de grupo".[16] Naturalmente, a determinação política de objetivos também é, via de regra, fundamentada por princípios e direitos; mas apenas os argumentos de princípio orientados pelo sistema de direitos podem assegurar a conexão interna entre a decisão do caso particular e a substância normativa da ordem jurídica em seu todo.

(b) Na continuação, com auxílio da distinção entre "regra" e "princípio", Dworkin explica a insuficiência da concepção de direito que Hart instaura na base de sua tese sobre a autonomia. As regras são normas concretas, determinadas já em função de sua aplicação específica, como, por exemplo, as prescrições formais para a elaboração de testamentos, enquanto que os princípios representam máximas jurídicas gerais e sempre carentes de interpretação (como a dignidade humana, o tratamento igualitário etc.). Tanto as regras (normas) quanto as máximas (princípios) são prescrições (proibições ou permissões) cuja validade deôntica expressa o caráter de uma obrigação. A distinção entre esses tipos de regras não deve ser confundida com aquela entre normas e determinação de objetivos. Assim como as regras, os princípios não possuem uma estrutura teleológica. E não devem ser compreendidos – como costumam defender as doutrinas de método que se referem a uma "ponderação de bens" – como simples mandamentos de otimização, já que isso significaria a perda de seu sentido de validade

---

16 Dworkin, *Bürgerrechte ernstgenommen*, op. cit., p.146.

deontológico.[17] Regras e princípios servem igualmente como argumentos na fundamentação de decisões, embora possuam um papel distinto na lógica da argumentação. Pois as regras apresentam sempre um componente condicional que especifica as situações típicas de sua aplicação, enquanto que os princípios se apresentam ou como uma pretensão de validade não específica, ou são delimitados em seu âmbito de aplicação por condições muito gerais e, de todo modo, carentes de interpretação. Isso explica a diferença característica da maneira como regras e princípios se comportam em casos de colisão, salientado por Dworkin. Um conflito entre regras só pode ser resolvido pela introdução de uma cláusula de exceção ou declarando uma das regras como inválida. Uma tal decisão de tudo ou nada não é necessária no conflito entre princípios. Embora o princípio relativamente mais adequado a um determinado caso goze de primazia, os princípios ali relegados não perdem com isso sua validade. Um princípio assume precedência sobre os demais de acordo com o caso a ser decidido. De caso a caso se estabelece entre os princípios uma ordem transitiva nova, sem que sua validade seja afetada por isso.

O positivismo chega a uma falsa tese sobre a autonomia por conceber o direito como um sistema fechado de regras com aplicação específica, exigindo nos casos de colisão uma decisão de tudo ou nada deixada à discricionariedade do juiz. Para Dworkin, somente essa representação *unidimensional* do direito, como um sistema de regras destituído de princípios, possui já a consequência de que as colisões de regras conduzam a uma situação de indeterminação jurídica a ser resolvida em termos decisionistas. Quando os princípios – e a justificação de nível superior [*höherstufig*] da aplicação de normas feita à luz dos princípios – são admitidos e reconhecidos como elementos *normais* do discurso jurídico, vemos desvanecer ambos os aspectos: o caráter fechado do sistema jurídico e a não resolução dos conflitos entre regras.

(c) Com a análise dos papéis que os argumentos de princípio e aqueles que determinam finalidades cumprem na prática das decisões judiciais e

---

17 Cf. R. Alexy, *Theorie der Grundrechte*, Baden-Baden/Frankfurt/Main, Suhrkamp, 1985/1986, p.75 e ss. Para sua crítica, cf. Günther, *Der Sinn für Angemessenheit*, op. cit., p.268 e ss.

com o desvelamento dessa classe distinta de normas no próprio sistema jurídico, Dworkin alcança aquele nível de fundamentação pós-tradicional da qual depende o direito positivo. Depois de se emancipar dos fundamentos sagrados e se desligar dos contextos religioso-metafísicos nos quais se via inserido, o direito moderno não se torna puramente contingente como supõe o positivismo. Tampouco se apresenta como um *medium* sem qualquer estrutura interna própria, à mera disposição da determinação de objetivos da dominação política, como quer o realismo. Contrariamente a ambas essas posições, o momento de indisponibilidade que se afirma no sentido deontológico da validade dos direitos nos remete à dimensão de uma decisão racional, orientada por princípios e capaz de ser sustentada como a "única decisão correta" ao respectivo caso em tela. Diferentemente do que a hermenêutica jurídica supõe, entretanto, esses princípios não podem ser retirados do contexto tradicional de uma comunidade ética como *topoi* historicamente aceitos, já que a práxis de interpretação requer um ponto de referência que aponte para além das tradições jurídicas habituais. No que se refere ao *método*, Dworkin esclarece esse ponto de referência da razão prática por meio de um procedimento de interpretação construtiva e, no que se refere ao *conteúdo*, com o postulado de uma teoria do direito que, a cada caso, reconstrói racionalmente e traz ao conceito o direito válido.

Assim como na história da ciência, pode-se fazer distinção entre aspectos internamente acessíveis e aspectos externos na história institucional de um sistema jurídico. A reconstrução de problemas instaurados pela perspectiva interna lança uma luz crítica sobre as argumentações encontradas historicamente; à luz de evidências contemporâneas podem-se distinguir as tentativas infrutíferas das tentativas produtivas, impasses e equívocos dos processos de aprendizagem e das soluções momentâneas. Diferentes linhas de reconstrução são abertas em retrospectiva de acordo com o paradigma tomado por base. A escolha do paradigma, porém, não é voluntarista, já que depende da situação hermenêutica de partida, a qual não se encontra à nossa inteira disposição. Tampouco a pré-compreensão paradigmática se mostra impassível de correções: no próprio processo de interpretação ela é testada e modificada. Mesmo ao final, entretanto, a concepção paradigmática que se toma por base da reconstrução, seja da ciência, seja do direito, guarda uma certa força pré-julgadora; ela não é neutra. Por isso, tem de ser justificada teoricamente como o modelo que melhor se adequa às questões da ciência ou do direito.

Esse é justamente o sentido do modelo de direito positivo composto por regras e princípios proposto por Dworkin, o qual assegura por meio de uma jurisprudência discursiva a integridade das relações de reconhecimento recíproco que garantem a cada parceiro do direito iguais consideração e respeito. Fazendo referência à minha crítica a Gadamer,[18] Dworkin caracteriza seu procedimento crítico-hermenêutico como uma "interpretação construtiva", que explicita a racionalidade do processo de entendimento pela referência a um paradigma ou propósito:

> A interpretação construtiva trata de conferir um propósito a um objeto ou a uma prática, de modo a fazer deles o melhor exemplo possível da forma ou do gênero a que supostamente pertencem [...]. Poderíamos então dizer que toda interpretação procura fazer de um objeto o melhor que ele pode ser como exemplo de um suposto empreendimento, e que a interpretação assume formas distintas em diferentes contextos apenas porque empreendimentos distintos empregam padrões diferenciados de valor e de êxito.[19]

Com o auxílio de um tal procedimento de interpretação construtiva,[20] todo juiz deveria ser por princípio capaz de alcançar em todos os casos uma decisão idealmente válida, compensando a suposta "indeterminação do direito" pela fundamentação de sua sentença apoiada em uma "teoria". Essa teoria deve reconstruir a ordem jurídica dada a partir do respectivo caso,

---

18 Habermas, *Theorie des kommunikativen Handelns*, op. cit., v.I, p.188-196; ver também Id., *Zur Logik der Sozialwissenschaften*, Frankfurt/Main, Suhrkamp, 1982, p.271 e ss.

19 Dworkin, *Law's Empire*, op. cit., p.52-53; cf. ali também a nota 2, p.419-420.

20 Entre os poucos trabalhos que buscam relacionar o conceito dworkiniano de interpretação com a discussão europeia, em especial com as concepções de Gadamer, Derrida e com a minha, cf. D. C. Hoy, Interpreting the Law: Hermeneutical and Poststructuralist Perpectives, *Southern California Law Review*, Los Angeles, v.58, 1985, p.135-176; Id., Dworkin's Constructive Optimism vs. Deconstructive Legal Nihilism, *Law and Philosophy*, v.6, n.3, dez. 1987, p.321-356.

Facticidade e validade

de tal modo que o direito vigente possa ser justificado por um conjunto ordenado de princípios e, com isso, apresentar-se como uma corporificação mais ou menos exemplar do direito em geral.[21]

II. A teoria dos direitos de Dworkin

(1) Dworkin espera responder ao problema de como a prática de decisão judicial pode satisfazer simultaneamente ao princípio da segurança jurídica e à pretensão de legitimidade do direito fazendo uso de uma ambiciosa teoria que, sobretudo em casos difíceis, permite fundamentar decisões singulares a partir de um nexo coerente com o direito válido racionalmente reconstruído. A coerência é uma medida para a validez de um enunciado, a qual é mais fraca que a verdade analítica assegurada por meio da dedução lógica, porém mais forte que o critério da não contradição. A coerência entre enunciados é estabelecida por meio de argumentos substanciais (no sentido de Toulmin), isto é, de razões que oferecem a propriedade pragmática de produzir um acordo racionalmente motivado entre os participantes na argumentação.[22]

Argumentos normativos desempenham tipicamente no discurso jurídico um papel segundo o qual, nas colisões entre regras, justificam a escolha da norma adequada a cada caso à luz de princípios. Dworkin se interessa por esses princípios também pelo fato de possuírem um reconhecido conteúdo deontológico que os retira da contingência de positivações ou derrogações arbitrárias. Onde, por exemplo, direitos fundamentais e princípios do Estado de direito são interpretados e configurados, ou outros conteúdos morais que passam a "receber o apoio da proclamação oficial das instituições jurídicas" imigram ao direito, uma transformação de tais preceitos jurídicos não pode afetar seu conteúdo normativo. "Não faz sentido falar que princípios deste tipo são 'rejeitados', ou 'suprimidos'."[23] Certamente, os

---

21 Dworkin, *Bürgerrechte ernstgenommen*, op. cit., p.122; cf. Id., *A Matter of Principle*, op. cit., parte 2.

22 S. Toulmin, *Der Gebrauch von Argumenten*, Cambridge, Cambridge University Press, 1958; S. Toulmin, R. Rieke e A. Janik, *An Introduction to Reasoning*, Nova York, Macmillan, 1979.

23 Dworkin, *Bürgerrechte ernstgenommen*, op. cit., p.82.

princípios não podem ser ontologizados como algo próximo a fatos morais; no entanto, graças à sua força deontológica de justificação, ocupam uma posição de valor na lógica da argumentação, o que explica por que as fontes de fundamentação disponíveis no discurso jurídico permitem ir além das justificações internas e fundamentar as próprias premissas.[24]

Segundo Dworkin, os princípios do direito e os objetivos políticos que o legislador determina em consonância com esses princípios, por sua vez, fornecem os meios argumentativos para reconstruir a massa do direito vigente até o ponto em que possa valer como normativamente justificada. Dworkin exige a construção de uma teoria do direito, não de uma teoria da justiça. A tarefa não consiste na construção filosófica de uma ordem social fundada em princípios de justiça, mas em *encontrar* princípios e objetivos válidos [*gültiger*] a partir dos quais uma ordem jurídica *concreta* pode ser de tal modo justificada em seus elementos essenciais, a ponto de todas as decisões particulares poderem se concatenar como partes coerentes. Essa tarefa ideal, como Dworkin bem sabe, apenas estaria à altura de um juiz cujas faculdades intelectuais pudessem ser comparadas às forças físicas de um Hércules. O "juiz Hércules" tem à sua disposição dois ingredientes de um saber ideal: ele conhece todos os princípios e objetivos válidos necessários à justificação; ao mesmo tempo, possui uma visão completa da densa rede de elementos do direito vigente, entrelaçados por elos argumentativos, que encontra diante de si. Ambos os componentes estabelecem limites à construção teórica. O campo de ação que Hércules preenche com sua capacidade argumentativa

---

24 "*I mean only to suppose that a particular social institution like slavery might be unjust, not because people think it unjust, or have conventions according to which it is unjust [...], but just because slavery is unjust. If there are such moral facts, then a proposition of law might rationally be supposed to be true even if lawyers continue to disagree about the proposition after all hard facts are known or stipulated*" (Dworkin, *A Matter of Principle*, op. cit., p.138). ["Com isso quero apenas supor que uma instituição particular como a escravidão pode ser injusta não porque as pessoas pensam que ela é injusta, ou porque existem convenções de acordo com as quais ela é injusta (...), mas somente porque a escravidão é injusta. Se existem fatos morais desse tipo, então uma proposição do direito deve ser verdadeira ainda que advogados continuem a discordar sobre a proposição mesmo depois que todos os casos difíceis são conhecidos e estipulados" – N. T.]

Facticidade e validade

sobre-humana é definido, por um lado, pela possibilidade de variação nas hierarquias de princípios e objetivos e, por outro, pela necessidade de olhar criticamente a massa do direito positivo e corrigir "erros". Com efeito, Hércules deve descobrir aquele conjunto coerente de princípios capaz de justificar a história institucional de um determinado sistema jurídico "da maneira como exige a *equidade*".

Mas somente um sistema jurídico justo, resultado de um processo contínuo de aprendizagem, poderia ser plenamente justificado por esse caminho: "Dessa forma, Hércules tem de ampliar sua teoria [...] a ponto de incluir a ideia de que uma justificação da história institucional possa mostrar que uma determinada parte dessa história apoia-se em erros".[25] Por outro lado, Hércules não deve equiparar o papel do teórico que *reconstrói* o direito vigente com o de um legislador que o *constrói*. Nem todos os elementos de uma ordem jurídica, porém, possuem o mesmo grau de obrigatoriedade; em diferentes medidas, eles se mostram passíveis de uma avaliação sondadora e corretiva. Partindo do marco da Constituição e das normas constitucionais particulares, passando pelas simples leis e pelos direitos consuetudinários até chegarmos às decisões de princípio, aos comentários e a outras fontes do direito, vemos aumentar a contingência dos contextos de surgimento e, com isso, a margem para uma avaliação retrospectiva transformadora. Dworkin discute de forma luminosa os pontos de vista sob os quais os precedentes, por exemplo, assumem pesos distintos para decisões atuais, de tal modo que Hércules "pode deixar de lado uma determinada parte da história institucional".[26] Uma tal teoria reconstrutiva do direito tem de ser suficientemente seletiva para permitir, a cada caso, apenas uma decisão correta, a qual revele quais pretensões as partes podem fazer valer no âmbito da ordem jurídica vigente, o que significa: quais direitos lhes assistem de forma objetiva. A teoria do juiz Hércules reconcilia as decisões racionalmente reconstruídas do passado com a pretensão de aceitabilidade racional no presente, isto é, reconcilia a história com a justiça. Ela dissolve a "tensão entre a originalidade do juiz e a história institucional [...]. Juízes têm de emitir novos juízos

---

25 Dworkin, *Bürgerrechte ernstgenommen*, op. cit., p.206.
26 Ibid., p.203.

sobre as partes que ante eles se apresentam; esses direitos políticos não se opõem às decisões políticas do passado, mas as refletem".[27]

(2) Sobre o postulado de uma tal teoria do direito, que precisaria harmonizar a positividade da ordem jurídica com a legitimidade de pretensões juridicamente acionáveis e, com isso, trabalhar aquela tensão entre facticidade e validade que se produz na própria validade jurídica, estende-se a ampla sombra de fortes idealizações. A teoria exige como autor nada menos que um Hércules; essa irônica atribuição não dissimula em nada as exigências ideais a que a teoria deve satisfazer. Por isso a proposta de Dworkin provocou forte controvérsia. Ela gira em torno da questão sobre a possibilidade de entendermos essas exigências ideais como expressão de uma ideia regulativa pela qual os juízes precisam se orientar caso pretendam fazer jus ao *télos* inscrito na jurisprudência moderna – ou se estariam medindo o processo de decisão judicial por um falso ideal.

(a) O chamado Critical Legal Studies Movement (CLS) acolhe boa parte dos questionamentos do *realismo jurídico*, mas suas análises de crítica do direito não são feitas pela perspectiva de um suposto observador sociológico, conduzindo-as, como Dworkin, pela perspectiva participante do próprio juiz.[28] Os realistas haviam abalado três dogmas da teoria do direito: a suposição de que existem direitos, a suposição de que os casos atuais podem ser decididos de forma consistente em conformidade ao direito vigente e, com isso, também a suposição central de que os juízos dos tribunais são em regra racionais, isto é, suficientemente determinados pelas previsões legislativas, jurisprudência, doutrina dominante etc. A teoria do direito de Dworkin dá a essas três suposições uma leitura construtivista menos vul-

---

27 Ibid., p.153.

28 R. M. Unger, *The Critical Legal Studies Movement*, Cambridge, Harvard University Press, 1986; D. M. Trubek e J. P. Esser, Critical Empiricism and American Critical Legal Studies, in: C. Joerges e D. M. Trubek (eds.), *Critical Legal Thought: an American-German Debate*, Madison, University of Wisconsin Law School, 1989; G. Minda, The Jurisprudential Movements of the 1980's, *Ohio State Law Journal*, Columbus, v.50, n.3, 1989, p.599-662; Boyle, The Politics of Reason: Critical Legal Theory and Local Social Thought, *University of Pennsylvania Law Review*, Filadélfia, v.133, n.4, 1985, p.685-780.

nerável. O sentido deontológico de direitos indisponíveis manifesta-se no fato de imporem "limites" contra finalidades políticas e bens coletivos. Sua elaboração só pode ser feita em argumentações orientadas pela teoria do direito, nas quais certos elementos do direito vigente, sobretudo decisões passadas dos tribunais superiores, podem se mostrar retrospectivamente como errôneas. Apenas um direito positivo justificado por princípios permite alcançar a "única decisão correta". Na visão do CLS, entretanto, esse recurso a um pano de fundo teórico faz que as antigas objeções realistas venham a ser hoje aplicáveis a esse racionalismo renovado.

Como os juízes, enquanto seres de carne e osso, ficam muito aquém da figura ideal de Hércules, a recomendação de se orientar por essa figura em seu trabalho cotidiano expressa na realidade apenas o desejo de se confirmar uma práxis decisória isenta de interesses, orientações políticas, parcialidade ideológica e outros fatores externos. Os juízes escolhem princípios e objetivos, construindo a partir deles as próprias teorias jurídicas com as quais podem "racionalizar" suas decisões, isto é, dissimular os prejuízos com os quais compensam a indeterminação objetiva do direito.[29]

Dworkin poderia responder com a explicação de uma premissa deixada mais ou menos oculta. Na medida em que os críticos conseguem de fato comprovar, com base em convincentes estudos de caso, que as decisões dos tribunais podem ser melhor explicadas por fatores extralegais do que pelas próprias circunstâncias jurídicas, os fatos falam contra a práxis existente. No entanto, a indeterminação interna do direito não é resultado, como sugerem os críticos, da própria estrutura do direito, mas, por um lado, do fracasso dos juízes em desenvolver a melhor teoria possível e, por outro, da história institucional de uma ordem jurídica que em maior ou menor medida se furta a uma reconstrução racional. A interpretação construtiva só pode ser conduzida com sucesso na medida em que na história de surgimento de uma ordem jurídica concreta se sedimentou, ainda que de forma fragmentária, algo como uma "razão existente". Como norte-americano, Dworkin conta com um desenvolvimento constitucional contínuo de mais

---

29 A. Altman, Legal Realism, Critical Legal Studies, and Dworkin, *Philosophy & Public Affairs*, Nova Jersey, v.15, n.3, 1986, p.202-235.

de dois séculos; como liberal, tende a uma avaliação otimista do desenvolvimento jurídico norte-americano, descobrindo ali, preponderantemente, processos de aprendizagem. Contudo, mesmo aqueles que não compartilham dessa mesma confiança, ou se encontram no contexto de uma outra história político-jurídica, não precisam renunciar à ideia regulativa corporificada por Hércules, por serem capazes de encontrar no direito vigente pontos de apoio históricos para uma reconstrução racional.

Com o conceito de "integridade", Dworkin procura esclarecer que *todas* as ordens jurídicas modernas remetem à ideia de Estado de direito e, desse modo, asseguram à hermenêutica crítica um ponto de referência sólido, mesmo ali onde a razão prática deixou vestígios mais frágeis na história institucional. Com o princípio de "integridade", Dworkin caracteriza o ideal político de uma comunidade cujos associados se reconhecem reciprocamente como parceiros do direito livres e iguais. Trata-se de um princípio que obriga tanto os cidadãos quanto os órgãos legislativos e jurisprudenciais a efetivar nas práticas e instituições sociais a norma fundamental de iguais consideração e respeito a todos: *"It insists that people are members of a genuine political community only when they accept that their fates are linked in the following strong way: they accept that they are governed by common principles, not just by rules hammered out in political compromise"*.[30] Quando uma comunidade política se estabelece como tal, o ato constituinte de sua fundação denota que os cidadãos reconhecem um sistema de direitos que lhes assegura autonomia privada e pública. Ao mesmo tempo, eles reclamam reciprocamente a participação comum em um processo político, o qual Dworkin descreve da seguinte maneira: *"It is a theater of debate of which principles the community should accept as system"* [É o teatro de debate acerca dos princípios que a comunidade deve aceitar como sistema]. Nas exigências ideais dirigidas a uma jurisdição teoricamente orientada, reflete-se a ideia regulativa que os juízes encontram na Constituição do país (ou em seus equivalentes):

---

30 Dworkin, *Law's Empire*, op. cit., p.211. ["Ele insiste que os indivíduos só são membros de uma comunidade política quando aceitam que seus destinos estão ligados neste sentido forte: eles aceitam que são governados por princípios comuns e não apenas por regras forjadas em compromissos políticos" – N. T.]

Facticidade e validade

> *An association of principle is not automatically a just community; its conception of equal concern may be defective or it may violate rights of its citizens or citizens of other nations [...]. But the model of principle satisfies the conditions of a true community better than any other model of community that is possible for people who disagree about justice and fairness to adopt.*[31]

Com essa resposta a uma primeira rodada de críticas, as idealizações presentes na teoria de Hércules são derivadas de uma ideia regulativa não diretamente elaborada a partir do problema da racionalidade da jurisprudência, emergindo, na verdade, de uma autocompreensão normativa das ordens do Estado de direito inscrita na própria realidade constitucional. A obrigação de o juiz decidir o caso particular à luz de uma teoria que justifique o direito válido como um todo a partir de princípios é reflexo da obrigação *anterior* dos cidadãos, atestada pelo ato fundacional da Constituição, de proteger a integridade de sua vida em comum por meio de sua orientação por princípios de justiça e de seu respeito mútuo como membros de uma associação de livres e iguais. Ainda assim, esse ideal político poderia ser mera expressão de uma falsa idealização. Nesse sentido, a práxis constitucional estaria iludindo a si mesma, com a grave consequência de onerar as instituições com tarefas que não podem ser cumpridas.

(b) Na rodada seguinte, os críticos procuram demonstrar que Dworkin exige de seu Hércules um programa *irrealizável*. Duncan Kennedy, por exemplo, procura mostrar em um conhecido estudo de caso que a evolução do direito privado norte-americano gira em torno de dois princípios incompatíveis. De um lado, impõe-se o princípio da autonomia individual do contrato e, com isso, a visão liberal da sociedade como uma concorrência regulada entre pessoas privadas que agem de modo racional com respeito a fins; de outro, o princípio da proteção da confiança contratual que gera obrigações recíprocas e, com isso, a visão contrária de uma associação ba-

---

31 Ibid., p.213-214. ["Uma associação de princípio não é automaticamente uma comunidade justa; sua concepção de igual consideração a todos pode ser falha ou violar direitos de seus cidadãos ou cidadãos de outras nações (...). Mas o modelo de princípio satisfaz à condição de uma verdadeira comunidade melhor que qualquer outro modelo possível para pessoas que discordam acerca da justiça e da equidade" – N. T.]

Jürgen Habermas

seada na consideração mútua e na solidariedade.[32] Protagonistas do CLS generalizam o resultado desta e de outras investigações na tese de que o direito vigente estaria repleto de princípios e objetivos *contrapostos*; desse modo, toda tentativa de reconstrução racional estaria fadada ao fracasso: "A tese da indeterminação radical, em última instância, diz que o direito como sistema de regras possui uma estrutura a partir da qual não pode haver nenhuma práxis decisória, por mais idealizada que seja, que garanta a todos um tratamento igual, e isso quer dizer: que garanta a justiça".[33]

Dworkin responde a essa ressalva com a observação sumária de que os críticos negligenciam a diferença decisiva entre princípios que entram em colisão no caso particular e princípios que se contradizem entre si; do contrário, teriam percebido que os esforços teóricos de Hércules têm início justamente no ponto em que os críticos terminam suas investigações históricas, precipitadamente generalizadas, com conclusões céticas a respeito do direito.[34] Klaus Günther tornou essa indicação precisa ao diferenciar, nos termos da lógica da argumentação, "discursos de fundamentação" e "discursos de aplicação".

Ao se partir da consideração de que nos casos típicos da jurisdição atual não entram em jogo somente regras de aplicação específica, mas também princípios, é fácil mostrar por que a probabilidade de colisão é alta — e que isso, contudo, não revela nenhuma incoerência profunda no próprio sistema jurídico. Salvo aquelas normas que em seu componente condicional especificam a tal ponto as condições de aplicação que podem apenas ser aplicadas a algumas poucas situações *standard* altamente tipificadas e muito bem circunscritas (e que, portanto, encontram aplicação sem grandes dificuldades hermenêuticas), *todas* as demais normas são *inerentemente* indeterminadas. Exceções constituem aquelas normas chamadas por Dworkin de "regras" e que, nos casos de colisão, exigem uma decisão nos termos de tudo ou nada.

---

32 D. Kennedy, Form and Substance in Private Law Adjudication, *Harvard Law Review*, Cambridge, v.89, 1976, p.168 e ss.

33 G. Frankenberg, Der Ernst im Recht, *Kritische Justiz*, Baden-Baden, v.20, 1987, p.304; cf. ali bibliografia complementar.

34 Dworkin, *Law's Empire*, op. cit., p.271-275.

Facticidade e validade

A coerência de um sistema jurídico encontra-se de fato em perigo caso regras conflitantes *desse tipo* prescrevam preceitos contraditórios para o mesmo caso de aplicação e pretendam igualmente validade. Todas as demais normas – e isto vale não apenas para direitos fundamentais e princípios do Estado de direito, em cuja luz pode se justificar o sistema jurídico em seu todo – permanecem indeterminadas em suas referências à situação e requerem especificações *adicionais* no caso particular. Elas são apenas *prima facie* aplicáveis, de modo que em um discurso de aplicação, e só nele, há de se examinar se podem ser aplicadas a uma situação não plenamente prevista no processo de fundamentação – ou se, sem prejuízo de sua validez, hão de abrir espaço para a aplicação de outra norma que se mostre "mais adequada". Somente quando se conclui que uma norma válida é a única adequada a um caso a ser decidido, essa norma funda um juízo singular capaz de sustentar a pretensão de ser correto. Que uma norma valha *prima facie* significa meramente que foi *fundamentada* com imparcialidade; apenas sua *aplicação* imparcial conduz à decisão válida de um caso. A validez da norma ainda não garante justiça no caso particular.

A aplicação imparcial de uma norma fecha os espaços com frequência deixados em aberto em seu processo de fundamentação imparcial, normalmente devido à própria imprevisibilidade de situações futuras.[35] Nos discursos de aplicação, não se trata da validade de uma norma, mas de sua *referência*

---

35 K. Günther, Ein normativer Begriff der Kohärenz: Für eine Theorie der juristischen Argumentation, *Rechtstheorie*, Berlim, v.20, 1989, p.168. "Que não contemplamos todas as situações de aplicação de uma norma quando a reconhecemos como 'válida' pode-se já perceber claramente no uso que fazemos desse predicado na linguagem ordinária. Também consideramos válidas normas que sabemos poder colidir em certas situações com outros interesses generalizáveis. Nesse sentido, sabemos, por exemplo, que a norma 'promessas devem ser cumpridas' pode entrar em colisão, em certas situações, com a norma 'ajude o seu próximo quando este se encontrar em necessidade' (e poderíamos prever isso também em um discurso sobre a validade dessas normas) [...]. Apesar da possibilidade bastante provável de sua colisão, no entanto, não consideramos nenhum desses mandamentos inválidos, e seria estranho que um discurso sobre a validade dessas normas chegasse a um resultado contrário devido simplesmente à possibilidade de sua colisão." Cf. também Habermas, *Erläuterungen zur Diskursethik*, op. cit., p.137 e ss.

adequada a uma situação. Como toda norma se limita a apreender aspectos determinados de um caso particular situado no mundo da vida, devem ser examinadas quais descrições de estados de coisas são relevantes para se interpretar a situação de um caso controverso e qual das normas válidas *prima facie* mostra-se adequada à situação apreendida da maneira mais completa possível, em todos os seus conteúdos objetivos relevantes:

> É supérfluo aqui perguntar se os participantes do discurso contam primeiro com uma descrição completa da situação e somente depois com o conjunto de todas as normas *prima facie* aplicáveis, ou se a descrição da situação apenas se mostra à luz de uma pré-compreensão das normas possivelmente aplicáveis [...]. Os participantes só poderão saber com que outras normas pode colidir uma norma *prima facie* aplicável em uma situação particular quando referirem todas as características relevantes de uma descrição da situação às normas aplicáveis.[36]

O processo hermenêutico de aplicação de uma norma pode ser entendido como um entrelaçamento entre descrição da situação e concretização da norma geral; o que em última instância decide é a equivalência de significado entre, de um lado, a descrição do estado de coisas que faz parte da interpretação da situação e, de outro, a descrição do estado de coisas que vem estabelecida no componente descritivo da norma, isto é, na condição de sua aplicação. K. Günther resume essa complexa relação em uma fórmula clara: a justificação de um juízo singular tem de se basear no conjunto de todas as razões normativas consideradas relevantes em virtude de uma interpretação completa da situação.[37]

Estaríamos confundindo a "validade" de uma norma, justificada em seu aspecto de fundamentação, com a "adequação" de uma norma, examinada no discurso de aplicação, caso entendêssemos a "colisão" das normas ponderadas no processo de interpretação como um "paradoxo" no próprio

---

36 Günther, Ein normativer Begriff der Kohärenz, op. cit., p.175.

37 K. Günther, Universalistische Normbegründung und Normanwendung, in: M. Herberger et al., Generalisierung und Individualisierung im Rechtsdenken, *Archiv für Rechts- und Sozialphilosophie*, Beihfet 45, 1991.

sistema normativo. Em vez disso, da indeterminação das normas válidas, explicável nos termos da lógica da argumentação, decorre muito mais o sentido metodologicamente saudável de uma concorrência entre normas que se candidatam *prima facie* a ser aplicadas em um caso concreto:

> A colisão normativa não pode ser reconstruída como um conflito de pretensões de validade, já que as normas colidentes ou suas variações de significado concorrentes assumem uma relação determinada entre si somente em uma situação concreta. Um discurso de fundamentação tem de abstrair precisamente dessa dependência da situação que caracteriza o problema de colisão [...]. Apenas na situação de cada caso sabemos quais outras normas ou variantes interpretativas são possivelmente aplicáveis.[38]

(c) Com a elegante proposta de Günther, entretanto, modifica-se certamente o sentido da coerência do sistema jurídico justificada *idealiter*. Assim como antes, a teoria do direito postulada continua possuindo a tarefa de reconstruir racionalmente o direito válido, de modo a possibilitar com precisão uma solução correta para cada novo caso de aplicação. Mas a teoria oferece agora apenas indicações para um conjunto *flexível* de princípios e finalidades, transformados em uma ordem transitiva somente nos discursos de aplicação referidos a cada caso. As relações entre as normas válidas *alteram-se* em função da constelação de características relevantes de um caso a ser decidido. Assim, a indeterminação de uma norma válida, mas só aplicável *prima facie* (a qual decorre da divisão de trabalho entre fundamentação e aplicação), reflete-se nos graus de liberdade de um conjunto móvel de princípios, cuja ordem de relações entre si só se estabelece depois de fixado concretamente o modo como a norma adequada se refere à situação.

Se toda norma válida se vê na dependência de ser coerentemente complementada por todas as demais normas aplicáveis em uma situação, seu significado se altera em cada situação. Desse modo, tornamo-nos dependentes da *história*,

---

38 Id., *Der Sinn für Angemessenheit*, op. cit., p.300.

pois ela produz situações imprevisíveis que nos compelem, a cada vez, a uma *outra* interpretação do conjunto de todas as normas válidas.[39]

Ao que parece, essa teoria da coerência do direito só pode evitar a indeterminação que supostamente acompanharia a estrutura contraditória do direito vigente à custa da indeterminação da própria teoria. Mas poderia tal teoria orientar uma práxis decisória que garantisse a segurança jurídica? Contra a versão de Dworkin da teoria da coerência foi levantada a objeção de que uma reconstrução racional de decisões passadas exigiria uma revisão caso a caso, que levaria, por sua vez, a uma interpretação retroativa do direito vigente. Esse *ripple effect argument* [argumento do efeito oscilante][40] afeta sobretudo a interpretação dada por Günther à teoria da coerência de Dworkin, isto é, ao "movimento de oscilação" ao qual o sistema de regras se vê exposto caso a caso por cada nova interpretação coerente. Os aspectos surpreendentes apresentados por cada novo caso parecem, assim, arrastar a própria teoria para o turbilhão da história. O problema salta aos olhos: o legislador político se vê obrigado a reagir acomodando-se aos processos históricos, embora se espere que o direito exista justamente para sustentar barreiras estáveis de expectativas de comportamento contra a pressão exercida pela variação histórica.

Uma primeira resposta a essa objeção poderia consistir na problematização do conceito de segurança jurídica. Um sistema jurídico que, diferentemente da imagem positivista, não é composto somente por "regras" – isto é, normas que carregam *a fortiori* os correspondentes procedimentos de aplicação nelas embutidos – não pode garantir o mesmo grau de previsibilidade das decisões judiciais possibilitado pelos programas condicionais. A concepção clássica da segurança jurídica, cujas implicações racionais foram analisadas por Lon Fuller,[41] por exemplo, demanda uma estrutura de regras

---

39 Id., Ein normativer Begriff der Kohärenz, op. cit., p.182.

40 K. J. Kress, Legal Reasoning and Coherence Theories: Dworkin's Rights Thesis, Retroactivity, and the Linear Order of Decisions, *California Law Review*, Berkeley, v.72, n.3, maio 1984, p.369-402.

41 Summers, *Lon L. Fuller*, op. cit., p.27 e ss., p.36 e ss.

Facticidade e validade

que jamais poderá ser satisfeita por um sistema jurídico complexo e autor-referencial, constituído de regras, princípios e determinações de finalida-des. Desse modo, a segurança jurídica, que se apoia no reconhecimento de expectativas de comportamento condicionadas de modo inequívoco, repre-senta ela mesma um princípio que precisa ser ponderado a cada caso com outros princípios. A teoria do direito aqui postulada possibilita, em com-pensação, a "única decisão correta", que garante a segurança jurídica em um *âmbito distinto*. Os direitos processuais asseguram a cada pessoa de direito a pretensão a um procedimento *equitativo*, o qual não garante a segurança dos resultados, mas, sim, o esclarecimento discursivo de todas as questões de fato e de direito que se mostrem pertinentes; dessa forma, os concernidos podem contar com um processo decisório no qual serão decisivos não mo-tivos arbitrários, mas apenas razões relevantes. Se considerarmos o direito vigente como um sistema de normas idealmente coerente, esta *segurança ju-rídica dependente do procedimento* pode preencher as expectativas de uma comu-nidade jurídica que zela por sua integridade, orientada por princípios, para que a cada um sejam garantidos os direitos que lhe competem.

A seguinte proposta vai além na resposta ao problema da retroativida-de.[42] Se a decisão de um caso à luz de uma norma priorizada significa fazer uso ótimo de um sistema de normas válidas em atenção a todas as circuns-tâncias relevantes e se esse sistema encontra-se em constante movimento porque as relações de primazia podem mudar com cada nova situação que se apresente, então a orientação por esse ideal exigente acabaria, em regra, sobrecarregando mesmo a jurisprudência mais profissionalizada. Por isso, a complexidade dessa tarefa é de fato reduzida pela *compreensão paradigmática do direito* dominante. O lugar do ideal é ocupado por paradigmas

nos quais as normas que temos por válidas aqui e agora foram elencadas em uma ordem transitiva. Como tal ordem não pode ser construída sem referência

---

42 Não considero nesse contexto propostas institucionais como as que, por exemplo, estendem a proibição de efeito retroativo no direito penal a mudanças na juris-prudência que se mostrem *prejudiciais*. Cf. U. Neumann, Rückwirkungsverbot bei belastenden Rechtsprechungsänderungen der Strafgerichte? *Zeitschrift für die gesamte Staatswissenschaft*, Tübingen, v.103, 1991, p.331-356.

a possíveis situações de aplicação, esses paradigmas contêm descrições generalizadas de situações de um determinado tipo. Habitualmente recorremos a tais ordens sistematizadas com maior ou menor força quando solucionamos casos de colisão típicos ou esperáveis. Elas formam um contexto de fundo no qual estão inseridos nossas respectivas apreciações da situação e os correspondentes juízos morais *prima facie*. Junto com outros saberes de orientação cultural, esses paradigmas pertencem às formas de vida nas quais respectivamente nos encontramos.[43]

Exemplos históricos de tais ideologias jurídicas são os modelos sociais do direito formal burguês e o direito materializado do Estado social, cristalizados no primeiro caso em torno dos direitos subjetivos dos participantes privados do mercado e, no segundo, em torno de expectativas a prestações sociais portadas pelos "clientes" das burocracias do Estado social. Tais paradigmas desoneram Hércules da supercomplexa tarefa de aplicar, a olho nu e sem mediações, um conjunto desorganizado de princípios aplicáveis apenas *prima facie* às características relevantes de uma situação apreendida da forma mais completa possível. Portanto, o resultado do processo será passível de prognóstico também para as partes, na medida em que o paradigma correspondente determine uma compreensão de fundo que os especialistas em direito compartilham com todos os demais membros da comunidade jurídica.

Decerto é irônico que o elemento capaz de aumentar a segurança jurídica seja precisamente aquele que, por um lado, reduz as exigências ideias da teoria do direito e, por outro, se mostra demasiadamente suscetível a formações ideológicas. Os paradigmas se solidificam em ideologias na medida em que se fecham de forma sistemática contra novas percepções da situação e contra outras interpretações dos direitos e princípios à luz de novas experiências históricas. Ainda nos ocuparemos de exemplos. Paradigmas "fechados", que se autoestabilizam por meio de monopólios de

---

43 Günther, Ein normativer Begriff der Kohärenz, op. cit., p.182; sobre isso, Habermas, Der Philosoph als wahrer Rechtslehrer: Rudolf Wiethölter, *Kritische Justiz*, Baden-Baden, v.22, n.2, 1989, p.138-156.

Facticidade e validade

interpretação profissionais ou jurisprudencialmente institucionalizados e que só podem ser revisados internamente segundo seus próprios critérios, expõem-se a uma objeção metodológica com a qual o ceticismo típico do realismo jurídico encontra um novo alvo: em contraposição ao exigido ideal de coerência jurídica, interpretações de caso coerentes permanecem, em essência, indeterminadas dentro de um paradigma jurídico *fixo*; pois elas concorrem com outras interpretações também coerentes do mesmo caso em paradigmas jurídicos alternativos. Já por esse motivo, uma *compreensão procedimental do direito* tem de demarcar o âmbito no qual os paradigmas jurídicos tornados reflexivos se abram *uns aos outros* e possam se *afirmar* perante as múltiplas interpretações da situação mobilizadas em cada caso. Voltarei a isto no último capítulo.

III. Sobre a teoria dos discursos jurídicos

(I) As objeções até aqui discutidas contra o sentido e a viabilidade de uma teoria ideal do direito que possibilite a melhor interpretação judicial possível dos direitos e deveres, da história institucional e da estrutura política de uma comunidade constituída segundo os termos do Estado de direito partiram da premissa de que uma tal teoria possui um único ator – o respectivo juiz, adotando não por acaso Hércules como modelo. As próprias respostas que Dworkin dá, ou teria condições de ter dado, a seus críticos suscitam dúvidas sobre a sustentabilidade dessa abordagem *monológica*. Pois o ponto de vista da integridade, sob o qual o juiz reconstrói racionalmente o direito vigente, é expressão de uma ideia de Estado de direito que a jurisdição, juntamente com o legislador político, *apenas toma de empréstimo* do ato fundacional da Constituição e da práxis dos cidadãos que participam do processo constitucional. Dworkin oscila entre a perspectiva dos cidadãos, a partir da qual se legitimam deveres judiciais, e a perspectiva do juiz, que reivindica um privilégio cognitivo e que, ao final, tem de confiar apenas em si mesmo quando sua interpretação diverge de todas as demais:

We want our officials to treat us as tied together in an association of principle, and we want this for reasons that do not depend on any identity of conviction among these officials [...]. Our reasons endure when judges disagree, at least in detail, because each judge still confirms and reinforces the principled character of our association by striving, in spite of the disagreement, to reach his own *opion.*[44]

Esses enunciados pressupõem que o juiz, tanto em função de seus conhecimentos e habilidades profissionais quanto de suas virtudes pessoais, encontra-se singularmente qualificado para assegurar, em *substituição* aos cidadãos, a integridade da comunidade jurídica. Na medida em que cada um dos juízes encontra-se subjetivamente convencido de que sua teoria lhe permite chegar à "única" decisão "correta", a práxis jurisdicional deve poder assegurar a socialização autônoma de cidadãos que se orientam por princípios: *"The judge represents integrity – self-government – to the community, not of it [...]".*[45]

O ponto de vista da integridade deveria liberar Hércules da solidão de uma construção teórica monológica. Pois assim como Parsons, Dworkin entende o direito como meio de integração social, isto é, como um meio que permite manter a autocompreensão de uma comunidade solidária, ainda que em uma forma altamente abstrata. Nas sociedades complexas, essas relações de reconhecimento recíproco que se constituem por meio da ação comunicativa em formas de vida concretas só podem ser generalizadas de modo abstrato pelo direito: *"I argued that a community of principles, which take integrity to be central to politics [...], assimilates political obligations to the general class of associative obligations [...]. A general commitment to integrity express a concern by each*

---

44 Dworkin, *Law's Empire*, op. cit., p.264. Grifos meus (J. H.). ["Queremos que nossas autoridades nos tratem como pessoas unidas umas às outras em uma associação de princípio, e o queremos por razões que não dependam de uma identidade de convicção entre essas autoridades (...). Nossas razões persistem quando os juízes estão em desacordo, ao menos em detalhe, porque cada juiz ainda confirma e reforça o caráter principiológico de nossa associação ao se empenhar, apesar do desacordo, em *alcançar sua própria* opinião" – N. T.]

45 F. I. Michelman e K. M. Sullivan, The Supreme Court 1985 Term, Foreword, *Harvard Law Review*, Cambridge, v.100, n.I, nov. 1986, p.72-73. ["O juiz representa a integridade – o autogoverno – à comunidade, e não da comunidade (...)" – N. T.]

Facticidade e validade

for all [...]".[46] Entretanto, a ampliação de relações concretas de reconhecimento em relações jurídicas abstratas de reconhecimento recíproco requer o uso da forma de reflexão da ação comunicativa, isto é, de uma prática argumentativa que exige de cada participante que assuma a perspectiva de todos os demais. O próprio Dworkin admite esse núcleo procedimental do princípio da integridade juridicamente assegurada, na medida em que enxerga o igual direito a liberdades subjetivas de ação como sendo fundado no direito a iguais liberdades comunicativas.[47] Isso sugere a consequência de ancorar as exigências ideais da teoria do direito no ideal político de uma "sociedade aberta de intérpretes da Constituição",[48] e não no ideal da personalidade de um juiz que se distingue por suas virtudes e por seu acesso privilegiado à verdade.

A perspectiva monológica se torna ainda mais insustentável quando se leva em consideração o papel necessário de paradigmas jurídicos como redutores da complexidade, como faz Günther. Pois a compreensão paradigmática do direito apenas pode restringir a indeterminação do processo decisório teoricamente dirigido e garantir um grau suficiente de segurança jurídica se for intersubjetivamente compartilhada por *todos* os parceiros do direito e expressar uma autocompreensão constitutiva da identidade da comunidade jurídica. Isso vale também, *mutatis mutandis*, para uma compreensão procedimental do direito que conta de antemão com uma concorrência regulada discursivamente entre diferentes paradigmas. Por isso é necessário um esforço cooperativo para combater a suspeita de ideologia que se aloja sob tal compreensão de fundo. O juiz individual tem de conceber sua interpretação construtiva fundamentalmente como um empreendimento co-

---

46 Dworkin, *Law's Empire*, op. cit., p.216. ["Argumentei que uma comunidade de princípios que assume a integridade como central à política (...) assimila as obrigações políticas à classe geral de obrigações associativas (...). Um compromisso geral pela integridade expressa uma preocupação de cada um por todos (...)" – N. T.]

47 Id., *Bürgerrecht ernstgenommen*, op. cit., p.440; cf. também Günther, *Der Sinn für Angemessenheit*, op. cit., p.351 e ss.

48 Cf. o artigo homônimo em: P. Häberle, *Die Verfassung des Pluralismus*, Frankfurt/Main, Müller, 1980, p.79-105.

mum, sustentado pela comunicação pública dos cidadãos. Frank Michelman critica nesse mesmo sentido a concepção monológica que Dworkin possui do processo de decisão judicial:

> *What is lacking is dialogue. Hercules [...] is a loner. He is much too heroic. His narrative constructions are monologous. He converses with no one, except through books. He has no encounters. He meets no otherness. Nothing shakes him up. No interlocutor violates the inevitable insularity of his experience and outlook. Hercules is just a man, after all. No one man or women could be that. Dworkin has produced an apotheosis of appellate judging without attention to what seems the most universal and striking institutional characteristic of the appellate bench, its plurality.*[49]

Esse comentário já contém uma indicação sobre o modo de se escapar do dilema de, por um lado, ter de se assumir a falibilidade de construções teóricas tão exigentes sem, por outro lado, negligenciar o caráter profissional do processo de decisão judicial. Hércules poderia se entender como parte da comunidade de interpretação constituída por especialistas em direito, tendo de orientar suas interpretações pelos *standards* da prática interpretativa reconhecidos na profissão: *"He is disciplined by a set of rules that specify the relevance and weight to be assign to the material (e. g. words, history, intention and consequence), as well as by those that define basic concepts and that establish the procedural circumstances under which the interpretation must occur"*.[50] Com essa proposta,

---

49 Michelman, Justification (and Justifiability) of Law in a Contradictory World, op. cit., p.76; cf. Günther, Hero-Politics in Modern Legal Times, *Working Papers Series 4*, Madison, Institute for Legal Studies, Madison Law School, 1990. ["O que lhe falta é diálogo. Hércules (...) é um solitário. E excessivamente heroico. Suas construções narrativas são monológicas. Ele não conversa com ninguém, senão através de livros. Ele não tem encontros. Não experimenta a alteridade. Nada o emociona. Nenhum interlocutor viola a inevitável insularidade de sua experiência e perspectiva. E, acima de tudo, Hércules é apenas um homem. Nenhum homem ou mulher poderia ser assim. Dworkin construiu uma apoteose do magistrado julgando, mas sem dar atenção ao que parece ser a característica institucional mais universal e impressionante da classe judicial, sua pluralidade" – N. T.]

50 O. Fiss, Objectivity and Interpretation, *Stanford Law Review*, v.34, n.4, abr. 1982, p.739-763. ["Ele se encontra disciplinado por um conjunto de regras que es-

Facticidade e validade

Owen Fiss tem em mente, em particular, aqueles princípios procedimentais e máximas de interpretação constitutivos do papel e da prática de uma jurisdição imparcial, os quais têm de assegurar a independência da justiça, a restrição da discricionariedade subjetiva, o respeito pela integridade das partes, a fundamentação e a resolução escrita da sentença, sua neutralidade etc. Esses *standards profissionalmente comprovados* teriam a finalidade de garantir a verificabilidade intersubjetiva e objetividade das decisões.

Certamente, o status dessas regras não deixa de ser problemático. Por um lado, elas servem à justificação procedimental da prática de decisões judiciais, fundamentando assim a validez dos juízos jurídicos; por outro, a validez desses princípios procedimentais e dessas máximas de interpretação é ela mesma verificada em relação a práticas e tradições aceitas de uma cultura de especialistas, comprometidas com a racionalidade e os princípios do Estado de direito: *"Legal interpretations are constrained by rules that derive their authority from an interpretative community that is itself held together by the commitment to the rule of law".*[51] Pela perspectiva do observador, tais *standards* possuem apenas o status de um sistema de regras de ética profissional que se legitima a si própria. No interior de uma mesma cultura jurídica, já se encontram distintas subculturas que disputam a escolha dos *standards* corretos. Pela perspectiva interna, a autolegitimação fática de um estamento profissional, que de modo algum é homogêneo, não basta para que se aceite a validez de princípios procedimentais que, por sua vez, fundamentam a validez. Os princípios procedimentais que asseguram a validez dos resultados de uma prática decisória procedimentalmente correta exigem uma fundamentação interna. Também não basta o recurso a regulamentações processuais juridicamente positivadas; pois a racionalidade que, sem dúvida nenhuma, acompanha de forma inerente as prescrições processuais faz parte do direito vigente, necessitando assim de

---

pecificam a relevância e o peso a serem atribuídos ao material (i. e. as palavras, a história, a intenção, as consequências), assim como por *standards* que definem conceitos básicos e estabelecem as circunstâncias procedimentais nas quais a interpretação tem de ocorrer" – N. T.]

51 Ibid., p.762. ["As interpretações jurídicas são limitadas por regras que obtêm sua autoridade de uma comunidade interpretativa que, por sua vez, se mantém coesa pelo seu compromisso com o império da lei" – N. T.]

uma interpretação cujo sentido objetivo encontra-se justamente em questão. Desse círculo só se escapa com uma reconstrução da prática interpretativa que opere nos termos da teoria do direito e não da dogmática jurídica. A crítica à teoria solipsista do direito de Dworkin tem de se instaurar no *mesmo* âmbito que ela, fundamentando na forma de uma *teoria da argumentação jurídica* os princípios procedimentais aos quais haverá de ser transferido o peso das exigências ideais até agora sustentado por Hércules.

(2) Uma teoria da argumentação que assuma essa tarefa não pode se restringir a um acesso lógico-semântico do discurso jurídico.[52] Por esse caminho, podem sim ser esclarecidas as regras de inferência lógica, as regras semânticas e as regras de argumentação. No entanto, quando estas últimas envolvem regras para transições argumentativas não triviais, no sentido analisado por Toulmin, elas já se encontram próximas de uma abordagem pragmática.[53] Os argumentos são motivos que, sob condições discursivas, resgatam pretensões de validade levantadas com atos de fala constatativos e regulativos, levando racionalmente os participantes da argumentação a aceitar os correspondentes enunciados descritivos ou normativos como válidos. Uma teoria da argumentação que se limite a explicar o papel e a estrutura dos argumentos só considera o jogo argumentativo sob o aspecto do produto e se limita a oferecer, no melhor dos casos, o ponto de partida para uma fundamentação desses passos argumentativos que vão além de uma justificação interna dos juízos jurídicos. Dworkin postulou para a justificação externa das premissas da decisão uma teoria abrangente que, como vimos, sobrecarrega os esforços solipsistas do juiz individual. Por isso, agora questiona-se se as exigências ideais da postulada teoria não poderiam ser traduzidas como exigências ideais de um *procedimento cooperativo de sua formação*, isto é, de um discurso jurídico que leve igualmente em conta tanto o ideal regulativo da única decisão correta quanto a falibilidade da

---

52 A. J. Arnaud, R. Hilpinen e J. Wróblewski (eds.), *Juristische Logik,Rationalität und Irrationalität im Recht: caderno 8, Rechrstheorie*, Berlim, Duncker & Humboldt, 1985.

53 S. Toulmin, *The Uses of Argument*, Cambridge, Cambridge University Press, 1958; Toulmin, Rieke e Janik, *An Introduction to Reasoning*, op. cit.

Facticidade e validade

prática efetiva de tomada de decisões. Esse problema pode não ser inteiramente resolvido, mas é levado a sério por uma teoria discursiva do direito que faz a aceitabilidade racional das sentenças judiciais depender não meramente da qualidade dos argumentos, como também da estrutura do processo de argumentação. Ela se apoia em um conceito forte de racionalidade procedimental, segundo o qual as propriedades constitutivas para a validez de um juízo têm de ser procuradas não só na dimensão lógico-semântica da estrutura dos argumentos e da concatenação dos enunciados, mas também na dimensão pragmática do próprio processo de fundamentação.

A correção dos juízos normativos não pode ser explicada, de todo modo, no sentido de uma teoria da verdade como correspondência; pois os direitos são construções sociais incapazes de ser hipostasiadas em fatos. "Correção" significa aceitabilidade racional apoiada em bons argumentos. A validez de um juízo é certamente definida pelo cumprimento de suas condições de validade. Mas não é possível esclarecer se essas condições são cumpridas ou não recorrendo diretamente a evidências empíricas ou a fatos dados em uma visão ideal, mas apenas por meio do discurso — mais precisamente, pela via de uma fundamentação *exercida* de modo argumentativo. Entretanto, os argumentos substanciais não podem nunca nos "compelir" no mesmo sentido de uma consequência lógica (a qual é aqui insuficiente, já que se limita a explicitar o conteúdo das premissas) ou de uma evidência conclusiva (da qual não podemos dispor senão por juízos singulares de percepção, e ainda assim nunca de forma inquestionável). Por isso, não existe nenhum fim "natural" à cadeia de possíveis razões substanciais; não se pode evitar *a fortiori* que novas informações e melhores argumentos sejam apresentados. Sob condições favoráveis, apenas encerramos factualmente uma argumentação quando os argumentos, apresentados no horizonte de suposições de fundo até então não problematizadas, se condensam de tal modo num todo coerente que acabam por produzir um acordo não coagido sobre a aceitabilidade das pretensões de validade em disputa. A expressão "acordo racionalmente motivado" leva em conta justamente esse resíduo de facticidade: atribuímos aos argumentos a força de "mover" os participantes da argumentação, em um sentido não psicológico, à tomada de posições afirmativas. Para eliminar esse momento de facticidade subsistente, a cadeia de razões

293

teria de ser levada a um encerramento não apenas factual. Um fechamento interno só pode ser alcançado por meio de uma idealização, seja porque a cadeia de argumentos se fecha em círculo através de uma teoria na qual as razões se interpenetram sistematicamente e se apoiam mutuamente – isso pretendia ser cumprido antes pela noção de sistema em metafísica –, seja porque a cadeia de argumentos se aproxima como linha reta a um valor-limite ideal – àquele ponto de fuga que Peirce descreveu como *final opinion*.[54]

Como o ideal absolutista de uma teoria fechada não encontra mais plausibilidade sob condições de pensamento pós-metafísico, a ideia regulativa de uma "única solução correta" não pode ser elucidada por uma teoria tão forte quanto essa. Mesmo a teoria do direito atribuída a Hércules teria de permanecer uma ordem *provisoriamente* construída de razões *momentaneamente* coerentes, a qual se vê exposta a uma crítica permanente. Por outro lado, a ideia de um processo argumentativo interminável demanda a especificação das condições sob as quais, ao menos *in the long run*, ele pode transcorrer de forma orientada e possibilitar o progresso cumulativo de um processo de aprendizagem. Essas condições procedimentais pragmáticas asseguram idealmente que todos os argumentos e todas as informações relevantes, disponíveis em determinado momento sobre um tema específico, possam ser postos plenamente em ação, isto é, exercer a força de motivação racional que lhes é inerente. O conceito de argumento possui uma natureza essencialmente pragmática: uma "boa razão" só se mostra no papel desempenhado dentro de um jogo argumentativo, quer dizer, em sua contribuição exercida, conforme as regras desse jogo, ao se decidir se uma pretensão de validade controversa deve ou não ser aceita. O conceito de uma racionalidade procedimental, delineada segundo a dimensão pragmática de uma disputa regulada entre argumentos, permite *complementar* as propriedades semânticas das razões [*Gründe*] por meio de um arranjo cujas propriedades constituem indiretamente a validade e no qual se pode atualizar o potencial de motivação racional portado por boas razões. A lacuna de racionalidade que se abre entre a mera força de plausibilidade contida em uma razão substancial singular e uma sequência

---

54 K.-O. Apel, *Der Denkweg von Charles S. Peirce*, Frankfurt/Main, Suhrkamp, p.118 e ss.; Id., Sprachliche und Bedeutung, Wahrheit und normative Gültigkeit, *Archivo di Filosofia*, Milão, v.55, 1987, p.51-88.

Facticidade e validade

em princípio incompleta de argumentos, de um lado, e a incondicionalidade da pretensão de uma "única decisão correta", de outro, é fechada *idealiter* por um *procedimento argumentativo* de busca cooperativa da verdade.[55]

Quando queremos convencer uns aos outros acerca de algo, entregamo-nos sempre, ainda que forma intuitiva, a uma prática na qual supomos uma aproximação suficiente das condições ideais de uma situação de fala especialmente imunizada contra a repressão e a desigualdade – uma situação de fala na qual proponentes e oponentes tematizam uma pretensão de validade que se tornou problemática e, exonerados das pressões da ação e da experiência, adotam uma atitude hipotética para examinar com razões, e tão somente razões, se a pretensão defendida pelo proponente se sustenta de maneira devida. A intuição fundamental que ligamos a essa práxis argumentativa se caracteriza pela intenção de obter, com base nas melhores razões e informações, o assentimento de um auditório universal a respeito de um enunciado controverso em uma competição não coercitiva, mas regulada pelos melhores argumentos. É fácil entender por que o princípio do discurso exige esse tipo de práxis para a fundamentação de normas e decisões valorativas. Pois só se pode julgar se normas e valores poderiam alcançar o assentimento racionalmente motivado de todos os concernidos a partir uma perspectiva intersubjetivamente ampliada da primeira pessoa do plural, que agrega em si, de modo não coercitivo e sem restrições, as perspectivas de todos os participantes no que tange à compreensão que possuem de si mesmos e do mundo. Para uma tal assunção ideal de papéis, praticada em comum e de modo generalizado, recomenda-se a práxis argumentativa. Como forma reflexiva da ação comunicativa, essa prática se caracteriza no aspecto sócio--ontológico, por assim dizer, pela completa reversibilidade das perspectivas de todos os participantes, *liberando* a intersubjetividade mais elevada de um coletivo deliberante. Com isso, sublima-se o universal concreto de Hegel em uma *estrutura* de comunicação purificada de toda sua substância.

Questões de aplicação normativa afetam a compreensão que os participantes possuem de si mesmos e do mundo de um modo distinto do que acontе-

---

55 Cf. meu excurso sobre teoria da argumentação em: Habermas, *Theorie des kommunikativen Handelns*, op. cit., v.I, p.44-71.

ce nos discursos de fundamentação. Nos discursos de aplicação, normas de validez presumida sempre se relacionam aos interesses de todos os possíveis envolvidos; mas ao se questionar a adequação da norma a um caso dado, essa referência passa para segundo plano frente aos interesses das partes imediatamente implicadas. Em seu lugar, entram em primeiro plano interpretações da situação que dependem da compreensão diferenciada que os autores da ação e seus afetados possuem de si mesmos e do mundo. Dessas distintas interpretações da situação tem de surgir uma descrição normativamente já impregnada do estado de coisas que não se limite a fazer abstração das diferenças de percepção existentes. Trata-se, mais uma vez, de um entrelaçamento não mediatizante de perspectivas de interpretação. Nos discursos de aplicação, as perspectivas particulares dos participantes precisam se manter simultaneamente ligadas àquela estrutura universal de perspectivas, que nos discursos de fundamentação se encontrava por trás das normas cuja validez se faz presumida. Por isso, as interpretações dos casos particulares, cumpridas à luz de um sistema coerente de normas, dependem da forma de comunicação de um discurso cuja constituição sócio-ontológica permite que a perspectiva dos participantes e a perspectiva dos parceiros do direito não implicados, representadas por um juiz imparcial, possa se transformar uma na outra. Essa circunstância explica também por que o conceito de coerência, exigido para as interpretações construtivas, não se deixa abarcar por caracterizações puramente semânticas, remetendo-nos a pressupostos pragmáticos da argumentação.

(3) Dois caminhos complementares delineiam-se na bibliografia sobre o assunto. O primeiro parte de questões concretas de fundamentação das decisões jurídicas para erguer uma teoria dos discursos jurídicos; sobre isso não posso me aprofundar aqui.[56] O outro caminho opera de cima para baixo. Robert Alexy começa com uma análise das condições procedimentais dos discursos racionais em geral. As "regras de racionalidade" fazem valer idealizações que precisam ser assumidas na dimensão temporal, social

---

56 Aulis Aarnio concebe, de início, a legitimidade, uma das dimensões da validade jurídica, como aceitabilidade racional (*The Rational as Reasonable: a Treatise on Legal Justification*, Dordrecht, Springer, 1987, p.43 e ss.); posteriormente, discute os diferentes tipos de normas jurídicas e aloja essas categorias do direito vigente em uma ordem hierárquica (Ibid., p.61 e ss. e p.78 e ss.): tais categorias são tratadas

Facticidade e validade

e objetiva – tempo infinito, participação irrestrita e completa ausência de coerção. No discurso racional, supomos condições de comunicação que, em primeiro lugar, previnem uma interrupção da argumentação que não seja racionalmente motivada; em segundo, asseguram a liberdade de escolha dos temas e a inclusão das melhores informações e razões tanto por meio de um acesso universal e igualitário quanto da participação simétrica e com igualdade de oportunidades na argumentação; e, em terceiro lugar, excluem todas as coerções além daquela exercida pelo melhor argumento, sejam internas ou externas ao processo de entendimento, neutralizando com isso todos os motivos alheios à busca cooperativa da verdade.[57] Alexy introduz como regra de fundamentação para os discursos prático-morais uma versão do princípio kantiano de universalização. Pode-se mostrar que

---

como *sources of information*. Depois disso, Aarnio leva em consideração as regras do discurso segundo as quais a interpretação tem de se orientar; estas constituem as *sources of rationality*. Do mesmo modo que Dworkin, Aarnio enfatiza a justificação externa das premissas da decisão, para as quais se requerem razões substanciais: princípios e finalidades (*rightness reasons vs. goal reasons*). Diferentemente de Dworkin, entretanto, Aarnio não exige a construção de uma teoria abrangente para a justificação desses princípios, mas apenas coerência sob condições de um discurso racional: "O procedimento de justificação é essencialmente um diálogo. Uma sucessão de perguntas e respostas com base nas quais diferentes argumentos prós e contras são apresentados. O destinatário pode aceitar racionalmente a interpretação apenas se a justificação conduz a um conjunto coerente de enunciados e satisfaz (certos) critérios (principalmente critérios de adequação ao direito vigente). Isso é assim porque os *standards* do raciocínio jurídico não garantem sozinhos a coerência do material justificatório. Todas as razões devem também ser utilizadas de modo racional" (Ibid., p.187). As boas razões retiram sua força de motivação racional de um fórum no qual se pode ouvir todas as vozes relevantes. Esse fórum é descrito por Aarnio com a ajuda do conceito de "auditório ideal", de Perelman. Para o discurso jurídico, certamente, basta um auditório ideal particular, limitado às fronteiras da comunidade jurídica. Ele é composto de pessoas racionais que se deixam determinar pela força não coercitiva do melhor argumento em suas posições de sim e não – mas somente no interior dos contextos de uma forma de vida concreta compartilhada de antemão.

57 R. Alexy, *Theorie der juristischen Argumentation*, Frankfurt/Main, 1978, 1990; cf. também Habermas, Wahrheitstheorien, in: *Vorstudien und Ergänzungen zur Theorie des kommunikativen Handelns*, Frankfurt/Main, Suhrkamp, 1984, p.127-183.

esse princípio de universalização funda-se nos pressupostos idealizantes da comunicação em geral.[58] Quem pretende participar com seriedade de uma práxis argumentativa tem de admitir pressupostos pragmáticos que demandam uma assunção ideal de papéis, isto é, obrigam a interpretar e avaliar as contribuições adotando também a perspectiva de cada um dos outros potenciais participantes. Com isso, a norma fundamental de Dworkin, que obriga igual consideração e respeito, mostra-se de certa forma recuperada pela ética do discurso.

Quando se compartilha com Dworkin uma compreensão deontológica do direito, seguindo autores como Aarnio, Alexy e Günther em suas considerações sobre teoria da argumentação, há de se admitir duas teses. Por um lado, o discurso jurídico não pode se mover de modo autossuficiente em um universo hermeticamente fechado do direito vigente, mas precisa se manter aberto a argumentos de outras procedências, sobretudo razões pragmáticas, éticas e morais validadas no processo legislativo e agregadas na pretensão de legitimidade das normas jurídicas. Por outro, a correção das decisões jurídicas é medida, em última instância, pelo cumprimento de condições comunicativas da argumentação que possibilitam a formação de um juízo imparcial. Com isso, parece apropriado orientar a teoria discursiva do direito segundo o modelo, mais amplamente explorado, da ética do discurso. Mas a primazia heurística dos discursos prático-morais, ou mesmo a exigência de que as regras jurídicas não contradigam normas morais, não autoriza a conclusão de que os discursos jurídicos possam ser concebidos como subclasse de argumentações morais. Uma série de objeções foi levantada contra essa "tese do caso especial", defendida por Alexy, sem fazer a princípio qualquer distinção entre discursos de fundamentação e discursos de aplicação.[59]

---

58 J. Habermas, Diskursethik: Notizen zu einem Begründungsprogramm, in: *Moralbewußtsein und kommunikatives Handeln*, Frankfurt/Main, Suhrkamp, 1983, p.53-126.

59 No posfácio que complementa seu livro, Alexy faz, sim, distinção entre o aspecto de racionalidade do direito vigente e o aspecto de aplicação correta das normas aceitas como fundamentadas, mas escreve na sequência: "Ambos os aspectos estão contidos na pretensão de correção da decisão judicial" (Alexy, *Theorie der juristischen Argumentation*, op. cit., p.433).

Facticidade e validade

(a) As restrições específicas sob as quais se desenvolve a atividade forense das partes perante o tribunal não parecem permitir que o andamento do processo seja medido pelos critérios de um discurso racional. As partes não estão obrigadas à busca cooperativa da verdade. Seu interesse em uma solução favorável no processo também pode ser obtido por meio do "uso estratégico de argumentos capazes de consenso".[60] A essa objeção pode-se responder de forma plausível que todos os participantes no processo, independentemente dos motivos pelos quais se orientam, trazem contribuições a um discurso que serve à obtenção de um juízo imparcial *pela perspectiva do juiz*. E apenas essa perspectiva é constitutiva para a fundamentação da decisão.[61]

(b) Mais problemática é a indeterminação do procedimento discursivo; as condições procedimentais das argumentações em geral não são suficientemente seletivas para garantir a cada caso uma única decisão correta.[62] Não irei considerar aqui essa objeção naquilo que se refere à teoria do discurso de modo geral.[63] Limito-me à crítica da indeterminação dos discursos jurídicos. Alexy os caracteriza como uma subclasse dos discursos prático-morais vinculada ao direto vigente. E complementa correspondentemente as regras gerais do discurso com regras e formas argumentativas especiais, que absorvem os cânones utilizados nas práticas da argumentação jurídica em seus elementos essenciais. Para refutar a tese da indeterminação, Alexy teria de mostrar que esses princípios procedimentais e máximas de inter-

---

60 Neumann, *Juristiche Argumentationslehre*, op. cit., p.85.

61 R. Alexy, Antwort auf einige Kritiker, in: *Theorie der juristischen Argumentation*, op. cit.

62 A. Kaufmann, *Theorie der Gerechtigkeit*, Frankfurt/Main, Metzner, 1984, p.35 e ss.; Id., Recht und Rationalität, in: E.-J. Mestmäcker e H. F. Zacher (eds.), *Rechtsstaat und Menschenwürde: Festschrift für Werner Maihofer zum 70, Geburtstag*, Frankfurt/Main, Vittorio Klostermann, 1986; Id., *Rechtsphilosophie in der Nach-Neuzeit*, Heidelberg, Decker u. Müller, 1990, p.28 e ss. e p.35 e ss. Cf. também as contribuições de Weinberger e Alexy, em W. Maihofer e G. Sprenger (eds.), Praktische Vernunft und Theorien der Gerechtigkeit, Vorträge des 15. IVR-Weltkongresses in Göttingen, August 1991, v.1, Stuttgart, 1993 (*Archiv für Rechts- und Sozialphilosophie*, caderno 50).

63 R. Alexy, Probleme und Diskurstheorie, Zeitschrift für Philosophische Forschung, Frankfurt/Main, v.43, n.1, 1989, p.81-93; Habermas, *Erläuterungen zur Diskursethik*, op. cit., p.159-166.

Jürgen Habermas

pretação, extraídos da própria prática jurídica e sistematizados na doutrina sobre o método, especificam somente as condições procedimentais gerais dos discursos prático-morais em sua vinculação ao direito vigente. Essa exigência, entretanto, não é por certo satisfeita com uma rápida referência às semelhanças estruturais das regras e formas argumentativas que comandam respectivamente ambas as formas de discurso.[64]

(c) Alexy sabe que as decisões jurídicas fundamentadas discursivamente não são "corretas" no mesmo sentido que os juízos morais válidos: "Na medida em que é determinada pelas leis, a racionalidade da argumentação jurídica é relativa à racionalidade da legislação. Uma racionalidade plena da decisão jurídica pressuporia a racionalidade da legislação".[65] Na medida em que esse pressuposto não se mostra satisfeito, a consonância entre moral e direito assumida por Alexy possui a desconfortável consequência de não só relativizar a correção de uma decisão jurídica, mas de colocá-la em questão enquanto tal. As pretensões de validade são codificadas de modo binário e não admitem um "mais e menos": "Pois a racionalidade de uma argumentação relativa a uma lei irracional não é inferior, mas algo qualitativamente diferente que a racionalidade material de uma decisão obtida segundo as regras do discurso racional prático".[66] Para se escapar dessa objeção, é necessário, como faz Dworkin, enfrentar a tarefa de uma reconstrução racional do direito vigente. A decisão jurídica de um caso particular só pode ser correta se inserida em um sistema jurídico coerente.

(d) K. Günther admite esse conceito normativo de coerência. Como vimos, ele faz uma distinção no interior do discurso prático-moral entre os aspectos de fundamentação e de aplicação, concebendo a argumentação jurídica como um caso especial do discurso moral de aplicação. Com isso, o discurso jurídico é desonerado das questões de fundamentação. O "único" juízo "adequado" empresta sua correção da validez *pressuposta* das normas criadas pelo legislador político. De todo modo, os juízes não podem evitar a tarefa de um ajuizamento reconstrutivo das normas cuja validez se faz pre-

---

64 Alexy, *Theorie der juristischen Argumentation*, op. cit., p.352-353.

65 Ibid., p.351.

66 Neumann, *Juristiche Argumentationslehre*, op. cit., p.90.

Facticidade e validade

sumida, já que as colisões normativas podem ser resolvidas unicamente sob a suposição de que "todas as normas válidas constituem em última instância um sistema coerente ideal, que permite para cada situação de aplicação exatamente uma resposta correta".[67] Essa suposição contrafactual mantém seu valor heurístico apenas enquanto puder encontrar um fragmento de razão existente no mundo do direito vigente. Mas se a razão – que segundo esse pressuposto já precisaria estar sendo exercida, ainda que de modo fragmentário, na legislação dos Estados democráticos de direito – fosse *idêntica* à razão *moralmente* legisladora de Kant, não poderíamos confiar na possibilidade de reconstrução racional de uma ordem jurídica permeada por contingências. A legislação política, no entanto, não se baseia apenas, e sequer em primeira linha, em argumentos *morais*, mas também em argumentos de outro tipo.

Quando temos por base uma teoria procedimental, a legitimidade da ordem jurídica é medida pela racionalidade do procedimento democrático de legislação política. Como vimos, esse procedimento é mais complexo que o da argumentação moral, já que a legitimidade das leis não se mede meramente pela correção de juízos morais, mas, entre outras coisas, por disponibilidade, pertinência, relevância e escolha das informações, fecundidade de sua elaboração, adequação das interpretações da situação e da instauração dos problemas, racionalidade das decisões eleitorais, autenticidade das valorações fortes, principalmente pela equidade dos compromissos alcançados etc. Por certo, os discursos jurídicos podem ser analisados utilizando-se como modelo os discursos morais de aplicação, pois em ambos os casos trata-se da lógica da aplicação de normas. Mas a dimensão de validade mais complexa das normas de direito nos proíbe de equipararmos a correção das decisões jurídicas à validez dos juízos morais e, desse modo, concebermos o discurso jurídico como caso especial dos discursos (de aplicação) morais. Esses princípios procedimentais e máximas de interpretação jurídicas, testados na prática e canonizados nas doutrinas sobre o método, só podem ser satisfatoriamente articulados segundo a teoria do discurso quando a rede

---

67 Günther, Ein normativer Begriff der Kohärenz, op. cit., p.182.

de argumentações, negociações e comunicações políticas, na qual se efetua o processo de produção legislativa, tiver sido melhor analisada.[68]

(4) Em ambas as suas versões, a tese do caso especial mostra-se plausível de um ponto de vista heurístico, mas sugere uma equivocada subordinação do direito à moral que ainda não se liberou plenamente das conotações jusnaturalistas. Essa tese pode ser dissolvida ao levarmos a sério a diferenciação paralela entre direito e moral introduzida no nível pós-convencional de fundamentação. Pois o princípio do discurso, como vimos, tem de assumir uma formulação suficientemente abstrata, enquanto que o princípio moral e o princípio democrático, entre outros, são resultado da especificação do princípio do discurso em atenção a diferentes tipos de normas de ação. Estas regulam, em um caso, interações simples e informais entre indivíduos presentes e, no outro, relações interativas entre pessoas jurídicas que se entendem como portadoras de direitos. De modo correspondente, os discursos racionais que o princípio do discurso pressupõe ramificam-se em argumentações morais, por um lado, e em discursos políticos e jurídicos, por outro, os quais são institucionalizados segundo a forma do direito e incluem questões morais apenas naquilo que se referem a normas jurídicas. O sistema dos direitos, que assegura ao mesmo tempo autonomia privada e pública dos parceiros do direito, é interpretado e desenvolvido no processo democrático de produção legislativa e no processo de aplicação imparcial do direito. Essa estratégia conceitual traz duas consequências.

Em primeiro lugar, evita-se que os discursos que se especializam na fundamentação e na aplicação das leis tenham de ser introduzidos posteriormente como casos especiais dos discursos morais de fundamentação e aplicação. Discursos jurídicos não precisam mais ser delimitados pela via de uma restrição lógica dos conteúdos morais. Eles não constituem casos especiais de argumentações morais que, em virtude de sua vinculação ao

---

68 Nesse ponto, tendemos a concordar com Alexy (*Theorie der juristischen Argumentation*, op. cit., p.352): "Para alcançar uma teoria do discurso jurídico que abranja também essa condição [de racionalidade da legislação], a teoria do discurso racional prático geral teria de agregar uma teoria da legislação e esta, uma teoria normativa da sociedade".

direito vigente, se restringem a um subconjunto daquilo que é moralmente obrigatório ou permitido. Em vez disso, eles se referem *de saída* ao direito democraticamente estabelecido e se mostram juridicamente institucionalizados, uma vez que não se trata apenas do trabalho de reflexão da dogmática jurídica. Com isso, fica claro, em segundo lugar, que os discursos jurídicos não se referem meramente a normas jurídicas, mas são eles mesmos *incorporados* no sistema jurídico com suas formas de comunicação. Pois assim como os procedimentos democráticos no âmbito da legislação, as ordens jurídico-procedimentais relativas à aplicação do direito devem compensar a falibilidade e a incerteza das decisões resultantes do fato de que os exigentes pressupostos comunicativos dos discursos racionais só podem ser cumpridos de maneira aproximada.

Naquilo que se refere a seu *conteúdo*, a tensão entre legitimidade e positividade do direito é levada a cabo na jurisprudência como o problema de se alcançar uma decisão ao mesmo tempo correta e consistente. Mas essa mesma tensão reaparece no âmbito pragmático da práxis jurídico-decisória, pois as exigências ideais do procedimento argumentativo têm de ser compatibilizadas com as restrições impostas pela necessidade fática de regulação. O direito tem de ser aplicado a si mesmo outra vez na forma de normas organizacionais, não apenas para criar as competências gerais da jurisdição, mas para instituir discursos jurídicos como componentes dos processos judiciais. As ordenações jurídico-processuais institucionalizam a prática das decisões judiciais de tal forma que a sentença e sua fundamentação possam ser entendidas como resultado de um jogo argumentativo programado de maneira peculiar. Por outro lado, o entrelaçamento entre procedimento jurídico e argumentativo não implica que a organização do discurso jurídico pela via do direito processual possa intervir na lógica interna da argumentação. O direito processual não regula a argumentação normativo-jurídica enquanto tal, limitando-se a assegurar, em seus aspectos temporal, social e objetivo, o quadro institucional para dinâmicas comunicativas *liberadas* que seguem a lógica interna dos discursos de aplicação. Explicarei isso brevemente fazendo referência ao direito processual civil e penal alemão.[69]

---

69 Agradeço a Klaus Günther pelas indicações que seguem.

Consideremos de início as restrições temporais e sociais no andamento do processo. Mesmo que não haja uma duração máxima para o processo fixada em termos legais, há diferentes termos impeditivos (sobretudo nas instâncias de apelação e revisão) para que as questões em litígio não sejam manipuladas de modo dilatório e decididas contrariamente ao direito. Além disso, a distribuição de papéis sociais no processo estabelece uma simetria entre a acusação e a defesa (no processo penal) ou entre o demandante e o demandado (no processo civil). Isso permite às Cortes assumirem de diferentes maneiras o papel de um terceiro imparcial no andamento do processo — tanto interrogando ativamente ou observando de forma neutra. Durante a fase probatória, a distribuição do ônus da prova entre os participantes é regulada de forma mais ou menos inequívoca. O próprio processo probatório — de forma mais contundente no processo civil que no processo penal — é instalado em termos agonísticos, como uma competição entre partes que perseguem seus próprios interesses. Ainda que no processo penal a Corte tenha de "estender de ofício as diligências probatórias na busca da verdade a todos os fatos e meios de prova relevantes à decisão" (§ 244, Inciso 2, Código de Processo Penal), os papéis dos participantes do processo são definidos de modo que tais diligências não se encontrem integralmente estruturadas em termos discursivos, no sentido de uma busca cooperativa da verdade. Mas similarmente ao processo de júri anglo-saxão, os âmbitos estratégicos de ação mostram-se também estruturados de maneira que sejam levados em consideração, tanto quanto possível, todos os fatos relevantes para a constituição do respectivo estado de coisas. Nisso se apoia a corte em sua apreciação dos fatos e em seu juízo jurídico.

O ponto de todo o procedimento é revelado no exame das restrições objetivas que se impõem ao andamento do processo. Elas servem à delimitação institucional de um espaço interno ao livre processamento de razões nos discursos de aplicação. Procedimentos que definem o objeto de litígio precisam ser cumpridos anteriormente à abertura do procedimento principal, para que o processo possa se concentrar em assuntos claramente delimitados. Sob o pressuposto metodológico de uma separação entre questões de fato e questões de direito, a apreciação probatória encenada como uma interação entre presentes serve à constatação de fatos e à garantia dos

Facticidade e validade

meios de prova. Apesar da circularidade entre normas jurídicas e estados de coisas, variantes interpretativas e referências factuais, a apreciação jurídica das provas permanece em boa medida não tematizada no pano de fundo. É interessante que a apreciação das provas e sua avaliação jurídica sejam efetuadas "internamente" pelas Cortes em ambos os tipos de processos, isto é, sem contar com um procedimento especial. O discurso jurídico, pelo qual são operados juízos normativos sobre os fatos "provados" ou "tidos por verdadeiros", só é compreendido em seu aspecto objetivo pelo direito processual no momento em que a Corte tem de "expor" e "fundamentar" seu juízo diante das partes do processo e da esfera pública. A fundamentação é composta pela situação de fato e pelos motivos da decisão: "Na exposição de motivos, a Corte oferece um breve resumo das considerações nas quais se baseia a decisão tanto em seus aspectos de fato quanto de direito (§ 313, Inciso 3). Aqui se encontra, junto com as considerações jurídicas, também a apreciação das provas".[70] As ordenações do direito processual não regulam, portanto, nem as razões admissíveis, nem o curso da argumentação; mas asseguram as margens de ação para discursos jurídicos, que apenas em seu resultado se transformam em objeto do procedimento. O resultado pode ser submetido a novo exame em outras instâncias.

A autorreflexão institucionalizada do direito serve à proteção jurídica individual sob o duplo ponto de vista da justiça no caso particular e da uniformidade na aplicação e no aperfeiçoamento do direito:

> A *finalidade do recurso* consiste primariamente em obter no interesse das partes *decisões corretas e, portanto, justas, por meio da revisão das sentenças proferidas.* Além disso, a mera possibilidade de revisão compele as Cortes a uma *fundamentação cuidadosa.* Mas a finalidade do recurso não se esgota nisso. Ela nos remete ao interesse geral por um sistema jurídico eficaz. A proibição do autofavorecimento só pode efetivamente se realizar se as partes possuírem certas garantias de uma decisão correta. Além disso, a *concentração* da jurisprudência em tribunais superiores e, em última instância, em uma única Corte suprema favorece tanto a uniformidade do direito quanto seu aperfeiçoamento, ambos estritamente necessários. Esse

---

70 P. Arens, *Zivilprozessrecht*, Munique, C. H. Beck, 1988, p.219, §338.

Jürgen Habermas

interesse público não desempenha o mesmo papel nos diferentes tipos de recursos. Ele é mais forte nos recursos de revisão que nos de apelação.[71]

O interesse público pela uniformidade do direito salienta uma importante característica da lógica da jurisprudência: a Corte tem de decidir cada caso particular protegendo a coerência da ordem jurídica em seu todo.

Pode-se verificar, em resumo, que as ordens processuais regulam de forma relativamente estrita a averiguação dos fatos concentrada nas práticas probatórias, possibilitando às partes uma relação limitadamente estratégica com o direito, enquanto que o discurso jurídico das Cortes se desenvolve em um vácuo do direito processual, de modo que a produção do juízo parece confiada meramente à capacidade profissional dos juízes: "A Corte decide sobre o resultado das provas conforme seu livre convencimento, extraído do conjunto das diligências" (§ 261, Código de Processo Penal). O discurso jurídico, na medida em que é deslocado para fora dos procedimentos propriamente ditos deve se manter subtraído de influências externas.

---

71 Ibid., p.346-347, §381.

VI
Justiça e legislação:
sobre o papel e a legitimidade da
jurisprudência constitucional

Partindo do fio condutor oferecido pela teoria do direito de Dworkin, tratamos inicialmente do problema da racionalidade de uma jurisprudência, cujas decisões devem satisfazer ao mesmo tempo os critérios da segurança jurídica e da aceitabilidade racional. Sua proposta de uma interpretação construtiva do direito vigente teoricamente orientada pôde se sustentar melhor por meio de uma leitura procedimental, que transfere as exigências idealizantes da formação teórica para o conteúdo idealizante de pressupostos pragmáticos necessários do discurso jurídico. Permanece em aberto, entretanto, a pergunta sobre como uma prática de interpretação construtiva desse tipo pode operar dentro dos limites da separação de poderes própria do Estado de direito sem que o Judiciário usurpe as competências legislativas (solapando com isso também o vínculo estrito da administração à lei).

Como a prática das decisões judiciais está ligada ao direito e à lei, a racionalidade da jurisprudência depende da legitimidade do direito vigente. E esta, por sua vez, depende da racionalidade de um processo legislativo que, sob as condições da separação de poderes em um Estado de direito, não se encontra à disposição dos órgãos de aplicação do direito. Sob o ponto de vista do direito constitucional, o discurso político e a prática da legislação constituem, certamente, um tema importante da dogmática jurídica; mas uma teoria do direito elaborada a partir do discurso jurídico abre-se de início a esses assuntos pela perspectiva da jurisprudência. Portanto, se pretendemos investigar a relação problemática entre justiça e legislação mantendo essa mesma perspectiva da teoria do direito, a jurisdição constitucional se apresenta como ponto de referência metodológico institucionalmente tangível. A existência de Cortes constitucionais não pode ser considerada autoevidente. Esse tipo de instituição se mostra ausente em muitos Estados de direito. Mesmo ali onde podem ser encontrados – como na República Federal da Alemanha e nos EUA, os dois países aos quais me restrinjo aqui –, sua posição na estrutura de competências da ordem constitucional e a legitimidade de suas decisões são assuntos controversos. Essas agudas controvérsias indicam por si mesmas a necessidade de esclarecimentos acerca do entrelaçamento *institucional* de *funções* que devem ser bem diferenciadas teórico-constitucionalmente.

Nessa discussão, entrelaçam-se diferentes aspectos, dentre os quais gostaria de destacar três em particular. A crítica à jurisprudência constitucional costuma ser conduzida em função da distribuição de competências entre o legislador democrático e o Judiciário; nessa medida, ela se refere sempre à disputa sobre o princípio da separação de poderes. No entanto, esse problema se instaura de diferentes maneiras de acordo com os aspectos considerados. Refiro-me aqui a três discursos, dos quais o primeiro nos conduz à disputa de paradigmas, que retomarei no último capítulo; o segundo dá seguimento às discussões metodológicas do capítulo anterior; enquanto que o terceiro prepara o caminho para a discussão sobre uma compreensão do processo político segundo a teoria do discurso, com a qual prosseguiremos no próximo capítulo pelo ponto de vista da teoria democrática.

Sob o primeiro aspecto, a crítica que vem sendo feita sobre a prática decisória do Tribunal Constitucional – sobretudo na República Federal da Alemanha – apoia-se em uma leitura particular, nomeadamente liberal, do esquema clássico da separação de poderes. De acordo com essa leitura, a ampliação de funções da justiça, factualmente incontornável, mas normativamente controversa – e que onera o Tribunal Constitucional com funções que concorrem com a legislação –, procura ser explicada pelo desdobramento do Estado de direito liberal em direção ao Estado intervencionista e de bem-estar (I). Sob o segundo aspecto, o debate sobre a indeterminação do direito é estendido em atenção à jurisprudência dos valores do Tribunal Constitucional alemão. A crítica se dirige aqui contra uma autocompreensão metodológica desse

Facticidade e validade

tribunal que equipara a orientação por princípios com a ponderação de bens (II). Sob o terceiro aspecto, o papel do Tribunal Constitucional é enxergado, sobretudo nos EUA, como a proteção do procedimento democrático de legislação, o que nos remete à renovação de uma compreensão republicana, isto é, não instrumental, do processo político em seu todo (III).

I. Dissolução do paradigma liberal do direito

(1) Normalmente, os tribunais constitucionais cumprem diferentes funções ao mesmo tempo. Embora suas distintas competências confluam na tarefa de decidir problemas de interpretação constitucional e, nessa medida, de garantir também a coerência da ordem jurídica, o entrelaçamento dessas competências no quadro de uma única instituição não se faz necessariamente obrigatório do ponto de vista da teoria constitucional. No exemplo do Tribunal Constitucional alemão, podem ser distinguidos três âmbitos de competências: as disputas entre órgãos políticos (incluindo os conflitos entre estados e União), o controle da constitucionalidade das normas jurídicas (entre as quais nos interessa, para o que segue, as leis em particular) e os recursos constitucionais. A competência relativa a recursos constitucionais e controle concreto das normas – isto é, para casos em que, a partir de uma questão concreta, as instâncias inferiores suspendem temporariamente o processo para obter uma decisão sobre a constitucionalidade da norma de que se reclama aplicação – é a menos problemática sob o ponto de vista da divisão dos poderes. Aqui, o Tribunal Constitucional atua no sentido de uma uniformização do direito. Independentemente de sua autoridade para explicar a importância das leis também nesses tipos de procedimento, o Tribunal Constitucional forma, junto com os Tribunais Superiores da Federação, algo como o cume reflexivo encarregado das tarefas de autocontrole em um sistema jurisdicional hierarquicamente articulado. O governo, como topo do Poder Executivo, exerce de modo semelhante a tarefa de autocontrole da administração. Mais problemática parece ser a decisão do Tribunal Constitucional acerca de conflitos entre órgãos estatais em sentido amplo. Essa competência afeta a separação de funções do Estado, mas pode ser justificada de modo plausível em face da necessidade téc-

nica de se resolver conflitos entre órgãos estatais cujo funcionamento depende da cooperação. Em última análise, a lógica da separação de poderes não se mostra, nesses casos, abalada pela prática de um tribunal que carece de meios coercitivos capazes de impor suas decisões contra eventuais recusas por parte do Parlamento e do governo.

O conflito entre o Tribunal Constitucional e o legislador democraticamente legitimado mostra-se de fato mais contundente no âmbito do controle abstrato das normas. Nesse caso, submete-se ao exame judicial a pergunta se uma lei aprovada pelo Parlamento está de acordo com a Constituição ou, pelo menos, não contradiz uma elaboração consistente do sistema dos direitos. Até a aprovação da lei, essa é uma questão a ser decidida pelo Parlamento. Cabe indagar se a revisão parlamentar não poderia ser realizada na forma de um autocontrole exercido pelo próprio legislador, organizado aos moldes dos tribunais e institucionalizado, por exemplo, em uma comissão parlamentar que inclua especialistas em direito. Uma tal internalização da autorreflexão quanto às próprias decisões teria a vantagem de levar o legislador a considerar em suas próprias deliberações o conteúdo normativo dos princípios constitucionais. Isso tende a se perder quando as questões éticas e morais são *redefinidas* em meio ao funcionamento parlamentar como questões negociáveis, isto é, suscetíveis a compromisso. Nesse aspecto, a diferenciação institucional de um procedimento de controle normativo autorreferencial, de competência do próprio Parlamento, talvez contribuísse para aumentar a racionalidade do processo legislativo. Isso se mostra tanto mais recomendável, no sentido de nossa análise, ao se tomar como ponto de partida que a separação de poderes tem em primeira linha a finalidade de impedir que a administração se torne independente do poder gerado comunicativamente.

Aos olhos da teoria do discurso, a lógica da separação de poderes exige uma assimetria no entrelaçamento dos poderes do Estado: o Executivo, que deve permanecer impedido de dispor das razões normativas do Legislativo e do Judiciário, tem sua atividade sujeita ao controle tanto parlamentar quanto judicial, sendo excluída uma relação inversa, isto é, a supervisão dos outros dois poderes pelo Executivo. Quem pretendesse pôr o presidente, isto é, a cúpula do Executivo, no lugar de um Tribunal Constitucional como

Facticidade e validade

"guardião da Constituição", como fez C. Schmitt em sua época, estaria transformando o sentido que a separação de poderes possui no Estado democrático de direito em seu contrário.[1] À luz de uma fundamentação orientada pela teoria da argumentação, a lógica da separação dos poderes sugere uma constituição *autorreflexiva* do Poder Legislativo e a competência de autocontrole de sua própria atividade, como ocorre no Poder Judiciário. Além disso, o legislador não dispõe de competência para verificar se as Cortes, em sua atividade de aplicação do direito, serviram-se exatamente daquelas razões normativas utilizadas na fundamentação presumivelmente racional de uma lei. Por outro lado, o que entendemos por controle abstrato de normas pertence, de forma inquestionável, às funções legislativas. Por isso, não seria de todo descabido reservar essa função, mesmo que em segunda instância, a um autocontrole do legislador, o qual poderia assumir uma forma similar ao procedimento judicial. A transferência dessa competência a um Tribunal Constitucional requer no mínimo uma complexa justificação, pois

o discurso dos direitos fundamentais não está ligado às decisões tomadas no processo legislativo, mas encontra-se acima dele. Isso quer dizer que lhe falta o elemento de vinculação mais importante para a argumentação jurídica em geral: a lei ordinária relativamente concreta. Em seu lugar, encontramos definições de direitos fundamentais bastante abstratas, abertas e ideologicamente carregadas.[2]

Alexy aplica o "discurso dos direitos fundamentais" a todos os âmbitos da jurisprudência constitucional. Mas é precisamente no caso do controle abstrato de normas que nos encontramos mais claramente diante de uma desvinculação explícita, ainda que pontual, da validez de leis juridicamente cogentes.

---

1 C. Schmitt, *Der Hüter der Verfassung*, Tübingen, Mohr, 1931. Em sua crítica contundente, Kelsen mostrou que essa proposta decorre consequentemente da guinada de C. Schmitt ao "Estado total". Cf. H. Kelsen, Wer soll der Hüter der Verfassung sein?, *Die Justiz VI*, 1931, p.576-628.

2 Alexy, *Theorie der Grundrechte*, op. cit., p.501.

Jürgen Habermas

Em sua controvérsia com Carl Schmitt, H. Kelsen havia se manifestado decididamente a favor da institucionalização de um Tribunal Constitucional – e isso não apenas por motivos políticos, bastante óbvios nos contextos de então, mas também por razões teórico-jurídicas. C. Schmitt questionara que o controle abstrato de normas fosse um problema de aplicação normativa e, com isso, uma operação genuína da práxis jurídico-decisória, já que "as regras gerais só podem ser comparadas entre si, mas não aplicadas ou subsumidas umas às outras". Faltar-lhe-ia a relação entre norma e fato.[3] A isso Kelsen só pôde responder que o objeto de controle não seria o conteúdo de uma norma problematizada, mas a constitucionalidade de sua produção: "O fato subsumido à norma constitucional nas decisões sobre a constitucionalidade de uma lei não é a norma [...], mas a produção normativa".[4] Esse argumento seria certamente adequado somente se pudéssemos atribuir uma leitura procedimental ao controle das normas em geral, o que ainda terá de ser examinado. Pois o argumento decisivo de Kelsen novamente se aloja no âmbito político-jurídico:

> Já que nos casos mais importantes de violação da Constituição o Parlamento e o governo se apresentam justamente como partidos em disputa, recomenda-se que sua decisão seja atribuída a uma terceira instância que esteja fora dessa oposição e que não se encontre essencialmente envolvida no exercício do poder que a Constituição distribui entre Parlamento e governo. É inevitável que essa instância obtenha por tal via um certo poder. Mas há uma enorme diferença entre atribuir a um órgão do Estado um poder que se reduz ao controle constitucional e reforçar ainda mais o poder de um dos dois principais portadores do poder do Estado, transferindo-lhe essa função de controle constitucional.[5]

Seja qual for o posicionamento adotado sobre a questão da *institucionalização adequada* dessa interpretação constitucional diretamente ligada à atividade legislativa, a concretização do direito constitucional por meio de uma

---

3 Schmitt, *Der Hüter der Verfassung*, op. cit., p.42.
4 Kelsen, Wer soll der Hüter der Verfassung sein?, op. cit., p.590.
5 Ibid., p.609.

Facticidade e validade

jurisdição encarregada da última instância decisória serve ao esclarecimento do direito e à manutenção de uma ordem jurídica coerente.

O Tribunal Constitucional – e os demais tribunais – entram em um discurso sobre direitos fundamentais não apenas no controle posterior de leis já aprovadas pelo Parlamento, mas na própria aplicação do direito vigente. Seja porque em um caso particular colidem entre si diferentes direitos fundamentais, seja porque leis ordinárias, à luz de um direito fundamental, entram em conflito com outros direitos fundamentais, entram em jogo, em muitas ocasiões e em todos os âmbitos da jurisprudência, princípios que demandam uma interpretação construtiva do caso particular no sentido de Dworkin. Certamente que o Tribunal Constitucional só se envolve com casos de colisão; suas decisões possuem quase sempre o caráter de decisões de princípios. Por isso, acumula-se e agrava-se na jurisdição constitucional – e tendencialmente também nos tribunais superiores – aquela problemática da "indeterminação do direito" já discutida antes. O Tribunal Constitucional Federal abordou diretamente essa questão (em uma resolução de 14 de fevereiro de 1973) referindo-se ao artigo 20, seção 3, da Lei Fundamental:

> O direito não é idêntico à totalidade das leis escritas. Frente àquilo que é positivamente estabelecido pelo poder do Estado, é possível que haja em muitas circunstâncias um conteúdo de direito adicional que tem sua fonte na ordem jurídico-constitucional, considerada como uma totalidade de sentido capaz de atuar como corretivo perante a lei escrita; é tarefa da jurisprudência encontrar esse conteúdo adicional e efetivá-lo em suas decisões.[6]

Em todo caso, trata-se de "encontrar" a solução correta e elaborá-la em uma "argumentação racional", como é afirmado na sequência. Outras formulações, no entanto, apontam para uma autocompreensão mais problemática do Tribunal Constitucional, atribuindo-lhe a função de aperfeiçoamento do direito por meio de "descobertas criadoras". K. Hesse responde a isso com uma observação serena, bastante justificável segundo as considerações feitas no capítulo anterior:

---

6 Tribunal Constitucional Federal 34, 269, 304.

Jürgen Habermas

Certamente que as decisões do Tribunal Constitucional possuem um momento de elaboração criadora. Mas *toda* interpretação tem um caráter criador. Ela continua sendo uma *interpretação* mesmo que sirva à resposta de questões constitucionais e, assim, tenha por objeto normas de dimensão e abertura próprias do direito constitucional. A concretização de tais normas pode oferecer maiores dificuldades que a de preceitos mais detalhados; mas isso não altera o fato de que, em ambos os casos, se trata de processos estruturalmente análogos.[7]

Desse ponto de vista, as competências mais amplas do Tribunal Constitucional não põem *necessariamente* em risco a lógica da separação de poderes.

(2) Os críticos não se apoiam primeiramente em considerações de caráter metodológico, mas adotam uma perspectiva histórica para diagnosticar, na evolução do sistema jurídico em seu todo, um deslocamento de pesos preocupante do ponto de vista do Estado de direito entre os Parlamentos e os Tribunais Constitucionais. Autores como E. W. Böckenförde, E. Denninger e D. Grimm[8] contrastam a situação constitucional de uma ordem político-jurídica geral que assegura não apenas uma ampla proteção dos direitos individuais, como também o bem-estar e a segurança dos cidadãos (assumindo, assim, um tipo de garantia contra a precarização do status de cidadão e riscos socialmente gerados) com aquela situação constitucional caracterizada por uma separação entre Estado e sociedade descrita de saída como tipo ideal. Segundo esse modelo liberal da sociedade, a Constituição deveria manter a separação entre a esfera de uma sociedade econômica apartada do Estado, na qual os indivíduos buscam a felicidade e perseguem interesses segundo sua autonomia privada, e a esfera estatal da persecução do bem comum: "Não é função da Constituição, em todo caso, combinar as esferas do bem individual e coletivo sob uma ideia de conteúdo abrangente".[9]

---

7 Hesse, *Grundzüge des Verfassungsrechts der Bundesrepublik Deutschland*, op. cit., p.219.

8 Böckenförde, *Recht, Staat, Freiheit*, op. cit.; E. Denninger, *Der gebändigte Leviathan*, Baden-Baden, Nomos, 1990; D. Grimm, *Die Zukunft der Verfassung*, Frankfurt/Main, Suhrkamp, 1991.

9 E. Denninger, Verfassungsrechtliche Sclüsselbegriffe, in: *Der gebändigte Leviathan*, Baden-Baden, Nomos, 1990, p.159.

Facticidade e validade

Tarefas e objetivos do Estado eram deixados à política; de acordo com a compreensão liberal, elas não seriam objeto de normatização constitucional. A isso corresponde uma compreensão dos direitos fundamentais como direitos de defesa contra o Estado. Como apenas fundam pretensões de não intervenção que os cidadãos dirigem ao Estado, eles são considerados "imediatamente" válidos. Isso representa um condicionamento relativamente claro da jurisprudência. E também uma situação jurídica suficientemente definida ao legislador. Pois este podia limitar-se a garantir a ordem pública, prevenir abusos da liberdade econômica, assim como delimitar com precisão, por meio de leis gerais e abstratas, as possibilidades de intervenção e os espaços de atividade da administração estatal.

No modelo liberal, a estrita vinculação da justiça e da administração à lei resulta no esquema clássico da separação de poderes, o qual tinha por objeto disciplinar o arbítrio do poder estatal absolutista segundo os termos do Estado de direito. A distribuição das competências entre os poderes do Estado deixa-se retratar aqui pelos eixos temporais das decisões coletivas: a práxis jurídico-decisória pode ser entendida como o agir orientado ao passado, o qual se mantém fixado às decisões do legislador político condensadas no direito vigente; o legislador toma decisões voltadas ao futuro, que vinculam a ação vindoura, enquanto a administração, por sua vez, procura dar conta de problemas atuais, que se insinuam no presente. Esse modelo se desenvolve sob a premissa de que a Constituição de um Estado democrático de direito deve evitar, como seu objetivo primário, os perigos que podem surgir na dimensão Estado-cidadão, isto é, nas relações entre o aparato monopolizador da violência e as pessoas privadas desarmadas. Em contrapartida, as relações horizontais entre as pessoas privadas, em especial as relações intersubjetivas que constituem a práxis comum exercida pelos cidadãos, não geram nenhuma força produtora de estruturas para o esquema liberal da separação de poderes. Isso se acomoda bem à representação positivista do direito como um sistema recursivamente fechado de regras.

Ao se tomar por base esse modelo, a ordem jurídica materializada do Estado social – a qual não é composta somente (e nem sequer em primeira linha) por programas condicionais claramente delineados, mas contém também objetivos políticos e exige na aplicação do direito uma fundamentação pautada em princípios – parece representar um abalo ou mesmo a corrupção da arquitetônica constitucional. Considerada a partir da tese positivista da separação de poderes, a materialização do direito traz consigo uma nova "moralização", na medida em que a argumentação jurídica é obrigada a se abrir a argumentos relativos a princípios morais e objetivos políticos, os quais *flexibilizam* a vinculação linear da justiça àquilo que é previamente estabelecido pelo legislador político. As normas de princípio, que agora perpassam toda a ordem jurídica, demandam uma interpretação construtiva do caso particular que seja sensível ao contexto e que remeta ao sistema de regras em seu todo. O caráter "situacional" de uma aplicação normativa orientada ao conjunto da Constituição pode fortalecer a liberdade e a responsabilidade de sujeitos que atuam comunicativamente em âmbitos não formalizados de ação; mas representa, no interior do sistema jurídico, um aumento do poder da justiça e uma ampliação do campo de decisão judicial que põem em risco o equilíbrio da estrutura normativa do Estado de direito clássico à custa da autonomia dos cidadãos.[10] Com a orientação por princípios normativos, a jurisprudência tem de dirigir seu olhar, que deveria estar voltado à história institucional da ordem jurídica, a problemas do presente e do futuro. Como receia Ingeborg Maus, a justiça, por um lado, pode intervir em competências legislativas para as quais não possui nenhuma legitimação democrática; por outro, ela impõe e confirma uma estrutura flexível do direito que favorece a autonomia do aparato estatal — de modo que a legitimação democrática do direito se vê também por essa via abalada.

Críticos atentos como Böckenförde, Denninger e Maus decifraram nas decisões do Tribunal Constitucional uma dogmática implícita dos direitos fundamentais, a qual leva em conta o fato de que o sistema de direitos já não pode se sustentar sobre a suposta base de uma sociedade econômica independente, que se reproduz de forma espontânea por meio das decisões de sujeitos privados autônomos, mas tem de se efetivar por meio dos serviços de um Estado que dirige reflexivamente a vida social, que disponibiliza infraestruturas e previne riscos, vale dizer, um Estado que regule, possibilite e compense. Sobretudo em sociedades complexas, com sistemas

---

10 I. Maus, Die Trennung von Recht und Moral als Begrenzung des Rechts, *Rechtstheorie*, Berlim, v.20, n.2, 1989, p.191-210.

Facticidade e validade

horizontalmente diferenciados e interligados, o efeito protetor dos direitos fundamentais já não pode mais se referir somente ao poder administrativo, devendo, de modo geral, se estender ao poder social das grandes organizações. Além disso, esse efeito protetor não pode mais ser entendido apenas negativamente como a defesa contra intervenções, mas também funda pretensões a garantias positivas. Em suas decisões, o Tribunal Constitucional alemão qualifica por isso os direitos fundamentais de *princípios de uma ordem jurídica geral*, cujo conteúdo normativo estrutura o sistema de regras em seu todo. A partir disso, a dogmática alemã dos direitos fundamentais se ocupa especialmente com os "efeitos recíprocos" entre os direitos fundamentais, que permanecem intangíveis apenas em seu "conteúdo essencial", e as leis ordinárias; com os "limites imanentes dos direitos fundamentais", assegurados também para os direitos subjetivos públicos absolutamente válidos; com a "irradiação" dos direitos fundamentais sobre todos os âmbitos do direito e com o "efeito sobre terceiros" [*Drittwirkung*] dos deveres e direitos horizontais das pessoas privadas entre si; com as incumbências de ação e os deveres de proteção e prevenção do Estado, que podem ser derivados do caráter juridicamente objetivo que os direitos fundamentais possuem como princípios elementares da ordem jurídica; e, por fim, com a "proteção dinâmica dos direitos fundamentais" e a vinculação processual do conteúdo jurídico subjetivo com o conteúdo jurídico objetivo do direito fundamental.

Não posso entrar aqui nessa ramificada discussão.[11] Entretanto, é indiscutível a mudança na conceituação dos direitos fundamentais que se reflete na jurisprudência constitucional – uma mudança que os faz passar de direi-

---

11 H. Huber, Die Bedeutung der Grundrechte für die sozialen Beziehungen unter den Rechtsgenossen (1955), in: *Rechtstheorie, Verfassungsrecht*, Völkerrecht, Stämpfli, 1971, p.157 e ss.; P. Häberle, Grundrechte im Leistungsstaatp, in: W. Martens et al., *Veröffentlichungen der Vereinigung der Deutschen Staatsrechtslehrer*, v.30, Berlin/Nova York, De Gruyter, 1972, p.43-131; Id. (ed.), *Verfassungsgerichtsbarkeit*, Darmstadt, Wissenchaftliche Buchgesellschaft, 1976; E. W. Böckenförde, Grundrechtstheorie und Grundrechtsinterpretation, *Neue Juristiche Wochenscrift*, 1974, p.1529 e ss.; H. Ridder, *Die soziale Ordnung des Grundgesetzes: Leitfaden zu den Grundrechten einer demokratischen Verfassung*, Opladen, VS Verlag für Sozialwissenschaft, 1975; U. K. Preuss, *Die Internalisierung des Subjekts*, Frankfurt/Main, Suhrkamp, 1979.

tos de defesa [*Abwehrrechte*] garantidores da liberdade e da legalidade das intervenções administrativas a princípios sustentadores da ordem jurídica, os quais, ainda que de modo não inteiramente claro em termos conceituais, conseguem acolher o conteúdo de direitos subjetivos de liberdade no conteúdo jurídico objetivo de normas-princípio estruturantes e cogentes. Sob pontos de vista metodológicos, essa mudança encontra correspondentes em outros "conceitos-chave do direito constitucional" (Denninger), como o princípio da proporcionalidade, a reserva do possível, a limitação de direitos fundamentais imediatamente válidos por direitos fundamentais de terceiros, a proteção dos direitos fundamentais mediante organização e procedimento etc. Eles servem para relacionar diferentes normas em caso de colisão sob a perspectiva de uma "unidade da Constituição": "Com o desenvolvimento de conceitos-chave relacionais vinculados a casos e problemas, o Tribunal Constitucional reconheceu e acentuou, no interior de certos limites, a estrutura 'aberta' da Constituição".[12] Pode-se em parte entender esses conceitos-chave, surgidos da própria prática decisória, como princípios procedimentais que refletem as operações da interpretação construtiva, a qual, segundo Dworkin, exige que o caso particular seja interpretado a partir do todo de uma ordem jurídica racionalmente reconstruída. Apesar de sua crítica afiada aos detalhes, Denninger também chega a uma avaliação em conjunto positiva:

> Com o desenvolvimento dos "conceitos-chave", o Tribunal Constitucional criou, ao lado das figuras clássicas da Constituição escrita, um instrumental altamente sensível, cujo aparato conceitual e grau de complexidade parecem adequados à estrutura dos problemas postos, especialmente daqueles que exigem uma mediação entre o micronível (âmbito individual de ação) e o macronível (âmbito sistêmico) [...]. É precisamente essa estrutura relacional que capacita os conceitos-chave a formular os problemas de direito constitucional em um nível que permite evitar sua fixação unilateral no aspecto defensivo ou planejador da atividade Estatal. Nesse nível, pode-se conseguir associar em categorias *constitucionais* amplas o Estado social, com suas "prestações" e funções

---

12 Denninger, *Der gebändigte Leviathan*, op. cit., p.176.

Facticidade e validade

"redistributivas" articuladas em termos de direito *administrativo*, e o Estado de direito garantidor das relações de propriedade.[13]

(3) Apesar de descrevê-la e diagnosticá-la em termos similares, Böckenförde chega a um juízo completamente distinto sobre a jurisprudência do Tribunal Constitucional. Enquanto Denninger, analisando sentenças individuais do tribunal, constata uma *tendência* que poderia indicar uma transição preocupante da dominação legal de cunho liberal a uma "dominação fundada na legitimidade judicialmente sancionada", Böckenförde enxerga nisso um *dilema* inevitável. Pensa que a transição do Estado-legislação parlamentar ao Estado-jurisdição do Tribunal Constitucional é incapaz de ser contida caso não se possa voltar a restaurar uma compreensão liberal de direito. A *"jurisdictio"* recebe aqui o sentido pré-moderno do poder baseado em um direito suprapositivo, atribuído ao soberano político em sua qualidade de juiz supremo, *precedendo*, assim, a disjunção própria do Estado de direito entre produção e aplicação do direito:

> Em nome da eficácia jurídico-objetiva dos direitos fundamentais, chega-se — tipologicamente — a uma aproximação e convergência da produção do direito feitas pelo Parlamento e pelo Tribunal Constitucional. A primeira é rebaixada, deixando o papel de criação original do direito para o de sua mera concretização, ao passo que a segunda é elevada de sua função de aplicação interpretativa à concretização criadora de direito [...]. A diferença anteriormente qualitativa entre legislação e jurisdição é, desse modo, nivelada. Ambas exercem a criação do direito na forma de sua concretização, concorrendo entre si. Nessa relação de concorrência, o legislador tem a prioridade [*Vorhand*], mas o Tribunal Constitucional possui a primazia [*Vorrang*] [...]. A questão a isso vinculada é a da legitimação democrática do Tribunal Constitucional.[14]

Böckenförde está convencido de que os princípios do Estado de direito só são compatíveis com uma compreensão liberal dos direitos fundamen-

---

13 Ibid., p.174-175.
14 Böckenförde, Grundrechte als Grundsatznormen, op. cit., p.189 e ss.

tais como liberdades subjetivas de ação imediatamente válidas das pessoas privadas frente ao Estado, pois, de outro modo, perde-se a separação funcional entre justiça e legislação e, consequentemente, a substância democrática do Estado de direito:

> Quem deseja manter a função determinante de criação do direito por um Parlamento eleito pelo povo, evitando a reformulação progressiva da estrutura constitucional em nome de um Estado-jurisdição dirigido pelo Tribunal Constitucional, terá de aceitar também que os direitos fundamentais — judicialmente reclamáveis — devem ser considerados "apenas" como direitos subjetivos de liberdade frente ao poder do Estado, e não ao mesmo tempo como princípios normativos objetivos (e obrigatórios) para todos os domínios do direito.[15]

Entretanto, essas alternativas somente se apresentam como um dilema inevitável quando se caracteriza o modelo liberal da separação entre Estado e sociedade como normativo. Com isso, porém, estaríamos ignorando seu lugar nas discussões de direito constitucional. Pois o paradigma liberal do direito não é uma *descrição* simplificadora de uma situação histórica de partida que estaríamos autorizados a tomar *at face value*; ele indica, ao invés disso, como poderiam se realizar os princípios do Estado de direito sob as condições hipoteticamente *supostas* de uma sociedade liberal. Esse modelo depende inteiramente dos pressupostos da economia política clássica relativos à teoria da sociedade, que se viram abalados pela crítica de Marx e já não correspondem às sociedades pós-industriais desenvolvidas de tipo ocidental. Em outras palavras, os princípios do Estado de direito não podem ser confundidos com *uma* de suas leituras históricas e vinculadas a certos contextos. O próprio Böckenförde percebe essa diferença quando compara a interpretação dos direitos fundamentais como direitos de defesa referidos ao Estado com o conceito kantiano de direito. O que, segundo Kant, deveria assegurar a compatibilidade da liberdade de cada um com as

---

15 Ibid., p.194. A uma conclusão neoformalista similar chegam também "críticos de esquerda" do Tribunal Constitucional; cf. sobre isso Grimm, Reformalisierung des Rechtsstaats als Demokratiepostulat?, *Juristische Schulung*, v.20, 1980, p.704-709.

Facticidade e validade

iguais liberdades subjetivas de todos é *reduzido* no paradigma liberal do direito à garantia da autonomia privada perante o Estado: "De acordo com a interpretação dos direitos fundamentais como direitos de defesa, não é a liberdade de cada um que deve ser assegurada como compatível com a do outro segundo uma lei universal da liberdade, mas a liberdade do cidadão individual com a do Estado".[16] Se tomarmos o princípio kantiano do direito como medida, as transformações operadas pelo paradigma do Estado social recuperam a validade daquele conteúdo jurídico objetivo dos direitos subjetivos de liberdade, o qual esteve *sempre já* contido no sistema dos direitos. Pois com ele transforma-se "a proteção dos direitos fundamentais garantida judicialmente, a qual passa a se ocupar de forma crescente com a tarefa de delimitar e coordenar esferas e pretensões de liberdade privadas que colidem entre si".[17]

À luz de uma compreensão dos direitos articulada de acordo com a teoria do discurso, podemos enxergar o caráter derivado que possuem os direitos de defesa referidos ao Estado: apenas com a constituição de um poder estatal, o direito a iguais liberdades subjetivas é *transmitido também* à relação dos parceiros do direito, socializados a princípio horizontalmente, com o Executivo estatal. Os direitos que surgem da união politicamente autônoma de parceiros do direito livremente associados só possuem de início o sentido intersubjetivo de estabelecer relações simétricas de reconhecimento recíproco. Na medida em que os indivíduos reconhecem mutuamente tais direitos, eles assumem a posição de sujeitos de direito ao mesmo tempo livres e iguais. Esse sentido originalmente intersubjetivo só se diferencia em conteúdos jurídicos subjetivos e objetivos em atenção ao problema da juridificação do poder político (o qual, entretanto, encontra-se tacitamente pressuposto na constituição do código jurídico). A *extinção* do conteúdo jurídico objetivo como parte dos direitos fundamentais é obra de uma determinada compreensão paradigmática do direito em geral. Esta se explica, por sua vez, pela percepção de uma determinada situação histórica mediada por pressupostos teórico-sociais, situação em que a burguesia liberal teve

---

16 Böckenförde, Grundrechte als Grundsatznormen, op. cit., p.189.

17 Denninger, *Der gebändigte Leviathan*, op. cit., p.148.

de obter clareza sobre o modo como poderiam ser realizados os princípios do Estado de direito a partir de sua própria constelação de interesses. O paradigma liberal do direito constituiu em seu tempo uma solução extremamente exitosa e historicamente influente para esse problema; entretanto, sob circunstâncias históricas que o próprio Böckenförde admite como modificadas, o mesmo problema exige hoje uma *outra* resposta.

É certo que o paradigma jurídico do Estado social, que se estabeleceu de lá para cá, não se mostra mais plenamente convincente. No entanto, as dificuldades desse novo paradigma, que Böckenförde analisa com perspicácia, não são motivos suficientes para a restauração do anterior.[18] Nos EUA, são amplamente perceptíveis os problemas gerados para a justiça em virtude de programas sociais da era New Deal e da brusca expansão de demandas vinculadas ao Estado social durante os anos 1960 e 1970, configuradas segundo a visão da *Great Society*. Essa *rights revolution* é compreendida como o desafio de se interpretar de modo novo os princípios do Estado de direito à luz de novas experiências históricas. Assim, por exemplo, C. R. Sunstein retira das consequências parcialmente contraprodutivas dos programas do Estado social apenas a lição de que é necessário alcançar um novo consenso acerca da maneira como os princípios constitucionais americanos podem ser realizados sob as condições de um Estado "regulador".

Como resultado de uma análise da jurisprudência da *Supreme Court*, Sunstein propõe um conjunto de "normas de fundo" que teriam por finalidade modificar a leitura paradigmática dos princípios do Estado de direito:

> Onde há ambiguidade, os tribunais deveriam construir estatutos regulatórios, de tal modo que (1) atores impassíveis de responsabilização política sejam proibidos de decidir assuntos importantes; (2) os problemas de ação coletiva não subvertam os programas legais; (3) as distintas leis regulatórias sejam coordenadas, tanto quanto possível, em um todo coerente; (4) as leis obsoletas sejam adequadas às transformações do direito, da política e dos fa-

---

18 E. W. Böckenförde, Die sozialen Grundrechte im Verfassungsgefüge, in: *Recht, Staat, Freiheit: Studien zu Rechtsphilosophie, Staatstheorie und Verfassungsgeschichte*, Frankfurt/Main, Suhrkamp, 1991, p.146-158.

tos; (5) as qualificações procedimentais dos direitos substantivos sejam rigorosamente mantidas; (6) o complexo efeito sistêmico da regulação seja levado em consideração; e que, de forma mais geral, (7) a irracionalidade e a injustiça sejam evitadas, segundo os fins e objetivos próprios das leis [...].[19]

A proposta de Sunstein, que oferece paralelos com a explicação que Denninger sugere sobre os "conceitos-chave" de direito constitucional, interessa aqui por duas razões. Em primeiro lugar, representa uma contribuição exemplar à discussão sobre paradigmas que não perde de vista o sentido original, democrata-radical, do sistema dos direitos:

> Apesar de seu número e variedade, os princípios se encontram unidos por certos fins gerais. Estes incluem sobretudo o esforço por promover a deliberação no governo, de criar substitutos quando se faz ausente, de limitar o faccionalismo e a representação autointeressada e de ajudar a promover igualdade política.[20]

Em segundo lugar, a proposta revela a consciência da diferença entre princípios do Estado de direito e suas leituras paradigmáticas. A tentativa de retornar à compreensão liberal dos direitos fundamentais[21] pode ser explicada pela negligência em relação a essa diferença.

O paradigma liberal do direito expressou até o primeiro terço do século XX um consenso de fundo amplamente difundido entre os especialistas em direito e ofereceu um contexto de máximas de interpretação *não questionadas* à prática de aplicação do direito. Isso explica a sugestão difundida de que, nessa época, o direito podia ser aplicado sem o recurso de princípios carentes de interpretação e de "conceitos-chave" controversos. Na realidade, toda ordem jurídica que se justifica por meio de princípios depende de uma in-

---

19 Sunstein, *After the Rights Revolution: Reconceiving the Regulatory State*, Cambridge, Harvard University Press, 1990, p.170-171.

20 Ibid., p.171.

21 Cf. Grimm, Rückkehr zum liberalen Grundrechtsverständnis?, in: *Die Zukunft der Verfassung*, Frankfurt/Main, Suhrkamp, 1991, p.221-240.

terpretação construtiva e, com isso, daquilo que Sunstein chama de "normas de fundo". Toda decisão relativa a princípios vai além de uma interpretação do texto da lei e necessita, portanto, de uma justificação externa:

> O texto da lei é o ponto de partida, mas ele só se torna inteligível devido ao contexto e às normas de fundo que lhe dão conteúdo. O contexto é habitualmente não problemático e as normas são tão amplamente compartilhadas e incontroversas que o texto *parece* ser uma base suficiente de interpretação. Em muitos casos, contudo, o texto, em conjunção com tais normas, produzirá ambiguidade, incidência em falta ou excesso; em tais casos, os tribunais têm de olhar para outros lugares. Considerações contextuais de vários tipos – incluindo a história legislativa, o propósito das leis e a razoabilidade prática de um ponto de vista ou de outro – podem providenciar nessas circunstâncias ajuda considerável. Mas a história poderia ela mesma ser ambígua – ou ser obra de um grupo não representativo, autointeressado –, e o problema de caracterizar o propósito em um corpo composto por múltiplos membros conduzirá, em muitos casos, aos problemas habituais de ambiguidade, lacunas, incidência em falta ou excesso. Em tais casos, os tribunais terão de recorrer, com frequência, a "normas de fundo" conspícuas e contestáveis.[22]

Essa consideração, porém, deixa em aberto se o inevitável recurso a tais "normas de fundo" não abriria as portas ao Tribunal Constitucional para uma "criação do direito" de inspiração política, a qual deveria ser reservada ao legislador democrático segundo a lógica da separação de poderes.

II. Normas *versus* valores: crítica contra uma autocompreensão metodológica falsa da adjudicação constitucional

(I) As reservas contra a legitimidade da jurisprudência do Tribunal Constitucional alemão apoiam-se não apenas em uma consideração sobre a mudança de paradigmas, mas relacionam-se também com suposições de cunho

---

22 Sunstein, *After the Rights Revolution*, op. cit., p.157.

Facticidade e validade

metodológico. Diferentemente dos EUA, a crítica na República Federal da Alemanha pôde se manter ligada a uma "doutrina da ordem dos valores" desenvolvida pelo próprio tribunal, vinculando-se, com isso, a uma autocompreensão metodológica dos juízes que teve consequências problemáticas na decisão de importantes precedentes. Contudo, a crítica justificada a essa "jurisprudência dos valores" é, com frequência, dirigida *imediatamente* contra suas preocupantes consequências ao Estado de direito, sem deixar claro que se trata em primeira medida de efeitos de uma autointerpretação falsa. Com isso, ela perde de vista a alternativa de uma compreensão correta da interpretação construtiva, a qual não permite que direitos sejam assimilados a valores.

O Tribunal Constitucional entende a Lei Fundamental da República Federal da Alemanha não tanto como um sistema de regras estruturado por princípios, mas, em adesão às éticas materiais de valores (como a de Max Scheler ou a de Nicolai Hartmann), como uma "ordem concreta de valores". Em conformidade com a letra e o teor da fundamentação de importantes sentenças do Tribunal Constitucional alemão, Böckenförde também compreende os princípios como valores: as "normas principiológicas objetivas" devem se apoiar em "decisões valorativas". Assim como I. Maus,[23] ele também adere à proposta de R. Alexy segundo a qual os princípios são transformados em valores ao serem concebidos como imperativos de otimização cuja intensidade permanece aberta. Essa interpretação vem ao encontro de um discurso vago, embora habitual entre os juristas, que falam de uma "ponderação de bens" [*Güterabwägung*]. Se os princípios manifestam um valor que deve ser realizado de forma ótima e se o grau de cumprimento desse imperativo de otimização não pode ser diretamente extraído da norma, a aplicação de tais princípios no âmbito das possibilidades fáticas demanda uma ponderação orientada por finalidades. E por nenhum valor poder reclamar de saída primazia incondicional sobre outros valores, essa operação de ponderação transforma a interpretação do direto vigente na tarefa de *realização* concretizadora de *valores* em vista de casos específicos:

---

23 Maus, Die Trennung von Recht und Moral als Begrenzung des Rechts, op. cit., p.199.

A concretização é o preenchimento produtivo de algo prescrito somente como orientação ou princípio, encontrando-se aberto em todo o restante e carecendo de determinação para converter-se em uma norma aplicável. Hanz Huber notou, já há algum tempo, que a necessidade de concretização dos direitos fundamentais entendidos como princípios – derivada de sua ampla validez, alcance e indeterminação – não deveria ser confundida com uma demanda de interpretação [...]. Devemos acrescentar, em nome da clareza, que essa atividade legislativa referida ao caso concreto, ao se apresentar como interpretação da Constituição, possui estatuto constitucional e, portanto, representa legislação constitucional.[24]

Desse modo, Böckenförde toma ao pé da letra a autocompreensão metodológica do Tribunal Constitucional alemão e a critica recorrendo à tese de Carl Schmitt da "tirania dos valores", sem perceber que a equiparação dos princípios jurídicos a valores mostra-se aqui como o verdadeiro problema.

Princípios ou normas de ordem superior, a cuja luz outras normas podem ser justificadas, têm um sentido deontológico, enquanto que valores, diferentemente, possuem um sentido teleológico. Normas válidas obrigam seus destinatários, sem exceção e da mesma forma, a satisfazer expectativas generalizadas de comportamento, enquanto que valores devem ser entendidos como preferências intersubjetivamente compartilhadas. Os valores expressam a preferência por bens considerados desejáveis em determinadas coletividades e que podem ser adquiridos ou realizados mediante ações orientadas por fins. As normas apresentam pretensão de validade binária e são válidas ou inválidas; frente a enunciados normativos, da mesma forma que enunciados assertóricos, só podemos assumir a posição de "sim" ou "não" – ou nos abstermos de julgar. Diferentemente, os valores estabelecem relações de preferência que nos dizem que determinados bens são mais atrativos que outros; por isso podemos assentir a enunciados valorativos com maior ou menor intensidade. A validade deontológica das normas possui o sentido absoluto de uma obrigação incondicional e universal: o dever possui a pretensão de ser igualmente bom para todos. A atratividade

---

24 Böckenförde, *Recht, Staat, Freiheit*, op. cit., p.186-187.

Facticidade e validade

dos valores possui o sentido relativo de uma apreciação de bens aos quais se está habituado ou que têm sido adotados em uma determinada cultura ou forma de vida: decisões valorativas relevantes ou preferências de ordem superior dizem aquilo que em geral é bom para nós (ou para mim). Diferentes normas não podem se contradizer umas às outras caso pretendam validade para o mesmo círculo de destinatários; elas precisam se pôr em um conjunto coerente, isto é, formar sistema. Ao contrário, os diferentes valores competem pela prioridade entre si; na medida em que encontram reconhecimento intersubjetivo no interior de uma cultura ou forma de vida, estabelecem configurações flexíveis e conflituosas.

Assim, normas e valores se distinguem respectivamente: primeiro, por sua referência ao agir obrigatório e teleológico; segundo, pela codificação binária ou gradual de sua pretensão de validade; terceiro, por seu caráter vinculante absoluto ou relativo; e quarto, pelos distintos critérios que os sistemas de normas e de valores têm de satisfazer em seu conjunto. Dessas diferenças entre normas e valores relativas a suas propriedades lógicas, seguem-se também importantes diferenças no tocante a sua aplicação.

Se me deixo conduzir por normas ou valores na determinação do comportamento em um caso particular, isso tem por consequência distintas orientações de ação. A questão do que devo fazer em uma situação dada é instaurada e respondida de diferentes formas em ambos os casos. À luz de normas pode-se decidir o que é obrigatório fazer, enquanto que à luz de valores decide-se qual o comportamento mais recomendável. O problema da aplicação exige nos dois casos, naturalmente, a seleção da ação correta; mas se partimos de um sistema de normas válidas, "correta" é a ação igualmente boa *para todos*; em referência a uma constelação de valores típica de nossa cultura ou de nossa forma de vida, por outro lado, "correto" é aquele comportamento que, em seu conjunto e a longo prazo, é bom *para nós*. Essa diferença é muitas vezes ignorada no caso de princípios do direito e bens jurídicos, já que o direito positivo sempre vale apenas para um determinado território e para um círculo de destinatários correspondentemente definido. Mas sem prejuízo dessa determinação fática do âmbito de validade, os direitos fundamentais assumem um sentido distinto se os compreendemos como princípios jurídicos deontológicos, no sentido de Dworkin, ou como bens jurídicos otimizáveis, no sentido de Alexy. Enquanto normas, eles regulam uma matéria no interesse igualitário de todos; enquanto valores, formam na configuração com outros valores uma ordem simbólica na qual se expressam a identidade e a forma de vida de uma comunidade jurídica particular. Certamente, no direito penetram também conteúdos teleológicos; mas um sistema de direitos domestica, por assim dizer, os objetivos e orientações valorativas do legislador mediante uma estrita *primazia* dos pontos de vista normativos. Quem permite uma Constituição se passar por uma ordem concreta de valores ignora seu caráter especificamente jurídico; como normas jurídicas, os direitos fundamentais são formados, assim como as regras morais, segundo o modelo de normas obrigatórias de ação – e não segundo o modelo de bens atrativos.

A distinção terminológica entre normas e valores *apenas* se mostra supérflua à análise conceitual naquelas teorias que reivindicam validade universal para valores ou bens supremos – como nas versões clássicas da ética dos bens. Essas abordagens ontológicas objetificam bens e valores, convertendo-os em entidades em si mesmas existentes; tais abordagens dificilmente se mostram defensáveis sob as condições do pensamento pós-metafísico. Nas teorias contemporâneas desse tipo, os valores ou bens supostamente universais assumem uma forma de tal modo abstrata que não é difícil reconhecer neles princípios deontológicos, tais como a dignidade humana, a solidariedade, a autorrealização e a autonomia.[25] A transformação conceitual dos direitos fundamentais em valores fundamentais significa um mascaramento teleológico dos direitos, obscurecendo o fato de que normas e valores, em contextos de fundamentação, desempenham *papéis distintos na lógica da argumentação*. Assim, as teorias pós-metafísicas dos valores têm de estar atentas à particularidade dos valores, à flexibilidade das hierarquias de valores e à validade meramente local das configurações de valores. Elas atribuem sua origem a tradições e orientações axiológicas às quais se está culturalmente habituado ou, quando querem acentuar o caráter subjetivo e

---

25 C. Taylor, *Sources of the Self: the Making of the Modern Identity*, Cambridge, Cambridge University Press, 1989; cf. minha crítica em Habermas, *Erläuterungen zur Diskursethik*, op. cit., p.176-185.

Facticidade e validade

consciente da escolha de valores, a decisões existenciais acerca de metapreferências e *higher order volitions*.[26]

Na discussão que transcorreu em paralelo entre os constitucionalistas norte-americanos, a distinção entre a abordagem que entende os direitos fundamentais como princípios jurídicos e aquela que os compreende como orientações valorativas é definida com mais clareza que no debate alemão. Por exemplo, em um artigo que nos oferece uma visão de conjunto, P. Brest marca nitidamente a oposição entre as *rights theories* e a abordagem do *moral conventionalism*.[27] Mesmo J. H. Ely, em seu enfrentamento a uma jurisprudência constitucional que entrelaça moral e direito, distingue entre a compreensão deontológica dos direitos fundamentais que recorre a direitos suprapositivos, à razão ou a princípios procedimentais neutros, por um lado, e a concepção da teoria dos valores, a qual se remete à tradição e a um consenso consuetudinário, por outro.[28]

Uma variante neoaristotélica da doutrina da ordem dos valores é advogada nos EUA, por exemplo, por Michael J. Perry. Ele compreende o texto constitucional como documento de fundação e expressão da autocompreensão ética de uma comunidade histórica, removendo com isso os traços empiristas do convencionalismo moral, o qual enxerga os valores fundamentais da Constituição enraizados no consenso valorativo da maioria da população dominante em cada caso. Como um texto sagrado, a Constituição funda novas ideias sob cuja luz a comunidade pode reconhecer suas mais profundas aspirações e seus verdadeiros interesses:

> *On this view, our political life includes ongoing moral discourse with one another in an effort to achieve ever more insightful answers to the question of what are our real interests, as opposed*

---

26 H. Frankfurt, Freedom of the Will and the Concept of the Person, in: *The Importance of What We Know about*, Cambridge, Cambridge University Press, 1988, p.11-25.

27 P. Brest, The Fundamental Rights Controversy: the Essential Contractions of Normative Constitutional Scholarship, *The Yale Law Journal*, New Haven, v.90, n.5, 1981, p.1063-1109.

28 J. H. Ely, *Democracy and Distrust: a Theory of Judicial Review*, Cambridge, Harvard University Press, 1980.

to our actual preferences and thus what sort of persons with what projects, goals, ideals ought we to be [...]. Deliberative politics is an essential instrument of self-knowledge.[29]

O discurso ético-político de autocompreensão dos cidadãos encontra sua manifestação mais concentrada em uma jurisprudência constitucional orientada por valores, a qual se apropria hermeneuticamente do sentido originário da Constituição e o atualiza criativamente perante os sempre novos desafios históricos. De forma ainda mais pronunciada que a hermenêutica jurídica vinculada a Gadamer na Alemanha, Perry enxerga o juiz constitucional no papel de um mestre profético, que, com sua interpretação da palavra divina dos pais fundadores, assegura a continuidade de uma tradição constitutiva da vida da comunidade. Para isso, nem pode se fixar na letra estrita da Constituição, nem se fazer dependente das convicções majoritárias: *"To 'interpret' some provision of the Constitution is, in the main, to ascertain the aspirational meaning and then to bring that meaning to bear – that is to answer the question [...] what that aspiration means for the conflict at hand, and what that aspiration, if accepted, requires the court to do".*[30]

Uma tal *jurisprudência dos valores* suscita, de fato, o problema de legitimidade que Maus e Böckenförde analisam em atenção à prática decisória do Tribunal Constitucional alemão. Ela requer um tipo de concretização de normas implicitamente produtora do direito, a qual confere à jurisprudência constitucional o estatuto de uma legislação concorrente. Perry retira vigorosamente a seguinte consequência dessa reinterpretação dos direitos

---

29 M. J. Perry, *Morality, Politics and Law*, Oxford, Oxford University Press, 1988, p.152 e ss. ["Segundo essa visão, nossa vida política inclui um discurso moral contínuo de uns com os outros, em um esforço por alcançar respostas cada vez mais perspicazes e convincentes à questão de quais são nossos interesses reais, em contraposição com nossas preferências de fato, e, portanto, à questão de que tipo de pessoas devemos ser e com quais projetos, objetivos e ideais (...). A política deliberativa é um instrumento essencial de autoconhecimento" – N. T.]

30 Ibid., p.135-136. ["'Interpretar' uma cláusula constitucional é essencialmente assegurar o sentido de suas aspirações e fazê-las valer – isto é, responder à questão (...) sobre o que significa essa aspiração para o conflito presente e o que essa aspiração, quando aceita, exige que o tribunal faça" – N. T.]

Facticidade e validade

fundamentais que os transforma de princípios deontológicos em bens jurídicos de caráter teleológico, responsáveis pela constituição de uma ordem objetiva de valores que ligaria tanto a justiça quanto o legislador à eticidade substancial de uma forma de vida determinada: *"Judicial review is a deliberately countermajoritarian institution".*[31]

Desse modo, o Tribunal Constitucional se transforma em uma instância autoritária ao se deixar conduzir pela realização de valores materiais previamente dados ao direito constitucional. Pois se, em casos de colisão, *todas* as razões podem assumir o caráter de argumentos finalísticos, desaparece com isso a parede de contenção introduzida no discurso jurídico com a compreensão deontológica das normas de direito e dos princípios fundamentais.

À medida que os direitos individuais se transformam em bens e valores, eles terão em cada caso particular de competir por primazia com os demais em pé de igualdade. Todo valor é em si mesmo tão particular como qualquer outro, enquanto que normas devem sua validez a um teste de universalização. Nas palavras de Denninger: "Os valores só podem ser relativizados por outros valores; no entanto, o processo mesmo de se preferir certos valores ou de persegui-los em detrimento de outros se furta a qualquer esforço de conceitualização lógica".[32] Também por essa razão, Dworkin concebe os direitos como "trunfos" que podem ser usados no discurso jurídico contra argumentos relativos a fins. Certamente, nem sempre um direito pode ser interposto contra todo bem coletivo no contexto concreto de fundamentação da decisão de casos particulares, mas isso será vetado somente quando a primazia de um bem coletivo, por sua vez, puder ser justificada à luz de princípios. Pois em virtude do sentido deontológico de sua validade, normas e princípios podem pretender uma *obrigatoriedade geral* e não somente uma *preferência especial*, possuindo uma força de justificação maior que a dos valores; valores têm de ser posicionados caso a caso com outros valores em uma ordem transitiva. Por faltarem critérios racionais para tanto, a ponde-

---

31 Ibid., p.149. ["A revisão judicial é deliberadamente uma instituição contramajoritária" – N. T.]

32 Denninger, *Der gebändigte Leviathan*, op. cit., p.147.

ração de valores se cumpre ou de forma discricionária ou de forma irrefletida, segundo *standards* ou hierarquias consuetudinárias.[33]

Na medida em que um Tribunal Constitucional adota a "doutrina da ordem dos valores" e nela apoia sua práxis decisória, aumenta o perigo de juízos irracionais, pois com isso os argumentos funcionalistas ganham primazia frente aos argumentos normativos. É certo que em casos de colisão normativa, princípios como a "capacidade funcional" do exército ou da administração da justiça, a "paz" em domínios específicos, a "segurança do Estado como poder garantidor da ordem e da paz", o respeito ao federalismo ou a "fidelidade à Federação", entre outros, fornecem pontos de vista que permitem introduzir argumentos em um discurso jurídico; mas esses argumentos "contam" tanto quanto os princípios jurídicos a cuja luz tais finalidades e bens podem ser justificados. Pois, *em última instância*, apenas os direitos devem ser decisivos no jogo argumentativo. É esse limiar que acaba sendo neutralizado pela equiparação contraintuitiva dos princípios jurídicos com bens, finalidades e valores:

> As garantias constitucionais de liberdade se encontram nesse caso em concorrência com "princípios" que lhes são opostos não só em seu conteúdo, como também em toda sua estrutura, tais como a capacidade funcional da administração penal, do exército, das empresas e da economia global [...]. O Tribunal Constitucional transforma esses bens coletivos (assim como outros) em encargos constitucionais diretos que o legislador está obrigado a cumprir, determinando em cada situação custos específicos aos direitos de liberdade.[34]

Já quando os direitos fundamentais são levados a sério em seu sentido deontológico, eles permanecem alheios a uma tal análise de "custo-benefício". Isso vale também para as normas "abertas", que, diferentemente dos programas condicionais, não se referem a casos exemplares facilmente identificáveis, mas possuem aplicação indeterminada e, portanto, precisam de

---

33 Como faltam unidades de medida univocamente aplicáveis aos chamados bens jurídicos, o tipo de ponderação que segue um modelo economicista de fundamentação proposto por Alexy (*Theorie der Grundrechte*, op. cit., p.143-153) também pouco nos ajuda. Cf. Günther, *Der Sinn für Angemessenheit*, op. cit., p.268 e ss.

34 Maus, Zur Theorie der Institutionalisierung bei Kant, op. cit., p.197-198.

Facticidade e validade

"concretização" em um sentido metodologicamente irrepreensível. Essas normas encontram sua determinação unívoca somente no discurso de aplicação. Em caso de uma colisão com outros preceitos jurídicos, não é necessária uma decisão acerca da medida em que valores concorrentes devem ser cumpridos. Como foi mostrado, a tarefa consiste muito mais em encontrar entre as normas aplicáveis *prima facie* aquela que se adapta melhor à situação de aplicação, descrita da forma mais exaustiva possível segundo todos os pontos de vista relevantes. Nesse processo, entre a norma pertinente ao caso e as normas que – sem prejuízo de sua validez continuada – passam a segundo plano, deve-se poder estabelecer uma relação de sentido, de modo que não seja afetada a coerência do sistema jurídico em seu todo. As normas pertinentes e aquelas postas em segundo plano não se relacionam entre si como valores em concorrência, os quais, como imperativos de otimização, são "realizados" em diferentes graus a cada caso; mas sim como normas "adequadas" e "inadequadas". Aqui, adequação possui o mesmo sentido da validez de um juízo singular derivado de uma norma geral válida, por meio do qual essa norma subjacente se torna "saturada".

Uma jurisprudência orientada por princípios precisa determinar qual demanda e ação são corretas em um dado conflito – e não decidir sobre o melhor balanceamento de bens ou relacionamento entre valores. Certamente, normas válidas formam uma estrutura relacional flexível, na qual as relações que a constituem podem se deslocar caso a caso; mas esse deslocamento está sujeito à reserva de coerência, que assegura que todas as normas se articulem em um sistema afinado e que admita para cada caso, segundo sua própria ideia, uma única solução correta. A validade jurídica do juízo tem o sentido deontológico de uma obrigação, não o sentido teleológico daquilo que pode ser alcançável no horizonte de nossos desejos e em vista de circunstâncias dadas. Aquilo que em cada caso é o melhor para nós não coincide *eo ipso* com o que é igualmente bom para todos.

(2) Em atenção ao problema da legitimidade da jurisdição constitucional, essas considerações metodológicas nos conduzem a uma crítica de sua falsa autocompreensão e seus efeitos práticos, mas não atinge a possibilidade de uma decisão racional das questões constitucionais em geral. Pois a interpretação de princípios jurídicos não se distingue fundamentalmente da

interpretação de normas ordinárias (na medida em que sua aplicação não é condicionalmente pré-programada a situações estritamente circunscritas). Em ambos os casos, não é necessário o surgimento de lacunas de racionalidade no processo de aplicação. É certo que os complexos passos de uma interpretação construtiva não podem ser regulados nos termos do direito processual; mas eles estão submetidos ao controle da racionalidade procedimental de um discurso de aplicação juridicamente institucionalizado. De todo modo, a jurisprudência constitucional, que parte do caso concreto, *restringe-se* à *aplicação* de normas (constitucionais) pressupostas como válidas; por isso, a distinção entre discursos de fundamentação e de aplicação de normas oferece um critério de delimitação lógico-argumentativo das tarefas que legitimamente podem ser desempenhadas pela justiça e pelo Legislativo.

Uma jurisprudência regida por princípios não tem de lesar *per se* aquela estrutura decisória organizada hierarquicamente, a qual deve assegurar que as razões legitimadoras de *cada* processo decisório sejam dadas *previamente* por resoluções de instâncias de competência superior. Ingeborg Maus vê a lógica da separação de poderes na interrupção preventiva de um processo de legitimação que, de outro modo, teria seu circuito fechado autorreferencialmente:

> Em nenhuma etapa do processo decisório, o poder político pode se legitimar só com base no direito que ele mesmo criou. O legislador se legitima, ao mesmo tempo, por meio da observação das disposições procedimentais da Constituição, bem como da atual vontade popular que o antecede, e não pelas leis ordinárias elaboradas por ele mesmo. Apenas as instâncias de aplicação jurídica se legitimam pelo direito comum, que elas, exatamente por isso, não estão autorizadas a criar. Essa estrutura garante também um desconhecimento escalonado dos destinatários concretos da decisão no conjunto de instâncias do Estado de direito [...].[35]

A circunstância de que o Tribunal Constitucional, assim como o legislador político, encontra-se vinculado a "disposições procedimentais da

---

35 Ibid., p.208.

Constituição" não significa que a justiça e o legislador sejam equiparados em um mesmo plano de concorrência. As razões legitimadoras disponibilizadas pela Constituição são previamente dadas ao Tribunal Constitucional pela perspectiva da aplicação do direito – e não pela perspectiva de um legislador que interpreta e *configura* o sistema dos direitos para perseguir suas próprias políticas. O tribunal reabre o estoque de razões com as quais o legislador legitima suas resoluções, buscando mobilizá-las a favor de uma decisão do caso concreto coerente com os princípios jurídicos vigentes; mas não pode dispor dessas razões de tal modo que sirvam a uma interpretação e configuração independentes do sistema dos direitos, operando com isso uma atividade legislativa implícita.

Entretanto, na medida em que uma norma não permite uma tal aplicação coerente, em conformidade à Constituição, instaura-se a questão do controle abstrato das normas, que tem de ser cumprido primariamente pela perspectiva do legislador. Contudo, ao passo que esse controle normativo é praticado no âmbito da revisão judicial e só pode levar à rejeição de normas, mas não a obrigações dirigidas ao legislador, razões de ordem pragmática e político-jurídica podem pesar a favor da distribuição institucional de competências, tal como existente na República Federal da Alemanha e nos EUA. Estabelece-se, então, a questão subsequente se a indicação ou a confirmação parlamentárias dos ministros do Tribunal Constitucional seriam suficientes para satisfazer à exigência de legitimação democrática do exercício de uma função que, conforme à arquitetônica da Constituição e à lógica da separação de poderes, tem de se compreender como uma delegação do autocontrole do legislador ao Tribunal Constitucional.

Seja qual for o juízo sobre questões relativas à *correta institucionalização* da separação de poderes, não é necessário, tampouco possível, um retorno à concepção liberal de Estado, segundo a qual "os direitos fundamentais representam apenas direitos subjetivos de liberdade frente ao poder Estatal, e não simultaneamente normas-princípio de tipo objetivo, obrigatórias para todos os âmbitos do direito".[36] A contraposição entre direito subjetivo e direito objetivo é certamente alheia à discussão constitucional norte-americana.

---

36 Böckenförde, *Recht, Staat, Freiheit*, op. cit., p.194.

E se, sob as condições do compromisso estabelecido entrementes com o Estado social, não pretendemos nos apegar unicamente ao Estado de direito, mas sim ao Estado democrático de direito e, portanto, à ideia de auto-organização da comunidade jurídica, a Constituição não pode mais ser compreendida como uma "ordem reguladora" dirigida primariamente à relação do Estado com os cidadãos. O poder econômico e o poder social precisam ser disciplinados pelo Estado de direito não menos que o poder administrativo. Por outro lado, sob as condições do pluralismo cultural e social, a Constituição também não pode ser compreendida como uma ordem legal concreta e absoluta que, *a priori*, impõe à sociedade uma determinada forma de vida. Em vez disso, a Constituição estipula os procedimentos políticos conforme os quais os cidadãos, no exercício de seu direito de autodeterminação, podem perseguir cooperativamente, e com perspectivas de êxito, o projeto de produzir formas de vida justas (o que significa: cada vez mais justas). Apenas as *condições procedimentais da gênese democrática das leis* asseguram a legitimidade do direito posto. A partir dessa compreensão democrática de fundo, pode-se também atribuir às competências do Tribunal Constitucional um sentido adequado ao propósito da separação de poderes no interior do Estado de direito: o Tribunal Constitucional deve vigiar justamente aquele sistema dos direitos que possibilita a autonomia privada e pública dos cidadãos. O esquema clássico de separação e interdependência dos poderes estatais já não corresponde a essa intenção porque a função dos direitos fundamentais não pode mais se apoiar nas suposições teórico-sociais do paradigma liberal do direito, isto é, já não pode se restringir à proteção de uma autonomia privada supostamente originária dos cidadãos contra intervenções do aparato estatal. A autonomia privada também é posta em risco por posições de poder econômico e social, sendo dependente do modo como e da medida em que os sujeitos podem efetivamente exercitar seus direitos de comunicação e participação na qualidade de cidadãos de um Estado democrático. Por isso, o Tribunal Constitucional tem de examinar o conteúdo das normas controversas em conexão principalmente aos pressupostos comunicativos e às condições procedimentais do processo democrático de produção normativa. Uma tal *compreensão procedimental da Constituição* confere ao problema da legitimidade da jurisdição constitucional uma virada

Facticidade e validade

teórico-democrática. Desse ponto de vista, a discussão norte-americana é muito mais instrutiva do que a alemã.

Em um enfoque de leitura cético a respeito da atividade judicial, no entanto, a concepção impactante desenvolvida por J. H. Ely busca desonerar a jurisprudência constitucional da orientação por princípios de procedência moral ou ética. Ely parte da ideia de que a Constituição norte-americana regula primariamente problemas de organização e procedimento, não sendo moldada para a distinção e implementação de valores fundamentais. Segundo sua concepção, a substância da Constituição não é integrada por regulações materiais, mas, sim, formais (como *equal protection* ou *due process*):

> *Our Constitution has always been substantially concerned with preserving liberty [...]. The question [...] is how that concern has been pursued. The principle answer to that [...] is by a quite extensive set of procedural protections, and by a still more elaborate scheme designed to ensure that in the making of substantive choices the decision process will be open to all on something approaching an equal basis, with the decision makers held to a duty to take into account the interests of all those their decision affect.*[37]

Se a Suprema Corte deve vigiar o cumprimento da Constituição, terá de dar atenção *primeiramente* às normas de procedimento e organização, das quais depende a eficácia legitimatória do processo democrático. O tribunal deve assegurar que se mantenham intactos os "canais" desse processo inclusivo de formação da opinião e da vontade, mediante o qual a comunidade jurídico-democrática organiza a si mesma: *"Unblocking stoppages in the democratic process is what judicial review ought preeminently to be about"*.[38]

---

37 Ely, *Democracy and Distrust*, op. cit., p.100. ["Nossa Constituição sempre esteve substancialmente envolvida com a preservação da liberdade (...). A questão (...) é como essa preocupação tem sido buscada. A resposta de princípio a isto é (...) por um conjunto bem extenso de proteções procedimentais e por um esquema ainda mais elaborado, destinado a assegurar que, na tomada de decisões substantivas, o processo decisório esteja aberto a todos sobre uma base de igualdade, com a vinculação daqueles que decidem ao dever de levar em consideração os interesses de todos os afetados por sua decisão" – N. T.]

38 Ibid., p.117. ["(O) desbloqueio das obstruções no processo democrático é aquilo sobre o que deveria proeminentemente versar a *judicial review*" – N. T.]

Dessa perspectiva, os direitos de comunicação e participação, constitutivos da formação democrática da vontade, ganham uma posição privilegiada. Leis que atraem a suspeita de discriminar, por exemplo, minorias étnicas ou religiosas, grupos sociais marginalizados, deficientes, homossexuais, idosos, jovens etc., vulneram não apenas o *conteúdo* do princípio de igual tratamento. As classificações implicitamente desiguais de grupos que deveriam ser tratados igualmente são compreendidas por Ely, segundo o aspecto procedimental, como resultado de um processo político lesado em suas *condições procedimentais democráticas*. Por isso, o controle abstrato de normas deve se referir primordialmente às condições da gênese democrática das leis, partindo das estruturas comunicativas de uma esfera pública transmitida pelas mídias de massa, passando pelas oportunidades reais de as vozes divergentes se fazerem ouvir e dos direitos de participação formalmente iguais serem efetivamente exercidos, até alcançar o plano da representação parlamentar equitativa de todos os grupos, posições de interesse e orientações axiológicas relevantes em cada caso, remetendo-nos, por fim, ao espectro mais amplo dos temas, argumentos e problemas, dos valores e interesses que conseguem se inserir no debate parlamentar e ser levados em consideração na fundamentação das normas aprovadas. Ely dá à desconfiança liberal contra as maiorias tirânicas uma surpreendente virada procedimental. Ele se interessa pelas limitações factuais ao pluralismo formalmente assegurado e utiliza a ideia clássica de representação virtual para reclamar iguais oportunidades de participação a minorias tecnicamente representadas, mas na prática excluídas ou prejudicadas. O *exame da gênese das normas* deve se estender à separação entre os Poderes Executivo e Legislativo, não apenas à implementação dos programas legais por parte da administração, mas no que diz respeito também à inadmissível passividade de um legislador que não faz uso de suas competências e as delega à administração: *"Courts thus should ensure not only that administrators follow those legislative policy directions that do exist — but also that such directions are given"*.[39]

---

39 Ibid., p.133. ["As Cortes, assim, deveriam não somente assegurar que os administradores sigam as políticas legislativas existentes, mas também que essas diretrizes sejam dadas" – N. T.]

Facticidade e validade

Com essa compreensão procedimental da Constituição, Ely busca fundamentar o *judicial self-restraint* [autocontenção judicial]. Segundo sua concepção, o Tribunal Constitucional só é capaz de preservar sua imparcialidade se resiste à tentação de preencher seu espeço interpretativo com juízos valorativos morais. Seu ceticismo, entretanto, dirige-se igualmente contra uma "jurisprudência de valores" como a uma interpretação construtiva orientada por princípios, no sentido de Dworkin. Esse passo não é consequente, na medida em que Ely tem de pressupor para sua própria teoria a validade de princípios e recomendar ao tribunal uma orientação por princípios procedimentais que possui um evidente conteúdo normativo. O próprio conceito de procedimento democrático se apoia em um princípio de justiça no sentido do igual respeito a todos: *"The argument is that the basic justice of decision-making institutions must be assessed in terms of whether all affected are treated comfortably with what philosophers call moral universalizability or reciprocity"*.[40] Mas disso não se segue de modo algum que os princípios que fundamentam a força legitimadora da organização e do procedimento da formação democrática da vontade, devido à sua natureza procedimental, não sejam suficientemente informativos e precisem ser complementados por uma teoria substancial dos direitos.[41] Tampouco que, com isso, deixem de existir *outras* razões para uma posição cética em relação à atividade judicial.

O ceticismo de Ely se dirige com razão contra uma *compreensão paternalista* da jurisprudência constitucional, que se alimenta de uma desconfiança, bastante difundida entre os juristas, contra a irracionalidade de um legislador dependente das disputas pelo poder e de opiniões majoritárias fortemente emocionais. Segundo essa concepção, uma jurisprudência criadora do direito exercida pelo Tribunal Constitucional seria justificada tanto por

---

40 D. A. J. Richards, Moral Philosophy and the Search for Fundamental Values in Constitutional Law, *Ohio State Law Journal*, Columbus, v.42, n.1, 1981, p.336. ["O argumento é que a justiça básica das instituições decisórias tem de ser acessada de modo a saber se todos os afetados são tratados conforme aquilo que os filósofos chamam de universalizabilidade ou reciprocidade moral" – N. T.]; cf. também Brest, The Fundamental Rights Controversy, op. cit., p.1092 e ss.

41 L. H. Tribe, The Puzzling Persistence of Process-Based Constitutional Theories, *Yale Law Journal*, v.89, 1980, p.1063-1080.

seu distanciamento da política quanto pela racionalidade superior de seus discursos profissionais: *"The methods of reasoning of other branches of government are neither structured by requirements of an articulate consistence in the elaboration of underlying principles nor secured by institutional independence in their impartial exercise"*.[42] Os discursos jurídicos podem de fato reclamar para si uma presunção de racionalidade comparativamente alta, já que os discursos de aplicação são especializados em questões de aplicação de normas e, por isso, institucionalizados de modo razoavelmente adequado no âmbito da distribuição clássica de papéis entre as partes envolvidas e um terceiro imparcial. Mas por esse mesmo motivo não podem *substituir* os discursos políticos, os quais são talhados para a fundamentação de normas e objetivos e exigem a inclusão de todos os concernidos. Tanto maior, assim, é a necessidade de clarificação da racionalidade imanente ao processo político. O conceito básico de uma justiça procedimental na formação política da opinião e da vontade exige uma teoria da democracia que, em Ely, permanece no pano de fundo e, na medida em que se faz manifesta, carrega traços bastante convencionais.

III. O papel da jurisprudência constitucional na compreensão liberal, republicana e procedimental da política

(1) Nos EUA, os constitucionalistas conduzem a disputa sobre a legitimidade da jurisprudência constitucional sob pontos de vista que mais se aproximam da ciência política do que da metodologia jurídica. No discurso sobre a divisão de trabalho entre o Tribunal Constitucional e o legislador democrático, as opiniões se dividem principalmente a respeito da qualificação do processo legislativo e da medida de racionalidade que a Constituição exige a esse processo, ou ainda: sobre aquilo que pode e deve consistir essa racio-

---

42 Richards, Moral Philosophy and the Search for Fundamental Values in Constitutional Law, op. cit., p.336 ["Os métodos de raciocínio de outros ramos do governo não são estruturados pelos requerimentos de consistência articulados na elaboração de princípios subjacentes, nem assegurados pela independência institucional em seu exercício imparcial" – N. T.]; cf. também Brest, The Fundamental Rights Controversy, op. cit., p.1105 e ss.

Facticidade e validade

nalidade de modo geral. Essa questão é tratada no interior da teoria do direito sobre o pano de fundo de pressupostos empíricos, mas sem abandonar o aspecto normativo concernente ao modo como a tradição constitucional norte-americana considerou a relação conflituosa entre ambos os poderes.

No tocante à tarefa de controle abstrato das normas, Frank I. Michelman, assim como Ely, parte da premissa de que o Tribunal Constitucional pode reivindicar apenas uma autoridade derivada, proveniente do direito de autodeterminação popular, ao intervir no processo de produção legislativa e suspender leis aprovadas pelo Parlamento. Com isso, ela se encontra autorizada a recorrer unicamente a razões que, no âmbito de uma compreensão procedimental da Constituição, justifiquem um apelo à soberania popular como fonte de toda competência de criação do direito:

> *If republican constitutional possibility depends on the genesis of law in the people's ongoing normative contention, it follows that constitutional adjudicators serve that possibility by assisting in the maintenance of jurisgenerative popular engagement. Republican constitutional jurisprudence will to that extent be of that type, that Lawrence Tribe calls (and criticizes as) "process-based", recalling Ely's [...] justification of judicial review as "representation reinforcing".*[43]

O uso enfático do adjetivo "republicano" contrasta certamente com a compreensão que Ely faz da democracia. Michelman se apoia naquela tradição da "política" aristotélica que, por meio da filosofia romana e do pensamento político do renascimento italiano,[44] recebeu não apenas em Rousseau uma versão jusnaturalista moderna, mas que, por meio do ad-

---

43 Michelman, Law's Republic, op. cit., p.1525. ["Se a viabilidade constitucional republicana depende da gênese do direito na disputa normativa contínua do povo, disso segue que os juízes constitucionais cumpram essa possibilidade prestando sua assistência à manutenção do engajamento popular jusgenerativo. Nessa medida, a jurisprudência constitucional republicana será daquele tipo que Lawrence Tribe chama (e critica como) *process-based*', referindo-se à justificação que Ely oferece à revisão judicial como 'fortalecedora da representação'" – N. T.]

44 J. G. A. Pocock, *The Machiavellian Moment: Florentine Political Thought and the Atlantic Republican Tradition*, Princeton, Princeton University Press, 1975.

versário de Hobbes, James Harrington, penetrou também no debate constitucional norte-americano como uma alternativa ao liberalismo de Locke, inspirando a compreensão que os pais fundadores tiveram da democracia.[45] J. G. A. Pocock estiliza essa vertente de pensamento republicano como um humanismo cívico que não se serve de um vocabulário jurídico, como o direito natural moderno, mas da linguagem da ética e da política clássicas.[46]

Enquanto os conceitos do direito romano servem na modernidade para definir as *liberdades negativas* dos cidadãos e assegurar a propriedade e as trocas econômicas das pessoas privadas diante das intervenções de uma dominação política exercida administrativamente e da qual elas se viam excluídas, a linguagem da ética e da retórica preserva a imagem de uma práxis política na qual se realizam as *liberdades positivas* de cidadãos que participam no processo político em igualdade de direitos.[47] O conceito republicano de "política" não se refere aos direitos estatalmente garantidos das pessoas privadas à vida, à liberdade e à propriedade, mas primordialmente à prática de autodeterminação de cidadãos orientados ao bem comum, que se compreendem como membros livres e iguais de uma comunidade cooperativa e autogerida. O direito e a lei são secundários diante do contexto de vida *ética* de uma pólis na qual a virtude da participação ativa nos assuntos públicos pode se desenvolver e estabilizar. Somente nessa prática cidadã o homem pode vir a realizar o *télos* de sua espécie.[48] Michelman busca então decifrar os traços desse republicanismo nos debates dos pais da Constituição norte-americana, no próprio texto constitucional[49] e na jurisprudência constitucional de seu tempo[50] para, com isso, desenvolver um conceito normativo de proces-

---

45 P. W. Kahn, Reason and Will in the Origins of American Constitutionalism, *The Yale Law Journal*, New Haven, v.98, 1989, p.449-517.

46 J. G. A. Pocock, Virtues, Rights, and Manners: a Model for Historians of Political Thought, *Political Theory*, v.9, n.3, ago. 1981, p.353-368.

47 Sobre os conceitos de liberdade "positiva" e "negativa", cf. C. Taylor, Was ist menschliches Handeln?, in: *Negative Freiheit?*, Frankfurt/Main, Suhrkamp, 1988, p.9 e ss.

48 Ritter, *Metaphisik und Politik*.

49 Michelman e Sullivan, The Supreme Court 1985 Term, Foreword, op. cit., p.4-77.

50 F. I. Michelman, Conceptions of Democracy in American Constitutional Argument: Voting Rights, *Florida Law Review, Gainesville*, v.41, 1989, p.443-490.

Facticidade e validade

so político e suas *condições procedimentais*. Ele estiliza a contraposição entre o paradigma "republicano" e o chamado paradigma "liberal", marcando com isso duas tradições de interpretação da Constituição, mas também duas tendências que concorrem entre si na realidade constitucional.

A diferença decisiva se encontra na compreensão do papel desempenhado pelo processo democrático. Segundo a concepção "liberal" – para seguir aqui uma terminologia simplificadora, mas usual na discussão norte-americana –, ele cumpre a tarefa de programar o Estado no interesse da sociedade, entendendo-se por Estado o aparato da administração pública e por sociedade o sistema das trocas e do trabalho social entre pessoas privadas, estruturado nos termos da economia de mercado. A política (no sentido da formação política da vontade dos cidadãos) possui aqui a função de agregação e implementação dos interesses sociais privados perante um aparato estatal especializado na utilização administrativa do poder político para fins coletivos. Segundo a concepção republicana, todavia, a política não se restringe a uma tal função intermediadora; em vez disso, ela é constitutiva do processo de socialização como um todo. A "política" é concebida como forma de reflexão de um contexto de vida ético – como o meio no qual os membros de comunidades solidárias mais ou menos naturais tornam-se conscientes de sua dependência recíproca e, em seu papel de cidadãos, configuram e desenvolvem com consciência e vontade as relações existentes de reconhecimento recíproco em uma associação de parceiros do direito livres e iguais. Com isso, a arquitetônica liberal do Estado e da sociedade experimenta uma importante mudança: ao lado da instância regulatória hierárquica da soberania estatal e da instância regulatória descentralizada do mercado, isto é, junto ao poder administrativo e ao interesse individual, aparecem a *solidariedade* e a orientação pelo bem comum como uma *terceira fonte* de integração social. Essa formação política da vontade de caráter horizontal, orientada ao entendimento ou ao consenso comunicativamente alcançado, deveria mesmo possuir primazia tanto do ponto de vista genético quanto normativo. Presume-se como *base* para a práxis de autodeterminação cidadã uma *sociedade civil* autônoma, independente da administração pública e das trocas privadas mediadas pelo mercado, a qual protege a comunicação pública de ser absorvida pelo aparato estatal ou assimilada à estrutura do

343

mercado. Na concepção republicana, a esfera pública política e, a sociedade civil, como sua infraestrutura, ganham um significado estratégico; elas têm de assegurar a força integradora e a autonomia da prática de entendimento entre os cidadãos.[51] O desacoplamento da comunicação política da sociedade econômica corresponde, segundo nossa terminologia, a um reacoplamento do poder administrativo com o poder comunicativo resultante da formação política da opinião e da vontade. Dessas abordagens concorrentes, seguem as seguintes consequências para a avaliação do processo político:

(a) Em primeiro lugar, diferenciam-se os *conceitos de cidadão*. De acordo com a concepção liberal, o status de cidadão é determinado a princípio pelos direitos negativos que possui frente ao Estado e aos demais cidadãos. Como portadores desses direitos, gozam da proteção do Estado enquanto perseguem seus interesses privados no interior dos limites traçados pelas leis – além da proteção contra intervenções estatais que ultrapassam a reserva legal. Os diretos políticos não possuem somente a mesma estrutura, mas também o mesmo sentido que os direitos subjetivos privados, que garantem um espaço de opções dentro do qual as pessoas de direito se encontram livres de coerções externas. Eles conferem aos cidadãos a possibilidade de fazer valer seus interesses privados de tal modo que, por meio das votações, da composição dos organismos parlamentares e da formação do governo, são agregados com outros interesses, constituindo, afinal, uma vontade política capaz de atuar sobre a administração. Dessa forma, em seu papel de cidadãos [*Staatsbürguer*], os civis [*Bürger*] podem controlar se o poder do Estado é exercido conforme o interesse de cada um como pessoas privadas.[52] De acordo com a concepção republicana, o status dos cidadãos não é definido

---

51 Cf. Arendt, *Über die Revolution*, op. cit.; Id., *Macht und Gewalt*, op. cit.

52 F. I. Michelman, Political Truth and the Rule of Law, *Tel Aviv University Studies in Law*, v.8, 1988, p.283: "*The political society envisioned by bumper-sticker republicans is the society of private rights bearers, an association whose first principle is the protection of the lives, liberties, and estates of its individual members. In that society, the state is justified by the protection it gives to those pre-political interests; the purpose of the constitution is to ensure that the state apparatus, the government, provides such protection for the people at large rather than serves special interests of the governors or their patrons; the function of citizenship is to operate the constitution and thereby motivate the governors to act according to that protective purpose; and the value to you of your political franchise — your right to vote and speak, to have your views heard and*

Facticidade e validade

segundo o padrão das liberdades negativas, das quais eles podem fazer uso *enquanto* pessoas privadas. Em vez disso, os direitos de cidadania, em especial os direitos de participação política e de comunicação, são caracterizados como liberdades positivas. Eles não garantem a liberdade contra coerções externas, mas a possibilidade de participação em uma práxis comum, por meio da qual os cidadãos podem se transformar naquilo que querem ser, em autores politicamente autônomos de uma comunidade de livres e iguais. Desse modo, o processo político não serve apenas ao controle da atividade estatal por cidadãos que, no exercício de seus direitos privados e de suas liberdades pré-políticas, já tivessem previamente adquirido uma autonomia social. Tampouco ele cumpre uma função de charneira entre Estado e sociedade, pois o poder administrativo não é um poder autóctone, não é algo dado. Na verdade, ele provém do poder gerado comunicativamente na práxis de autodeterminação dos cidadãos e se legitima por protegê-la a partir da institucionalização da liberdade pública.[53] A razão de ser do Estado

---

counted — *is the handle it gives you on influencing the system so that it will adequately heed and protect your particular, pre-political rights and other interests*". ["A sociedade política almejada por esses republicanos 'de fachada' é a sociedade de portadores de direito privados, uma associação cujo primeiro princípio é a proteção das vidas, liberdades e bens de seus membros individuais. Nessa sociedade, o Estado é justificado pela proteção que oferece aos interesses pré-políticos; o propósito da Constituição é assegurar que o aparelho do Estado, o governo, providencie tal proteção para as pessoas em geral, não apenas servir aos interesses especiais de governantes e patrões; a função da cidadania consiste em operar a Constituição para, assim, motivar os governantes a agir de acordo com aquele propósito protetivo; o valor para você de seus direitos políticos — seu direito de votar e de falar, de ter sua voz ouvida e levada em consideração — é a ferramenta que ele concebe no sentido de influenciar o sistema para que cuide de seus direitos pré-políticos e de outros interesses e os proteja adequadamente" — N. T.]

53 Ibid., p.284: "*In civic constitutional vision, political society is primarily the society not of rightbeares but of citizens, an association whose first principle is the creation and provision of a public realm within which a people, together, argue and reason about the right terms of social coexistence, terms that they will set together and which they understand as their common good [...]. Hence the state is justified by its purpose of establishing and ordering the public sphere within which persons can achieve freedom in the sense of self-government by the exercise of reason in public dialogue*". ["Na visão constitucional cívica, a sociedade política é primariamente

não repousa primariamente na proteção de iguais direitos subjetivos, mas na garantia de um processo inclusivo de formação da opinião e da vontade, no qual cidadãos livres e iguais se entendem sobre quais objetivos e normas repousa o interesse comum de todos. Com isso, exige-se mais do cidadão republicano do que a mera orientação pelo interesse individual de cada um.

(b) Na polêmica em torno do conceito clássico de pessoa de direito como portadora de direitos subjetivos privados, revela-se uma controvérsia acerca do próprio *conceito de direito*. Enquanto na concepção liberal o sentido de uma ordem jurídica consiste em permitir que se determine em cada caso quais direitos competem a quais indivíduos, esses direitos subjetivos são considerados, segundo a concepção republicana, derivações de uma ordem jurídica objetiva que, ao mesmo tempo, possibilita e garante a integridade de uma convivência autônoma, baseada na igualdade de direitos e no mútuo respeito. Se, no primeiro caso, a ordem jurídica é construída a partir dos direitos subjetivos, no segundo é conferida primazia a seu conteúdo jurídico objetivo. Por meio dessa construção conceitual dicotômica, perde-se de vista o conteúdo intersubjetivo de um sistema de direitos que os cidadãos se atribuem mutuamente, o qual cabe ser compreendido segundo a teoria do discurso. De acordo com ela, o respeito recíproco de direitos e deveres encontra-se fundado em relações simétricas de reconhecimento. Certamente o republicanismo se aproxima desse conceito de direito, que atribui à integridade do indivíduo e de suas liberdades subjetivas igual peso em relação à integridade da comunidade, na qual cada um pode ser reciprocamente reconhecido ao mesmo tempo como indivíduo e como membro. Ele liga a legitimidade das leis ao procedimento democrático de sua gênese, protegendo, assim, a conexão interna entre a prática de autodeterminação do povo e a dominação impessoal das leis:

---

não a sociedade de portadores de direitos, mas de cidadãos, uma associação cujo primeiro princípio é a criação e a provisão de uma dimensão pública em que um povo, reunido, argumenta e discute sobre os termos corretos de sua coexistência social, termos que estabelecerão em conjunto e que compreenderão como seu bem comum (...). Portanto, o Estado é justificado por seu propósito de estabelecer e ordenar a esfera pública na qual as pessoas podem obter liberdade no sentido do autogoverno pelo exercício da razão em um diálogo público" – N. T.]

Facticidade e validade

> *For republicans rights ultimately are nothing but determinations of the prevailing political will, while for liberal some rights are always grounded in a "higher law" of transpolitical reason or revelation. [...] In a republican view, a community's objective, the common good, substantially consists in the success of its political endeavor to define, establish effectuate and sustain the set of rights (less tendentiously laws) best suited to the conditions and mores of that community, whereas in a contrasting liberal view the higher law rights provide the transcendental structures and the curbs on power required so that pluralistic pursuit of diverse and conflicting interests may proceed as satisfactorily as possible.[54]*

O direito ao voto, interpretado como liberdade positiva, torna-se o paradigma dos direitos em geral, não por ser meramente constitutivo da autodeterminação política, mas porque sua estrutura permite enxergar como a inclusão em uma comunidade de membros juridicamente iguais se conecta com a pretensão jurídica individual de fazer contribuições autônomas e assumir suas próprias tomadas de posição:

> *The claim is, that we all take an interest in each other's enfranchisment, because (i) our choice lies between hanging together and hanging separately; (ii) hanging together depends on reciprocal assurance to all of having one's vital interests heeded by others; (iii) in the deeply pluralized conditions of contemporary American society, such assurances are attainable [...] only by maintaining at least the semblance of a politics in which everyone is conceded a voice.[55]*

---

54 Michelman, Conceptions of Democracy in American Constitutional Argument: Voting Rights, op. cit., p.446-447. ["Para os republicanos, direitos não são mais que determinações da vontade política prevalecente, enquanto que para os liberais alguns direitos se fundam sempre em uma 'lei superior' baseada em uma razão transpolítica ou na revelação (...). Em uma visão republicana, um objetivo da comunidade, o bem comum, consiste substancialmente no sucesso de seu empenho político em definir, estabelecer, efetuar e sustentar o conjunto dos direitos (ou, menos tendenciosamente, das leis) que melhor se adequam às condições e aos costumes dessa comunidade, enquanto que, na visão liberal contrastante, os direitos baseados na 'lei superior' oferecem estruturas transcendentais e freios ao poder necessários para que a persecução pluralista de interesses diversos e em conflito possa se dar da forma mais satisfatória possível" – N. T.]

55 Ibid., p.484. ["A exigência é que todos nós tenhamos interesse na emancipação de cada um porque (i) nossa alternativa é ou seguirmos unidos ou separadamente; (ii) seguirmos unidos depende da garantia recíproca de que todos levem em conta

Por meio de processos legislativos constituídos por direitos políticos, essa estrutura é transmitida a *todos* os direitos. Mesmo a autorização do direito privado de perseguir finalidades privadas escolhidas livremente obriga, simultaneamente, que se respeitem os limites da ação estratégica consentidos de acordo com o interesse igualitário de todos.

(c) As diferentes conceitualizações sobre o papel do cidadão e do direito são expressão de um dissenso mais profundo sobre a *natureza do processo político*. Segundo a concepção liberal, a política é essencialmente uma luta por posições que permitem dispor do poder administrativo. O processo de formação política da opinião e da vontade no espaço público e no Parlamento é determinado pela concorrência entre agentes coletivos que atuam estrategicamente para conquistar ou manter posições de poder. Seu sucesso se mede pelo consentimento dos cidadãos, quantificado pelo número de votos dados a pessoas e programas. Em seus votos, os eleitores dão expressão a suas preferências. Suas decisões eleitorais possuem a mesma estrutura que os atos de escolha orientados pelo sucesso dos participantes do mercado. Essas decisões de voto autorizam o acesso de partidos políticos a posições de poder, pelas quais estes competem com o mesmo tipo de orientação pelo êxito. O *input* dos votos e o *output* do poder correspondem ao mesmo padrão de ação estratégica:

> *By contrast with deliberation, strategic interaction aims at coordination rather than cooperation. In the last analysis, it asks people to consider no one's interest but their own. Its medium is bargain, not argument. Its tools of persuasion are not claims and reasons but conditional offers of service and forbearance. Whether formally embodied in a vote or in contract, or just informally carried out in social behaviors, a strategic outcome represents not a collective judgment of reason but a vector sum in a field of forces.*[56]

---

os interesses vitais de cada um; e (iii) nas condições profundamente pluralizadas da sociedade norte-americana contemporânea, tal garantia só é alcançável (...) mantendo pelo menos a aparência de uma política na qual se concede voz a cada um" – N. T.]

56 F. I. Michelman, Conceptions of Democracy in American Constitutional Argument: the Case of Pornography Regulation, *Tennessee Law Review*, Knoxville, v.56, jan. 1989, p.293. ["Em contraste com a deliberação, a interação estratégica tem

Facticidade e validade

Segundo a concepção republicana, a formação política da opinião e da vontade na esfera pública e no Parlamento não obedece às estruturas dos processos de mercado, mas sim à estrutura própria de uma comunicação pública orientada ao entendimento. O paradigma para a política, no sentido da prática de autodeterminação cidadã, não é o mercado, mas o diálogo:

A dialogic conception envisions – or perhaps one ought to say it idealizes – politics as a normative activity. It imagines politics as contestation over questions of value and not simply questions of preference. It envisions politics as a process of reason not just of will, of persuasion not just of power, directed toward agreement regarding a good or just, or at any rate acceptable, way to order those aspects of life that involve people's social relations and social natures.[57]

Desse ponto de vista, existe uma diferença estrutural entre o poder comunicativo que surge da comunicação política na forma de opiniões majoritárias discursivamente formadas e o poder administrativo do qual dispõe o aparato estatal. Mesmo os partidos políticos que lutam pelo acesso a posições de poder estatal também têm de se engajar no estilo deliberativo e na lógica própria dos discursos políticos:

Deliberation [...] refers to a certain attitude toward social cooperation, namely, that of openness to persuasion by reasons referring to the claims of others as well as one's own. The

---

por fim a coordenação mais que a cooperação. Em última análise, ela exige dos sujeitos que levem em consideração apenas o seu próprio interesse. Seu *medium* é a barganha, não a argumentação. Seus instrumentos de persuasão não são direitos e razões, mas ofertas condicionais de serviços e abstenções. Seja formalmente corporificado em um voto ou contrato, ou apenas informalmente cumprido em comportamentos sociais, um resultado estratégico não representa um juízo racional coletivo, mas sim uma soma vetorial em um campo de forças" – N. T.]

57 Id., Bringing the Law to Life, *Cornell Law Review*, Ithaca, v.74, n.2, jan. 1989, p.257. ["Uma concepção dialógica visualiza – ou talvez devêssemos dizer, idealiza – a política como uma atividade normativa. Visualiza a política como uma disputa sobre questões de valor e não simplesmente sobre questões de preferência. Enxerga a política como um processo de razão e não só de vontade, de persuasão e não só de poder, endereçado a um acordo concernente ao modo bom ou justo, ou no mínimo aceitável, de ordenar aqueles aspectos da vida que envolvem as relações sociais e a natureza social das pessoas" – N. T.]

deliberative medium is a good faith exchange of views — including participant's reports of their own understanding of their respective vital interests — [...] in which a vote, if any vote is taken, represents a pooling of judgments.[58]

Por isso, a disputa de opiniões operada na arena política possui uma força legitimadora não só no sentido de autorizar o acesso a posições de poder; o discurso político contínuo tem também uma força vinculante para o modo de exercício da dominação política. O poder administrativo pode ser empregado somente sobre a base de políticas e dentro dos limites das leis que surgem do processo democrático.

(d) A partir dessa compreensão republicana, podemos enfim tornar mais precisas as *condições procedimentais* que conferem força legitimadora à formação institucionalizada da opinião e da vontade. Elas são especificamente as condições sob as quais o processo político pode sustentar a suposição de produzir resultados racionais. Uma competição pelo poder que se apresenta segundo o modelo da concorrência de mercado é determinada pela escolha racional de estratégias de otimização. Com um pluralismo indissolúvel de valores e interesses pré-políticos que encontram no processo político, no melhor dos casos, condições de ser *agregados* de modo equilibrado, a política perde sua relação com o uso ético e moral da razão. A esse ceticismo liberal sobre a razão opõe-se a confiança republicana na força dos discursos políticos. Estes seriam capazes de tematizar e transformar de modo *compreensivo* as interpretações de necessidades e as orientações axiológicas, incluindo a compreensão pré-política sobre si mesmos e sobre o mundo. Sob condições discursivas que encorajam cada um a assumir a perspectiva do outro, ou mesmo a perspectiva de todos, seria possível uma mudança racionalmente motivada das posições iniciais. Como participantes de um tal processo de

---

58 Id., Conceptions of Democracy in American Constitutional Argument, op. cit., p.293. ["A deliberação se refere a uma certa atitude com respeito à cooperação social, a saber, a abertura à persuasão por razões relativas a reivindicações dos outros e de si mesmo. O *medium* da deliberação é um intercâmbio de pontos de vista efetuado de boa-fé — incluindo as versões dos próprios participantes sobre o modo como entendem seus respectivos interesses vitais — (...) no qual um voto, quando ele é feito, representa uma conjugação de juízos" — N. T.]

Facticidade e validade

formação discursiva da opinião e da vontade, os cidadãos exerceriam seu direito à autodeterminação política:

> *Given plurality, a political process can validate a societal norm as self-given law only if (i) participation in the process results in some shift or adjustment in relevant understandings on the part of some (or all) participants, and (ii) there exists a set of prescriptive social and procedural conditions such that one's undergoing, under those conditions, such a dialogic modulation of one's understandings is not considered or experienced as coercive, or invasive, or otherwise a violation of one's identity or freedom, and (iii) those conditions actually prevailed in the process supposed to be jurisgenerative.*[59]

(2) Se retomarmos a questão sobre a legitimidade da jurisprudência constitucional com um sentido mais acentuadamente "republicano" do componente deliberativo do processo legislativo, podemos compreender de modo mais específico a proposta procedimental de Ely. A compreensão republicana da política vem nos lembrar da conexão interna do sistema de direitos com a autonomia política dos cidadãos. Dessa perspectiva, o Tribunal Constitucional tem de operar dentro do âmbito de suas competências em vista de assegurar que o processo legislativo seja cumprido segundo condições legitimadoras de uma *política deliberativa*. Esta, por sua vez, se encontra ligada a pressupostos comunicativos exigentes das arenas políticas, as quais não coincidem com o âmbito de formação da vontade institucionalizada nos corpos parlamentares, mas abarcam também a esfera pública política, assim como seu contexto cultural e sua base social. Uma práxis de autodeterminação deliberativa só pode se desenvolver na cooperação entre,

---

59 Michelman, Law's Republic, op. cit., p.1526-1527. ["Dada a pluralidade, um processo político só pode validar normas sociais como leis autoimpostas se (i) a participação no processo produz certas mudanças ou ajustes nas compreensões relevantes de alguns (ou de todos os) participantes, (ii) se existe um conjunto de condições prescritivas de cunho social e procedimental, isto é, a modulação dialógica da compreensão de cada um, a cuja submissão não pode ser considerada nem experimentada como coerção, intrusão ou qualquer outro tipo de violação da própria identidade ou liberdade de cada um, e se (iii) essas condições prevaleceram de fato no processo que se supõe ser jusgenerativo" – N. T.]

351

Jürgen Habermas

de um lado, a formação da vontade nos órgãos parlamentares, institucionalizada segundo o direito processual e programada para tomar decisões, e, de outro, a formação política da opinião em circuitos informais de comunicação política. Os impulsos, os temas e as contribuições, os problemas e as propostas relevantes, surgem mais das *margens* que do centro estabelecido do espectro das opiniões. *"So the suggestion is that the pursuit of political freedom through law depends on 'our' (the Supreme Court's) constant reach for inclusion of the other, of the hitherto excluded – which in practice means bringing to legal-doctrinal presence the hitherto absent voices of emergently self-conscious social groups".*[60]

---

60 Ibid., p.1529. ["Assim, a sugestão é que a busca da liberdade política por meio do direito depende do 'nosso' (da Suprema Corte) constante avanço na inclusão do outro, na inclusão daqueles que até então foram excluídos, o que significa na prática tornar presentes na doutrina legal as vozes, até então ausentes, de grupos sociais que passam a gerar consciência de si" – N. T.] E prossegue (Ibid., p.1531): *"The full lesson of the civil rights movement will escape whoever focusses too sharply on the country's most visible, formal legislative assemblies – Congress, state legislatures, the councils of major cities – as exclusive or even primarily arenas of jurisgenerative politics and political freedom. I do not mean that those arenas are dispensable or unimportant. Rather I mean the obvious point that much of the country normatively consequential dialogue occurs outside the major formal channels of electoral or legislative politics, and that in the modern society those formal channels cannot possibly provide for most citizens much direct experience of self-revisionary, dialogic engagement. Much, perhaps most, of that experience must occur in various arenas of what we know as public life in the broad sense, some nominally political, some not: in the encounters and conflicts, interactions and debates that arise in and around town meetings and local government agencies; civic and voluntary associations; social and recreational clubs; schools public and private; managements, directorates and leadership groups of organizations of all kind; work places and shop floors; public events and street life; and so on [...]. Understanding of the social world that are contested and shaped in the daily encounters and transactions of civil society at large are of course conveyed to our representative arenas [...]. [They] are, then, to be counted among the sources and channels of republican self-government and jurisgenerative politics".* ["Não estou dizendo que essas arenas são dispensáveis e desimportantes. Antes, estou assinalando o fato óbvio de que muitos dos diálogos normativos que se desenrolam pelo país ocorrem fora dos canais formais mais importantes da política eleitoral ou legislativa, e que em sociedades modernas esses canais formais possivelmente não podem prover para muitos cidadãos a experiência direta de um engajamento dialógico, autorreflexivo. Muita, talvez a maior parte, dessa experiência deve ocorrer em diversas arenas que conhecemos como vida pública em sentido amplo, algumas nominalmente políticas e outras não: em encontros e conflitos, interações e debates que surgem nos encontros pela cidade e agências

Facticidade e validade

O modo deliberativo de legislação e o vínculo da administração às exigências legais são ameaçados tanto pela autonomização da burocracia quanto pela influência privilegiada do poder social privado. Mas nos EUA, desde a famosa discussão entre federalistas e antifederalistas, a influência de *grupos de interesses* que impõem seus objetivos privados sobre o aparato estatal à custa dos interesses gerais é tratada como o verdadeiro problema. Nessa posição clássica contra a tirania dos poderes sociais que violam o princípio da separação entre Estado e sociedade, o novo republicanismo compreende também o papel do Tribunal Constitucional como o de guardião da democracia deliberativa:

> *The American constitutional regime is built on hostility to measures that impose burdens or grant benefits merely because of the political power of private groups; some public value is required for governmental action. This norm [...] suggests, for example, that statutes that embody mere interest-group deals should be narrowly construed. It also suggests that courts should develop interpretive strategies to promote deliberation in government – by, for example, remanding issues involving constitutionally sensitive interests or groups for reconsideration by the legislature or by regulatory agencies when deliberation appears to have been absent.*[61]

---

governamentais locais; associações civis e voluntárias; clubes sociais e recreativos; escolas privadas e públicas; grupos de administradores, diretórios e lideranças de organizações de todos os tipos; locais de trabalho e de compras; eventos públicos e vida urbana; e assim por diante (...). As compreensões do mundo social que são contestadas e formadas nos encontros cotidianos e nas interações da sociedade civil como um todo são certamente levadas a nossas arenas representativas (...). (Elas), portanto, devem ser consideradas entre as fontes e os canais do autogoverno republicano e da política jusgenerativa" – N. T.]

61 Sunstein, *After the Rights Revolution*, op. cit., p.164. ["O regime constitucional norte-americano foi construído com base na hostilidade contra medidas que impõem encargos ou garantem benefícios simplesmente devido ao poder político de grupos privados; algum valor público é exigido para a ação governamental. Essa norma (...) sugere, por exemplo, que as leis que representam meros acordos entre grupos de interesse devam ser estritamente limitadas. Sugere também que os tribunais devam desenvolver estratégias interpretativas para promover a deliberação no governo – remetendo, por exemplo, assuntos relativos a interesses ou a grupos constitucionalmente sensíveis para a reconsideração no Legislativo ou nas agências regulatórias sempre que a deliberação tenha sido aparentemente ausente" – N. T.]

C. R. Sunstein discute algumas consequências que esse papel de guardião possui para a política deliberativa. Ele parte de processos de controle constitucional de normas nos quais a Suprema Corte rejeitou determinadas leis devido a suas "classificações discriminatórias", sob fundamento de que o legislador teria negligenciado uma "análise racional" da matéria carente de regulação. Como generalização desses casos, Sunstein alcança uma *reasoned analysis requirement* [exigência de análise fundamentada], orientada por um modelo discursivo do processo legislativo: *"What emerges is a jurisprudence that inspects legislation to determine whether representatives have attempted to act deliberatively"*.[62] O critério de avaliação é o caráter discursivo da formação da opinião e da vontade, especialmente a questão de saber se a decisão legislativa resultou de razões publicamente defensáveis ou de interesses privados que não podem ser declarados no âmbito das discussões parlamentares: *"One of the distinctive features of this approach is that the outcome of legislative process becomes secondary. What is important is whether it is deliberation — undistorted by private power — that gave rise to this outcome"*.[63] Isso tem a vantagem de que o tribunal, que não tem à disposição razões políticas justificadoras, não é obrigado a se referir a razões hipoteticamente atribuídas, podendo se basear em razões factualmente trazidas à tona. À objeção de que bastam razões objetivas para a justificação de uma lei, mesmo nos casos em que as decisões do legislador tenham sido determinadas efetivamente por uma pressão ilegítima, Sunstein responde com uma observação convincente. Trata-se de uma diferença normativamente relevante para os próprios cidadãos se os objetivos legítimos, em nome dos quais eles podem se ver obrigados a assumir desvantagens em certas situações, são *resultado* de um processo deliberativo fundador de legitimidade, ou apenas efeitos colaterais de programas determinados por motivações alheias.

---

62 Id., Interest Groups in American Public Law, *Stanford Law Review*, v.38, 1985, p.59. ["O que emerge aqui é uma jurisprudência que examina a legislação para verificar se os representantes buscam atuar deliberativamente" – N. T.]

63 Ibid., p.58. ["Um dos traços distintivos dessa abordagem é que o resultado do processo legislativo é considerado secundário. O mais importante é saber se foi a deliberação – não distorcida pelo poder privado – o que desencadeou esse resultado" – N. T.]

Facticidade e validade

Menos clara é a resposta da concepção republicana de política sobre quão ofensiva pode ser a intervenção do Tribunal Constitucional nas competências legislativas. Segundo as observações de Sunstein, a Suprema Corte aplica de forma mais rigorosa a *reasoned analysis requirement* [exigência de análise fundamentada] contra medidas controversas da administração do que faz em relação a decisões do Legislativo. Esse cometimento é justificado quando o controle de racionalidade se refere não à forma dos processos de fundamentação, mas a razões substanciais denunciadas como pretextos retóricos. O tribunal não pode assumir perante o legislador o papel de um crítico ideológico; ele se encontra exposto à mesma suspeita de ideologia e não pode reivindicar uma posição neutra, fora do processo político. É interessante, no entanto, que o republicanismo não se faça advogado do *judicial self-restraint* [autocontrole judicial], como sua inspiração democrata radical talvez nos fizesse supor. Em vez disso, ele se apresenta muito mais como defensor do ativismo do tribunal, uma vez que a jurisprudência constitucional deveria compensar o desnível existente entre o ideal republicano e a realidade constitucional. Na medida em que a política deliberativa é renovada a partir do espírito da política aristotélica, tal conceito permanece dependendo das virtudes de cidadãos orientados ao bem comum. Essa exigência de virtude faz que o processo democrático, tal como de fato se exerce nas democracias de massa do Estado social, apareça sob a luz pálida de uma política "decaída", instrumentalmente distorcida.

Em um contexto diferente, ainda que análogo, Bruce Ackerman reage a essa tensão externa entre facticidade e validade inserindo o papel da Suprema Corte como mediadora entre ideal e realidade. Ele faz a interessante proposta de compreender os altos e baixos das inovações políticas de acordo com o modelo do desenvolvimento científico de Thomas Kuhn. Do mesmo modo que o funcionamento normal das ciências apenas em raras ocasiões é interrompido por "revoluções" com as quais novos paradigmas se impõem, o funcionamento normal da política segue um curso burocraticamente independente, o qual corresponde à descrição liberal de uma luta pelo poder conduzida de maneira estratégica e orientada por interesses próprios. Somente quando a história se sobreaquece, isto é, em "momentos de excitação política constitucional", o "povo" sai da normalidade

de seu privatismo civil, apropria-se da atividade política que lhe era burocraticamente alienada e fornece, durante esses momentos transitórios de
ativismo, uma base legitimatória não prevista para inovações que apontam
para o futuro – como aconteceu na era New Deal.[64] Essa leitura vitalista
da autodeterminação democrática apresenta a vontade popular, adormecida
durante esses longos períodos de latência, em oposição à produção legislativa institucionalizada dos representantes eleitos pelo povo. Durante esses
intervalos, enquanto guardiães de uma prática de autodeterminação atualmente silenciada e congelada nas rotinas de funcionamento parlamentar,
os juízes do Tribunal Constitucional devem exercer *vicariamente* os direitos
de autodeterminação do povo: *"The Court at last appears not as the representative
of the people's declared will but as representation and trace of the people's absent self-government"*.[65] Como lugar-tenente republicano das liberdades positivas que os
próprios cidadãos, como seus portadores nominais, não podem exercer, o
Tribunal Constitucional recai justamente naquele papel paternalista que Ely
pretendia combater com sua compreensão procedimental da Constituição.
Mas, rejeitando igualmente esse paternalismo, Michelman busca transpor
o abismo entre ideia e realidade de modo similar:

> *The Court helps to protect the republican state – that is, the citizens politically engaged –
> from lapsing into a politics of self-denial. It challenges the people's self-enclosing tendency to
> assume their own moral completion as they now are and thus to deny to themselves the plurality
> on which their capacity for transformative self-renewal depends.*[66]

---

64 B. Ackerman, The Storrs Lectures: Discovering the Constitution, *Yale Law Journal*,
New Haven, v.93, n.6, maio 1984, p.1013-1072. Ver também id., *We the People*.

65 Michelman e Sullivan, The Supreme Court 1985 Term, Foreword, op. cit., p.65.
["O tribunal aparece finalmente não como representante da vontade declarada do
povo, mas como representação e indício do autogoverno ausente" – N. T.]

66 Michelman, Law's Republic, op. cit., p.1532. ["O tribunal ajuda a proteger o
Estado republicano – quer dizer, os cidadãos politicamente engajados – de recair
em uma política de autonegação. Ele desafia a tendência do povo de se autoen-
clausurar, presumindo sua existência atual como um estado de completude moral
e, assim, negando a si mesmo a pluralidade da qual depende sua capacidade de
autorrenovação transformadora" – N. T.]

Facticidade e validade

O que sugere a necessidade de um lugar-tenente pedagógico é a *descrição excepcionalista* da prática política como aquilo que ela deveria propriamente ser; sua regência é exigida apenas na medida em que o soberano prefere retirar-se ao privado, em vez de assumir o lugar que lhe é próprio, a esfera pública política, e ocupá-la de maneira adequada. A tradição republicana sugere tal excepcionalismo porque vincula a prática política dos cidadãos ao *ethos* de uma comunidade integrada naturalmente. A política correta só pode ser feita por cidadãos virtuosos. Essa *exigência de virtude* conduziu já em Rousseau à separação entre o cidadão orientado ao bem comum e a pessoa privada eticamente sobrecarregada; a unanimidade do legislador político seria assegurada de antemão por um consenso ético das mentes: *"For Rousseau, the basis for legitimacy lies not in the free individual capable of making up his mind by weighing reasons, but rather in the individual whose will is already entirely determined, one who has made his choice".*[67]

Contrariamente a isso, uma interpretação segundo a teoria do discurso insiste que a formação democrática da vontade não extrai sua força legitimadora da convergência prévia de convicções éticas arraigadas, mas de pressupostos e procedimentos comunicativos que permitem que os melhores argumentos possam vir à tona no processo de deliberação. A teoria do discurso rompe com uma concepção ética da autonomia dos cidadãos; por isso não precisa reservar para condições excepcionais o modo da política deliberativa. E um Tribunal Constitucional que se orienta por uma compreensão procedimental da Constituição não precisa ir além de seu crédito de legitimação, podendo mover-se dentro das competências de aplicação do direito – claramente definidas segundo a lógica da argumentação – se o processo democrático que deve proteger não é descrito como um estado de exceção [*Ausnahmezustand*].

---

67 B. Manin, On Legitimacy and Political Deliberation, *Political Theory*, v.15, n.3, ago. 1987, p.347 ["Para Rousseau, a base de legitimidade não repousa no indivíduo livre capaz de formar sua opinião por meio de uma ponderação de razões, mas, sim, no indivíduo cuja vontade já se encontra plenamente determinada, naquele que já tomou sua decisão" – N. T.]; cf. minha crítica a Rousseau em Habermas, *Strukturwandel der Öffentlichkeit*, op. cit., §12; ver também o "Prefácio", p.38.

Jürgen Habermas

Os traços de excepcionalidade desse processo democrático normativamente caracterizado derivam do fato de Michelman e os "comunitaristas" entenderem a cidadania ou *citizenship* não de modo *jurídico*, mas *ético*. Segundo essa interpretação clássica,[68] os cidadãos se unem na esfera pública política em busca daquilo que se apresenta em cada caso como o melhor para eles enquanto coletivo. A aspiração pelo bem coletivo é traduzida por Michelman, seguindo uma virada romântica, como a apropriação hermenêutica de "tradições constitutivas". Somente o pertencimento adscritivo a uma forma de vida intersubjetivamente partilhada e a tomada de consciência de um contexto tradicional preexistente explicariam por que os cidadãos podem, de maneira geral, alcançar um consenso sobre a solução dos problemas emergentes – e sobre os critérios do que deve valer em cada caso como a "melhor" solução:

> *Persuasive arguments and discussions seem inconceivable without conscious reference by those involved to their mutual and reciprocal awareness of being co-participants not just of this one debate, but in a more encompassing common life, bearing the imprint of a common past, within and from which the arguments and claims arise and draw their meaning.*[69]

Certamente que a eticidade substancial de um consenso de fundo supostamente aproblemático não se adequa bem às condições de pluralismo cultural e social que caracterizam as sociedades modernas.

(3) A discussão sobre o ativismo ou a autolimitação do Tribunal Constitucional não pode ser conduzida em abstrato. Se a Constituição é compreendida como interpretação e configuração de um sistema de direitos por meio do qual se faz valer a conexão interna entre autonomia pública e privada, uma jurisprudência constitucional ofensiva em casos que envol-

---

68 Cf. neste volume, "Cidadania e identidade nacional", p.653 e ss.

69 Michelman, Law's Republic, op. cit., p.1513. ["Argumentos e discussões persuasivas parecem inconcebíveis sem uma referência consciente por parte dos implicados à sua mútua e recíproca compreensão como copartícipes não apenas do presente debate, mas de uma vida comum mais abrangente que carrega as marcas de um passado compartilhado, dentro e a partir do qual se levantam e ganham sentido argumentos e demandas" – N. T.]

Facticidade e validade

vem a implementação do procedimento democrático e a forma deliberativa da formação da opinião e da vontade políticas não é lesiva, mas normativamente necessária. É certo que temos de dissociar o conceito de política deliberativa de conotações excessivamente exigentes que poriam o Tribunal Constitucional sob a pressão permanente de intervir. Ele não pode assumir o papel de um regente que ocupa o trono enquanto o sucessor não atinge a idade mínima necessária. Sob o olhar crítico de uma esfera pública jurídica politizada – de uma cidadania madura que compõe "uma comunidade de intérpretes da Constituição"[70] –, o Tribunal Constitucional pode, no melhor dos casos, assumir o papel de tutor. A idealização desse papel, cumprida por constitucionalistas orgulhosos, explica-se apenas pela busca de um depositário para um processo político retratado em termos excessivamente idealistas. Essa idealização, por sua vez, deriva de um *estreitamento ético dos discursos políticos*, com o qual o conceito de política deliberativa não precisa de modo algum se associar necessariamente. Ele não é convincente do ponto de vista da lógica da argumentação, nem necessário para a defesa de uma abordagem intersubjetivista.

Segundo a concepção comunitarista, existe uma conexão necessária entre o conceito discursivo de democracia e a referência a uma comunidade concreta, eticamente integrada. Pois, do contrário, não se poderia explicar como uma orientação dos cidadãos ao bem comum é de todo possível.[71]

---

70 Na República Federal, o pensamento jurídico republicano dos comunitaristas encontra um certo paralelo na interpretação dos direitos fundamentais de P. Häberle, *Verfassung als öffentlicher Prozess*, Frankfurt/Main, Duncker & Humblot, 1978; cf. também A. Blankenagel, *Tradition und Verfassung*, Baden-Baden, Nomos, 1987.

71 Os comunitaristas consideram essa referência à comunidade necessária também ao esclarecimento do sentido das obrigações políticas. Como o cumprimento de uma obrigação que vá além dos interesses atuais não pode ser fundado no modelo da troca consensual de bens – uma troca da liberdade natural por proteção e segurança –, eles substituem o modelo contratual pela ideia de um ato originário de *comprometimento* recíproco. A eleição democrática deve ser vista como um equivalente atual da promessa dos pais fundadores; com esse ato, as gerações posteriores renovam e reforçam a auto-obrigação que constituiu a comunidade política pelas gerações fundadoras: *"Citizens collectively must create their political obligation and political authority through participatory voting in a democratic community"*. ["Os cidadãos precisam coletivamente criar sua obrigação e autoridade políticas por meio do voto parti-

Jürgen Habermas

De acordo com o argumento, o indivíduo pode tornar-se consciente de seu pertencimento a uma forma de vida coletiva e, com isso, de um vínculo social prévio que não se encontra à disposição, apenas em uma práxis exercida em comum com os demais: *"Actual participation in political action, deliberation and conflict may make us aware of our more remote and indirect connections with others, the longrange and large scale significance of what we want and are doing"*.[72] Segundo essa leitura, somente no intercâmbio público com aqueles cuja identidade se deve às mesmas tradições e a processos de formação semelhantes, o indivíduo pode tomar consciência de seus traços comuns e suas diferenças, obtendo, assim, clareza sobre quem é e gostaria de ser. Nesse autoentendimento coletivo, impõe-se também um motivo para a superação do egocentrismo e do autointeresse, a saber, a experiência de que a exclusão e a opressão de alguns traz por consequência a alienação de todos — a experiência de uma "causalidade do destino" que faz cada um sentir como dor o isolamento de um contexto de comunicação inescapavelmente comum. Por isso, segundo a visão comunitarista, os únicos discursos genuinamente políticos são aqueles conduzidos com a finalidade do autoentendimento coletivo.

---

cipativo em uma comunidade democrática" – N. T.] Evidentemente, pelo fato de uma promessa estabelecer uma relação interpessoal entre indivíduos particulares, essa explicação precisa ser estendida para uma rede de relações, tais como a que se estabelece em uma comunidade concreta (C. Pateman, *The Problem of Political Obligation*, Oxford, 1979, p.174). Mas, além do fato de obrigações com *outras* comunidades políticas não poderem ser justificadas desse modo, o modelo pressupõe implicitamente aquilo que propõe explicar — isto é, o sentido obrigatório de normas válidas. Isso pode ser esclarecido em atenção ao ato de fala da promessa. A promessa extrai o conteúdo normativo decisivo de seu sentido ilocucionário da autonomia do falante, o qual já tem de saber o que significa vincular sua própria vontade. Esse tipo de autonomia, no entanto, pressupõe que o sujeito possa de modo geral orientar sua ação por expectativas normativas, isto é, que possa agir por dever. Como promessa unilateral ou recíproca, tal ato produz deveres de um *determinado* conteúdo, mas não o sentido de validade das obrigações *enquanto tais*.

72 H. Pitkin, Justice: on Relating Private and Public, *Political Theory*, v.9, n.3, ago. 1981, p.344. ["A participação efetiva na ação e na deliberação políticas, assim como em seus conflitos, pode nos tornar conscientes de nossas conexões mais remotas e indiretas com os outros, do alcance e do significado mais amplos daquilo que queremos e que estamos fazendo" – N. T.]

Facticidade e validade

Esses e outros argumentos semelhantes são mobilizados na interpretação ético-constitucional do discurso político. Assim como já fazia Perry, Michelman também compreende a política genuína como a reflexão sobre o ato excepcional da fundação constitucional – e como a repetição afirmativa desse ato criador. Essa anamnese recuperadora torna necessária a referência às bases éticas da própria comunidade convertida em história:

> *The first requirement is [...] that it make sense of the centrality and constancy in American constitutional practice of the remembrance of its origins in public acts of deliberative creation; for that remembrance both deeply reflects and deeply informs American understanding of what it means for a people to be both self-governing and under law.*[73]

Com isso, Michelman eleva aquela forma de política simbólica expressada, por exemplo, na celebração do bicentenário da Declaração de Independência como modelo geral de política, assumindo o desnível existente entre esses atos cerimoniais de vital importância para a integração política de uma nação e os negócios da política cotidiana. A tensão entre facticidade e validade, que deveria ser estabilizada no interior do próprio *medium* do direito, irrompe novamente entre o ideal de uma república ética e a realidade vil da política constitucional. Somente a forma de uma argumentação ético-política poderia ainda constituir a estreita ponte entre a política original e a "decadente". Onde a formação política da vontade se apresenta como discurso ético, o discurso político terá *sempre* de ser conduzido com a finalidade de identificar o que é o melhor em cada caso para os cidadãos como partes de uma comunidade concreta, no horizonte de sua forma de vida e em seu contexto de tradição. R. Beiner resume bem essa equiparação dos juízos políticos ao autoentendimento ético:

---

73 Michelman, Law's Republic, op. cit., p.1508. ["A primeira exigência é (...) dar sentido à centralidade e à perseverança que a recordação de suas origens possui na prática constitucional americana, relembradas em atos públicos de criação deliberativa; pois essa recordação reflete e informa profundamente a compreensão americana do que significa ao mesmo tempo autogovernar-se e estar submetido à lei" – N. T.]

> *All political judgments are — implicitly at least — judgments about the form of collective life that is desirable for us to pursue within a given context of possibilities. The commonality of the judging subjects is internal to, or constitutive of, the judgment, not merely contingent or external to it [...]. This follows from the object of deliberation, which is directed to the very form of our relating together [...]. I can express this no better than by saying that what is at issue here is not "what should I do?" or "how should I conduct myself?" but "how are we to be together, and what is to be the institutional setting for that being-together?"*[74]

Entretanto, essa assimilação da formação política da opinião e da vontade ao autoentendimento ético-político não se adequa bem à função exercida pelo processo legislativo no qual desemboca. É certo que nas leis também se inserem conteúdos teleológicos, mas elas não se resumem a finalidades coletivas. Sua estrutura é determinada pela indagação sobre quais normas os cidadãos pretendem regular sua convivência. Nesse sentido, os discursos de autocompreensão constituem *também* um componente importante da política, nos quais os participantes buscam esclarecimentos sobre como gostariam de entender a si mesmos enquanto membros de uma determinada nação, como integrantes de uma comunidade ou de um Estado, como moradores de uma região etc., a quais tradições dão prosseguimento, qual tratamento buscam ter uns com os outros, com as minorias, com os grupos marginais, em suma: em que tipo de sociedade gostariam de viver. Mas essas indagações, como vimos, são subordinadas a aspectos morais e encontram-se relacionadas com questões pragmáticas. A *primazia* deve ser dada à questão sobre como uma matéria pode ser regulada segundo o interesse simétrico de todos. A criação de normas se submete primeiramente ao pon-

---

74 Beiner, *Political Judgment*, op. cit., p.138. ["Todos os juízos políticos — ainda que implicitamente — são juízos sobre a forma de vida coletiva que é desejável perseguirmos dentro de um certo contexto de possibilidades. A comunalidade dos sujeitos judicantes é interna ou constitutiva do juízo, e não algo meramente contingente ou exterior a ele (...). Isso deriva do objeto da deliberação, o qual se dirige à forma mesma de nosso relacionamento conjunto (...). Não posso expressar isso melhor do que dizer que não se trata aqui do 'o que eu deveria fazer?' ou de 'como eu deveria me comportar?', mas, sim, de 'como devemos *estar* juntos e qual deve ser o quadro institucional desse estar juntos?'" – N. T.]

Facticidade e validade

to de vista da justiça e se mede por princípios que estipulam aquilo que é bom para todos por igual. Diferentemente das questões éticas, as questões de justiça não se referem em princípio a uma determinada coletividade e sua respectiva forma de vida. Para que seja legítimo, o direito politicamente positivado de uma comunidade jurídica concreta deve ao menos estar de acordo com princípios morais que reivindicam validade geral para além da comunidade jurídica.

De todo modo, o espaço mais amplo é ocupado pelos compromissos. Sob as condições do pluralismo cultural e social, por trás dos objetivos politicamente relevantes encontram-se com frequência interesses e orientações valorativas que não são constitutivos para a identidade da comunidade em seu conjunto, isto é, para o todo de uma forma de vida compartilhada intersubjetivamente. Esses interesses e orientações axiológicas, que conflitam entre si sem perspectivas de consenso, precisam ser equilibrados de um modo que não pode ser cumprido por discursos éticos – mesmo que seus resultados não possam violar os valores fundamentais consentidos de uma cultura. Como apontado, esse equilíbrio de interesses se cumpre como uma formação de compromisso entre partes que se apoiam em potenciais de poder e sanção. Negociações desse tipo pressupõem certamente a disposição à cooperação, isto é, a vontade de alcançar resultados que sejam aceitáveis a todas as partes, mesmo que por razões diversas e em respeito às regras do jogo. Mas uma tal formação de compromissos não se cumpre nas formas de um discurso racional que neutraliza o poder e exclui a ação estratégica.

O modo deliberativo da prática legislativa deve cuidar não *apenas* da validade ética das leis. Em vez disso, a pretensão de validade complexa das normas jurídicas pode ser compreendida como a pretensão, por um lado, de levar em consideração os interesses parciais estrategicamente afirmados de modo compatível com o bem comum e, por outro, de alcançar princípios universalistas de justiça no horizonte de uma forma de vida específica, marcada por constelações de valores particulares. Ao ganharem obrigatoriedade para uma determinada comunidade jurídica, esses princípios de uma moral que, por assim dizer, não possui propriamente lugar por abarcar todas as formas de vida concretas, encontram morada também naqueles âmbitos abstratos de ação que não podem mais ser suficientemente integrados somente por meio dos contextos informais da ação orientada ao entendimento. Em oposição ao estreitamento ético dos discursos políticos, o conceito de política deliberativa só adquire um referencial empírico quando levamos em consideração a *multiplicidade* das formas de comunicação, dos argumentos e das institucionalizações do procedimento jurídico.

Vimos como na jurisprudência volta a se abrir, sob o aspecto da aplicação de normas, o feixe dos diferentes tipos de argumentos inseridos no processo legislativo e que conferem uma base racional às pretensões de legitimidade do direito válido. Nos discursos jurídicos, além de argumentos imanentes ao direito, também entram em ação argumentos morais e éticos, empíricos e pragmáticos. Ao se considerar a gênese democrática do direito pela extremidade oposta à aplicação do direito, revelam-se mais uma vez os distintos aspectos sob os quais a síndrome da política deliberativa pode ser decomposta, esclarecida e diferenciada. Na política legislativa, o suprimento de informações e a escolha racional dos meios se entrelaçam com o equilíbrio de interesses e a formação de compromissos, com a autocompreensão ética e a formação de preferências, com a fundamentação moral e o exame da coerência jurídica. Com isso se *combinam* de forma racional aqueles dois tipos de política que Michelman havia contraposto de modo polarizante. Assim, diferentemente de Michelman, Sunstein reconstrói, a partir da origem da tradição constitucional americana, não duas correntes distintas, que manifestam a oposição entre a compreensão republicana e liberal da política, mas uma concepção integrada, que ele chama de "republicanismo madisoniano".

Essa concepção é suficientemente forte para fundamentar o modo deliberativo do processo legislativo como condição necessária da criação legítima do direito, mas suficientemente fraca para não perder o contato com as teorias empíricas:

> *There are numerous theories about legislative decision-making. One theory suggests that a considerable amount of legislative behavior can be explained if one assumes that members of Congress seek single-mindedly the goal of reelection. Another approach indicates that three primary considerations — achieving influence within the legislature, promoting public policy, and obtaining reelection — have more explanatory power than any single-factored approach. In the economic literature, there have been efforts to explain legislative behavior solely by reference to*

constituent pressures. Such interpretations have been attacked as too reductionist. — What emerges is a continuum. At one pole are cases in which interest-group pressures are largely determinative and statutory enactments can be regarded as "deals" among contending interests. At the other pole lie cases where legislators engage in deliberation in which interest groups, conventionally defined, play little or no role. At various points along the continuum a great range of legislative decisions exist where the outcomes are dependent on an amalgam of pressure, deliberation and other factors. No simple test can distinguish cases falling at different points in the continuum.[75]

Sunstein apresenta uma imagem realista, mas superficial, da política legislativa. Apesar de não haver nenhum "teste simples", os pontos de vista da teoria do discurso permitem decompor esse *continuum* empírico a ponto de poder analisar os fluxos comunicativos observáveis segundo os diferentes questionamentos e reconstruí-los de acordo com as correspondentes formas de comunicação. As diferenças de gramática profunda entre os usos pragmático, ético e moral da razão não podem ser reconhecidas no plano superficial; isso não significa, todavia, que as formas de política que Michelman contrapõe como tipos ideais se interpenetrem de modo *indiscernível*. A

---

75 Sunstein, Interest Groups in American Public Law, op. cit., p.48-49. ["Há muitas teorias sobre a tomada de decisões do Legislativo. Uma delas sugere que uma parcela considerável do comportamento legislativo pode ser explicada se presumirmos que os membros do Congresso têm exclusivamente o objetivo de sua reeleição. Outra abordagem indica que três considerações principais — a saber, obtenção de influência no interior da Assembleia Legislativa, promoção do interesse nacional e conquista da reeleição — possuem maior poder explicativo do que qualquer outra abordagem unilateral. Na literatura econômica tem havido esforços para explicar a conduta legislativa com referência apenas a pressões constituintes. Tais interpretações têm sido atacadas por seu excessivo reducionismo. – O que emerge é um contínuo. Em um polo, encontram-se casos em que as pressões dos grupos de interesse se mostram amplamente determinantes e as promulgações de leis podem ser consideradas 'compromissos' entre interesses rivais. No outro, encontram-se casos em que os legisladores se engajam em uma deliberação na qual os grupos de interesse convencionalmente definidos possuem pouca ou nenhuma importância. Nos diferentes pontos ao longo desse contínuo, existe uma grande amplitude de decisões legislativas nas quais os resultados são dependentes de um amálgama de pressões, de deliberação e de outros fatores. Nenhum teste simples pode distinguir os casos que recaem nos diferentes pontos desse contínuo" – N. T.]

reconstrução de um dado segmento comunicativo com os meios da teoria do discurso permite, além disso, detectar os desvios gerados pelos efeitos publicamente indefensáveis do poder social e administrativo.

A devida diferenciação entre política e ética, a qual o republicanismo não faz de modo suficientemente claro, não põe em risco, de modo algum, a compreensão intersubjetivista do direito e da política. Por certo, somente quando se reproduz como um discurso ético em grande escala, a política deliberativa se mantém internamente engatada ao contexto tradicional de uma comunidade histórica específica. Apenas como processo de autocompreensão ética a política traz à consciência aquele laço de eticidade substancial que mantém os cidadãos *a fortiori* unidos durante a disputa discursiva. Porém, na medida em que os discursos políticos se estendem a negociações, de um lado, e à universalização moral de interesses, de outro, o procedimento democrático não pode mais receber sua força legitimadora do assentimento *prévio* de uma comunidade ética pressuposta, devendo extraí-lo unicamente de si mesmo. As consequências que seguem daí põem em questão a leitura comunitarista da tradição republicana, sem afetar seu núcleo intersubjetivista. Michelman receia que o sentido normativo de uma política legislativa que perdeu sua referência à comunidade, e com isso a possibilidade do recurso a tradições comuns, já não pode se conservar senão recorrendo a uma autoridade racional transcendente.[76] No entanto, uma compreensão procedimental consequente da Constituição baseia-se de fato no caráter intrinsecamente racional daquelas condições procedimentais que fundamentam, para o processo democrático em geral, a presunção de permitir resultados racionais. A razão se corporifica, então, apenas nas condições de possibilidade pragmático-formais para a política deliberativa, não necessitando, assim, contrapor-se como uma autoridade estranha, localizada para além da comunicação política.

Em um modelo de discurso delineado em termos mais abstratos, o envolvimento dos indivíduos é preservado na intersubjetividade de uma *estrutura* prévia do entendimento possível. Ao mesmo tempo, a referência a uma co-

---

76 Michelman, Conceptions of Democracy in American Constitutional Argument, op. cit., p.291-292.

Facticidade e validade

munidade virtual de comunicação, que se encontra para além da configuração tradicional de cada comunidade particular e que é idealmente inclusiva, desliga as tomadas de posição em termos de sim/não dos participantes do poder prejudicial dos jogos de linguagem e das formas de vida meramente convencionais pelas quais foram socializados. Com isso, insere-se um momento *transcendente* nessa compreensão da política deliberativa pela teoria do discurso, o qual desperta mais uma vez objeções de ordem empírica: *"The first criticism"*, pondera Sunstein contra si mesmo, *"would suggest that it is utopian to believe that representatives can be forced into the Madisonian model"*.[77] Do ponto de vista normativo da teoria do direito, Sunstein pode enfraquecer essa possível objeção. Mas é apenas do ponto de vista distinto da teoria da democracia que as objeções de motivação empírica podem mostrar toda sua força contra o conceito de política deliberativa introduzido pela teoria do discurso.

---

77 Sunstein, Interest Groups in American Public Law, op. cit., p.76. ["A primeira crítica (...) sugeriria que é utópico acreditar que os representantes poderiam ser forçados a admitir o modelo madisoniano" – N. T.]

VII
Política deliberativa:
um conceito procedimental de democracia

A questão acerca das condições de uma gênese legitimamente eficaz do direito deslocou o campo de visão do amplo espectro dos processos políticos para o âmbito da política legislativa. Pela perspectiva da teoria do direito, descrevi tal política como um processo diferenciado de acordo com formas de argumentação e que inclui negociações. Nas condições exigentes do procedimento e nos pressupostos comunicativos dos quais depende uma positivação legítima do direito, a razão que estabelece e põe em teste as normas assumiu uma forma procedimental. Ainda é pouco claro como esse conceito procedimental carregado de idealizações se conecta com investigações empíricas que concebem a política em primeira linha como uma arena de processos de poder, analisando-a sob os pontos de vista dos confrontos estratégicos conduzidos por interesses ou das operações sistêmicas de controle. Não pretendo compreender essa questão no sentido de uma *contraposição* entre ideal e realidade, pois o conteúdo normativo, considerado de início em termos reconstrutivos, encontra-se parcialmente inscrito na facticidade social de processos políticos observáveis. Por isso, uma sociologia da democracia que procede reconstrutivamente precisa escolher seus conceitos fundamentais de tal modo que possa identificar partículas e fragmentos de uma "razão existente" já incorporados nas práticas políticas, por mais distorcidas que possam ser. Essa abordagem não precisa de nenhuma retaguarda da filosofia da história; ela se encontra sob a premissa de que o modo de operar de um sistema político constituído segundo o Estado de direito não se deixa descrever adequadamente, mesmo em termos empíricos,

Jürgen Habermas

sem referência à dimensão de validade do direito e à força legitimadora de sua gênese democrática.

Até esse momento, investigamos pelo ângulo da teoria do direito a tensão entre facticidade e validade que é inerente ao próprio direito. No que segue, será tema de discussão a relação *externa* de facticidade e validade, nomeadamente aquela tensão que existe entre a autocompreensão normativa do Estado de direito, explicada com o auxílio da teoria do discurso, e a facticidade social dos processos políticos – que transcorrem em maior ou menor medida nas formas do Estado de direito. Com isso, retornamos ao modo de consideração da teoria social empregado nos dois primeiros capítulos. Já podíamos ver, da perspectiva interna da teoria do direito, que o sistema de direitos precisa não apenas ser interpretado e configurado na forma de constituições históricas, como também implementado em ordens institucionais. Ao invés de me dedicar a esses dois níveis de uma teoria constitucional comparada e de uma análise institucional ligada à ciência política, buscarei transições entre os modelos de democracia normativamente ricos em conteúdo e as teorias da democracia próprias das ciências sociais. Ocupamo-nos até aqui dos processos de produção, de alocação e de emprego do poder político sob os pontos de vista da organização do Estado de direito. Tratava-se aí das regulações normativas da relação do poder comunicativo com o poder administrativo e social. A sociologia política considera os mesmos fenômenos de uma outra perspectiva.

Antes de discutir no próximo capítulo as teorias "realistas" da democracia, gostaria de preparar de maneira gradual a mudança de perspectiva necessária. De início, volto-me contra um conceito empiricamente estreito de democracia que reduz a legitimidade democrática do poder e do direito (I). Após comparar modelos normativos de democracia, desenvolvo a seguir um conceito procedimental do processo democrático que não é mais compatível com um conceito totalizante de sociedade centrada no Estado e que pretende ser neutro diante de projetos de vida concorrentes (II). Por fim, sigo de perto a tentativa feita por Robert Dahl de uma tradução sociológica e verificação empírica da compreensão procedimental da democracia com o objetivo de esclarecer o que significa, afinal, "confrontar" a ideia da auto-organização de parceiros do direito livremente associados com a realidade de sociedades altamente complexas (III).

Facticidade e validade

I. Modelos normativos *versus* empiristas de democracia

Parto do fato de que o nexo constitutivo entre poder e direito obtém relevância empírica mediante os pressupostos pragmáticos conceitualmente inevitáveis da positivação legítima do direito e da institucionalização de uma práxis correspondente de autodeterminação dos cidadãos. Essa suposição poderia significar um encaminhamento tendencioso, porque exclui de antemão uma estratégia conceitual empirista. Mas esta estratégia expurga do conceito de poder justamente aquela autoridade normativa que compete a ele em virtude de sua ligação com o direito legítimo. Teorias empiristas do poder, inscritas no quadro da teoria dos sistemas ou da teoria da ação, não ignoram a impregnação normativa do poder político constituído na forma jurídica, porém o reduzem ao poder social. De acordo com uma leitura, o "poder social" se expressa na força impositiva de interesses superiores que podem ser perseguidos de maneira mais ou menos racional; o "poder político" pode ser concebido então como uma forma duradoura e abstraída de poder social, autorizando o acesso ao "poder administrativo", isto é, aos cargos organizados conforme competências. Da perspectiva empirista do observador, tanto a pretensão de legitimidade do direito, que se comunica por intermédio da forma jurídica do poder político, quanto a carência de legitimidade, que pode ser preenchida com o recurso a determinados critérios de validade, são descritas de maneira *distinta* daquela proveniente da perspectiva do participante: as condições de aceitabilidade [*Akzeptabilität*] do direito e da dominação política se transformam em condições de aceitação [*Akzeptantz*], e as condições de legitimidade se tornam condições para a estabilidade de uma crença ordinariamente disseminada na legitimidade da dominação. Como ainda veremos, uma análise levada a cabo com esses meios conceituais (ou semelhantes) pode certamente submeter a autocompreensão normativa do Estado democrático de direito a uma crítica esclarecedora.[1]

Um empreendimento de tipo completamente distinto, porém, é constituído por uma teoria da democracia guiada por um propósito normativo, o

---

1 Cf. adiante Capítulo VIII, p.423 e ss.

qual apenas *empresta* das ciências sociais o olhar objetivante e os conceitos empiristas fundamentais. Pois ela quer demonstrar que as práticas democráticas podem, sob uma descrição empirista, ser legitimadas da perspectiva dos próprios participantes. Nesse caso, essa teoria pretende explicar por que as elites e os cidadãos, sem vincularem às pretensões de validade normativas da política e do direito um sentido estritamente cognitivo, poderiam ter boas razões para, com base em seus respectivos interesses particulares, contribuir de forma normativamente exigente com o jogo de legitimação das democracias de massa liberais. Se fosse possível fundamentar um tal modelo de democracia, a questão acerca da relação externa de facticidade e validade perderia elegantemente seu objeto; com efeito, não seria mais preciso tomar o conteúdo normativo do Estado de direito *at face value*.

Inicialmente, examinarei a proposta oferecida por Werner Becker de uma fundamentação empirista das regras do jogo democrático no que diz respeito à sua consistência (1). O resultado insatisfatório nos obrigará a retornar aos modelos normativos de democracia dos quais já havíamos tomado conhecimento (2).

(1) Becker se serve de um pilar empírico para uma teoria normativa da democracia, ou seja, uma teoria projetada para os fins de justificação. Da mesma maneira que, em geral, o poder se exprime na superioridade empírica do interesse ou da vontade mais forte, também o poder estatal se revela na estabilidade da ordem conservada por ele. A legitimidade é considerada uma medida para a estabilidade. Pois a legitimidade do Estado se mede objetivamente pelo reconhecimento factual por parte daqueles submetidos à dominação. Ela pode se estender da mera conformação ao livre assentimento. Nisso, as razões subjetivas para um assentimento legitimamente eficaz pretendem ser válidas no interior do "quadro de visões de mundo" aceitas respectivamente; porém, ela se subtrai à avaliação objetiva. Uma legitimação é tão boa quanto outra se contribuir o suficiente para a estabilização da dominação. Logo, mesmo uma ditadura deveria ser considerada legítima enquanto um quadro de legitimação reconhecido socialmente possibilitar a estabilidade do Estado. Sob pontos de vista da teoria do poder, a qualidade das razões não possui significado empírico: "É uma ilusão de liberais

e democratas acreditar que as ditaduras só sobreviveriam sob a 'proteção das baionetas'".[2]

Becker introduz então o conceito de democracia baseado nas regras do jogo que instauram as eleições gerais e igualitárias, na concorrência entre partidos e na regra da maioria. No entanto, a teoria não pode pretender que sua tarefa de justificação *normativa* desse arranjo seja satisfeita sob o pano de fundo de uma compreensão empirista das normas sociais, de acordo com a qual a "validade" das normas só depende de uma sanção eficaz quanto à estabilidade. O que ela visa comprovar se esgota antes na demonstração de que, mesmo sob uma autodescrição empirista, os participantes podem ter boas razões para reter as regras do jogo estabelecidas de uma democracia de massas. Isso se aplica de início para a observância dessas normas pelos partidos detentores do poder: "O partido que está no poder jamais tenta restringir a atuação dos cidadãos ou dos partidos enquanto estes não empreenderem a tentativa de derrubar o governo com violência [*Gewalt*]". A isso corresponde a paralisia dos derrotados: "Os partidos que perderam a eleição jamais tentam impedir o partido vencedor usando a violência ou algum outro meio ilegal para subir ao poder".[3] Sob essas condições, uma alternância pacífica do poder está garantida.

A fundamentação de Becker pode ser reconstruída como uma sequência de três passos duplos, dos quais o primeiro passo parcial consiste respectivamente em uma explicação objetiva, e o segundo, em uma tentativa de traduzir a explicação efetuada da perspectiva do observador em uma explicação que produz sentido *para o próprio participante* nos termos da escolha racional. A argumentação teria alcançado seu objetivo naquele ponto em que a explicação objetiva também poderia ser aceita como uma explicação suficiente da perspectiva do participante.

(a) As regras de uma democracia concorrencial, cuja legitimidade está relacionada ao voto de uma maioria obtido por uma eleição livre, igualitária e secreta, ganham plausibilidade a partir de uma autocompreensão e de uma visão de mundo especificamente modernas. Estas se fundam em um "subje-

---

2 W. Becker, *Die Freiheit, die wir meinen*, Munique, Piper, 1982, p.61.

3 Ibid., p.68.

tivismo ético" que, de um lado, seculariza a compreensão judaico-cristã da igualdade de cada indivíduo diante de Deus e parte da igualdade fundamental de todos os indivíduos, a qual, de outro, substitui a origem transcendente de mandamentos obrigatórios por um sentido imanente de validade, isto é, considera que a validade das normas está ancorada unicamente na vontade dos sujeitos. Nessa leitura empirista, a liberdade moderna significa, entre outras coisas, que "a validade das [...] normas que cada indivíduo aceita é produzida por ele mesmo em virtude de seu livre consentimento".[4] São os próprios indivíduos que produzem voluntariamente a validade normativa mediante um ato de livre consentimento. A essa compreensão voluntarista da validade corresponde uma compreensão positivista do direito: é considerado direito legítimo tudo e tão somente o que um legislador político escolhido segundo regras jurídicas estabelece como direito. De acordo com o racionalismo crítico, essa convicção não é racionalmente justificada em sentido qualquer, mas é expressão de uma decisão ou de uma marca cultural que se impôs de maneira factual.[5]

Quando os concernidos pretendem se apropriar dessa explicação da perspectiva dos participantes, acabam buscando fundamentações para o subjetivismo ético – seja nos direitos humanos suprapositivos, seja com ajuda de um ponto de vista moral elucidado em termos deontológicos, de acordo com o qual só é válido o que *todos* poderiam querer. Mas com tais pretextos racionalistas – é o que nos ensina o empirismo –, eles se subtrairiam do discernimento específico sobre a contingência insuperável daquilo que consideram normativamente válido. Contudo, justamente a consciência dessa contingência torna a explicação objetiva oferecida insatisfatória para os participantes no processo democrático. Eles precisam ao menos de uma explicação racional com respeito a fins de por que as normas impostas pela maioria deviam ser aceitas como válidas pela respectiva minoria que foi vencida por votos.

(b) Sob o pressuposto de um conceito voluntarista de validade normativa, a pretensão de validade das decisões da maioria não pode ser funda-

---

4 Ibid., p.38.

5 Ibid., p.58.

Facticidade e validade

mentada apelando-se ao bem comum, à expectativa coletiva de utilidade ou à razão prática; pois, para isso, ela necessitaria de critérios objetivos. Becker explica a aceitação das regras da maioria com a ideia da luta domesticada pelo poder. Se, de acordo com os pressupostos do subjetivismo ético, cada um dispõe de poder igual, ainda assim as maiorias votantes são uma expressão numérica impressionante das forças superiores: "Se vemos a questão desse modo, então essa justificação dos procedimentos democráticos vive [...] sob a ameaça da maioria romper o acordo de renunciar à violência caso isso seja sua vontade [...]; por conseguinte, democracia não significa senão que uma parte do povo domina temporariamente a outra".[6] Se, sob o pano de fundo do risco latente de uma guerra civil, considerarmos o efeito sociopsicológico de intimidação de uma ameaça por parte do partido numericamente mais forte, ao menos em termos simbólicos, a dominação temporalmente limitada da maioria parece mesmo recomendável para a minoria como uma "solução aceitável para a questão do poder".

Essa interpretação hobbesiana da regra da maioria também pode ganhar uma certa plausibilidade da perspectiva dos participantes quando a domesticação dos confrontos violentos é um objetivo prioritário para todos. Apesar disso, a explicação continua sendo insatisfatória para os próprios participantes no processo democrático enquanto permanecer pouco claro de que maneira as minorias podem estar protegidas diante de uma tirania da maioria, mesmo que seja uma tirania pacífica. Ademais, é preciso garantir que os partidos conflitantes de fato se submetam à regra da maioria.

(c) Para a proteção das minorias, Becker recorre às clássicas liberdades fundamentais. As maiorias se declaram a favor de tais garantias em relação aos interesses das minorias por causa do pavor da respectiva maioria de, um dia, tornar-se minoria. Por isso, já se deve estar prevenido contra o risco de maiorias tirânicas se tornarem permanentes, uma vez que a maioria (pelo medo diante da perda de seu poder) e a minoria (pela expectativa de uma mudança do poder) precisam ser motivadas a manter as regras do jogo estabelecidas. As condições para uma mudança entre governo e oposição se deixam satisfazer então na medida em que as elites concorrentes se cin-

---

6 Ibid., p.77.

dem sob pontos de vista ideológicos em outros estratos, tentando, assim, obter a maioria com meios programáticos – em regra, com a promessa de compensações sociais, que são interpretadas de um modo determinado. A obtenção de legitimação leva a uma interação entre meios "político-ideológicos" e "político-sociais". Essa interação se explica, entre outras coisas, pelo fato de que a satisfação de interesses sociais por medidas de política distributiva em última instância não é nada objetiva, precisando de uma interpretação ideologicamente convincente.

Contudo, essa explicação objetiva a respeito da proteção das minorias e da mudança do poder é absolutamente talhada de acordo com os interesses das elites, para quem se trata de aquisição e conservação do poder. O que é plausível aos olhos das elites, porém, ainda não parece óbvio aos cidadãos. O público de cidadãos dificilmente seria levado a participar do processo democrático, ou ao menos de aceitá-lo de maneira benevolente, enquanto fosse considerado apenas vítima político-ideológica dos partidos concorrentes. Ele quer poder ser *convencido* de que a ascensão ao governo por um dos partidos significa a expectativa de melhores políticos em comparação com os de um outro partido – em geral, é preciso haver boas razões para preferir um partido em detrimento de outro. Com isso, alcançamos, afinal, o ponto no qual aquilo que é evidente da perspectiva do observador não se deixa mais traduzir em razões que sejam igualmente evidentes para os participantes. Se preservarmos as premissas empiristas, uma tal tentativa conduzirá a contradições.

(d) Como previsto, a visão objetivante não permite perceber uma dimensão de validade na luta pelo poder entre partidos políticos. Becker não se cansa de sublinhar que os argumentos políticos se esgotam em sua função *retórica* eficaz na esfera pública e não são estruturados com base na aceitabilidade racional:

> Na democracia, não se trata de apurar a "verdade objetiva" das finalidades políticas. Trata-se, antes, de construir as condições para a aceitação democrática daqueles fins que os partidos perseguem. Nesse caso, os argumentos políticos [...] possuem mais a função de meios publicitários ou de "armas" que

Facticidade e validade

contornam a aplicação da força física do que de afirmações que podem ser interpretadas como contribuições ao desenvolvimento de teorias "verdadeiras".[7]

Os conceitos normativamente ricos em conteúdo, ainda que vagos, do confronto político possuem um significado emotivo: eles devem criar vínculos entre as massas. De maneira correspondente, o discurso político tem "uma função sociopsicológica, não uma função cognitiva".[8]

Becker tem de explicar por que não somente as elites, mas também os cidadãos, percebem o sentido emotivo de uma propaganda pseudoargumentativa e, apesar disso, o aceitam. Por essa razão, a autodescrição empirista não deve ter consequências desvantajosas, porque os cidadãos esclarecidos avaliam com sobriedade o processo político como formação de compromissos. Mas também os compromissos precisam ser fundamentados. E o que fundamenta sua aceitação? De um lado, faltam todos os critérios normativos em virtude dos quais a equidade dos compromissos podia ser avaliada. A justiça social, por exemplo, é remetida ao âmbito da eficácia retórico-publicitária: "Na realidade política de democracias liberais, essa (a justiça social) é uma ideia sistematicamente supérflua".[9] De outro lado, os participantes devem mesmo poder ter boas razões para estabelecer compromissos: "Sob as condições do pluralismo competitivo no plano político e social, a 'justiça social' implica simplesmente um equilíbrio de interesses equitativo (!) entre grupos sociais". Essa contradição não surge por acaso. Por fim, Becker tem de introduzir algo como uma "equidade" a título de critério de avaliação para compromissos, sem poder declará-lo como tal: "A

---

7 Ibid., p.101.

8 Ibid., p.104. Cf. p.155-156: "O pluralismo de visões de mundo é desejável porque a legitimação democrática não diz respeito a uma discussão teórica, ligada à averiguação da 'verdade', como a existente nas concepções filosóficas ou religiosas, mas unicamente por sua função enquanto meio político-ideológico; graças à sua difusão, ela tem por consequência um assentimento, passível de obter maioria, sobre a garantia estatal das liberdades individuais. Não seriam desejáveis as discussões eficazes na esfera pública dessas abordagens éticas, não apenas distintas como até mesmo contrapostas em termos de visão de mundo, em que se tenta descobrir qual abordagem é 'correta' e qual é 'falsa'".

9 Ibid., p.186-187.

'igualdade de armas' tem de pertencer ao sistema de regras do equilíbrio de interesses. Porém, não é necessário um padrão unificado para a avaliação dos resultados do equilíbrio de interesses, como sugere o conceito de 'justiça social'". É correto, com efeito, que os parceiros de negociação não se vejam obrigados a consentir com o resultado compatível de uma negociação a partir das *mesmas* razões. Mas as considerações parciais de prudência, que cada um dos lados faz a partir de seu próprio ponto de vista, pressupõem de maneira implícita o reconhecimento comum de razões normativas, as quais justificam o próprio procedimento como algo imparcial na medida em que explicam por que resultados obtidos conforme o procedimento podem ser considerados equitativos.

No final, portanto, o fosso entre o que se afirma da perspectiva do observador e o que pode ser aceito da perspectiva dos participantes não se deixa transpor unicamente por meio de considerações racionais com respeito a fins. Isso expressa a autocontradição performativa em que se enreda uma teoria empirista da democracia construída de maneira normativa. Também se espelha nisso a autocontradição que, aliás, seu autor sinaliza no subtítulo de seu livro: a "decisão em prol da democracia" que a obra sugere não pode, sob essas mesmas premissas, ser compreendida no sentido de uma decisão *fundamentada racionalmente*. Mas se se trata de pura decisão, questiona-se com qual tipo de texto o leitor está lidando. Aparentemente, trata-se de uma teoria filosófica que explica e justifica as regras da democracia liberal. Depois que tomamos conhecimento da teoria, sabe-se, porém, que é permitido ao autor, se se mantiver fiel a si mesmo, compreender sua teoria no melhor dos casos como uma "*propaganda* baseada em visões de mundo cuja finalidade consiste apenas em defender a compreensão que o liberalismo tem do Estado de direito".

(2) Podemos resumir, como resultado de nossa análise, que, sob uma autodescrição empirista de suas práticas, cidadãos racionais não teriam razões suficientes para continuar obedecendo às regras do jogo democrático. Evidentemente, uma teoria com propósito de justificação não pode escamotear o sentido normativo genuíno da compreensão intuitiva da democracia. Mas se a questão acerca da relação entre norma e realidade não puder evitar o caminho de redefinições empiristas, temos de retornar aos modelos

Facticidade e validade

normativos de democracia já mencionados, com a finalidade de examinar se as concepções de sociedade implícitas neles oferecem pontos de contato com o modo de consideração das ciências sociais.

De acordo com o resultado das reflexões que apresentamos da perspectiva da teoria do direito, o procedimento da política deliberativa forma o núcleo do processo democrático. Essa interpretação da democracia tem consequências para aquele conceito de uma sociedade centrada no Estado do qual partem os modelos tradicionais de democracia. Resultam daí algumas diferenças tanto em relação à concepção liberal do Estado como guardião de uma sociedade econômica quanto ao conceito republicano de uma comunidade ética institucionalizada de maneira estatal.[10]

De acordo com a concepção liberal, o processo democrático se realiza exclusivamente na forma de compromissos de interesses. As regras de formação de compromissos – que devem assegurar a equidade dos resultados mediante o direito universal e igual ao voto, a composição representativa das corporações parlamentares, o mecanismo de tomada de decisão, suas leis ordinárias etc. – estão fundamentadas em última instância nos princípios liberais da Constituição. Em contrapartida, de acordo com a concepção republicana, a formação democrática da vontade deve se realizar na forma de uma autocompreensão ético-política; com isso, a deliberação poderia se apoiar substancialmente em um consenso de fundo dos cidadãos já estabelecido na cultura política; essa pré-compreensão da integração social pode ser renovada na rememoração ritualizada do ato republicano de fundação. A teoria do discurso assume elementos de ambos os lados, integrando-os no conceito de um procedimento ideal para deliberação e tomada de decisão. Esse procedimento democrático estabelece uma conexão interna entre reflexões pragmáticas, compromissos, discursos de autocompreensão e discursos de justiça, fundamentando a suposição de que resultados razoáveis ou equitativos são alcançados sob as condições de um afluxo de informação

---

10 D. Held, *Models of Democracy*, Oxford, Stanford University Press, 1987. Ao falar, como no capítulo anterior, de uma concepção "liberal" de Estado, utilizo o termo no sentido estrito de uma tradição que remonta a Locke, em que não se deixam classificar "liberais" do tipo de Dworkin ou Rawls.

referido a problemas e da elaboração apropriada da informação. De acordo com essa ideia, a razão prática se desloca dos direitos humanos universais ou da eticidade concreta de uma comunidade determinada para se situar naquelas regras do discurso e formas de argumentação, cujo conteúdo normativo é tomado emprestado da base da validade da ação orientada ao entendimento, em última instância da estrutura da comunicação linguística e da ordem insubstituível da socialização comunicativa.

Em nosso contexto, é de interesse agora que, com essas descrições do processo democrático, também seja aberto caminho para uma conceitualização normativa do Estado e da sociedade. É necessário pressupor somente a administração pública da "instituição racional do Estado", tal como fora constituído na modernidade nascente com o sistema de Estados europeus e desenvolvido no entrelaçamento com um sistema econômico capitalista.

De acordo com a concepção republicana, a formação política da opinião e da vontade dos cidadãos forma o *medium* pelo qual a sociedade se constitui como um todo composto politicamente. A sociedade é originalmente uma sociedade política – *societas civilis*; pois na práxis de autodeterminação política, a coletividade como que se torna consciente de si, influindo sobre si mesma mediante a vontade coletiva dos cidadãos. Assim, a democracia equivale à auto-organização política da sociedade em seu conjunto. Disso resulta uma *compreensão da política* polemicamente *direcionada contra o aparelho do Estado*. Nos escritos políticos de Hannah Arendt, é possível depreender a ofensiva da argumentação republicana: contra o privatismo civil [*staatsbürgerlich*] de uma população despolitizada e contra a obtenção de legitimação por partidos estatizados, deve-se revitalizar a esfera pública política até o ponto em que uma cidadania regenerada possa, nas formas de uma autogestão centralizada, se (re)apropriar do poder estatal que se autonomizou de modo burocrático. Só assim a sociedade se desenvolveria em uma totalidade política.

Entretanto, a separação entre aparelho do Estado e sociedade, registrada por essa concepção de maneira polêmica, não pode ser eliminada de acordo com a concepção liberal, mas somente ser transposta pelo processo democrático. Contudo, o equilíbrio regulado de poder e de interesses precisa ser canalizado pelo Estado de direito. A formação democrática da vontade de

Facticidade e validade

cidadãos autointeressados, que se encontra carregada de expectativas normativas comparativamente fracas, limita-se a formar um elemento dentro de uma Constituição que deve disciplinar o poder do Estado fazendo uso de dispositivos normativos (como direitos humanos, separação de poderes, obediência à lei etc.), assegurando que, mediante a competição entre partidos políticos, de um lado, governo e oposição, de outro, os interesses sociais e as orientações axiológicas sejam levados em consideração de maneira adequada. Essa *compreensão da política centrada no Estado* pode dispensar a suposição irrealista de um corpo de cidadãos capaz de agir coletivamente. Ela não se orienta pelo *input* de uma formação política racional da vontade, mas pelo *output* de um equilíbrio bem-sucedido das atividades do Estado. A ofensiva da argumentação liberal tem como alvo o potencial perturbador de um poder do Estado que impede o intercâmbio social espontâneo de pessoas privadas. O ponto central do modelo liberal não é a autodeterminação democrática de cidadãos que deliberam, mas a normatização constitucional de uma sociedade econômica que, frente à satisfação das expectativas de felicidade de pessoas privadas que atuam de modo produtivo, deve garantir um bem comum compreendido em seu cerne de maneira apolítica.

A teoria do discurso, que vincula ao processo democrático conotações normativas mais fortes do que o modelo liberal, porém mais fracas que o modelo republicano, incorpora, por sua vez, elementos de ambos os lados e os une de um modo novo. Em concordância com o republicanismo, ela atribui centralidade ao processo de formação política da opinião e da vontade, mas sem compreender a constituição do Estado de direito como algo secundário; em vez disso, conforme dito, ela concebe os princípios do Estado de direito como resposta consequente à questão de saber de que maneira podem ser institucionalizadas as formas pretensiosas de comunicação que fazem parte da formação democrática da opinião e da vontade. A teoria do discurso não condiciona o sucesso da política deliberativa a um corpo de cidadãos capaz de agir coletivamente, mas a uma institucionalização de procedimentos e pressupostos comunicativos correspondentes, bem como à interação entre deliberações institucionalizadas e opiniões públicas geradas de maneira informal. A procedimentalização da soberania popular e o reacoplamento do sistema político nas redes periféricas da esfera pública política andam juntos com a imagem de uma sociedade descentralizada. Em todo caso, esse conceito de democracia não precisa mais operar com o conceito de um todo social centrado no Estado, o qual foi representado como um sujeito em grande escala que age orientado a um fim. Muito menos situa o todo em um sistema de normas constitucionais que regulam inconscientemente o equilíbrio de poder e de interesses segundo o modelo do intercâmbio do mercado. A teoria do discurso se despede como um todo das figuras de pensamento da *filosofia da consciência*, que procuram atribuir a práxis de autodeterminação dos cidadãos a um sujeito social total ou referir a dominação anônima das leis a sujeitos que concorrem individualmente entre si. No primeiro caso, o corpo de cidadãos é considerado um ator coletivo que reflete o todo e age em seu proveito; no segundo, os atores individuais, na qualidade de variável independente, fundem-se aos processos de poder que se efetuam às cegas, pois seus atos de escolha individual decerto podem gerar decisões agregadas, mas não decisões coletivas produzidas conscientemente.

A teoria do discurso conta com a *intersubjetividade de ordem superior* dos processos de entendimento que se efetuam pelos procedimentos democráticos ou nas redes de comunicação de esferas públicas políticas. Essas comunicações sem sujeito, dentro e fora do complexo parlamentar e de suas corporações programadas para tomar decisões, geram arenas em que uma formação mais ou menos racional da opinião e da vontade pode se realizar sobre matérias que são consideradas relevantes para o conjunto da sociedade e carecem de regulação. O fluxo comunicativo entre formação pública da opinião, eleições institucionalizadas e resoluções legislativas deve garantir que a influência produzida publicamente e o poder desencadeado comunicativamente sejam transformados pela legislação em poder empregado de maneira administrativa. Assim como no modelo liberal, também na teoria do discurso a fronteira entre "Estado" e "sociedade" é respeitada; mas aqui a sociedade civil, na qualidade de fundamento social de esferas públicas autônomas, diferencia-se tanto do sistema econômico de ação quanto da administração pública. Dessa compreensão da democracia resulta normativamente a exigência de um deslocamento de peso na relação daqueles três recursos (dinheiro, poder administrativo e solidariedade), a partir dos quais

Facticidade e validade

as sociedades modernas satisfazem sua necessidade de integração e de controle. As implicações normativas são claras: a força sociointegradora da solidariedade,[11] que não pode mais ser extraída unicamente das fontes da ação comunicativa, deve poder ser desenvolvida mediante esferas públicas autônomas amplamente diversificadas e procedimentos de formação democrática da opinião e da vontade institucionalizados segundo o Estado de direito, além de ser afirmada pelo *medium* do direito ante os outros dois mecanismos de integração social, o dinheiro e o poder administrativo.

Essa concepção traz consequências para a compreensão da legitimação e da soberania popular. De acordo com a concepção liberal, a formação democrática da vontade tem a função exclusiva de *legitimar* o exercício do poder político. Os resultados das eleições representam uma licença para assumir o poder governamental, ao passo que o governo tem de justificar o uso desse poder perante a esfera pública e o Parlamento. De acordo com a concepção republicana, a formação democrática da vontade tem essencialmente a função mais forte de *constituir* a sociedade como uma coletividade política e, a cada eleição, manter viva a memória desse ato de fundação. O governo não é apenas autorizado mediante a eleição entre grupos concorrentes de lideranças ao exercício de um mandato em larga medida independente, mas também está programaticamente comprometido com a implementação de determinadas políticas. Mais um comitê do que um órgão do Estado, ele é parte de uma comunidade política que administra a si mesma, não o ápice de um poder estatal separado. Com a teoria do discurso, outra ideia vem à tona mais uma vez: os procedimentos e os pressupostos comunicativos da formação democrática da opinião e da vontade funcionam como as comportas mais importantes para a racionalização discursiva das decisões de um governo e de uma administração vinculadas ao direito e à lei. *Racionalização* significa mais que a mera legitimação, porém menos que o ato de constituição do poder. O poder disponível administrativamente altera seu estado agregado desde que esteja reacoplado a uma formação democrática da opinião e da vontade que não apenas controle posteriormente o exercí-

---

11 Como nos dois primeiros capítulos, utilizo aqui "solidariedade" não enquanto conceito normativo, mas como conceito da teoria social.

cio do poder, mas também o programe de uma certa maneira. Apesar disso, só o sistema político pode "agir". Ele é um sistema parcial especializado em decisões coletivamente vinculantes, ao passo que as estruturas comunicativas da esfera pública formam uma vasta rede de sensores que reagem à pressão de situações problemáticas do todo social e estimulam a produção de opiniões influentes. A própria opinião pública que emprega o poder comunicativo segundo procedimentos democráticos não pode ela mesma "dominar" o poder administrativo, mas somente orientar seu uso para determinadas direções.

O conceito de *soberania popular* é tributário da apropriação republicana e da revalorização no início da modernidade da noção de soberania, que a princípio esteve ligada à dominação de governantes absolutos. O Estado, que monopoliza os meios do uso legítimo da violência, é representado como o polo que concentra o poder por ser capaz de prevalecer sobre todos os demais poderes desse mundo. Rousseau transpôs essa figura de pensamento, que remonta a Bodin, para a vontade do povo unido, fundindo-a com a ideia clássica do autogoverno de livres e iguais e incorporando-a no conceito moderno de autonomia. A despeito dessa sublimação normativa, o conceito de soberania permaneceu corporificado na ideia de povo (presente de início também em sentido físico). De acordo com a concepção republicana, o povo, ao menos potencialmente presente, é o portador de uma soberania que, em princípio, não pode ser delegada: na sua condição de soberano, o povo não pode se deixar representar. O poder constituinte se funda na práxis de autodeterminação dos cidadãos, não em seus representantes. O liberalismo contrapõe a essa tese republicana uma concepção mais realista segundo a qual, no Estado democrático de direito, o poder do Estado que emana do povo apenas é "exercido em eleições e votações e por órgãos particulares do Legislativo, do Poder Executivo e do Judiciário" (como é dito o art. 20, § 2, da Constituição da República Federal da Alemanha).

Essas duas concepções, contudo, só formam uma alternativa completa quando se parte das premissas questionáveis de um conceito de Estado e de sociedade baseado no todo e nas suas partes — em que o todo é constituído pelo corpo soberano dos cidadãos ou por uma Constituição. Em contrapartida, ao conceito discursivo de democracia corresponde a imagem de uma

Facticidade e validade

sociedade descentrada que, junto à esfera pública política, diferencia, no entanto, uma arena para percepção, identificação e tratamento de problemas da sociedade em seu todo. Quando renunciamos à formação de conceitos nos termos da filosofia do sujeito, então a soberania não precisa estar concentrada no povo de maneira concreta, nem se exilar no anonimato das competências jurídico-constitucionais. O *self* de uma comunidade jurídica que organiza a si mesma desaparece nas formas de comunicação desprovidas de sujeito que regulam o fluxo da formação discursiva da opinião e da vontade, de modo que seus resultados falíveis tenham para si a suposição de racionalidade. Com isso, não se desmente a intuição que está vinculada à ideia de soberania popular, embora ela passe a ser interpretada de maneira intersubjetiva.[12] Uma soberania popular, ainda que tenha se tornado anônima, só se reduz aos procedimentos democráticos e à implementação jurídica de seus pressupostos comunicativos exigentes para entrar em vigor como poder gerado comunicativamente. De forma mais precisa, ela decorre das interações entre a formação da vontade institucionalizada pelo Estado de direito e as esferas públicas mobilizadas em termos culturais, que, por sua vez, encontram uma base nas associações de uma sociedade civil igualmente separada do Estado e da economia.

A ideia de soberania popular remete em sua leitura procedimental às condições sociais básicas de uma comunidade jurídica; porém, por sua vez, tal ideia não permanece simplesmente à disposição da vontade dos cidadãos. Com efeito, a autocompreensão normativa da política deliberativa exige um modo discursivo de socialização *para a comunidade jurídica*; mas essa socialização não se estende para a sociedade como um todo, na qual o sistema político constituído na forma do Estado de direito encontra-se *inserida*. Também de acordo com sua autocompreensão, a política deliberativa continua sendo componente de uma sociedade complexa que, em sua totalidade, não pode ser apreendida pelo ponto de vista normativo da teoria do direito. Dessa perspectiva, a interpretação da democracia pela teoria do discurso segue a consideração distanciada das ciências sociais, para as quais o sistema político

---

12 Sobre o conceito de soberania popular, cf. Maus, *Zur Aufklärung der Demokratietheorie*, op. cit., p.176 e ss.

não é topo nem centro, muito menos modelo estruturante de sociedade, mas *um* sistema de ação entre outros. Visto que a política se apresenta como uma espécie de garantia para resolver os problemas de integração da sociedade, ela certamente precisa poder se comunicar pelo *medium* do direito com todos os demais domínios de ação ordenados de modo legítimo, independentemente de como estejam estruturados e orientados. Não é apenas em um sentido trivial que o sistema político permanece dependente de outras operações sistêmicas – como, por exemplo, das operações fiscais do sistema econômico; antes, a política deliberativa, seja efetuando-se segundo procedimentos formais da formação institucionalizada da opinião e da vontade, seja informalmente nas redes da esfera pública política, encontra-se em uma conexão interna com os contextos de um mundo da vida racionalizado. Na verdade, as comunicações políticas filtradas em termos deliberativos dependem de recursos do mundo da vida – de uma cultura política da liberdade e de uma socialização política esclarecida, sobretudo das iniciativas de associações formadoras de opinião – que se formam e se regeneram em grande medida de maneira espontânea e que, em todo caso, dificilmente são acessíveis às intervenções diretas do aparelho político.

II. O procedimento democrático e o problema de sua neutralidade

Portanto, o conceito discursivo de democracia, que se libertou das concepções tradicionais de uma sociedade constituída politicamente, não é de antemão incompatível com a forma e o modo de operar de sociedades funcionalmente diferenciadas. Por outro lado, fica a dúvida se a socialização discursiva pressuposta em uma associação de parceiros do direito livres e iguais – ou seja, na auto-organização da comunidade jurídica – é, em geral, possível sob as condições de reprodução de uma sociedade complexa. Para uma decisão sociologicamente informada dessa questão, é importante operacionalizar o núcleo procedimental da democracia no nível correto. No procedimento democrático, o conteúdo ideal da razão prática se apresenta de forma pragmática e a efetivação do sistema de direitos se mistura com as formas de sua institucionalização. A *tradução sociológica* da compreensão procedimental de democracia, considerando o conteúdo normativo do Estado democrático de direito, não pode se situar em um nível muito elevado, nem muito baixo.

Na introdução à sua teoria da democracia, N. Bobbio[13] segue uma estratégia deflacionária. Ele registra de início algumas transformações sociais globais que falam contra o resgate da promessa de concepções clássicas: sobretudo, o surgimento de uma sociedade policêntrica de grandes organizações, em que a influência e o poder político passam para atores coletivos e cada vez menos podem ser adquiridos e exercidos por indivíduos associados; em seguida, aponta para a multiplicação de grupos de interesse concorrentes que dificultam uma formação imparcial da vontade; além disso, ressalta o crescimento das burocracias estatais e das funções públicas, fomentando uma dominação de especialistas; por fim, remete à alienação das massas apáticas em relação às elites, que se tornam oligarquicamente independentes diante dos cidadãos tutelados. Ante o pano de fundo dessas constatações céticas, Bobbio se vê obrigado a uma definição cautelosa das regras do jogo democrático. "*My premise is that the only way a meaningful discussion of democracy, as distinct from all forms of autocratic government, is possible to consider it as characterized by a set of rules [...] which establish* who is authorized to take collective decisions and which procedures *are to be applied*".[14] As democracias preenchem o "mínimo procedimental" na medida em que garantem (a) a participação política do maior número possível de cidadãos interessados; (b) a regra da maioria para decisões políticas; (c) direitos de comunicação e, com isso, a seleção entre diferentes programas e grupos dirigentes; e (d) a proteção da esfera privada.[15] A vantagem dessa definição minimalista reside em seu caráter descritivo. Ela abrange o conteúdo normativo de sistemas políticos

---

13 N. Bobbio, *The Future of Democracy*, Cambridge, University of Minnesota Press, 1987.

14 Ibid., p.24. ["Minha premissa é que a única maneira de podermos discutir seriamente a democracia, como uma forma distinta das outras formas de governo autocrático, é considerando-a como caracterizada por um conjunto de regras (...) que estabelece *quem* está autorizado a tomar decisões coletivas e quais *procedimentos* devem ser aplicados" – N. T.]

15 Ibid., p.56: "*Parallel to the need for self-rule there is the desire not to be ruled at all and to be left in peace*". ["Paralelamente à necessidade de autogoverno, há o desejo de não ser governado de modo algum e de ser deixado em paz" – N. T.]

como os já existentes em sociedades de tipo ocidental organizadas na forma do Estado nacional. Por isso, Bobbio pode concluir:

> *The minimal content of the democractic state has not been impaired: guarantees of the basic liberties, the existence of competing parties, periodic elections with universal suffrage, decisions which are collective or the result of compromise [...] or made on the basis of the majority principle, or in any event as the outcome of open debates between the different factions or allies of a government coalition.*[16]

De outro lado, essa operacionalização não esgota de maneira alguma o conteúdo normativo do procedimento democrático como exposto a partir da perspectiva reconstrutiva da teoria do direito. Embora controvérsias públicas entre vários partidos sejam mencionadas como condição necessária para o modo de decisão democrática, a definição proposta não atinge o cerne de uma compreensão procedimental da democracia. Pois seu ponto mais importante consiste no fato de que o procedimento democrático institucionaliza discursos e negociações com a ajuda de formas de comunicação que devem fundamentar a suposição de racionalidade para todos os resultados alcançados conforme o procedimento. Ninguém salientou essa concepção de maneira mais enérgica do que John Dewey:

> *Majority rule, just as majority rule, is as foolish as its critics charge it with being. But never is merely majority rule [...]. The means by which a majority comes to be a majority is the more important thing: antecedent debates, modification of views to meet opinions of minorities [...]. The essential need, in other words, is the improvement of the methods and conditions of debate, discussion and persuasion.*[17]

---

16 Ibid., p.40. ["O conteúdo mínimo do Estado democrático não foi enfraquecido: garantias das liberdades básicas, a existência de partidos concorrentes, eleições periódicas com sufrágio universal, decisões que são coletivas ou resultado de compromisso (...), ou tomadas com base no princípio majoritário, ou em todo caso como resultado de debates abertos entre diferentes facções ou aliados de um governo de coalizão" – N. T.]

17 J. Dewey, *The Public and its Problems*, Chicago, Swallo Press, 1954, p.207-208. ["A regra da maioria, apenas como regra da maioria, é tão insensata quanto seus críti-

Facticidade e validade

A política deliberativa obtém sua força legitimadora da estrutura discursiva de uma formação da opinião e da vontade que só pode preencher a função de integração social graças à expectativa da *qualidade* racional de seus resultados. Por isso, o nível discursivo do debate público forma a variável mais importante. Ele não pode desaparecer na caixa-preta de uma operacionalização que se satisfaz com indicadores brutos. Antes de apresentar uma proposta que leva em consideração esse aspecto, gostaria de (1) desenvolver o conceito de uma política deliberativa de via dupla e (2) defendê-lo contra objeções republicanas e liberais.

(1) Joshua Cohen esclarece o conceito de política deliberativa com base em um "procedimento ideal" de deliberação e de tomada de decisão que deve se "espelhar" da maneira mais ampla possível nas instituições sociais. Contudo, Cohen ainda não se desprende o suficiente da ideia de uma sociedade deliberativamente regulada e, nesse caso, politicamente constituída *em seu todo*:

> *The notion of a deliberative democracy is rooted in the intuitive ideal of a democratic association in which the justification of the terms and conditions of association proceeds through public argument and reasoning among equal citizens. Citizens in such an order share a commitment to the resolution of problems of collective choice through public reasoning and regard their basic institutions as legitimate as far as they establish the framework for free public deliberation.*[18]

---

cos a tem acusado de ser. Mas ela não é *meramente* regra da maioria (...). Os meios pelos quais uma maioria se torna uma maioria são a coisa mais importante: debates antecedentes, modificação de visões para ir ao encontro das opiniões das minorias (...). A necessidade essencial, em outras palavras, é o aperfeiçoamento dos métodos e das condições do debate, da discussão e da persuasão" – N. T.]

18 J. Cohen, Deliberation and Democratic Legitimacy, in: A. Hamlin e B. Pettit (eds.), *The Good Polity: Normative Analysis of the State*, Oxford, Wiley-Blackwell, 1989, p.17 e ss. ["A noção de democracia deliberativa está enraizada no ideal intuitivo de uma associação democrática em que a justificação dos termos e condições da associação procede do argumento e da troca de razões entre cidadãos iguais. Os cidadãos em tal ordem partilham um comprometimento com a resolução dos problemas de escolha coletiva mediante argumentação pública e consideram suas instituições básicas legítimas na medida em que estabelecem a estrutura para a deliberação pública" – N. T.]

Jürgen Habermas

Em contrapartida, gostaria de compreender de maneira mais precisa o procedimento a partir do qual as resoluções procedimentalmente adequadas retiram sua legitimidade como estrutura nuclear de um sistema político diferenciado e constituído de acordo com o Estado de direito, mas não como modelo para *todas* as instituições sociais (nem mesmo para todas as instituições estatais). Se a política deliberativa fosse ampliada como uma estrutura que abrange marcadamente a totalidade social, o esperado modo discursivo de socialização do *sistema jurídico* deveria se estender para uma auto-organização *da sociedade* e atravessar toda sua complexidade. Mas isso já não é possível porque o procedimento democrático depende de contextos de inserção que ele próprio não pode regular.

Porém, Cohen caracteriza o próprio procedimento de maneira convincente mediante os seguintes *postulados*:

(a) As deliberações se efetuam de forma argumentativa, ou seja, pela troca regulada de informações e razões entre partes que apresentam propostas e as examinam criticamente.[19] (b) As deliberações são inclusivas e públicas. Em princípio, ninguém pode ser excluído; todos os possíveis concernidos com as resoluções têm oportunidades iguais de acesso e participação. (c) As deliberações são livres de coerções externas. Os participantes são soberanos na medida em que estão vinculados unicamente aos pressupostos comunicativos e às regras procedimentais da argumentação.[20] (d) As deliberações são livres de coerções internas que possam afetar a igualdade dos participantes. Cada um tem oportunidades iguais de ser ouvido, apresentar temas, efetuar contribuições, fazer propostas e de criticar. As tomadas de

---

19 *"Deliberation is reasoned in that parties to it are required to state their reasons for advancing proposals, supporting them or criticizing them [...]. Reasons are offered with the aim of bringing others to accept the proposal, given their disparate ends and their commitment to settling the conditions of their association through free deliberation among equals"* (Ibid., p.22). ["A deliberação é avaliada racionalmente na medida em que se requer que os partidos apresentem suas razões para as propostas oferecidas, defendendo-as ou criticando-as (...). As razões são oferecidas com a finalidade de fazer que outros possam aceitar a proposta, considerando seus diversos fins e seu comprometimento em estabelecer as condições de sua associação mediante a livre deliberação entre iguais" – N. T.]

20 *"Their consideration of proposals is not constrained by the authority of prior norms or requirements"* (Ibid.).

Facticidade e validade

posição em termos de sim/não são motivadas unicamente pela força não coercitiva do melhor argumento.[21]

Outras condições especificam o procedimento considerando o *caráter político* das deliberações.

(e) Deliberações visam em geral um acordo motivado racionalmente e, em princípio, podem ser continuadas de maneira ilimitada ou retomadas a qualquer momento. Deliberações políticas, porém, precisam ser finalizadas em atenção às pressões da decisão por parte da maioria. Pelo fato de sua conexão interna com uma práxis deliberativa, a regra da maioria fundamenta a suposição de que a opinião falível da maioria pode ser considerada fundamento racional de uma práxis comum até que a minoria tenha convencido a maioria da correção de suas concepções.[22] (f) As deliberações políticas se aplicam a todas as matérias que podem ser reguladas no interesse igual de todos. Mas isso não significa que temas e objetos, que de acordo com a concepção tradicional são de natureza "privada", devam ser subtraídos *a fortiori* da discussão. São publicamente relevantes, em especial, questões de distribuição desigual daqueles recursos dos quais depende a percepção factual dos direitos iguais de comunicação e participação.[23] (g) Deliberações

---

21 *"The participants are substantively equal in that the existing distribution of power and resources does not shape their chances to contribute to deliberation, nor does that distribution play an authoritative role in their deliberation"* (Ibid., p.23). ["Os participantes são substantivamente iguais na medida em que a distribuição existente de poder e de recursos não define suas oportunidades para contribuir na deliberação, nem tal distribuição exerce um papel de autoridade em sua deliberação" – N. T.]

22 *"Even under ideal conditions there is no promise that consensual reasons will be forthcoming. If they are not, then deliberation concludes with voting, subject to some form of majority rule. The fact that it may so conclude does not, however, eliminate the distinction between deliberative forms of collective choice and forms that aggregate by non-deliberative preferences"* (Ibid.). ["Mesmo sob condições ideais, não há promessa de que as razões consensuais irão surgir. Em caso negativo, então a deliberação é concluída com o voto, sujeita a alguma forma de regra da maioria. O fato de que ela pode ser assim concluída, contudo, não elimina a distinção entre as formas deliberativas da escolha coletiva e as formas de agregação obtidas segundo preferências não deliberativas" – N. T.]

23 *"Inequalities of wealth, or the absence of institutional measures to redress the consequences of those inequalities, can serve to undermine the equality required in deliberative arena themselves"* (Ibid., p.27); cf. também J. Cohen e J. Rogers, *On Democracy: toward a Transformation of Ame-*

políticas também se aplicam à interpretação de necessidades e à mudança de atitudes e preferências pré-políticas. Nisso, a força geradora de consenso dos argumentos de modo algum se apoia somente em um consenso de valores previamente desenvolvido em tradições e formas de vida comuns.[24]

Toda associação que institucionaliza um tal procedimento com a finalidade de regular democraticamente as condições de sua vida comum constitui-se como um corpo de cidadãos. Ela forma uma comunidade jurídica particular, delimitada no espaço e no tempo, com formas de vida e tradições específicas. Mas essa identidade única não a caracteriza *como* comunidade política de cidadãos. Pois o processo democrático é governado por princípios *universais* de justiça que são igualmente constitutivos para todo corpo de cidadãos. Em suma, o procedimento ideal de deliberação e de tomada de decisão pressupõe como portador uma associação que se entende por regular *com imparcialidade* as condições de sua vida comum. O que associa os parceiros do direito é, *em última instância*, o laço linguístico que mantém unida toda comunidade de comunicação.[25]

---

rican Society, Middlesex, Penguin Books, 1983, cap.6, p.146 e ss.; W. E. Connolly, *The Terms of Political Discourse*, Lexington, 1974. ["Desigualdades de riqueza, ou a ausência de medidas institucionais para reparar as consequências daquelas desigualdades, podem servir para enfraquecer a igualdade requerida nas próprias arenas deliberativas" – N. T.]

24 "*The relevant conceptions of the common good are not comprised simply of interests and preferences that are antecedent to deliberation. Instead, the interests, aims and ideals that comprise the common good are those that survive deliberation, interests that, on public reflection, we think it legitimate to appeal to in making claims on public resources*" (Cohen, Deliberation and Democratic Legitimacy, op. cit., p.23). ["As concepções relevantes do bem comum não são compostas apenas de interesses e preferências que são anteriores à deliberação. Em vez disso, os interesses, objetivos e ideais que compreendem o bem comum são aqueles que sobrevivem à deliberação, interesses aos quais, mediante reflexão pública, pensamos ser legítimo apelar ao fazermos exigências sobre os recursos públicos" – N. T.]

25 Cf. o tratamento dado por Walzer aos problemas de integração que, nas sociedades modernas, são provocados pela mobilidade crescente dos cônjuges, do local de moradia, da posição social e das lealdades políticas. Essas "quatro mobilidades" afrouxam os vínculos imputados à família, ao espaço vital, à origem social e à tradição política. Para os indivíduos concernidos, isso significa uma libertação ambígua ante as relações de vida socialmente integradas, mas marcadas por dependências,

Facticidade e validade

Nessa imagem da política deliberativa não faltam apenas importantes diferenciações internas (que apresentei no Capítulo IV), mas também enunciados sobre a relação entre as deliberações que orientam as decisões, reguladas por *procedimentos democráticos*, e os processos informais de formação da opinião na esfera pública. Na medida em que esses procedimentos não se limitam à organização da votação – como no caso das eleições gerais –, já que esta é *precedida* por uma formação informal da opinião, eles regulam ao menos a composição e o modo de trabalho das agremiações, as quais "se reúnem" em "assembleias" para "negociar" uma agenda e, se for o caso, tomar decisões. Pelo dispositivo dos procedimentos parlamentares, as competências decisórias (e as responsabilidades políticas atribuídas) formam o ponto de referência sob o qual são constituídas esferas públicas socialmente demarcadas e temporalmente limitadas, assim como negociações são construídas de maneira argumentativa e especificadas objetivamente. Procedimentos democráticos nesse tipo de esferas públicas "organizadas" estruturam processos de formação da opinião e da vontade, tendo em vista a solução cooperativa de questões práticas – incluindo a negociação de compromissos equitativos. O sentido operativo dessas regras é menos a descoberta e

---

relações que orientam e protegem tanto quanto prejudicam e oprimem. Essa desvinculação é ambivalente porque desonera o indivíduo em um espaço cada vez maior de opção e, com isso, de liberdade, a qual, por um lado, como liberdade negativa, o isola e o obriga a adotar uma percepção racional com respeito a fins diante de seus próprios interesses, mas que, por outro lado, na qualidade de liberdade positiva, também lhe dá condições de contrair voluntariamente novos vínculos sociais, apropriar-se criticamente de tradições e projetar conscientemente uma identidade. Segundo a concepção de Walzer, em última instância, apenas a estrutura linguística da socialização ainda se protege da desintegração: *"Whatever the extent of the Four Mobilities, they do not seem to move us so far apart that we can no longer talk with one another [...]. Even political conflict in liberal societies rarely takes forms so extreme as to set its protagonists beyond negotiation and compromise, procedural justice and the very possibility of speech"* (M. Walzer, The Communitarian Critique of Liberalism, *Political Theory*, v.18, n.1, fev. 1990, p.13-14). ["Qualquer que seja a extensão das Quatro Mobilidades, elas não parecem se mover tão longe a ponto de não podermos mais *falar* com um outro (...). Mesmo o conflito político em sociedades liberais raramente assume formas tão extremas a ponto de pôr seus protagonistas além da negociação e do compromisso, da justiça procedimental e de toda possibilidade de *fala*" – N. T.]

a identificação do que a elaboração de problemas – menos a sensibilização para novos problemas do que a justificação da seleção dos problemas e da decisão entre propostas de solução concorrentes. As esferas públicas das corporações parlamentares são estruturadas predominantemente como *contexto de justificação*. Elas não permanecem dependentes apenas da assistência administrativa e de seu emprego administrativo posterior, mas também do *contexto de descoberta* de uma esfera pública não regulada por procedimentos, que é constituída de um público geral de cidadãos.

Esse público "fraco" é portador da "opinião pública".[26] A formação da opinião desacoplada da decisão é efetuada em uma rede pública e inclusiva de esferas públicas subculturais que se sobrepõem em suas fluidas fronteiras temporais, sociais e objetivas. As estruturas de uma tal esfera pública pluralista se forma de maneira mais ou menos espontânea dentro de um quadro garantido pelo Estado de direito. As correntes comunicativas em princípio ilimitadas fluem por meio de esferas públicas organizadas internamente às associações, formando os componentes informais da esfera pública geral. Elas formam em conjunto um complexo "selvagem" que não se deixa organizar por completo. Em razão de sua estrutura anárquica, a esfera pública geral está, de um lado, exposta de maneira mais desprotegida aos efeitos da repressão e da exclusão produzidos pelo poder social desigualmente distribuído, pela violência estrutural e pela comunicação sistematicamente distorcida do que as esferas públicas organizadas do complexo parlamentar. De outro, ela conta com a primazia de um *medium* de comunicação *ilimitada*, em que novas situações problemáticas podem ser mais sensivelmente percebidas, discursos de autocompreensão podem ser conduzidos de maneira mais ampla e expressiva, identidades coletivas e interpretações de necessidade podem ser articuladas com menos constrangimento do que nas esferas públicas procedimentalmente reguladas. A formação democraticamente cons-

---

26 Cf. N. Fraser, Rethinking the Public Sphere, in: C. Calhoun, *Habermas and the Public Sphere*, Cambridge, The MIT Press, 1992, p.134: "*I shall call* weak publics *publics whose deliberative practice consists exclusively in opinion formation and does not encompass decision making*". ["Devo chamar de públicos *fracos* aqueles públicos cuja prática deliberativa consiste exclusivamente na formação da opinião e não abrange a tomada de decisão" – N. T.]

Facticidade e validade

tituída da opinião e da vontade precisa ser provida pelas opiniões públicas informais que se estabelecem de modo ideal em estruturas de uma esfera pública política livre de dominação. Por seu turno, a esfera pública precisa conseguir se apoiar sobre uma base social em que os direitos iguais dos cidadãos obtiveram eficácia social. Apenas sobre uma tal base, que surgiu das fronteiras entre as classes e se livrou dos grilhões milenares da estratificação social e da exploração, é possível desenvolver plenamente o potencial de um pluralismo cultural desimpedido – um potencial que, como se sabe, é tão rico em conflitos quanto em formas de vida geradoras de significado. Porém, em uma sociedade secularizada, que com sua complexidade aprendeu a contornar os problemas de modo consciente, a superação comunicativa *desses* conflitos forma a única fonte para uma solidariedade entre estranhos – entre estranhos que abdicaram da violência e que, pela regulação cooperativa de sua vida comum, também determinaram o direito de *permanecer* estranhos uns para os outros.

(2) *Excurso sobre a neutralidade do procedimento.* A política deliberativa vive assim da interação entre a formação da vontade estruturada democraticamente e uma formação da opinião de tipo informal. Ela não percorre de maneira autossuficiente as trilhas de uma deliberação e tomada de decisão reguladas pelo procedimento. Não devemos perder de vista essa carência de complementação do procedimento democrático quando discutimos as objeções que são levantadas, em especial, contra a pretendida neutralidade de regras do jogo desse tipo.[27] As objeções se dirigem em primeira linha contra uma proposta de explicação de Bruce Ackerman de esclarecer o procedimento democrático nas formas de um discurso de legitimação em que o detentor do poder precisa justificar suas decisões políticas principais diante de oponentes. Esse discurso obedece a regras que devem possibilitar uma ava-

---

27 Cf. as contribuições ao "Symposium on Social Justice in the Liberal State" (*Ethics*, Chicago, v.93, n.2, p.328-390, jan. 1983); além disso, S. Benhabib, Liberal Dialogue vs. a Critical Theory of Discursive Legitimation, in: N. Rosenblum (ed.), *Liberalism and the Moral Life*, Cambridge, Harvard University Press, 1989, p.145 e ss.; J. D. Moon, Constrained Discourse and Public Life, *Political Theory*, v.19, n.2, 1991, p.202-229.

liação imparcial e consistente de questões práticas.[28] O detentor do poder em particular, e esta é a causa da objeção, tem de se comportar de maneira *neutra* diante de concepções da vida boa concorrentes e incompatíveis entre si: *"No reason is a good reason if it requires the power holder to assert: (a) that his conception of the good is better than asserted by any of his fellow citizens, or (b) that, regardless of his conception of the good, he is intrinsically superior to one or more of his fellow citizens".*[29] Neutralidade significa, de início, o *primado* do justo diante do bem, ou seja, que questões da vida boa ficam em segundo plano diante de questões de justiça.

Mas se a neutralidade exigisse, além disso, *desconsiderar* no discurso político as questões éticas em geral, ela perderia sua força para a transformação racional de atitudes pré-políticas, de interpretações de necessidades e orientações de valores. Segundo essa leitura da *conversational restraint* [restrição da comunicação], as questões práticas que são *prima facie* controversas seriam simplesmente abandonadas.[30] Isso leva, ademais, a tratar questões sobre o bem como assuntos "privados". Sob essa premissa, porém, a neutralidade do procedimento só estaria assegurada mediante regras de evasão ou *gag*

---

28 B. Ackerman, *Social Justice in the Liberal State*, New Haven, Yale University Press, 1980, p.4: *"Whenever anybody questions the legitimacy of anyone's power, the power holder must respond not by suppressing the questioner but by giving a reason that explains why he is more entitled to the source than the questioner is".* ["Sempre que alguém questiona a legitimidade do poder de outro, o detentor do poder tem de responder não reprimindo o questionador, mas oferecendo uma razão que explique por que ele está mais habilitado a responder do que o questionador" – N. T.]; p.7: *"The reason advanced by a power wielder must not be inconsistent with the reasons he advances to justify his other claims to power".* ["A razão apresentada por quem maneja o poder não pode ser inconsistente com as razões que ele apresenta para justificar suas outras pretensões ao poder" – N. T.]

29 Ibid., p.11. ["Nenhuma razão é uma boa razão se exige que o detentor do poder afirme: (a) que sua concepção do bem é melhor que a afirmada por qualquer um de seus concidadãos, ou (b) que, sem considerar sua concepção do bem, ele é intrinsecamente superior a um ou mais de seus concidadãos" – N. T.]

30 Id., Why Dialogue?, *The Journal of Philosophy*, Nova York, v.86, n.1, jan. 1989, p.16: *"We should simply say nothing at all about (any) disagreement and put the moral ideals that divide us off the conversational agenda".* ["Nós simplesmente não deveríamos dizer *absolutamente nada* sobre algo (qualquer coisa) que produza desacordo e pôr os ideais morais que nos dividem fora da agenda de conversação" – N. T.]

rules[31] [regras da mordaça] e continuaria dependendo das diferenciações tradicionais entre o privado e o público, que por sua vez seriam subtraídas do discurso. Mas uma delimitação rígida desse tipo, que exclui *a fortiori* questões éticas, prejudicaria ao menos implicitamente a agenda em favor de um pano de fundo tradicional. Se não colocarmos sequer em discussão nossas diferentes concepções, não podemos *sondar* as possibilidades de um acordo alcançado discursivamente. Em consequência disso, Ch. Larmore propõe uma outra interpretação:

> *In particular, the ideal of political neutrality does not deny that such discussion should encompass not only determining what are the probable consequences of alternative decisions and whether certain decisions can be neutrally justified, but also clarifying one's notion of the good life and trying to convince others of the superiority of various aspects of one's view of human flourishing. The ideal demands only that so long as some view about the good life remains disputed, no decision of the state can be justified on the basis of its supposed intrinsic superiority or inferiority.*[32]

Nesse ponto nodal, a discussão se ramifica porque essa interpretação tolerante da tese da neutralidade também é contestada em direções efetivamente opostas.

Do *lado comunitarista* provém a objeção radical de que os critérios para uma avaliação imparcial de questões práticas geralmente não podem se-

---

31 Cf. S. Holmes, Gag Rules or the Politics of Omission, in: J. Elster e R. Slagstad (eds.), *Constitutionalism and Democracy*, Cambridge, Cambridge University Press, 1988, p.19-58.

32 C. Larmore, *Patterns of Moral Complexity*, Cambridge, Cambridge University Press, 1987, p.47. ["Em particular, o ideal da neutralidade política não nega que tal discussão deveria abranger não apenas a determinação das prováveis consequências das decisões alternativas e se certas decisões são justificadas com neutralidade, mas também o esclarecimento de concepções particulares de vida boa e a tentativa de convencer outros acerca da superioridade dos diferentes aspectos de uma visão específica sobre a prosperidade humana. O ideal demanda somente que, enquanto alguma visão sobre a vida boa permanece em disputa, nenhuma decisão do Estado pode ser justificada com base em sua suposta superioridade ou inferioridade intrínseca" – N. T.]

parados do contexto de interpretações de mundo e projetos de vida determinados: nenhum princípio presumivelmente neutro seria verdadeiramente
neutro. Todo procedimento aparentemente neutro refletiria uma concepção
de vida boa (no caso de Ackerman, uma concepção liberal). Além disso, um
procedimento neutro não poderia servir de maneira implícita à efetivação
de valores preferíveis ou à realização de fins que se revelam prioritários de
um ponto de vista particular, como, por exemplo, de uma compreensão liberal do Estado e da política; caso contrário, ele prejudicaria cidadãos com
outras concepções e orientações de valores. Essa objeção pode ser invalida-
da caso se consiga justificar o princípio de neutralidade como componente
necessário de uma práxis *inevitável* e para a qual não existem alternativas.
Uma práxis é "inevitável" quando preenche funções vitais importantes e
não pode ser substituída por alguma outra práxis. Ackerman alude a esse
tipo de inevitabilidade com suas questões: *If we disdain the art of constrained
conversation, how will we come to terms with each other? Is there (another) way beyond
excommunication and brute suppression?*.[33] Quando nos vemos confrontados
com questões de regulação de conflito ou de persecução de fins coletivos
e queremos evitar a alternativa dos confrontos violentos, *precisamos* adotar
uma práxis voltada ao entendimento cujos procedimentos e pressupostos
comunicativos não se encontram à nossa disposição.

Isso leva Ch. Larmore a remeter o princípio de neutralidade a uma regra
universal da argumentação:

> *The neutral justification of political neutrality is based upon what I believe is a universal
> norm of rational dialogue. When two people disagree about some specific point, but wish to
> continue talking about the more general problem they wish to solve, each should prescind from
> beliefs that the other rejects, (1) in order to construct an argument on the basis of his other beliefs
> that will convince the other of the truth of the disputed belief, or (2) in order to shift to another
> aspect of the problem, where the possibilities of agreement seem greater. In the face of disagree-*

---

33 B. Ackerman, What Is Neutral about Neutrality?, *Ethics*, Chicago, v.93, n.2, jan.
1983, p.390. ["Se desdenhamos esse tipo de constrição à comunicação, como
entraremos em acordo uns com os outros? Há um (outro) modo para além da
excomunhão e da bruta supressão?" – N. T.]

Facticidade e validade

ment, those who wish to continue the conversation should retreat to neutral ground, with the hope either of resolving the dispute or bypassing it.[34]

A passagem, exigida no "diálogo neutro", da constatação de um dissenso ético para o nível de abstração superior do discurso de justiça, em que se examina o que, pelo reconhecimento desse dissenso, se encontra no interesse simétrico de todos os participantes, apresenta-se assim como caso especial de uma regra universal de argumentação.[35]

Contra essa proposta, a objeção comunitarista pode ser radicalizada mais uma vez. Mesmo que o princípio de neutralidade possa remontar a uma regra universal de argumentação, a reconstrução de tais regras teria de se apoiar no saber intuitivo dos participantes individuais da argumentação, normalmente em nosso próprio saber. Pois apenas da perspectiva do participante é possível recuperar reflexivamente as condições já implicitamente conhecidas para o resgate discursivo de uma pretensão de validade. Esse modo de proceder, porém, poderia ter por consequência *"[...] that, when individuals' conceptions of the good life conflict, they often will also have somewhat different notions of the ideal conditions under which they believe they could justify their conception to others"*.[36]

---

34 Larmore, *Patterns of Moral Complexity*, op. cit., p.53; uma outra formulação dessa "norma do discurso racional" se encontra em Id., Political Liberalism, *Political Theory*, v.18, n.3, ago. 1990, p.347. ["A justificação neutra da neutralidade política se baseia no que eu acredito ser uma forma universal de diálogo racional. Quando duas pessoas discordam acerca de um ponto específico, mas desejam continuar falando sobre o problema mais geral que desejam resolver, cada uma deveria prescindir de crenças que a outra rejeita (1) para construir um argumento com base em suas outras crenças que convencerão a outra da verdade da crença disputada, ou (2) para passar a outro aspecto do problema, em que as possibilidades de acordo parecem maiores. Diante do desacordo, aquelas que desejam continuar a conversação deveriam retroceder a um solo neutro, com a esperança de resolver a disputa ou contorná-la" – N. T.]

35 Deixo de lado a discussão correspondente sobre o conceito de "consenso sobreposto" de John Rawls. Cf. J. Rawls, *Die Idee des politischen Liberalismus*, Frankfurt/Main, Suhrkamp, 1992, p.255-333; quanto a isso, cf. Habermas, *Erläuterungen zur Diskursethik*, op. cit., p.204 e ss.

36 Larmore, *Patterns of Moral Complexity*, op. cit., p.58. ["(...) que, quando as concepções de vida boa dos indivíduos entram em conflito, eles geralmente também possuem

Larmore supõe um certo entrelaçamento do saber gramatical geral com uma imagem linguística de mundo particular, ou com a compreensão individual de si e do mundo. Mesmo se isso estiver certo, porém, temos de contar, no pior dos casos, com uma distorção perspectivista da *explicação* de nosso saber prático previamente adquirido, não com uma multiplicação perspectivista desse *próprio* saber já intuitivamente utilizado. A *reconstrução* sempre falível, eventualmente falsa, não afeta o saber que já está *operando*.[37] Por isso, precisamos partir do fato de que a práxis argumentativa gera um foco no qual se encontram, de maneira intuitiva, os esforços de entendimento de participantes da argumentação das mais diversas origens. Pois conceitos como verdade, racionalidade, fundamentação ou consenso, em todas as linguagens e em cada comunidade linguística, embora possam ser diferentemente interpretados e aplicados segundo critérios diferentes, exercem o *mesmo papel gramatical*.[38] Isso vale, de todo modo, para sociedades modernas que, com o direito positivo, a política secularizada e a moral racional, foram transpostas para um nível de fundamentação pós-convencional, exigindo de seus membros uma atitude reflexiva em relação a cada uma das tradições culturais.[39] No entanto, tão logo o saber prático é reconfigurado em saber explícito sobre regras e pressupostos do discurso racional, e tão logo esse saber é novamente transposto para a institucionalização de procedimentos de deliberação e de tomadas de decisão, as diferenças de interpretação podem entrar

---

noções um tanto diferentes das condições ideais sob as quais acreditam que poderiam justificar suas concepções aos outros" – N. T.]

37 Sobre o procedimento de reconstrução falibilista do saber pré-teórico, cf. J. Habermas, Was heißt Universalpragmatik?, in: *Vorstudien und Ergänzungen zur Theorie des kommunikativen Handelns*, op. cit., p.363 e ss.

38 Habermas, *Nachmetaphysisches Denken*, op. cit., p.177 e ss.

39 Sob essas condições, visões de mundo religiosas ou metafísicas também perdem seu caráter fundamentalista; sem abrirem mão de suas pretensões de validade, elas têm de admitir os pressupostos falibilistas do pensamento secular na medida em que refletem sobre a circunstância de que precisam concorrer com outras interpretações de mundo no interior do *mesmo* universo de pretensões de validade. Nesse contexto, Rawls fala de *reasonable comprehensive doctrines* [doutrinas abrangentes razoáveis]. Sobre os aspectos cognitivos da distinção entre tradição e modernidade, cf. minha discussão com A. MacIntyre em Habermas, *Erläuterungen zur Diskursethik*, op. cit., p.209-218.

Facticidade e validade

em jogo no decorrer desse processo explicativo. Elas também se manifestam nas distinções entre Constituições históricas que interpretam e elaboram de diferentes maneiras o sistema de direitos.

Também do *lado liberal*, essa interpretação não restritiva da tese da neutralidade está exposta a objeções. As objeções liberais se dirigem contra a abertura do discurso político para todo o tipo de questões e argumentos que alguma das partes queira introduzir. Elas contestam a tese, defendida sobretudo pelas feministas, de que *todos* os temas que ao menos um dos participantes considere publicamente relevantes têm de poder ser debatidos na esfera pública. Essas autoras temem, assim, que uma concepção rígida do princípio de neutralidade permita justamente excluir da agenda os assuntos que, segundo conceitos tradicionais, são considerados assuntos "privados". Os exemplos são evidentes:

> *Until quite recently, feminists were in the minority in thinking that domestic violence against women was a matter of common concern and thus a legitimate topic of public discourse. The great majority of people considered this issue to be a private matter between what was assumed to be a fairly small number of heterosexual couples [...]. Then feminists formed a subaltern counterpublic from which we disseminated a view of domestic violence as a widespread systematic feature of male-dominated societies. Eventually, after sustained discursive contestation, we succeeded in* making it *a common concern.**

Exemplos desse tipo levam Nancy Fraser à conclusão: "*Only participants themselves can decide what is and what is not of common concern to them*".[40] Essa tese

---

* "Até bem recentemente, as feministas eram minoria ao pensar que a violência doméstica contra as mulheres era um assunto de preocupação comum e, desse modo, um tópico legítimo do discurso público. A grande maioria das pessoas considerava que essa questão seria um assunto privado entre o que se presumia ser um número razoavelmente pequeno de casais heterossexuais [...]. Então as feministas formaram um contrapúblico subalterno a partir do qual disseminamos uma visão da violência doméstica como uma característica amplamente sistemática das sociedades dominadas pelos homens. Finalmente, após permanente contestação discursiva, obtivemos sucesso em *tornar* esse assunto uma preocupação comum." (N. T.)

40 Fraser, Rethinking the Public Sphere, op. cit., p.129; no mesmo sentido, ver também S. Benhabib, Models of Public Space, in: *Situating the Self: Community, and Postmodernism in Contemporary Ethics*, Cambridge, Routledge, 1992, p.89-120. ["Apenas

trouxe à cena a preocupação de que uma *deslimitação [Entgrenzung] da discussão política* comprometeria a proteção jurídica da esfera privada e colocaria em risco a integridade pessoal dos indivíduos. Nesse sentido, por exemplo, J. D. Moon fala a respeito de um *bias against privacy* [viés contra a privacidade]. Os direitos subjetivos privados protegem uma esfera no interior da qual as pessoas privadas são liberadas da obrigação de responder publicamente por aquilo que fazem ou deixam de fazer. Caso essa esfera não seja mais delimitada *previamente*, parece surgir o seguinte dilema: *"We appear to require unconstrained discourse in order to settle what the boundaries of the private should be, but such discourse itself violates those boundaries because it rests on a demand for unlimited self-disclosure"*.[41] O aparente dilema se resolve, contudo, logo que esclarecemos a confusão relacionada aos pares conceituais: assuntos "privados *versus* públicos" e discursos "restritos *versus* irrestritos".

Restrições às quais discursos públicos são submetidos através de *procedimentos* têm de ser diferenciadas de uma restrição de seu *domínio temático*. De acordo com a concepção tolerante do princípio de neutralidade, não apenas a formação informal da opinião e da vontade, mas também aquela regulada por procedimentos, deveria poder abranger questões eticamente relevantes da vida boa, da identidade coletiva e da interpretação de necessidades. O legislador político, que regula, por exemplo, o fato da "violência no casamento", deverá poder incluir em seus debates temas e contribuições correspondentes, sem por isso lesar a imparcialidade do procedimento legislativo. A tematização e o tratamento públicos de um tal fato ainda não significam uma *intervenção* nos direitos subjetivos. Pois temos de fazer uma distinção entre assuntos públicos e privados novamente sob dois aspectos: o da acessibilidade e *tematização*, tanto quanto o da *regulação de competências* e responsabilidades. Falar sobre algo não é o mesmo que se intrometer nos assuntos do outro. Certamente, o domínio da intimidade precisa permanecer protegido

---

os próprios participantes podem decidir o que é e o que não é uma preocupação comum para eles" – N. T.]

41 Moon, Constrained Discourse and Public Life, op. cit., p.221. ["Parecemos demandar um discurso sem constrições com a finalidade de estabelecer quais deveriam ser os limites do privado, mas esse mesmo discurso viola aqueles limites porque está apoiado na exigência de autoexposição ilimitada" – N. T.]

Facticidade e validade

contra abusos e olhares críticos de estranhos; mas nem tudo o que está reservado às decisões de pessoas privadas está subtraído da tematização pública e protegido contra crítica. Além disso, todos os assuntos que carecem de uma regulação política devem ser discutidos publicamente; mas nem tudo que é objeto justificado de uma discussão pública é também conduzido a uma regulação política (e nem toda regulação política toca em competências privadas). Com a ajuda dessas distinções, é possível ver com clareza a fragilidade da reserva liberal contra uma deslimitação do espectro de temas públicos, na medida em que a integridade da pessoa permanece preservada.

O sistema de direitos exige a realização simultânea e complementar da autonomia privada e da autonomia política, as quais, normativamente consideradas, são cooriginárias e se pressupõem reciprocamente, já que uma permanece incompleta sem a outra. Mas a maneira com que competências e responsabilidades privadas e públicas têm de ser especificamente distribuídas para que os direitos civis se realizem de forma adequada é algo que depende naturalmente de circunstâncias históricas e, como ainda veremos, de contextos sociais (percebidos). Muito menos a delimitação de um domínio de persecução da autonomia privada, ligada aos interesses particulares, em relação a uma esfera pública de "realização do bem comum" pode ser feita *de uma vez por todas*, nem a limitação do domínio da intimidade no interior dessa esfera demarcada pelo direito privado. Essas fronteiras, como nos mostra o debate sobre a pornografia, são em geral difíceis de serem estabelecidas, devendo ser objeto de debate político. Mas a *tematização* dessas "questões de fronteira" não significa já uma intervenção nas *competências* e responsabilidades existentes. Isso se torna particularmente mais claro quando levamos em conta a via dupla com que opera a política deliberativa: a formação constitucional e informal da opinião e da vontade.

Na medida em que a esfera pública geral é "irrestrita", no sentido de que seus fluxos comunicativos não são regulados por procedimentos, ela se mostra preferencialmente suscetível a uma "luta pela interpretação das necessidades".[42] Quer se trate do fato da "violência no casamento", carente de regulação, ou da demanda de trabalhadoras pelo estabelecimento de

---

42 N. Fraser, Struggle over Needs, in: *Unruly Practices*, Oxford, University of Minnesota Press, 1991, p.161-190.

creches para crianças em idade pré-escolar, típica do Estado social, normalmente é necessário um longo caminho, envolvendo encenações conduzidas com persistência, até que assuntos considerados "privados" alcancem finalmente na esfera pública o status de temas reconhecidamente políticos, e até que as necessidades dos concernidos se articulem de modo suficiente nas contribuições controversas em torno de tais temas — seja no quadro de interpretações concorrentes de si e do mundo, seja no de visões diferentes da vida boa. Só após uma "luta por reconhecimento", levada a cabo publicamente, os conjuntos controversos de interesse podem ser assumidos pelas instâncias políticas competentes, incorporados às agendas parlamentares, discutidos e, conforme o caso, elaborados na forma de petições e decisões vinculantes. E apenas a *regulação* de um novo fato definido pelo direito penal ou a *imposição* de uma resolução política sobre a assistência em tempo integral às crianças — seja em regime privado ou público — intervêm no domínio privado da vida e alteram responsabilidades formais ou práticas existentes.

III. Para a tradução sociológica do conceito normativo de política deliberativa

Após esse excurso sobre o sentido, o papel e o lugar posicional de procedimentos democráticos, estamos mais bem preparados para a questão sobre onde e como esses procedimentos podem encontrar seu lugar na vida de uma sociedade complexa. Para a compreensão procedimental do processo democrático, Robert Dahl escolhe indicadores que preenchem melhor o teor normativo de procedimentos democráticos do que a proposta de operacionalização de N. Bobbio. Apresentarei a abordagem de Dahl (1) para obter uma perspectiva a partir da qual (2) o sentido crítico de uma sociologia da democracia que procede de maneira reconstrutiva possa ser esclarecido.

(1) De início, Dahl liberta a compreensão intuitiva da autodeterminação democrática das noções substancialistas que remontam à tradição de Aristóteles:

Our common good — the good and interests we share with others — rarely consists of specific objects, activities, and relations; ordinarily it consists of the practices, arrangements, institu-

tions, and processes that, in traditionalist's term again, promote the well-being of ourselves and others – not, to be sure, of "everybody" but of enough persons, to make practices, arrangements etc. acceptable [...]. These would include the general features of the democratic process.[43]

Dahl operacionaliza então um procedimento para decisões vinculantes que satisfaz em igual medida o interesse de todos sob cinco pontos de vista. Ele deve garantir: (a) a inclusão de todos os concernidos; (b) oportunidades efetivas e distribuídas de participação no processo político; (c) igual direito de voto nas decisões; (d) igual direito na escolha dos temas, sobretudo para o controle da agenda e, por fim, (e) uma situação em que todos os participantes possam, à luz de informações suficientes e de boas razões, formar uma compreensão articulada das matérias carentes de regulação e dos interesses em disputa.[44] Esta última exigência aponta para o nível de informação e para o caráter discursivo da formação da vontade:

Each citizen ought to have adequate and equal opportunities for discovering and validating the choice on the matter to be decided that would best serve the citizen's interests [...]. Insofar as a citizen's good or interests require attention to a public good or general interest, then citizens ought to have the opportunity to acquire an understanding of these matters.[45]

---

43 R. A. Dahl, *Democracy and its Critics*, New Haven, Yale University Press, 1989, p.307. ["Nosso bem comum – o bem e os interesses que partilhamos com os outros – raramente consiste de objetos específicos, atividades e relações; em geral, ele consiste de práticas, arranjos, instituições e processos que, mais uma vez em termos tradicionalistas, promovem o bem-estar de nós mesmos e de outros – não, para ser exato, de 'todo mundo', mas de pessoas o suficiente para fazer que tais práticas, arranjos etc., sejam aceitáveis (...). Estes incluiriam as características gerais do processo democrático" – N. T.]

44 Id., *A Preface to Economic Democracy*, Oakland, University of California Press, 1985, p.59-60.

45 Dahl, *Democracy and its Critics*, op. cit., p.112. ["Cada cidadão deveria ter oportunidades adequadas e iguais para descobrir e validar a escolha sobre a questão a ser decidida que melhor servisse aos interesses dos cidadãos (...). Na medida em que o bem ou os interesses dos cidadãos requerem atenção no que diz respeito ao bem público ou ao interesse geral, então os cidadãos devem ter a oportunidade de chegar a um entendimento sobre essas questões" – N. T.]

Devem servir a esse fim, sobretudo, as discussões públicas e os processos de esclarecimento. Também em Dahl a questão gira em torno daqueles "métodos e condições" da formação política da vontade que Dewey havia considerado "o problema da esfera pública".[46]

Até hoje, os cinco critérios mencionados não foram *satisfatoriamente* preenchidos em nenhuma ordem política. É verdade que a complexidade social irremediável necessita de uma aplicação diferenciada de critérios (entre outros, para a delegação de competências decisórias e para a criação de procedimentos decisórios modificados em geral para a redução jurídica e organizacional de complexidade), mas isso não constitui obstáculo a uma implementação "aproximativa" do procedimento.[47] Por esse motivo, as democracias concorrenciais existentes podem ser concebidas como sistemas de ação em que o procedimento democrático foi implementado não apenas na forma *nominal* dos *direitos* políticos de participação e de comunicação, mas também, ainda que seletivamente, instaurado *de fato* na forma de um conjunto de práticas. Dahl vê essas "poliarquias" caracterizadas por uma série de direitos efetivos e instituições que, desde as revoluções americana e francesa, se impuseram de maneira progressiva em um número crescente de Estados modernos. De acordo com as classificações de Dahl, em 1930 quinze Estados europeus e seis fora da Europa condiziam com essa descrição; pelas suas contas, o número desses sistemas políticos quase dobrou até o final da década de 1970.

Além disso, Dahl se apropriou dos resultados de pesquisas variadas sobre a modernização para, com base em amostras dispostas diacronicamente, configurar qual seria o contexto favorável a uma democratização para as chamadas sociedades "modernas, dinâmicas e pluralistas". Essas sociedades MDP apresentam as conhecidas características: renda *per capita* relativamente alta, crescimento em longo prazo do produto social, modo de produção baseado na economia de mercado com setores primários e secundários reduzidos, grau relativamente elevado de urbanização, nível elevado de educação, mortalidade infantil em queda, crescente expectativa

---

46 Dewey, *The Public and its Problems*, op. cit., p.208.
47 Dahl, *Democracy and its Critics*, op. cit., p.115 e ss.

Facticidade e validade

média de vida etc. Dahl interpreta as correlações estatísticas desses indicadores sob o ponto de vista das *condições sociais favoráveis* para que o Estado de direito domestique o poder social e a violência monopolizada de forma estatal: *"A MDP society disperses power, influence, authority and control away from any single center toward a variety of individuals, groups, associations and organizations. And it fosters attitudes and beliefs favorable to democratic ideas. Though these two features are independently generated, they also reinforce each other"*.[48] Portanto, não é unicamente a distribuição policêntrica do poder emergente em sociedades diferenciadas funcionalmente que promove uma democratização; a descentralização do poder precisa se vincular a uma cultura política liberal sustentada por um padrão correspondente de socialização. Pois apenas no quadro de uma tal cultura política as tensões subculturais ricas em conflito entre formas de vida, identidades e imagens de mundo concorrentes podem ser toleradas e disputadas sem violência.

Dahl vê o mais importante *gargalo* para que o progresso da democratização vá além do nível alcançado hoje em um encapsulamento do saber político-regulatório, o qual impede que o cidadão faça uso do conhecimento especializado requerido politicamente para a formação das próprias opiniões. O maior perigo reside na variante tecnocrática de um paternalismo fundado no monopólio do saber. O acesso privilegiado às fontes do saber relevante para o controle possibilita uma autoridade discreta sobre o público mediatizado de cidadãos, que se isola dessas fontes e se nutre com uma política simbólica. Por isso, Dahl deposita suas esperanças sobre as possibilidades técnicas da telecomunicação; sob a palavra-chave *minipopulus*, ele apresenta uma proposta sobre a formação funcionalmente especializada e ao mesmo tempo descentralizada da vontade por associações escolhidas representativamente e informadas de maneira especializada.[49] O teor abs-

---

48 Ibid., p.252; cf. também o resumo da p.314. ["Uma sociedade MDP dispersa o poder, a influência, a autoridade e o controle de qualquer centro singular em direção a uma variedade de indivíduos, grupos, associações e organizações. Isso promove atitudes e crenças favoráveis a ideias democráticas. Embora essas duas características sejam geradas independentemente, elas também se reforçam entre si" – N. T.]

49 Ibid., p.339-340.

trato e de aspecto um tanto utópico dessas recomendações contrasta, em particular, com a intenção e a construção de sua pesquisa.

Com efeito, Dahl havia pretendido mostrar que a ideia e o procedimento de uma política deliberativa não teriam de ser impostas exteriormente à realidade das sociedades desenvolvidas, uma vez que já teriam fincado seus pés por longo tempo nas instituições dessas sociedades. Entretanto, ele não alcança esse objetivo porque não reacoplou de maneira convincente os argumentos normativos para a justificação do procedimento democrático à análise empírica de sua implementação, por mais incompleta que esta possa ser. Vejo uma razão para isso no tipo de análise sociológica empreendida. Enquanto a estrutura social for compreendida unicamente com a ajuda de traços classificatórios como os da distribuição de renda, da frequência escolar e do número de refrigeradores, faltará a essa sociologia uma *linguagem* para o tipo de descrições capazes de apreender as constelações favoráveis e as tendências convergentes como índices para potenciais de racionalização que já se encontram vigentes em sociedade, os quais podem vir a ser assumidos e desenvolvidos pelo sistema político. O diagnóstico de que em sociedades complexas o monopólio paternalista do saber impede uma ampla democratização serve de ponte para construir uma ligação entre, de um lado, a estrutura deliberativa nuclear do sistema político constituído pelo Estado de direito e, de outro, os processos mais profundos de reprodução social.

Conforme mostrado, a produção do direito legítimo pela política deliberativa representa um procedimento de solução de problemas que precisa contar com um saber prévio, ao mesmo tempo que o elabora, com a finalidade de programar a regulação dos conflitos e a persecução de fins coletivos. A política preenche as lacunas funcionais que se abrem por conta da sobrecarga de outros mecanismos de integração social. Para isso ela se serve da linguagem do direito. Pois o direito é um *medium* no qual as estruturas de reconhecimento recíproco, já conhecidas a partir de interações simples e relações naturalizadas de solidariedade, deixam-se transmitir em uma forma abstrata, mas vinculante, para domínios complexos e cada vez mais anônimos de ação. Internamente, contudo, o direito é estruturado de tal modo que um sistema político constituído em termos de Estado de direito pode apenas *dar continuidade em um âmbito reflexivo* às operações naturalizadas de integração que se efetuam sob o limiar de articulação do direito formal. A integração social produzida politicamente precisa passar por um filtro discursivo. Onde falham outros reguladores – como, por exemplo, o padrão de coordenação efetuado através de valores, normas e rotinas de entendimento habituais –, a política e o direito erguem esses processos naturalizados de solução de problemas acima do limiar da consciência. O processo político resolve o *mesmo tipo* de problemas que existem naqueles processos sociais que ele substitui, cujas capacidades de resolução de problemas se encontram sobrecarregadas. Isso fica claro se seguirmos uma proposta de B. Peters e selecionarmos os critérios de avaliação para problemas gerais de integração social segundo os aspectos de validade concernentes à verdade, à correção normativa e à autenticidade, ou seja, de acordo com pontos de vista sob os quais as forças ilocucionárias de vinculação da ação orientada ao entendimento já se distinguem umas das outras.[50]

No que diz respeito à integração de uma sociedade, as ações de atores coletivos ou individuais precisam inicialmente estar de tal modo coordenadas que seus diferentes desempenhos e contribuições confluam para um resultado estimado como positivo. Esses problemas de uma *coordenação funcional* requerem uma orientação cognitiva voltada a acontecimentos e condições no mundo objetivo. Os resultados são avaliados segundo critérios de racionalidade técnica e econômica. Com isso, as condições de êxito podem ser descritas como realização de fins coletivos da perspectiva dos atores participantes ou como conservação de um dado sistema da perspectiva de um observador, ou ainda como ajustamento de diferentes sistemas entre si. O conceito de coordenação funcional generaliza o modelo explícito de cooperação baseada na divisão do trabalho. Ele é neutro diante das distinções entre integração social e integração sistêmica. As outras duas formas de integração, por outro lado, valem apenas para a integração social.

Essas formas de integração se referem à *regulação moral de conflitos* ou à *proteção ética de identidades e formas de vida*. Problemas de ajuste entre pretensões conflitantes exigem uma orientação normativa voltada às ordens do mundo social. Problemas de socialização [*Vergemeinschaftung*] expressiva (como

---

50 Peters, *Die Integration moderner Gesellschaften*, op. cit., cap.2.

Peters afirma seguindo Parsons) demandam a orientação voltada a projetos de vida boa e à interpretação de necessidades. Os resultados são avaliados a cada vez segundo critérios de racionalidade moral e ética. Tais orientações, junto com critérios de eficiência e de racionalidade da decisão, oferecem um conjunto de critérios para a avaliação do resultado da integração social em geral. Peters deriva daí um conceito complexo de "racionalidade social" que permite avaliar os desempenhos de reprodução de uma sociedade (ou de um de seus sistemas parciais) como processos de solução de problemas mais ou menos exitosos.[51] A estabilização observável de uma ordem *não* é um indicador suficiente para a racionalidade de uma solução.

De acordo com essa proposta, as sociedades em geral são consideradas sistemas de solução de problemas, pelos quais o êxito ou o fracasso são medidos a partir de critérios de racionalidade. Se nos apropriarmos desse conceito (que remonta a Karl Deutsch e a outros autores), reconheceremos na forma discursiva de socialização da comunidade jurídica e nos procedimentos democráticos o refinamento reflexivo e a moldagem especializada de um modo de operação *geral* dos sistemas sociais. O procedimento democrático torna a produção do direito legítimo dependente de um tratamento presumivelmente racional dos problemas, que, no seu tipo de questionamento, correspondem exatamente àqueles problemas já elaborados como que de maneira inconsciente. O coração da política deliberativa, portanto, reside em uma rede de discursos e negociações que deve possibilitar a solução racional de questões pragmáticas, morais e éticas – precisamente aqueles problemas acumulados de uma integração funcional, moral ou ética que malograram em outras partes da sociedade.

É certo que a necessidade de coordenação funcional que surge hoje em sociedades complexas não pode mais ser satisfeita segundo o modelo visível de cooperação baseada na divisão do trabalho entre indivíduos e coletivos, mas somente mediante as operações indiretas de controle do sistema administrativo. Dahl havia identificado o risco desses problemas "cognitivos" de controle, em sentido estrito, pressionarem os demais problemas (morais e éticos) à margem dos processos decisórios e sobrecarregarem

---

51 Id., *Rationalität, Recht und Gesellschaft*, op. cit., p.204 e ss.

a capacidade do procedimento democrático resolvê-los. Vários sintomas de uma tal *sobrecarga cognitiva* da política deliberativa respaldam a hipótese, hoje aceita de forma ampla, de que uma formação discursiva da opinião e da vontade, levada a cabo de acordo com procedimentos democráticos, é insuficientemente complexa para absorver e elaborar o saber *exigido em termos operacionais*. O saber exigido pela necessidade de controle parece não poder mais penetrar nas capilaridades de uma circulação comunicativa encadeada de maneira predominantemente horizontal, osmoticamente aberta e igualitária. Porém, a despeito de tais evidências, não podemos desconsiderar a circunstância adicional de que o desacoplamento entre controle político e complexo parlamentar, bem como a migração dos respectivos temas para fora das arenas públicas, *não se cumprem sem resistência*. Em constelações variadas, a "questão democrática" em uma ou outra versão sempre retorna à agenda. Mesmo Dahl poderia conceber sua pesquisa como expressão de uma tal onda de tematização. Essas contratendências de modo algum surgem por acaso se considerarmos que o sentido próprio do *medium* do direito, com o qual o poder político se conecta internamente, exige a suposição de que o direito possua uma gênese democrática – e que essa suposição é eficaz empiricamente. Sob essas premissas, o emprego do poder político, mesmo no caso de processos de controle cognitivamente exigentes, *permanece* sujeito a constrangimentos que resultam *per se* da configuração jurídica de decisões coletivamente vinculantes. Em um sistema político sob a pressão da complexidade social, esses constrangimentos se expressam em dissonâncias cognitivas crescentes entre as suposições de validade do Estado democrático de direito e as formas em curso do processo político.

(2) A primeira tentativa de analisar a implementação de procedimentos democráticos em sociedades modernas, empreendida na esteira de R. Dahl, conduziu-nos a um resultado ambíguo. De um lado, a política deliberativa perde muito de sua aparência estranha e irrealista quando a consideramos um processo de aprendizagem organizado reflexivamente que *libera* os processos latentes de integração social e, ao mesmo tempo, dá *continuidade* a eles no interior de um sistema de ação que é especializado nesse trabalho de liberação. De outro, em sociedades complexas, o fosso existente entre a necessidade de coordenação e as operações de integração, que a política e o direito deveriam

cobrir, parece continuar se abrindo quanto mais o sistema administrativo tem de assumir tarefas de controle que sobrecarregam o oneroso modo deliberativo de tomada de decisão. Nessa sobrecarga, a resistência da realidade de sociedades complexas se torna notável na medida em que se opõe às pretensões investidas nas instituições do Estado de direito. O processo democrático, como mostra a teoria da decisão, é consumido "por dentro" graças à escassez de recursos funcionalmente necessários; e "por fora", como afirma a teoria dos sistemas, ele ricocheteia na complexidade de sistemas funcionais impenetráveis e dificilmente influenciáveis. Em ambas as direções, os momentos de inércia da sociedade – que Sartre chamou uma vez de "o inerte" – parecem se "autonomizar" [*verselbständigen*] diante do modo deliberativo de uma socialização produzida de maneira consciente e autônoma [*autonom*]. Mas se tais tendências à autonomização [*Verselbständigung*] tivessem de ser *inevitavelmente* inerentes às sociedades complexas, a pergunta de Dahl sobre as condições para uma democratização *contínua* dos sistemas políticos existentes cairia no vazio. Tendo em vista esse contradito, a distinção entre "democracias" e meras "poliarquias" já seria tendenciosa.

Temos de esclarecer, de início, a qual sentido de "autonomização" ou de "reificação" da sociedade esse discurso pode estar aludindo. É evidente que esse diagnóstico não se refere à resistência trivial de situações problemáticas e déficits cotidianos que o sistema político se especializou finalmente em superar. Da perspectiva dos participantes, os momentos normais de inércia são percebidos como distinção entre norma e realidade, o que em geral nos permite perceber e elaborar questões práticas. Muito menos diz respeito a um pano de fundo a partir do qual poderia se destacar uma sociedade *autonomizada*, coagulada em uma segunda natureza, já que os cidadãos associados no exercício de sua práxis de autodeterminação têm de adotar os pressupostos exigentes da comunicação inerente aos discursos. Compreenderíamos mal o caráter discursivo da formação pública da opinião e da vontade se acreditássemos poder hipostasiar o teor ideal dos pressupostos universais da argumentação em um modelo de socialização puramente comunicativa.[52]

---

52 Para o que se segue, cf. Wingert, *Gemeinsinn und Moral*, op. cit., partes 2 e 3.

Facticidade e validade

Já na práxis cotidiana, o entendimento entre sujeitos agindo comunicativamente se mede nas pretensões de validade que, ante o pano de fundo de um mundo da vida partilhado de maneira intersubjetiva, os desafiam a tomar posição com sim e não. Elas se expõem à crítica e, junto com o risco de dissenso, também mantêm presente a *possibilidade* de um resgate discursivo. Nesse sentido, a ação comunicativa remete a uma argumentação em que os participantes justificam suas pretensões de validade diante de um auditório idealmente ampliado. Os participantes da argumentação partem da suposição idealizadora de uma comunidade de comunicação não limitada no espaço social e no tempo histórico e precisam, de acordo com uma formulação de K. O. Apel, pressupor "dentro" de sua situação social real a possibilidade de uma comunidade ideal:

> Pois quem argumenta pressupõe sempre duas coisas simultaneamente: primeiro, uma comunidade real de comunicação da qual ele mesmo se tornou membro em virtude de seu processo de socialização, e, segundo, uma comunidade ideal de comunicação que, em princípio, estaria em condições de entender adequadamente o sentido de seus argumentos e julgar sua verdade de forma definitiva.[53]

No entanto, essa formulação dá margem ao mal-entendido de se atribuir à "comunidade ideal de comunicação" o status de um *ideal* enraizado nos pressupostos universais da argumentação, o qual poderia ser realizado de maneira aproximativa. Mesmo o conceito equivalente de "situação ideal de fala", embora menos exposto a mal-entendidos, induz a uma hipostasia inadmissível do sistema de pretensões de validade embutido na base da validade do discurso. Os pressupostos contrafactuais, dos quais os participantes da argumentação têm de partir, abrem por certo uma perspectiva a partir da qual eles superam o provincianismo, sempre presente na ação e nas vivências, de seus contextos espaçotemporais e das práticas de justificação localmente habituais, podendo assim contar com pretensões de validade

---

53 Apel, Das Apriori der Kommunikationsgemeinschaft, in: *Transformation der Philosophie*, v.2, Frankfurt/Main, Suhrkamp, 1973, p.428.

que *transcendem* o contexto. Mas com tais pretensões de validade, eles não se transportam para o além transcendente de um reino ideal de seres inteligíveis. Em vez de projetarem um ideal, em cuja luz podemos identificar *desvios*, "as suposições idealizadoras que sempre precisamos assumir quando em geral queremos nos entender uns com os outros não põem em jogo uma relação de correspondência ou uma comparação entre ideal e realidade".[54]

Por outro lado, é legítimo utilizar uma tal projeção para fazer um experimento mental.[55] O mal-entendido essencialista pode ser suavizado por uma ficção metódica com a finalidade de obter um pano de fundo sobre o qual se torne visível o substrato da complexidade social *inevitável*. Nesse sentido inofensivo, a comunidade ideal de comunicação se apresenta como modelo de socialização comunicativa "pura". Deve estar à disposição dessa comunidade unicamente o meio do entendimento discursivo na qualidade de mecanismo de auto-organização. Por esse meio, ela deve poder resolver todos os conflitos de forma não violenta. Ela elabora os problemas "persistentes" de integração social pela via do entendimento explícito, em última instância discursivamente — mas ainda sem o auxílio da política e do direito.[56] Contudo, também esse modelo conduzido por um experimento

---

54 H. Brunkhorst, Zur Dialektik von realer und idealer Kommunikationsgemeinschaft, In: A. Dorschel et al. (eds.), *Transzendentalpragmatik*, Frankfurt/Main, Suhrkamp, 1993, manuscrito 5.

55 No que se segue, eu me apoio estritamente em Peters, *Die Integration moderner Gesellschaft*, op. cit., caps.5 e 6.

56 Isso significa uma alternativa ao "modelo de disposição" [*Verfügungsmodel*] da socialização pura. É sabido que, no *Capital*, Marx explica o conceito de uma socialização intencional, ou seja, produzida com vontade e consciência, com base em um modelo que vincula a figura privada da associação burguesa — a "associação de homens livres" — com o arquétipo, próprio de uma sociedade produtiva, da comunidade de cooperação baseada na divisão de trabalho. Manifestamente, ele concebe a autonomia da sociedade que organiza a si mesma como exercício do controle consciente ou da administração planejada do processo material de produção: em analogia à dominação da natureza, o sujeito social "dispõe" sobre seu próprio processo vital, tornado objeto. Porém, com esse conceito de autonomia como disposição, desaparece o cerne do problema da auto-organização social, a saber, a constituição e a autoestabilização de uma comunidade de livres e iguais. Não é o controle comum da cooperação social que forma o cerne da socialização intencional, mas uma re-

Facticidade e validade

mental não pode ser mal compreendido. Ele se refere a sociedades concretas, localizadas no tempo e no espaço, e que já são diferenciadas. Também não descola os processos discursivos de entendimento dos fundamentos da ação comunicativa, mas os situa nos contextos do mundo da vida. Em suma, não se abstrai a "finitude" da socialização comunicativa. Portanto, as condições que *possibilitam* a socialização comunicativa não podem ser confundidas com *restrições* impostas de maneira contingente. Com isso, é evitada a falácia individualista segundo a qual todo sujeito, ao ser afetado por um outro, experimenta apenas os limites de sua liberdade subjetiva. Possibilidades de influência legitimamente reguladas, que se apoiam na suposição de acordo, *autorizam* antes a percepção de uma liberdade constituída socialmente. Na medida em que *podem* ser problematizadas, normas habituais, porém intersubjetivamente reconhecidas, não se tornam perceptíveis como coerções externas. O mesmo vale para o simbolismo da linguagem e da cultura ou para a gramática das formas de vida em que se encontram os indivíduos socializados. Todos estes operam no modo das condições possibilitadoras. Os contextos do mundo da vida certamente reduzem a margem de ação e de interpretação dos atores, mas apenas na medida em que abrem um horizonte para interações e interpretações *possíveis*.

Tão logo concebemos a socialização intencional no modo sugerido como uma socialização mediada comunicativamente, não estamos mais lidando com seres desencarnados, inteligíveis, oniscientes e que agem, por assim dizer, independentemente de seus contextos, mas com atores finitos, corpóreos, socializados em formas concretas de vida, localizados no tempo histórico e no espaço social, e envolvidos nas redes da ação comunicativa, os quais, ao interpretarem a respectiva situação de maneira falível, precisam contar com recursos do mundo da vida que não se encontram a sua completa disposição.

---

gulação normativa consentida por todos da vida em comum, que assegura relações inclusivas de reconhecimento simétrico e recíproco (e, com isso, a integridade de cada um dos indivíduos). Para Marx, não é uma práxis comunicativa que oferece o fio condutor para a compreensão da auto-organização social, mas o controle ou o planejamento de processos sociais autonomizados teoricamente. Cf. minha crítica a esse modelo em Habermas, Dogmatismus, Vernunft und Entscheidung, in: *Theorie und Praxis*, op. cit., p.307-335.

Com isso não se nega a contingência das tradições e formas de vida, assim como o pluralismo de subculturas, imagens de mundo e interesses existentes. De outro lado, os atores não estão simplesmente *entregues* a seu mundo da vida. Pois este só pode se reproduzir, por seu turno, pela ação comunicativa, e isso significa: mediante processos de entendimento que dependem de tomadas de posição sim/não frente a pretensões de validade criticáveis. O *ponto de ruptura normativamente assegurado desse poder-dizer-não* sela a liberdade finita daqueles que sempre precisam ser *convencidos*, a não ser que interviesse a pura violência. No entanto, sob tais condições ideias, discursos e negociações também podem desenvolver sua força para solucionar problemas na medida em que as questões surgidas são sensivelmente percebidas à luz de heranças pós-tradicionais tornadas reflexivas, adequadamente descritas e respondidas de maneira produtiva. Um entendimento discursivo garante justamente o tratamento razoável de temas, razões e informações; mas ele continua remetendo aos contextos de cultura e personalidade capazes de aprendizagem. Desse ponto de vista, imagens de mundo dogmáticas e padrões rígidos de socialização formam obstáculos para um modo discursivo de socialização.

Ante o pano de fundo de um tal *modelo de socialização comunicativa pura*, B. Peters se interessa por aqueles momentos inerciais que habitam a complexidade dos processos de formação da opinião e da vontade, acima de tudo quando devem satisfazer os pressupostos comunicativos da argumentação. Para esse questionamento, as idealizações da socialização comunicativa pura formam um quadro a partir do qual os recursos *funcionalmente necessários* podem ser distinguidos dos processos de entendimento em geral. Pois o modelo não leva em conta, por assim dizer, os custos de informação e de decisão dos próprios processos de comunicação. Ele não considera as capacidades cognitivas limitadas de elaboração de comunicações simples, encadeadas horizontalmente, fazendo abstração sobretudo da distribuição desigual de atenção, competências e conhecimento no interior de um público. O modelo também ignora atitudes e motivos que frustram a orientação ao entendimento, sendo, portanto, cego quanto ao egocentrismo, à fraqueza de vontade, à irracionalidade e à autoilusão de cada um dos participantes. À luz dessa idealização forte, as intuições da teoria dos sistemas e da teoria da decisão podem tornar visíveis sem nenhuma dificuldade a facticidade de um mundo que é disposto *de outro modo*.

Facticidade e validade

No mundo que conhecemos, as comunicações e as decisões ocupam normalmente segmentos próprios de espaço e de tempo, consomem energia, demandam um dispêndio próprio em relação às operações de organização etc. Além disso, a escolha de temas e contribuições feita sob a pressão do tempo gera custos em termos de decisões descuidadas ou tardias. Ademais, a produção e difusão do saber organizadas conforme uma divisão de trabalho produzem uma distribuição desigual de competências e conhecimentos. Além do fato de que, nessa distribuição social do saber, os meios de comunicação intervêm com sua seletividade própria. As estruturas da esfera pública espelham assimetrias inevitáveis de disposição sobre informações, ou seja, oportunidades desiguais de acesso à produção, validação, controle e apresentação das mensagens. A essas delimitações sistêmicas acrescenta-se a distribuição acidentalmente desigual das capacidades individuais. Os recursos para a participação nas comunicações políticas são em geral rigorosamente limitados, começando pelo tempo individualmente disponível e pela atenção episódica dirigida a temas com roteiros próprios, passando pela disposição e capacidade de contribuir, alcançando as atitudes oportunistas, afetos e preconceitos etc. que dificultam uma formação racional da vontade.

Esses breves apontamentos poderiam ser amplamente comprovados por uma vasta literatura. Perguntamos apenas o que eles *significam* em nosso contexto. De início, ilustram desvios do modelo de socialização comunicativa pura, que variam, como se sabe, segundo o grau e a extensão das circunstâncias, mas, dependendo do seu tipo, tornam evidentes os momentos inerciais *inevitáveis* – em especial, a escassez daqueles recursos funcionalmente necessários dos quais dependem em grande medida os processos de formação deliberativa da opinião e da vontade. Nenhuma sociedade complexa, mesmo sob condições favoráveis, jamais poderá corresponder ao modelo de socialização comunicativa pura. Mas também não devemos esquecer que esse modelo corresponde somente ao sentido de uma ficção metódica que deve lançar luz sobre os momentos inerciais inevitáveis da complexidade social, ou seja, sobre o reverso da socialização comunicativa pura – um reverso que permanece em grande medida oculto aos próprios participantes na sombra dos pressupostos idealizantes da ação comunicativa. Ora, seu caráter fictício se deve ao fato de que o modelo conta com uma sociedade sem direito nem política, projetando a ideia de auto-organização para a sociedade em seu todo. Com o conceito procedimental de democracia, no entanto, essa ideia assume a forma de uma comunidade *jurídica* que organiza a si mesma. Portanto, o modo discursivo de socialização somente pode ser implementado através do *medium* do direito. E aqueles momentos que o modelo de socialização "pura" abstrai já são incorporados ao direito enquanto tal.

O direito positivo serve *de saída* à redução da complexidade social. Esclarecemos anteriormente esse ponto com a "desidealização" graças à qual as regras jurídicas podem compensar a indeterminação cognitiva, a incerteza motivacional e a reduzida força de coordenação das normas morais e, de maneira geral, das normas informais de ação. Explicamos a relação de complementaridade entre direito e moral apenas no que toca à compensação das fraquezas de uma coordenação da ação apoiada unicamente na razão prática.[57] Desse ponto de vista, porém, os direitos fundamentais e os princípios do Estado de direito se deixam compreender como tantos outros passos em direção à redução daquela complexidade inevitável que se torna reconhecível na contraluz do modelo de socialização comunicativa pura. Isso vale antes de tudo para a concretização jurídico-constitucional desses princípios e para a institucionalização de procedimentos da política deliberativa (incluindo regra da maioria, órgãos de representação, de transferência de competências decisórias, poderes de controle entrecruzados etc.). Todos os complexos institucionais ou organizatórios são certamente dispositivos para a redução de complexidade; mas, na forma de instituições jurídico-constitucionais, esses mecanismos possuem ao mesmo tempo o sentido reflexivo de *medidas contrarreguladoras* diante de uma complexidade social que *solapa* as pressuposições normativamente ricas de uma práxis mediada pelo Estado de direito. Esse tipo de contrarregulação, que conserva a complexidade,[58] já está em obra na oposição entre opinião pública

---

57 Cf. Capítulo III deste volume.

58 Esse conceito de contrarregulação é desenvolvido por Lüderssen no contexto do direito penal. Cf. Die Steuerungsfunktion des Gesetzes: Überformung oder Gegensteuerung zur Entwicklungstendenz einer Gesellschaft, in: *Genesis und Geltung im Recht*, Frankfurt/Main, Suhrkamp, 1993.

Facticidade e validade

informal e formação da opinião e da vontade regulada por procedimentos. A comunicação que circula na esfera pública política está particularmente sob a pressão da inércia social; mas a influência então gerada só pode ser transposta para o poder político se ela atravessar as comportas do procedimento democrático e do sistema político, constituído em geral segundo a forma do Estado de direito.

Ora, seria ingênuo não ver que a circulação de poder do sistema político, regulada pelo Estado de direito, encontra-se, por sua vez, sob a pressão da complexidade social. Mas o *valor posicional* das objeções, que podem ser levantadas do ponto de vista da teoria dos sistemas e da teoria da decisão contra a suposição de um modo discursivo de socialização da comunidade *jurídica*, altera-se quando se leva em consideração que as instituições do Estado de direito, vistas sociologicamente, possuem o sentido de uma conservação *contrarreguladora* da complexidade. Assim, faz-se então a pergunta sobre em que medida a contrarregulação normativa das instituições do Estado de direito pode compensar aquelas restrições comunicativas, cognitivas e motivacionais às quais estão sujeitas uma política deliberativa e a conversão do poder comunicativo em poder administrativo. Questiona-se também em que medida a facticidade desses momentos inerciais inevitáveis, quando *já considerada* na estrutura formal de organização das constituições e instituições do Estado de direito, pode cristalizar complexos de poder *ilegítimos* que se autonomizaram diante do processo democrático. Pergunta-se, sobretudo, em que medida o poder que se concentra nos sistemas sociais funcionais, nas grandes organizações e nas administrações estatais, é discretamente implantado na base sistêmica da circulação de poder que precisa ser normativamente regulada – e como a circulação *não oficial* desse poder ilegítimo intervém com eficácia na circulação de poder regulada pelo Estado de direito.

VIII
Sobre o papel da sociedade civil e da esfera pública política

No período logo após a guerra, o estudo sociológico da democracia se dirigiu a uma teoria do pluralismo, construindo com isso uma ponte entre modelos normativos de democracia e as abordagens chamadas realistas – a teoria econômica, de um lado, e a teoria dos sistemas, de outro. Se, de início, desconsiderarmos o ressurgimento de abordagens institucionalistas observado nos últimos anos,[1] tem-se a forte impressão de que, no curso do desenvolvimento teórico, o conteúdo idealista de teorias normativas derretera sob o Sol dos conhecimentos das ciências sociais – com os quais apenas o modelo liberal, ou seja, o modelo normativamente menos exigente, teria oferecido um possível ponto de ligação. O esclarecimento sociológico parece sugerir uma visão sóbria, senão mesmo cínica, do processo político. Ele dirige a atenção para os lugares em que o poder "ilegítimo" irrompe na circulação de poder regulada pelo Estado de direito. Quando se escolhe o sistema de ação administrativo ou o "aparelho do Estado" como ponto de referência, a esfera pública política e o complexo parlamentar formam o lado *input* a partir do qual o poder social de interesses organizados exerce

---

1 U. Bermbach, Politische Institutionen und gesellschaftlicher Wandel, in: H. H. Hartwich (ed.), *Macht und Ohmacht politischer Institutionen*, Opladen, Westdeutscher Verlag, 1989, p.57-71; além disso, J. G. March e J. P. Olsen, *Rediscovering Institutions: the Organizational Basis of Politics*, Nova York, Free Press, 1989; Id., The New Institutionalism: Organizational Factors in Political Life, *American Political Science Review*, v.78, n.3, set. 1984, p.734-749; Id., Popular Souvereignty and the Search for Appropriate Institutions, *Journal of Public Policy*, v.6, n.4, 1986, p.341-370.

influência sobre o processo legislativo. No seu lado *output*, a administração se depara, por seu turno, com a resistência dos sistemas funcionais da sociedade e com as grandes organizações que exprimem seu poder no processo de implementação. Essa autonomização do poder social diante do processo democrático reforça as tendências endógenas de autonomização da concentração administrativa de poder. Assim, um poder administrativo tendencialmente independente se une tanto ao lado *input* quanto *output* do poder social eficaz, produzindo um contracircuito que se antepõe à circulação dos processos democráticos de decisão regulados pelo poder comunicativo. Contudo, a maior parte das descrições desse movimento contrário opera com conceitos empiristas de poder que nivelam as distinções que apresentamos de uma perspectiva reconstrutiva. Principalmente, o conceito de poder "comunicativo" aparece como um construto tendencioso caso se conceba o "poder", nos termos da teoria da ação, como a capacidade que um ator possui de se impor diante da resistência de vontades alheias, ou o decomponha em termos teórico-sistêmicos como, de um lado, o código de poder próprio de um sistema de ação específico (a saber, o sistema político) e, de outro, o poder geral de organização (ou melhor, a capacidade de auto-organização autopoiética). Pretendo mostrar que o derrotismo normativo no qual desembocam ambas as linhas da sociologia política deve-se não somente a evidências sóbrias, mas também a falsos deslocamentos de sua estratégia conceitual. Pois com ela perde-se de vista aquilo que o poder político deve especificamente a sua constituição segundo a forma do direito.

Após uma visão geral sobre esses desenvolvimentos teóricos, tratarei inicialmente das revisões que Jon Elster propôs para a teoria econômica da democracia. Tais revisões falam em favor da relevância empírica do conceito procedimental de política deliberativa (I). Em seguida, discuto a tentativa de H. Willke de explicar a integração de uma sociedade supostamente decomposta em sistemas funcionais autonomizados de maneira autopoiética nos termos de uma teoria da regulação. A partir da crítica a essa proposta de solução, e estimulado mais uma vez por B. Peters, desenvolvo um modelo sociológico que dirige o olhar ao peso empírico da circulação (oficial) de poder prescrita pelo Estado de direito (II). Esse peso depende, sobretudo, da capacidade da sociedade civil desenvolver um tipo de impulso vital sobre esferas

Facticidade e validade

públicas autônomas e capazes de ressonância, fazendo que os conflitos da periferia possam ser trazidos para dentro do sistema político (III).

I. Teorias sociológicas da democracia

(1) A *teoria do pluralismo* já se baseia em um conceito empirista de poder. Pois, para ela, uma compreensão instrumentalista da política, em que o poder político e o administrativo representam apenas outras formas de manifestação do poder social, cria a ponte entre o modelo liberal de democracia antes apresentado e a empiria científica. O poder social vale como medida para a capacidade de imposição de interesses organizados. Mediante a concorrência entre partidos e eleições gerais, cada vez mais ele se converte em poder político, mais precisamente, poder distribuído entre governo e oposição. Esse poder, por seu turno, é utilizado no quadro de competências constitucionalmente distribuídas com a finalidade de converter e implementar as políticas procedentes do jogo de forças sociais canalizadas em decisões vinculantes, passando pelo processo legislativo e pelo aparelho administrativo. Além disso, cada vez menos o poder administrativo é empregado para atuar sobre a formação parlamentar da vontade e sobre o jogo de forças de interesses organizados. Estes conservam a chance de também influenciar diretamente a formulação de políticas e o emprego do poder administrativo. De acordo com esse modelo, estabelece-se um processo circular que vincula o poder social dos clientes com a aquisição política do poder pelos partidos, o processo de legitimação com os dispositivos estatais de organização e suas operações, e esse processo de implementação novamente com as pretensões dos clientes. Para a valoração normativa do processo descrito, é decisiva a hipótese de que o poder social seja distribuído de maneira mais ou menos igualitária entre os interesses sociais relevantes. Só então o equilíbrio de forças sociais pode colocar em movimento a circulação do poder político de modo que o sistema político elabore da forma mais efetiva possível as pretensões existentes e satisfaça da maneira mais simétrica possível os interesses sociais.

A teoria do pluralismo concebida pelas ciências sociais pode, graças a uma simples substituição, vincular-se ao modelo normativo do liberalismo:

ela substitui os cidadãos individuais do Estado e seus interesses individuais pelas associações e interesses organizados.[2] Ela parte da suposição de que estão abertas a todos os atores coletivos iguais oportunidades de influenciar processos considerados relevantes que os membros da organização determinam a política das associações e dos partidos, e que estes, por sua vez, mediante múltiplas formas de pertencimento, são forçados a selar compromissos e interligar interesses. A democracia de concorrência reproduz assim um equilíbrio social de poder no âmbito da separação política do poder, de tal modo que a política estatal leve simetricamente em consideração um espectro amplo de interesses.[3]

Depois que essas hipóteses foram falsificadas, a abordagem pluralista foi revisada no sentido de Schumpeter. Uma vez que o pertencimento a tais grupos de interesse mostra-se de fato bastante seletivo, em larga medida inativo e com pouca influência sobre a política de associação, supôs-se então que a luta pelo poder era conduzida essencialmente pelas elites. Tampouco foi possível manter a outra hipótese, segundo a qual os detentores de posições políticas de poder dependem de uma variedade de atores coletivos que concorrem de modo mais ou menos equilibrado por influência política. Assim, restou uma *teoria das elites* purificada das hipóteses pluralistas adicionais, que reduz o papel do processo democrático essencialmente à escolha plebiscitária entre grupos dirigentes,[4] ou seja, à seleção de líderes. Contudo, do ponto de vista das expectativas normativas, a teoria deveria explicar ainda como "uma política iniciada fundamentalmente por elites [pode] satisfazer também os interesses das não elites".[5] Com isso, um resquício de expectativas normativas se deslocou do lado *input* para o lado *output* do sistema administrativo. Uma vez que grupos dirigentes concorrentes não são mais determinados no estabelecimento de seus objetivos pela confiança

---

2 Cf. também Bobbio, *The Future of Democracy*, op. cit., p.28.

3 F. W. Scharpf, *Demokratietheorie zwischen Utopie und Anpassung*, Konstanz, Druckerei u. Verlagsanst. Universitätsverl., 1970, p.29 e ss.

4 J. A. Schumpeter, *Kapitalismus, Sozialismus und Demokratie*, Berna, A. Francke, 1950, p.427 e ss.; para uma crítica a tal abordagem, cf. B. Bachrach, *Die Theorie demokratischer Eliteherrschaft*, Frankfurt/Main, Europäische Verlagsanstalt, 1967.

5 Scharpf, *Demokratietheorie zwischen Utopie und Anpassung*, op. cit., p.39.

Facticidade e validade

inespecífica e altamente agregada da massa passiva de eleitores, somente a *racionalidade* das próprias elites, capazes de decidir e preparadas para inovar, é capaz de garantir que as funções estatais sejam satisfeitas orientadas ao bem comum. Surge daí a imagem de um sistema administrativo operando de maneira relativamente independente da sociedade, que *obtém* a requerida lealdade das massas e determina os objetivos das funções políticas mais ou menos por si mesmo. Do ponto de vista normativo, surge o problema de saber sob quais circunstâncias o aparelho do Estado, se já não é controlado por interesses sociais, desenvolve sensibilidade suficiente ao menos *para* esses interesses. O próprio sistema político precisa assumir a articulação das necessidades publicamente relevantes, conflitos latentes, problemas represados, interesses não passíveis de organização etc.

Desde o final da década de 1960, porém, acumularam-se evidências para uma avaliação mais moderada. O sistema administrativo parece poder operar somente dentro de uma margem de ação extremamente restrita; ele parece ser determinado mais pelo modo de movimentação reativo de uma política que procura evitar crises do que por uma política de planejamento. Do lado *output*, o "Estado ativo" se depara rapidamente com os limites de sua capacidade de controle, porque sistemas funcionais e grandes organizações se subtraem obstinadamente à captura de intervenções diretas. Do lado *input*, a margem de iniciativa do governo e dos partidos é restringida, além disso, pela imprevisibilidade de eleitores independentes, sejam eles esclarecidos ou mobilizados de maneira populista, cuja vinculação partidária tem se tornado cada vez mais frouxa. Com o desânimo crescente em relação à política, os partidos estabelecidos têm de temer a perda de legitimação manifestada por votos de protesto e por não eleitores. Tanto o déficit de legitimação quanto o déficit de controle premiam um tipo de incrementalismo que quase não se distingue do quietismo.

Com isso, chegamos a um ponto em que o caminho do desenvolvimento teórico se bifurca. Enquanto a *teoria dos sistemas* rompe os últimos vínculos com o modelo normativo de partida, limitando-se, no essencial, aos problemas de controle de um sistema político que se declara autônomo e reassume as questões da velha teoria do Estado, a *teoria econômica da democracia* se volta principalmente para o processo de legitimação sob os pressupostos de um individualismo metodológico. Da perspectiva da teoria dos sistemas, o modo de operação do sistema político se mede pela racionalidade do controle autor-reflexivo, que não manteve do conteúdo normativo da democracia nada mais que a separação alternada de poder entre governo e oposição. Da perspectiva da teoria da decisão, esse conteúdo normativo equivale ao comportamento assentado na escolha racional dos participantes no processo democrático. No entanto, que ambas as abordagens, cada qual a seu modo, tenham levado a redução normativa longe demais é algo mostrado nesse ínterim pelos problemas produzidos internamente às teorias, provocando revisões elucidativas, embora nem sempre conduzidas de maneira consistente.

A *teoria econômica da democracia* tentou recuperar algumas intuições normativas do liberalismo com a demonstração da racionalidade do comportamento de eleitores e políticos.[6] De acordo com esse modelo, os eleitores traduzem com seus votos um autointeresse mais ou menos esclarecido ao levantar pretensões diante do sistema político, enquanto os políticos, que querem obter ou manter cargos, *trocam* esses votos pelas ofertas de determinadas políticas. Da transação entre eleitores que fazem racionalmente escolhas e elites políticas resultam decisões que são racionais na medida em que levam em consideração os interesses agregados e simetricamente avaliados dos indivíduos. Posteriormente, a discussão sobre o chamado "paradoxo do eleitor racional" desencadeou uma certa mudança. Que cidadãos participem em geral de uma eleição é algo que, sob as premissas do comportamento exclusivamente autointeressado, só podia ser explicado com uma hipótese que logo se demonstrou falsa: a taxa de participação não varia com a expectativa dos eleitores de, em determinada circunstância, poder decidir com o próprio voto uma disputa ombro a ombro. Por essa razão, o modelo egocêntrico de decisão foi ampliado com a ajuda do conceito de metapreferência, passando a incluir considerações éticas, ainda que autor-referentes.[7] Ao final, porém, evidências empíricas falaram contra todos os modelos que partem de um fundamento egocêntrico de decisão, por mais

---

6 A. Downs, *An Economic Theory of Democracy*, Nova York, Harper and Row, 1957.

7 A. K. Sen, Rational Fools: a Critique of the Behavorial Foundations of Economic Theory, *Philosophy and Public Affairs*, v.6, n.4, 1977, p.328 e ss.

Facticidade e validade

amplo que seja, e desconsideraram os contextos sociais de transformação dos interesses e orientações axiológicas.[8] As revisões mais recentes consideram, por exemplo, os efeitos de filtro dos arranjos institucionais que funcionam como "sistema de lavagem" e privilegiam razões normativas. Desse modo, procedimentos institucionalizados podem promover uma ação política "responsável": "Agir responsavelmente significa que o agente assume no *futurum exactum* suas próprias ações em termos metodológicos diante da perspectiva-teste ao mesmo tempo de um especialista, do outro generalizado e de si mesmo e, desse modo, valida objetiva, social e temporalmente os critérios de sua ação".[9] Com a perspectiva do "outro generalizado" de G. H. Mead, C. Offe já se aproxima do conceito de uma formação da opinião e da vontade que, como ainda mostrarei, explode o quadro conceitual de uma teoria empirista da ação.

A *teoria dos sistemas* abandona o âmbito dos sujeitos individuais e coletivos, tirando a seguinte consequência da condensação de complexos organizatórios: ela concebe a sociedade como uma rede de sistemas autônomos parciais que se isolam em suas semânticas próprias e formam entornos uns para os outros. Para a interação entre tais sistemas, são decisivos somente seus próprios modos internamente determinados de operação e não mais as intenções ou interesses de atores participantes.[10] Resulta dessa decisão de estratégia conceitual, de um lado, a despedida de um conceito hierár-

---

8 J. Mansbridge, Self-Interest in Political Life, *Political Theory*, v.18, n.1, fev. 1990, p.132-153. "*Rational choice models need now to expand the range of motives they take into account and the contexts in which they are deployed, asking specifically in what context a model premised on one kind of motivation best predicts the behavior of certain actors*" (Ibid., p.145). ["Modelos de escolha racional necessitam agora expandir o leque de motivos que levam em consideração e os contextos em que são utilizados, questionando especificamente em que contexto um modelo, pressuposto para um tipo de motivação, prediz melhor o comportamento de certos atores" – N. T.]

9 C. Offe, Bindung, Fessel, Bremse, in: A. Honneth et al. (eds.), *Zwischenbetrachtungen im Prozeß der Aufklärung*, Frankfurt/Main, Suhrkamp, 1989, p.758.

10 Para um crítica, cf. F. W. Scharpf, Politische Steuerung und politische Institution, in: H.-H. Hartwich (ed.), *Macht und Ohmacht politischer Institutionen*, Opladen, VS Verlag für Sozialwissenschaften, 1989, p.17-29, assim como o confronto entre Scharpf e Luhmann no caderno especial "Staatstätigkeit" da *Politischen Vierteljahresschrift*, v.19, 1988, p.61-87, ou a edição 30, 1989, p.5-21.

quico de sociedade centrado no Estado. Também o sistema político, que é especializado na produção de decisões coletivamente vinculantes, tem de se afirmar de maneira oportunista perante todos os outros sistemas funcionais (mesmo diante do sistema jurídico), sem possibilidades privilegiadas de acesso. De outro lado, a compreensão da política centrada no Estado, já sugerida no modelo liberal, manifesta-se agora de forma plena. Pois a teoria dos sistemas atribui a formação política da opinião e da vontade, dominada pela concorrência entre os partidos, a um público de cidadãos e clientes que, apartado de seus laços com um mundo da vida enraizado na sociedade civil, na cultura política e na socialização, é assimilado ao sistema político. Por isso, governo e administração não formam apenas o complexo com maior densidade organizatória; eles também colocam em curso um movimento contrário à circulação oficial de poder: a administração se programa largamente a si mesma na medida em que controla o processo legislativo mediante projetos de lei do governo, extrai lealdade das massas de um público de cidadãos mediante partidos estatizados e se coloca diretamente em contato com seus clientes.[11] Com a complexidade social crescente, o peso se desloca em favor dessa circulação informal de tal modo que a questão de saber "como a responsabilidade política é possível sob tais condições"[12] perde seu sentido. Uma teoria dos sistemas que baniu toda a normatividade em seus conceitos fundamentais permanece insensível aos limites normativos de uma circulação de poder regulada pelo Estado de direito. Ela observa de maneira perspicaz como o processo democrático é erodido pela pressão dos imperativos funcionais, oferecendo assim contribuições a uma teoria da democracia. Mas não oferece nenhum quadro para uma teoria *própria* da democracia, porque divide a política e o direito em diferentes sistemas funcionais que se fecham de forma recursiva e analisa o

---

11 N. Luhmann, *Politische Theorie im Wohlfahrtsstaat*, Munique, Olzog, 1981, p.46: "A administração redige os projetos de lei para a política e domina as comissões parlamentares e instituições semelhantes. A política sugere ao público, com a ajuda de suas organizações partidárias, o que ele deve escolher e por quê. Por um lado, o público atua sobre a administração por diferentes canais, seja mediante organizações de interesse, seja pelas lágrimas nos gabinetes".

12 Ibid., p.48.

processo político essencialmente sob os pontos de vista da autorregulação do poder administrativo.

Entretanto, o preço que a teoria dos sistemas paga pelo ganho "realista" desse modo seletivo de consideração inclui um problema secundário preocupante. De acordo com sua descrição, todos os sistemas funcionais conquistam sua autonomia na medida em que desenvolvem códigos e semânticas próprias, as quais não são mais traduzíveis entre si. Com isso, eles perdem a capacidade de se comunicar diretamente uns com os outros, tanto que só podem se "observar" mutuamente. Esse autismo atinge em particular o sistema político que, por seu turno, supostamente se fecha de maneira autorreferencial perante seus ambientes. Tendo em vista esse encapsulamento autopoiético, é difícil explicar como o sistema político poderia integrar a sociedade em seu todo, mesmo sendo especializado em operações de controle que combinariam entre si os sistemas funcionais dissociados, tornando-os "compatíveis com seus entornos" e remediando perturbações nesses sistemas. Não se vê como poderia ser superada a fissura entre a autonomia dos diferentes sistemas funcionais e a proteção de seu contexto por parte do sistema político: "O cerne do problema é a improbabilidade de uma comunicação exitosa entre unidades autônomas que operam de maneira autorreferencial".[13]

A história teórica das abordagens "realistas" conduz, de um lado, a uma teoria econômica da democracia que quer nos instruir acerca dos traços instrumentais da formação democrática da vontade; de outro, a uma teoria dos sistemas que pretende nos ensinar a respeito de sua impotência. Ambas as abordagens operam com conceitos de poder que são insensíveis à relevância empírica da constituição do poder nos termos do Estado de direito, porque fazem desvanecer o nexo constitutivo entre direito e poder político. Esse déficit se encontra, no fim das contas, por trás das questões sobre as quais Jon Elster e Helmut Willke se debruçam de modo instrutivo. As revisões de Elster levam a uma reabilitação inesperada do conceito de política deliberativa.

---

13 H. Willke, *Ironie des Staates*, Frankfurt/Main, Suhrkamp, 1992, p.345.

(2) A teoria da escolha racional, que se apresenta com pretensões explicativas típicas das ciências sociais, continua de certo modo dando voltas em torno do problema hobbesiano. Ela não consegue explicar como atores agindo estrategicamente são capazes de estabilizar suas relações sociais unicamente com base em decisões racionais. Não precisamos nos ocupar em detalhes de sua autocrítica perspicaz.[14] Interesso-me pelo modo como J. Elster lida com as dificuldades que decorrem da aplicação dessa teoria ao processo político. Nesse contexto, são, de início, irrealistas as hipóteses modelares segundo as quais possibilidades de escolha e preferências são tratadas como algo dado; ambas se transformam no processo político. Além disso, as preferências individualmente manifestadas em pesquisas de opinião de modo algum refletem com exatidão as preferências que os entrevistados realmente possuem, a não ser que dentre estas compreendêssemos preferências que se *manifestariam* após a ponderação das informações e das razões correspondentes. Pois a transformação política de valores e atitudes não é um processo de adaptação cega, mas, antes, resultado de uma formação construtiva da opinião e da vontade. Elster a descreve como uma formação "autônoma" de preferências: *"Autonomy is for desires what judgement is for beliefs".*[15]

Mas é irrealista sobretudo a hipótese de que todo comportamento social pode ser concebido na qualidade de ação estratégica e, por conseguinte, explicado como se fosse resultado de cálculos egocêntricos de utilidade. A força sociológico-explicativa desse modelo é evidentemente limitada:

> *While there is always a risk of self-serving behavior, the extent to which it is actually present varies widely. Much of the social choice and public choice literature with its assumption of universally opportunistic behavior, simply seems out of touch with the real world, in which*

---

14 T. Schelling, *Micromotives and Macrobehavior*, Nova York, W. W. Norton & Co., 1978, p.225-226.; H. Simon, Rational Decision Making in Business Organizations, in: *Models of Bounded Rationality: Behavioral Economics and Business Organization*, v.2, Cambridge, The MIT Press, 1982, p.486-487.

15 J. Elster, The Market and the Forum, in: J. Elster e A. Hylland (eds.), *Foundations of Social Choice Theory*, Cambridge, Cambridge University Press, 1986, p.109. ["Autonomia é para os desejos o que o juízo é para as crenças" – N. T.]

Facticidade e validade

there is a great deal of honesty and sense of duty. If people were always engaged in opportunistic behavior when they could get away with it, civilization as we know it would not exist.[16]

Essas e outras considerações semelhantes haviam levado Elster anos atrás a ampliar os fundamentos da decisão para a ação social com base em vínculos ético-sociais e razões morais, e a descrever o processo democrático como um mecanismo de transformação de preferências em virtude de discussões públicas.[17] O que lhe importa é, sobretudo, os aspectos procedimentais de uma tal formação racional da vontade.[18] Para tornar frutífera essa ideia, ele precisou submeter o modelo da escolha racional a duas revisões radicais.

Primeiro, Elster amplia a teoria com base em um novo tipo de ação. Ao lado da ação *estratégica* ou racional com respeito a fins, controlada conforme preferências próprias e orientada ao êxito (sob condições de informação incompleta), surge a ação *regulada por normas*. Esta última forma um tipo elementar de ação porque não pode ser reduzida à ação estratégica.[19] Contra o argumento de que as normas serviriam apenas à justificação ulterior da ação oportunista, Elster responde que ninguém, em uma situação determinada, poderia proceder estrategicamente caso não pudesse supor em geral o reconhecimento intersubjetivo de normas. Portanto, visto em termos lógicos, a validade social das normas desfruta de um primado diante do ganho apenas utilitário que uma orientação simulada obteria delas. Tampouco seria

---

16 J. Elster, The Possibility of Rational Politics, in: D. Held (ed.), *Political Theory Today*, Oxford, 1991, p.120. ["Embora sempre exista o risco do comportamento autosserviente, a extensão em que ele de fato se apresenta varia em larga medida. Muito da literatura sobre escolha social e escolha pública, com sua suposição do comportamento universalmente oportunista, parece simplesmente perder contato com o mundo real, em que há muita honestidade e senso de dever. Se as pessoas sempre estivessem engajadas no comportamento oportunista quando poderiam abrir mão dele, a civilização como a conhecemos não existiria" – N. T.]

17 Elster, The Market and the Forum, op. cit., p.112.

18 Ibid., p.117: "*The mere decision to engage in rational discussion does not ensure that the transactions will in fact be conducted rationally, since much depends on the structure and framework of the proceedings*". ["A mera decisão de se engajar em uma discussão racional não assegura que as transações de fato serão conduzidas racionalmente, já que depende muito da estrutura e da organização dos procedimentos" – N. T.]

19 Para o que se segue, cf. Elster, *The Cement of Society*, op. cit., cap.3.

convincente a objeção segundo a qual o comportamento conforme a normas seria racional com respeito a fins, já que visaria a evitar sanções internalizadas (como sentimentos de vergonha e culpa). Pois a relação racional com as consequências de um comportamento supostamente irracional não explica como geralmente se chega a esse comportamento (como resultado da internalização prévia de uma norma comportamental): não se pode decidir racionalmente por um comportamento irracional.

Essas reflexões mostram, de outro lado, que Elster introduz o novo tipo de ação ainda sob influência das premissas empiristas. De acordo com sua proposta, a ação regulada por normas se distingue da estratégica unicamente graças à falha de uma orientação pelas consequências esperadas da ação. É a racionalidade com respeito a fins que estabelece o *homo oeconomicus* à frente do *homo sociologicus*.[20] Normas e orientações de valor se subtraem, assim, das ponderações racionais; elas fundam expectativas contrafactuais de comportamento que permanecem imunes contra a aprendizagem. Por conseguinte, ou Elster priva de maneira utilitarista as normas *morais* de seu caráter obrigatório, tratando-as como regras de decisão da ação racional com respeito a fins; ou as considera normas obrigatórias de comportamento no sentido de uma ética deontológica da convicção, privando-as, porém, de seu caráter racional.

Contudo, enquanto normatividade e racionalidade assim se excluírem entre si, as coordenações da ação motivadas racionalmente só poderão ser admitidas na forma de uma combinação entre atores agindo estrategica-

---

20 *"The former is supposed to be guided by instrumental rationality, while the behavior of the latter is dictated by social norms. The former is 'pulled' by the prospect of future rewards, whereas the latter is 'pushed' from behind by quasi-internal forces. The former adapts to changing circumstances [...]. The latter is [...] sticking to the prescribed behavior even if new and apparently better options become available"* (Elster, *The Cement of Society*, op. cit., p.97). ["Supõe-se que o primeiro seja guiado pela racionalidade instrumental, ao passo que o comportamento do último é ditado por normas sociais. O primeiro é 'movido' pela prospecção da recompensa futura, enquanto o último é 'empurrado' por trás por forças quase internas. O primeiro se adapta às circunstâncias (...). O último está (...) preso ao comportamento prescrito mesmo se opções novas e aparentemente melhores se tornam disponíveis" – N. T.]

Facticidade e validade

mente. O acordo racional se torna equivalente a *bargaining* [barganha], à negociação de compromissos. Mais precisamente, as normas se vinculam a tais negociações, exigindo a disposição à cooperação de atores que se comportam orientados ao êxito na forma de restrições empíricas ou auto-obrigações irracionais. Para tanto, Elster desenvolve um programa paralelo de forças, que explica os processos normativamente regulados de negociações como uma *combinação* entre expectativas racionais de comportamento e normas sociais que regulam os comportamentos pelas costas dos sujeitos.[21]

Essa maneira de introduzir os motivos normativos da ação, porém, mostra-se insuficiente quando se trata de explicar como, na formação política da vontade, as preferências dos participantes podem racionalmente se transformar e dar origem a novas opções. Uma vez que o processo político não se esgota em uma formação regulada de compromisso que se baseia em ameaças críveis, Elster introduz as "argumentações" ao lado das "negociações" como um outro mecanismo para a solução dos problemas da ação coletiva: "*Rational argumentation on the one hand, threats and promises on the other, are the main vehicles by which the parties seek to reach agreement. The former is subject to criteria of validity, the latter to criteria of credibility*".[22] Com os critérios de validade, entra em jogo um novo tipo de comunicação e de coordenação da ação. Enquanto os partidos podem consentir com um compromisso negociado a partir de razões diferentes, o acordo conduzido em termos argumentativos tem de se firmar em razões idênticas que podem convencer os partidos *do mesmo modo*. A força que tais razões possuem para produzir consenso se reflete na ideia de imparcialidade, pela qual os discursos práticos se deixam guiar.[23]

---

21 Ibid., p.231 e ss.

22 Id., Arguing and Bargaining in Two Constituent Assemblies, *The Storr Lectures*, Yale Law School, manuscrito, 1991, p.37-38. ["A argumentação racional, de um lado, ameaças e promessas, de outro, são os principais veículos em função dos quais os partidos procuram obter acordo. A primeira está sujeita a critérios de validade, as últimas, a critérios de credibilidade" – N. T.]

23 Para a recepção crítica do conceito de ação comunicativa por parte da teoria dos jogos, cf. J. Johnson, Habermas on Strategic and Communicative Action, *Political Theory*, v.19, n.2, maio 1991, p.181-201.

Jürgen Habermas

Esse passo, por sua vez, o obriga a revisar a primeira revisão. Pois a ideia de avaliação imparcial de situações de interesse e de conflitos de ação absorve uma parte daquelas normas que, na esteira da argumentação desenvolvida até este momento, foram consideradas irracionais. Ao lado da influência recíproca de atores que agem uns sobre os outros orientados ao êxito, Elster só pode admitir a comunicação entre participantes da argumentação que atuam orientados ao entendimento como um outro mecanismo de coordenação se ele também conceder às normas e às orientações axiológicas um núcleo racional e ampliar de maneira correspondente o conceito de racionalidade. A isso serve o conceito deontológico de justiça – tomado seriamente apenas em sua pretensão racional –, com o qual é possível fundamentar o direito legítimo.[24] A tarefa da política não consiste somente na eliminação de regulações ineficientes e não econômicas, mas também na produção e na garantia de relações de vida que correspondem aos interesses simétricos de todos.[25]

Com a revisão desses conceitos fundamentais, Elster empreende uma análise empírica das discussões conduzidas nas assembleias constituintes da Filadélfia (1776) e de Paris (1789 a 1791). Nessa análise, ele parte da distinção teoricamente motivada entre *bargaining* [barganha] e *arguing* [argumentação], segundo a qual as "argumentações", na linguagem que temos utilizado, devem incluir não apenas argumentos de justiça, mas também argumentos ético-políticos relacionados ao "bem geral" da nação. Pela via de uma análise comparativa dos dois primeiros processos constituintes modernos, Elster testa em seguida a hipótese segundo a qual uma tal formação parlamentar da opinião e da vontade não pode ser suficientemente

---

24 *"Given the fragility of instrumental thinking in politics, the chosen conception of justice cannot be a consequentialist one like utilitarianism. Rather, it must focus on the inherent rights of individuals to equal shares in decision-making and in social welfare"* (Elster, The Possibility of Rational Politics, op. cit., p.116). ["Dada a fragilidade do pensamento racional na política, a concepção escolhida de justiça não pode ser consequencialista, tal como o utilitarismo. Pelo contrário, ela deve se voltar para os direitos inerentes dos indivíduos de partilhar equitativamente das tomadas de decisão e do bem-estar social" – N. T.]

25 Ibid., p.120.

Facticidade e validade

explicada com as premissas empíricas de um equilíbrio de interesses voltado exclusivamente ao controle do poder. Nela se cruzam antes discursos e negociações; todavia, a formação de compromisso se realiza em geral de maneira espontânea, não satisfazendo então as condições de equidade das negociações reguladas.[26] Assim, as *Storr Lectures* de Elster admitem uma dupla interpretação: podemos nos referir ao conteúdo manifesto ou ao papel de certos trechos dos discursos analisados com base na lógica da argumentação. Elas reconstroem sob aspectos substantivos um pedaço da *legal history* [história jurídica] com o intuito de mostrar que a "vontade do legislador constitucional" consiste em colocar em vigor um sistema de direitos que, em qualquer constelação percebida de circunstâncias, deveria garantir a autonomia política dos cidadãos graças à institucionalização de uma formação *imparcial* da opinião e da vontade. Desse ponto de vista, Elster contribui (ao menos implicitamente) com um exame da história constitucional do Estado de direito interpretada pela via de uma teoria do discurso.

Seu objetivo explícito, contudo, é uma reconstrução racional de padrões de argumentação que mostraria que as decisões do legislador político foram, em certa medida, motivadas racionalmente, a saber, mediante a combinação de um entendimento baseado na validade com o exercício de influência orientada ao êxito.[27] Elster investiga, sobretudo, a interação

---

26 À objeção adjunta, segundo a qual o artifício extraordinário de assembleias constituintes faz uma diferença significativa no sentido da hipótese, Elster responde referindo-se às situações revolucionárias, mesmo excepcionais, provocadas pelas crises de legitimação, em que as ameaças — seja por parte dos Estados sulistas prestes à secessão, seja por parte do Rei prestes a intervir — precisaram ter um efeito antes de tudo polarizador.

27 "*The process of constitution-making can illuminate the two types of speech acts I shall refer to as arguing and bargaining. To understand constitutional proceedings, we can benefit from Jürgen Habermas no less than from Thomas Schelling [...]. Although my illustrations will be mainly taken from the two constituent assemblies, much of what I shall have to say applies more broadly, to ordinary legislatures, committees and similar bodies*" (Elster, Arguing and Bargaining in Two Constituent Assemblies, op. cit., p.4). ["O processo constituinte pode iluminar dois tipos de atos de fala aos quais eu pretendia me referir como *argumentação e barganha*. Para compreender os procedimentos constitucionais, podemos nos beneficiar de Jürgen Habermas tanto quanto de Thomas Schelling (...). Embora minhas ilustrações venham a ser produzidas principalmente a partir de duas

desses dois mecanismos. Quanto a isso, verifica-se que o decurso atual dos debates, como era de se esperar, se afasta do procedimento ideal da política deliberativa, porém é afetado, ao mesmo tempo, por essas pressuposições de maneira eficaz para a regulação. Os pressupostos comunicativos para um modo deliberativo de conflito de opinião são a tal ponto eficazmente institucionalizados nas corporações parlamentares que o procedimento democrático filtra argumentos e privilegia as razões que geram legitimidade.

Por exemplo, nem todos os interesses podem ser defendidos publicamente. Por isso, a esfera pública de comunicações políticas (salientada por Kant), junto à expectativa de que os proponentes sejam consistentes em seus enunciados e expliquem com coerência suas propostas, exerce uma coerção procedimental salutar. Sob essa condição, a dissimulação de interesses que não podem ser publicamente justificados por razões morais ou éticas apresentadas publicamente coage a obrigações autoimpostas que, na primeira oportunidade, desmascaram um proponente como sendo inconsistente ou, no interesse de manter sua credibilidade, levam-no a considerar respectivamente os interesses dos outros.[28]

---

assembleias constituintes, muito do que eu pretendia dizer se aplica de maneira mais ampla a legislaturas comuns, comitês e órgãos similares" – N. T.]

28 Ibid., p.91-92.: "*Impartiality is logically prior to the attempt to exploit it (or the need to respect it) for self-interested purposes. This is not to say, however, that impartial concerns are necessarily widespread. We know from other contexts that it may take only a tiny proportion of cooperators in a population to include everybody to behave as if they were cooperators. Similarly, a small group of impartially minded individuals might induce large numbers to mimic their impartiality out of self-interest [...]. Also, the norm against expression of self-interest will be stronger in public settings than if the debates are concluded behind closed doors. A public setting will also encourage the use of precommitment through principle, with the larger audience serving as a resonance board for the claim and making it more difficult to back down*". ["A imparcialidade possui prioridade lógica diante da tentativa de explorá-la (ou da necessidade de respeitá-la) por propósitos autointeressados. Isso não significa, no entanto, que preocupações imparciais são necessariamente generalizadas. Sabemos de outros contextos que pode ser necessária somente uma pequena parcela de cooperadores em uma população para incluir todos *como se* eles se comportassem na qualidade de cooperadores. De modo similar, um pequeno grupo de indivíduos com espírito imparcial pode induzir um grande número a replicar sua imparcialidade sem o autointeresse (...). Portanto, a norma contra a expressão do autointeresse será mais forte em um cenário público do que se os debates fossem conduzidos a portas fechadas. Um

Facticidade e validade

Essas e outras reflexões semelhantes sugerem, por sua vez, que não devemos buscar as condições para uma formação política racional da vontade somente no domínio individual das motivações e decisões de atores particulares, mas também no domínio social dos processos institucionalizados de deliberação e de tomada de decisão. Esses processos podem ser considerados arranjos que atuam sobre as preferências dos participantes; eles examinam temas e contribuições, informações e razões, de modo que, idealmente, apenas sugestões "válidas" passem pelo filtro das negociações equitativas e dos discursos racionais, adquirindo grande importância para as tomadas de decisão. Com isso, efetuamos uma mudança de perspectiva da teoria da escolha racional para a teoria do discurso: *"These institutions* [referindo-se aqui à Constituição americana] *were designed to play the role of 'concealed' or 'sedimented' virtue, which thus made the* actual practice *of these virtues, such as truthfulness, wisdom, reason, justice and all kinds of exceptional moral qualities, to some extent dispensable – on the part of both the rulers and the ruled"*.[29] Na medida em que a razão prática é integrada às próprias formas de comunicação e procedimentos institucionalizados, ela não precisa se materializar nem exclusiva nem predominantemente na cabeça de atores individuais ou coletivos. A investigação de Elster apoia a hipótese de que o nível discursivo das comunicações políticas observáveis é um critério para a eficácia de uma razão que foi procedimentalizada. Os resultados da política deliberativa podem ser compreendidos como poder produzido comunicativamente, o qual entra em concorrência com o poder social de atores seguramente ameaçadores, de um lado, e com o poder administrativo dos detentores de cargos oficiais, de outro.

---

cenário público encorajará assim o uso do pré-comprometimento mediante princípio, com o grande público servindo de caixa de ressonância para a reivindicação e tornando mais difícil recuar" – N. T.]

29 C. Offe e U. K. Preuß, Democratic Institutions and Moral Resources, in: D. Held (ed.), *Political Theory Today*, Oxford, Stanford University Press, 1991, p.149. ["Essas instituições foram designadas a satisfazer o papel da virtude 'oculta' ou 'sedimentada', de forma que a *prática efetiva* dessas virtudes, tais como veracidade, sabedoria, razão, justiça e todos os tipos de qualidades morais excepcionais, seja em certa medida dispensada – tanto por parte dos que governam quanto dos que são governados" – N. T.]

Jürgen Habermas

II. Um modelo de circulação do poder político

A teoria dos sistemas não precisa negar esses fenômenos relacionados a um poder comunicativo produzido no interior do complexo parlamentar e à influência gerada na esfera pública política. Porém, ela submete os fenômenos a descrições que desmarcaram *a fortiori* a impotência do poder comunicativo. Dessa perspectiva, o sistema político, após a positivação integral do direito, poderia abdicar das fontes autônomas do direito legítimo. Da mesma maneira que outros sistemas funcionais, também a política se autonomiza assumindo um círculo comunicativo recursivamente fechado em seu próprio código. Em ligação com o sistema jurídico encarregado de assegurar a legalidade, uma política tornada contingente – que se converteu de uma referência estranha a uma autorreferência – extrai de si mesma tudo o que ela necessita em termos de legitimação. Partindo do complexo de maior densidade organizacional, a necessidade de legitimação se deixa cumprir de maneira paternalista mediante linhas de conexão que levam do jogo entre governo e oposição, passando pela competição entre partidos até chegar à rede subcomplexa do público eleitor. No entanto, essa imagem desenhada por Luhmann da autolegitimação de uma política ancorada no aparelho do Estado possui uma fissura logo que a abordagem da teoria dos sistemas é confrontada com a tarefa de "pensar a teoria do Estado na perspectiva de uma sociedade eticamente responsável e justificável".[30]

Submeterei a tentativa original de Willke de desenvolver uma tal teoria do Estado a uma crítica imanente (I) com a finalidade de produzir um modelo que seja apropriado para uma utilização sociologicamente informada do conceito de política deliberativa (2).

(I) Em sua *Filosofia do direito* (§§ 250-256), Hegel havia atribuído às corporações a importante tarefa de mediar a sociedade civil com os órgãos do Estado. À luz do debate em torno do neocorporativismo, H. Willke se vê obrigado a interpretar o Estado estamental [*Ständestaat*] hegeliano em termos de teoria dos sistemas, reduzindo assim sua cúpula monarquista.

---

30 Willke, *Ironie des Staates*, op. cit., p.12.

Facticidade e validade

Ações concertadas, mesas-redondas, agremiações de negociação de todos os tipos surgidas nas zonas cinzentas entre Estado e sociedade são descritas por ele como sistemas sintomáticos de negociação que, em uma sociedade descentrada, permitem à política, ao assumir o papel de um supervisor instruído terapeuticamente, manter a unidade de toda a sociedade, unidade que o próprio Estado não pode mais representar. De um lado, Willke, assim como Luhmann, vê que o sistema político se tornou um sistema parcial entre outros e não pode mais reivindicar primado social algum, liberando-se da função de integrar a sociedade em seu todo. De outro, ele reintroduz pela porta dos fundos o Estado como garantidor de uma integração social de tipo estamental.

Por mais que a resposta possa surpreender, a questão é coerente quando pensada a partir da virada autopoiética da teoria dos sistemas. Como se sabe, na lógica de diferenciação funcional de uma sociedade está estabelecido que os sistemas parciais diferenciados são totalmente reintegrados em um nível superior da sociedade. Se a sociedade descentralizada não pudesse mais garantir sua unidade, ela não aproveitaria o aumento de complexidade de suas partes e seria vítima, em seu todo, dos ganhos de diferenciação. A sociedade convertida em autopoiésis parece de fato entrar em um beco sem saída, pois os sistemas funcionais realizam os últimos passos em direção à autonomia mediante suas próprias semânticas especializadas, que, apesar de todas as vantagens, têm como consequência a interrupção de uma troca direta de informações com o entorno. Doravante, todos os sistemas funcionais criam sua própria imagem da sociedade. Eles não dominam mais uma linguagem comum na qual seja possível representar a unidade da sociedade para todos do *mesmo* modo. O entendimento sem código específico foi ultrapassado. Cada sistema se torna insensível ante os custos que ele produz para outros sistemas. Não existe mais um lugar no qual os problemas que são relevantes para a reprodução da sociedade *em seu todo* possam ser percebidos e elaborados. As linguagens especializadas filtram a tal ponto a linguagem cotidiana – da mesma maneira que os sistemas funcionais filtram o mundo da vida – que nem uma nem outra representam uma caixa de ressonância que seja suficientemente complexa para a tematização e o tratamento dos problemas de toda a sociedade. Por essa razão, a esfera pública política já não pode, sob tais premissas, formar uma caixa de ressonância, porque ela, junto com o público de cidadãos, está conectada ao código do poder e se vê aplacada com uma política simbólica.

De outro lado, a ameaça da capacidade de integração significa um desafio particularmente para a política e para o direito. Ela renova em certa medida aquele choque que ambos já haviam experimentado com a perda da legitimidade religiosa. Contudo, a questão acerca de como pode ser organizada a unidade de uma sociedade que não é mais passível de ser representada pelo Estado agora não se coloca mais *imediatamente* como uma questão de legitimação. Pois o critério de legitimidade vale apenas para questões politicamente determináveis, não podendo ser aplicado aos problemas que concernem a *toda a sociedade*. No entanto, a produção rotineira de criação de legitimação é afetada por problemas de irracionalidade da sociedade em seu todo, porque o direito e a política assumiram um certo papel de fiador para a coesão de todo o sistema. De qualquer modo, Willke diagnostica o retorno de uma problemática ligada à legitimação que é induzida pela integração insuficiente de toda a sociedade, mesmo que venha a ser *medida* com base na "racionalidade do sistema em seu todo". Essa problemática poderia ser resolvida por processos politicamente mediados de ajuste entre diferentes sistemas funcionais. A visão neocorporativista de Willke "volta-se para a configuração das relações intersistêmicas de sistemas parciais autônomos, capazes de ação e interdependentes, que não dispõem mais do primado de uma das partes e, por essa razão, não deduzem mais a racionalidade de todo o sistema da validade do universal, mas do ajuste reflexivo do particular".[31] De acordo com seu diagnóstico, os sistemas políticos nas sociedades ocidentais já se encontram no caminho para o Estado supervisor. Resumirei em três pontos a descrição de uma sociedade que seria ao mesmo tempo integrada e tutelada por um equilíbrio intersistêmico desse tipo:

(a) O Estado supervisor procura, em sistemas de negociação não hierarquizados, harmonizar-se com os sistemas sociais funcionais que ou são perturbados em suas próprias operações e desempenhos, necessitando de uma "ajuda voltada ao desenvolvimento", ou sobrecarregam o ambiente com custos externalizados e precisam ser pressionados a "levar em consideração"

---

31 Ibid., p.205.

Facticidade e validade

seu entorno. Contudo, as próprias estruturas dos sistemas autorreferenciais já determinam em que medida podem provocar mudanças estruturais. Por isso, o Estado supervisor precisa exercer uma "política de opções", conhecida a partir do planejamento econômico, que vá além de normas proibitivas e estímulos. Ela considera o modo de operação e o grau de liberdade do sistema a ser controlado, influenciando seu autocontrole diante de mudanças adequadas do contexto. As dificuldades de planejamento frequentemente investigadas em diversos campos políticos — com políticas voltadas à saúde, à tecnologia e à ciência — fornecem provas plausíveis sobre os limites das intervenções estatais diretas; apenas o modelo do conselho empresarial serve de exemplo para uma estratégia que implica diferentes sistemas operacionalmente fechados em uma "concatenação produtiva e autovinculante".

(b) A política de controle sistêmico também precisa se servir da linguagem do direito, porém não mais na forma de programas condicionais ou de metas, mas a título de direito "reflexivo".[32] A política põe à disposição dos sistemas controlados algumas "formas" para estabelecer prioridades, de modo que as preferências definidas internamente aos sistemas recebam um outro peso. Doravante, eles devem tocar sua própria melodia, mas pontuando ritmos diferentes. Tendo em vista esse fim, o direito burguês concebido de maneira individualista deve ser vertido para atores coletivos, fazendo que as referências às pessoas sejam transpostas para as relações entre sistemas. A proteção jurídica de novos bens coletivos na sociedade de risco oferece exemplos: a proteção contra destruição ambiental, contaminação atômica ou alteração letal do genoma; em geral, a proteção diante dos efeitos colaterais incontrolados dos dispositivos tecnológicos de grande alcance, produtos farmacêuticos, experimentos científicos etc. O direito não deve ser implementado na forma da imposição de metas de controle estabelecidas com autoritarismo, devendo, antes, sob a forma de "programas de relação", induzir e habilitar o próprio sistema gerador de riscos a inverter seus rumos. Assim, o direito funciona como catalisador para suas próprias mudanças.

---

32 G. Teubner, Verrechtlichung – Begriffe, Merkmale, Grenzen, Auswege, in: F. Kübler (ed.), *Verrechtlichung von Wirtschaft, Arbeit und sozialer Solidarität*, Baden-Baden, Nomos, 1984, p.289-344.

(c) Embora as operações de integração se desloquem do âmbito da formação democrática da opinião e da vontade para o âmbito das relações sistêmicas, a democracia, mesmo tendo sido transposta das pessoas aos sistemas, tem de manter intacto seu "conteúdo essencial". Tanto agora quanto antes, Willke fala da "instauração de um discurso societário", inclusive do "ajuste de atores autônomos mediante discursos racionais".[33] Pois o processo de ajuste se produz mediante procedimentos (democráticos?) que regulam as relações comunicativas entre as unidades descentralizadas: "O consenso é requerido como consenso básico acerca dos fundamentos e limites do dissenso, para que assim, levado ao extremo, o dissenso não conduza à dissolução do sistema".[34] Quando Willke acrescenta a esse ponto "que o consenso só é usado como a linha imaginária sempre reconstituída na qual, com seu estabelecimento, diferenças e dissensos podem ser firmados com a finalidade de dissolvê-los", o próprio momento idealizador da validade do acordo é recuperado na descrição da teoria dos sistemas. Contudo, essas palavras, cuja exposição simuladora toma emprestado o vocabulário intersubjetivista de uma outra tradição teórica, podem sob premissas modificadas ter um significado apenas metafórico.

De um lado, a "conversação" entre sistemas funcionais, diferentemente da práxis comunicativa dos cidadãos, não diz respeito mais a normas, valores e interesses; ela está, antes, limitada às metas cognitivas do aumento reflexivo do saber sistêmico. A troca entre especialistas, que se esclarecem reciprocamente sobre o modo de operar de cada um dos respectivos domínios funcionais, deve superar a cegueira específica dos sistemas de ação autorreferenciais. Como mostram os exemplos retirados da literatura sobre administração, a troca se parece com os cursos de aperfeiçoamento em que o instrutor, na qualidade de moderador, estimula os gerentes advindos de diferentes setores a atuarem como consultores para os problemas da empresa em setores alheios. De outro lado, as "regras de conferência", de acordo com as quais a conversação é efetuada, perdem o conteúdo univer-

---

33 Willke, *Ironie des Staates*, op. cit., p.202.

34 Ibid., p.49.

salista dos procedimentos democráticos; o círculo de cada um dos sistemas funcionais "carentes de terapia" não pode pretender representatividade alguma.

Essa interessante proposta para a solução dos agudos problemas teóricos de integração da sociedade como um todo esbarra em dificuldades que eu gostaria de comentar, porque lançam uma luz adequada aos problemas de legitimação reprimidos pela teoria dos sistemas.

ad (a) Em sua forma clássica, o problema hobbesiano havia se instaurado em torno da questão de saber como, da confluência de perspectivas egocêntricas de indivíduos agindo de maneira autointeressada, pode resultar uma ordem que permita a atores individuais levar em consideração os interesses dos outros. Uma ordem que estabiliza a si mesma tem de ser explicada assim a partir do ajuste cognitivo entre perspectivas sistêmicas. A dimensão prática das regulações da ação desapareceu da abordagem da teoria dos sistemas de modo que um "altruísmo" racionalmente fundamentado perde seu sentido para as relações dos sistemas funcionais entre si. Na versão puramente epistêmica, porém, o problema hobbesiano se apresenta de uma forma ainda mais aguda, porque o aspecto egocêntrico das perspectivas que se encontram não é mais determinado somente pelas próprias preferências e orientações axiológicas, mas mediante as próprias *gramáticas de interpretação do mundo*. Diferentemente dos indivíduos no estado de natureza, sistemas fechados autopoieticamente não partilham mais um mundo comum. Nesse ponto, o problema de uma comunicação entre unidades autônomas e que operam de modo autorreferencial, com suas próprias perspectivas de mundo, corresponde quase exatamente ao problema, conhecido desde a fenomenologia, da construção de um mundo partilhado intersubjetivamente a partir das operações monadológicas dos sujeitos transcendentais. Assim como Husserl (ou, posteriormente, Sartre) não resolveu esse problema da intersubjetividade,[35] tampouco a teoria dos sistemas obteve êxito em tornar compreensível de que maneira sistemas fechados autopoieticamente pode-

---

35 Cf. minha segunda aula do curso de Gauss em Habermas, *Vorstudien und Ergänzungen zur Theorie des kommunikativen Handelns*, op. cit., p.35 e ss.

riam, dentro de seu círculo de influência, estar prontos para ultrapassar a mera autorreferência e a autopoiésis.[36]

A espiral reflexiva da observação recíproca de auto-observações externas não conduz para fora do círculo da própria observação externa e da auto-observação; ela não penetra a escuridão da intransparência mútua.[37] Para "compreenderem", e não apenas "observarem", o modo de operação e a autorreferência de um outro sistema, podendo assim produzir uma "imagem" de acordo com seu código próprio, os sistemas envolvidos deveriam dispor ao menos parcialmente de uma linguagem comum; mas isso não pode ocorrer segundo seus pressupostos:

> Uma comunicação exitosa pressupõe que partes das informações mutuamente relevantes umas para as outras são apresentadas de tal modo que elas podem ser "lidas", isto é, compreendidas também no contexto de outros critérios básicos que são externos. O desafio consiste em produzir compatibilidade entre "jogos de linguagem" distintos, pelos quais, com a "linguagem", são conectados diferentes realidades e projetos de mundo. *Por essa razão, também sociedades complexas precisam considerar que a estrutura profunda de sua ordem está ligada à gramática das informações compreensíveis.*[38]

As "regras de transferência", a partir das quais as gramáticas são compostas, não se encontram já presentes nas regras gramaticais de uma linguagem cotidiana que circula amplamente pela sociedade. Elas precisam antes ser construídas – de acordo com o padrão do direito privado internacional – primeiramente como normas de colisão que, da perspectiva de cada um dos sistemas, estabelecem pontes de entendimento com outros sistemas. Uma vez que os sistemas envolvidos produzem tais regras sempre para si próprios, então eles não ultrapassaram ainda seu perspectivismo semântico, mas em todo caso criaram a base para um novo estágio de desenvolvi-

---

36 Cf. meu excurso sobre Luhmann em J. Habermas, *Der philosophische Diskurs der Moderne*, Frankfurt/Main, Suhrkamp, 1985, p.420-446.

37 Willke, *Ironie des Staates*, op. cit., p.165-166.

38 Ibid., p.345-346 (grifos meus – J. H.).

mento. Por isso, o *entrelaçamento de perspectivas* exigido precisa *esperar* por um novo sistema de regras.

Ao final, Willke quer tirar do chapéu, como em um passe de mágica, as condições de intersubjetividade do entendimento possível:

> Aqui entra em jogo um novo tipo de regras. Pela primeira vez essas regras não encontram mais seu ancoramento em subsistemas, mas surgem, no âmbito do sistema, da interação ativa e intencional das partes que pretendem se vincular a um sistema total emergente (!). Esse tipo de regra é o material a partir do qual o controle descentralizado do contexto pode se formar como procedimento de supervisão política.[39]

Do tatear recíproco conduzido por observação de sistemas semanticamente fechados deve emergir uma linguagem que simula exatamente aquilo que é realizado pela linguagem cotidiana, de onde as semânticas especializadas foram originalmente diferenciadas. A construção auxiliar de Willke convence tão pouco que o direito, com seus "programas de relação", também precisa se vincular às operações de "transferência de informações inteligíveis" para toda a sociedade, da mesma maneira que ocorrem na linguagem cotidiana. Se seguirmos as discussões da filosofia analítica da linguagem, não surpreende em todo caso que a linguagem cotidiana atue como "metalinguagem última". Ela forma o *medium* aberto de uma linguagem que circula por toda a sociedade, a partir da qual (e na qual) é possível traduzir todos os discursos especializados.

ad (b) O Estado supervisor deve impedir o "risco de uma absolutização da racionalidade dos sistemas parciais às custas da racionalidade do todo".[40] Com esse objetivo, que excede o sistema político, o processo de legitimação efetuado internamente se torna dependente dos êxitos de uma regulação que não está mais sob o controle da política, mas que precisa se desenrolar por meio de sistemas de ação corporativos, ou seja, mediante instaurações de ajuste e coordenação entre sistemas. Mesmo quando a

---

39 Ibid., p.346.
40 Ibid., p.197.

política consegue *ampliar* seus próprios critérios de legitimidade sem dissonâncias cognitivas, incorporando a racionalidade sistêmica em que se mede uma positivação do direito capaz de controlar os sistemas, a base de decisão é de tal modo deslocada que o sistema político não deveria mais atribuir *apenas a si mesmo* todas as decisões carentes de legitimação. Isso significa uma interrupção do processo efetuado internamente de *autolegitimação*. Certamente, o controle dos sistemas continua se realizando na forma do direito. Mas, com a delegação de competências estatais da positivação do direito sobre os sistemas de negociação, em que desemboca a *dinâmica própria* de outras unidades operando de maneira autorreferencial, a reprodução do direito e da política fica sob suspeita de uma "dupla autoridade" que se divide entre a administração estatal e os sistemas sociais funcionais. Quanto mais a administração pública se enreda nos "discursos societários" de novo tipo, menos ela pode satisfazer a forma da circulação oficial do poder nos termos do Estado democrático de direito. O mesmo neocorporativismo que deve superar os perigos de uma desintegração da sociedade em seu todo, e com isso conter os problemas de legitimação ocasionados por novos rompimentos, perturba o processo de autolegitimação que acontece no interior do próprio governo. Essa objeção só seria inválida se a mudança sugerida nos tipos concernentes ao direito pudesse ser efetuada democraticamente.

Quanto mais atores coletivos, sistemas sociais funcionais e grandes organizações agem no lugar de indivíduos, mais claramente se desloca a base para a imputabilidade das consequências da ação — e menos os bens coletivos dignos de proteção da sociedade de risco parecem poder ser assegurados pelos direitos subjetivos. Por essa razão, Willke considerou obsoleto o ancoramento individualista do direito em um sistema de direitos. Os programas de relação exigidos se adaptam ao autocontrole dos sistemas; eles não se referem mais à autonomia privada e pública de indivíduos socializados. Todavia, com uma tal reestruturação do direito, de modo algum a ideia do Estado constitucional deve ser abandonada, mas apenas interpretada de outra maneira. Sob essas premissas, uma legalização dos sistemas de negociação seria suficiente para também assegurar sua legitimidade:

Facticidade e validade

Sociedades altamente complexas podem ser consideradas democráticas apenas se essa ideia (do Estado constitucional) for generalizada em seu todo para a sociedade e a estrutura constitutiva da sociedade permitir e fomentar tanto a garantia da autonomia e da diferenciação dos cidadãos quanto a autonomia e a diferenciação de seus sistemas funcionais. Sua última característica *não é somente* o fim em si mesmo para a conservação da diferenciação funcional; serve, *além disso*, à generalização da proteção dos cidadãos com base nos direitos fundamentais.[41]

De fato, essa formulação revela mais do que simplesmente a ruptura com uma interpretação histórica do Estado democrático de direito. Com a "ideia de uma Constituição institucionalizada de maneira consensual por toda a sociedade", que foi estendida "dos seus cidadãos na qualidade de pessoas naturais para suas organizações, atores corporativos e sistemas funcionais",[42] a adaptação que a teoria dos sistemas faz do Estado estamental hegeliano passa a ocupar o lugar do Estado democrático de direito, solapando sua base de legitimação. Isso já se deixa mostrar com simples exemplos. O sistema de negociação neocorporativista só pode ajustar o aumento de complexidade dos sistemas funcionais uns em relação aos outros na medida em que for capaz de estimulá-los; no entanto, entre esse aumento de complexidade das corporações "autorizadas a uma configuração conjunta" e a efetivação dos direitos fundamentais dos cidadãos, não há harmonia preestabelecida alguma. Sabe-se que, com frequência, um nível elevado de diferenciação sistêmica também deve ser justificado sob pontos de vista normativos; e enquanto a elevação de complexidade da administração estatal e da economia capitalista ocorria em paralelo à inclusão cada vez maior dos cidadãos do Estado e da economia, era possível, em suma, admitir uma consonância entre processos que se apresentam sob pontos de vista funcionais como ganhos de diferenciação e, sob pontos de vista normativos, como progresso na realização de direitos iguais. Porém, essas vias paralelas dizem respeito a contextos contingentes e, até agora, de modo algum lineares. Além disso, o fato de

---

41 Ibid., p.358 (grifos meus – J. H.).

42 Ibid., p.357.

hoje, nas atuais sociedades fragmentadas do mundo da OCDE, o bem-estar e a segurança social de uma maioria da população acarretarem cada vez mais a segmentação de uma subclasse desamparada e impotente, desfavorecida em quase todas as dimensões, não passa de um entre muitos indícios de desenvolvimentos *regressivos*. Entre as políticas negociadas de maneira neo-corporativista e a proteção, em termos de direitos fundamentais, de grupos da população parcamente organizados na periferia da sociedade, surgem conflitos não somente como consequência de uma distribuição desigual de compensações individuais, mas também porque diferentes classes sociais são seletivamente atingidas pela privação de bens coletivos.

Por isso, a ideia do Estado de direito é prejudicada quando os sistemas sociais funcionais são constitucionalmente liberados de seus papéis instrumentais e promovidos a "fins em si mesmos". Pois, desse modo, "a autonomia e a diferenciação" dos cidadãos teria de concorrer por proteção jurídica com aquela autonomia e diferenciação dos sistemas mesmo no interior da circulação "oficial" de poder. A estrutura constitucional do sistema político, concebida no quadro do Estado de direito, só será preservada se as autoridades, diante de seus parceiros de negociação corporativos, assumirem assimetricamente a obrigação de representar a vontade sedimentada na ordem legal daqueles cidadãos que, no momento, não estão participando. Mesmo nos processos de ajuste, o laço da delegação não deve se desprender das competências decisórias. Apenas assim permanece preservado o vínculo com o público de cidadãos que tanto se encontram autorizados quanto estão *em condições* de perceber, identificar e tematizar publicamente a incompatibilidade social de sistemas funcionais. Esses sistemas precisam primeiro aprender a superar suas cegueiras específicas nos arranjos corporativos e observar a si mesmos como sistemas parciais no interior de um sistema mais amplo. Por isso, eles precisam ser instruídos pelos clientes concernidos, em seu papel de cidadãos, acerca de seus custos externos e das consequências de suas falhas internas. Se o discurso dos especialistas não for reacoplado à formação democrática da opinião e da vontade, a percepção especializada dos problemas acabará se impondo contra os cidadãos. Cada diferença de interpretação desse tipo deve, da perspectiva do público de cidadãos, valer

Facticidade e validade

como uma confirmação superveniente de um paternalismo sistêmico que coloca a legitimidade em risco.

ad (c) O estreitamento cognitivista-gerencial dos discursos neocorporativistas de controle se explica pelo fato de que o ajuste entre sistemas funcionais levanta problemas exclusivamente voltados à coordenação funcional. Aqui, o saber relevante para o controle de diferentes grupos de especialistas deve ser elaborado em políticas e convertido em programas jurídicos correspondentes por juristas instruídos no sistema jurídico. Essa concepção se apoia na suposição irrealista segundo a qual o saber mobilizado profissionalmente pelos especialistas pode ser isolado dos valores e pontos de vista morais. Enquanto o saber especializado for utilizado para problemas de controle politicamente relevantes, faz-se notável sua inevitável impregnação normativa, provocando controvérsias polarizadoras entre os próprios especialistas. Por essa razão, questões de coordenação funcional elaboradas politicamente já se encontram entrelaçadas com a dimensão moral e ética de integração social, porque as consequências de uma integração sistêmica falha são experimentadas como problemas carentes de solução somente ante o pano de fundo biográfico de interesses lesados e identidades ameaçadas. Daí que não apenas sob pontos de vista legitimatórios, mas também cognitivos, seja contraprodutivo que os processos de ajuste entre atores estatais e sociais se autonomizem diante da esfera pública política e da formação parlamentar da vontade. Recomenda-se que, sob ambos os pontos de vista, a base ampliada do saber de uma administração reguladora seja moldada pela política deliberativa, isto é, pelo conflito de opinião entre especialistas e contraespecialistas organizado publicamente e monitorado pela opinião pública.

(2) As objeções analisadas de (a) a (c), que tratam do conceito de uma sociedade "estamentalmente" constituída de sistemas parciais autônomos, apontam para o mesmo sentido: a integração de uma sociedade altamente complexa não se deixa realizar segundo o paternalismo dos sistemas, ignorando o poder comunicativo do público de cidadãos. Sistemas semanticamente fechados não podem ser levados por sua própria força a encontrar a linguagem comum que é necessária para a percepção e articulação de critérios e aspectos relevantes para a sociedade como um todo. Para tanto, abaixo

do limiar de diferenciação de códigos especiais se encontra disponível uma linguagem cotidiana capaz de circular por toda a sociedade, a qual, em todo caso, é reivindicada nas redes periféricas e no complexo parlamentar para o tratamento de problemas concernentes à sociedade como um todo. Já por essa razão, a política e o direito não podem ser concebidos como sistemas autopoieticamente fechados. O sistema político constituído segundo o Estado de direito é diferenciado internamente nos domínios do poder administrativo e comunicativo, permanecendo aberto ao mundo da vida. Pois a formação institucionalizada da opinião e da vontade precisa ser alimentada pelos contextos informais de comunicação da esfera pública, da base associativa e da esfera privada. Em outras palavras, o sistema de ação político está inserido nos contextos do mundo da vida.

Sistemas de negociação paraestatais, sem ligação efetiva com o complexo parlamentar e com a esfera pública, suscitam problemas de legitimação e, devido à especialização em questões de coordenação funcional, não estão à altura, nem mesmo cognitivamente, da pressão resultante dos problemas. A concentração de problemas de controle, além disso, perverte o estabelecimento de prioridades entre tarefas tradicionais e novas do Estado. Tanto agora quanto antes, as tarefas sociointegrativas em sentido específico (de manutenção da ordem, de redistribuição e segurança social, de proteção de identidades coletivas e de tradições culturais comuns) possuem um lugar igualmente importante na agenda política. Com a fixação de complexos sociais altamente organizados, surge uma imagem unilateral. Sociedades diferenciadas funcionalmente de modo algum se esgotam em uma variedade de sistemas fechados de maneira autorreferencial. Ao paradigma sistêmico corresponde, de preferência, a economia capitalista e – com certa distância – a administração pública especializada no planejamento e na previdência social. Muitos domínios altamente organizados (por exemplo, o sistema da educação e da ciência) devem, contudo, seu sentido específico, com o qual se contrapõem a intervenções estatais diretas, não a um código próprio ou a um *medium* de controle análogo ao dinheiro, mas à lógica de suas problemáticas específicas. Aliás, a "constitucionalização" dos sistemas de ação, almejada pelo Estado enquanto "controle do contexto", significa nos domínios comunicativamente integrados (como nos da família ou da

Facticidade e validade

escola) algo diferente do que nas grandes organizações ou redes integradas sistemicamente (por exemplo, os mercados). Em um caso, a constituição jurídica *formaliza* as relações normativamente reguladas de instituições existentes, no outro, serve à coordenação funcional de relações sociais juridicamente *produzidas*. Por fim, as formas de participação que adequam o emprego do poder administrativo aos discursos de seus clientes levados a sério enquanto cidadãos possuem um outro sentido como sistemas de negociação neocorporativistas. Essas diferenças não devem desaparecer nas descrições pessimistas da teoria dos sistemas.

Se quisermos responder às questões levantadas ao final do capítulo anterior, temos de buscar um caminho próprio que nos leve para além da teoria dos sistemas e da teoria da decisão. A análise reconstrutiva do processo legislativo feita por Elster dirige a atenção para a racionalidade procedimental da formação da opinião e da vontade; esse olhar, todavia, não ultrapassa a produção do poder comunicativo. Do ângulo de visão ampliado pela teoria dos sistemas, Willke se concentra na sobrecarga do Estado com problemas de controle que, segundo sua análise, só podem ser solucionados desviando do poder comunicativo. Porém, esse diagnóstico desconhece as operações que uma linguagem cotidiana multifuncional pode fornecer justamente em razão de sua baixa especialização. Ela é o *medium* da ação orientada ao entendimento pela qual o mundo da vida se reproduz; pelo *medium* da linguagem cotidiana os componentes do mundo da vida também se entrelaçam uns com os outros. Sistemas de ação, que são especializados em grande medida na reprodução cultural (escola), ou na socialização (família), ou na integração social (direito), não operam de maneira estritamente seletiva. Por intermédio do código comum da linguagem cotidiana, eles satisfazem ao mesmo tempo outras respectivas funções, mantendo assim uma referência com a totalidade do mundo da vida. Os núcleos privados do mundo da vida, que são caracterizados pela intimidade, ou seja, pela proteção diante da publicidade, estruturam encontros entre parentes, amigos, conhecidos etc., e conectam, nos âmbitos dessas interações simples, as histórias de vida de seus membros. A esfera pública se relaciona complementarmente com essa esfera privada, a partir da qual o público é recrutado como portador da esfera pública.

Jürgen Habermas

O mundo da vida forma em seu todo uma rede de ações comunicativas. Sob o aspecto da coordenação da ação, seus componentes *sociais* são constituídos pela totalidade das relações interpessoais ordenadas legitimamente. Ela abrange também coletivos, associações e organizações especializadas em determinadas funções. *Alguns* desses sistemas de ação funcionalmente especializados se autonomizam diante de domínios de ação integrados por valores, normas e entendimento, formando seu próprio código – como a economia com o dinheiro e a administração com o poder. Porém, frente à institucionalização jurídica dos meios de controle, esses sistemas permanecem ancorados nos componentes sociais do mundo da vida. A linguagem do direito faz que as comunicações da esfera pública e da esfera privada concernentes ao mundo da vida assumam uma forma em que essas mensagens também possam ser admitidas por códigos especiais de sistemas autorregulados – e vice-versa. Sem esse transformador, a linguagem cotidiana não poderia circular por toda a sociedade.

No que se segue, farei uso do modelo desenvolvido por Bernhard Peters com a finalidade de dar uma forma precisa à questão sobre a capacidade de imposição da circulação de poder regulada pelo Estado de direito – buscando também oferecer uma resposta preliminar.[43] De acordo com essa proposta, os processos de comunicação e de decisão do sistema político constituído segundo o Estado de direito são organizados no eixo centro-periferia, estruturados por um sistema de comportas e caracterizados por dois tipos de elaboração de problemas. O núcleo do sistema político se forma a partir dos conhecidos complexos institucionais da administração (incluindo o governo), dos tribunais de justiça e da formação democrática da opinião e da vontade (com as corporações parlamentares, eleições políticas, concorrência entre partidos etc.). Esse centro, portanto, que se distingue diante de uma periferia bifurcada pelas competências formais de decisão e prerrogativas de fato, é internamente ordenado de maneira "poliárquica". No interior do núcleo, a "capacidade de ação" varia conforme a "densidade" da complexidade organizatória. O complexo parlamentar é o mais aberto para a percepção e a tematização de problemas sociais, mas essa sensibilidade

---

43 Peters, *Die Integration moderner Gesellschaften*, op. cit., cap.9.2.

Facticidade e validade

vem acompanhada de uma capacidade menor de elaboração de problemas em comparação com o complexo administrativo. Nas bordas da administração se forma um tipo de periferia *interna* a partir de diferentes instituições, as quais são dotadas de direitos de autoadministração ou de funções estatais de controle e soberania de outro tipo (universidades, sistemas de seguridade, representações corporativas, ordens profissionais, associações beneficentes, fundações etc.). Em seu conjunto, o núcleo possui uma periferia externa que, grosso modo, bifurca-se em "receptores" e "fornecedores".

Do lado da implementação, surgiram para diferentes campos políticos estruturas complexas de redes entre administrações públicas e organizações privadas, associações centrais, grupos de interesse etc., que satisfazem funções coordenativas em domínios sociais carentes de regulação, porém intransparentes. É preciso distinguir desses sistemas de negociação grupos fornecedores, associações e organizações, que, diante dos Parlamentos e das administrações, mas também da via jurídico-processual, trazem à linguagem problemas sociais, apresentam demandas políticas, articulam interesses e necessidades e influenciam a formulação de projetos de lei e políticas. O espectro vai das associações que representam interesses de grupos claramente definidos, passando por organizações (com objetivos reconhecidamente definidos pelos partidos políticos) e instituições culturais (como academias, associações de escritores, profissionais radicais), até "grupos de interesse público" (defendendo causas públicas como proteção do meio ambiente, controle de mercado, proteção dos animais etc.) e igrejas ou associações de caridade.[44] Essas organizações formadoras da opinião, especializadas em temas e contribuições, geralmente com capacidade para influenciar publicamente, pertencem à infraestrutura da sociedade civil de uma esfera pública dominada pelos meios de comunicação de massa, a qual forma o verdadeiro contexto periférico com suas correntes de comunicação informais, frequentemente diferenciadas e estruturadas em redes. Como mostra o debate

---

44 H. J. Merry, *Five-Branch Government: the Full Measure of Constitutional Checks and Morgan*, Urbana, University of Illinois Press, 1980, p.25; sobre os "grupos de interesse público", cf. Schattschneider, *The Semisouvereign People: a Realist's View of Democracy in America*, Nova York, Holt, Rinehart and Winston, 1960, p.22 e ss.

neocorporativista sobre os sistemas de negociação, contudo, a distinção entre "receptores" orientados ao *output* e "fornecedores" orientados ao *input* não é seletiva. Mas a fusão factualmente observada entre a influência sobre a implementação de políticas adotadas, de um lado, e a influência sobre a formulação e a imposição de políticas, de outro, não pode ser juridicamente "normalizada" sem violações aos princípios do Estado de direito.[45]

Após um panorama descritivo, Peters introduz dois elementos esclarecedores: o modelo de comportas e dois modos de elaboração de problemas decisivos para a direção dos fluxos comunicativos. Decisões vinculantes, caso devam ser transpostas com autoridade, precisam ser conduzidas através dos estreitos canais do centro:

> No entanto, a legitimidade das decisões depende dos processos de formação da opinião e da vontade na periferia. O centro é um sistema de comportas pelo qual muitos processos no domínio do sistema político-jurídico têm de passar, mas o centro controla apenas de maneira limitada a direção e a dinâmica desse processo. As mudanças podem partir da periferia ou do centro [...]. A ideia de democracia se apoia, afinal, no fato de que processos políticos de formação da vontade, que no esquema aqui esboçado possuem um status periférico ou intermediário, devem ser decisivos para o desenvolvimento político. Isso não está decidido previamente pelo esquema em questão.[46]

Se utilizarmos essa tradução sociológica do tipo de leitura que a teoria do discurso oferece à democracia, as decisões vinculantes, para serem legítimas, precisam ser controladas pelos fluxos comunicativos que partem da periferia e atravessam as comportas dos procedimentos democráticos e do Estado de direito (se for o caso, influenciando os resultados a serem implementados pela administração). Só assim se exclui a possibilidade de que o poder dos complexos administrativos, de um lado, ou o poder social

---

45 Isso não vale naturalmente para os procedimentos democráticos que, por exemplo, impõem às administrações deveres de publicidade e fundamentação, concedem a clientes direitos de audiência e participação e não prejudicam a primazia da lei.

46 Peters, *Die Integration moderner Gesellschaften*, op. cit., p.340-341.

das estruturas intermediárias atuantes no centro, de outro, se autonomizem diante do poder comunicativo que se forma no complexo parlamentar.

Essa condição, no entanto, é muito forte para que pudesse ser satisfeita perante o funcionamento normal ou, em todo caso, segundo o modo de operação tornado habitual das democracias ocidentais. Naquela contracirculação, que se antepõe à circulação "oficial" do poder, de modo algum está inscrito apenas o desmentido de uma facticidade social cínica. Pois muitas dessas comunicações circulares, ou que fluem na direção contrária, servem para decompor os problemas de modo não prejudicial e aliviar a circulação do poder de sua inevitável complexidade. Peters considera esse fato com a ajuda de um segundo elemento. A maior parte das operações no centro do sistema político segue rotinas. Tribunais pronunciam sentenças, burocracias preparam leis e elaboram requerimentos, parlamentos aprovam leis e orçamentos, centrais partidárias conduzem disputas eleitorais, clientes influenciam "suas" administrações – e todos esses processos operam segundo padrões estabelecidos. Sob pontos de vista normativos, o mais importante é saber quais constelações de poder estão sendo refletidas nesses padrões – e de que modo elas se deixam *transformar*. Isso depende, por seu turno, de as rotinas habituais permanecerem abertas para os impulsos renovadores da periferia. Pois, em casos de conflito, a maneira de proceder das convenções usuais se amplia a partir de um *outro* modo de operação.

Este último modo é caracterizado pela consciência das crises, atenção pública elevada, busca intensificada de soluções, em suma: pela *problematização*. Nesses casos conflituosos de percepções e constelações modificadas dos problemas, o arco de atenção se estende a ponto de despertar controvérsias na esfera pública mais ampla, sobretudo no que se refere aos aspectos normativos dos problemas em foco. A pressão das opiniões públicas impõe um modo extraordinário de elaboração dos problemas, o qual favorece a regulação da circulação do poder pelo Estado de direito, quer dizer, atualiza as sensibilidades para as *responsabilidades políticas* reguladas constitucionalmente. É verdade que, ao longo de seu curso "normal", parlamentos e tribunais também tentam limitar em termos normativos a margem decisória de uma administração que age de forma predominantemente teleológica. Mas apenas em casos de conflito o esquema da distribuição de possibilidades de acesso a razões normativas, exigidas pelo Estado de direito, adquire um perfil mais marcante. Só então parlamentos e tribunais, aos quais se *reserva formalmente* um tratamento construtivo ou reconstrutivo de razões normativas, também podem *determinar factualmente* a direção da circulação comunicativa. No caso desses conflitos agudos, o legislador político detém a última palavra. Porém, muitas evidências mostram que, na maioria das vezes, o complexo parlamentar não tem força para transformar "casos em casos de conflito". Tanto a sensibilidade para problemas latentes, que não são captados pelas rotinas habituais (ou o são apenas de maneira insuficiente), quanto a iniciativa para a reelaboração dramática e exitosa de novos problemas são debilmente encontradas nas instituições que tomam decisões sob a pressão do tempo.

A distinção entre o modo normal e o extraordinário de elaboração de problemas, entretanto, só pode se tornar frutífera para a tradução sociológica de uma interpretação realista do conceito discursivo de democracia se introduzirmos outras duas hipóteses. A autonomização ilegítima do poder social e administrativo diante do poder comunicativo democraticamente produzido é evitada na medida em que a periferia (a) é capaz e (b) tenha ocasião suficiente para detectar, identificar e tematizar com eficácia problemas latentes (que possam ser elaborados somente em termos políticos) de integração social, atravessando as comportas do complexo parlamentar (ou dos tribunais) em direção ao sistema político de tal maneira que o modo rotineiro seja *perturbado*. A hipótese (b) é menos problemática. Como vimos, no curso de uma diferenciação funcional progressiva vai se afrouxando o acoplamento dos domínios parciais descentralizados e tornados autônomos; assim, aumenta a necessidade de integração, o que perpetua as crises e exige processos acelerados de aprendizagem. A condição (a), entretanto, é problemática. Pois boa parte das expectativas normativas que são ligadas à política deliberativa recai sobre as estruturas periféricas da formação da opinião. As expectativas se dirigem àquelas capacidades de perceber e interpretar problemas concernentes à sociedade como um todo, pondo em cena um modo de chamar a atenção ao mesmo tempo estimulante e inovador. Essas fortes expectativas podem ser satisfeitas pela periferia apenas na medida em que as redes de comunicação pública não institucionalizadas

Facticidade e validade

possibilitem processos de formação da opinião mais ou menos *espontâneos*. Esferas públicas desse tipo, autônomas e capazes de ressonância, dependem, por sua vez, de um ancoramento social em associações da sociedade civil e de uma inserção em padrões liberais da cultura política e das formas de socialização, em suma: depende da contrapartida de um mundo da vida racionalizado. A constituição de tais estruturas do mundo da vida certamente pode ser estimulada, mas ela se subtrai amplamente da regulação jurídica, da intervenção administrativa ou do controle político. O sentido [*Sinn*] é um recurso escasso que não pode ser regenerado ou multiplicado a bel--prazer, entendendo "sentido" como a grandeza-limite da espontaneidade social. Como toda grandeza empírica, também ela é condicionada. Mas as condições se encontram nos contextos do mundo da vida, limitando *a partir de dentro* a capacidade que os parceiros associados do direito possuem para organizar sua própria vida em comum. Em última instância, o que possibilita o modo discursivo de socialização de uma comunidade jurídica não se encontra simplesmente à disposição da vontade de seus membros.

III. Atores da sociedade civil, opinião pública e poder comunicativo

Até agora, falou-se em geral da esfera pública política como uma estrutura comunicativa enraizada no mundo da vida por intermédio de sua base na sociedade civil. A esfera pública política foi descrita como caixa de ressonância para problemas que teriam de ser elaborados pelo sistema político porque não encontrariam resolução em nenhum outro lugar. Nessa medida, a esfera pública é um sistema de alarmes com sensores não especializados, mas sensíveis para toda a sociedade. Da perspectiva da teoria da democracia, a esfera pública, além disso, tem de reforçar a pressão exercida pelos problemas, ou seja, não somente perceber e identificar problemas, mas também tematizá-los de forma convincente e *influente*, muni-los com contribuições e dramatizá-los para que possam ser assumidos e elaborados pelo complexo parlamentar. À função de sinalização precisa ser somada uma problematização eficaz. A capacidade limitada para a *própria* elaboração de problemas tem de ser aproveitada para controlar o tratamento posterior dos problemas no interior do sistema político. Só posso avaliar de maneira global o quanto isso é possível. De início, esclarecerei os conceitos controversos de (1) esfera pública e (2) sociedade civil para, posteriormente, (3) fazer o esboço de algumas barreiras e estruturas de poder no interior da esfera pública, as quais, no entanto, (4) podem vir a ser superadas em situações críticas por movimentos em escalada. Ao final, (5) resumirei os elementos que o sistema jurídico precisa levar em consideração em sua imagem de uma sociedade complexa.

(1) A esfera pública é certamente um fenômeno social tão elementar quanto ação, ator, grupo ou coletivo; porém, ela escapa dos conceitos tradicionais concernentes à ordem social. A esfera pública não se deixa conceber como instituição nem, certamente, como organização; ela tampouco é uma estrutura de normas com diferenciação de competências e papéis, regulamentação de afiliação de seus membros etc. Muito menos representa um sistema; ela decerto permite fronteiras internas, mas é caracterizada por horizontes abertos, porosos e móveis em relação ao exterior. A esfera pública pode ser mais aproximadamente descrita como uma rede para a comunicação de conteúdos e tomadas de posição, isto é, de *opiniões*; nela os fluxos comunicativos são filtrados e sintetizados de modo a se condensar em opiniões *públicas* voltadas a temas específicos. Da mesma maneira que o mundo da vida em seu conjunto, também a esfera pública se reproduz mediante a ação comunicativa, para a qual é suficiente o domínio de uma linguagem natural; ela se ajusta à *compreensibilidade geral* da práxis comunicativa cotidiana. Concebemos o mundo da vida como um reservatório para interações simples; a essas interações também permanecem ligados os sistemas especializados de ação e de saber que se diferenciam no interior do mundo da vida. Tais sistemas estão vinculados às funções gerais de reprodução do mundo da vida (como religião, escola, família) ou a diferentes aspectos de validade do saber comunicativo concernente à linguagem cotidiana (como ciência, moral, arte). Mas a esfera pública não se especializa nem em um nem no outro aspecto; na medida em que ela se envolve com questões politicamente relevantes, deixa o tratamento especializado aos cuidados do sistema político. A esfera pública se caracteriza antes pela *estrutura comunicativa* que se refere a um terceiro aspecto da ação

Facticidade e validade

orientada ao entendimento: nem relacionado às *funções*, nem aos *conteúdos* da comunicação cotidiana, mas ao *espaço social* produzido na ação comunicativa.

Diferentemente de atores que atuam orientados ao êxito, os quais se observam uns aos outros como algo dado no mundo objetivo, aqueles que agem comunicativamente se encontram em uma situação que eles ao mesmo tempo constituem com suas interpretações negociadas de forma cooperativa. O espaço intersubjetivamente partilhado de uma situação de fala se abre com as relações interpessoais em que os participantes entram ao tomar posição diante de ofertas mútuas de atos de fala e ao assumir obrigações ilocucionárias. Todo encontro que não se esgota em contatos de observação recíproca, mas se nutre da concessão mútua de liberdade comunicativa, move-se em um espaço público constituído pela linguagem. Ele permanece aberto por princípio aos potenciais parceiros de diálogo que estão ou podem vir a estar presentes. Pois seriam necessárias medidas particulares para impedir o acesso de terceiros contra um tal espaço linguisticamente constituído. Essa estrutura espacial fundada na ação comunicativa de encontros simples e episódicos pode ser generalizada e perpetuada de forma abstrata para um grande público de presentes. Para a infraestrutura pública de tais *reuniões*, eventos, apresentações etc., são oferecidas metáforas arquitetônicas do espaço reconstruído: falamos de foros, palcos, arenas etc. Essas esferas públicas ainda se fixam aos cenários concretos de um público presente. Quanto mais elas se desprendem dessa presença física, estendendo-se à presença virtual intermediada pelos meios de comunicação de leitores, ouvintes e espectadores, mais clara se torna a abstração da estrutura espacial de interações simples que a generalização da esfera pública acarreta.

As estruturas comunicativas assim generalizadas se restringem aos conteúdos e tomadas de posição que se desacoplam dos contextos densos das interações simples, desvinculando-se de pessoas determinadas e de obrigações decisórias relevantes. A generalização de contextos, a inclusão e o crescente anonimato, por outro lado, exigem um alto grau de explicação, devido à renúncia simultânea às linguagens de especialistas e aos códigos especializados. Enquanto a *orientação leiga* significa uma certa indiferenciação, o desacoplamento entre as opiniões comunicadas e as obrigações concretas da ação levam a uma *intelectualização*. Certamente, os processos de formação da opinião, em particular quando se trata de questões práticas, não podem ser separados da mudança nas preferências e atitudes dos participantes, mas, sim, da conversão dessas disposições em ações. Nesse sentido, as estruturas comunicativas da esfera pública *desoneram* o público *das decisões*; as decisões proteladas continuam reservadas às instituições responsáveis pelas resoluções. Na esfera pública, as manifestações são classificadas segundo temas e tomadas de posição afirmativas ou negativas; as informações e razões são elaboradas em opiniões focalizadas. O que transforma tais opiniões enfeixadas em uma *opinião pública* é a maneira com que são elaboradas e o amplo assentimento que as sustenta. Ela não é um agregado de opiniões individuais interpeladas separadamente e manifestadas em privado; nessa medida, ela não pode ser confundida com resultados de enquete. A pesquisa de opinião política somente oferece um certo reflexo da "opinião pública" se o levantamento for precedido de uma formação da opinião em esferas públicas mobilizadas sobre o tema específico.

Em processos públicos de comunicação, não se trata somente, nem em primeira linha, da difusão de conteúdos e de tomadas de posição por meios efetivos de transmissão. Certamente, apenas a circulação ampla de mensagens compreensíveis que estimulam a atenção assegura uma inclusão suficiente de participantes. Mas as regras de uma práxis comunicativa *em comum* são ainda mais importantes para a estruturação de uma opinião pública. O assentimento a temas e contribuições se *forma* somente como o resultado de uma controvérsia mais ou menos exaustiva, em que propostas, informações e razões podem ser elaboradas de maneira mais ou menos racional. Com esse "mais ou menos" da "elaboração racional" de propostas, informações e razões "exaustivas", variam em geral o *nível discursivo* da formação da opinião e a "qualidade" do resultado. Por isso, o sucesso da comunicação pública também não se mede *per se* com base na "produção de universalidade",[47] mas em critérios formais de elaboração de uma opinião pública qualificada. As estruturas de uma esfera pública submetida ao poder excluem discussões

---

47 Cf. J. Gerhards e F. Neidhardt, *Strukturen und Funktionen moderner Öffentlichkeit*, Berlim, WZB, p.19.

Facticidade e validade

frutíferas e esclarecedoras. A "qualidade" de uma opinião pública é uma grandeza empírica, na medida em que se deixa medir pelas características procedimentais de seu processo de formação. Normativamente considerada, ela fundamenta uma medida para a legitimidade da influência que as opiniões públicas exercem sobre o sistema político. Certamente, a influência factual e a influência legítima estão tão longe uma da outra quanto a crença na legitimidade e a legitimidade. Mas, ainda assim, com essa conceituação abre-se uma perspectiva a partir da qual a relação entre a influência factual e a qualidade das opiniões públicas fundamentada de maneira procedimental pode ser investigada empiricamente.

Parsons introduz a "influência" como uma forma simbolicamente generalizada de comunicação que regula as interações em virtude de convicção e persuasão.[48] Por exemplo, pessoas e instituições podem dispor de um prestígio que lhes permite com suas manifestações exercer influência sobre a convicção dos outros sem precisar demonstrar suas competências individuais ou dar explicações. A "influência" se nutre de recursos do entendimento, mas se apoia em uma antecipação da confiança manifestada em possibilidades de convencimento atualmente não examinadas. Nesse sentido, as opiniões públicas representam potenciais políticos de influência que podem ser utilizados para influenciar o comportamento eleitoral dos cidadãos ou a formação da vontade em corporações parlamentares, governos ou tribunais. A *influência* político-jornalística apoiada em convicções públicas, entretanto, apenas se converte em *poder* político – cujo potencial permite chegar a decisões vinculantes – ao afetar as convicções dos membros *autorizados* do sistema político, determinando o comportamento de eleitores, de parlamentares, de funcionários etc. Assim como o poder social, a influência político-jornalística só pode ser transformada em poder político mediante procedimentos institucionalizados.

---

48 T. Parsons, On the Concept of Influence, in: *Sociological Theory and Modern Society*, Nova York, Free Press, 1967, p.355-382. Sobre a relação entre "influência" e "compromisso valorativo" e a delimitação dessas formas de comunicação em relação a meios de controle como dinheiro e poder administrativo, cf. Habermas, *Theorie des kommunikativen Handelns*, op. cit., v.II, p.408-419.

Jürgen Habermas

A influência se forma na esfera pública, e nela se luta por influência. Nessa luta, emprega-se não apenas a influência política já adquirida (de autoridades experientes, partidos estabelecidos ou grupos conhecidos, como Greenpeace, Anistia Internacional etc.), mas também o prestígio de grupos de pessoas e especialistas que ganharam influência em esferas públicas especializadas (por exemplo, a autoridade de líderes religiosos, a notoriedade de literatos e artistas, a reputação de cientistas, o renome de estrelas do esporte, do *showbusiness* etc.). Tão logo o espaço social se estende para além do contexto de interações simples, entra em cena uma diferenciação entre organizadores, falantes e ouvintes, entre arena e galeria, entre palco e auditório. Os *papéis dos atores*, que se profissionalizam e se multiplicam cada vez mais com a complexidade de organização e o alcance da mídia, são providos com oportunidades diferenciadas de influência. Porém, a influência política que os atores ganham pela comunicação pública deve se apoiar, *em última instância*, sobre a ressonância, mais precisamente sobre o consentimento de um público de leigos igualitariamente composto. O público de cidadãos precisa ser *convencido* acerca de temas que considera relevantes mediante contribuições inteligíveis e capazes de suscitar o interesse geral. O público desfruta dessa autoridade, uma vez que é constitutivo para a estrutura interna da esfera pública, na qual os atores podem surgir.

Contudo, precisamos distinguir atores que emergem do público, por assim dizer, participando da reprodução da própria esfera pública, de atores que ocupam uma esfera pública já constituída a fim de utilizá-la. Isso vale, por exemplo, para os grandes grupos de interesse, bem organizados e inseridos em sistemas sociais funcionais, os quais exercem influência no sistema político *pela* esfera pública. Esses grupos, todavia, não podem fazer um uso manifesto na esfera pública de seu poder de sanção, sobre o qual se apoiam em negociações reguladas publicamente ou em tentativas não públicas de pressão. Eles só podem capitalizar seu poder social para o poder político na medida em que fazem propaganda a favor de seus interesses em uma linguagem capaz de mobilizar as *convicções* – como, por exemplo, partes em negociação tarifária fazem uso da esfera pública para divulgar demandas, estratégias ou resultados da negociação. Em todo caso, as contribuições de grupos de interesse estão expostas a um tipo de crítica ao qual contribuições de outra procedência não se expõem. Opiniões públicas que só podem ser defendidas graças à intromissão não declarada do dinheiro ou do poder organizacional perdem sua credibilidade logo que essas fontes de poder social se tornam públicas. Opiniões públicas se deixam manipular, mas não podem ser publicamente compradas ou extorquidas. Isso se explica porque uma esfera pública não pode ser "criada" a bel-prazer. Antes de ser assumida por atores que agem estrategicamente, a esfera pública precisa ter se formado junto com seu público como uma estrutura independente e se reproduzir *a partir de si mesma*. Essa legalidade própria, com a qual se forma uma esfera pública que pode vir a ter capacidades funcionais, permanece latente em esferas públicas já constituídas – e só entra novamente em vigor nos momentos de sua mobilização.

No entanto, a esfera pública política apenas pode satisfazer sua função de perceber e tematizar problemas da sociedade em seu todo na medida em que se forma a partir dos contextos comunicativos dos *potenciais concernidos*. Ela é sustentada por um público recrutado da totalidade dos cidadãos. Na multiplicidade de suas vozes, ressoa o eco das experiências causadas em suas histórias de vida pelos custos externos (e perturbações internas) dos sistemas de ação funcionalmente especializados que atingem toda a sociedade – causadas também pelo próprio aparelho estatal, de cujo controle dependem sistemas funcionais complexos e coordenados de maneira imperfeita. Sobrecargas desse tipo se acumulam no mundo da vida. Este dispõe de antenas apropriadas, pois em seu horizonte se entrelaçam as histórias privadas de vida dos "clientes" de sistemas que eventualmente falham em suas operações. Apenas para os concernidos tais operações são pagas segundo seu "valor de uso". Além da religião, da arte e da literatura, apenas os domínios "privados" da vida dispõem de uma linguagem existencial em que problemas produzidos socialmente podem ser *relatados segundo os termos de uma história de vida*. Os problemas que emergem linguisticamente na esfera pública política são inicialmente visíveis como reflexo da pressão exercida pelo sofrimento social no espelho das experiências pessoais de vida. Na medida em que essas experiências encontram sua expressão concisa nas linguagens da religião, da arte e da literatura, a esfera pública "literária" em sentido amplo, especializada na articulação e na abertura do mundo, entrelaça-se com a esfera pública política.[49]

Entre cidadãos [*Staatsbürgern*], na qualidade de portadores da esfera pública política, e membros da sociedade [*Gesellschaftsbürgern*] existe uma união pessoal, porque em seus papéis complementares como trabalhadores e consumidores, assegurados e pacientes, contribuintes e clientes das burocracias estatais, como estudantes, turistas, transeuntes etc., eles estão expostos de modo particular às exigências específicas e aos deslizes dos sistemas operacionais correspondentes. De início, tais experiências são assimiladas "privadamente", ou seja, interpretadas no horizonte de uma história de vida que se entrelaça com outras histórias de vida em contextos de mundos da vida comuns. Os canais comunicativos da esfera pública são ligados aos domínios privados da vida – em densas redes de interação constituídas na família e nos círculos de amizade, também em contatos mais frouxos com vizinhos, colegas de trabalho, conhecidos etc. – de tal modo que as estruturas espaciais de interações simples são ampliadas e abstraídas, mas não destruídas. Assim, a orientação ao entendimento predominante na práxis cotidiana se mantém conservada também para o caso de uma *comunicação entre estranhos*, que é conduzida por amplas distâncias em esferas públicas ramificadas complexamente. O limiar entre esfera privada e esfera pública não é marcado por um conjunto fixo de temas ou relações, mas por *condições de comunicação modificadas*. Certamente, estas alteram a acessibilidade, protegendo a intimidade, de um lado, e a publicidade, de outro, embora não isolem a esfera privada da esfera pública, apenas canalizam o fluxo de temas de uma esfera à outra. Pois a esfera pública recebe seus impulsos da elaboração privada de situações sociais problemáticas que ressoam nas histórias de vida. Para essa conexão estreita é sintomático, aliás, que se tenha configurado nas sociedades europeias dos séculos XVIII e XIX uma moderna esfera pública burguesa como "esfera de pessoas privadas reunidas em um público". Vista historicamente, a conexão entre esfera pública e esfera privada se manifesta no conjunto de

---

49 Sobre essa função das igrejas e das comunidades religiosas, cf. F. Schüssler-Fiorenza, Die Kirche als Interpretationsgemeinschaft, in: E. Ahrens (ed.), *Habermas und die Theologie Beiträge zur theologischen Rezeption, Diskussion und Kritik der Theorie kommunikativen Handelns*, Düsseldorf, Patmos, 1989, p.115-144.

Facticidade e validade

associações e nas formas de organização de um público leitor de pessoas privadas burguesas que se cristaliza em torno de jornais e revistas.[50]

(2) Em constelações sociais totalmente modificadas, hoje a esfera de uma sociedade civil [*Bürgergesellschaft*] foi redescoberta. Nesse ínterim, contudo, a expressão "sociedade civil" [*Zivilgesellschaft*] se vincula a um significado diferente daquele de uma "sociedade burguesa" [*bürgerliche Gesellschaft*] da tradição liberal que Hegel havia concebido no geral como "sistema de necessidades", isto é, o sistema do trabalho social e do intercâmbio de mercadorias próprios da economia de mercado. Pois hoje a sociedade civil não inclui mais a economia constituída pelo direito privado, regulada pelo mercado de trabalho, de capital e de bens, como ainda era o caso com Marx e o marxismo. Seu núcleo institucional é formado antes por aqueles agrupamentos e associações não estatais e não econômicos de base voluntária, que ancoram as estruturas comunicativas da esfera pública nos componentes sociais do mundo da vida. A sociedade civil é composta daquelas associações, organizações e movimentos que surgem de maneira mais ou menos espontânea, os quais repercutem e condensam a ressonância provocada pelos problemas sociais encontrados nos domínios da vida privada, transmitindo-a de maneira ampliada à esfera pública política. O núcleo da sociedade civil é formado por um caráter associativo, que institucionaliza discursos voltados à solução de questões de interesse geral no quadro de esferas públicas organizadas.[51] Em suas formas igualitárias e abertas de organização, esses "arranjos [*designs*] discursivos" refletem traços essenciais de um tipo de comunicação em torno do qual se cristalizam, emprestando-lhe continuidade e duração.[52]

---

50 Habermas, *Strukturwandel der Öffentlichkeit*, op. cit., p.86; cf. a introdução da coletânea de C. Calhoun (ed.), *Habermas and the Public Sphere*, Cambridge, The MIT Press, 1992, p.1-50; além disso, D. Goodman, Public Sphere and Private Life: toward a Synthesis of Current Historiographical Approaches to the Old Regime, *History and Theory*, Middletown, v.31, n.1, fev. 1992, p.1-20.

51 Cf. T. Smith, *The Role of Ethics in Social Theory: Essays from a Habermasian Perspective*, Albany, Suny Press, 1991, p.153-174.

52 Sobre o conceito de "arranjo discursivo", cf. J. S. Dryzek, *Discursive Democracy*, Cambridge, Cambridge University Press, 1990, p.43 e ss.

Jürgen Habermas

Tais relações associativas não formam certamente o elemento mais marcante de uma esfera pública que é dominada pelos meios de comunicação de massa e por grandes agências, observada por instituições de pesquisa de mercado e de opinião e recoberta com o trabalho de informação pública, propaganda e publicidade dos partidos políticos e associações. Apesar de tudo, elas formam o substrato organizatório daquele público comum de cidadãos – sempre vinculado ao mesmo tempo à esfera privada – que buscam interpretar publicamente interesses e experiências sociais e influenciar a formação institucionalizada da opinião e da vontade.

No entanto, busca-se com frustração na literatura definições mais claras que possam superar tais caracterizações descritivas.[53] S. N. Eisenstadt permitiu reconhecer no uso terminológico ainda uma certa continuidade com a antiga teoria pluralista quando descreve a sociedade civil do seguinte modo:

> *Civil Society embraces a multiplicity of ostensibly "private" yet potentially autonomous public arenas distinct from the state. The activities of such actors are regulated by various associations existing within them, preventing the society from degenerating into a shapeless mass. In a civil society, these sectors are not embedded in closed, ascriptive or corporate settings; they are open-ended and overlapping. Each has autonomous access to the central political arena, and a certain degree of commitment to that setting.[54]*

---

53 J. Keane, *Democracy and Civil Society*, Londres, Verso Books, 1988; sobre Gramsci, que introduziu esse conceito na nova discussão, cf. N. Bobbio, Gramsci and the Concept of Civil Society, in: J. Keane (ed.), *Civil Society and the State*, Londres, Verso, 1988, p.73-100.

54 S. N. Eisenstadt (ed.), *Democracy and Modernity: International Colloquim on the Centenary of David Ben-Gurion*, Leiden, Brill, 1992, p.IX; cf. também L. Roniger, Conditions for the Consolidation of Democracy in Southern Europe and Latin America, in: Eisenstadt, *Democracy and Modernity*, op. cit., p.53-68. ["A sociedade civil abarca uma multiplicidade de arenas públicas ostensivamente 'privadas', mas ainda potencialmente autônomas, que são distintas do Estado. As atividades de tais atores são reguladas por várias associações existentes entre eles, prevenindo a sociedade de degenerar em uma massa amorfa. Em uma sociedade civil, esses atores não estão inseridos em arranjos fechados, tutelados ou corporativos; eles são flexíveis e sobrepostos. Cada um tem acesso autônomo à arena política central e possui um certo grau de comprometimento com aquele arranjo" – N. T.]

Facticidade e validade

J. Cohen e A. Arato, que elaboraram o estudo mais abrangente sobre esse tema, apresentam um catálogo de critérios que delimitam a sociedade civil em relação ao Estado, à economia e a outros sistemas funcionais da sociedade, mas a articula com os domínios privados nucleares do mundo da vida:

> Plurality: *families, informal groups, and voluntary associations whose plurality and autonomy allow for a variety of forms of life*; publicity: *institutions of culture and communication*; privacy: *a domain of individual self-development and moral choice*; and legality: *structures of general laws and basic rights needed to demarcate plurality, privacy and publicity from at least the state and, tendentially, the economy. Together these structures secure the institutional existence of a modern, differentiated civil society.*[55]

A *constituição dessas esferas em termos de direitos fundamentais* oferece uma primeira informação sobre sua estrutura social. A liberdade de reunião e o direito de fundar associações e sociedades definem, junto com a liberdade de opinião, o espaço de ação para associações voluntárias que intervêm no processo de formação pública da opinião com a finalidade de tratar de temas de interesse geral, advogar em favor de questões e de grupos sub-representados e mal organizados, perseguir objetivos culturais, religiosos ou humanitários, formar comunidades de crença etc. A liberdade de imprensa, de radiodifusão e de televisão, tanto quanto o direito de exercer atividades publicitárias livres, assegura a infraestrutura da comunicação pública ligada às mídias, com a qual devem ser garantidas a abertura para opiniões concorrentes e uma pluralidade representativa de opiniões. O sistema político, que deve permanecer sensível à influência jornalística, é entrelaçado

---

55 J. L. Cohen e A. Arato, *Civil Society and Political Theory*, Cambridge, The MIT Press, 1992, p.346. [*"Pluralidade*: famílias, grupos informais e associações voluntárias cuja pluralidade e autonomia permitem uma variedade de formas de vida; *publicidade*: instituições da cultura e da comunicação; *privacidade*: um domínio do autodesenvolvimento individual e da escolha moral; *legalidade*: estruturas de leis gerais e direitos básicos necessários para demarcar a pluralidade, a privacidade e a publicidade ao menos diante do Estado e, tendencialmente, da economia. Juntas, essas estruturas asseguram a existência institucional de uma sociedade civil moderna e diferenciada" – N. T.]

com a esfera pública e a sociedade civil por meio da atividade de partidos políticos e do direito ao voto. Essa engrenagem é garantida pelo direito dos partidos de colaborarem na formação política da vontade do povo tanto quanto pelo direito ativo e passivo de voto dos cidadãos (além de outros direitos de participação). Por fim, o caráter associativo só pode afirmar sua autonomia e proteger sua espontaneidade na medida em que possa se apoiar sobre um pluralismo crescente de formas de vida, subculturas e orientações religiosas. A integridade dos domínios da vida privada servem à proteção da "privacidade" com base nos direitos fundamentais; os direitos de personalidade, a liberdade religiosa e a liberdade de consciência, a livre circulação, o sigilo postal e telefônico, a inviolabilidade domiciliar, bem como a proteção da família, circunscrevem uma zona intangível da integridade pessoal e da formação autônoma da consciência e do juízo.

A conexão estreita entre sociedade civil autônoma e esfera privada intacta se mostra claramente no contraexemplo de sociedades totalitárias de socialismo de Estado. Aqui, o Estado panóptico não controla imediatamente apenas uma esfera pública burocraticamente ressecada, ele também mina a base privada dessa esfera pública. Intervenções administrativas e uma supervisão constante corroem a estrutura comunicativa das relações cotidianas na família e na escola, na comuna e na vizinhança. A destruição de relações de vida solidárias e a paralisação das próprias iniciativas e das atividades em domínios que são marcados ao mesmo tempo por superregulação e insegurança jurídica caminham lado a lado com o esmagamento de grupos sociais, associações e redes com doutrinação e dissolução de identidades sociais, com o sufocamento da comunicação pública espontânea. Assim, a racionalidade comunicativa é destruída *simultaneamente* nas relações públicas e privadas voltadas ao entendimento.[56] Quanto mais enfraquece nos domínios da vida privada a força socializadora da ação comunicativa e se extingue a centelha da liberdade comunicativa, mais facilmente os atores assim isolados e alienados entre si podem ser massificados, colocados sob

---

56 E. Hankiss, The Loss of Responsability, in: J. MacLean, A. Montefiori e P. Winch (eds.), *The Political Responsibility of Intellectuals*, Cambridge, Cambridge University Press, 1990, p.29-52.

Facticidade e validade

vigilância e manipulados de maneira plebiscitária em uma esfera pública sob confisco.[57]

Contudo, apenas as garantias dos direitos fundamentais não podem proteger a esfera pública e a sociedade civil contra deformações. As estruturas comunicativas da esfera pública precisam ser mantidas intactas por uma sociedade civil dotada de vitalidade. Na medida em que a esfera pública política, em certo sentido, tem de estabilizar a si mesma, mostra-se a notável *autorreferencialidade da práxis comunicativa da sociedade civil.* Os textos daqueles que, com suas manifestações na esfera pública, reproduzem simultaneamente suas próprias estruturas, revelam o subtexto sempre idêntico que se refere à função crítica da esfera pública em geral. Além de seu conteúdo manifesto, o sentido performativo dos discursos públicos atualiza a função de uma esfera pública política não distorcida enquanto tal. As instituições e garantias jurídicas da livre formação da opinião repousam sobre o terreno instável da comunicação política daqueles que, uma vez utilizando-as e, ao mesmo tempo, interpretando-as em seu conteúdo normativo, também as defendem e radicalizam. Os atores que, durante sua disputa de opinião e luta por influência, mostram-se envolvidos no empreendimento *comum* de reconstituição e conservação de estruturas da esfera pública, distinguem-se daqueles que se limitam à utilização dos foros existentes, colocando em evidência a *dupla orientação* característica de sua política: com seus programas, eles exercem influência diretamente sobre o sistema político, ao mesmo tempo em que buscam reflexivamente a estabilização e ampliação da sociedade civil e da esfera pública, além da certificação da própria identidade e capacidade de ação.

Esse tipo de *dual politics* [política dual] é observado por Cohen e Arato principalmente nos "novos" movimentos sociais que perseguem ao mesmo

---

57 Cf. a interpretação que H. Arendt faz do totalitarismo nos termos de sua teoria da comunicação em *Elemente und Ursprünge totaler Herrschaft*, Frankfurt/Main, Europäische Verlagsanstalt, 1955, p.749: "(O Estado total) destrói, de um lado, todas as relações entre os homens que permanecem sobre a supressão da esfera pública política e obriga, de outro, que todos aqueles isolados e separados uns dos outros assumam novamente ações políticas (ainda que naturalmente não uma ação autenticamente política)".

tempo objetivos ofensivos e defensivos. Eles procuram "ofensivamente" lançar temas de relevância para toda a sociedade, definir problemas, oferecer contribuições para suas soluções, contribuir com novas informações, interpretar valores de modo renovado, mobilizar boas razões, denunciar as razões ruins, com a finalidade de produzir uma atmosfera consensual amplamente eficaz, transformando os parâmetros constitutivos da formação política da vontade e exercendo pressão sobre parlamentos, tribunais e governos em favor de determinadas políticas. Já "defensivamente", procuram conservar as estruturas das associações e da esfera pública existentes, produzir contrapúblicos e instituições de oposição, reforçar novas identidades coletivas e conquistar novo terreno na forma de direitos ampliados e instituições reformadas:

> *On this account, the "defensive" aspect of the movements involves preserving and developing the communicative infrastructure of the lifeworld. This formulation captures the dual aspects discussed by Tourraine as well as Habermas's insight that movements can be the carriers of the potentials of cultural modernity. This is the sine qua non for successful efforts to redefine identities, to reinterpret norms and to develop egalitarian, democratic associational forms. The expressive, normative and communicative modes of collective action [...] also involve efforts to secure institutional changes within civil society that correspond to the new meanings, identities and norms that are created.*[58]

No modo de reprodução autorreferencial da esfera pública e na política de dupla face, orientada tanto ao sistema político e à autoestabilização da

---

58 Cohen e Arato, *Civil Society and Political Theory*, op. cit., p.531. ["Nessa interpretação, o aspecto 'defensivo' dos movimentos envolve preservar *e desenvolver* a infraestrutura comunicativa do mundo da vida. Essa formulação captura os aspectos duais discutidos por Tourraine e pelo discernimento de Habermas segundo os quais os movimentos podem ser os portadores dos potenciais da modernidade cultural. Essa é a condição *sine qua non* para o esforço bem-sucedido de redefinir identidades, reinterpretar normas e desenvolver formas associativas igualitárias e democráticas. Os modos expressivos, normativos e comunicativos de ação coletiva (...) também envolvem esforços para *assegurar* mudanças institucionais no interior da sociedade civil que correspondem aos novos significados, identidades e normas criados" – N. T.]

Facticidade e validade

esfera pública quanto à sociedade civil, criou-se um espaço de ação para a ampliação dinâmica e radicalização dos direitos existentes:

> *The combination of associations, publics, and rights, when supported by a political culture in which independent initiatives and movements maintain an ever-renewable, legitimate political option, represents, in our opinion, an effective set of bulwarks around civil society within whose limits much of the program of radical democracy can be reformulated.*[59]

De fato, *a atuação em conjunto* de uma esfera pública baseada na sociedade civil com a formação da opinião e da vontade institucionalizada pelo Estado de direito no complexo parlamentar (e na práxis decisória dos tribunais) oferece um bom ponto de partida para a tradução sociológica do conceito de política deliberativa. Porém, a sociedade civil não pode ser considerada um foco no qual se concentram as linhas de uma auto-organização da sociedade como um todo. Cohen e Arato ressaltam, com razão, o *espaço limitado de ação* que a sociedade civil e a esfera pública concedem às formas não institucionalizadas de movimento e expressão da política. Eles falam de uma "autolimitação" estruturalmente necessária da práxis concernente à democracia radical:

– Em primeiro lugar, uma sociedade civil com vitalidade só pode se formar no contexto de uma cultura política libertária e de padrões correspondentes de socialização, quanto na base de uma esfera privada intacta – isto é, ela pode se desenvolver apenas em um mundo da vida já racionalizado. Caso contrário, surgem movimentos populistas que defendem cegamente a existência engessada de tradições de um mundo da vida ameaçado pela modernização capitalista. Esses movimentos são, ao mesmo tempo, modernos nas formas de sua mobilização e antidemocráticos em seus objetivos.[60]

---

59 Ibid., p.474. ["A combinação de associações, público e direitos, quando apoiada por uma cultura política em que iniciativas e movimentos independentes se mantêm como uma opção política legítima, sempre renovável, representa, em nossa opinião, um conjunto efetivo de defesas em torno da sociedade civil dentro do qual muito do programa da democracia radical pode ser reformulado" – N. T.]

60 Esse duplo aspecto já é sublinhado pelo estudo clássico de Bibó (*Die deutsche Hysterie*, Frankfurt/Main, Insel, 1991) sobre o fascismo. Também o socialismo carre-

— Em segundo lugar, os atores da esfera pública, pelo menos em uma esfera pública liberal, podem conquistar influência, mas não poder político. A influência de uma opinião pública em maior ou menor medida discursiva, gerada em controvérsias públicas, é certamente uma grandeza empírica capaz de produzir movimento. Mas apenas quando essa influência pública e política passa pelo filtro dos *procedimentos* institucionalizados da formação da opinião e da vontade, transforma-se em poder comunicativo e conduz à positivação legítima do direito. A opinião pública factualmente generalizada [*generalisiert*] pode produzir uma convicção *testada* sob o ponto de vista da generalização dos interesses [*Interessenverallgemeinerung*], a qual legitima as decisões políticas. A soberania do povo diluída comunicativamente não pode vigorar *apenas* no poder de discursos públicos informais — mesmo quando estes surgem de esferas públicas autônomas. Para produzir poder político, sua influência precisa incidir nos debates travados em instituições democraticamente constituídas de formação da opinião e da vontade, além de assumir uma figura autorizada através de decisões formais.

— Por fim, os instrumentos que, com o direito e o poder administrativo, encontram-se à disposição da política, possuem um grau de eficácia reduzido em sociedades funcionalmente diferenciadas. De fato, a política é, tanto agora quanto antes, a destinatária de todos os problemas de integração não superados; mas muitas vezes o controle político pode ser estabelecido apenas de maneira indireta, precisando, como vimos, deixar intacto o modo de operar de sistemas funcionais e de outros domínios altamente organizados segundo sua lógica própria. Daí ser necessária, para os movimentos democráticos que surgem da sociedade civil, a renúncia àquelas aspirações de uma sociedade que organiza a si mesma em seu todo, aspirações que eram subjacentes, entre outras, às concepções marxistas da revolução social. A sociedade civil só pode transformar a si mesma de maneira imediata e afetar indiretamente a autotransformação do sistema político constituído pelo

---

gou traços de uma cabeça de Jano ao olhar simultaneamente para o futuro e para o passado; ele quis resgatar nas novas formas de intercâmbio do industrialismo as antigas forças de integração social das comunidades solidárias próprias de um mundo pré-industrial em declínio. Cf. Habermas, *Die nachholende Revolution*, op. cit., p.179-204.

Facticidade e validade

Estado de direito. Aliás, ela exerce influência sobre esse programa. Porém, não *toma o lugar* de um macrossujeito privilegiado pela filosofia da história, que deveria pôr toda a sociedade sob controle e, ao mesmo tempo, agir legitimamente por ela. Além disso, o poder administrativo, empregado para fins de planejamento social, não é apropriado para favorecer formas de vida emancipadas. Estas só podem se *desenvolver* como resultado de processos de democratização, não se deixando *produzir* de modo interventivo.

A autolimitação da sociedade civil não equivale à *tutela*. O saber político de controle, que em sociedades complexas forma um recurso tanto escasso quanto cobiçado, certamente pode se tornar a fonte de um novo paternalismo dos sistemas. Porque a administração estatal em grande parte não produz a partir de si mesma o saber relevante, mas o extrai do sistema científico ou de outras agências intermediárias, não dispondo dele desde o início de maneira monopolista. Apesar de possibilidades assimétricas de intervenção e capacidades reduzidas de elaboração, a sociedade civil também tem a chance de mobilizar um contrassaber e preparar suas *próprias* traduções a partir de especialistas qualificados. O fato de o público ser composto de leigos e de a comunicação pública se efetuar em uma linguagem de compreensão universal não significa necessariamente uma desdiferenciação das questões essenciais e das razões concernentes às decisões. Isso apenas pode servir de pretexto a uma tutela tecnocrática da esfera pública caso as iniciativas da sociedade civil não bastem para assegurar um saber suficientemente especializado e traduções adequadas, em seus diferentes níveis, para os aspectos relativos ao controle das questões discutidas publicamente.

(3) Os conceitos introduzidos de esfera pública política e de sociedade civil possuem referência empírica e não apresentam postulados meramente normativos. Porém, para traduzir em termos sociológicos a interpretação que a teoria do discurso faz da democracia radical com a ajuda desses conceitos e reformulá-los de um modo falsificável, outras hipóteses precisam ser introduzidas. Gostaria de tornar plausível que, *sob determinadas circunstâncias*, a sociedade civil conquista influência na esfera pública, influi mediante suas próprias opiniões públicas no complexo parlamentar (e nos tribunais) e pode obrigar o sistema político a inverter a circulação oficial de poder. A

sociologia da comunicação de massa, no entanto, oferece-nos uma imagem cética das esferas públicas dominadas pelas mídias de massa das democracias ocidentais. Movimentos sociais, iniciativas de cidadãos e foros civis, alianças políticas e outras associações, em suma: agrupamentos da sociedade civil são por certo sensíveis a problemas, mas os sinais que emitem e os impulsos que provocam são, em geral, muito fracos para impelir a curto prazo processos de aprendizagem no sistema político ou reorientar processos de decisão.

Em sociedades complexas, a esfera pública forma uma estrutura intermediária que faz a mediação entre o sistema político, de um lado, os setores privados do mundo da vida e os sistemas de ação funcionalmente especializados, de outro. Ela apresenta uma rede altamente complexa que se ramifica espacialmente em uma multiplicidade de arenas internacionais, nacionais, regionais, comunais e subculturais, todas sobrepostas; rede que está ordenada objetivamente segundo pontos de vista funcionais, temas centrais, domínios políticos etc., em esferas públicas mais ou menos especializadas, mas ainda acessíveis a um público de leigos (por exemplo, em esferas públicas literárias ou de divulgação científica, religiosas ou artísticas, feministas ou "alternativas", com políticas voltadas à saúde, à ciência, às questões sociais); e que se diferencia em âmbitos variáveis de acordo com a densidade comunicativa, a complexidade organizacional e o alcance — de esferas públicas *episódicas* em bares, em cafés ou nas ruas, passando pela esfera pública da presença *organizada*, como em apresentações teatrais, reunião de pais, concertos de rock, reuniões de partidos ou congressos eclesiásticos, até a esfera pública *abstrata*, criada pelas mídias de massa, que é formada de leitores, ouvintes e espectadores isolados e espalhados globalmente. Mas apesar dessa diferenciação variada, todas as esferas públicas parciais constituídas pela linguagem cotidiana permanecem porosas umas às outras. As limitações sociais internas desmembram um texto "da" esfera pública, que se estende radialmente em todas as direções e é transcrita de modo contínuo em infindáveis pequenos textos, para os quais tudo mais é contexto restante; apesar disso, sempre é possível construir pontes hermenêuticas entre um texto e outro. Esferas públicas parciais se constituem com a ajuda de mecanismos de exclusão; mas uma vez que esferas públicas não se

Facticidade e validade

condensam em organizações ou sistemas, não existe regra de exclusão sem cláusula de suspensão.

Em outras palavras: os limites no interior de uma esfera pública geral, definida em relação ao sistema político, permanecem porosos. Os direitos de inclusão e igualdade irrestritas, incorporados nas esferas públicas liberais, escondem mecanismos de exclusão de tipo foucaultiano e fundam um *potencial* de *autotransformação*. No curso dos séculos XIX e XX, os discursos universalistas da esfera pública burguesa já não puderam mais se imunizar contra uma crítica imanente. A esses discursos podem se vincular, por exemplo, o movimento de trabalhadores e o feminismo, com a finalidade de romper as estruturas que os haviam constituído como "o outro" de uma esfera pública burguesa.[61]

Portanto, quanto mais o público reunido pelos meios de comunicação de massa inclui todos os membros de uma sociedade nacional ou mesmo todos os seus contemporâneos, assumindo uma forma abstrata correspondente, mais acentuadamente os *papéis dos atores* que entram nas arenas se diferenciam dos papéis dos espectadores nas galerias. Embora o "sucesso dos atores nas arenas seja decidido em última instância pelas galerias",[62] instaura-se a questão de como as tomadas de posição autônomas do público em termos de sim e não refletem um processo de convencimento ou apenas um processo de poder mais ou menos velado. A variedade de investigações empíricas não permite uma resposta concludente a essa questão cardinal. Mas é possível ao menos colocar a questão de maneira mais precisa se partirmos da hipótese de que os processos públicos de comunicação podem se efetuar de forma não distorcida quanto mais forem deixados à dinâmica própria de uma sociedade civil que emerge do mundo da vida.

É possível distinguir, pelo menos preliminarmente, os atores menos organizados provenientes "de" um público dos atores que aparecem "diante" de um público, os quais, *desde o início*, dispõem de poder de organização, recursos e potencial de ameaça. Naturalmente, também os atores ancorados na sociedade civil dependem do auxílio de "patrocinadores", que angariam

---

61 Habermas, *Strukturwandel der Öffentlichkeit*, op. cit., p.15-20.
62 Gerhards e Neidhardt, *Strukturen und Funktionen moderner Öffentlichkeit*, op. cit., p.27.

os recursos necessários de dinheiro, organização, saber e capital social. Mas patrocinadores mecenáticos [*mäzenatische*], ou mesmo "animados pelas mesmas ideias", não prejudicam necessariamente a neutralidade das capacidades dos portadores. Em compensação, os atores coletivos, que influenciam a esfera pública a partir de um sistema de ação especificado funcionalmente, apoiam-se em uma base *própria*. Entre esses atores políticos e sociais, que não precisam obter suas fontes de outros domínios, conto em primeira linha os partidos estabelecidos, amplamente estatizados, e os grupos de interesse munidos de poder social; eles se servem de "agências de observação" de pesquisa de mercado e de opinião e geram por conta própria o trabalho profissional na esfera pública.

No entanto, complexidade organizacional, recursos, profissionalização etc., considerados em si mesmos, não são indicadores suficientes para a distinção entre atores "autóctones" e aproveitadores. Também não é possível ler a procedência dos atores com base simplesmente nos próprios interesses representados. Outros indicadores são mais confiáveis. Eles diferenciam o tipo e o modo com que os atores podem ser identificados. Enquanto certos atores podem ser identificados por sua procedência a partir de determinados domínios funcionais, como partidos políticos ou organizações econômicas, representantes de grupos profissionais, associações de proteção etc., outros têm de *produzir* as características com as quais são identificados. Embora possa valer em geral para os atores da sociedade civil, isso se mostra de maneira particularmente evidente nos movimentos sociais que percorrem de início uma fase de autoidentificação e de autolegitimação; mesmo depois, em paralelo às suas políticas voltadas a objetivos particulares, eles conduzem uma *identity-politics* [política de identidade], já que sempre precisam assegurar sua identidade. Saber se os atores fazem mero uso de uma esfera pública já constituída ou participam da reprodução das estruturas da esfera pública é algo que também pode ser considerado na sensibilidade já mencionada diante de perigos contra os direitos de comunicação ou na disposição de, para além dos interesses de autodefesa, enfrentar formas abertas ou veladas de exclusão e repressão de minorias ou grupos marginalizados. Para os movimentos, aliás, é uma questão existencial saber se eles podem encontrar formas de organização que criam solidariedades e esferas

Facticidade e validade

públicas que, junto com a persecução de seus objetivos específicos, permitam expor e radicalizar direitos e estruturas de comunicação existentes.[63]

Um terceiro grupo de atores é formado pelos "jornalistas" [*Publizisten*], que juntam informações, decidem sobre a seleção e a apresentação das "transmissões" e, em certa medida, controlam o acesso de temas, contribuições e autores à esfera pública dominada pelos meios de comunicação de massa. A complexidade crescente das mídias de massa e o aumento cada vez maior de capital acarretam uma centralização dos meios eficazes de comunicação. Na mesma medida, as mídias de massa ficam expostas a uma crescente pressão de seleção, tanto do lado da oferta quanto da procura. Os processos de seleção se tornam a fonte de um novo tipo de poder. Esse *poder da mídia* pode ser apreendido somente de maneira insuficiente por padrões profissionais; porém, até certo ponto, hoje esse "quarto poder" já foi submetido a uma constitucionalização jurídica. Na República Federal da Alemanha, por exemplo, depende da forma de organização jurídica e do ancoramento institucional saber se os canais de televisão devem se abrir mais à influência de partidos e associações ou a formas privadas com grande orçamento de publicidade. Em geral, pode-se dizer que a imagem da política construída pela televisão se compõe amplamente de temas e contribuições que já são produzidos para a esfera pública midiática, infiltrando-se nela mediante conferências, divulgações, campanhas etc. Os produtores de informação se impõem quanto mais seu trabalho na esfera pública for marcado por capacitação pessoal, qualificação técnica e profissionalismo. Atores coletivos, que operam fora do sistema político ou fora das organizações sociais, normalmente têm chances menores de influenciar os conteúdos e os posicionamentos das grandes mídias. Isso vale em particular para as opiniões que não recaem no espectro "equilibrado", ou seja, restrito de forma centralizada e pouco flexível de opiniões das grandes mídias eletrônicas.[64]

---

63 Cohen e Arato, *Civil Society and Political Theory*, op. cit., p.492-563.

64 M. Kaase, Massenkommunikation und politischer Prozess, in: M. Kaase e W. Schulz (eds.), *Massenkommunikation: Theorie, Methoden, Befunde*, Opladen, Westdeutscher, 1989, p.97-117.

Antes que as mensagens escolhidas sejam transmitidas, elas estão sujeitas a *estratégias de elaboração da informação*. Estas se orientam pelas condições de recepção percebidas pelos jornalistas. Disposição receptiva, capacidade cognitiva e atenção do público formam um recurso escasso incomum, pelo qual concorrem um número de "emissoras", de modo que a apresentação de notícias e comentários segue amplamente conselhos e receitas de especialistas. A personalização de questões objetivas, a mistura de informação e entretenimento, uma preparação episódica e a fragmentação de contextos apontam para uma síndrome que promove a despolitização da comunicação pública.[65] Esse é o verdadeiro cerne da teoria da indústria cultural. A literatura especializada nos oferece tanto informação em alguma medida confiável sobre o quadro institucional e a estrutura quanto sobre o modo de trabalho, a configuração dos programas e a utilização das mídias; mas as afirmações sobre os *efeitos midiáticos* permanecem incertas, mesmo uma geração após Lazarsfeld. Afinal, a pesquisa sobre os efeitos e sobre a recepção acabou com a imagem do consumidor passivo, controlado pelos programas apresentados. Em vez disso, ela dirige seu olhar às *estratégias de interpretação* dos espectadores que se comunicam eventualmente uns com os outros, podendo inclusive se opor às contradições que lhes são objetadas ou sintetizar as ofertas com seus próprios padrões interpretativos.[66]

Mesmo se também estivermos em alguma medida informados sobre o peso e o modo de operar das mídias de massa e sobre a distribuição de papéis entre o público e os diferentes atores, podendo avançar suposições fundamentadas a respeito de quem dispõe do poder midiático, continua não sendo claro como as mídias de massa intervêm no círculo obscuro de comunicação da esfera pública política. São mais evidentes as *reações normativas* relativas aos novos fenômenos da tomada de poder do complexo midiático na concorrência por influência político-jornalística. As tarefas que as mídias

---

65 Essas afirmações valem em primeira linha para mídias eletrônicas que são frequentemente utilizadas por um público mais amplo; para a imprensa e outras mídias, elas precisam ser qualificadas.

66 S. Hall, Encoding and Decoding in TV-Discourse, in: *Culture, Media, Language*, Londres, Hutchinson, 1980, p.128-138; D. Morley, *Family Television: Cultural Power and Domestic Leisure*, Londres, Routledge, 1988.

devem cumprir no sistema político constituído pelo Estado de direito foram resumidas por Gurevitch e Blumler de acordo com os seguintes pontos:

1. *Surveillance of the sociopolitical environment, reporting developments likely to impinge, positively or negatively, on the welfare of citizens;*
2. *meaningful agenda-setting, identifying the key issues of the day, including the forces that have formed and may resolve them;*
3. *platforms for an intelligible and illuminating advocacy by politicians and spokespersons of other causes and interest groups;*
4. *dialogue across a diverse range of views, as well as between power-holders (actual and prospective) and mass publics;*
5. *mechanisms for holding officials to account for how they have exercised power;*
6. *incentives for citizens to learn, choose, and become involved, rather than merely to follow and kibitz over the political process;*
7. *a principled resistance to the efforts of forces outside the media to subvert their independence, integrity and ability to serve the audience;*
8. *a sense of respect for the audience member, as potentially concerned and able to make sense of his or her political environment.*[67]

Orientam-se por tais princípios tanto o código profissional dos jornalistas e a autocompreensão da profissão concernente a uma ética corporativa,

---

67 M. Gurevitch e G. Blumler, Political Communication Systems and Democratic Values, in: J. Lichtenberg (ed.), *Democracy and the Mass Media*, Cambridge, Cambridge University Press, 1990, p.270. ["1. vigilância do entorno sociopolítico, reportando desenvolvimentos que possam interferir, positiva ou negativamente, no bem-estar dos cidadãos; 2. formação da agenda relevante, identificando as questões centrais do dia, incluindo as forças responsáveis por sua geração e suas possíveis respostas; 3. plataformas para uma defesa inteligível e iluminadora por parte de políticos e porta-vozes de outras causas e grupos de interesse; 4. diálogo perpassando um leque diversificado de visões, incluindo detentores do poder (atuais e futuros) e públicos de massa; 5. mecanismos para fazer que os representantes prestem contas de como exercem o poder; 6. incentivos para que os cidadãos aprendam, escolham e se envolvam, ao invés de meramente seguirem ou comentarem superficialmente o processo político; 7. uma resistência baseada em princípios contra as forças externas à mídia para subverter sua independência, integridade e habilidade de servir a um público; 8. um senso de respeito pelos membros do público enquanto potencialmente concernidos e aptos a dar sentido a seu ambiente político" – N. T.]

de um lado, quanto a organização de uma imprensa livre baseada nos direitos de mídia, de outro.[68] Em acordo com o conceito de política deliberativa, eles expressam uma ideia reguladora simples: as mídias de massa devem ser compreendidas como mandatárias de um público esclarecido, simultaneamente pressupondo, exigindo e reforçando a disposição para aprendizagem e capacidade de crítica; de forma semelhante à justiça, elas devem proteger sua independência diante de atores políticos e sociais; devem assumir as questões e preocupações do público e, à luz desses temas e contribuições, expor o processo político a uma coerção de legitimação e a uma crítica intensificada. Assim, o poder da mídia deve ser neutralizado, bloqueando-se a transposição do poder administrativo ou social para a influência política e pública. De acordo com essa ideia, os atores políticos e sociais só poderiam "usar" a esfera pública na medida em que fizessem contribuições convincentes para o tratamento de problemas que foram percebidos pelo público ou inseridos na agenda pública com seu consentimento. Também os partidos políticos deveriam participar na formação da opinião e da vontade do público a partir de sua *própria* perspectiva, em vez de influir sobre o público da perspectiva da conservação de seu poder político com a finalidade de meramente extrair da esfera pública a lealdade das massas.[69]

Quando recordamos ante o pano de fundo dessas expectativas normativas a imagem da esfera pública perpassada pelo poder e dominada pelas mídias de massa, a qual nos foi transmitida pela sociologia da comunicação de massa e é mantida entre nós ainda que difusamente, as chances de influência por parte da sociedade civil sobre o sistema político acabam sendo avaliadas com grande moderação. Contudo, essa avaliação está relacionada somente a uma *esfera pública em estado de repouso*. No momento de mobilização, começam a vibrar as estruturas sobre as quais a autoridade de um público que toma posição encontra-se propriamente apoiada. A partir de então, alteram-se as relações de força entre sociedade civil e sistema político.

---

68 Cf. os princípios para um "pluralismo regulado" das mídias de massa em J. B. Thompson, *Ideology and Modern Culture: Critical Social Theory in the Era of Mass Communication*, Cambridge, Stanford University Press, 1990, p.261 e ss.

69 Uma semelhante "filosofia das mídias" é apresentada por J. Keane, *The Media and Democracy*, Cambridge, Polity Press, 1991.

Facticidade e validade

(4) Com isso, retomo a questão central acerca de quem pode estabelecer os temas na ordem do dia e determinar a direção das correntes de comunicação. Cobb, Ross e Ross propuseram modelos que ilustram os percursos de novos temas politicamente importantes, desde as primeiras iniciativas até o tratamento formal em órgãos autorizados a tomar decisões.[70] Quando modificamos os modelos propostos – *inside access model, mobilization model, outside initiative model* [modelo de acesso interno, modelo de mobilização, modelo de iniciativa externa] – de forma apropriada, ou seja, relevante sob pontos de vista democráticos, eles apresentam simplificadamente as alternativas de influência entre esfera pública e sistema político. No primeiro caso, a iniciativa parte dos titulares de cargos ou de líderes políticos; nessa situação, o tema circula no interior do sistema político até receber tratamento formal, enquanto que a esfera pública política ou é diretamente excluída do processo, ou não possui qualquer influência sobre ele. No segundo caso, a iniciativa parte mais uma vez do sistema político, cujos agentes, porém, devem mobilizar a esfera pública porque precisam do apoio de parte relevante do público, seja para alcançar um tratamento formal ou impor a implementação de um programa determinado. Apenas no terceiro caso a iniciativa reside em forças que se encontram fora do sistema político, as quais impõem o tratamento formal dos temas com a ajuda de uma esfera pública mobilizada, isto é, com a pressão da opinião pública:

> *The outside initiative model applies to the situation in which a group outside the government structure 1) articulates a grievance, 2) tries to expand interest in the issue to enough other groups in the population to gain a place on the public agenda, in order to 3) create sufficient pressure on decision makers to force the issue onto the formal agenda for their serious consideration. This model of agenda building is likely to predominate in more egalitarian societies. Formal agenda*

---

70 R. Cobb, J. K. Ross e M. H. Ross, Agenda Building as a Comparative Political Process, *The American Political Science Review*, Cambridge, v.70, n.1, mar. 1976, p.126-138; R. Cobb e C. Elder, The Politics of Agenda-Building: an Alternative Perspective for Modern Democratic Theory, *The Journal of Politics*, Chicago, v.33, n.4, nov. 1971, p.892-915.

status, however, does not necessarily mean, that the final decision of the authorities or the actual policy implementation will be that the grievance group originally sought.[71]

Em caso normal, os temas e iniciativas possuem um percurso cujo caminho corresponde mais aos dois primeiros modelos do que ao terceiro. Ainda que a circulação informal do poder possa dominar o sistema político, a iniciativa e o poder para trazer os problemas à ordem do dia e submetê-los à decisão estão mais nas mãos do governo e da administração do que nas do complexo parlamentar; e enquanto na esfera pública as mídias de massa, contra sua autocompreensão normativa, receberem seu material preferencialmente dos poderosos e bem organizados produtores de informação, enquanto preferirem estratégias publicitárias que diminuam, e não aumentem, o nível discursivo da circulação pública da comunicação, os temas adotam um caminho controlado que, em regra, parte do centro, em vez de tomar um caminho espontâneo, originado na periferia social. Em todo caso, é nessa direção que apontam os diagnósticos ceticamente afinados sobre a articulação de problemas em arenas públicas.[72] No entanto, não se trata em nosso contexto de uma análise empírica conclusiva do exercício de influência recíproca entre política e público. Para nosso objetivo, é suficiente tornar plausível que os *atores da sociedade civil*, desconsiderados até agora em nosso cenário, *podem* assumir um papel surpreendentemente ativo e rico em consequências sob condições de uma situação perceptível de

---

71 Cobb, Ross e Ross, Agenda Building as a Comparative Political Process, op. cit., p.132. ["O modelo de iniciativa externa se aplica à situação em que um grupo fora da estrutura do governo 1) articula a reparação de uma injustiça, 2) tenta expandir o interesse em torno da questão para um número suficiente de outros grupos da população a fim de ganhar um lugar na agenda pública, com a finalidade de 3) criar pressão suficiente sobre as autoridades decisórias, forçando a questão a ser introduzida na agenda formal para que seja seriamente considerada. Esse modelo de construção de agenda é provavelmente predominante em sociedades mais igualitárias. O status de agenda formal, contudo, não significa necessariamente que a decisão final das autoridades ou a implementação atual da política serão o que os grupos voltados à reparação de injustiças tinham em vista originalmente" – N. T.]

72 S. Hilgartner, The Rise and Fall of Social Problems: a Public Arenas Model, *American Journal of Sociology*, Chicago, v.94, n.1, jul. 1988, p.53-78.

Facticidade e validade

crise.[73] Apesar de uma complexidade organizativa menor, uma capacidade de ação mais fraca e desvantagens estruturais, eles ainda conservam, nos momentos críticos de uma história acelerada, a chance de *inverter* a direção da circulação convencionalmente consolidada da comunicação na esfera pública e no sistema político, transformando, com isso, o modo de solucionar problemas do sistema em seu todo.

As estruturas comunicativas da esfera pública estão de tal modo ligadas aos domínios da vida privada que, em comparação com os centros da política, a periferia da sociedade civil possui a vantagem de ter uma sensibilidade maior para a percepção e a identificação de novas situações problemáticas. Isso pode ser comprovado com os grandes temas da última década — pensemos na espiral da corrida ao armamento atômico, nos riscos do uso pacífico da energia nuclear, em outros dispositivos tecnológicos de grande alcance ou experimentos científicos como a pesquisa genética, pensemos nos riscos ecológicos de um ecossistema sobrecarregado (destruição das florestas, poluição das águas, extinção das espécies etc.), no empobrecimento dramaticamente progressivo do Terceiro Mundo e nos problemas da ordem econômica mundial, pensemos nos temas do feminismo, na imigração crescente e os problemas decorrentes de uma composição étnica e cultural modificada da população etc. Quase nenhum desses temas foi introduzido *inicialmente* pelos expoentes do aparelho estatal, das grandes organizações ou dos sistemas sociais funcionais. Em vez disso, foram lançados por intelectuais, pessoas concernidas, *radical professionals* [profissionais radicais], "advogados" autoproclamados etc. Dessa periferia mais externa, os temas invadem jornais e associações interessadas, clubes, organizações profissionais, academias, universidades etc., e encontram foros, iniciativas civis e outras plataformas antes que, dado o caso, assumam diversamente o núcleo de cristalização de movimentos sociais e novas subculturas.[74] Estes, por sua

---

73 Rolke analisa os movimentos sociais como "expoentes do mundo da vida" em um estudo empírico estimulante. Cf. L. Rolke, *Protestbewegungen in der Bundesrepublik*, Opladen, VS Verlag für Sozialwissenschaften, 1987.

74 J. Raschke, *Soziale Bewegungen: Ein historisch-systematischer Grundriss*, Frankfurt/Main, Campus, 1985.

vez, podem dramatizar suas contribuições e encená-las de maneira tão eficaz que as mídias de massa passam a assumir suas questões. Somente pelo tratamento controverso nas mídias tais temas alcançam o grande público e entram na "agenda pública". Às vezes, é preciso o apoio de ações espetaculares, protestos de massa e campanhas persistentes até que, mediante êxitos eleitorais, ampliações cautelosas dos programas dos "velhos partidos", decisões fundamentais da justiça etc., os temas possam penetrar o centro do sistema político e lá serem tratados formalmente.

Naturalmente, os temas fazem outros percursos, existem outros caminhos da periferia ao centro e outros padrões com ramificações complexas e laços de acoplamento. Mas em geral é possível constatar que, mesmo em esferas públicas políticas em maior ou menor medida submetidas a estruturas de poder, as relações de força se deslocam tão logo a percepção de problemas sociais relevantes provoca uma *consciência de crise* na periferia. Portanto, quando atores da sociedade civil se reúnem, formulam um tema correspondente e o propagam na esfera pública, suas iniciativas podem ter resultado porque, com a mobilização endógena da esfera pública, entra em vigor uma legalidade [*Gesetzmäßigkeit*] latente inscrita na estrutura interna de toda esfera pública e que se mostra presente também na autocompreensão normativa das mídias de massa: a de que o participante na arena deve sua influência ao assentimento da galeria. Ao menos deve-se dizer que, na medida em que um mundo da vida racionalizado vem ao encontro da formação de uma esfera pública liberal com forte fundamento na sociedade civil, a autoridade de um público que toma posição é reforçada no decorrer da escalada de controvérsias públicas. Pois em casos de mobilização vinculados a uma crise, a comunicação pública informal, *sob essas condições*, move-se em vias que, por um lado, dificultam a concentração de massas doutrinadas em termos populistas e, por outro, conduzem o potencial crítico disperso de um público unido apenas de modo abstrato pela esfera pública das mídias — e o ajudam a exercer influência político-jornalística sobre a formação institucionalizada da opinião e da vontade. Porém, somente em esferas públicas *liberais* as políticas subinstitucionais dos movimentos, que abandonam as vias convencionais da política de interesses para reforçar a circulação do poder do sistema político regulada pelo Estado de direito, possuem uma outra direção

Facticidade e validade

de embate, diferentemente de esferas públicas já *formadas* que servem apenas como foros de legitimação plebiscitária.[75]

No topo dessa escalada, percorrida em seus diversos degraus pelos protestos subinstitucionais dos cidadãos quando intensificam suas manifestações, torna-se particularmente mais claro o sentido de uma pressão ampliada por legitimação. O último meio para ampliar a escuta e a influência político-jornalística de argumentos oposicionistas são os atos de desobediência civil, os quais necessitam de um alto grau de explicação. Esses atos não violentos de transgressão simbólica das regras são compreendidos como expressão do protesto contra decisões vinculantes, que, apesar de sua gênese legal à luz de princípios válidos da Constituição, são ilegítimas segundo a percepção dos atores. Eles se dirigem a dois destinatários em simultâneo. De um lado, apelam a autoridades públicas e representantes eleitos pela reabertura de deliberações políticas formalmente encerradas, com o objetivo de reconsiderar a crítica pública persistente e, eventualmente, revisar suas decisões. De outro, apelam ao "senso de justiça da maioria da sociedade", segundo a expressão de Rawls,[76] ou seja, ao juízo crítico de um público de cidadãos que deve ser mobilizado com meios não convencionais. Independente do objeto próprio de controvérsia, a desobediência civil sempre reclama o reacoplamento da formação política constituída da vontade com os processos de comunicação da esfera pública. A mensagem desse subtexto se dirige a um sistema político que, em razão de sua constituição baseada no Estado de direito, não pode se separar da sociedade civil e se tornar independente da periferia. Com isso, a desobediência civil se refere à sua própria origem em uma sociedade civil que, em casos de crise, atualiza os conteúdos normativos do Estado democrático de direito no *medium* da opinião pública, voltando-se contra a inércia sistêmica da política institucional.

Esse caráter *autorreferencial* é sublinhado pela definição que Cohen e Arato propõem seguindo as reflexões de Rawls, Dworkin e minhas:

---

75 Cf. C. Offe, Challenging the Boundaries of Institutional Politics: Social Movements since the 1960s, in: C. S. Maier (ed.), *Changing Boundaries of the Political: Essays on the Evolving Balance between the State and Society, Public and Private in Europe*, Cambridge, Cambridge University Press, 1987, p.63-106.

76 Rawls, *Theorie der Gerechtigkeit*, op. cit., p.401.

Jürgen Habermas

Civil disobedience involves illegal acts, usually on the part of collective actors, that are public, principled and symbolic in character, involve primarily nonviolent means of protest, and appeal to the capacity for reason and the sense of justice of the populace. The aim of civil disobedience is to persuade public opinion in civil and political society [...] that a particular law or policy is illegitimate and a change is warranted [...]. Collective actors involved in civil disobedience invoke the utopian principles of constitutional democracies, appealing to the ideas of fundamental rights or democratic legitimacy. Civil disobedience is thus a means for reasserting the link between civil and political society [...], when legal attempts at exerting influence of the former on the latter have failed and other avenues have been exhausted.[77]

Nessa interpretação da desobediência civil, manifesta-se a autoconsciência de uma sociedade civil a quem se atribui a capacidade de, ao menos diante de crises, intensificar a pressão de uma esfera pública mobilizada sobre o sistema político, de tal maneira que este se converta ao modo de conflito e procure, por sua vez, neutralizar a circulação não oficial do poder.

A justificação da desobediência civil[78] se apoia, além disso, em uma *compreensão dinâmica* da Constituição como um projeto inacabado. Dessa perspectiva de longo prazo, o Estado democrático de direito não representa uma estrutura concluída, mas um empreendimento vulnerável, suscetível, falível

---

77 Cohen e Arato, *Civil Society and Political Theory*, op. cit., p.587-588. Sobre a "tolerância militante", cf. U. Rödel, G. Frankenberg e H. Dubiel, *Die demokratische Frage*, Frankfurt/Main, 1989, cap.VI. ["A desobediência civil envolve atos ilegais, em geral por parte de atores coletivos, que são públicos, simbólicos e orientados por princípios, abarcando principalmente meios não violentos de protesto e apelando à capacidade de dar razões e ao senso de justiça da população. O objetivo da desobediência civil é persuadir a opinião pública na sociedade civil e política (...) de que uma lei ou política particular é ilegítima e uma mudança, justificada (...). Atores coletivos envolvidos em desobediência civil invocam os princípios utópicos das democracias constitucionais, apelando às ideias dos direitos fundamentais ou da legitimidade democrática. A desobediência civil, portanto, é um meio para reafirmar o vínculo entre sociedade civil e sociedade política (...) quando as tentativas legais de influência da primeira sobre a última falharam ou outras vias foram esgotadas" – N. T.]

78 Para a discussão jurídica, cf. R. Dreier, Widerstandsrechts im Rechtsstaat?, in: *Recht – Staat – Vernunft*, op. cit., p.39-72; T. Laker, *Ziviler Ungehorsam: Geschichte, Begriff, Rechtfertigung*, Baden-Baden, Nomos, 1986.

Facticidade e validade

e, sobretudo, carente de revisão, voltado a realizar *de forma sempre renovada* o sistema de direitos sob circunstâncias diversas, o que implica interpretá-lo melhor, institucionalizá-lo de maneira mais adequada e esgotá-lo radicalmente em seu conteúdo. Essa é a perspectiva dos cidadãos que participam de forma ativa da realização do sistema de direitos e que, estando atentos e apelando às condições modificadas dos contextos, pretendem superar em termos práticos a tensão entre facticidade social e validade. A teoria do direito não pode se apropriar dessa perspectiva dos participantes; porém, ela é capaz de reconstruir a *compreensão* paradigmática do direito e do Estado democrático de direito a partir da qual os cidadãos podem se guiar ao construir uma imagem das delimitações estruturais que são subjacentes à auto-organização da comunidade jurídica em sua sociedade.

(5) A partir da visão reconstrutiva foi possível mostrar que os direitos fundamentais e os princípios do Estado de direito explicitam somente o sentido performativo da autoconstituição de uma comunidade de parceiros do direito livres e iguais. Essa práxis se estabiliza nas formas de organização do Estado democrático de direito. Toda Constituição histórica possui uma dupla referência temporal: como documento histórico, ela remete ao ato de fundação que ela interpreta, marcando um início no tempo; ela se refere simultaneamente a seu caráter normativo, já que a tarefa de interpretação e configuração do sistema de direitos se instaura *de forma renovada* para cada geração; enquanto projeto de uma sociedade justa, uma Constituição articula o horizonte de expectativa de um futuro que se mostra presente a cada vez. Sob esse aspecto de um processo constituinte duradouro e *contínuo*, o procedimento democrático de positivação legítima do direito obtém um valor posicional privilegiado. Por isso, torna-se latente a questão de saber se e, em caso afirmativo, como em sociedades complexas do tipo da nossa um procedimento tão pretensioso pode ser efetivamente implementado a ponto de uma circulação do poder regulada pelo Estado de direito se impor sobre o sistema político. As respostas a essa pergunta, por seu turno, informam nossa própria compreensão paradigmática do direito. Para o esclarecimento de uma tal compreensão historicamente situada da Constituição, gostaria de reter os seguintes pontos.

(a) O sistema político constituído com base no Estado de direito é, de um lado, especializado na produção de decisões coletivamente vinculantes e, nessa medida, forma apenas um entre outros sistemas parciais. De outro lado, a política, em razão de sua conexão interna com o direito, continua responsável pelos problemas que atingem a sociedade em seu todo. As decisões coletivamente vinculantes devem, simultaneamente, poder ser interpretadas como a efetivação de direitos, segundo a qual as estruturas de reconhecimento da ação orientada ao entendimento se transferem, pelo *medium* do direito, do âmbito das interações simples às relações abstratamente mediadas e anônimas entre estranhos. Na medida em que a política persegue a cada vez fins coletivos particulares e regula determinados conflitos, ela elabora ao mesmo tempo problemas gerais de integração. Por ser constituída em conformidade com o direito, uma política especializada funcionalmente em seu modo de operar mantém uma referência aos problemas da sociedade em seu todo: ela dá prosseguimento no âmbito reflexivo a uma integração social que os outros sistemas de ação não podem mais conduzir de maneira suficiente.

(b) A partir dessa posição assimétrica, é possível explicar que o sistema político está sujeito a delimitações dos dois lados – e que suas operações e decisões se medem por padrões correspondentes. Na qualidade de sistema de ação funcionalmente especializado, ele se vê limitado por outros sistemas funcionais que obedecem à sua própria lógica e, nessa medida, fecha-se contra intervenções diretas. De um lado, o sistema político esbarra nos limites da efetividade do poder administrativo (incluindo formas jurídicas de organização e meios fiscais). De outro, a política, como um sistema de ação regulado pelo Estado de direito, permanece vinculada à esfera pública e depende das fontes do poder comunicativo enraizadas no mundo da vida. Deste ponto de vista, o sistema político não está sujeito às delimitações externas de um ambiente social, experimentando apenas sua dependência em relação a condições internas de possibilidade. Pois, em última instância, as condições que tornam possível a produção do direito legítimo não se encontram à disposição da política.

(c) De ambos os lados, o sistema político está exposto a perturbações que podem prejudicar a *efetividade* de suas operações ou a *legitimidade* de suas

Facticidade e validade

decisões. O sistema político fracassa em sua competência reguladora se o programa jurídico implementado permanecer ineficaz ou se as operações de ordenação e controle desencadearem efeitos desintegradores nos sistemas de ação carentes de regulação, ou ainda se os meios impostos exigirem demais do *medium* do direito e sobrecarregarem a constituição normativa do próprio sistema. Considerando os complexos problemas de controle, a incapacidade de intervenção, a falha na regulação e a autodestruição eventualmente se acumulam, levando a um "trilema regulatório" cada vez mais agudo.[79] Em outra ponta, o sistema político fracassa como lugar-tenente da integração social se suas decisões (ainda que efetivas) não puderem mais ser referidas ao direito legítimo. A circulação de poder regulada pelo Estado de direito é anulada se o sistema administrativo se autonomizar diante do poder comunicativamente produzido, se o poder social dos sistemas funcionais e das grandes organizações (incluindo as mídias de massa) se converter em poder ilegítimo ou se os recursos do mundo da vida voltados às comunicações públicas espontâneas não forem mais suficientes para garantir uma articulação não forçada de interesses sociais. A autonomização do poder ilegítimo e as debilidades da sociedade civil e da esfera pública política podem levar de forma aguda a um "dilema legitimatório", que, sob certas circunstâncias, se acumula ao trilema do controle em direção a um círculo vicioso. Portanto, o sistema político é sugado pelos déficits de legitimidade e de controle que se reforçam reciprocamente.

(d) Em todo caso, tais critérios podem ser explicados em perspectiva histórica. Eles não estão inscritos nas estruturas de sociedades diferenciadas funcionalmente de modo a desautorizar de antemão o projeto de autoempoderamento de uma comunidade de livres e iguais mediante autovinculação jurídica. Contudo, eles são sintomáticos para aquela inserção caracteristicamente assimétrica do sistema político constituído pelo Estado de direito em processos de circulação altamente complexos, acerca dos quais os atores têm de poder produzir uma imagem adequada enquanto cidadãos, deputados, juízes, funcionários etc. caso queiram se engajar com sucesso

---

79 Cf. Teubner, Reflexives Recht: Entwicklungsmodelle des Rechts in vergleichender Perspektive, *Archiv für Rechts- u. Sozialphilosophie*, Sttutgart, v.68, n.I, 1982, p.I3 e ss.

na atitude performativa em prol da efetivação do sistema de direitos. Uma vez que esses direitos precisam ser interpretados de maneira diferente em contextos sociais cambiantes, a luz que eles lançam sobre as relações sociais se vê refratada de modos variados no espectro dos diferentes paradigmas jurídicos. As constituições históricas, mesmo entre tantas interpretações, deixam-se compreender como uma e *mesma* práxis – a práxis de autodeterminação de parceiros do direito livres e iguais; porém, como toda práxis, também esta se situa na história. Os participantes têm de partir da especificidade de sua *respectiva* práxis se quiserem se esclarecer sobre o que tal práxis pode *em geral* significar.

IX
Paradigmas do direito

Desde pelo menos as grandes codificações do século XVIII, o direito válido é primariamente acessível na forma de textos: as proposições normativas contidas nos códigos declaram quais normas devem ser consideradas em vigor. Tais proposições normativas formam a base da jurisprudência. De sua perspectiva, a dogmática jurídica se esforça em interpretar o direito válido. A teoria do direito e a história do direito cultivam uma compreensão mais objetificadora dos textos legais e dos sistemas de regras — ainda que em direções opostas. Enquanto a teoria do direito, como vimos, toma distância da prática de decisões judiciais vinculada à interpretação de casos particulares sem abandonar a perspectiva do participante enquanto tal, o olhar objetivador do historiador se dirige aos contextos sociais nos quais o direito se encontra inserido como sistema de ação — e dos quais também se alimentam os pressupostos de fundo que, implicitamente, acompanham a justiça e a dogmática do direito contemporânea. Dessa perspectiva do observador, abrem-se aqueles nexos de sentido que permanecem latentes para os próprios participantes e que conectam objetivamente o sistema jurídico com seu ambiente social, mas também em termos subjetivos — por meio da imagem que os juristas fazem de seus respectivos contextos sociais. Torna-se claro, então, que os especialistas interpretam as proposições normativas individuais não apenas a partir do contexto do *corpus* jurídico como um todo, mas também do horizonte de uma pré-compreensão dominante da sociedade contemporânea. Nessa escala, a interpretação do direito é também uma resposta aos desafios de uma situação social percebida de maneira determinada.

Em alguns lugares de destaque, o próprio texto da lei revela esses diagnósticos de tempo implícitos – por exemplo, nas sessões dedicadas aos direitos fundamentais em Constituições resultantes de transformações políticas profundas ou revoluções. Diferentemente do direito formulado ou desenvolvido profissionalmente por juristas, o teor e até mesmo o estilo dos direitos fundamentais expressam enfaticamente a manifestação de vontade e declaração política de cidadãos que reagem a experiências concretas de repressão e violação da dignidade humana. Na maior parte dos artigos de direitos fundamentais ressoa o eco de uma injustiça sofrida, a qual passa a ser negada, por assim dizer, palavra por palavra.[1] O que se faz manifesto nos raros momentos de fundação revolucionária de uma Constituição tem de ser laboriosamente decifrado pelo historiador no trabalho cotidiano da legislação e da justiça. Estas só podem perseguir o seu fim de efetivação e aplicação do direito em um contexto interpretado à luz de possibilidades de ação admitido e delimitado factualmente. É possível entender as decisões e os argumentos que acompanham as respostas dadas pelos atores somente quando se conhece sua *imagem de sociedade implícita*, quando se sabe quais estruturas, desempenhos, potenciais e perigos eles atribuem à respectiva sociedade de seu tempo ao tentar cumprir sua tarefa de efetivar o sistema de direitos.

Pela perspectiva da crítica da ideologia, O. Kahn-Freund, já em 1931, investigou o "ideal social" do Tribunal do Trabalho do *Reich*.[2] Com propósitos descritivos, F. Wieacker introduziu, duas décadas depois, o conceito equivalente de "modelo social" ao decifrar o paradigma liberal do direito nos códigos clássicos do direito privado. Com isso, ele pretendia "revelar o modelo social de uma ordem jurídica dada e suas transformações; seu projeto secreto inicialmente encoberto pela continuidade da tradição científica

---

1 Exemplos notáveis oferecem os detalhados catálogos de direitos fundamentais das Constituições dos estados federativos alemães promulgadas após 1945, assim como no esboço não promulgado de uma Constituição para a República Democrática Alemã, publicado em abril de 1990 pelo grupo de trabalho "Nova Constituição da DDR", *Runden Tisches*.

2 O. Kahn-Freund, Das soziale Ideal des Reichsarbeitsgericht, in: T. Ramm (ed.), *Arbeitsrecht und Politik*, Neuwied/Berlim, Luchterhand, 1966, p.149 e ss.

Facticidade e validade

determinada humanística, literária e conceitualmente".[3] Com seu famoso estudo, Wieacker clarificou o paradigma do direito formal burguês e, ao mesmo tempo, a "materialização" do direito que rompe seu invólucro – uma tendência já lamentada por Max Weber, mas que se impõe em toda sua amplitude apenas com o desenvolvimento do Estado social após o fim da Segunda Guerra. Essa *transformação social* do direito foi entendida a princípio como um processo no qual uma nova compreensão instrumental do direito, relacionada a ideias de justiça próprias do Estado social, sobrepunha-se ao modelo do direito liberal, limitava-o e, por fim, viria a substituí-lo. A jurisprudência alemã avaliou esse processo, que dissolvia a unidade clássica e a organização sistemática daquilo que lhe parecia a única ordem jurídica racional, como uma *crise do direito*.

Durante a acirrada controvérsia sobre o estatuto e o valor da cláusula relativa ao Estado social na arquitetônica da Lei Fundamental da República Federal da Alemanha, levada a cabo no início dos anos 1950 por especialistas em direito constitucional, um dos lados atacava aquilo que o outro defendia ostensivamente. Colocava-se ali em disputa a escolha normativa de um entre dois paradigmas jurídicos concorrentes. A premissa tácita de que esses dois paradigmas exauriam todas as alternativas foi posta em questão somente depois que os efeitos colaterais disfuncionais do paradigma do Estado social, implementado com sucesso, impuseram-se também politicamente. Do ponto de vista jurídico, um dos aspectos especialmente inquietantes da então evocada "crise do Estado social" era a "insensibilidade" das crescentes burocracias estatais às limitações impostas à autodeterminação individual de seus clientes – uma fraqueza do paradigma do Estado social que atua simetricamente à "cegueira social" do direito formal burguês. Desde os anos 1970, a discussão sobre os paradigmas tornou-se, por assim dizer, reflexiva. Pois a presentificação histórica da mudança de paradigmas fez que cada uma das compreensões paradigmáticas do direito perdesse o caráter de saber orientador meramente *intuitivo*, que atua como pano de fun-

---

3 F. Wieacker, Das Sozialmodell der klassischen Privatrechtsgesetzbücher und die Entwicklung der modernen Gesellschaft, in: *Industriegesellschaft und Privatrechtsordnung*, Frankfurt/Main, Athenäum/Fischer/Taschenbuch, 1974, p.5.

do. Desse modo, a disputa acerca da correta compreensão paradigmática do direito transformou-se em tema explícito da doutrina jurídica.

A estrutura intransparente de uma ordem jurídica que não se deixou fixar a um programa nem condicional, nem finalístico como forma de regulação privilegiada, mas que tampouco desonerou suficientemente o legislador da regulação de matérias complexas e âmbitos funcionais desconexos com a ampliação de normas organizacionais e procedimentais, fomentou a *busca por um novo paradigma* situado além das alternativas conhecidas.[4] Bastante típico do caráter aporético do debate contemporâneo é a tentativa de resposta deixada por D. Grimm aos leitores em sua pesquisa sobre "O futuro da Constituição". Como ainda veremos, Grimm aborda ali as razões estruturais para o déficit regulatório e a perda da força vinculante do direito constitucional, questionando, ao final, se a ideia de Constituição ainda teria futuro:

> Na medida em que a Constituição não consegue mais incluir em sua estrutura regulatória todos os portadores do poder público, é preciso admitir que ela também não irá mais cobrir todos os domínios da atividade estatal. Se uma *compreensão constitucional modificada* pode enfrentar essa perda de validade, ou se a Constituição irá se reduzir, enfim, a uma ordem parcial é uma pergunta que permanece em aberto.[5]

Na Alemanha, parece que a profissão se apresenta diante da seguinte alternativa: ou ela articula de modo convincente uma compreensão do direito que se conecta a um projeto constitucional talhado para sociedades complexas,[6] ou abre mão inteiramente de uma compreensão normativa do direito – o que significa abandonar por completo a esperança de que o direito possa transformar a frágil força de convicções formadas sem coerção e compartilhadas intersubjetivamente em um poder social integrador, capaz

---

4 Um panorama geral sobre essa discussão nos oferece H. D. Assmann, *Wirtschaftsrecht in der Mixed Economy*, Frankfurt/Main, Müller, 1980, cap.II.

5 Grimm, *Die Zukunft der Verfassung*, op. cit., p.437 (grifos meus – J. H.).

6 U. K. Preuss, *Revolution, Fortschritt und Verfassung: Zu einem neuen Verfassungsverständnis*, Berlim, Fischer, 1990.

Facticidade e validade

de superar finalmente toda violência pura, seja qual for a máscara sempre utilizada para se ocultar.[7]

Em conclusão, gostaria de examinar se a compreensão procedimental desenvolvida até aqui pode oferecer contribuições para decidir essa questão. Irei de início explicitar a materialização do direito em algumas áreas do direito privado e na transformação social dos direitos fundamentais. A mudança de paradigmas mostra que a autonomia privada, que compõe o status das pessoas de direito de modo geral, tem de ser realizada de diferentes modos em contextos sociais cambiantes (I). Servindo-me da dialética entre igualdade de direito e igualdade de fato, lidarei na sequência com as consequências problemáticas produzidas pelo desenvolvimento do Estado social à garantia de uma configuração autônoma de vida segundo os termos da autonomia privada. As consequências não intencionais da juridificação evidenciam a conexão interna entre autonomia privada e pública. Os efeitos indesejáveis das provisões do Estado social podem ser enfrentados por uma política de qualificação dos cidadãos que fundamenta os direitos a prestações estatais por referência a um status da cidadania que garante simultaneamente a autonomia privada e pública. (II) O catálogo modificado de tarefas do Estado e a ampliação do domínio funcional da administração também geram problemas para a separação de poderes. A autoprogramação de uma administração independente e a delegação não autorizada de competências estatais podem ser enfrentadas por meio de uma extensão da separação funcional de poderes no interior do próprio sistema administrativo – a partir de novos elementos de participação e de controle por esferas públicas de domínios específicos (III).

I. Materialização do direito privado

(I) Foram introduzidas diferentes expressões para a compreensão paradigmática do direito de uma determinada época social, tais como "ideal

---

7 A teoria dos sistemas, ao compreender o sistema de direitos nos termos da autodescrição, aproxima-se bastante dessa consequência. Cf. R. Wiethölter, Ist unserem Recht der Prozess zu machen?, in: Honneth et al., *Zwischenbetrachtungen im Prozeß der Aufklärung*, op. cit., p.794-812.

social" ou "modelo social", "visão social" ou simplesmente "teoria". Todas se referem àquelas imagens implícitas da própria sociedade que oferecem uma perspectiva à prática de produção e aplicação do direito, ou, de modo geral: oferecem uma orientação ao projeto de efetivação de uma associação de parceiros do direito livres e iguais. As pesquisas historiográficas sobre a mudança de paradigmas e as contribuições da dogmática jurídica a essa disputa limitam-se, entretanto, às interpretações profissionais do direito válido. Um paradigma jurídico é inferido em primeira linha de decisões judiciais exemplares e costuma ser equiparado à imagem implícita que os juízes têm da sociedade. Apoiando-se na sociologia do conhecimento própria da fenomenologia social, F. Kübler, por exemplo, fala da "construção social da realidade" que se encontra na base dos juízos factuais do discurso jurídico, isto é, da descrição e avaliação da sucessão dos fatos e dos modos de funcionamento dos sistemas de ação social: "Os 'fatos' são expectativas e motivações de comportamento inter-relacionadas, interações humanas, pequenas partículas da grande corrente dos múltiplos e interconectados processos sociais. De forma mais precisa: não são esses processos mesmos, mas as representações que a Corte faz a seu respeito".[8] H. J. Steiner chama de uma "visão social" as representações implícitas dos juízes relativas à teoria da sociedade. Ela forma o contexto quando os juízes, na fundamentação de suas decisões, constatam fatos e os referem a normas: *"By social vision* [...] *I mean perceptions of courts about society (its socioeconomic structure, patterns of social interaction, moral goals, and political ideologies) about social actors (their character, behavior, and capacities), and about accidents (their causes, volume and toll)!".*[9] Steiner explica o conceito fazendo referência à jurisprudência norte-americana sobre responsabilidade por danos:

---

8 F. Kübler, *Über die praktischen Aufgaben zeitgemäßer Privatrechtstheorie,* Karlsruhe, 1975, p.9.

9 H. J. Steiner, *Moral Argument and Social Vision: a Study of Tort Accident Law,* Madison University of Wisconsin Press, 1987, p.92. ["Por visão social (...) entendo as percepções das cortes sobre a sociedade (sua estrutura socioeconômica, seus padrões de interação social, seus objetivos morais, suas ideologias políticas), sobre os atores sociais (seu caráter, seu comportamento e suas capacidades) e sobre os acidentes (suas causas, seu volume e suas repercussões)!" – N. T.]

Facticidade e validade

> *The concept then includes courts' understanding about matters as varied as the incidence and social costs of accidents, the operation of market pricing mechanisms, the capacity of individuals for prudent behavior, the bureaucratic rationality of business forms, the effects of standard clauses in contracts, and ideologies of growth or distribution in the nineteenth century or today. Social vision embraces not only empirical observations (the number of auto accidents), but also evaluative characterizations of events (the absence of free choice in a given context) and feelings of disapproval or empathy towards what is described (a "sharp" bargain, or a "tragic" loss).**

Atualmente, o fenômeno de uma inevitável compreensão socioteórica de fundo não constitui mais apenas o objeto de uma história do direito descritiva, mas dele se tornaram conscientes as próprias dogmática e prática jurídicas. A jurisprudência não pode mais se comportar hoje com ingenuidade em relação ao próprio "modelo social". Uma vez que a compreensão paradigmática do direito perdeu a inocência de um saber orientador que atua por trás das costas, ela passa a exigir uma justificação em termos autocríticos. Mesmo a dogmática, depois desse impulso reflexivo, não pode mais evitar a questão do paradigma "correto". Desse modo, Kübler opera uma virada construtiva em sua problemática, articulada a princípio em termos descritivos, ao constatar "que o direito privado necessita, de modo cada vez mais urgente, de esclarecimento e justificação sobre sua referência à sociedade como um todo, o que significa: tanto sobre sua criação quanto sobre sua forma de operar na sociedade", e isso porque "as tentativas habituais de explicação", seja do modelo liberal, seja do Estado social, "já não são suficien-

---

* "O conceito, assim, inclui a compreensão que as Cortes possuem acerca de matérias tão variadas como a incidência e os custos sociais de acidentes, a operação dos mecanismos de formação de preços no mercado, a capacidade dos indivíduos para um comportamento prudente, a racionalidade burocrática das formas de negócios, os efeitos das cláusulas padrão nos contratos e as ideologias sobre o crescimento ou a distribuição, tanto no século XIX quanto hoje. A visão social abarca não apenas observações empíricas (o número de acidentes de automóvel), mas também caracterizações avaliativas dos eventos (a ausência de livre escolha em um dado contexto) e sentimentos de desaprovação ou empatia sobre aquilo que é descrito (uma 'dura' negociação ou uma perda 'trágica')." (N. T.)

temente capazes de convencer".[10] O paradigma almejado deveria oferecer a melhor descrição das sociedades complexas; deveria lançar luz novamente sobre a ideia originária de autoconstituição de uma comunidade de parceiros do direito livres e iguais; e teria de superar o propagado particularismo de uma ordem jurídica que, em sua adaptação à complexidade *incompreensível* de seu entorno social, parece ter perdido seu centro e se desfeito aos poucos. Além disso, a fixação na imagem social dos juízes reforça a percepção de que a ciência do direito tem de resolver essa tarefa por si mesma.

No entanto, a decisão do historiador de fazer uso dos dados mais facilmente acessíveis dos textos legais e de suas aplicações, embora convincente do ponto de vista da técnica investigativa, não deve nos induzir à identificação do paradigma inscrito em um determinado sistema jurídico com a ordem das representações de seus gestores profissionais. Ao fazê-lo, seríamos levados a concluir que bastaria à ciência jurídica pôr-se em contato interdisciplinar com as ciências sociais para filtrar criticamente a função regulatória das "representações dos juízes sintetizada aqui sob o conceito de 'teoria'" e, a partir disso, desenvolver uma compreensão paradigmática do direito que possa atuar ela mesma com *pretensões teóricas*. Segundo essa visão, o novo paradigma deveria resultar de um esclarecimento das teorias "naturais" dos juízes de acordo com a ciência do direito e a ciência social, assumindo ele mesmo a forma de teoria – "como síntese de representações assentadas em convicções compartilhadas sobre o curso dos processos sociais, sobre os padrões de expectativas e sobre os mecanismos de integração que constituem a comunidade". Uma tal teoria possuiria "caráter dispositivo: ela determina de que modo a lei é entendida e interpretada; estabelece o local, a direção e a extensão na qual o direito estatutário pode ser complementado e modificado por meio da doutrina e do direito dos juízes; e isso significa: que ela carrega parte da responsabilidade pelo futuro da existência social".[11]

Kübler enfatiza os ganhos metodológicos que paradigmas jurídicos adequados proporcionam à prática decisória dos juízes: eles reduzem a com-

---

10 F. Kübler, Privatrecht und Demokratie, in: F. Baur et al. (eds.), *Funktionswandel der Privatrechtsinstitutionen: Festschrift für L. Raiser*, Heidelberg, Mohr Siebeck, 1974, p.719.

11 Id., *Über die praktischen Aufgaben zeitgemäßer Privatrechtstheorie*, op. cit., p.51-52.

Facticidade e validade

plexidade da tarefa de decidir o caso particular de modo ao mesmo tempo consistente e racional, isto é, à luz de um sistema de regras coerentemente ordenado. Ele também enxerga que a "teoria" exigida não serve apenas ao autoentendimento da profissão jurídica, mas também ao cumprimento de funções de legitimação das Cortes na relação com seus clientes. A respeito das decisões do direito civil que Kübler tem em mente, a "teoria" demandada deve "esclarecer" as construções básicas "de forma acessível a todos, [...] para poder conduzir a um acordo sobre as condições de funcionamento da prática do direito privado".[12] Ao menos aqui, entretanto, emergem certamente dúvidas se a disputa sobre o paradigma do direito correto pode se dar unicamente como uma disputa entre especialistas, e se o próprio paradigma pode assumir a forma de uma teoria fundada na ciência do direito.

Não é menos unilateral, por certo, o mero deslocamento do foco da discussão dos tribunais à população, isto é, à totalidade de seus clientes. Nesse sentido, L. M. Friedman defende a tese de que a mudança estrutural da sociedade converte-se em mudança do próprio direito via cultura jurídica, isto é, por meio de uma transformação do entendimento paradigmático do direito por parte de toda a população: *Legal culture here means the ideas, opinions, values, and attitudes about law, that people carry with them in their heads. If you ask, which people? The answer is: whichever people you like, whatever group, and whatever level of generality*".[13] Por esse ângulo de visão jurídico-sociológico, a transformação da cultura e da consciência jurídicas assume um caráter espontâneo; porém, a proposta de Friedman não leva em conta a circunstância de que a concorrência entre ambos os paradigmas problematizados se tornou consciente. Isso é consequência da mobilização do direito por meio de um legislador democrático que não age no vazio. A força mobilizadora da legislação evoca a população como público de cidadãos em seu papel de autores do direito – e não apenas no papel de clientes do Judiciário e da administração.

---

12 Ibid., p.60.

13 L. M. Friedman, Transformations in American Legal Culture 1800-1985, *Zeitschrift für Rechtssoziologie*, v.6, n.2, 1985, p.191. ["(A) cultura jurídica significa aqui ideias, opiniões, valores e atitudes que as pessoas possuem a respeito do direito. Se me perguntarem: quais pessoas? A resposta será: qualquer tipo de pessoa, qualquer que seja o grupo e seu nível de generalidade" – N. T.]

Jürgen Habermas

Na medida em que funcionam como um tipo de saber não temático de fundo, os paradigmas jurídicos atingem a consciência de *todos* os atores – a consciência dos cidadãos e dos clientes, não menos do que a do legislador, da justiça e da administração. Com o esgotamento do paradigma do Estado social, emergem consequências jurídicas problemáticas que decerto se impõem primeiramente aos especialistas em direito, levando-os a investigar os modelos sociais inscritos no direito. As tentativas da doutrina jurídica de evitar a alternativa entre a fixação ao Estado social e o regresso ao direito formal burguês, produzindo relações mais ou menos híbridas entre ambos os modelos, sem dúvida exigiu, quando não também desencadeou, uma compreensão reflexiva da Constituição: na medida em que a Constituição é concebida como um processo exigente de efetivação do direito, instaura-se a tarefa de situar historicamente esse projeto. Desse modo, *todos* os atores envolvidos têm de construir uma imagem sobre como o conteúdo normativo do Estado democrático de direito pode ser cumprido com eficácia no horizonte de estruturas sociais e tendências de desenvolvimento existentes. A disputa pela compreensão paradigmática correta de um sistema jurídico que se reflete como parte do todo de uma sociedade é, em seu cerne, uma disputa política. No Estado democrático de direito, essa disputa diz respeito a todos os participantes, não podendo ser cumprido meramente na forma esotérica de um discurso de especialistas desacoplado da arena política. A justiça e a dogmática jurídica participam de modo privilegiado dessa disputa interpretativa devido a sua prerrogativa decisória e, em geral, a suas experiências e conhecimentos profissionais; mas elas não podem impor com autoridade científica uma compreensão constitucional, da qual o público de cidadãos deveria ser simplesmente convencido.

(2) Como demonstra a origem disciplinar dos autores até aqui citados, a mudança de paradigma foi primeiramente notada e discutida no interior do direito privado. Isso não é casual, especialmente na Alemanha. Aqui, o direito privado se desenvolveu no âmbito da monarquia constitucional como um domínio do direito jurisprudencial e da ciência jurídica. Sem ser afetado pela força configuradora de uma ordem constitucional democrática, o direito privado conseguiu, ao longo do século XIX, isto é, até sua codificação pelo Código Civil de 1900, o fechamento sistemático de um âmbito jurídico autônomo e autorreferente. Sob a premissa da separação entre Es-

Facticidade e validade

tado e sociedade, a elaboração dogmática partia da suposição de que o direito privado assegurava o status *negativo* da liberdade dos sujeitos jurídicos e, com isso, o princípio da liberdade jurídica, por meio da organização de uma sociedade despolitizada e economicamente centrada, subtraída às intervenções estatais; enquanto que, segundo uma divisão do trabalho, o direito público seria destinado à esfera da autoridade estatal, tendo a finalidade de manter ali sob freio uma administração que opera sob a reserva de intervenção e garantir, ao mesmo tempo, o status jurídico *positivo* dos cidadãos com proteções jurídicas individuais. Certamente já se iniciava ali a materialização do direito privado segundo uma percepção autoritária dos deveres de proteção social; mas apenas com o estabelecimento da República de Weimar caem as bases constitucionais da suposta autarquia do direito privado; a partir de então, não era mais possível "opor o direito privado como reino da liberdade individual ao direito público como âmbito de incidência da coerção estatal".[14] O fim da primazia substantiva do direito privado sobre o direito constitucional, que só veio selar a dissolução factual de uma "sociedade de direito privado" (F. Böhm) sustentada em termos ideológicos, foi retrospectivamente percebido pela dogmática do direito civil alemão como uma "submissão" do direito privado a princípios do direito público e uma "destruição" da edificação autônoma de um sistema jurídico unitário.

A primazia da Constituição democrática sobre o direito privado significava que, daí para a frente, o conteúdo normativo dos direitos fundamentais teria de se desenvolver por meio de um legislador ativo no interior do próprio direito privado:

> Ao legislador do direito privado é atribuída constitucionalmente a tarefa de *transpor* o conteúdo dos direitos fundamentais, de modo diferenciado e concreto, em direito imediatamente vinculante para os participantes de uma relação jurídica privada. A ele, por princípio, compete cuidar das múltiplas modificações exigidas para a realização da influência dos direitos fundamentais sobre o direito privado.[15]

---

14 L. Raiser, *Die Zukunft des Privatrechts*, Berlim, De Gruyter, 1971, p.20.

15 K. Hesse, *Verfassungsrecht und Privatrecht*, Heidelberg, Müller, 1988, p.27.

Quando esse processo veio a ser intensificado pela jurisprudência do Tribunal Constitucional depois da Segunda Guerra, nem as reclamações sobre a desintegração da ordem jurídica, nem as medidas definidoras de urgência foram suficientes para acomodar a mudança da situação jurídica nas categorias tradicionais. Isso estimulou particularmente a dogmática do direito civil, acuada em uma posição defensiva, a refletir sobre os pressupostos não jurídicos de fundo que atuavam como premissas tácitas àquela divisão agora estremecida entre direito privado e direito público.

Objetivamente, desde o século XIX pode-se verificar também uma semelhante mudança social do direito em sociedades com tradições jurídicas distintas, ainda que comparáveis ao caso alemão. Também ali existia motivo para se investigar a sobreposição e a substituição do modelo jurídico liberal pelo modelo do Estado social, percebida sobretudo no âmbito do direito privado.[16] Independentemente das razões específicas do desenvolvimento jurídico alemão, o Estado social é notoriamente considerado um desafio ao direito privado. Veremos que as transformações sociais que nos fazem conscientes da mudança de paradigma obrigam compreender a *relação* entre autonomia privada e autonomia cidadã [*staatsbürgerlich*] não mais como contraposição, mas como um nexo de referências recíprocas. Entretanto, essa tarefa traz problemas certamente maiores ao direito civil, especificado segundo o status negativo dos sujeitos de direito, do que ao direito público, que, de saída, mantém sob o campo de visão todos os aspectos do status de cidadão. Isso se mostra com clareza em uma das primeiras tentativas de organizar, segundo novos pontos de vista sistemáticos, o conflito intransparente entre direito privado e direito público no interior do próprio direito privado.

O direito privado clássico enxergava a autodeterminação individual, no sentido da liberdade negativa de fazer ou deixar de fazer o que se quer, suficientemente garantida pelos direitos da pessoa e da proteção contra delitos, sobretudo por meio da liberdade contratual (especialmente para o intercâmbio de bens e serviços) e do direito de propriedade (com as garantias

---

16 Para os países anglo-saxões, cf. P. W. Atiyah, *The Rise and Fall of Contract of Freedom*, Oxford, Oxford University Press, 1979; L. M. Friedman, *Total Justice*, Nova York, Russel Sage Foundation, 1985; Steiner, *Moral Argument and Social Vision*, op. cit.

Facticidade e validade

conexas ao uso e à disposição, também relativas à herança) em conexão com as garantias institucionais ao casamento e à família. Essa situação se alterou de maneira radical com o advento de novos âmbitos jurídicos (como o direito trabalhista, o direito social e o direito econômico) e também com a "materialização" dos direitos relacionados a contratos, delitos e propriedade. Princípios que até então eram estritamente associados ao direito privado ou ao direito público puderam ser, em muitos aspectos, interligados e unidos. O direito privado, em seu *todo*, parecia ter de ir além do objetivo de garantir a autodeterminação individual, servindo agora à realização da justiça social: "Com isso, também no direito privado, a garantia de existência dos parceiros do direito e a proteção do mais fraco recebem o mesmo estatuto que a persecução de interesses individuais".[17] Segundo essa visão, pontos de vista da ética social penetram em âmbitos jurídicos que até então mantinham sua unidade sob a perspectiva de garantir somente a autonomia privada. O ponto de vista da justiça social exige uma interpretação diferenciadora de relações jurídicas formalmente iguais, mas materialmente distintas, segundo a qual as mesmas instituições jurídicas passam a cumprir diferentes funções sociais.

A fim de ordenar âmbitos jurídicos díspares, L. Raiser fez uso da teoria sociológica dos papéis para distinguir "esferas" ou âmbitos de ação cujo "teor de publicidade" deveria estar em relação inversa à intensidade da proteção jurídica individual. A intensidade da proteção diminui quanto mais o indivíduo é envolvido por meio de seus papéis em uma rede de interdependências sociais, ou, em outra linguagem teórica, quanto mais seus espaços de opção são determinados por processos alheios à influência individual dos sistemas funcionais e das grandes organizações sociais:

> O direito público relativo à polícia, à indústria, ao trabalho e ao funcionalismo me classifica conforme minha atividade profissional, enquanto que me deparo com as normas de direito privado como produtor ou consumidor, como pai de família, como proprietário da casa onde vivo ou como inquilino, como membro de uma sociedade esportiva e de uma associação profissional, como condutor, e isso com direitos e deveres distintos, adequados a cada uma dessas distintas si-

---

17 Hesse, *Verfassungsrecht und Privatrecht*, op. cit., p.34.

tuações. As instituições do direito privado aplicadas nessas situações, tais como contrato, posse e propriedade, pertencimento e responsabilidade civil, podem ser as mesmas, mas sua função e avaliação jurídica mudam de acordo com a situação típica e o conteúdo público do domínio afetado.[18]

Raiser, por isso, diferencia uma esfera da vida privada estrita (composta pela esfera íntima doméstica da casa, da família e do casamento, com os âmbitos do lazer e do consumo, das associações etc.) e uma esfera privada em sentido amplo, determinada por interesses tipificados de grupos. Aqui, os indivíduos, em seu papel de clientes, dependeriam, por exemplo, de relações de trabalho e locação, ou de empresas de transporte e fornecimento. Em contraste, a esfera social seria controlada por interações entre corporações empresariais, grandes organizações, sindicatos e estruturas intermediárias de todo tipo, as quais influem sobre as decisões dos indivíduos por meio do exercício de poder econômico e poder social. Essa teoria das esferas, que também se sedimentou na jurisprudência do Tribunal Constitucional alemão,[19] possui certo valor descritivo. Sua intenção verdadeira consiste em ressaltar com clareza, fazendo uso de um conceito sociológico de vida privada, o núcleo ético dos direitos subjetivos privados.

Originalmente vinculado ao direito privado clássico, o princípio de liberdade jurídica exige que seja "garantido ao indivíduo a maior medida possível de liberdade para fazer ou deixar de fazer o que deseja, relativamente às possibilidades jurídicas e fáticas".[20] O princípio coincide com o direito humano universal de Kant, o direito à maior medida possível de iguais liberdades subjetivas de ação. Como as margens de opção de sujeitos que agem conforme seu próprio arbítrio devem ser restringidas o mínimo possível por proibições ou mandamentos, ele *garante* diretamente os espaços de ação negativamente delimitados para a persecução dos interesses particulares de cada um. Mas *possibilita*, ao mesmo tempo, uma configuração autônoma da vida no sentido ético da persecução de um projeto de vida escolhido racio-

---

18 Raiser, *Die Zukunft des Privatrechts*, op. cit., p.29.
19 Alexy, *Theorie der Grundrechte*, op. cit., p.327-330.
20 Ibid., p.317.

nalmente, o que caracteriza a "independência", a "autorresponsabilidade" e o "livre desenvolvimento" da personalidade. A liberdade positiva da pessoa ética se realiza no cumprimento consciente da própria biografia individual e se manifesta naqueles âmbitos privados fundamentais em que se entrelaçam as histórias de vida dos membros de um mundo da vida intersubjetivamente compartilhado no quadro de tradições comuns e no plano de interações simples. Em seu caráter ético, essa liberdade escapa à regulação jurídica, mas é possibilitada por ela. E, certamente, são as liberdades clássicas do direito privado – direitos de personalidade e proteção individual, autonomia de contrato e direitos de propriedade, direitos de associação privada – que protegem esta esfera íntima [*innerste Sphäre*] na qual a pessoa ética pode emergir do invólucro do sujeito jurídico e, por assim dizer, documentar o valor de uso metajurídico, vale dizer, o valor de uso ético de sua liberdade jurídica.[21]

Mas apesar de sua força fenomenológica, a teoria das esferas mostra-se insatisfatória, e não só por representar de modo exageradamente simplificado os complexos contextos funcionais da sociedade como um modelo espacial de esferas da vida, cujo "conteúdo público" não pode ser operacionalizado. A verdadeira fraqueza da teoria reside no fato de que os critérios jurídicos para avaliação e classificação sistemática dos distintos âmbitos do direito são substituídos por indicadores sociais vagos. Esse deslocamento sugere a falsa suposição de que o âmbito de validade da ideia clássica de autonomia privada foi *podado* pela pretensão de validade politicamente imposta de uma ideia concorrente, a saber, a da "inserção social do indivíduo e sua decorrente responsabilidade social"[22] – e isso em nome de uma concepção de personalidade mais profunda em termos de ética social que não

---

21 Para a distinção entre o conceito moral, ético e jurídico de pessoa, cf. Forst, *Kontexte der Gerechtigkeit*, op. cit. Também nos vemos envolvidos com um conceito metajurídico de pessoa quando K. Hesse descreve o tipo humano do qual "depende" a ordem constitucional da Lei Fundamental alemã: "É o tipo de ser humano como pessoa, um ser com valor próprio do qual não se pode dispor, determinado ao livre desenvolvimento e, ao mesmo tempo, relacionado e ligado à comunidade, sendo assim chamado a configurar com responsabilidade a convivência humana" (Hesse, *Verfassungsrecht und Privatrecht*, op. cit., p.43).

22 Raiser, *Die Zukunft des Privatrechts*, op. cit., p.9.

se deixa rigorosamente abarcar por conceitos jurídicos. O fato, porém, é que as transformações no direito privado se explicam por uma *mudança na compreensão paradigmática* da própria autonomia privada.

Uma vez que o mecanismo de mercado não funciona do modo como é *presumido* pelo modelo jurídico liberal, e a sociedade econômica não constitui uma esfera isenta de poder, o princípio de liberdade jurídica pode se impor somente sob condições sociais modificadas, tal como *percebidas* no modelo do Estado social, pela via de uma "materialização" dos direitos existentes e pela criação de novos tipos de direitos. A ideia de autonomia privada, que se expressa no direito à maior medida possível de iguais liberdades subjetivas de ação, não se alterou em nada. O que mudou foi a percepção dos contextos sociais nos quais tem de se realizar igualmente a autonomia privada de cada um. Com a autonomia privada, em geral, é garantido ao indivíduo o status de pessoa de direito; mas esse status não pode se fundar apenas na defesa de um âmbito da vida privada em sentido sociológico, ainda que seja nesse âmbito em particular que a liberdade jurídica pode *proteger* a possibilidade da liberdade ética. O status de um sujeito de direito livre, autônomo no sentido do direito privado, é constituído pelo conjunto de todos os direitos relativos à ação e ao status que resultam da configuração politicamente autônoma do princípio da liberdade jurídica – independentemente da esfera social em que se encontra. Por isso, a demarcação jurídica de um "âmbito inviolável de configuração privada da vida" só pode significar que são exigidas razões particularmente importantes para intervenções feitas nesse âmbito em cada caso;[23] mas isso não significa que todos os direitos que possam vir a ser empregados para uma configuração autônoma da vida privada tenham de se referir à proteção de uma esfera privada fundada em pontos de vista "éticos", delimitável apenas sociologicamente.

Sobretudo, a restrição das liberdades fundamentais clássicas na esfera social (distinta da esfera privada em sentido estrito e em sentido amplo) não pode absolutamente ser atribuída à interferência de *outros* princípios jurídicos (como justiça ou responsabilidade social). O que parece uma restrição não passa do outro lado da imposição de *iguais* liberdades subjeti-

---

23 Alexy, *Theorie der Grundrechte*, op. cit., p.329.

vas de ação para todos; pois a autonomia privada, no sentido desse direito geral de liberdade, implica também um direito geral de igualdade, a saber, o direito a um tratamento igualitário segundo normas que garantem a igualdade de conteúdo do direito. Se disso derivam restrições *factuais* para uma das partes em relação ao *status quo ante*, elas se referem não a restrições normativas ao princípio da liberdade jurídica, mas à eliminação daqueles privilégios incompatíveis com a igual distribuição de liberdades subjetivas exigida por esse princípio.

(3) O modelo do Estado social emergiu da crítica reformista ao direito formal burguês. Segundo esse modelo, uma sociedade econômica institucionalizada por meio do direito privado (em especial via direitos de propriedade e da liberdade contratual) teria de permanecer separada do Estado como esfera da realização do bem comum e deixada ao funcionamento espontâneo dos mecanismos de mercado. Essa "sociedade de direito privado" seria moldada segundo a autonomia dos sujeitos de direito, os quais, sobretudo em seu papel de participantes do mercado, veriam a busca e o alcance de sua felicidade na persecução racional de seus interesses particulares. A expectativa normativa de que o delineamento das esferas de liberdade individual, isto é, a garantia de um status jurídico negativo (com a correspondente exigência de proteção jurídica individual), produziria simultaneamente justiça social, fundava-se no entrelaçamento do princípio da liberdade jurídica com o direito geral à igualdade. Pois o direito de *cada um* poder fazer ou deixar de fazer o que bem quiser dentro do âmbito das leis só pode ser cumprido sob a condição de que essas mesmas leis garantam a igualdade de tratamento no sentido da igualdade jurídica material. Parecia que esta já estava garantida pela generalidade abstrata da lei, isto é, pela forma de programas jurídicos condicionais privilegiada pelo direito formal burguês. Essa forma jurídica era, em todo caso, típica das normas de competência e de proibição do direito privado burguês (assim como dos correspondentes direitos subjetivos públicos, que estabelecem reservas de intervenção a uma administração vinculada à lei). Mas, com isso, a expectativa de se realizar simultaneamente a justiça social por meio do princípio da liberdade jurídica, concebido segundo os termos do direito privado, dependia implicitamente da suposição de *condições* não discriminatórias para a *per-*

cepção factual das liberdades concedidas pelas normas do direito de contrato, propriedade, herança e associação. Ela se apoia tacitamente em determinados pressupostos teórico-sociais e suposições sobre fatos – primariamente, em pressupostos da teoria econômica relativas ao equilíbrio dos processos organizados via mercado (com a liberdade comercial e a soberania do consumidor), bem como em correspondentes pressupostos sociológicos sobre a ampla difusão da riqueza e uma distribuição aproximadamente igual do poder social, o que asseguraria a igualdade de oportunidades no exercício das competências garantidas pelo direito privado. Pois para que a liberdade do "poder ter e poder adquirir" [*Haben- und Erwerbenkönnens*] possa cumprir as expectativas de justiça, é preciso existir uma igualdade do "poder jurídico" [*rechtlichen Könnens*].

Sendo assim, o modelo da sociedade do contrato, próprio do direito formal burguês, ofereceu desde cedo elementos vulneráveis a uma crítica de caráter empírico. Esta conduziu a uma prática reformista, a qual se baseava não na alteração, mas em uma versão mais abstrata das premissas normativas. Sob as condições de um capitalismo organizado, dependente de provisões estatais de infraestrutura e planejamento e marcado por uma crescente desigualdade nas posições de poder econômico, riqueza e condições sociais, tornou-se cada vez mais visível o *conteúdo objetivo* dos direitos subjetivos privados. O direito geral a iguais liberdades subjetivas, em um contexto social de tal modo alterado, já não podia ser garantido somente através do status negativo dos sujeitos de direito. Mostrou-se necessário, por um lado, especificar o conteúdo das normas de direito privado existentes e, por outro, introduzir uma nova categoria de direitos fundamentais, a qual pudesse fundar o direito a prestações estatais voltadas a uma distribuição mais justa da riqueza socialmente produzida (e a uma proteção mais eficaz contra riscos socialmente gerados). Em termos normativos, tanto a materialização dos direitos de liberdade existentes quanto a nova categoria de direitos a prestações são *fundamentadas de modo relativo*, quer dizer, elas têm sua fundamentação referida à igual distribuição de liberdades de ação subjetivas juridicamente protegidas, as quais, por sua vez, são fundamentadas de modo absoluto. A materialização justifica-se na medida em que a "liberdade jurídica, isto é, a permissão jurídica de fazer ou deixar de fazer algo, não tem valor sem a

Facticidade e validade

liberdade de fato, isto é, sem a possibilidade factual de escolher entre o leque de ações autorizadas"; enquanto que os direitos sociais a prestações se baseiam na circunstância de que, "nas condições da moderna sociedade industrial, a liberdade factual de um grande número de portadores de direitos fundamentais não têm seu substrato material em um 'âmbito da vida' que se encontra sob seu controle, mas dependem essencialmente de atividades estatais".[24] Além disso, a Constituição democrática estabelece uma conexão entre o direito privado e o catálogo ampliado de direitos fundamentais, a qual vincula o legislador do direito privado e deixa sua marca na jurisprudência do Tribunal Constitucional (com base na doutrina da "irradiação" dos direitos fundamentais ou de sua "eficácia perante terceiros").[25]

As transformações nos âmbitos clássicos do direito de propriedade e do direito contratual servem como exemplos notáveis da materialização do direito formal burguês. Por um lado, a garantia da propriedade se estendeu para muito além da propriedade sobre coisas, passando a abranger todos os direitos subjetivos vinculados a valores patrimoniais (como o direito à participação em associações, o direito à pensão e à sua elegibilidade), de tal modo que, em muitos âmbitos, esses "sucedâneos públicos da propriedade" vieram a assumir a função asseguradora que o direito sobre as coisas tinha em relação à liberdade; por outro, as obrigações sociais da propriedade passam a afetar todos os objetos "que se encontram vinculados a uma relação social ou possuem função social", de modo que o efeito vinculante do direito fundamental à propriedade "é reduzido ao núcleo relativamente estreito daquilo que é individual ou eminentemente pessoal" (codetermi-

---

24 Ibid., p.458-459.

25 Köndgen, *Selbstbindung ohne Vertrag*; Joerges, Die Überarbeitung des BGB, die Sonderprivatrechte und die Unbestimmtheit des Rechts, *Kritische Justiz*, p.166-182. Na República Federal da Alemanha, a "intervenção" dos direitos fundamentais sobre o direito privado é interpretada ou no sentido da conexão da ordem do direito civil às normas fundamentais do direito constitucional, isto é, como a exigência de congruência entre as normas do direito objetivo, ou no sentido de uma concretização de direitos subjetivos públicos que precisam ter seu conteúdo "preenchido" no âmbito do direito privado. Cf. H. H. Rupp, Vom Wandel der Grundrechte, *Archiv des öffentlichen Rechts*, v.101, 1976, p.168 e ss.

nação, expropriação e intervenções equivalentes, divisão de usufruto etc.).[26] H. Bethge considera que a garantia da propriedade é o direito de liberdade "cuja vinculação social mais amplamente progrediu em termos não apenas negativos, mas também político-ativos".[27]

A dogmática considera igualmente dramáticas as transformações no direito contratual que conduzem a uma objetivação das relações de troca (por meio da consideração das condições factuais do contrato, da adesão compulsória ao fornecimento de serviços essenciais, da proteção da boa-fé, das doutrinas da falsa motivação e da vulnerabilidade positiva do contrato, em especial dos controles de conteúdo e de dissolução contratual e das correspondentes obrigações de informação, aconselhamento e cuidado). Assim como no caso do direito de propriedade, também aqui o objetivo declarado das regulações é a compensação das "falhas do mercado" em benefício daqueles que nele possuem as posições mais frágeis (como trabalhadores, inquilinos e consumidores). As tipificações de proteção à boa-fé, os compromissos autoimpostos e as obrigações de cumprimento são entendidas aqui como normas de proteção social. O direito contratual assim materializado não deixa mais a "correção" de seu conteúdo apoiar-se na simples ficção da livre manifestação de vontade dos envolvidos, vinculada à liberdade de contratar. Também o

direito de celebrar contratos é parte de um direito privado geral voltado à compensação por vantagens sistêmicas e relações de dependência, o qual, em vez de confiar na ficção da igualdade dos contratantes, torna suas vantagens ou desvantagens estruturais, relativas à informação, poder e competência, acessíveis a uma análise empírica e à correspondente regulação jurídica.[28]

---

26 H. J. Papier, *Eigentumsgarantie des Grundgesetzes im Wandel*, Heidelberg, Müller, 1984, p.27.

27 H. Bethge, Aktuelle Probleme der Grundrechtsdogmatik, *Der Staat*, Berlin, v.24, n.3, 1985, p.369.

28 D. Hart, Soziale Steuerung durch Vertragsabschlusskontrolle: Alternativen zum Vertragsschlub?, *Kritische Vierteljahresschrift für Gesetzgebung und Rechtswissenschaft*, Baden-Baden, v.1 (69), n.3, 1986, p.240-241.

Facticidade e validade

Os desenvolvimentos jurídicos mencionados aqui como exemplos, iniciados principalmente pela via jurisprudencial, interessam-nos em nosso contexto devido a suas premissas subjacentes, as quais desvelam uma percepção e interpretação modificadas dos processos sociais. A função social da propriedade, estabelecida por lei, ou a intervenção judicial no conteúdo e na celebração do contrato buscam o objetivo de equilibrar as assimetrias nas posições econômicas de poder.[29] Esse objetivo se justifica pelo princípio de iguais oportunidades no exercício das liberdades jurídicas, cumprindo uma função crítica em relação ao modelo social rejeitado (fracassos do mercado) e, ao mesmo tempo, uma função construtiva em vista de um modelo novo, o modelo do Estado social. Essa nova compreensão de fundo possui dois componentes: por um lado, surge a imagem de uma sociedade cada vez mais complexa, composta de âmbitos de ação funcionalmente especificados que forçam os atores individuais à posição marginal de "clientes", entregando-os às contingências das operações independentes dos subsistemas funcionais; por outro, sustenta-se a expectativa de que essas contingências podem ser controladas normativamente a partir da utilização do poder administrativo, isto é, mediante operações de controle sistêmico de um Estado social que atua de modo tanto preventivo quanto reativo.

Tomando como exemplo a jurisprudência norte-americana sobre responsabilidade por danos, H. J. Steiner demonstrou convincentemente que a mudança de paradigma também pode ser observada nos EUA:

> *What this common law change does express is not a radical shift in political or legal premises, but rather a trend in liberal thought from the vision and ideology of a more individualist society stressing a facilitative state framework for private activity to the vision and ideology of a more managerial, redistributive, and welfare state.*[30]

---

29 Conferir a interessante fundamentação do Tribunal Constitucional em sua decisão de 7/2/1990 (I BvR [Jurisprudência do Tribunal Constitucional] 26/84) relativa ao recurso constitucional contra a sentença do Tribunal Federal de Justiça [*Bundesgerichtshofes*] (*Juristenzeitung*, 1990, p.691 e ss., especialmente p.692).

30 Steiner, *Moral Argument and Social Vision*, op. cit. p.9 ["Essa mudança da *commom law* expressa não uma mudança radical das premissas políticas ou jurídicas, mas,

Jürgen Habermas

A tabela a seguir contrapõe as duas combinações de características segundo as quais as responsabilidades por danos e prejuízos resultantes de transações comerciais eram descritas e, *com isso*, interpretadas anteriormente de um ponto de vista liberal, bem como o modo como são interpretadas hoje de maneira distinta em atenção às regulações do Estado social:

unique	*statistical*
individual, personal	*category, impersonal*
concrete, anecdotal	*generalized, purged of detail*
occasional, random	*recurrent, systemic*
isolated conduct	*part of an activity*
unforeseeable (in the particular)	*predictable (in the aggregate)*
wait and see, fatalism	*manageable, planning through insurance and regulation**

Quando se lê essa tabela na sequência dada (isto é, da primeira à última linha), a diferença de padrões de interpretação representa a mudança de perspectiva de um observador que passa do plano da ação para o do sistema: do lado esquerdo, o ponto de referência é o do ator individual em seu ambiente natural, isto é, em um ambiente que muda de modo contingente; a ele, junto com a liberdade de ação subjetiva, é atribuída também a responsabilidade pelas consequências de suas decisões; do lado direito, o ponto de

---

sim, uma tendência no pensamento liberal a substituir a visão e a ideologia de uma sociedade mais individualista, que ressalta uma estrutura facilitadora do Estado para o exercício da atividade privada, pela visão e ideologia de um Estado de bem-estar mais dirigente e redistributivo" – N. T.]; cf. Köndgen, *Selbstbindung ohne Vertrag*, op. cit., p.19 e ss.

* "único	estatístico
individual, pessoal	categorial, impessoal
concreto, anedótico	generalizado, depurado dos detalhes
ocasional, aleatório	recorrente, sistêmico
conduta isolada	parte de uma atividade
imprevisível (no particular)	previsível (no conjunto)
esperar e ver, fatalismo	gerenciável, planejamento por meio de seguros e regulação" [N. T.]

referência é dado pelos contextos de um sistema estatisticamente descrito, sob o qual as decisões duplamente contingentes das partes envolvidas e das consequências de suas decisões são consideradas como variável dependente. Ao se ler a tabela em sentido inverso (de baixo para cima), a diferença dos padrões de interpretação se apresenta como uma mudança na própria perspectiva do ator: enquanto a sociedade, segundo o modelo de mercado liberal, apresenta-se como resultado de forças espontâneas e constitui algo como uma segunda natureza que escapa à influência dos atores individuais, do ponto de vista do Estado regulatório e socialmente configurador, ela perde exatamente essa suposta naturalidade. Na medida em que as condições sistêmicas passam a variar para além de um certo padrão de "compatibilidade social", o Estado tem de se atribuir essas situações de crise como consequência de um déficit regulatório.

O modelo do Estado social aparece em diferentes versões – caso se atribua ingenuamente ao Estado um espaço de ação mais amplo, com possibilidades de intervenção política sobre uma sociedade à sua disposição, ou o conceba em termos realistas como mais um sistema entre outros, o qual tem de se limitar a impulsos regulatórios indiretos dentro de um espaço de ação relativamente estreito. Mas enquanto o vínculo normativo das funções de controle estatal com os direitos individuais não for completamente abandonado em benefício de "imperativos sistêmicos", o modelo do Estado social conta em ambas as leituras com a concorrência entre atores estatais e aqueles submetidos a seu controle, os quais põem em disputa os respectivos âmbitos de ação. A propriedade de ator que esse modelo atribui às agências estatais é paga, por assim dizer, ao preço da posição de autonomia dos atores individuais. Seja um Estado ativamente interventivo, seja ironicamente supervisor, todas as faculdades que lhe são atribuídas para o exercício das funções de controle social parecem ter de ser tomadas da autonomia privada dos indivíduos, os quais passam a ser enredados em uma malha de dependências sistêmicas. Dessa perspectiva, parece se verificar um jogo de soma zero entre sujeitos de ação privados e estatais: o aumento das competências de um significa a perda de competências do outro. Segundo as representações liberais, os sujeitos de direito privado encontravam um limite ao plano da igual distribuição de suas liberdades de ação somente nas contingências de uma situação social considerada de modo naturalizante; agora se chocam com prescrições paternalistas de uma vontade política superior que penetra nessa rede de contingências por meio do controle e da organização, buscando com isso garantir a igual distribuição de liberdades subjetivas de ação.

O paternalismo do Estado social provocou a inquietante questão se o novo paradigma seria enfim compatível com o princípio da liberdade jurídica. Essa questão se torna ainda mais grave em atenção às consequências da juridificação, resultantes das propriedades, de modo algum neutras, do poder administrativo como meio de intervenção estatal. Um Estado social que se ocupa do cuidado e da distribuição das oportunidades de vida, isto é, que garante a cada um a base material para uma existência humana digna por meio do direito ao trabalho, à segurança, à saúde, à habitação, a um mínimo de recursos, à educação, ao lazer e às bases naturais da vida, correria aparentemente o risco de prejudicar com suas especificações penetrantes a autonomia que deveria promover – por meio da satisfação dos pressupostos factuais necessários ao exercício das liberdades negativas em igualdade de oportunidades. Por essa razão, H. H. Rupp se volta contra a compreensão dos direitos sociais a prestações como "direitos de participação social":

> Participação social [*Teilhabe*] é o contrário de um "ter particular" [*Eingenhabens*] em sentido liberal, fazendo que a autodecisão, a autorrealização e a autorresponsabilidade individuais se esgotem na participação meramente passiva do sujeito nas parcelas preexistentes do produto social geral. Ela reduz a liberdade do sujeito ao direito de receber uma fração que lhe é atribuída e a gozá-la segundo ordens prévias de utilização. Essa interpretação do direito à "participação social" [...] não tem absolutamente nenhuma relação com a garantia de surgimento da liberdade pessoal por meio da base institucional dos direitos fundamentais.[31]

É correto dizer que o Estado social não pode *reduzir* a "garantia de surgimento" da autonomia privada aos direitos a prestações estatais relativos

---

31 Rupp, Vom Wandel der Grundrechte, op. cit., p.180.

Facticidade e validade

à segurança e à assistência social, mas é igualmente certo que nada se ganha com a invocação retórica à "compreensão liberal-ocidental da liberdade". Pois a crítica bem fundamentada à autocompreensão teórico-social do direito formal burguês impede um retorno ao paradigma do direito liberal. Por outro lado, as fraquezas do modelo do Estado social poderiam ser explicadas pelo fato de que ele ainda permanece muito preso a essa crítica e, com isso, a um estreitamento privatista das premissas criticadas.

Com efeito, ambos os paradigmas compartilham a *imagem produtivista* de uma sociedade econômica do capitalismo industrial, cujo funcionamento, segundo uma das leituras, preencheria a expectativa de justiça social a partir da persecução privadamente autônoma dos interesses individuais, enquanto que, de acordo com a segunda leitura, isso seria precisamente o que a destrói. Ambas se encontram fixadas às implicações normativas do funcionamento social de um status negativo protegido pelo direito e, portanto, à questão de saber se é suficiente garantir a autonomia privada por meio de direitos de liberdade ou se o *surgimento* da autonomia privada tem de ser assegurado com a concessão de direitos a prestações sociais. Nos dois casos, perde-se de vista a conexão interna entre autonomia privada e autonomia *cidadã* – e, com isso, o sentido democrático da auto-organização de uma comunidade jurídica. A disputa em que ambos os partidos se encontram enredados limita-se à determinação dos pressupostos fáticos do status das pessoas de direito em seu papel de destinatárias da ordem jurídica. Estas são autônomas, contudo, apenas na medida em que possam também se entender como autoras desse mesmo direito ao qual estão submetidas enquanto destinatárias.

Na fundamentação do "sistema de direitos", vimos que a autonomia dos cidadãos e a legitimidade do direito *remetem* uma à outra. Sob condições de uma compreensão de mundo pós-metafísica, só vale como legítimo o direito que surge da formação discursiva da opinião e da vontade de cidadãos que se encontram em pé de igualdade. Estes, por sua vez, só podem exercer adequadamente sua autonomia pública, garantida por direitos de participação democrática, se tiverem assegurada sua autonomia privada. A proteção da autonomia privada serve para "assegurar o surgimento" da autonomia pública, do mesmo modo que, inversamente, o adequado exercício da autonomia pública serve para "assegurar o surgimento" da autonomia privada. Essa correlação circular manifesta-se também na gênese do direito válido. Pois o direito legítimo só se reproduz na forma de uma circulação do poder regulada pelo Estado de direito, a qual se alimenta das comunicações produzidas em uma esfera pública política não corrompida pelo poder e ancorada nos âmbitos privados do mundo da vida por meio das instituições da sociedade civil. Com essa concepção de sociedade, o peso das expectativas normativas é deslocado do âmbito das propriedades, competências e espaços de ação dos *atores* para o âmbito das *formas de comunicação* nas quais se efetua uma correlação entre as redes informais e não institucionalizadas de formação da opinião e da vontade política. No lugar do jogo de soma zero entre os espaços de iniciativas dos sujeitos de ação privados e estatais, aparecem as formas de comunicação mais ou menos intactas das esferas privadas e públicas do mundo da vida, por um lado, e do sistema político, por outro.

Isso não significa desconsiderar as relações do direito com seus atores; diferentemente do polo oposto que substitui os portadores de direitos por um referencial sistêmico anônimo, todo direito remonta ao reconhecimento mútuo de um sistema de direitos que sujeitos jurídicos livres e iguais reconhecem entre si. A referência às relações comunicativas das quais surge o poder político, assim como a referência às formas de comunicação necessárias à geração do direito legítimo – por meio das quais ele se reproduz –, dirigem nosso olhar àquelas estruturas de reconhecimento recíproco apreendidas em abstrato, as quais se estendem com o direito legítimo como uma pele por toda a sociedade. Uma ordem jurídica *é* legítima na medida em que assegura de modo equitativo a cooriginaridade da autonomia privada e pública de seus cidadãos; mas, ao mesmo tempo, ela *deve* sua legitimidade a formas de comunicação nas quais essas autonomias podem ser expressas e mantidas. Essa é a chave de uma compreensão procedimental do direito. Depois de a garantia do direito formal à autonomia privada ter se mostrado insuficiente, e do controle social por meio do direito ter posto em risco a mesma autonomia privada que deveria restaurar, apenas a tematização do vínculo entre formas de comunicação que garantam, simultaneamente, a autonomia privada e pública em sua *emergência* nos oferece uma saída.

Facticidade e validade

II. Sobre a dialética entre igualdade jurídica e factual: o exemplo das políticas feministas de equiparação

O paradigma procedimental do direito, que deve nos retirar do beco sem saída do modelo do Estado social, ainda não recebeu até aqui contornos precisos. Ele parte das premissas de que (a) o caminho de volta propagado pelo neoliberalismo sob a tese de um "retorno da sociedade civil burguesa e de seu direito"[32] está bloqueado; que, entretanto, (b) a invocação de uma "redescoberta do indivíduo" provocada por um modo de juridificação típico do Estado social ameaça converter o objetivo declarado de restabelecer a autonomia privada em seu oposto;[33] e que, por fim, (c) o projeto do Estado social não deve ser meramente endossado nem interrompido, mas continuado em um nível superior de reflexão.[34] Nisso, a intenção orientadora é domesticar o sistema econômico capitalista, isto é, "transformá-lo" social e ecologicamente por uma via que busque "refrear" em simultâneo o emprego do poder administrativo sob um duplo ponto de vista: o da efetividade, favorecendo formas moderadas de regulação indireta, assim como da legitimidade, exigindo sua reconexão com o poder comunicativo e imunização contra o poder ilegítimo. Essa via de realização do "sistema dos direitos" sob condições de uma sociedade complexa não pode ser satisfatoriamente caracterizada com o favorecimento de uma forma jurídica particular pelo paradigma procedimental – o direito reflexivo – assim como o paradigma liberal e o paradigma do Estado social privilegiaram suas correspondentes formas jurídicas – o direito formal e o direito material.[35] Ao invés disso, a escolha das respectivas formas jurídicas tem de permane-

---

32 Com esse título, a conferência de E. J. Mestmäcker foi publicada no *Rechtshistorischen Journal* (v.10, 1991, p.177-184); cf. também E. J. Mestmäcker, Der Kampf ums Recht in der offenen Gesellschaft, *Rechtstheorie*, Berlim, v.20, n.3, 1989, p.273-288.

33 S. Simitis, Wiederentdeckung des Individuums und arbeitsrechtliche Normen, *Sinzheimer Cahiers*, v.2, 1991, p.7-42.

34 J. Habermas, *Die Neue Unübersichtlichkeit*, Frankfurt/Main, Suhrkamp, 1985, p.157 e ss.

35 G. Teubner, Substantive and Reflexive Elements in Modern Law, *Law and Society Review*, v.17, 1983, p.239 e ss.; Id., Regulatorisches Recht: Chronik eines angekündigten Todes, *Archiv für Rechts- und Sozialphilosophie*, Stuttgart, caderno 54,

cer referida ao sentido originário do sistema de direitos – a saber, assegurar *uno actu* a autonomia privada e pública dos cidadãos, de tal modo que todo ato jurídico possa ser compreendido, ao mesmo tempo, como uma contribuição à configuração politicamente autônoma dos direitos fundamentais, isto é, como elemento de um processo constituinte duradouro. Gostaria de tornar essa compreensão de fundo mais precisa por meio da abordagem de alguns dilemas do direito no Estado social, primariamente sob a ótica dos direitos privados.[36]

(1) São oferecidas várias saídas para escapar ao paternalismo do Estado social do ponto de vista do direito privado. Uma linha de pensamento dirige o olhar para o aspecto da exigibilidade dos direitos subjetivos. Ela parte da constatação de que o direito materializado, devido a suas referências complexas a situações sociais típicas, requer um alto nível de competências das partes envolvidas no conflito.[37] Direitos podem se tornar socialmente eficazes apenas na medida em que os afetados estejam suficientemente bem informados e sejam capazes de atualizar, nos casos pertinentes, a proteção jurídica garantida pelos direitos fundamentais à justiça. A capacidade de mobilização do direito depende em geral da educação formal, da procedência social e de outras variáveis (tais como sexo, idade, experiência jurídico-processual, âmbito social envolvido no conflito etc.). Tais barreiras de acesso são ainda mais altas no caso de reivindicações ao direito materializado, já que exige dos leigos a decomposição de seus problemas cotidianos (de trabalho, lazer e consumo, moradia, saúde etc.) em construções jurídicas muito específicas que fazem abstração dos contextos de experiência do mundo da vida. Daí a exigência de uma política de proteção jurídica compensatória a partes vulneráveis que fortaleça o conhecimento do direito, a capacidade de

---

1990, p.140-161; cf. também E. Rehbinder, Reflexives Recht und Praxis: Der Betriebsbeauftragte für Umweltschutz als Beispiel, *Jahrbuch für Rechtssoziologie und Rechtstheorie*, v.13, 1988, p.109-129.

36 G. Teubner (ed.), *Dilemmas of Law in the Welfare State*, Berlim, De Gruyter, 1986.

37 Sobre o direito da responsabilidade, cf. G. Brüggemeier, Justizielle Schutzpolitik de lege lata, in: G. Brüggemeier e D. Hart (eds.), *Soziales Schuldrecht*, Bremen, Drucksachenlager d. Univ., 1987, p.7-41.

Facticidade e validade

percepção e articulação jurídica, a disposição ao conflito e a capacidade de sua imposição. Além de medidas convencionais como seguros de proteção jurídica e isenção dos custos processuais, o contrapoder dos interesses sociais pode ser promovido por uma *implementação coletiva* do direito. Entretanto, o instrumento de ações coletivas ou demandas comunitárias, assim como a instituição de mediadores populares, instâncias arbitrais etc., só podem combater o desempoderamento de clientes sobrecarregados se a proteção jurídica coletiva não se limitar simplesmente a aliviar o indivíduo por meio de uma representação competente, mas possa também *envolvê-lo* na percepção, articulação e imposição organizadas de seus próprios interesses. Caso não se pretenda reforçar o paternalismo do Estado social por essa via, o cidadão concernido tem de poder experimentar a organização da proteção jurídica como um processo político, participando *ele mesmo* da construção do contrapoder e da articulação de interesses sociais. Essa interpretação da participação como cooperação no processo de realização do direito gera um vínculo entre o status jurídico positivo revalorizado em termos coletivos e o status ativo do cidadão. P. Häberle estendeu esse sentido democrático--processual da participação em procedimentos à efetivação dos direitos a prestações sociais de maneira geral. Ele deposita suas esperanças na configuração de um *status activus processualis*.[38] Mesmo que não se deva sobrecarregar o direito processual como um substituto da teoria democrática, essa tentativa de correção da teoria do status jurídico de Jellinek vem de todo modo lembrar-nos da conexão interna entre autonomia privada e pública.

A escola que segue as propostas de R. Wiethölter[39] busca compensar de uma outra maneira os prejuízos no status negativo da liberdade resultantes da utilização do direito materializado para fins de regulação do Estado social. A organização e o procedimento são novamente requeridos para reforçar o status jurídico positivo do indivíduo, agora não mais pela via da

---

38 Häberle, *Verfassung als öffentlicher Prozess*, op. cit.

39 R. Wiethölter, Proceduralization of the Category of Law, in: Joerges e Trubek, *Critical Legal Thought*, op. cit., p.501-510; C. Joerges, Politische Rechtstheorie und Critical Legal Studies, in: Joerges e Trubek, Critical Legal Thought, op. cit., p.597-644; G. Brüggemeier, Wirtschaftsordnung und Staatsverfassung, *Jahrbuch für Rechtssoziologie und Rechtstheorie*, v.8, 1982, p.60-73.

implementação coletiva do direito, mas por meio de *modos de formação cooperativa da vontade*. Para a constitucionalização interna de âmbitos de ação, o legislador deve pôr à disposição procedimentos e formas de organização que capacitem os participantes a resolverem suas questões e seus conflitos por si mesmos via mecanismos de autogestão e instâncias arbitrais. Por essa via, a autonomia privada do indivíduo seria complementada ou substituída pela *autonomia social dos participantes do processo*. Sob essa perspectiva, E. Schmidt enxerga uma "sobreposição" do direito materializado pelo direito procedimental:

A era de florescimento da autonomia privada encontra-se vinculada às necessidades de expansão de uma burguesia ainda confiante nas forças autorregulatórias da livre concorrência econômica; as pretensões posteriores de fixar os conteúdos dos atos de distribuição nascem fundamentalmente da tentativa de administrar os interesses dos excluídos por esse modelo; hoje nos encontramos em uma situação que se caracteriza cada vez menos por antagonismos de classe e que, ao invés disso, pode ser percebido um crescente aumento da dependência recíproca dos distintos grupos sociais.

Segundo ele, a crescente interdependência dos sistemas de ação vem acompanhada de "uma capacidade de articulação cada vez maior dos envolvidos":

Essa capacidade – e isto é fundamentalmente novo – não se desenvolve em termos individuais, mas solidários. Para o âmbito da produção, basta apontar para o movimento sindical. Nesse campo, acostumamo-nos há tempos com a ideia de que as necessidades de proteção e de renda não são estabelecidas individualmente, nem são reguladas pelo Estado [...]. Que a convenção coletiva possa criar direito obrigatório é um exemplo do primado que a autonomia social conseguiu nesse campo, em contraposição à determinação externa do Estado.[40]

---

40 E. Schmidt, Von der Privat- zur Sozialautonomie: Vorläufige Gedanken zur abnehmenden Gestaltungskraft konventioneller juristicher Dogmatik im Privatrechtssystem Josef Esser zum 70, *JuristenZeitung*, v.35, n.5-6, mar. 1980, p.158.

Facticidade e validade

Com o conceito de autonomia social, do mesmo modo como o conceito de status processual ativo, as autonomias privada e pública são precipitadamente reduzidas a um denominador comum. A autonomia nos acordos salariais é certamente um bom exemplo da constitucionalização interna de um sistema de ação não estatal especializado na mediação de conflitos; o exemplo demonstra também como o status jurídico positivo de membros de uma associação pode ser provido de direitos de participação quase políticos e assimilado ao status ativo de cidadão. Entretanto, essa mesma autonomia no estabelecimento de acordos coletivos oferece, por outro lado, exemplos de "erosão" da autodeterminação individual por meio de competências regulatórias coletivamente autônomas. A disposição do legislador em transferir às partes do acordo coletivo competências à criação de direito, limitando-se a funções complementárias, não significa *por si só* um ganho de autonomia ao trabalhador individual. Com base em casos relativos à fixação de limites de idade rígidos e específicos ao gênero, às normas de proteção ao trabalho das mulheres, à regulação do trabalho em tempo parcial, à proteção dos dados profissionais, às disposições relativas à segurança no trabalho e, no geral, à configuração jurídica da assim chamada "relação normal de trabalho", S. Simitis demonstrou que os instrumentos de acordo trabalhista e as convenções coletivas, do mesmo modo como o direito do trabalho criado pelo legislador político, compram a pacificação das demandas sociais ao preço de fortes esquematizações e diretrizes comportamentais. Essas padronizações podem ter o efeito de *normalizações restritivas de liberdade*. Por exemplo, elas restringem a configuração de vida privada autônoma de seus próprios beneficiários quando operam uma fixação de papéis tradicionais, ao invés de envolver os concernidos em sua interpretação, diferenciação ou transformação:

> A lei e a convenção coletiva não constroem a ponte para a autodeterminação do trabalhador individual; ao contrário, elas institucionalizam a determinação heterônoma de sua vontade na expectativa de melhor protegê-lo. Enquanto a lei e a convenção coletiva não considerarem o trabalhador efetivamente como indivíduo, em vez de parte de um coletivo, não poderão cumprir sua função de definir exigências que se contraponham às consequências da dependência (no local

Jürgen Habermas

de trabalho). A consequência: a lei e a convenção coletiva conduzem à *colonização do comportamento do trabalhador*, a qual pouco se percebe a princípio, mas se espalha e consolida cada vez mais.[41]

Dessa forma, a constitucionalização interna da relação de trabalho não significa *per se* um ganho de autonomia: "As determinações legais e os contratos coletivos, igualmente, tendem a suplantar o acordo individual em benefício de uma regulação que não se orienta pelas expectativas do trabalhador concreto, mas, sim, pela situação de um grupo específico de trabalhadores, se não pela classe trabalhadora em geral".[42]

Naturalmente, Simitis não pretende se fazer advogado de um neocontratualismo retrógrado; pois as causas que levaram às regulações do Estado social não desaparecem com a desregulação.[43] Mas essas análises e outras semelhantes chamam a atenção para problemas relativos à igualdade de posições e à igualdade de tratamento, os quais não foram resolvidos pela implementação efetiva de direitos procedimentais existentes ou pela introdução de novos. A relação correta entre igualdade factual e igualdade jurídica não pode ser determinada somente em atenção aos direitos subjetivos privados. Sob a premissa da cooriginaridade entre autonomia privada e pública, essa relação só pode ser determinada, *em última instância*, pelos próprios cidadãos.

(2) A teoria discursiva do direito explica sua legitimidade com a ajuda de procedimentos e pressupostos comunicativos – institucionalizados juridicamente – que fundam a presunção de que os processos de produção e aplicação do direito conduzem a resultados racionais. Em relação a seu conteúdo, as normas aprovadas pelo legislador político e os direitos

---

41 Simitis, Wiederentdeckung des Individuums und arbeitsrechtliche Normen, op. cit., p.11 (grifos meus – J. H.); cf. Id., Zur Verrechtlichung der Arbeitsbeziehung, in: Kübler, *Verrechtlichung von Wirtschaft, Arbeit und sozialer Solidarität*, op. cit., p.73-166.

42 Simitis, Wiederentdeckung des Individuums und arbeitsrechtliche Normen, op. cit., p.10.

43 Id., Selbsbestimmung: Illusorisches Projekt oder reale Chance?, in: J. Rüsen, E. Lämmert e P. Glotz (eds.), *Die Zukunft der Aufklärung*, Frankfurt/Main, Suhrkamp, 1988, p.177: "A intervenção não foi produto do arbítrio ou da casualidade e, por isso, não pode ser simplesmente desfeita".

reconhecidos pela justiça comprovam sua racionalidade na medida em que seus destinatários são tratados como membros livres e iguais de uma comunidade de sujeitos jurídicos, em síntese: no tratamento igual de pessoas jurídicas protegidas ao mesmo tempo em sua integridade. Juridicamente, essa consequência se expressa na exigência de igualdade de tratamento. Essa exigência inclui a igualdade na aplicação do direito, isto é, a igualdade dos cidadãos *perante* a lei, mas significa também o princípio mais amplo da igualdade de conteúdo, segundo o qual se deve tratar igualmente aquilo que é igual e desigualmente aquilo que é diferente em seus aspectos relevantes. Contudo, é necessário fundamentar quais são os *aspectos relevantes* em cada caso. Por isso, Alexy interpreta o princípio da igualdade no sentido de uma regra de ônus da argumentação (tanto para os discursos de fundamentação quanto de aplicação).[44] Os argumentos são eles mesmos de tipo normativo ou se apoiam em outros argumentos normativos. São bons argumentos, ou argumentos "de peso", quando "contam" sob as condições do discurso e mostram-se, em última instância, racionalmente aceitáveis para o público dos cidadãos enquanto autores da ordem jurídica. O direito legítimo fecha o círculo entre a autonomia privada de seus destinatários que são objeto de tratamento igual, por um lado, e, por outro, a autonomia pública dos cidadãos que, enquanto autores da ordem jurídica dotados dos mesmos direitos, precisam entrar em acordo sobre os critérios do tratamento igual.

Esses critérios não são de modo algum indiferentes em relação às fronteiras a serem estabelecidas entre os âmbitos da autonomia privada e pública. Pode-se também compreender a disputa histórica entre os paradigmas do direito liberal e do Estado social como uma disputa sobre o estabelecimento dessas fronteiras e, com isso, sobre os correspondentes critérios de tratamento igual. Essa disputa, ao tornar-se reflexiva, pôs fim ao domínio natural de qualquer um dos paradigmas. Por isso, é necessário decidir, caso a caso, se e sob quais aspectos é exigida a igualdade factual para o tratamento

---

44 Alexy, *Theorie der Grundrechte*, op. cit., p.370, p.372: "Quando não existe uma razão suficiente para que seja permitido um tratamento diferenciado, é exigido o tratamento igual", ou inversamente: "Quando existe uma razão suficiente para um tratamento diferente, então se exige um tratamento diferente".

jurídico igual de cidadãos privada e publicamente autônomos. O paradigma procedimental do direito enfatiza em termos normativos justamente essa dupla referência que a igualdade jurídica e a igualdade factual possuem com as autonomias privada e pública – e destaca todas as arenas nas quais deve se dar discursivamente a disputa política sobre os critérios, fundamentalmente controversos, da igualdade de tratamento, caso a circulação do poder no sistema político siga na direção do Estado de direito.

A crítica do Estado social ao direito formal burguês dirige seu olhar à dialética entre a liberdade jurídica e a liberdade factual dos *destinatários* do direito, quer dizer, à implementação de direitos sociais básicos em primeira linha. A equiparação factual é medida pelas consequências sociais observáveis geradas pelas regulações jurídicas entre seus afetados, enquanto que a igualdade jurídica refere-se à competência para decidir livremente segundo suas próprias preferências dentro do âmbito da lei. O princípio da liberdade jurídica produz desigualdades fáticas, pois ele não apenas permite, como também possibilita, o uso diferenciado que sujeitos distintos fazem dos mesmos direitos; com isso, preenche os pressupostos jurídico-subjetivos para uma configuração de vida segundo a autonomia privada. Nesse sentido, a igualdade jurídica não pode coincidir com a equiparação factual. Por outro lado, aquelas desigualdades factuais que discriminam determinadas pessoas ou grupos contrastam com a exigência de igualdade de tratamento jurídico, na medida em que comprometem as oportunidades reais de exercício das liberdades subjetivas de ação distribuídas igualitariamente. Na medida em que as compensações do Estado social produzem igualdade de oportunidades para um exercício igualitário das competências de ação juridicamente asseguradas, o equilíbrio das circunstâncias vitais e posições de poder factualmente desiguais serve à efetivação da igualdade jurídica. Por esse viés, a dialética entre igualdade jurídica e igualdade factual se converte em um motor normativamente propício ao desenvolvimento jurídico.

Essa relação, todavia, transforma-se em um *dilema* quando as regulações do Estado social, que deveriam assegurar uma igualdade factual de condições de vida e posições de poder sob o ponto de vista da igualdade jurídica, só conseguem cumprir esse objetivo em condições ou com meios que *limitam* significativamente os espaços para a configuração autônoma da vida privada dos supostos beneficiários. Com o auxílio dos exemplos mencionados, Simitis ressaltou o ponto crítico "a partir do qual o possível ganho de competências de ação materiais se converte em uma nova dependência".[45] Seja em regulações do direito do trabalho ou do direito de família que *obrigam* os trabalhadores ou membros da família a orientarem seu comportamento por uma relação de trabalho "normal" ou por padrões de socialização exemplares; seja nos casos em que os beneficiários têm de *pagar* as compensações recebidas ao preço de sua dependência a intervenções normalizadoras das agências de trabalho, proteção à juventude, serviço social, moradia, ou de decisões judiciais que intervenham no conteúdo de suas vidas; seja, por fim, nos casos em que a proteção jurídica coletiva e a liberdade de coalizão, entre outras, apenas garantem uma efetiva representação de interesses ao custo da liberdade de decisão de seus membros, os quais se veem condenados à obediência e à adaptação passivas; em todos esses casos críticos, trata-se de um mesmo fenômeno: o cumprimento dos pressupostos fáticos para o exercício igualitário das liberdades subjetivas de ação modifica de tal modo as condições de vida e as posições de poder, que a compensação de desvantagens é associada a um tipo de tutela que transforma em *assistência* aquilo que, em princípio, deveria ser uma autorização para o exercício da liberdade.

---

45 Simitis, Selbstbestimmung, op. cit., p.193; cf. também os desenvolvimentos do direito de família ali tratados, os quais o levam à conclusão: "Do reconhecimento da individualidade de todos os membros da família, assim como da independência de seus interesses, não segue de modo algum a necessidade de desenvolver um sistema de intervenção detalhado, voltado à realização de um projeto pedagógico preciso [...]. Em vez disso, toda regulação jurídica deve se orientar pelo significado que a interação na família possui para o desenvolvimento de seus membros, tendo, assim, a dinâmica familiar como ponto de partida [...]. O abandono da ideia de que a família seja uma unidade harmônica [...] de modo algum fundamenta necessariamente a competência de instâncias alheias para a tomada de decisões substanciais. Sua intervenção não pode alterar o direito e a obrigação que seus membros possuem para alcançar, eles próprios, o modo como pretendem configurar suas relações mútuas [...]. A tentativa de proteger a autodeterminação dos envolvidos de sobrecargas que põem em risco a comunicação, quando não a tornam impossível, não deve entregá-los a influências regulatórias ainda maiores (Ibid., p.184-185).

Como se pode ver no âmbito do direito social,[46] a materialização do direito vem marcada por uma ambivalência entre garantia e privação da liberdade, a qual resulta da dialética entre igualdade jurídica e igualdade factual e, nessa medida, da estrutura desse processo de juridificação. Mas seria precipitado descrever essa estrutura mesma como *dilemática*.[47] Pois os critérios pelos quais se pode identificar o ponto em que a providência viabilizadora do Estado social torna-se tutelar são certamente controversos e dependentes do contexto, embora não arbitrários.

Nesses critérios se expressa uma clara intuição normativa, que é interpretada de modo distinto nas diferentes culturas políticas e em atenção a situações sociais cambiantes. Segundo a leitura discursiva do sistema dos direitos, o direito positivo, por depender das resoluções de um legislador, tem de cindir a autonomia das pessoas de direito em uma relação de complementaridade entre autonomia privada e pública, para que os destinatários do direito estabelecido possam se entender ao mesmo tempo como seus autores. Ambas são elementos essencialmente incompletos, que remetem um ao outro como seu respectivo complemento. Com esse nexo de remissões recíprocas nos é dado um critério intuitivo, segundo o qual se pode avaliar se uma regulação favorece ou compromete a autonomia. Por esse critério, no exercício de sua autonomia pública, os cidadãos precisam estabelecer os contornos da autonomia privada de tal modo que esta possa qualificar suficientemente as pessoas privadas para exercerem seu papel de cidadãos. Pois a rede comunicativa de uma esfera pública formada por pessoas privadas recrutadas da sociedade civil depende da alimentação espontânea de um mundo da vida cujos núcleos privados permanecem intactos. A intuição normativa de que as autonomias privada e pública se pressupõem mutuamente informa a disputa pública sobre os critérios que devem orientar os

---

46 H. F. Zacher, Verrechtlichung im Bereich des Sozialen, in: F. Kübler, *Verrechtlichung von Wirtschaft, Arbeit und sozialer Solidarität*, op. cit., p.14-72.

47 Como em Habermas, *Theorie des kommunikativen Handelns*, op. cit., v.2, p.530-547; não se sustenta a distinção, proposta nesse contexto, entre o direito como instituição e o direito como meio, a qual contrapõe normas jurídicas socialmente integradoras e formas jurídicas da regulação política. Cf. sobre isso, K. Tuori, Discourse Ethics and the Legitimacy of Law, *Ratio Juris*, v.2, n.2, jul. 1989, p.125-143.

Facticidade e validade

pressupostos factuais necessários à igualdade jurídica. De acordo com esses critérios, mede-se também quando uma regulação age de forma discriminatória ou paternalista, no sentido das críticas dirigidas ao direito formal ou ao Estado social, respectivamente. Um programa jurídico é discriminatório quando insensível às limitações da liberdade resultantes das desigualdades factuais, e paternalista quando negligencia restrições à liberdade resultantes das compensações estatais a essas mesmas desigualdades.

A concessão de demandas à participação no sentido da segurança social (e da proteção contra riscos ecológicos ou tecnológico-científicos) é fundamentada de modo relativo; ela se encontra referida à garantia de autodeterminação individual como condição necessária à autodeterminação política. Nesse sentido, U. Preuss justifica os direitos a prestações do Estado social com a finalidade de assegurar o status autônomo de cidadão:

> O ponto de partida inescapável da qualificação à cidadania é (hoje) a igual liberdade de todo cidadão, independentemente de seus diferentes dotes naturais, capacidades e desempenhos [...]. Esse não é apenas um interesse de cada indivíduo [...], mas a sociedade democrática como um todo depende de que as decisões tomadas pelos cidadãos tenham qualidade, seja lá como esta for definida. Portanto, ela tem interesse também na adequada qualificação de seus cidadãos: em sua informação, em sua capacidade de reflexão, em sua disponibilidade de considerar as consequências de decisões politicamente relevantes, em sua vontade de formular e defender seus próprios interesses levando em conta tanto os interesses de seus concidadãos quanto das gerações futuras, em síntese: em sua "competência comunicativa" [...]. A distribuição desigual de bens vitais diminui a qualidade dos traços que definem a cidadania e, por consequência, também a alcançável racionalidade das decisões coletivas. Assim, uma política de compensação da distribuição desigual dos bens disponíveis em uma sociedade pode ser justificada como "uma política de qualificação dos cidadãos".[48]

---

48 U. Preuss, Verfassungsteoretische Überlegungen zur normativen Begründung des Wohlfahrtsstaates, in: C. Sachße e H. T. Engelhardt (eds.), *Sicherheit und Freiheit: Zur Ethik des Wohlfahrtsstaates*, Frankfurt/Main, Suhrkamp, 1990, p.125-126.

Essa interpretação, claramente, não deve conduzir a uma funcionalização de *todos* os direitos fundamentais para o processo democrático.[49]

(3) O paradigma do Estado social orienta-se exclusivamente pelo problema da justa distribuição das oportunidades de vida socialmente produzidas. Na medida em que reduz a justiça à justiça *distributiva*, escapa-lhe o sentido dos direitos legítimos enquanto garantias da liberdade: o sistema dos direitos apenas especifica aquilo que os participantes livres e iguais de uma prática de auto-organização da comunidade jurídica já pressupõem implicitamente. Com a ideia de uma sociedade justa une-se a promessa de emancipação e dignidade humana. O aspecto distributivo da igualdade de posições e de tratamento jurídicos – isto é, a justa distribuição das compensações sociais – é *derivada* do sentido universalista de um direito que deve garantir a liberdade e integridade de cada um. Em uma comunidade jurídica, *ninguém* é livre enquanto a liberdade de alguns for comprada ao preço da opressão dos demais. A distribuição igualitária dos direitos *resulta* da reciprocidade do reconhecimento de todos os membros como livres e iguais. Sob esse aspecto do igual respeito, os sujeitos possuem a pretensão a iguais direitos. O erro complementar àquele cometido pelo paradigma liberal consiste em reduzir a justiça à igual distribuição de direitos, isto é, em assimilar os direitos a bens capazes de ser repartidos e possuídos. Eles tampouco podem ser equiparados a bens coletivos a serem consumidos em conjunto; os direitos só podem ser *gozados* na medida em que são *exercidos*. A autodeterminação individual se dá no exercício de direitos derivados de normas *legitimamente produzidas*. Por isso, a igual distribuição de direitos subjetivos não pode ser desvinculada da autonomia pública que os cidadãos, em sua participação na práxis legislativa, apenas podem exercer em comum.

A cegueira complementária dos paradigmas liberal e do Estado social remonta ao erro comum de se compreender equivocadamente a constituição

---

49 Böckenförde caracteriza uma tal "teoria democrática funcional dos direitos fundamentais" com a proposição: "Os direitos fundamentais obtêm o seu sentido e significado enquanto fatores constituintes de um processo livre [...] de formação democrática da vontade" (E. W. Böckenförde (ed.), *Staat, Gesellschaft, Freiheit*: Studien zur Staatstheorie und zum Verfassungsrecht, Darmstadt, Suhrkamp, 1976, p.235).

Facticidade e validade

jurídica da liberdade como "distribuição" e equipará-la ao modelo da partilha igualitária de bens adquiridos ou concedidos. Iris M. Young criticou esse erro de maneira convincente:

> *What does distributing a right mean? One may talk about having a right to a distributive share of material things, resources or income. But in such cases it is the good that is distributed, not the right. [...] Rights are not fruitfully conceived as possessions. Rights are relationships, not things; they are institutionally defined rules specifying what people can do in relation to one another. Rights refer to doing more than having, to social relationships that enable or constrain actions.* [50]

Injustiça significa primariamente limitação da liberdade e lesão da dignidade humana. Ela pode se manifestar, no entanto, como um prejuízo pelo qual o "oprimido" ou "subordinado" encontra-se alienado daquilo que o capacitaria a exercer sua autonomia privada e pública:

> *Justice should refer not only to distribution, but also to the institutional conditions necessary for the development and exercise of individual capacities and collective communication and cooperation. Under this conception of justice, injustice refers primarily to two forms of disabling constraints, oppression and domination. While these constraints include distributive patterns, they also involve matters which cannot easily be assimilated to the logic of distribution: decision-making procedures, division of labor and culture.* [51]

---

50 I. M. Young, *Justice and the Politics of Difference*, Princeton, Princeton University Press, 1990, p.25. ["O que significa distribuir um direito? Pode-se falar em ter um direito a uma parte distributiva de coisas materiais, recursos ou rendimentos. Mas, neste caso, o que se distribui é o bem, não o direito. (...) Direitos não são satisfatoriamente concebidos como posses. São relações, não coisas; são regras institucionalmente definidas que especificam o que uma pessoa pode fazer em sua relação com uma outra. Os direitos se referem mais ao *fazer* do que ao *ter*, a relações sociais que possibilitam ou restringem a ação" – N. T.]

51 Ibid., p.39. ["A justiça deve se referir não somente à distribuição, mas também às condições institucionais necessárias ao desenvolvimento e ao exercício das capacidades individuais bem como da comunicação e cooperação coletivas. Sob essa concepção de justiça, a injustiça refere-se primariamente a duas formas de obstáculos incapacitantes, a saber, a opressão e a dominação. Esses obstáculos de

Essa crítica não por acaso vem associada a uma *teoria feminista do direito* que se despede do paradigma jurídico do Estado social. Pois a discussão feminista – principalmente a desenvolvida nos EUA – dedica-se a desenvolvimentos do direito nos quais a dialética entre igualdade jurídica e igualdade factual se intensifica de modo interessante. Os problemas vinculados à igualdade de tratamento entre homem e mulher trazem à consciência que a pretendida emancipação não pode ser entendida apenas como concessões do Estado social no sentido de uma partilha justa de bens sociais. Os direitos podem empoderar as mulheres a uma configuração autônoma da vida privada apenas quando, simultaneamente, possibilitam sua participação em igualdade de direitos na práxis de autodeterminação cidadã, já que só as próprias concernidas são capazes de esclarecer os "aspectos relevantes" da igualdade e desigualdade em cada caso. O feminismo insiste no sentido emancipatório do igual tratamento jurídico porque se dirige contra estruturas de dependência ocultadas pelo "paradigma distributivo" do Estado social:

> *Domination consists in institutional conditions which inhibit or prevent people from participation in determining their actions or the conditions of their actions. Welfare capitalist society creates specifically new forms of domination. Increasingly the activities of everyday work and life come under rationalized bureaucratic control, subjecting people to the discipline of authorities and experts in many areas of life.*[52]

Enquanto essas dependências colonizadoras não forem superadas, a política de "discriminação positiva" conduzirá a uma direção equivocada, por melhor que sejam suas intenções; pois ela reprime as vozes daquelas que são

---

fato incluem padrões de distribuição, mas também envolvem matérias que não se deixam facilmente assimilar à lógica da distribuição: procedimentos de tomada de decisão, divisão do trabalho e cultura" – N. T.]

52 Ibid., p.76. ["A dominação consiste em condições institucionais que impedem as pessoas de participarem na determinação de suas ações ou nas condições de suas ações. A sociedade capitalista de bem-estar cria especificamente novas formas de dominação. As atividades de trabalho e a vida cotidiana são crescentemente submetidas ao controle burocrático racionalizado, sujeitando as pessoas à disciplina de autoridades e especialistas em múltiplas áreas da vida" – N. T.]

Facticidade e validade

as únicas que poderiam *dizer* quais são as razões relevantes ao tratamento igual ou desigual em cada caso.[53]

Gostaria de partir da "Carta feminista" aprovada no ano de 1977 em Houston, Texas, por 2 mil delegadas de diferentes origens sociais, étnicas e regionais. Se considerarmos esse catálogo de exigências[54] pela perspectiva da teoria do direito, podemos reconhecer as camadas históricas de demandas ainda *não atendidas* do movimento feminista. As exigências *liberais*, por um lado, relacionam-se a uma inclusão mais ampla das mulheres nos sistemas sociais de ação (abolição de todas as discriminações de gênero na educação e no emprego; maior representação das mulheres em cargos públicos eletivos ou designados), por outro lado, ao cumprimento dos direitos fundamentais em âmbitos sociais que podem ser considerados, em um novo sentido, como esferas de "relações de poder ou violência específicas" (apoio governamental a mulheres agredidas e desalojadas; revisão do direito penal e do direito de família no que se refere à pensão alimentícia) ou no que diz respeito a novas matérias (como liberdade reprodutiva, pornografia, atividade homossexual consensual etc.). Ao lado destas, encontram-se exigências do *Estado social* (um nível de vida adequado a todos os indivíduos, incluindo transferências de rendimento, entendidas como remuneração e não como assistência, a donas de casa com filhos dependentes; serviços de proteção à infância, mantidos com fundos federais e acessíveis às famílias de todos os níveis de renda, oferecendo oportunidades adequadas ao envolvimento parental). Estas últimas disposições já podem ser compreendidas como consequência de experiências frustrantes com os efeitos da implementação das exigências

---

53 O princípio da teoria do poder na teoria do direito feminista é mais vantajoso que os princípios da teoria da distribuição, já que, com o sentido emancipatório da igualdade de direitos, destaca simultaneamente a autonomia do indivíduo e dos membros reunidos da comunidade jurídica como núcleo do sistema de direitos. Certas vezes, entretanto, ele encontra-se vinculado à tendência de estilizar os sexos como unidades monolíticas, assim como o marxismo ortodoxo tendia a objetivar as classes sociais como macrossujeitos. Apesar de muito instrutiva, não se mostra completamente livre dessa tendência a pesquisa de MacKinnon, *Towards a Feminist Theory of the State*.

54 D. L. Rhode, *Justice and Gender: Sex Discrimination and the Law*, Cambridge, Harvard University Press, 1989, p.61-62.

do Estado social. Uma *atitude reflexiva* perante os êxitos das reformas feministas se expressa também em exigências como o pleno emprego, mas com oportunidades de horários flexíveis ou em tempo parcial. A simultaneidade do não simultâneo, revelada por essa agenda que remonta à época da luta política por um *Equal Rights Amendment*, permite-nos vislumbrar um processo de aprendizagem de quase dois séculos. Nesse mesmo processo reflete-se uma mudança típica na compreensão paradigmática do direito.

O feminismo clássico enraizado no século XIX compreendia a igualdade de status das mulheres sobretudo como o acesso em igualdade de direitos às instituições existentes do sistema de educação e trabalho, aos cargos públicos, aos Parlamentos etc. A retórica da implementação dos direitos formais visava ao estabelecimento de uma separação, tão completa quanto possível, entre a aquisição de status e a identidade de gênero, assim como à garantia de igualdade de oportunidades neutra em relação aos resultados na concorrência por qualificação educacional, postos de trabalho, rendimentos, prestígio social, influência e poder político. A política liberal deveria promover a inclusão das mulheres em uma sociedade que até então lhes havia privado das justas oportunidades de competição. Com a superação do acesso desigual em esferas relevantes, a diferença entre os gêneros perderia sua relevância social. Os adversários desse feminismo liberal insistiam na não neutralização das determinações "naturais", isto é, do papel tradicional da mulher (burguesa), a qual deveria permanecer ligada à esfera privada da vida doméstica conforme as ideias (absolutamente modernas) da divisão patriarcal do trabalho. Ambas as partes acusavam-se respectivamente de um "culto à domesticidade" ou de "obsessão pela autorrealização".[55] Contudo, ao se implementar a equiparação formal das mulheres em importantes âmbitos da vida social, pôde-se notar, também aqui, a dialética entre igualdade jurídica e igualdade factual, o que conduz a regulamentações especiais sobretudo no direito social, no direito do trabalho e no direito de família. São exemplares as normas de proteção à gravidez e à maternidade ou os direitos de tutela em caso de separação, isto é, normas de proteção que se pautam

---

55 Para a história do feminismo nos EUA, cf. ibid., parte I.

Facticidade e validade

em diferenças biológicas concretas relacionadas às funções reprodutivas. O mesmo pode ser dito para as regulações especiais do direito penal relacionadas a crimes sexuais. Nesses âmbitos, a legislação feminista seguiu a programática do Estado social, exigindo a equiparação jurídica das mulheres por meio de compensações, tanto das desvantagens naturais quanto sociais.

Ao final dos anos 1960, entretanto, essas frentes se confundem em países como os EUA ou a República Federal da Alemanha. Desde então, um movimento feminista renovado dirige sua atenção pública não apenas para o grau em que permaneciam descumpridas as exigências de igualdade de direitos, fundadas tanto de modo liberal quanto segundo o Estado social, mas principalmente para as *consequências ambivalentes* de programas implementados com êxito. Em muitos casos, o paternalismo do Estado social havia ganhado um sentido literal. A materialização do direito, que se dirigia contra a discriminação das mulheres, produziu efeitos contrários – na medida em que a proteção da gravidez e da maternidade fez aumentar o risco de as mulheres perderem seus empregos; normas gerais de proteção ao trabalho feminino reforçaram sua segregação no mercado de trabalho ou sua sobrerrepresentação entre as camadas salariais mais baixas; um direito ao divórcio liberalizado onerou as mulheres com consequências negativas da separação; ou a negligência quanto às interdependências entre regulações do direito social, direito do trabalho e de família fizeram acumular as desvantagens relacionadas ao gênero a partir de circuitos negativos de retroalimentação.

As estatísticas da "feminização da pobreza" eram alarmantes, e isso não só nos EUA.[56] Tendências já conhecidas nos países ocidentais repetem-se

---

56 Ibid., p.126: "*Those interrelated inequalities, coupled with shifting marriage, employment and fertility patterns, have contributed to an increasing feminization of poverty. Although official classifications of poverty are an imperfect index of actual need, they can measure relative status. Women of all ages are twice as likely as men to be poor, and women who are single parents are five times as likely. Two thirds of all indigent adults are female, and two thirds of the persistently poor live in female-headed households. Some 90 percent of single-parent families are headed by women, and half of those families are under the poverty line. Among minorities, the situation is worse: women head three quarters of all poor black families and over half of all Hispanic families*". ["Aquelas desigualdades inter-relacionadas, atreladas a casamentos inconstantes, desemprego e padrões de fertilidade, contribuíram para uma crescente feminização da pobre-

hoje de modo intenso e acelerado em toda a República Federal da Alemanha, onde as mulheres se mostram novamente muito mais afetadas do que os homens pelos "prejuízos da modernização" derivados das profundas transformações no âmbito social.

Do ponto de vista jurídico, uma razão para essa discriminação produzida reflexivamente pode ser encontrada em *classificações sobregeneralizantes* acerca das situações de desvantagem e dos grupos desfavorecidos. Com frequência, aquilo que parece promover a igualdade das mulheres em geral favorece somente uma determinada categoria de mulheres (já privilegiadas) em detrimento das demais, porque as desigualdades específicas de gênero se correlacionam de forma complexa e não evidente com prejuízos de outro tipo (ligados à origem social, idade, etnia, orientação sexual etc.). Porém, um papel importante é cumprido pelo fato de que a legislação e a justiça chegam a classificações "falsas", não porque são inteiramente cegas ao contexto, mas porque sua percepção dos contextos é guiada por uma *compreensão paradigmática do direito ultrapassada*. Esse é o tema que une de forma mais ou menos implícita as distintas correntes do feminismo radical desde os anos 1970. Ele protesta contra a premissa que se encontra na base das políticas de equiparação tanto liberais quanto do Estado social, vale dizer, contra a suposição de que a igualdade de direito entre os gêneros pode ser alcançada no interior do quadro institucional existente e de uma cultura definida e dominada por homens.

Toda regulação especial que tenha de compensar as desigualdades das mulheres no mercado ou local de trabalho, no casamento ou depois da se-

---

za. Embora as classificações oficiais da pobreza tenham dados ainda imperfeitos quanto às necessidades atuais, elas podem medir o status relativo. Mulheres de todas as idades tendem a ser duas vezes mais pobres que os homens, e mulheres que são mães solteiras, quase cinco vezes. Dois terços de todos os adultos indigentes são mulheres e dois terços dos continuamente pobres vivem em casas governadas por mulheres. Algo em torno de 90% de todas as famílias com pais solteiros são administradas por mulheres e metade dessas famílias está abaixo da linha de pobreza. Entre as minorias, a situação é ainda pior: mulheres encabeçam três quartos de todas as famílias negras pobres e mais da metade de todas as famílias hispânicas" – N. T.]

Facticidade e validade

paração, naquilo que diz respeito à seguridade social, à assistência médica, ao assédio sexual, à pornografia etc., repousa em uma interpretação das diferenças nas situações de vida e experiências típicas de gênero. Na medida em que a legislação e a justiça se orientam por padrões de interpretação tradicionais, o direito regulatório fortalece os estereótipos vigentes da identidade de gênero. Com os "efeitos de normalização" que a legislação e a justiça assim produzem, tornam-se elas mesmas parte do problema que deveriam resolver:

> *At the most basic level, traditional approaches have failed to generate coherent or convincing definitions of difference. All too often, modern equal protection law has treated as inherent and essential differences that are cultural and contingent. Sex-related characteristics have been both over — and undervalued. In some cases, such as those involving occupational restrictions, courts have allowed biology to dictate destiny. In other contexts, such as pregnancy discrimination, they have ignored women's special reproductive needs. The focus on whether challenged classifications track some existing classifications between the sexes has obscured the disadvantages that follow from such differences [...]. We must insist not just on equal treatment but on women's treatment as equal. Such a strategy will require substantial changes in our legal paradigms [...].*[57]

Um exemplo extremo é dado pela discussão se as mulheres devem prestar o serviço militar, exercendo quais funções. São sobretudo controversas

---

57 Ibid., p.81. ["No nível mais elementar, os pontos de vista tradicionais fracassaram em sua intenção de gerar *definições da diferença* coerentes ou convincentes. O direito moderno de proteção da igualdade tratou diferenças culturais e contingentes como inerentes e essenciais. Características relacionadas ao sexo foram tanto sobrevalorizadas quanto subestimadas. Em alguns casos, como aqueles envolvendo restrições ocupacionais, as cortes permitiram que a biologia ditasse o destino. Em outros contextos, como em discriminações à gravidez, as cortes ignoraram as necessidades reprodutivas especiais da mulher. O foco em saber se as classificações problematizadas refletiam diferenças existentes entre os sexos obscureceu as desvantagens derivadas de tais diferenças (...). Temos de insistir não apenas em um tratamento igual, mas no tratamento das mulheres como iguais. Uma tal estratégia exigirá mudanças substanciais em nossos paradigmas jurídicos (...)" – N. T.]

as implicações simbólicas da exclusão das mulheres do serviço militar, por exemplo, se elas podem reivindicar o mesmo respeito que os homens em seu papel de cidadãos quando dispensadas de uma obrigação que se mostra vinculada a esse papel de modo tão central. O problema se apresenta de maneira ainda mais direta naquilo que se refere aos estereótipos de gênero na fixação de diferenças relevantes no sistema de ocupações civis. Enquanto a "relação de trabalho normal" do homem em regime integral servir de critério para se medir os "desvios" carentes de compensação, as mulheres se verão forçadas pelas regulações compensatórias a se adaptar a instituições que as discriminam estruturalmente:

> *A more satisfactory theoretical framework for employment litigation would take neither gender nor jobs as fixed. The question should not be simply whether women are, or are not, "like men" with respect to a given occupation. Of greater significance is whether that occupation can be redefined to accommodate biological differences and whether gender as a social construct can be redefined to make those differences less occupationally relevant.[58]*

A pressão de assimilação exercida sobre as mulheres pelas políticas de igualdade tanto do Estado social quanto liberais – pressão que se mostra tanto maior quanto mais exitosa é sua implementação – remonta em última análise ao fato de as diferenças entre os gêneros não serem concebidas como relações entre dois valores de referência *igualmente* problemáticos e *carentes de interpretação*, mas, sim, como desvios em relação a um padrão "normal", presumidamente aproblemático, que toma o homem como modelo. Entretanto, apesar de ambos os paradigmas do direito coincidirem em suas premissas, eles conduzem a consequências distintas. Enquanto o paradigma do Estado social leva em consideração esses desvios por meio de regulações especiais,

---

58 Ibid., p.97-98. ["Uma estrutura teórica mais satisfatória para os litígios trabalhistas não deveria tomar nem o gênero, nem o emprego como fixos. A questão não deveria ser simplesmente se as mulheres são ou não 'como os homens' em relação a uma dada ocupação. De maior importância é se a referida ocupação pode ser adaptada para acomodá-la a diferenças biológicas e se o gênero, como construto social, pode ser redefinido para fazer que essas diferenças sejam profissionalmente menos relevantes" – N. T.]

Facticidade e validade

fixando-os enquanto tais, as desigualdades factuais são negligenciadas ou trivializadas pelo modelo de mercado liberal.[59]

Hoje, a discussão gira em torno da definição adequada das diferenças de gênero. Ainda que o "feminismo relacional" muitas vezes não esteja muito longe de uma "exaltação" da natureza feminina (a própria ironia da linguagem parece lhe conferir razão), a mudança de temas da equiparação à diferença não significa *por si mesma* um retorno às definições tradicionalistas de papéis: *"From their perspective, gender inequality stemmed less from denial of opportunities available to men than from devaluation of functions and qualities associated with women"*.[60] Contudo, a crítica feminista não atinge seu alvo real ao localizar o erro na própria *sameness/difference approach* [abordagem da semelhança/diferença], isto é, na dialética de igualdade jurídica e igualdade factual

---

59 Cf. MacKinnon, *Towards a Feminist Theory of the State*, op. cit., p.219: *"Doctrinally speaking, two alternative paths to sex equality for women exist within the mainstream approach to sex discrimination, paths that follow the lines of the sameness/difference tension. The leading one is: be the same as men. This path is termed 'gender neutrality' doctrinally and the single standard philosophically. It is testimony to how substance becomes form in law that this rule is considered formal equality [...]. To women who want equality yet find themselves 'different', the doctrine provides an alternative route: be different from men. This equal recognition of difference is termed the special benefit rule or special protection rule legally, the double standard philosophically. It is in rather bad odor, reminiscent [...] of protective labor laws"*. ["Falando em termos doutrinais, existem dois caminhos que levam à igualdade sexual para as mulheres dentro da abordagem oficial contra a discriminação sexual, caminhos que seguem as linhas da tensão entre semelhança/diferença. O principal deles é o seguinte: ser igual aos homens. Esse caminho utilizou de maneira doutrinadora a expressão 'neutralidade de gênero', assumindo-a como padrão filosófico único. Ele testemunha como a substância toma forma no direito, uma vez que cria uma regra considerada como igualdade formal (...). Para mulheres que querem igualdade, mas ainda assim se sentem 'diferentes', a doutrina também oferece uma rota alternativa: ser diferente dos homens. Esse reconhecimento igual da diferença é considerado uma regra de benefícios especiais ou uma regra legal de proteção especial, com um padrão filosófico duplo. Na verdade, isso cheira mal, como algo reminiscente (...) das leis trabalhistas protetivas" – N. T.]

60 Rhode, *Justice and Gender*, op. cit., p.306. ["De seu ponto de vista, a desigualdade de gêneros é derivada menos da negação de oportunidades disponibilizadas aos homens e mais da desvalorização de funções e qualidades associadas às mulheres" – N. T.]

que o imperativo de igual tratamento põe em movimento, bem como ao abandonar, junto com a compreensão paradigmática do direito tradicional, a ideia de realização de direitos de modo geral.[61] A teoria dos direitos não é necessariamente vinculada a uma redução individualista do conceito de direito.[62] Ao se partir de uma concepção intersubjetiva de direito, torna-se mais fácil descobrir o real motivo do erro: os aspectos sob os quais se tornam relevantes as diferenças entre experiências e situações de vida de (determinados grupos de) mulheres e homens para o exercício das liberdades de ação subjetivas em igualdade de oportunidades *têm de ser primeiramente esclarecidos em discussões públicas*. Os estereótipos de gênero definidos institucionalmente não podem ser considerados como algo dado. Essas construções sociais só podem ser geradas hoje de modo consciente; elas exigem uma articulação dos padrões de comparação e de uma fundamentação dos aspectos relevantes a ser cumprida em discursos públicos *pelas próprias concernidas*. Com recursos da tradição pragmatista, Martha Minow se atém à ideia de direitos e à dialética entre liberdade jurídica e liberdade factual a ser disputada publicamente:

> *Interpreting rights as features of relationships, contingent upon negotiation within a community committed to this mode of solving problems, pins law not on some force beyond human control but on human responsibility for the patterns of relationships promoted or hindered by this process. In this way the notion of rights as tools in continuing communal discourse helps to locate responsibility in human beings for legal action and inaction.*[63]

---

61 MacKinnon, *Towards a Feminist Theory of the State*, op. cit., caps.12 e 13; Young, *Justice and the Politics of Difference*, op. cit., cap.4; C. Smart, *Feminism and the Power of Law*, Londres, Routledge, p.138-159.

62 Para uma posição contrária à interpretação contextualista e cética do discurso político formulado pelo feminismo pós-estruturalista, cf. S. Benhabib, Feminism and the Question of Postmodernism, in: *Situating the Self*, op. cit., p.203-241.

63 M. Minow, *Making All the Difference: Inclusion, Exclusion, and American Law*, Ithaca, Cornell University Press, p.309. ["Interpretar direitos como instrumentos de relacionamento, dependentes da negociação no interior de uma comunidade comprometida com esse modo de resolver seus problemas, vincula o direito não a uma força além do controle humano, mas à responsabilidade humana pelos modos de relacionamento fomentados ou inibidos por esse processo. Desse modo, a noção

Facticidade e validade

A identidade de gênero e as relações entre gêneros são construções sociais que se cristalizam ao redor de diferenças biológicas, mas que variam historicamente. Na luta pela igualdade das mulheres, bem como na mudança da compreensão paradigmática dos correspondentes programas jurídicos, é possível observar que os direitos subjetivos que devem garantir também às mulheres uma configuração autônoma de suas vidas segundo a autonomia privada não podem ser adequadamente formulados se antes não forem articulados e fundamentados convincentemente em cada caso os aspectos relevantes a um tratamento igual ou desigual entre os gêneros. A classificação dos papéis e das diferenças de gênero toca em camadas elementares da autocompreensão cultural de uma sociedade. O caráter falível e fundamentalmente controverso dessa autocompreensão foi acentuado pelo feminismo radical. Por isso, as interpretações concorrentes sobre a identidade dos gêneros e sua relação entre si têm de ser postas à discussão pública. Mesmo as vanguardas feministas não possuem o monopólio das definições. Suas porta-vozes, assim como os intelectuais de modo geral, só poderão ter certeza de não estar prejulgando nada, nem tutelando ninguém, quando todas as concernidas tiverem a oportunidade efetiva de levantar suas vozes para exigir seus próprios direitos a partir de experiências concretas de integridade ferida, discriminação e opressão. As relações concretas de reconhecimento seladas por uma ordem jurídica legítima são sempre provenientes de uma "luta por reconhecimento"; essa luta é motivada pelo sofrimento e pela indignação contra um desrespeito concreto.[64] Como mostrou A. Honneth, experiências de ofensa à dignidade humana têm de ser articuladas para a certificação daqueles aspectos sob os quais, nos respectivos contextos, o igual tem de ser tratado igualmente e o desigual, desigualmente. Essa disputa em torno da interpretação das necessidades não pode ser delegada a juízes e autoridades, nem sequer ao próprio legislador político.

Disso segue a consequência que nos importa aqui: nenhuma regulação, ainda que sensível ao contexto, poderá concretizar *adequadamente* o igual di-

---

de direitos como instrumentos para a continuidade do discurso coletivo ajuda a situar nos seres humanos a responsabilidade por ação ou inação jurídicas" – N. T.]

64 A. Honneth, *Kampf um Anerkennung*, Frankfurt/Main, Suhrkamp, 1992.

reito à configuração autônoma da vida privada se, ao mesmo tempo, não fortalecer a posição das mulheres na esfera pública política, promovendo com isso sua participação naquelas comunicações políticas em que podem ser esclarecidos os aspectos relevantes a um tratamento igualitário. A compreensão desse nexo entre autonomia privada e pública justifica as reservas do feminismo contemporâneo ao modelo de uma política exclusivamente orientada aos resultados e que se pauta instrumentalmente no êxito a curto prazo; ela explica a ênfase atribuída pelo próprio feminismo, sob títulos como *identity politics* [políticas de identidade], aos efeitos formadores de consciência do processo político. De acordo com essa compreensão procedimental, a realização dos direitos fundamentais é um processo que assegura a *autonomia privada de cidadãos juridicamente iguais apenas em compasso com a ativação de sua autonomia política* [staatsbürgerlich]. Esse paradigma jurídico é incompatível com os projetos de uma "identidade de gêneros em uma sociedade justa" obrigatória para todos — cunhada seja de modo andrógeno, seja por um dualismo de gênero essencialista, que se desenvolve sob o signo da feminilidade ou da maternidade. Por outro lado, a compreensão procedimental do direito abre uma perspectiva para a negação determinada da injustiça identificável aqui e agora:

> *Although we cannot know a priori what the good society will be, we know more than enough about what it will not be to provide a current agenda. It will not be a society with wide gender disparities in status, power and economic security. Nor will it be a society that limits women's reproductive freedom, tolerates substantial poverty, violence, and racial injustice, or structures its workplace without regard to family needs. Finally, and most fundamentally, it will not be a society that denies many of its members substantial power over the terms of their daily existence. To realize its full potential, feminism must sustain a vision concerned not only with relations between men and women but also with relations among them. The commitment to sexual equality that gave birth to the women's movement is necessary but not sufficient to express the values underlying that movement.*[65]

---

65 Rohde, *Justice and Gender*, op. cit., p.317. ["Embora não saibamos *a priori* como será a boa sociedade, sabemos mais que o suficiente sobre aquilo que ela não será para estabelecer uma agenda atual. Não será uma sociedade com grandes disparidades de gênero naquilo que se refere a status, poder e segurança econômica. Tampouco

Facticidade e validade

III. Crise do Estado de direito
e compreensão procedimental do direito

Até o momento, discutimos o paradigma jurídico procedimental em atenção ao problema da efetivação dos direitos; no entanto, essa compreensão modificada do direito se desdobra também, em primeira linha, ao problema de como se pode construir o Estado democrático de direito em sociedades complexas. A passagem ao modelo do Estado social, como vimos, foi justificada ao se levar em conta que direitos subjetivos podem ser lesados não somente por intervenções ilegais, mas também por omissões da administração no cumprimento de serviços públicos. A mudança estrutural da sociedade pôs à mostra o conteúdo jurídico objetivo do direito geral a liberdades iguais. Com isso, não entram em jogo novos pontos de vista normativos:

> A suposição fundamental do paradigma do direito formal de que apenas a justiça individualista garantia a solidariedade social e que apenas a liberdade de contrato assegurava uma proteção eficaz e justa das expectativas jurídicas mostrou-se indefensável. Os propagados deveres positivos de cumprir prestações junto aos direitos negativos de proteção contra intervenções não implica, desse modo, nenhuma mudança fundamental na ideia de um direito [...] fundado no princípio de reciprocidade.[66]

---

será uma sociedade que limite a liberdade reprodutiva das mulheres, que tolere níveis substanciais de pobreza, violência e injustiça racial, ou estruture seus locais de trabalho negligenciando as necessidades da família. Finalmente, o que é mais fundamental, não será uma sociedade que denega a muitos de seus membros o poder substancial sobre as condições de sua existência cotidiana. Para realizar todo seu potencial, o feminismo deve defender uma visão que se preocupe não apenas com as relações entre os homens e mulheres, mas também com as relações no interior desses grupos. O compromisso com a igualdade sexual que deu nascimento ao movimento feminista é necessário, mas não suficiente, para expressar os valores subjacentes a esse movimento" – N. T.]

66 K. Günther, *Der Wandel der Staatsaufgaben und die Krise des regulativen Rechts*, in: D. Grimm (ed.), *Wachsende Staatsaufgaben: sinkende Steuerungsfähigkei des Rechts*, Baden-Baden, Nomos, 1990, p.62.

O que muda, sim, é o efeito ambivalente próprio desses novos direitos a prestações [*Leistungsrechte*]. Pois eles só podem fortalecer inequivocadamente uma configuração autônoma da vida segundo os termos da autonomia privada na medida em que os destinatários possam não simplesmente gozar de prestações concedidas de forma paternalista, mas participar, eles próprios, da interpretação dos critérios segundo os quais a igualdade jurídica é criada em atenção às desigualdades fáticas. Em um nível abstrato, essa condição seria cumprida por meio da legitimação democrática da legislação e da separação de poderes própria do Estado de direito. Mas exemplos concretos, como no âmbito das políticas feministas de igualdade, fazem suspeitar de uma resposta tão simples. Com o crescimento e a mudança qualitativa das funções estatais, altera-se também a necessidade de legitimação; quanto mais o direito é tomado como meio de regulação política e estruturação social, tanto maior é o ônus de legitimação que a *gênese democrática do direito* tem de carregar.

É certo que conteúdos concretos e pontos de vista teleológicos sempre penetraram no direito através dos programas políticos do legislador. Mesmo o direito formal burguês precisou se abrir a finalidades coletivas, como, por exemplo, em suas políticas militar e tributária. Nesse caso, entretanto, a persecução de fins coletivos ficava tão submetida à função própria do direito, isto é, à normatização de expectativas de comportamento, que a política podia ser interpretada como a realização de direitos. Essa exigência vale também para decisões coletivamente vinculantes de um Estado ativo que busca regular processos sociais com o meio do direito. As condições de constituição do direito e do poder político seriam lesadas se a política se servisse da forma jurídica para *qualquer* objetivo e destruísse assim a função específica do direito. Mesmo no Estado social, o direito não pode ser reduzido à política, caso não se queira extinguir a tensão entre facticidade e validade que lhe é inerente – e, com isso, a normatividade própria do direito: "O direito se mostra disponível à política, mas ao mesmo tempo prescreve à política as condições procedimentais sob as quais ela pode dispor o direito".[67] As restrições às quais a política é submetida por meio da forma jurídica são de tipo estrutural, e não quantitativo – como teme o

---

67 Ibid., p.57.

Facticidade e validade

neoliberalismo. O *volume* das políticas leva a uma sobrecarga do *medium* do direito somente se o processo político ferir as condições procedimentais – diferenciadas nos princípios do Estado de direito – da produção legítima do direito, em última instância: se violar o procedimento democrático da configuração politicamente autônoma do sistema de direitos. Pois na medida em que tais políticas, que apenas se revestem da forma jurídica, são produzidas sem obedecer às condições da gênese democrática do direito, elas perdem também os critérios conforme os quais podem vir a ser avaliadas normativamente. Na execução de tais programas, critérios de efetividade que medem a aplicação do poder administrativo *tomam o lugar* de critérios de legitimidade da regulação jurídica. Esse perigo parece de fato maior quanto mais cresce a expectativa das tarefas do Estado. Sob o ponto de vista de um sistema administrativo que se tornou independente, o direito é *instrumentalizado* para o cumprimento de objetivos políticos e reduzido a um meio entre outros para a resolução de problemas de integração funcional – e tão somente isso.[68] Sob essa premissa,

> a diferença categorial de ambos os tipos de critérios não é desenvolvida, mas torna-se objeto de uma reinterpretação empirista. A formação *legítima* da opinião e da vontade política e também sua implementação *eficiente* (são) modeladas como duas condições equivalentes da possibilidade de se alcançar com êxito mudanças estruturais na sociedade por meio do planejamento político.[69]

Os problemas de legitimação não podem ser reduzidos à ineficiência das tarefas de regulação estatal. A falta de legitimação resulta de lesões à gênese democrática do direito, independentemente do modo como problemas desse tipo possam se concatenar com as consequências dos problemas regulatórios não resolvidos. Quem considera os problemas de legitimação apenas como uma variável dependente dos problemas de regulação parte da falsa

---

68 Alguns dos discípulos do positivismo jurídico democrático do período de Weimar não eram imunes a esse modo de compreensão do legislador do Estado social, que se mostra insensível ao sentido normativo próprio da forma do direito.

69 Günther, *Der Wandel der Staatsaufgaben und die Krise des regulativen Rechts*, op. cit., p.65.

premissa de que o direito mobilizado pelo Estado social é entregue à compatibilização de orientações valorativas concorrentes de modo aleatório e sem qualquer critério. Essa imagem é o produto de uma falsa compreensão paradigmática do direito. Na medida em que possui um conteúdo descritivo, ela retrata as consequências de uma confusão que pode vir a ser esclarecida à luz da compreensão procedimental do direito: ao se tornarem contingentes, os critérios revelam um desenraizamento do direito regulatório em relação ao solo da produção legítima do direito. Pois esses critérios podem se formar somente naqueles foros públicos em que ganham a palavra experiências biográficas de repressão e desrespeito. Quando a formação institucionalizada da opinião e da vontade perde o contato com um processo espontâneo, não coercitivo, de articulação das necessidades, passa a faltar-lhe parâmetros que ela é incapaz de gerar por conta própria. A dialética da igualdade jurídica e igualdade factual recai, então, sobre um tipo de naturalidade de segunda ordem; ela passa a ser regida por critérios que surgem contingentemente dos processos de adaptação de uma administração que, em larga escala, se autoprograma. As instâncias estatais que instrumentalizam o direito para o alcance de fins coletivos se autonomizam em concerto com seus clientes mais poderosos, dando lugar a uma administração de bens coletivos sem que a escolha das finalidades seja controlada pelo projeto de realização de direitos que não podem ser colocados à disposição.

Hoje, tais tendências de autonomização do poder ilegítimo mostram-se evidentes. O mais problemático, entretanto, é uma descrição dessas tendências que não se limita a registrar a erosão do estado de direito, mas a apresenta como consequência *inevitável* de mudanças estruturais no Estado e na sociedade. Gostaria inicialmente de recordar as conhecidas opiniões sobre a crise do Estado de direito e penetrar na compreensão funcionalista de fundo que dá a esses diagnósticos de crise seu teor fatalista (1). Tentarei, em seguida, explicar o diagnosticado "declínio da validade da Constituição" sob o ponto de vista do paradigma procedimental do direito (2). Concluirei com uma breve consideração sobre o sentido do "projeto" de uma comunidade jurídica que se auto-organiza (3).

(1) O eixo da atual crítica do direito é o declínio da eficácia vinculante da lei parlamentar e o risco que corre o princípio da separação de poderes

em um Estado sobrecarregado por tarefas crescentes e qualitativamente novas. Enquanto a administração clássica[70] podia se concentrar nas tarefas de ordenação de uma sociedade econômica que se autorregulava economicamente, ela, em princípio, só precisava intervir quando a ordem duradoura estipulada pelo direito constitucional e garantida pelo Estado de direito se visse perturbada. À luz desses casos, era cunhada a lei geral e abstrata, a qual especifica os casos típicos na forma de conceitos jurídicos determinados e os associa a consequências legais definidas de modo claro; pois o sentido da ordem jurídica consistia em proteger a liberdade jurídica dos cidadãos contra as intervenções de um aparato estatal limitado à conservação da ordem. No entanto, assim que a administração foi acionada pelo legislador do Estado social para cumprir tarefas de planejamento e regulação política, a lei, em sua forma clássica, deixou de ser suficiente para a programação da prática administrativa. De forma suplementar à administração interventora clássica, cuja atividade pode ser caracterizada como reativa, bipolar e pontual,[71] surgiram administrações planejadoras e preventivas, com uma práxis de tipo bastante diferente. Essa moderna administração prestadora de serviços, que assume tarefas de prover necessidades existenciais básicas de infraestrutura, planejamento e prevenção de riscos, quer dizer, tarefas de regulação política no sentido mais amplo, age voltada ao futuro e de modo abrangente, afetando com suas intervenções as relações dos cidadãos e grupos sociais entre si. A moderna prática administrativa apresenta "um grau tão grande de complexidade, dependência da situação e incerteza que se mostra incapaz de ser plenamente antecipada no pensamento e, por consequência, normativamente determinada de modo conclusivo. Em grande medida, não funciona aqui o tipo de norma clássica dos programas condicionais, a qual enumerava os pressupostos sob os quais o Estado estava

---

70 Grimm, *Recht und Staat der bürgerlichen Gesellschat*, op. cit.

71 Id., Der Wandel der Staatsaufgaben und die Krise des Rechtsstaats, in: *Die Zukunft der Verfassung*, op. cit., p.165: "Ela [a administração] era reativa, na medida em que sempre exigia um acontecimento externo a ser por ela considerado como perturbação; era bipolar, já que sua atividade se limitava à relação entre o Estado e o perturbador; e era pontual, uma vez que se exauria na preservação ou na eliminação de perturbações individuais".

autorizado a intervir e, na consideração das consequências jurídicas, determinava as medidas às quais o Estado poderia recorrer".[72] O espectro das formas jurídicas foi ampliado ao incluir determinações com caráter legal, leis temporárias de tipo experimental e leis diretivas com prognósticos incertos; e a penetração de referências abertas, cláusulas gerais e conceitos jurídicos indeterminados na linguagem do legislador desencadeou a discussão sobre a "indeterminação do direito", que inquieta tanto a jurisprudência norte-americana quanto a alemã.[73]

Aqui nos interessam as consequências produzidas pela materialização do direito na separação funcional dos poderes.[74] Já discutimos em detalhes a crítica dirigida à criação do direito pelos juízes, a qual se expande no sentido de uma legislação implícita, colocando em perigo a racionalidade da justiça e sobrecarregando a base de legitimidade da aplicação das leis.[75] Mais inquietante, contudo, é o déficit regulatório do direito constitucional em relação à administração gerenciadora. A relação autoritária da administração com seus clientes foi decerto substituída há algum tempo por uma relação judicialmente controlada, que vincula ambas as partes segundo os termos do direito administrativo. Junto a isso, a extensão da reserva legal ampliou o âmbito de competência da jurisdição administrativa.[76] Mas isso não compensa suficientemente o fraco efeito vinculante do direito regulatório, já que a administração, no cumprimento de suas novas

---

72 Ibid., p.172.

73 Joerges e Trubek, *Critical Legal Thought*, op. cit.

74 A discussão sobre a generalidade da lei na Alemanha ainda é dominada pela representação incisiva feita por C. Schmitt em sua doutrina da Constituição de 1928, a qual ganhou influência direta na República Federal através de E. Forsthoff e indireta através de F. Neumann. Eu mesmo não deixei de ser influenciado por ela ao final dos anos 1950: ver minha introdução a J. Habermas et al., *Student und Politik*, Neuwied, H. Luchterhand, 1961, p.11-55. Para os dias de hoje, cf. a análise sistemática e esclarecedora de H. Hofmann, Das Postulat der Allgemeinheit des Gesetzes, in: C. Starck (ed.), *Die Allgemeinheit des Gesetzes*, Göttingen, Vandenhoeck & Ruprecht, 1987, p.9-48.

75 Cf. neste volume Capítulos V e VI.

76 W. Schmidt, *Einführung in die Probleme des Verwaltungsrecht*, Munique, C. H. Beck, 1982, p.241-261; H. Faber, *Verwaltungsrecht*, Tübingen, Mohr, 1987, p.25 e ss.

Facticidade e validade

funções, com frequência não precisa fazer uso da intervenção em um sentido técnico-jurídico:

> Onde não há intervenção, não há reserva legal; onde não há reserva legal, não há vinculação à lei; e onde não há vinculação à lei pela administração, não há nenhum controle de legalidade por parte dos tribunais. Mas o déficit se estende inclusive ao domínio em que há propriamente intervenção. Ali, a reserva legal perde seu efeito de proteção aos direitos fundamentais quando a mudança de relações e estruturas sociais é efetuada pelo próprio legislador, afetando grandes grupos sociais com posições conflitantes no tocante a seus direitos fundamentais.[77]

Nesses domínios, a administração programa a si mesma, procedendo segundo máximas como o princípio da proporcionalidade ou as cláusulas de razoabilidade e onerosidade excessiva, bem conhecidas pela jurisprudência e que não permitem mais um tratamento normativamente neutro das disposições legislativas.

Esses problemas são agravados pelo alargamento do horizonte temporal no qual têm de se mover as atividades do Estado social, sobretudo em sua dimensão preventiva. Seja ativamente ou por sua omissão, o Estado está cada vez mais envolvido na produção de novos riscos condicionados pela ciência e pela técnica. Com os riscos derivados, por exemplo, da energia nuclear ou da tecnologia genética, instaura-se o problema das precauções a serem tomadas em nome das gerações futuras, o que exige – também por parte do legislador – a perspectiva ampliada de uma percepção de interesses pelo ponto de vista do outro. De maneira geral, os perigos da "sociedade de risco"[78] estabelecem exigências tão elevadas às competências analíticas e prognósticas dos especialistas, assim como à capacidade de processamento, à disponibilidade de ação e à velocidade de reação das administrações responsáveis pela prevenção de riscos, que os já existentes problemas de vinculação

---

77 Grimm, *Wachsende Staatsaufgaben*, op. cit., p.26.

78 U. Beck, *Risikogesellschaft*, Frankfurt/Main, Suhrkamp, 1986; Id., *Gegengifte: Die organisierte Unverantworlichkeit*, Frankfurt/Main, Suhrkamp, 1988.

à lei e segurança jurídica do Estado social se acentuam de forma dramática. Por um lado, as normas preventivas do legislador são apenas parcialmente capazes de regular normativamente e vincular ao processo democrático programas de ação complexos e profundamente dinâmicos, dirigidos ao futuro, dependentes de prognósticos e carentes de constantes autocorreções. Por outro, fracassam aqui os meios de regulação imperativos da prevenção clássica, mais orientados a riscos de danos materiais que a ameaças potenciais a grandes grupos de pessoas. Diante dos espaços de discricionariedade que têm de ser preenchidos por essa administração preventiva à luz de controversos pontos de vista técnicos, a dinamização dos direitos fundamentais não garante uma proteção jurídica suficiente: "A simples concessão de posições jurídicas procedimentais, ao invés de competências materiais claras, de modo algum melhora a situação dos afetados".[79] Nesse contexto, Denninger observa uma "mudança de ênfase de um sistema de segurança jurídica para um sistema de segurança de *bens* jurídicos", que "modifica e dissolve" a proteção jurídica individual.[80] Além disso, a dialética do Estado social entre empoderamento e tutela se intensifica na medida em que o controle constitucional do dever estatal de proteção tem por consequência a expansão e o aparelhamento do Estado de direito, a ponto de se converter em "Estado de segurança":[81] "Isso vale principalmente para a transformação da liberdade constitucional que ocorre quando uma sociedade produz tamanha quantidade de riscos contra a segurança, que os bens jurídicos fundamentais ameaçados só podem ser protegidos por meio de uma considerável ampliação do aparato de vigilância do Estado".[82]

Entretanto, o aumento das tarefas de regulação tem por consequência não somente a autonomização do poder administrativo diante de um legislador marginalizado. Ele envolve o Estado em negociações com os sistemas funcionais da sociedade, com as grandes organizações, associações etc., os

---

79 E. Denninger, Der Präventions-Staat, in: *Der gebändigte Leviathan*, op. cit., p.42.

80 Ibid., p.33, p.35.

81 J. Hirsch, *Der Sicherheitsstaat: Das Modell Deutschsland, seine Krise und die neuen sozialen Bewegungen*, Frankfurt/Main, Europäische Verlagsanstalt, 1980.

82 D. Grimm, Verfassungsrechtliche Anmerkungen zum Thema Prävention, in: *Die Zukunft der Verfassung*, op. cit. p.217.

quais escapam cada vez mais de uma regulação imperativa (via sanções, encargos ou estímulos financeiros) e se mostram abertos apenas a meios persuasivos de comunicação: "Perante a regulação indireta, não existe qualquer dever de obediência [...]. Medidas políticas se transformam em objeto de negociações, nas quais os destinatários privados da regulação podem exigir do Estado recompensas por sua disposição à obediência [...]. Estado e sociedade se encontram aqui em um mesmo nível".[83] A soberania estatal mostra-se comprometida na medida em que corporações socialmente poderosas participam do exercício do poder público sem estar legitimadas para isso e sem se submeter às responsabilidades típicas dos órgãos do Estado. Como já destacamos, atores sociais dotados de poder de negociação paraconstitucional rompem o quadro da Constituição. Mesmo os partidos políticos, que segundo o artigo 21 da Lei Fundamental estão autorizados a "participar na formação política da vontade do povo", também se autonomizaram como um cartel de poder que integra os demais poderes do Estado, o que não está previsto na Constituição – e por boas razões. Os partidos, antes catalizadores na transformação da influência político-jornalística em poder comunicativo, tomaram posse do núcleo do sistema político sem se inserir na divisão funcional de poderes. Eles desempenham funções paraestatais de integração por meio (a) de sua satisfatória capacidade de recrutar pessoal nos âmbitos da administração, da justiça, dos meios de comunicação de massas e de outros setores sociais, (b) do deslocamento das decisões políticas, que passam dos organismos formalmente competentes à antessala dos acordos informais e dos pactos partidários, e (c) de uma instrumentalização da esfera pública com a finalidade de autorizar seu acesso ao poder administrativo.

Pode-se disputar as formulações ou a devida ponderação desse diagnóstico da crise ou outros similares. Mas eles concordam em apontar graves tendências de crise no Estado de direito, as quais não podem ser adequadamente respondidas nem por posturas evasivas,[84] nem pelo retorno à compreensão liberal do direito. Porém, a conclusão de que a complexidade

---

83 Id., *Wachsende Staatsaufgaben*, op. cit., p.19.

84 Peters, *Rationalität, Recht und Gesellschaft*, op. cit., p.136 e ss.

das novas tarefas regulatórias sobrecarrega o *medium* do direito enquanto tal tampouco parece necessária. A força sociointegradora do direito teria sido estruturalmente esgotada apenas se a crise do Estado de direito se mostrasse *sem saída*. Suspeito que essa sugestão de encurralamento se deva a prejuízos funcionalistas de uma compreensão do direito demasiadamente presa à atividade governamental.

Tendo como fio condutor o aumento de complexidade das tarefas do Estado, oferece-se uma periodização rudimentar segundo a qual o Estado teve inicialmente de se especializar na tarefa clássica de preservação da ordem, depois na justa distribuição das compensações sociais e, por último, no gerenciamento de situações coletivas de risco. A domesticação do poder de Estado absolutista, a superação da pobreza gerada pelo capitalismo e a precaução contra os riscos provocados pela ciência e tecnologia marcam os temas e finalidades de cada época: segurança jurídica, bem-estar social e prevenção. De acordo com essas finalidades, deveriam ser delineadas as formas típico-ideais de Estado, a saber, o Estado de direito, o Estado social e o Estado securitário. A própria denominação desses tipos ideais já sugere que somente a formação histórica do Estado de direito clássico mantém uma relação mais exclusiva com o direito enquanto tal. A administração do Estado de direito liberal recorre estritamente ao próprio direito, enquanto que a atividade configuradora do Estado social e a regulação indireta do Estado preventivo precisam se apoiar respectivamente em outros recursos: no dinheiro e em serviços de infraestrutura de valor monetário, ou na informação e no conhecimento de especialistas. Apenas a administração clássica pode cumprir de forma satisfatória suas tarefas com os meios normativos do direito; as administrações do Estado social e do Estado securitário têm de se apoiar em uma ampla base monetária e em uma nova base de saber — precisando se distanciar dos meios normativos fornecidos pelo direito na medida em que fazem uso de um modelo de ação cognitivo.

Essa perspectiva analítica pode ser frutífera quando se interessa pelas condições funcionais de uma administração eficaz. Mas os resultados de uma consideração funcionalista não devem ser convertidos precipitadamente em paradigmas do direito. A tendência à objetivação percebida por essa visão significa apenas que os problemas mais prementes são cada vez menos de

Facticidade e validade

natureza jurídica; isso não significa, porém, que a correspondente prática administrativa possa se evadir cada vez mais à regulação jurídica. Isso só é sugerido pelo tipo de problemas e o modo como são designados primordialmente em cada época. Segundo esse entendimento, apenas o Estado liberal pode resolver seu problema primordial, a saber, o de produzir segurança jurídica recorrendo ao *medium* do direito. As condições de eficácia da atividade estatal coincidem com as condições essenciais de uma legitimidade (assegurada pelo direito formal) somente em vista da complementaridade entre administração interventora e sociedade econômica liberal. Nos períodos subsequentes, fica claro que as condições de eficácia e as condições de legitimidade não têm de ser necessariamente coincidentes. Disso emergem novos conflitos de objetivos para administrações encarregadas do planejamento social ou de regulação indireta e que, ao mesmo tempo, precisam operar conforme os princípios do Estado de direito. Entretanto, isso não gera *por si só* uma perda de relevância do direito, nem sequer uma desvinculação das normas do Estado de direito. A pergunta sobre como pode ser garantida a liberdade e a igualdade jurídicas de modo distinto exige uma outra perspectiva de análise. Ao se partir da pergunta sobre como o sistema dos direitos pode se efetivar em atenção à mudança funcional da administração, essa periodização sociológica dos tipos administrativos deixa de ser particularmente apropriada. À luz da dogmática jurídica, os novos riscos em matéria de segurança não instauram novos problemas, mas apenas intensificam um problema já conhecido a partir do desenvolvimento do Estado social, vinculado ao enfraquecimento do efeito vinculante do direito regulatório. Um *novo* problema é de fato apresentado pelas normas preventivas apenas na medida em que amplia a proteção jurídica individual ao âmbito da proteção coletiva.

Mais importante em nosso contexto é o fato de que o poder administrativo autonomizado não pode, *sem consequências*, desconectar-se da normatividade própria do Estado de direito. A saber, uma administração que programa a si mesma se vê obrigada a abandonar a neutralidade prevista no esquema clássico da divisão de poderes em seu tratamento de razões normativas. E, deste ponto de vista, o que se observa não é precisamente uma tendência à objetivação. Na medida em que a administração assume tarefas do legislador político e as desenvolve no cumprimento de seus próprios programas, ela tem de decidir por si mesma questões de fundamentação e aplicação normativa. Questões práticas não podem ser decididas exclusivamente do ponto de vista da eficácia, exigindo um tratamento racional com argumentos normativos. Uma administração que opera segundo um estilo cognitivo carecerá dos pressupostos comunicativos e dos procedimentos correspondentes. A negação tecnocrática e a redefinição empirista das questões práticas não conduzem a um modo objetivante de elaboração dos problemas; antes disso, têm por consequência a naturalização secundária de uma "compatibilização de complexos valorativos sem nenhum critério" (Günther). Esses sinais de erosão do Estado de direito indicam certamente tendências de crise; contudo, o que essas tendências revelam é muito mais uma *institucionalização insuficiente dos princípios do Estado de direito* que uma sobrecarga sem saída imposta por esses mesmos princípios a uma atividade estatal cada vez mais complexa.

(2) Os paradigmas do direito possibilitam diagnósticos da situação orientadores da ação. Eles iluminam o horizonte de uma sociedade dada com respeito ao projeto de efetivação do "sistema de direitos". Nesse sentido, eles possuem primordialmente uma função de abertura de mundo. Com efeito, os paradigmas abrem perspectivas de interpretação com as quais os princípios do Estado de direito (em uma interpretação específica) podem ser referidos ao contexto social como um todo. Eles lançam luz sobre as restrições e os espaços de possibilidade de realização dos direitos fundamentais, os quais, enquanto princípios não saturados, requerem interpretação e elaboração supervenientes. Desse modo, o paradigma procedimental do direito também possui, como todos os demais, componentes normativos e descritivos.

Por um lado, a *teoria discursiva do direito* compreende o Estado democrático de direito como a institucionalização por meio do direito legítimo (garantindo, assim, a autonomia privada) de procedimentos e pressupostos comunicativos para uma formação discursiva da opinião e da vontade, a qual, por sua vez, torna possível (o exercício da autonomia política e) a produção legítima de normas. Por outro lado, a *teoria comunicativa da sociedade* entende o sistema político constituído segundo o Estado de direito como um entre

Facticidade e validade

outros sistemas de ação. Ele pode servir de garantia para resolver problemas gerais de integração social ao conectar a formação institucionalizada da opinião e da vontade às comunicações públicas informais. O sistema político é capaz de cumprir esse papel na medida em que, por meio de uma esfera pública enraizada na sociedade civil, encontra-se inserido nos contextos favoráveis de um mundo da vida (marcado por uma cultura política acostumada à liberdade e por padrões de socialização correspondentes). Finalmente, uma *determinada concepção de direito* estabelece a relação entre as considerações normativas e empíricas. Segundo essa concepção, a comunicação jurídica pode ser entendida como um *medium* através do qual as estruturas de reconhecimento constituídas na ação comunicativa são transmitidas do nível das interações simples ao nível abstrato das relações organizadas. A rede formada por comunicações jurídicas pode envolver a sociedade como um todo, por mais complexa que ela seja. O paradigma procedimental do direito, além disso, é resultado de uma disputa entre paradigmas e parte da premissa de que os modelos jurídicos liberal e do Estado social interpretam a efetivação dos direitos em termos *excessivamente concretistas* e *ocultam* a conexão interna entre autonomia privada e pública, a qual tem de ser interpretada caso a caso. A partir dessas premissas, as referidas tendências de crise aparecem sob uma outra luz; e dessa distinta avaliação emergem novas recomendações práticas.

O problema central passa a ser encontrado na referida instrumentalização do direito para fins da regulação política, a qual sobrecarrega a estrutura do *medium* do direito e dissolve o vínculo da política com a realização de direitos incondicionais. Do ponto de vista procedimental, entretanto, esse problema não pode mais ser reduzido à substituição de um tipo de direito por outro. A penetração do direito regulatório é apenas a *ocasião* para a dissolução de uma forma histórica específica da divisão de poderes no Estado de direito. Hoje, o legislador político tem de escolher entre direito formal, material e procedimental segundo a matéria a ser regulada. Disso resulta a necessidade de uma institucionalização distinta do princípio da separação de poderes. Pois a relação reflexiva com formas de direito alternativas impede que se tome a lei abstrata e geral como a dobradiça única em torno da qual pode girar a separação institucional entre as instâncias de criação, aplicação e execução da lei. Mesmo durante o chamado período liberal, a divisão institucional de poderes jamais correspondeu plenamente à divisão funcional. Essas diferenças são decerto mais claras no curso de desenvolvimento do Estado social. A caracterização concretista do "legislador", da "justiça" e da "administração" oculta a lógica de uma divisão de poderes no Estado de direito que, em um outro plano de abstração, regula a disponibilidade sobre diferentes tipos de argumentos e o modo de tratá-los. Ela requer a institucionalização de diferentes discursos e as correspondentes formas de comunicação que — *seja qual for o contexto* — abrem possibilidades de acesso aos correspondentes tipos de razões. Um tratamento reflexivo de problemas carentes de solução, dos tipos adequados de direito e das razões pertinentes tem consequências tanto para a gênese democrática dos programas jurídicos quanto para seu desenvolvimento posterior. O que se mostra perturbador na atual situação é a ampla difusão do acesso real a razões normativas que, segundo o esquema clássico da separação de poderes, estavam reservadas ao legislador parlamentar e ao Judiciário. Sobre isso, alguns breves comentários.

(a) O modo reflexivo de lidar com o direito exige do *legislador parlamentar* que tome primeiro decisões em um metanível — tais como se ele de fato deve decidir, quem em seu lugar deveria fazê-lo e, caso pretenda tomar uma decisão, quais seriam suas consequências para o processamento legítimo de seu programa legal. Em casos simples, a transferência não controlada de competências legislativas para Cortes e administrações é fomentada pela inércia de um legislador que não faz uso de suas atribuições e renuncia a regular matérias que requerem tratamento legal. Em outros casos, apresenta-se a questão significativamente mais difícil de saber se o legislador parlamentar pode, por meio de uma descentralização de competências legislativas determinadas funcionalmente, desencarregar-se de decisões que não seria capaz de tomar com satisfatória especificidade. Mas se decide pela implementação do direito regulatório, e estes são os casos mais problemáticos, tem de tomar providências necessárias para que seja legitimamente compensada a precária força vinculante desse direito perante a justiça e a administração.

Enquanto o legislador, na persecução de suas políticas, interpreta e configura direitos, a *justiça* pode apenas mobilizar as razões que lhe são pre-

Facticidade e validade

viamente dadas com o "direito e a lei" para chegar a decisões coerentes em casos particulares. Isso vale também, como vimos, para as interpretações construtivas de um Tribunal Constitucional, o qual deveria enxergar seu papel de modo mais restritivo segundo uma compreensão procedimental do direito. No paradigma procedimental do direito, devem ser protegidas, antes de tudo, as condições procedimentais do processo democrático. Essas condições ganham uma importância central capaz de lançar outra luz a muitos casos de colisão. Os lugares vazios deixados pelo participante privado autônomo do mercado e pelo cliente das burocracias do Estado social passam a ser ocupados por cidadãos que participam dos discursos políticos para fazer valer interesses feridos e que, por meio de sua articulação, cooperam na elaboração dos critérios para o tratamento igualitário dos casos iguais e para o tratamento diferenciado dos casos diferentes. Na medida em que os programas legais exigem uma concretização configuradora de direitos, de tal modo que a justiça, apesar de todas as cautelas, tenha de tomar decisões na zona cinzenta entre a produção legislativa e a aplicação do direito, os discursos jurídicos de aplicação precisam ser complementados de forma clara com elementos dos discursos de fundamentação. Esses elementos de uma formação quase legisladora da opinião e da vontade demandam certamente um outro tipo de legitimação. Esse ônus legitimatório adicional poderia ser satisfeito com a obrigação de a justiça oferecer justificações frente a um ampliado fórum judiciário crítico. Para isso, seria necessária a institucionalização de uma esfera pública jurídica que vá além da atual cultura de especialistas e que seja suficientemente sensível para transformar decisões fundamentais problemáticas em foco de controvérsias públicas.

(b) A fraca força vinculante do direito regulatório, no entanto, exige compensações primariamente no âmbito de uma *administração* encarregada de tarefas regulatórias que não se limitam mais a uma execução da lei normativamente neutra, técnica, cumprida no quadro de competências normativamente inequívocas. Segundo o modelo expertocrático, a administração só deveria tomar decisões pragmáticas; naturalmente, a administração nunca obedeceu a esse ideal. Na moderna administração de serviços, todavia, acumulam-se problemas que demandam uma ponderação de bens coletivos, a escolha entre objetivos concorrentes e a avaliação normativa de casos particulares. Eles só podem ser tratados racionalmente em discursos de fundamentação e aplicação que extrapolam o quadro profissional de um cumprimento de tarefas normativamente neutro. Com ajuda do direito procedimental, deve-se então inserir *filtros de legitimação* nos processos decisórios de uma administração que, assim como antes, orienta-se pelo ponto de vista da eficácia. Nesse sentido, minha imagem do aparato estatal como uma fortaleza democraticamente "sitiada" é enganosa.[85] Uma vez que a administração não pode deixar de recorrer a razões normativas ao implementar programas legais de conteúdo aberto, essas etapas de regulamentação administrativa deveriam ser cumpridas em formas de comunicação e procedimentos que satisfaçam as condições de legitimação do Estado de direito. Isso implica uma "democratização" da administração que vai além do dever de prestar informações públicas, complementando o controle parlamentar e judicial das atividades administrativas a partir de dentro. Mas, se para uma tal democratização o mais adequado seria a participação dos concernidos nas decisões administrativas, a ativação de mediadores, procedimentos análogos aos tribunais, consultas populares etc., ou se seria necessário encontrar outros mecanismos para um âmbito tão suscetível a perturbações e tão dependente de critérios de eficiência, essas questões, como sempre em inovações desse tipo, só podem ser respondidas pela combinação de imaginação institucional com experimentação cautelosa. De todo modo, as práticas participativas na administração não podem ser consideradas como substitutos da proteção jurídica, mas como procedimentos *ex ante* de legitimação de decisões que, por seu conteúdo normativo, substituem atos do legislador ou da justiça.

Isso naturalmente não torna desnecessários os controles reativos da administração. O enfraquecimento da *proteção jurídica individual*, que discutimos junto com as tarefas preventivas do Estado, deve ser evitado por meio de cautelas como a ampliação da reserva de lei, a dinamização da proteção dos direitos fundamentais, as formas coletivas de proteção jurídica etc. Mas esses remédios jurídicos permanecem ineficazes enquanto os concernidos

---

85 Cf., neste volume, "Soberania popular como procedimento", p.623.

Facticidade e validade

não estiverem dispostos a (ou em condições de) exercer seus direitos. O paradigma procedimental dirige o olhar do legislador às *condições de mobilização* do direito. Sob um alto grau de diferenciação social e a correspondente fragmentação do nível de conhecimento e consciência dos grupos potencialmente ameaçados, são recomendadas medidas que "capacitem os indivíduos a desenvolverem interesses, percebê-los em conjunto e validá-los em processos estatais de tomada de decisão".[86]

(c) Essas considerações, contudo, ainda não tocam na *relação neocorporativista* da administração com organizações e sistemas funcionais da sociedade que, devido a seu poder social e sua complexa estrutura interna, distinguem-se dos demais clientes, carentes de proteção jurídica, e se mostram inacessíveis a uma regulação imperativa. Vimos que a arquitetônica do Estado de direito sofre danos quando, em tais negociações, o Estado se contenta com a posição de um participante entre outros. Perante decisões políticas relevantes ao conjunto da sociedade, o Estado, tanto ontem como hoje, tem de poder identificar os interesses públicos e impô-los caso necessário. Mesmo quando age no papel de consultor inteligente ou supervisor que põe à disposição o direito procedimental, esse tipo de regulamentação precisa permanecer conectado aos programas do legislador de forma transparente, compreensível e controlável. Para isso, não há nenhuma receita patenteada. Em última instância, contra a autonomização do poder ilegítimo cabe apenas recorrer, como "paládio da liberdade", a uma esfera pública móvel, alerta, desconfiada e bem-informada, capaz de influir sobre o complexo parlamentar e insistir nas *condições de surgimento do direito legítimo*.

Com isso, alcançamos o núcleo do paradigma procedimental do direito: segundo uma formulação de I. Maus, a chave para a gênese democrática do direito é "a combinação contínua e mediação recíproca entre soberania popular juridicamente institucionalizada e não institucionalizada".[87] O substrato social para a efetivação do sistema de direitos não é constituído

---

86 D. Grimm, Interessenwahrung und Rechtsdurchsetzung in der Gesellschaft von morgen, in: *Die Zukunft der Verfassung*, op. cit., p.178.

87 Maus, *Zur Aufklärung der Demokratietheorie*, op. cit., p.203 e ss.; Id., Basisdemokratische Aktivitäten und rechtsstaatliche Verfassung, in: T. Kreuder (ed.), *Der orientierungslose Leviathan*, Marburg, Schüren, 1992, p.99-116.

nem pelas forças de uma sociedade de mercado que opera de modo espontâneo, nem pelas medidas de um Estado social que atua intencionalmente, mas pelos fluxos comunicativos e influência pública que emergem da sociedade civil e do espaço público-político, os quais são transformados em poder comunicativo via procedimentos democráticos. Para isso, possuem papel central o fomento de esferas públicas autônomas, uma ampliada participação dos cidadãos, a domesticação do poder da mídia e a mediação de partidos políticos não estatizados. Contra a distorção da *esfera pública política* pelo poder, dirigem-se as conhecidas propostas de consolidação de elementos plebiscitários na Constituição (referendos, iniciativas populares etc.), assim como propostas de introduzir processos democráticos de base (na nominação de candidatos, na formação da vontade intrapartidária etc.). As tentativas de um controle constitucional mais robusto do *poder da mídia* apontam na mesma direção. Os meios de comunicação de massas devem possuir um espaço de ação que garanta sua independência em relação a intervenções do poder político e de outras elites funcionais, além de assegurar o nível discursivo da formação pública da opinião, sem prejudicar a liberdade comunicativa da parcela do público que toma posições.[88] No paradigma procedimental do direito, a esfera pública política é concebida não somente como antessala do complexo parlamentar, mas como uma periferia geradora de impulsos que *envolve* o centro político: promovendo um balanço das razões normativas, ela opera sobre todas as partes do sistema político, sem, todavia, o propósito de conquistá-lo. Por meio dos canais das eleições gerais e de formas específicas de participação, as opiniões públicas se transformam em um poder comunicativo que autoriza o legislador e legitima a administração reguladora, enquanto que a crítica do direito mobilizada publicamente impõe deveres de justificação mais rigorosos a um Judiciário envolvido com tarefas de criação do direito.

---

88 Cf. as decisões do Tribunal Constitucional alemão que indicam ao menos a direção de uma necessária constitucionalização do chamado "quarto poder". Neue Juristische Wochenschrift, 1981, H. 33, p.1174 e ss; NJW, 1987, H. 5, p.239 e ss.; NJW, H.47, p.2987 e ss.; NJW, 1991, H. 14, p.899 e ss.; sobre isso, F. Kübler, Die neue Rundfunkordnung: Marktstruktur und Wettbewerbsbedingungen, *Neue Juristische Wochenschrift*, Heft 47, 1987, p.2961-2967.

Facticidade e validade

A crítica atual à estatização dos *partidos políticos* dirige-se em primeira linha contra uma prática que instrumentaliza a concorrência programática pelo assentimento do público de eleitores para fins de recrutamento pessoal e distribuição de cargos. Trata-se de uma diferenciação institucional entre duas funções que os partidos, por boas razões, desempenham simultaneamente. Como catalisadores da opinião pública, eles são chamados a colaborar na formação política da vontade e no trabalho de formação política (com o objetivo de qualificação dos cidadãos); como máquinas de recrutamento, promovem a seleção de pessoal e enviam grupos de lideranças ao interior do sistema político. Porém, conforme os partidos se transformam em partes integrantes desse próprio sistema, as duas funções se desdiferenciam. Pois do ponto de vista dos detentores do poder administrativo, os partidos participam da formação política da vontade exercendo somente funções de regulação e consideram a esfera pública política como entorno do qual extraem a lealdade das massas. O público dos cidadãos deveria poder se reconhecer não na pessoa do chefe da administração, mas nos líderes democráticos dos partidos. Estes teriam de se distinguir na disputa sobre a interpretação adequada das necessidades e a seleção dos temas relevantes, na discussão sobre a descrição correta dos problemas sociais e sobre as melhores propostas de solução. Enquanto a disputa democrática não lhes conferir uma reputação mais alta que o posto ocupado pelos detentores do poder administrativo, a política não terá se despojado de sua falsa auréola. No Estado democrático de direito, como morada de uma comunidade jurídica que se organiza a si mesma, o lugar simbólico da soberania discursivamente fluidificada permanece *vazio*.[89]

(3) Sob as condições do pensamento pós-metafísico, para o qual não existem alternativas convincentes (apesar das reações fundamentalistas às perdas geradas pela modernização), o Estado abandonou sua substância sagrada. Essa longa secularização das bases espirituais do poder estatal so-

---

89 Em atenção a Claude Lefort, U. Rödel desenvolve essa ideia em Rödel, Frankenberg e Dubiel, *Die Demokratische Frage*, op. cit., p.83 e ss.; ver também U. Rödel et al. (eds.), *Autonome Gesellschaft und libertäre Demokratie*, Frankfurt/Main, Suhrkamp, 1990.

Jürgen Habermas

fre, porém, de antigas dificuldades de implementação que têm de ser compensadas mediante uma democratização continuada se quisermos evitar que o próprio Estado de direito seja posto em perigo. Podem ser acrescentadas outras evidências a favor dessa tese ao abandonarmos a perspectiva limitada às sociedades nacionais e, ao fim de uma época de descolonização, ampliarmos nosso ponto de vista à ordem internacional da sociedade mundial. As formas de legitimação reivindicadas pelos aliados na Guerra do Golfo, assim como a ampliação de competências da Conferência para Segurança e Cooperação na Europa (CSCE), confirmam uma progressiva desnacionalização do direito internacional.[90] Nisso se refletem tendências à dissolução da soberania do Estado nacional, que, no horizonte de uma emergente esfera pública mundial, poderiam assinalar o início de uma nova ordem mundial universalista.[91] Em vista da pressão exercida pelos problemas considerados no Prefácio, isso naturalmente representa não mais que uma esperança nascida do desespero.

Quem combate as perspectivas reformistas com o argumento comum da complexidade confunde legitimidade com eficácia e negligencia o fato de que as instituições do Estado de direito não buscam meramente reduzir a complexidade, mas também preservá-la por meio de contrarregulação, tendo por finalidade estabilizar a tensão entre facticidade e validade intrínseca ao direito. Por outro lado, as consequências que extraio do paradigma procedimental do direito para a compreensão da "crise do Estado de direito" não são isoladamente originais. Desse modo, no entanto, as aspirações de reformas discutidas ou já postas em marcha podem ganhar em seu conjunto uma certa coerência.

Se chamamos de utopia a projeção ideal de uma forma de vida concreta, a compreensão da Constituição como projeto não é nem uma utopia social, nem tampouco seu substituto. Esse projeto é, sobretudo, "o contrário da utopia de uma unidade entre razão coletiva e onipotência secular institucionalizada no Estado: trata-se apenas da ideia de sociedade civil e

---

90 J. Habermas, *Vergangenheit als Zukunft*, Zurique, Pendo-Verlag, 1991, p.14 e ss.

91 R. Knieper, *Nationale Souveränität: Versuch über Ende und Anfang einer Weltordnung*, Frankfurt/Main, Fischer, 1991.

Facticidade e validade

sua capacidade de operar sobre si mesma em processos discursivos e por meio de institucionalizações perspicazes".[92] U. Preuss define "Constituição" como a instalação de um processo de aprendizagem falível pelo qual uma sociedade supera gradualmente sua incapacidade para se autotematizar normativamente: "Uma sociedade encontra-se constitucionalizada quando se confronta consigo mesma nas formas institucionais adequadas e em processos normativamente guiados de adaptação, resistência e autocorreção".[93] O paradigma procedimental se distingue dos paradigmas jurídicos em disputa até aqui não por ser "formal" no sentido de "vazio" ou "carente de conteúdo". Pois com a sociedade civil e a esfera pública política ele destaca energicamente pontos de referência sob os quais o processo democrático de efetivação do sistema de direitos ganha uma importância distinta e um papel até agora negligenciado. Em sociedades complexas, os recursos mais escassos não são a produtividade de uma economia de mercado, nem a capacidade regulatória da administração pública. Um tratamento mais cuidadoso merece ser dado em primeira linha aos recursos naturais em vias de esgotamento e à solidariedade social em desintegração. E as forças da solidariedade social só podem ser regeneradas hoje na forma de práticas comunicativas de autodeterminação.

O projeto de efetivação dos direitos, que se refere às condições de funcionamento de nossa sociedade, vale dizer, de uma sociedade determinada e surgida historicamente, não pode ser meramente formal. Entretanto, esse paradigma jurídico não privilegia – como fazia o liberal ou o do Estado social – um determinado ideal de sociedade, uma determinada visão da vida boa, nem sequer uma determinada opção política. Pois ele é formal no sentido de se limitar à designação das condições necessárias sob as quais os sujeitos de direito, em seu papel de cidadãos, podem entender-se sobre quais são seus problemas e o modo como devem ser resolvidos. O paradigma procedimental do direito certamente carrega a expectativa autorreferencial de determinar não somente a autocompreensão das elites que operam o direito na condição de especialistas, mas a autocompreensão de *todos* os parti-

---

92 Preuss, *Revolution, Fortschritt und Verfassung*, op. cit., p.64.

93 Ibid., p.73.

cipantes. Essa expectativa, porém, não visa à doutrinação, nem possui nada de totalitário — uma objeção descabida, mas que tem sido dirigida repetidas vezes contra a teoria do discurso. Pois o novo paradigma se põe em discussão a respeito de suas próprias condições; na medida em que caracterizasse o horizonte de uma pré-compreensão compartilhada por todos na interpretação da Constituição, cada um à sua própria maneira, toda transformação histórica percebida no contexto social teria de ser apreendida como uma provocação ao reexame da própria compreensão paradigmática do direito. Assim como o próprio Estado de direito, essa compreensão paradigmática retém por certo um núcleo dogmático: a ideia de autonomia, pela qual seres humanos somente podem agir como sujeitos livres na medida em que obedecem apenas às leis que deram a si próprios segundo entendimentos alcançados intersubjetivamente. Mas essa ideia é "dogmática" apenas em um sentido inofensivo. Pois nela se expressa uma tensão entre facticidade e validade que é "dada" com o fato da estruturação linguística das formas de vida socioculturais; isto é, uma tensão que, *para nós*, cuja identidade foi desenvolvida no interior de uma tal forma de vida, não pode ser evitada.

*Estudos prévios
e complementos*

I
Direito e moral
(Tanner Lectures, 1986)[*]

Primeira aula
Como é possível a legitimidade por meio da legalidade?

Max Weber concebe as ordens estatais das sociedades ocidentais modernas como expressões da "dominação legal". Elas apoiam sua legitimidade sobre a crença na legalidade do exercício da dominação. A dominação legal ganha um caráter racional, entre outras coisas, pelo fato de que a crença na legalidade das ordens positivadas e na competência daqueles que são chamados a exercer dominação tem uma qualidade diferente da crença na tradição ou no carisma: é a racionalidade inerente à própria forma jurídica que fornece legitimidade para a dominação exercida nas formas legais.[1] Essa tese provocou uma intensa discussão. Max Weber sustenta com isso um conceito positivista de direito: direito é precisamente o que o legislador político (sem considerar se ele foi legitimado democraticamente ou não) positiva como direito segundo um procedimento juridicamente institucionalizado. Sob tal premissa, a forma jurídica não pode retirar sua força legitimadora da afinidade do direito com a moral. O direito moderno precisa ser capaz de legitimar a dominação exercida conforme o direito unicamente em virtude de suas próprias propriedades formais. Estas devem se revelar "racionais" sem que para isto se deva referir à razão prática no sentido de

---

[*] Versão inglesa em: Habermas, *The Tanner Lectures on Human Values*, v.VIII, p.217-280.

[1] Weber, *Wirtschaft und Gesellschaft*, op. cit., cap.III, 2, p.160 e ss.

Kant ou Aristóteles. De acordo com Weber, o direito dispõe de uma racionalidade própria, independente da moral. Na sua visão, a desdiferenciação entre direito e moral apresenta inclusive um perigo para a racionalidade do direito e, com isso, para o fundamento de legitimidade da dominação legal. Weber diagnostica uma tal moralização fatal do direito com base em desenvolvimentos contemporâneos, que ele descreve como "materialização" do direito formal burguês.

Hoje, um debate sobre "juridificação" é travado seguindo o diagnóstico de Weber.[2] Por essa razão, eu gostaria de começar fazendo algumas considerações sobre a relação entre direito e moral nesse contexto. Inicialmente (I), relembrarei a análise sobre a desformalização do direito feita por Weber com a finalidade de salientar as suposições implícitas à teoria moral que são incompatíveis com os pressupostos weberianos declaradamente céticos em relação a valores. Na segunda parte (II), partindo da atual discussão alemã sobre a mudança da forma do direito, tratarei de três posições para, assim, reunir argumentos em prol de um conceito mais adequado de racionalidade do direito. Por fim (III), desenvolverei, ao menos em traços largos, a tese segundo a qual a legalidade pode criar legitimidade unicamente a partir de uma racionalidade procedimental moralmente rica em conteúdo. Essa racionalidade é tributária de um entrecruzamento de dois tipos de "procedimento": argumentações morais são institucionalizadas com meios jurídicos. Essas discussões possuem caráter normativo. Porém, como deverá ficar claro nessa próxima aula, eu as elaboro não do ponto de vista de uma teoria do direito, mas do ponto de vista de uma teoria da sociedade.

I. O conceito de racionalidade do direito de Max Weber

(I) Reconhecemos hoje o que Weber descreveu em termos de materialização do direito formal burguês como o estágio de juridificação característico do Estado social. Neste caso, não se trata somente de crescimento

---

2 Kübler (ed.), *Verrechtlichung von Wirtschaft, Arbeit und sozialer Solidarität*, op. cit.; A. Görlitz e R. Voigt, *Rechtspolitologie*, Hamburgo, VS Verlag für Sozialwissenschaften, 1985.

Facticidade e validade

quantitativo, do aumento da densidade e do aprofundamento da regulação exercida pelas prescrições jurídicas em uma sociedade que se torna cada vez mais complexa.[3] Com as necessidades de intervenção de um aparelho estatal ativo (segundo sua própria autocompreensão), responsável tanto pelo controle quanto por compensações, alteram-se antes as funções e as estruturas internas do sistema jurídico. Não somente o *medium* do direito se torna cada vez mais reivindicado como também a forma jurídica se modifica sob imperativos de um *novo tipo* de reivindicação.

Weber já tinha o direito regulatório do Estado social diante de seus olhos. Este direito é instrumentalizado para as tarefas estruturadoras de um legislador que pretende satisfazer as exigências de justiça social com redistribuições compensadoras, operações de controle estabilizadoras e intervenções transformadoras: "Com o despertar dos problemas modernos de classe, (surgem) exigências materiais direcionadas ao direito por parte dos interessados (a saber, o operariado), de um lado, e dos ideólogos do direito, de outro lado, os quais [...] requerem um direito social com base em patéticos postulados éticos ('justiça', 'dignidade humana'). Mas, em princípio, isso coloca o formalismo do direito em questão".[4] Aqui entra em jogo o par conceitual "formal-material", com o qual até hoje Weber determinou a discussão correspondente, conduzindo-a – no meu entender – na direção errada: de acordo com sua concepção, as exigências de justiça "material" invadem o *medium* do direito e destroem sua "racionalidade formal". Weber demonstra sua tese sobretudo com base em exemplos do direito privado, que – da perspectiva liberal – teve outrora de assegurar a vida, a liberdade e a propriedade de pessoas de direito que celebram contratos por meio de leis públicas, abstratas e gerais. De fato, novos direitos privados especiais se diferenciaram deste *corpus*. Tendências de desformalização podem ser vistas claramente, por exemplo, no direito social, no direito trabalhista e na regulação de cartéis e sociedades.[5]

---

3 R. Voigt (ed.), *Abschied vom Recht?*, Frankfurt/Main, Suhrkamp, 1983.

4 Weber, *Wirtschaft und Gesellschaft*, op. cit., p.648.

5 Teubner, Verrechtlichung – Begriffe, Merkmale, Grenzen, Auswege, op. cit., p.289 e ss; Id., *Dilemmas of Law in the Welfare State*, op. cit.

Essas tendências podem ser descritas como "materialização" quando se parte de uma compreensão *formalista* do direito, que se impôs na Alemanha com a ciência das pandectas e com a jurisprudência dos conceitos. De maneira geral, Max Weber explica as qualidades formais do direito rigorosamente evidenciadas nesta tradição como resultado do trabalho jurídico-dogmático de juristas especialistas com formação acadêmica. Os especialistas em direito tratam do "formalismo do direito" sobretudo em relação a três aspectos. Em primeiro lugar, a configuração sistemática de um *corpus* de proposições jurídicas claramente analisadas conduz as normas válidas a uma ordem compreensível e controlável. Em segundo lugar, a forma da lei abstrata e geral, que não é talhada para contextos particulares nem orientada para destinatários determinados, confere uma estrutura unitária ao sistema jurídico. E, em terceiro lugar, a vinculação à lei por parte da justiça e da administração garante tanto uma aplicação calculável e conforme ao procedimento quanto uma implementação confiável dessas leis. Portanto, desvios desse modelo liberal podem ser entendidos como uma restrição às qualidades formais do direito. O estágio de juridificação do Estado social torna insustentáveis a imagem clássica do sistema de direito privado, a ideia de uma clara separação entre direito público e direito privado, bem como a hierarquia entre norma fundamental e lei ordinária. Também implode a ficção de um sistema jurídico bem ordenado. A unidade das normas jurídicas em seu todo só se abre, caso a caso, a uma pré-compreensão reconstrutiva, orientada por princípios, que não se objetiva por si mesma no texto da lei.[6] E, de fato, programas finalísticos orientados ao êxito ocupam o lugar das formas jurídicas orientadas por regras na medida em que a positivação do direito programa intervenções políticas e conformadoras do social com efeitos dificilmente prognosticáveis. Tanto fatos concretos quanto diretrizes abstratas encontram acesso na linguagem da lei; e o que eram antes características externas ao direito são absorvidas pelas determinações jurídicas com cada vez mais frequência. Por fim, esta "ascensão da finalidade no direito" (Ihering) afrouxa a vinculação à lei imputada à justiça e à administração, que antes era vista como não problemática. Os tribunais

---

6 Teubner, Verrechtlichung – Begriffe, Merkmale, Grenzen, Auswege, op. cit., p.300 e ss.

Facticidade e validade

têm de lidar com cláusulas gerais e, simultaneamente, dar conta tanto de uma maior variação de contextos quanto de uma maior interdependência de proposições jurídicas não ordenadas. O mesmo vale para uma ação administrativa "circunstancial".

Antigamente, quando víamos as qualidades formais do direito serem caracterizadas pela sistematização do *corpus* jurídico, pela forma da lei abstrata e geral e por um procedimento estrito que limitava a discricionariedade de juízes e funcionários, esta perspectiva era considerada tributária de uma forte estilização; mas as transformações do sistema jurídico introduzidas com o Estado social também tinham de abalar a autocompreensão liberal do direito formal. Deste modo, é plenamente possível falar, em um sentido descritivo, de uma "materialização" do direito. Contudo, Max Weber conferiu um sentido crítico a essa expressão apenas ao estabelecer duas relações explicativas: ele viu que as qualidades formais do direito também fundamentam sua racionalidade; e, para ele, materialização significava uma moralização do direito, a saber, a intromissão de pontos de vista de justiça material no direito positivo. Disso seguiu sua afirmação crítica de que a racionalidade inerente ao *medium* do direito enquanto tal é destruída conforme se produz uma conexão interna entre direito e moral.

(2) Porém, essa cadeia de pensamento é válida somente se as qualidades formais do direito – que Max Weber pega emprestadas de uma compreensão formalista do direito – puderem ser interpretadas como "racionais" em um sentido estritamente neutro em relação à moral. Vamos relembrar os três significados com que Weber utiliza "racional" nesse sentido.[7]

Weber parte *inicialmente* de um conceito amplo de técnica (também no sentido de técnica de oração, técnica de pintura, técnica de educação etc.) com o intuito de esclarecer que a regularidade é um aspecto importante para uma certa racionalidade da ação. Padrões de comportamento reproduzíveis com confiança têm a vantagem da calculabilidade. Na medida em que se trata de regras técnicas de dominação da natureza e dos materiais, a *racionalidade* universal *das regras* assume o significado estrito de uma racionalidade

---

7 Habermas, *Theorie des kommunikativen Handelns*, op. cit., v.I, p.239 e ss.

Jürgen Habermas

instrumental. Contudo, quando não se trata mais do uso regulado de meios, mas de uma seleção de fins com base em valores preexistentes, Weber fala, *em segundo lugar*, de uma *racionalidade com respeito a fins*. Sob este aspecto, uma ação só pode ser racional na medida em que não for controlada por afetos cegos ou por tradições naturalizadas. Weber considera que as orientações axiológicas são preferências substantivas, orientadas inclusive por valores materiais, que se colocam, de saída, como algo não passível de fundamentação diante das decisões tomadas por sujeitos que agem de acordo com uma racionalidade com respeito a fins – por exemplo, os próprios interesses que os sujeitos de direito privado perseguem nas trocas econômicas. *Por fim*, Weber também denomina racionais os resultados dos trabalhos intelectuais de especialistas, que dominam analiticamente sistemas simbólicos tradicionais, como, por exemplo, imagens de mundo religiosas ou concepções morais ou jurídicas. Essas contribuições dogmáticas são expressão do pensamento *científico-metodológico*. Eles aumentam simultaneamente a complexidade e a especificidade do saber passível de ser ensinado.

Em um primeiro olhar, é fácil ver como, sob esses três aspectos (da racionalidade das regras, da racionalidade das escolhas e da racionalidade científica), as qualidades formais do direito acima mencionadas podem ser descritas como "racionais" em um sentido estrito, ainda moralmente neutro. A configuração sistemática do *corpus* jurídico é tributária da racionalidade científica de especialistas; leis públicas, abstratas e gerais asseguram a margem de ação da autonomia privada para a persecução de interesses subjetivos segundo uma racionalidade com respeito a fins; e a institucionalização de procedimentos para aplicação estrita e para implementação de tais leis possibilita uma combinação regular e, por isto, calculável, de ações, fatos e consequências jurídicas – principalmente nos intercâmbios organizados pelo direito privado. Nessa medida, portanto, a racionalidade do direito formal burguês estaria fundamentada, de três modos, em suas qualidades formais. Mas esses aspectos da racionalidade poderiam, de fato, ter emprestado força legitimadora à legalidade de uma dominação exercida em conformidade com o direito?

Como um olhar para o movimento operário europeu e para as lutas de classe no século XIX nos ensina, as ordens políticas que mais se aproxima-

Facticidade e validade

ram dos modelos de dominação racionalizada pelo direito formal de modo algum foram percebidas como legítimas *per se* – em último caso, talvez por parte de camadas sociais mais beneficiadas e por seus ideólogos liberais. Se pressupormos o modelo liberal para os propósitos da crítica imanente, a legitimidade do direito formal burguês, quando considerada mais de perto, não resulta das características "racionais" mencionadas, mas sim, no melhor dos casos, das implicações morais que podem ser deduzidas daquelas características com a ajuda adicional de outras suposições empíricas a respeito da estrutura e da função da ordem econômica.

(3) Se voltarmos àquelas três determinações da racionalidade no sentido contrário, isto vale primeiramente à segurança jurídica, na medida em que ela é garantida com base em leis abstratas e gerais por meio de procedimentos rigorosos da justiça e da administração. Suponhamos que as condições empíricas para uma garantia universal e igualitária da segurança jurídica fossem satisfeitas. Teríamos então de ter em mente que a segurança jurídica – no sentido de uma previsibilidade quanto às intervenções na vida, na liberdade e na propriedade – é um "valor" que concorre com outros valores (por exemplo, com a participação em igualdade de oportunidades nas decisões políticas ou com a distribuição igualitária de compensações sociais). Hobbes já tinha em vista uma maximização da segurança jurídica quando exigiu que o soberano conduzisse suas ordens pelo *medium* do direito. Mas o lugar privilegiado que esse valor desfruta no direito formal burguês não se justifica apenas pelo fato de que a calculabilidade das consequências jurídicas das próprias ações é *funcional* para a organização econômica de mercado do intercâmbio social. Por exemplo, é uma questão de ponderação moral entre princípios diferentes saber se as políticas do Estado social, que são realizadas apenas com a ajuda de conceitos jurídicos indeterminados, deveriam ser, em certa medida, compradas à custa da calculabilidade de decisões judiciais. Mas então tais colisões deveriam ser decididas sob o ponto de vista moral da capacidade de universalização de interesses.

Com isto, tocamos, em segundo lugar, na qualidade formal das leis. A forma clássica da lei abstrata e geral não legitima uma dominação exercida sob essas formas simplesmente por satisfazer certas exigências funcionais para que pessoas possam perseguir seus próprios interesses de acordo com a autonomia privada e com uma racionalidade com respeito a fins. De Marx a Macpherson,[8] mostrou-se muitas vezes que só poderíamos falar nesses termos se cada um pudesse usufruir de uma igual oportunidade de acesso às *opportunity-structures* [estruturas de oportunidade] de uma sociedade de mercado – e isto somente sob o pressuposto de que não existiriam alternativas mais desejáveis para as formas de vida marcadas pelos mecanismos monetários e burocráticos. Contudo, em comparação com os programas orientados por fins, os programas legais orientados por regras têm a vantagem de ser mais adequados ao princípio da igualdade perante a lei em virtude de sua universalidade semântica. E, em razão de seu caráter abstrato, na medida em que os fatos regulados são efetivamente gerais e seu conteúdo essencial não depende de contextos cambiáveis, os programas orientados por regras correspondem inclusive ao princípio segundo o qual iguais devem ser tratados de maneira igual e desiguais devem ser tratados de maneira diferente. Assim, contrariamente ao argumento funcionalista de Max Weber, a forma das leis abstratas e gerais pode ser racionalmente justificada somente à luz desses princípios moralmente ricos em conteúdo. (No entanto, não devemos concluir daí que uma ordem jurídica *apenas* poderia satisfazer os princípios de igualdade de conteúdo e de aplicação do direito se for configurada segundo as formas de leis públicas, abstratas e gerais).

Também a terceira qualidade formal – a construção científico-metodológica de um *corpus* jurídico sistematicamente estruturado – não pode, por si mesma, explicar como a legitimação decorreria da legalidade. Apesar de toda a autoridade que as ciências possam reclamar para si nas sociedades modernas, ainda assim as normas jurídicas não obtêm legitimidade apenas pelo fato de que seus significados sejam tornados precisos, seus conceitos sejam explicitados, sua consistência seja comprovada e seus motivos sejam unificados. O trabalho profissional da dogmática jurídica pode contribuir com a legitimação somente se e quando ajudar a satisfazer aquela carência de fundamentação que surge na medida em que o direito em seu todo se torna direito positivo. Do ponto de vista de seus destinatários e operado-

---

8 Macpherson, *Die politische Theorie des Besitzindividualismus*, op. cit.

Facticidade e validade

res, a mutabilidade do direito positivo só é compatível com sua pretensão de validade legítima na medida em que é possível supor que mudanças e desenvolvimentos do direito em contextos diferenciados podem ser fundamentados a partir de princípios evidentes. Os trabalhos de sistematização de juristas especialistas trouxeram à consciência precisamente o modo de validade pós-tradicional do direito. No direito positivo, as normas perderam principalmente o tipo de validade consuetudinária. Por essa razão, as normas jurídicas individuais precisam ser fundamentadas como componente de uma ordem jurídica baseada em seu todo em princípios que podem colidir entre si e ser expostos a um exame discursivo. Porém, nesse plano das discussões normativas, vem à tona novamente uma racionalidade que se assemelha mais à razão prática de Kant do que a uma racionalidade puramente científica – uma racionalidade que, em todo caso, não é moralmente neutra.

Em suma, é possível verificar que as qualidades formais do direito investigadas por Weber só teriam permitido que a legitimidade decorresse da legalidade sob determinadas condições sociais especiais se tivessem se mostrado "racionais" em um sentido prático-moral. Weber nunca reconheceu esse núcleo moral do direito formal burguês enquanto tal porque sempre compreendeu os discernimentos morais como orientações axiológicas subjetivas; os valores não eram considerados como conteúdo passível de racionalização, tornando-se incompatíveis com o caráter formal do direito. Ele não distinguiu entre a preferência por valores, que, por assim dizer, são *recomendados* como tendo primazia diante outros valores em determinadas formas de vida e tradições culturais, e a validade de normas no plano do dever, que *obrigam* todos os destinatários em igual medida. Ele não distinguiu as apreciações axiológicas, que se estendem amplamente sobre o conteúdo de valores concorrentes, do aspecto formal da obrigatoriedade ou validade das normas, que de modo algum varia de acordo com seus conteúdos normativos. Em uma palavra, ele não levou a sério o formalismo ético.

(4) Isso se mostra na interpretação do direito racional moderno, que Weber contrapõe ao "direito formal" positivado. Ele afirma "que não poderia haver um direito natural puramente formal": "Os critérios materiais para

o que é legítimo nos termos do direito natural são a natureza e a razão".[9] É preciso admitir que as teorias do direito natural, de Hobbes a Rousseau e Kant, ainda continham certas conotações metafísicas. Porém, Rousseau e Kant, com seu modelo de um contrato social, mediante o qual os parceiros do direito considerados livres e iguais regulam democraticamente sua vida em comum, já satisfizeram inteiramente as exigências de metódo de uma fundamentação procedimental do direito. Nessa tradição moderna, expressões como "natureza" e "razão" não representam propriamente conteúdos metafísicos; elas servem antes à explicação dos pressupostos sob os quais um acordo poderia ser realizado caso devesse possuir força legitimadora. A partir de um tal modelo contratual, é possível extrair as condições procedimentais para uma formação racional da vontade. Weber novamente não distingue de maneira satisfatória entre aspectos estruturais e aspectos substantivos. É apenas por isso que ele pode confundir "natureza" e "razão" com *conteúdos* axiológicos, dos quais o direito formal havia sido o primeiro a se libertar. Ele equipara equivocadamente as propriedades procedimentais de um nível de fundamentação pós-tradicional com orientações axiológicas materiais. Assim, ele não vê que a figura de pensamento do contrato social (como ocorre de maneira semelhante com o Imperativo Categórico) pode ser compreendida como proposta para um procedimento cuja racionalidade garante a correção de quaisquer decisões tomadas de acordo com o procedimento.

Nesse ponto, a referência às teorias da moral e da justiça estruturadas de maneira procedimental devem apenas explicar por que direito e moral não podem ser diferenciados entre si com a ajuda dos conceitos "formal" e "material". Nossas reflexões feitas até aqui conduziram antes à conclusão de que a legitimidade da legalidade não se deixa explicar a partir de uma racionalidade autônoma, inerente à forma jurídica e, por assim dizer, neutra em relação à moral; ela precisa antes ser remetida a uma relação interna entre direito e moral. Isso vale, de início, para o modelo do direito formal burguês, que se cristalizou em torno da forma semântica da lei abstrata e geral. Pois as qualidades formais desse tipo de direito somente oferecem

---

9 Weber, *Wirtschaft und Gesellschaft*, op. cit., p.638.

Facticidade e validade

razões legitimadoras à luz de princípios moralmente plenos de conteúdo. Ora, está correto que a mudança de forma do direito, que Max Weber descreve sob o mote da "materialização", pode retirar justamente a base que sustenta esses argumentos. Mas de modo algum isso significa que em geral faltam ao direito material propriedades formais, a partir das quais seria possível analogamente deduzir suas razões legitimadoras. Pelo contrário, a mudança da forma do direito exige uma radicalização da pergunta de Weber pela racionalidade inerente ao *medium* jurídico. Desde o início, o direito formal e o direito desformalizado formam diferentes variações de expressão do mesmo direito positivo. O "formalismo" do direito, que é comum a esses dois tipos especiais de direito, precisa ocupar um plano mais abstrato. Cairíamos em falácias concretistas se decidíssemos atar o formalismo do direito em geral às propriedades de um modelo histórico determinado, isto é, ao direito formal burguês.

Para sistemas jurídicos modernos, é geralmente central o conceito de *procedimento* juridicamente institucionalizado. Esse conceito precisa ser manuseado de maneira tolerante, não podendo, em todo caso, ser ligado de antemão a uma forma especial de lei. H. L. A. Hart e outros mostraram que os sistemas jurídicos modernos não consistem somente de normas comportamentais ou normas penais diretas, mas também de normas secundárias, regras de autorização [*Ermächtigungsregel*] e de organização, que servem para institucionalizar os procedimentos adotados pela legislação, pela jurisprudência e pela administração.[10] Desse modo, a produção de normas se torna, por sua vez, normatizada. A obtenção oportuna de decisões juridicamente vinculantes é possibilitada por um processo procedimentalmente estabelecido, mas indeterminado no que concerne a seu conteúdo. Além disso, é preciso levar em conta que esses procedimentos vinculam as decisões às obrigações de fundamentação. O que é institucionalizado aqui são discursos jurídicos, que não operam apenas sob as restrições externas do procedimento jurídico, mas também sob as *restrições internas* da produção argumentativa de boas razões.[11] As respectivas regras da argumentação não

---

10 Hart, *Der Begriff des Rechts*, op. cit.

11 Alexy, *Theorie der juristischen Argumentation*, op. cit.

colocam a construção e a avaliação de razões a critério dos participantes. Por seu turno, elas só podem ser modificadas de forma argumentativa. Por fim, é preciso considerar que, por mais que estejam vinculados também ao direito válido, os discursos jurídicos não podem se movimentar em um universo fechado de regras jurídicas claramente fixadas. Isso ocorre porque o direito moderno está estratificado em regras e princípios.[12] Como se vê claramente no direito constitucional, muitos desses princípios possuem uma natureza ao mesmo tempo jurídica e moral. Os princípios morais do direito natural se tornaram direito positivo nos Estados constitucionais modernos. Por essa razão, quando consideradas a partir da lógica de argumentação, as vias de fundamentação institucionalizadas pelos procedimentos jurídicos permanecem abertas para discursos morais.

Se as qualidades formais do direito – sob o plano de uma diferenciação em tipos de direito mais ou menos materializados – devem ser encontradas na dimensão dos procedimentos institucionalizados juridicamente, e se esses procedimentos regulam discursos jurídicos que, por sua vez, são permeáveis a argumentações morais, então surge a seguinte hipótese: a legitimidade é possível pela legalidade na medida em que os procedimentos para a produção de normas jurídicas são racionais também no sentido de uma racionalidade procedimental prático-moral e são praticados de modo racional. A legitimidade da legalidade é tributária de um cruzamento de procedimentos jurídicos com uma argumentação moral que obedece a sua própria racionalidade procedimental.

II. Desformalização do direito: três interpretações

(1) Max Weber se orientou por uma compreensão formalista do direito que, nesse ínterim, foi questionada pela investigação histórica. O modelo liberal não tinha muito a ver com a realidade jurídica – seja na Alemanha do final do século XIX ou em qualquer outro lugar. A vinculação automá-

---

12 R. Dworkin, *Taking Rights Seriously*, Cambridge, Gerald Duckworth, 1977, caps.2 e 3 (versão alemã: *Bürgerrechte ernstgenommen*, Frankfurt/Main, Suhrkamp, 1984).

tica da justiça à lei, por exemplo, sempre foi uma ficção.[13] Ao mesmo tempo, não é casual que o diagnóstico weberiano mantenha sua atualidade. Isto porque, como enunciado *comparativo* sobre uma tendência na autocompreensão e na prática dos especialistas do direito, a tese da desformalização do direito se comprovou. Nesse ínterim, novos fenômenos, que Max Weber ainda não podia observar, atestam seu diagnóstico.

Direito reflexivo. Max Weber tinha diante de si a transformação do direito formal para programas voltados a fins. Junto a isso, como mostra o exemplo dos acordos coletivos de trabalho, logo veio outro tipo de direito desformalizado. Eu me refiro à delegação de competências de negociação entre partidos em conflito e a instauração de procedimentos quase-políticos de formação da vontade e de compromisso.[14] Com esse tipo de regulação, o legislador não quer mais obter fins concretos imediatos; antes, as normas procedimentais orientadas por processos devem permitir aos participantes regular seus assuntos por conta *própria*. Esse modo de desformalização, que é reflexivo ou disposto em dois níveis, tem a vantagem de, ao mesmo tempo, apresentar maior flexibilidade e autonomização dos destinatários do direito. Nesse meio tempo, esse direito reflexivo se expandiu sob a sombra dos desenvolvimentos corporativos.

Marginalização. A pesquisa sobre implementação das últimas décadas confirmou as "lacunas" que existem entre o texto e os efeitos dos programas jurídicos. Em muitos âmbitos de ação, o direito está longe de possuir um efeito vinculante estrito. A consciência da marginalidade remete em parte à investigação sociológica de fatos até então desconhecidos. Mas outros fenômenos também se somam a isto: o caráter cada vez mais experimental da regulação orientada a fins de processos dificilmente apreensíveis; uma sensibilidade crescente do legislador diante de problemas de viabilidade e aceitação; assim como a adaptação do direito penal a formas de controle social. Também a substituição da persecução penal do Estado por acordos privados, a compensação negociada entre culpado e vítima, entre outros,

---

13 R. Ogorek, *Richterkönig oder Subsumtionsautomat?* Zur Justiztheorie im 19, Jahrhundert, Munique, Vittorio Klostermann, 1986.

14 Teubner, Substantive and Reflexive Elements in Modern Law, op. cit., p.239 e ss.

reforçaram a "erosão das normas" e o passo em direção a uma questionável "orientação ao consenso".[15] Tudo isso retira do direito contemporâneo algo do seu caráter clássico de direito coercitivo.

Imperativos funcionais. Como o conceito de direito "regulatório" já mostra, nós compreendemos a onda de juridificação do Estado social como instrumentalização do direito para fins do legislador político. Com isso, porém, atribui-se às intenções dos atores o que estes geralmente efetuam de maneira mais ou menos inconsciente enquanto agentes de um aparelho estatal cada vez mais complexo ou sob a pressão dos imperativos sistêmicos de uma economia autonomizada e, ao mesmo tempo, carente de estabilização. Também na jurisprudência podemos observar como pontos de vista normativos são subordinados, em termos de "ordem política", aos imperativos de conservação das instituições estatais ou aos imperativos de controle dos mercados. Na concorrência entre direitos, de um lado, e bens coletivos, de outro lado, impõem-se as exigências funcionais dos subsistemas regulados pelo dinheiro e pelo poder, que, por sua vez, não são mais integrados por normas e valores.

Moralidade versus *positividade do direito.* Com a crescente mobilização do direito, intensifica-se a questão acerca das condições de legitimidade da legalidade. De certo modo, com transformações cada vez mais aceleradas, o direito positivo solapa suas próprias bases de validade. Com cada troca de governo, novos interesses obtêm maioria, atingindo, por exemplo, o direito de locação, o direito de família e o direito fiscal. De maneira paradoxal, a isso se vincula à tendência oposta, que apela a um direito "correto" sob a bandeira de um direito moralizado — por exemplo, na forma da desobediência civil ou nas questões de aborto, divórcio, proteção ambiental etc. Isto também possui razões sistemáticas. Princípios morais originados no direito racional são hoje parte do direito positivo. Por isso, a interpretação constitucional assume mais ou menos a forma da filosofia do direito. W. Naucke fala ironicamente de uma "administração jurídica do direito natural".[16]

---

15 W. Naucke, *Die Wechselwirkung zwischen Strafziel und Verbrechensbegriff*, Stuttgart, Franz Steiner, 1985; Id., Versuch über den aktuellen Stil des Rechts, op. cit.

16 Naucke, Versuch über den aktuellen Stil des Rechts, op. cit., p.21.

Facticidade e validade

Todas essas tendências se aplicam ao mote da "desformalização" do direito. Simultaneamente, sob o termo pejorativo "juridificação", elas se tornam objeto de crítica do direito. Também nesse aspecto o debate atual se refere a Max Weber: sua pergunta pela racionalidade da forma jurídica apontava critérios para um direito ao mesmo tempo correto e funcional. Nessa medida, essa discussão lança luz sobre nossa questão de como é possível produzir legitimidade pela legalidade. No que se segue, eu gostaria de caracterizar três posições com base em exemplos alemães, sem precisar entrar em casos norte-americanos correspondentes. A perspectiva dos participantes, a partir da qual é possível analisar internamente o sistema jurídico, é comum a essas posições.[17] A discussão alemã é implicitamente determinada pela disputa sobre a deformação do direito durante o período nazista. Dependendo de como essa deformação é interpretada, um lado deposita sua confiança na justiça e na administração, o outro, no legislador parlamentar. Essa polarização tem a vantagem de dirigir o olhar para todos os três poderes e não procurar as condições de legitimidade da dominação legal de antemão somente na jurisprudência.

(2) A elaboração das experiências históricas com o regime nazista deixou para trás vestígios particularmente claros em uma controvérsia que, no início dos anos 1950, foi conduzida entre os protagonistas Ernst Forsthoff e Wolfgang Abendroth sobre o Estado de direito e o Estado social.[18] Eles continuaram debates que foram levados a cabo durante o período de Weimar entre Carl Schmitt, Hans Kelsen e Hermann Heller, entre outros.[19] Em nosso contexto, é significativo que Forsthoff tenha levado adiante, com os meios da dogmática jurídica, a crítica formalista do direito de Max Weber. Ele queria enfrentar a tendência da desformalização, canalizando as tarefas de configuração da sociedade que, no Estado social, couberam à legislação e à administração, nas formas do Estado de direito clássico. O princípio

---

17 Trato da teoria sistêmica do direito na segunda aula. Deixo de lado aqui a interpretação econômica do direito (*"Law and Economy"*) [direito e economia] como uma outra variante do empirismo.

18 E. Forsthoff (ed.), *Rechtsstaatlichkeit und Sozialstaatlichkeit*, Darmstadt, Wissenschaftliche Buchgesellschaft, 1968.

19 Maus, *Bürgerliche Rechtstheorie und Faschismus*, op. cit.

do Estado social, admitido na Lei Fundamental da República Federal, não pode conservar o mesmo estatuto constitucional e nem atingir a estrutura formal do Estado de direito. A lógica liberal do Estado de direito é, por sua vez, determinada pela forma da lei pública, abstrata e geral. Enquanto o legislador político só perseguir fins que ele pode traduzir em tais programas jurídicos orientados por regras, permanecem garantidas a calculabilidade de uma justiça independente e de uma administração garantidora. Um Estado ativo, que interfere no *status quo* social com sua administração planejadora e operante, deformaria o Estado de direito. Que a legitimidade do Estado de direito se reforce e decaia com a forma semântica da lei é, na verdade, uma premissa que Lon Fuller analisou em detalhe como *"internal morality of law"* [moralidade interna do direito].[20]

A fraqueza dessa posição reside em seu caráter puramente defensivo. Forsthoff tem clareza de haver "uma correspondência estrutural" entre o Estado de direito liberal e a sociedade econômica liberal. Em virtude da mudança estrutural da sociedade ocorrida nesse ínterim, ele tem de fazer a suposição irrealista de que as estruturas do Estado de direito se descolaram de seus contextos sociais de surgimento, autonomizando-se em um "sistema constitucional que se tornou técnico". Forsthoff não consegue explicar como a onda de juridificação do Estado social pôde ser mantida sob a forma da lei – formato que, entretanto, há muito tempo foi solapado – sem renunciar ao compromisso do Estado social, que em substância não tem mais como ser anulado.[21]

O positivismo democrático da lei, posição de seu oponente, Wolfgang Abendroth, parece se adaptar melhor a essa realidade. Segundo as premissas do formalismo jurídico de Weber e Forsthoff, o direito regulatório do Estado social precisa permanecer como um corpo estranho; neste caso, fórmulas de compromisso não ajudam em nada.[22] Por outro lado, Abendroth quer reunir o princípio do Estado social e as garantias do Estado de direito sob o mesmo teto da autodeterminação democrática. A ordem social se en-

---

20 Summers, *Lon L. Fuller*, op. cit., p.33 e ss.

21 C. Offe, *Contradictions of the Welfare State*, Londres, Hutchinson, 1984.

22 E. R. Huber, Rechtsstaat und Sozialstaat in der modernen Industriegesellschaft, in: Forsthoff, *Rechtsstaatlichkeit und Sozialstaatlichkeit*, op. cit., p.589.

Facticidade e validade

contra totalmente à disposição da formação democrática da vontade do povo. O Estado democrático vale como centro de uma sociedade que determina e transforma a si mesma. A forma jurídica serve apenas à transformação de políticas reformistas em decisões vinculantes. Para ele, o direito não possui uma estrutura *própria* que pudesse ser deformada. A forma jurídica representa antes um invólucro plástico para quaisquer operações administrativas de controle. O conceito de lei é despido, de maneira positivista, de todas as determinações internas de racionalidade. O mínimo ético passa da forma semântica da lei para a forma democrática da legislação. Abendroth confia as garantias do Estado de direito à esperança rousseauista de que um legislador democrático, consistente consigo mesmo, não tomaria decisões com as quais todos não pudessem consentir. Com esse ativismo legislativo, Abendroth permanece particularmente cego tanto diante das coerções sistêmicas do Estado e da economia quanto das formas fenomênicas específicas da juridificação do Estado social.

(3) Porém, nesse meio tempo, formou-se uma metacrítica da crítica da juridificação, a qual se apoia na posição de Abendroth. No centro dessa crítica está a reflexão segundo a qual a substituição do direito formalmente rígido pelas regulações brandas, desformalizadas, prepara o caminho para que a justiça e a administração retirem a supremacia do legislativo e, com isso, subtraiam a única força legitimadora do *procedimento* legislativo democrático. Segundo a argumentação de Ingeborg Maus, por exemplo, o direito materializado e as formas determinadas de direito reflexivo destroem a separação clássica de poderes, porque o vínculo da justiça e da administração com a lei democrática se rompe em virtude do avanço das cláusulas gerais e das metas indeterminadas, de um lado, e da delegação de competências decisórias e posições de negociação, de outro.[23] A justiça preenche a margem ampliada de apreciação com seus próprios programas legais e concepções axiológicas; a administração opera no escuro entre decisões programadoras e programadas, fazendo assim sua própria política. "Simulacros legais"

---

23 Maus, Verrechtlichung, Entrechtlichung und der Funktionswandel von Institutionen, op. cit.

formam uma legitimação muito tênue para as intervenções da justiça sobre valorações suprapositivas, de um lado, e para as redes corporativistas e arranjos da administração com os interesses mais poderosos em cada caso, de outro lado. A transposição da estrutura jurídica para uma ação administrativa "situada" é apoiada somente por uma justiça que pondera valores e se orienta por casos individuais.

Por certo, essa crítica aponta na mesma direção que a do formalismo jurídico liberal. Elas se diferenciam, porém, em seus pontos de partida normativos. Mesmo que I. Maus insista nas determinações legais bem definidas, que são estritamente circunscritas pelo poder discricionário da justiça e da administração, a racionalidade do Estado de direito não pode mais se assentar sobre a forma semântica da lei. Unicamente o *procedimento democrático* de legislação é de fato legítimo. Contudo, nesse sentido, a justiça e a administração não poderiam se subtrair do controle legislativo unicamente em razão da mudança de forma dos programas legais do Estado social: pois assim a linha defendida pela teoria democrática perderia sua razão de ser, assemelhando-se à posição liberal. A supremacia do legislativo diante das outras duas funções do Estado também não pode ser analisada somente em termos sociológicos como uma questão de poder. Em Abendroth, a análise de classe ainda permanecia como um pano de fundo, bem como a ideia de um compromisso de classe, que pôde se deslocar da perspectiva dos partidos de trabalhadores para as formas do Estado democrático e social de direito. Hoje, desapareceu em larga medida a confiança nas hipóteses de fundo da filosofia da história, seja marxista ou de outras correntes filosóficas. Faz-se necessária, assim, uma justificação normativa para o postulado da preponderância do Parlamento. Para tanto, o positivismo democrático das leis, defendido por Abendroth, não é suficiente. Se o lugar vazio deixado pelo conceito positivista de lei não pode ser normativamente preenchido com um interesse privilegiado de classe, as condições de legitimidade para a lei democrática devem ser procuradas na racionalidade do próprio procedimento legislativo.

Portanto, da discussão levada a cabo até aqui, resulta o desiderato interessante de investigar se da racionalidade procedimental inscrita no proces-

Facticidade e validade

so democrático de legislação é possível obter razões para uma legitimidade produzida pela legalidade. Contudo, mesmo no caso de essa questão poder ser satisfeita, logo surge ao menos um outro problema. Uma vez que a lei abstrata e geral, que exclui toda indeterminação, não constitui mais a forma normal e exemplar dos programas de regulação do Estado social, falta assim a correia de transmissão que *transpõe* a racionalidade do procedimento legislativo para procedimentos da justiça e da administração. Sem a eficácia automática de um vínculo rigoroso com a lei, conforme supõe tão somente o modelo liberal, permanece aberta a questão de como a racionalidade procedimental de um lado poderia ser replicada na racionalidade procedimental do outro.

(4) Essa questão se torna ponto de partida para uma terceira linha de argumentação, ao menos se considerarmos a racionalidade da práxis decisória dos juízes. Essa posição não encontra uma expressão tão incisiva quanto a crítica do direito endossada pela teoria democrática e pelo formalismo jurídico. A resposta à pergunta sobre como a justiça pode ser disposta com um direito desformalizado apresenta no mínimo duas variantes, a jusnaturalista e a contextualista. Mas passemos inicialmente à descrição dos respectivos fenômenos.

A análise se fixa nos variados exemplos da práxis decisória dos Tribunais Constitucionais Alemães encarregados da tarefa de controle abstrato das normas. Mas também o direito de família, o direito trabalhista e o direito social confrontam a jurisprudência com matérias que não podem ser tratadas com o padrão clássico dos procedimentos do direito civil voltados à subsunção de casos concretos a normas gerais.[24] No entanto, as interpretações do direito constitucional revelam as tendências de uma práxis decisória que não apenas preenche as lacunas da lei, mas que possui um papel construtivo na formação do direito.

Aqui se mostra de maneira particularmente clara que o modelo liberal de Estado de direito se desmantelou. Rompeu-se a barreira entre a esfera

---

24 R. Salgo, Soll das Zuständigkeit des Familiengerichts erweitert werden?, *Zeitschrift für das gesamte Familienrecht*, ano 31, mar. 1984, p.221 e ss.

estatal de "realização do bem comum" e o domínio social da autonomia privada em que cada um persegue seu próprio bem individual. A Constituição se apresenta hoje como um todo dinâmico, em que conflitos entre bem individual e bem comum devem ser equilibrados a cada caso de maneira *ad hoc*, à luz de princípios constitucionais superiores e de uma compreensão holista da Constituição.[25] A hierarquia entre norma fundamental e lei ordinária se dissolveu tal como o caráter de regra dos direitos fundamentais.[26] Dificilmente há algum direito que não possa ser limitado pela ponderação de princípios. Por isso, o Tribunal Constitucional Alemão estabeleceu um "princípio de interdependência": todo elemento individual da ordem jurídica pode a cada contexto ser interpretado *diferentemente* a partir da compreensão da "ordem constitucional de valores". Com essa antecipação orientada por princípios do sentido reconstrutivo do todo se produz uma relação de dois níveis – não tanto no plano do texto da lei, mas em termos metodológicos – entre a ordem legal e os princípios legitimadores. Isso tem por consequência uma insegurança jurídica significativa. E. Denninger fala nesse contexto de uma dissolução da dominação legal – da dominação em virtude da legalidade de leis e medidas – por uma "dominação em virtude da legitimidade sancionada judicialmente".[27]

Mas isso torna ainda mais precária a questão, posta pela crítica do direito, de saber se se pode confiar à justiça o exercício de seu poder discricionário cada vez mais amplo de maneira racional, isto é, com argumentos intersubjetivamente examinados. As ponderações conservadoras são motivadas em regra pela desconfiança contra um legislador parlamentar demagogicamente aliciável. Nesse aspecto, essa posição espelha a linha de argumentação da teoria da democracia. Aqui também se impõe uma avaliação especial do regime de injustiça do nacional-socialismo. Uma justiça que é capaz de se orientar por princípios jurídicos suprapositivos deve formar um contrapeso ante o "positivismo voltado a fins e ao poder" de "uma maioria impru-

---

25 E. Denninger, Verfassungsrechtliche Schlüsselbegriffe, in: C. Broda (org.), *Festschrift für R. Wassermann*, Neuwied/Darmstadt, Hermann Luchterland, 1985, p.279 e ss.

26 Alexy, *Theorie der Grundrechte*, op. cit.

27 Denninger, Verfassungsrechtliche Schlüsselbegriffe, op. cit., p.284.

Facticidade e validade

dente, cega em relação ao direito, intimidada e violenta".[28] Uma vez que a força legitimadora da vontade geral democrática foi desacreditada pelo positivismo jurídico, a legislação poderia se submeter ao controle de uma jurisprudência, que certamente é controlada pela lei, mas também "está vinculada às leis supremas de uma justiça material".[29] Não importa se isso é derivado do direito natural cristão ou de uma ética material dos valores, ou se apela de maneira neoaristotélica ao *ethos* consuetudinário de um local. Com esse apelo à "indisponibilidade" de uma ordem axiológica concreta, confirma-se de fato o receio de Max Weber de que a desformalização do direto abre os portões para abundantes orientações axiológicas materiais, que são por isso discutíveis e, em seu cerne, irracionais.[30]

Os advogados de tal adjudicação jusnaturalista ou contextualista de valores se caracterizam pelo fato de compartilharem as *premissas filosóficas* de Max Weber, mas com sinais diferentes. Eles colocam procedimentos, princípios abstratos e valores concretos em um mesmo plano. Uma vez que o elemento eticamente universal sempre está inserido em contextos históricos concretos, não poderia haver uma fundamentação ou ponderação de princípios segundo um procedimento universal que pretende garantir a imparcialidade. Principalmente os neoaristotélicos se inclinam em direção a uma ética das instituições que subtrai a tensão entre norma e realidade, princípio e regra, anula a diferenciação kantiana entre questões de fundamentação e questões de aplicação e reduz as discussões morais ao nível das considerações prudenciais.[31] Nesse plano de um juízo meramente pragmático, considerações normativas e funcionais se misturam então de um modo indistinguível.

Em suas ponderações de valor, também o Tribunal Constitucional Alemão não dispõe de critérios com os quais pudesse distinguir o primado de princípios normativos (como tratamento igual ou dignidade humana) ou

---

28 F. Wieacker, *Privatrechtsgeschichte der Neuzeit*, Göttingen, Vandenhoeck & Ruprecht, 1967, p.560.

29 Ibid., p.604.

30 U. K. Preuss, *Legalität und Pluralismus*, Frankfurt/Main, Suhrkamp, 1973.

31 H. Schnädelbach, Was ist Neoaristotelismus?, in: W. Kuhlmann (ed.), *Moralität und Sittlichkeit: das Problem Hegels und die Diskursethik*, Frankfurt/Main, Suhrkamp, 1986, p.38 e ss.

princípios metodológicos de maior importância (como proporcionalidade e adequação) diante de imperativos funcionais (como paz no mercado de trabalho, capacidade de ação das Forças Armadas Federais ou a chamada reserva de possibilidade). Quando direitos individuais e bens coletivos são agregados a valores, em que uns são tão particulares quanto os outros, entrelaçam-se entre si considerações deontológicas, teleológicas e, inclusive, sistêmicas. E não é infundada a suspeita de que, no caso de colisão entre preferências de valores que não são mais racionalizáveis, implementa-se de fato o interesse mais capaz de se impor. Com isso, também se explica por que os resultados dos processos judiciais se deixam prever relativamente bem com a ajuda de abordagens teóricas voltadas a interesses e poder.

Essa terceira linha de argumentação só é interessante na medida em que chama atenção para um problema ainda não resolvido. Ela mostra, no exemplo da relação da justiça com o direito desformalizado, que uma moralização agora manifesta do direito é inevitável e também não pode ser revogada; ela está internamente ligada à onda de juridificação do Estado social. O direito natural (seja de origem cristã ou renovado nos termos de uma ética de valores) ou o neoaristotelismo são incapazes de fazer frente a esse problema, porque tais interpretações são inapropriadas para tratar do núcleo racional da práxis procedimental do judiciário. Éticas baseadas em bens e valores sublinham sempre *conteúdos* particulares de normas — suas premissas normativas são muito fortes para servir como fundamento para decisões *universalmente vinculantes* em uma sociedade moderna caracterizada pelo pluralismo de poderes de crença [*Glaubensmächte*]. Apenas as teorias da moral e da justiça procedimentalmente inscritas oferecem um procedimento *imparcial* para a fundamentação e a ponderação de princípios.

III. A racionalidade do procedimento juridicamente institucionalizado: questões prévias

(I) Se for possível obter legitimidade por meio da legalidade em sociedades como a nossa, então a crença na legalidade, desprovida das certezas coletivas antes asseguradas pela religião e pela metafísica, precisa se apoiar, em certo sentido, na "racionalidade" do direito. Mas a suposição de Max

Facticidade e validade

Weber de que uma racionalidade autônoma, moralmente neutra e inerente ao direito enquanto tal seria a razão para a força legitimadora da legalidade, não se confirmou. A legitimidade de uma dominação exercida segundo o direito positivo, vinculado à obrigação constante de se justificar, é derivada de um conteúdo moral implícito das qualidades formais do direito. Entretanto, o formalismo do direito não pode ser fixado a determinadas características semânticas de maneira concretista. São antes os *procedimentos* que possuem força legitimadora para institucionalizar as exigências de fundamentação e a via de seu resgate argumentativo. Além disso, a fonte de legitimação não é unilateral, ou seja, não deve ser buscada em um lugar apenas, seja na legislação política *ou* na jurisdição. Pois sob as condições da política do Estado social, o legislador democrático mais cuidadoso não pode mais vincular a justiça e a administração unicamente pela forma semântica da lei; ele não consegue fazer isso sem o direito regulatório. O cerne racional, no sentido prático-moral, dos procedimentos jurídicos se revela também quando analisamos como, mediante tanto a ideia de imparcialidade quanto de fundamentação de normas, mas também pela aplicação de regulações vinculantes, é possível produzir uma conexão construtiva entre direito válido, procedimentos legislativos e procedimentos de aplicação do direito. Essa ideia de imparcialidade forma o cerne da razão prática. Se deixarmos de lado o problema da aplicação imparcial de normas, a ideia de imparcialidade pensada inicialmente sob o aspecto da fundamentação normativa é desenvolvida naquelas teorias da moral e da justiça que propõem um procedimento para saber como podemos avaliar questões práticas sob o ponto de vista moral. A racionalidade desse procedimento puro, que precede toda institucionalização, mede-se no modo como nele o *moral point of view* [ponto de vista moral] é adequadamente explicitado.

Atualmente, eu vejo *três sérios candidatos* para uma tal teoria procedimental da justiça. Todos partem da tradição kantiana, mas seus modelos se distinguem segundo o modo como esclarecem o procedimento de formação imparcial da vontade.[32] John Rawls adere ao modelo do acordo contratual e

---

32 J. Habermas, Gerechtigkeit und Solidarität, in: W. Edelstein e G. Nunner-Winkler (eds.), *Zur Bestimmung der Moral*, Frankfurt/Main, Suhrkamp, 1986.

especifica, na descrição da posição original, aquelas restrições normativamente ricas sob as quais o egoísmo racional das partes livres e iguais têm de conduzir sua escolha de princípios corretos. A equidade dos resultados é garantida pelo procedimento de sua obtenção.[33] Lawrence Kohlberg utiliza, em vez disso, o modelo da reciprocidade universal de perspectivas entrelaçadas, elaborado por G. H. Mead. No lugar de uma posição original idealizada encontra-se a assunção ideal de papéis, a qual exige que sujeitos moralmente capacitados se coloquem na situação de todos aqueles que seriam atingidos pela vigência da norma em questão.[34] Na minha opinião, ambos os modelos têm a desvantagem de não dar conta totalmente da pretensão cognitiva de juízos morais. Segundo o modelo da celebração do contrato, os discernimentos morais são *assimilados* às decisões fundadas na escolha racional; no modelo da assunção de papéis, às operações empáticas do entendimento. Por essa razão, Karl-Otto Apel e eu propusemos conceber a própria argumentação moral como o procedimento adequado da formação racional da vontade. O exame de pretensões de validade hipotéticas representa um tal procedimento porque cada um que quer argumentar seriamente precisa consentir com as suposições idealizadoras de uma forma exigente de comunicação. Pois todo o participante de uma práxis argumentativa tem de pressupor pragmaticamente que, em princípio, todo possível concernido, enquanto livre e igual, poderia participar em uma busca cooperativa da verdade, em que pode valer unicamente a força do melhor argumento.[35]

Não posso entrar aqui na discussão da teoria moral; em nosso contexto, já é suficiente a constatação de que existem sérios candidatos para uma teoria procedimental da justiça. Pois somente assim minha tese de que o direito procedimentalizado e a fundamentação moral de princípios se referem um ao outro não ficaria suspensa no ar. A legalidade só pode produzir legitimidade na medida em que a ordem jurídica reage reflexivamente à carência de fundamentação que surgiu com a positivação do direito, mais

---

33 Rawls, *Theorie der Gerechtigkeit*, op. cit.

34 Kohlberg, *The Philosophy of Moral Development*, op. cit.

35 Habermas, *Moralbewu tsein und kommunikatives Handeln*, op. cit.; Apel, *Diskurs und Verantwortung*, op. cit.

precisamente no modo como os procedimentos jurídicos de decisão são institucionalizados de uma maneira *porosa* aos discursos morais.

(2) Contudo, os limites entre direito e moral não podem ser apagados. Os procedimentos que as teorias da justiça oferecem com a finalidade de explicar como é possível avaliar algo sob o ponto de vista moral só tem em comum com os procedimentos juridicamente institucionalizados o fato de que a racionalidade do procedimento deve garantir a "validez" dos resultados alcançados de forma procedimental. Mas os procedimentos jurídicos se aproximam das exigências de uma racionalidade plenamente procedimental porque estão vinculados a critérios institucionais, portanto independentes, em virtude dos quais é possível determinar, da perspectiva de um não participante, se uma decisão foi obtida ou não de acordo com as regras. O procedimento de discursos morais não regulados juridicamente deixa de satisfazer esta condição. Nesse caso, a racionalidade procedimental é incompleta. Pois se algo tiver de ser avaliado sob o ponto de vista moral, então isso só pode ser decidido da perspectiva dos participantes. Pois faltam aqui critérios externos ou prévios. Nenhum desses procedimentos ocorre sem idealizações, mesmo se estas – como no caso dos pressupostos comunicativos da práxis de argumentação – pudessem se mostrar inevitáveis ou necessárias no sentido de uma coerção transcendental fraca.

Por outro lado, são precisamente as fraquezas de uma tal racionalidade procedimental imperfeita que tornam compreensíveis por que, sob pontos de vista funcionais, determinadas matérias precisam de regulação jurídica e não podem ser deixadas entregues apenas às regras morais de tipo pós-tradicional. Independentemente de qual seja o procedimento por meio do qual queremos testar se uma norma poderia encontrar assentimento sem coerção, isto é, assentimento racionalmente motivado por parte de todos os possíveis concernidos, ele não garante nem a infalibilidade, nem a clareza e nem a obtenção em curto prazo de seu resultado. Uma moral autônoma dispõe somente de um procedimento falibilista de fundamentação de normas. Além disso, esse alto grau de indeterminação cognitiva se intensifica na medida em que uma aplicação sensível ao contexto de regras altamente abstratas sobre diferentes situações – mesmo que descritas da forma mais adequada e completa possível em todos os seus aspectos relevantes – está ligada a uma incerteza estrutural adicional.[36] A essa fraqueza cognitiva corresponde uma fraqueza motivacional. Toda moral pós-tradicional exige um distanciamento das evidências, tomadas por não problemáticas, de formas de vida habituais. Os discernimentos morais desacoplados da eticidade concreta do cotidiano não portam mais a força motivadora que permitia tornar os juízos eficazes também em termos práticos. Quanto mais a moral se internaliza e se autonomiza, tanto mais ela se recolhe aos âmbitos privados.

Em todos os âmbitos de ação onde conflitos, problemas emergenciais e matérias sociais em geral exigem uma regulação clara, rápida e vinculante, as normas jurídicas precisam absorver as incertezas que surgiriam se eles fossem deixados à regulação puramente moral. Essa *complementação* da moral pelo direito coercitivo pode ser justificada moralmente por si mesma. K.-O. Apel fala nesse contexto do problema da presunção de razoabilidade [*Zumutbarkeit*] de uma moral universalista exigente.[37] As normas morais bem fundamentadas são presumivelmente razoáveis na medida em que aqueles que orientam suas ações por tais normas podem esperar que todos os outros se comportem em conformidade com elas. Pois somente sob as condições de uma observância universal das normas valem as razões que podem ser apresentadas para sua justificação. Se não podemos dizer que discernimentos morais em geral desfrutam de uma obrigatoriedade em termos efetivamente práticos, então o cumprimento das normas correspondentes só é razoável, do ponto de vista de uma ética da responsabilidade, quando adquirem obrigatoriedade jurídica.

Características importantes do direito positivo se tornam compreensíveis quando concebemos o direito do ponto de vista de uma compensação das fraquezas da moral autônoma. Expectativas de comportamento juridicamente institucionalizadas possuem *força vinculante* quando acopladas ao poder de sanção do Estado. Elas se aplicam àquilo que Kant chama de *aspecto*

---

36 Günther, *Der Sinn für Angemessenheit*, op. cit.

37 K.-O. Apel, Kann der postkantische Standpunkt der Moralität noch einmal in substantielle Sittlichkeit aufgehoben werden?, in: *Diskurs und Verantwortung*, op. cit., p.103 e ss.

externo da ação, não a motivos e convicções, que não podem ser exigidos. A *administração profissional* do direito textualmente fixado, público e sistematicamente organizado desonera as pessoas de direito privadas do custo que recai sobre os indivíduos quando buscam uma solução moral para os conflitos de ação. Por fim, o direito positivo deve seus *traços convencionais* ao fato de que pode ser colocado em vigor e, em princípio, modificado aleatoriamente pelas decisões de um legislador político.

Essa dependência da política também explica o aspecto instrumental do direito. Enquanto as normas morais são sempre fins em si mesmas, as normas jurídicas *também* servem como meio para fins políticos. Pois, diferentemente da moral, elas não são elaboradas apenas para a conciliação imparcial de conflitos de ação, mas também para a realização de programas políticos. As finalidades coletivas e as medidas políticas a serem implementadas devem à forma jurídica antes de tudo sua força vinculante. Nesta medida, o direito está entre a política e a moral; por isso que, como mostrou Dworkin, no discurso jurídico estão entrelaçados tanto argumentos de aplicação da interpretação da lei quanto argumentos sobre finalidades políticas, bem como, por sua vez, argumentos morais de fundamentação. Ainda vamos nos ocupar disto na próxima aula.

(3) Até agora, a questão sobre a legitimidade da legalidade deslocou o tema do direito e da moral para o primeiro plano. Nós esclarecemos como o direito exteriorizado de maneira convencional e a moral internalizada se complementam. Mas, para além dessa relação complementar, nós nos interessamos, contudo, pelo *entrelaçamento* simultâneo entre moral e direito. Este entrelaçamento possibilita que, nas ordens jurídicas, o direito positivo seja usado como um meio para distribuir cargas argumentativas e institucionalizar caminhos de fundamentação abertos a argumentações morais. A moral não paira mais *sobre* o direito, como sugere a construção do direito racional ao tratá-la como um conjunto suprapositivo de normas; ela migrou para o direito positivo, sem se dissolver nele. No entanto, a moralidade, que não apenas se coloca ao lado do direito, mas é também fixada por ele, tem uma natureza puramente procedimental; ela se livrou de todos os conteúdos normativos determinados e foi sublimada em um procedimento de funda-

mentação e aplicação de todos os conteúdos normativos possíveis. Assim, o direito procedimental e a moral procedimentalizada podem se controlar *reciprocamente*. Nos discursos jurídicos, o tratamento argumentativo de questões prático-morais é como que domesticado pela via da institucionalização jurídica; pois a argumentação moral é limitada metodologicamente pela vinculação ao direito válido, objetivamente pela referência a temas e provas, socialmente em consideração aos pressupostos de participação, imunidades e distribuição de papéis, temporalmente em relação aos prazos decisórios. Por outro lado, porém, a argumentação moral também é institucionalizada como um procedimento aberto, que obedece à sua própria lógica, controlando assim sua própria racionalidade. A constituição jurídica não intervém no âmago da argumentação moral, circunscrevendo-a à fronteira do direito positivo. O próprio direito permite e estimula uma dinâmica de fundamentação que também transcende o direito vigente de um modo não determinado por ele.

Essa concepção certamente precisa ser diferenciada segundo os distintos contextos de discursos formulados por juristas, juízes e advogados e de acordo com distintos âmbitos temáticos (desde problemáticas morais até meramente técnicas). Mas então eles serviriam ao objetivo crítico de reconstruir cada práxis de decisão considerando em que medida os procedimentos jurídicos deixam espaço para a lógica da argumentação ou distorcem sistematicamente o jogo argumentativo em razão das delimitações externas que arrastam consigo implicitamente. Tais efeitos se revelam não apenas nas regras jurídicas do próprio procedimento, mas também na maneira pelas quais são praticadas. Muitas vezes, uma classe especial de argumentos é oferecida para uma tal reconstrução. Na práxis decisória judicial, a fundamentação da sentença pode servir, por exemplo, para excluir os pontos de vista normativos em razão de supostas exigências funcionais. Contudo, tais exemplos já mostram que a justiça e o sistema jurídico certamente reagem à sociedade, mas não são autônomos em relação a ela. Saber se temos de nos sujeitar aos imperativos sistêmicos, sejam da economia ou do próprio aparelho estatal, mesmo quando violam ou prejudicam princípios bem fundamentados, é algo que, em última instância, não pode ser decidido nos

Facticidade e validade

tribunais, nem mesmo na esfera pública jurídica, mas sim nas lutas políticas em torno das linhas fronteiriças entre sistema e mundo da vida.

Vimos agora que a força legitimadora, que tem seu lugar na racionalidade dos procedimentos jurídicos, comunica-se com a dominação legal não apenas mediante as normas procedimentais da jurisprudência, mas, em primeira linha, pelos procedimentos legislativos democráticos. Certamente não é plausível à primeira vista que o exercício parlamentar possa ter um núcleo racional no sentido prático-moral. Aqui parece se tratar do caminho de aquisição de poder político e da concorrência de interesses conflitantes controlada pelo poder: na melhor das hipóteses, os confrontos parlamentares são acessíveis a uma análise empírica, não a uma reconstrução crítica de acordo com o padrão de uma negociação de compromissos ou mesmo de uma formação discursiva da vontade. Não posso, neste momento, oferecer um modelo satisfatório; mas eu gostaria de chamar a atenção para a peculiaridade de doutrinas constitucionais orientadas ao processo que seguem uma abordagem crítico-reconstrutiva.[38] Nelas, a regra da maioria, as normas procedimentais parlamentares, o critério eleitoral etc. são analisados avaliando-se em que medida, nos processos parlamentares de tomadas de decisão, eles podem garantir a consideração simétrica de todos os interesses envolvidos e todos os aspectos relevantes da matéria carente de regulação. Não penso que a fraqueza desse tipo de teoria recaia sobre a abordagem orientada ao processo enquanto tal, mas no fato de que ela não desenvolve seus pontos de vista normativos a partir de uma lógica da argumentação moral e tampouco os aplica às condições comunicativas para uma formação discursiva da vontade. A propósito, a formação intraparlamentar da vontade forma somente um segmento estreito da vida pública. A qualidade racional da legislação política não depende apenas de como maiorias eleitas e minorias protegidas trabalham dentro dos parlamentos. Ela depende também do nível de participação e de formação escolar, do grau de informação e da perspicácia da articulação de questões disputadas, em suma: do caráter discursivo da formação não institucionalizada da opinião na esfera pública política. A qualidade da vida pública é determinada em geral pelas oportu-

---

38 Ely, *Democracy and Distrust*, op. cit.

nidades reais que a esfera pública política abre com suas mídias e estruturas.[39] Contudo, todas essas abordagens se expõem à dúvida de saber se, em vista da complexidade rapidamente crescente da sociedade, essa problemática já não seria desesperadamente ingênua. Se tivermos em vista a crítica das escolas realistas do direito, que hoje é radicalizada mais uma vez pelos *Critical Legal Studies*, parece que toda investigação normativa, que considera o Estado democrático de direito a partir de sua perspectiva interna e cobra dele que cumpra suas promessas, por assim dizer, acaba caindo em um idealismo impotente. Na próxima aula, pretendo mudar de perspectiva e me aproximar de uma abordagem de teoria social.

Segunda aula
Sobre a ideia de Estado de direito

Com a questão de Max Weber sobre como é possível obter legitimidade por meio da legalidade, pude implicitamente abordar uma teoria que descreve o desenvolvimento do direito sob o ponto de vista de sua racionalização. Essa abordagem exige um entrelaçamento não usual de estratégias descritivas e normativas de investigação. Em função da história da ciência, conhecemos um exemplo semelhante entre a explicação externa de uma mudança de paradigma e a reconstrução interna daqueles problemas por resolver, que podem conduzir finalmente ao esgotamento de um programa de pesquisa. A passagem da dominação tradicional para a dominação legal é um fenômeno complexo, que, junto com outros processos de modernização, exige inicialmente uma explicação empírica; de outro lado, Max Weber interpreta as qualidades formais do direito a partir da perspectiva interna do desenvolvimento do direito como um processo de racionalização.

Seguimos até aqui Weber nesse caminho de uma reconstrução interna, ainda que não de maneira acrítica. Em primeiro lugar, vimos que a forma do direito moderno, mesmo quando descrita sob premissas do formalismo jurídico, não pode ser descrita como "racional" em um sentido moralmente

---

39 Michelman, Justification (and Justifiability) of Law in a Contradictory World, op. cit., p.71 e ss.

Facticidade e validade

neutro. Em segundo lugar, mostramos que a mudança da forma do direito, instaurada pelo Estado social, não destrói necessariamente essas qualidades formais entendidas em sentido amplo. Tais qualidades formais podem ser concebidas de forma abstrata em consideração à relação complementar entre o direito positivo e uma justiça compreendida em termos procedimentais. Esse resultado nos deixou, em terceiro lugar, o problema de que critérios de uma racionalidade extraordinariamente exigente migram para o interior do *medium* do direito. Assim que tornamos explícita a questão de um direito ao mesmo tempo correto e funcional – a qual esteve na base de quase toda a crítica do direito desde Max Weber –, a contraquestão realista é então levantada: pode afinal o sistema jurídico suportar uma tensão tão exacerbada entre exigências normativas e necessidades funcionais existentes em sociedades cada vez mais complexas? Impõe-se a dúvida se um direito que precisa funcionar em tal ambiente não segue a autocompreensão idealista de uma justificação moral baseada em princípios somente como ornamento.

Muitos compreendem essa questão como duelo retórico, adotando imediatamente a perspectiva do observador própria das investigações da sociologia jurídica ou do direito econômico. Do ponto de vista do observador das ciências sociais, a questão de saber o que *é* normativamente vinculante para os participantes só depende daquilo que os próprios participantes *consideram* correto. Dessa perspectiva, a crença na legalidade também perde sua relação interna com as boas razões. De qualquer modo, as estruturas de racionalidade abertas no propósito reconstrutivo perdem seu significado. Nessa mudança de perspectiva proposta em termos metodológicos, porém, a problemática normativa é neutralizada por pura decisão. Ela é simplesmente posta de lado, mas pode voltar a qualquer momento. Por isso, uma interpretação funcionalista da problemática normativa mostra-se aqui mais promissora, já que nela a questão normativa não é desconsiderada de antemão, mas vai desaparecendo ao longo do caminho de sua descrição interpretativa.

Gostaria inicialmente (I) de discutir alguns traços principais da teoria do direito baseada no funcionalismo sistêmico de Luhmann e chamar atenção para os fenômenos que essa estratégia explicativa é incapaz de compreender. Partindo da conclusão de que a autonomia do sistema jurídico não pode ser satisfatoriamente apreendida com os conceitos da teoria dos sistemas e seguindo a herança distinta do direito racional, investigarei na segunda parte (II) em que sentido o direito moderno se diferenciou do complexo tradicional constituído pela política, pelo direito e pela moral. Por fim (III), vamos nos ocupar da questão de saber se do colapso do direito racional emerge uma ideia de Estado de direito que não permanece inteiramente impotente diante de uma sociedade altamente complexa e com uma mudança estrutural acelerada, mas antes se enraíza como parte desse mesmo contexto.

I. Autonomia sistêmica do direito?

(1) Luhmann concebe o direito como um sistema autopoiético e desenvolve nessa base uma teoria exigente, que também pode ser utilizada para uma crítica do direito.[40] O que aparece da perspectiva interna da dogmática jurídica na forma de uma práxis decisória de teor normativo é explicado por Luhmann em termos funcionalistas como resultado de processos factuais de conservação autorregulada de um sistema social parcial. A teoria sistêmica do direito pode ser resumidamente caracterizada segundo três mudanças de estratégia conceitual. De início, a qualidade deontológica das normas jurídicas é redefinida de modo a se tornar acessível a uma análise puramente funcional (a). Em seguida, a concepção positivista do direito é traduzida de maneira funcionalista para o modelo de um sistema jurídico que se diferenciou e se tornou plenamente autônomo (b). Por fim, a legitimidade por meio da legalidade é explicada como um autoengano estabilizador do sistema, imposto pelo código do direito e elaborado pelo sistema jurídico (c).

ad (a) *Primeiramente*, Luhmann despe as expectativas de comportamento normativamente generalizadas de seu caráter deontológico, isto é, obrigatório.[41] Ele elimina o sentido ilocucionário dos mandamentos (proibições e permissões) e o efeito vinculante desses atos de fala. Pois, com base em uma teoria da aprendizagem, Luhmann reinterpreta as expectativas normativas de comportamento como expectativas puramente cognitivas baseadas

---

40 Luhmann, *Rechtssoziologie*, op. cit.; Id., *Ausdifferenzierung des Rechts*, op. cit.

41 Luhmann, *Ausdifferenzierung des Rechts*, op. cit., p.73 e ss.

Facticidade e validade

não em justificações, mas em prognósticos. De acordo com esse enfoque de leitura, as normas só podem estabilizar as expectativas pelo preço de um déficit cognitivo e se imunizar contra desapontamentos. Sob essa descrição empírica, as expectativas normativas aparecem como expectativas cognitivas dogmatizadas, refratárias à aprendizagem. E já que uma recusa à adaptação e à aprendizagem é algo muito arriscado, as expectativas normativas têm de ser satisfeitas por uma autoridade especial, por exemplo, pela institucionalização estatal e imposição de sanções – em outras palavras, precisam ser transformadas em direito. Quanto mais complexas forem as sociedades, mais o sistema jurídico se coloca sob a pressão da transformação, tendo de se adaptar rapidamente aos entornos em mudança.

ad (b) Em outro passo, Luhmann descreve o direito positivo como combinação inteligente de indisposição à aprendizagem – no sentido geral de uma normatividade empiricamente reinterpretada – e capacidade de aprendizagem. O direito adquire essa capacidade pela diferenciação, na medida em que se liberta das normas morais estranhas ao direito ou que são fundamentadas pelo direito racional, de um lado, e se autonomiza diante da política, isto é, da legislação e da administração, de outro. Pois ele se estabelece como um sistema parcial *ao lado* de outros sistemas sociais parciais, ou seja, o direito se torna um sistema parcial funcionalmente especializado que opera de maneira autorreferenciada, elabora informações externas segundo seu código próprio e reproduz a si mesmo. No entanto, o sistema jurídico paga por esse tipo de autonomia sistêmica com o paradoxo da *rule of recognition* [regra de reconhecimento] descrito por Hart: o que é visto exteriormente como fato social, propriedades emergentes e práxis cotidiana, ou seja, como algo que ocorre de maneira contingente, deve poder ser aceito internamente como critério convincente de validez. Isso se reflete no paradoxo instaurado no fundamento de validade do direito positivo: se a função do direito consiste em estabilizar expectativas normativamente generalizadas de comportamento, como essa função pode ser satisfeita por um direito modificável a bel-prazer, que é válido unicamente em virtude da decisão de um legislador político? Também Luhmann precisa responder à questão de como é possível se obter a legitimidade por meio da legalidade.

ad (c) Um sistema jurídico diferenciado não pode recorrer a razões legitimadoras extrajurídicas, rompendo assim com aquela circularidade instaurada pelo código autônomo do direito – segundo a qual só vale como direito aquilo que é estabelecido juridicamente como tal. Se o direito deve ser aceito em sua validez, apesar do fato de, enquanto direito positivo, valer somente até nova ordem, deve-se manter ao menos a ficção do direito correto tanto entre os destinatários que a ele se submetem, quanto entre os especialistas que o administram sem cinismo.

Nesse ponto, Luhmann oferece uma interpretação interessante sobre a legitimidade obtida por procedimentos.[42] Do ponto de vista dos destinatários, os procedimentos institucionalizados de aplicação do direito válido servem para inibir a disposição ao conflito de clientes derrotados, na medida em que absorvem as frustrações. No curso de um procedimento, as posições são especificadas em consideração aos resultados possíveis, os temas dos conflitos são despidos de sua relevância para o mundo da vida e reduzidos a pretensões meramente subjetivas, de tal modo "que o oponente é isolado enquanto indivíduo e despolitizado".[43] Não se trata da produção de consenso, mas de promover a mera aparência exterior de sua aceitação geral (ou a probabilidade de sua suposição). Visto pela psicologia social, a participação nos procedimentos jurídicos possui um efeito de desarme, já que favorece a percepção de que aqueles que se encontram frustrados "não podem apelar a um consenso institucionalizado, mas precisam aprender".

Essa explicação naturalmente só satisfaz aos leigos, não aos especialistas que administram o direito como juízes, advogados e promotores. Os juristas, que lidam com casos jurídicos e se orientam cada vez mais por suas consequências, conhecem sua margem de apreciação e sabem que os prognósticos são incertos e os princípios, ambíguos. Se esse uso oficial do direito não deve destruir a crença em sua legitimidade, os procedimentos jurídicos devem ser interpretados pelos iniciados diferentemente de como o são pelos seus clientes, a saber, como a institucionalização de deveres de fundamentação e encargos argumentativos. Os argumentos servem para que os juristas possam passar a ilusão de que não tomam decisões de maneira arbitrária àqueles que participam dos procedimentos: "Todo argumento diminui o valor de surpresa de outros argumentos e, em último caso, o valor

---

42 Id., *Legitimation durch Verfahren*, op. cit.

43 Id., *Rechtssoziologie*, op. cit., p.264.

Facticidade e validade

de surpresa das decisões".[44] De fato, uma argumentação também pode ser descrita desse modo sob um ponto de vista funcionalista; mas Luhmann considera essa descrição plenamente suficiente, já que não confere às razões uma força motivacional. De acordo com sua concepção, não existem bons argumentos para que os maus argumentos possam ser identificados enquanto tais; felizmente, por meio de uma argumentação, é possível criar a ilusão de que "as razões justificam as decisões, e não o contrário".[45]

(2) Sob essas três premissas, a mudança de forma do direito, diagnosticada desde Max Weber, pode ser interpretada como consequência de uma diferenciação bem-sucedida do sistema jurídico. As operações de ajustamento, que uma sociedade cada vez mais complexa exige do sistema jurídico, tornam necessária sua adaptação a um estilo cognitivo, ou seja, a uma práxis decisória sensível ao contexto, flexível e aberta à aprendizagem. No entanto, esse deslocamento de peso das tarefas específicas da segurança normativa das expectativas generalizadas de comportamento para as tarefas de controle sistêmico[46] não pode ir tão longe a ponto de ameaçar a própria identidade do direito. Esse caso-limite ocorreria, por exemplo, se o sistema jurídico substituísse sua autocompreensão dogmática, sempre disposta à aprendizagem, por uma análise sistêmica efetuada externamente. Por exemplo, a internalização de uma descrição objetiva *à la* Luhmann teria como consequência a dissolução cínica da consciência normativa entre os juristas especialistas, pondo em risco a independência do código do direito.

O conceito de autonomia sistêmica do direito também possui uma importância crítica. Como Max Weber, também Luhmann viu na tendência de desformalização o risco de que o direito viesse a ser diretamente mediado pela política. No entanto, ele se vê obrigado a perceber essa "superpolitização" como o risco de desdiferenciação que surge quando o formalismo do direito é enfraquecido e, portanto, absorvido por cálculos de poder e de utilidade. A autonomia do sistema jurídico depende de sua capacidade de controlar a si mesmo de maneira reflexiva e se distanciar tanto da política quanto

---

44 Luhmann, *Die soziologische Beobachtung des Rechts*, op. cit., p.35.

45 Ibid., p.33 (complementação minha).

46 Luhmann, *Ausdifferenzierung des Rechts*, op. cit., p.388 e ss.

da moral. Nesse caminho, Luhmann retoma a questão weberiana da racionalidade do direito, que ele supostamente havia deixado para trás. Com a finalidade de determinar ao menos analiticamente a autonomia do direito, ele tem de identificar o princípio constitutivo que distingue sua especificidade, por exemplo, diante do poder ou do dinheiro. Luhmann precisa de um equivalente para a racionalidade imanente à forma jurídica. De início, com Weber e Forsthoff, ele tinha visto a forma geral e abstrata da lei – ou seja, programas jurídicos condicionais – como constitutivo para o direito em seu todo. Entretanto, Luhmann não pode mais minimizar o direito material e reflexivo como mero desvio. Por isso, ele agora separa rigorosamente o código do direito e os programas jurídicos, fazendo que a autonomia do sistema jurídico dependa apenas da conservação de um código diferenciado. Contudo, por esse código considera apenas a possibilidade de uma distinção binária entre direito [*Recht*] e não direito [*Unrecht*]. Porém, dessa fórmula tautológica não obtemos definições formais mais precisas. Não é casual que Luhmann preencha com uma interrogação o lugar que a unidade do código deveria explicar.[47] Vejo aí mais do que o mero desiderato de uma explicação conceitual que, por enquanto, ainda se encontra ausente.

Pois Luhmann não pode mais conceber as determinações formais do direito autonomizado *como* racionalidade, já que ele concede às argumentações jurídicas apenas o valor de uma autoilusão produzida pelo esforço dogmático. É uma condição necessária para a autonomia do sistema jurídico que essas argumentações permaneçam concretas e estritamente relacionadas aos casos; elas não podem se autonomizar, no quadro da filosofia do direito, em torno de uma tematização dos fundamentos paradoxais inevitáveis da validade do direito positivo. Nessa perspectiva, argumentações jurídicas permanecem funcionais somente na medida em que superam conscientemente esses paradoxos no "uso oficial do direito", sem que daí surjam reflexões a respeito de seus fundamentos. O código não pode ser analisado *simultaneamente* por dentro e por fora; ele precisa evitar problematizações. Entretanto, podemos observar efetivamente o oposto. O debate sobre juridificação

---

47 Luhmann, *Ökologische Kommunikation*, Opladen, Verlag für Sozialwissenschaften, 1986, p.124 e ss.

Facticidade e validade

mostra que a desformalização do direito provoca discussões críticas, trazendo a primeiro plano uma problematização do direito em sentido amplo.

(3) Com o movimento do *Critical Legal Studies*, também nos EUA irrompeu do meio da própria dogmática jurídica uma discussão que pôs a compreensão formalista do direito sob uma lupa, desmantelando-a sem piedade.[48] A crítica levada a cabo de maneira casuísta foi resumida na tese da indeterminação. Ela não diz que os resultados dos procedimentos judiciais são simplesmente indeterminados. Todo aquele que possui experiência prática pode, com grande probabilidade, emitir prognósticos. O resultado dos procedimentos judiciais só é indeterminado no sentido de que não pode ser previsto com base em evidências legais. Não é o texto da lei que determina o veredito. Pelo contrário, no espaço de decisão judicial se incluem argumentos extrajurídicos; por intermédio de suposições de fundo irrefletidas e preconceitos sociais, que se cristalizam em ideologias profissionais, infiltram-se interesses inconfessos mais do que boas razões.

Como mostram as duras reações por ela provocadas, esse tipo de crítica abala a consciência normativa dos juristas. Contudo, contra a análise sistêmica de Luhmann e a autocompreensão do movimento *Critical Legal Studies*, é preciso insistir que esse tipo de autorreflexão "disfuncional" do sistema jurídico somente pode ser desenvolvido no interior da práxis de argumentação jurídica porque esta trabalha com suposições de racionalidade que podem ser cobradas e dirigidas contra a práxis existente. Junto com os encargos argumentativos exigidos procedimentalmente, institucionaliza-se um aguilhão autocrítico, capaz de romper com a autoilusão que Luhmann falsamente converte em necessidade sistêmica.

Certamente, uma vasta literatura sobre a indeterminação da práxis decisória dos tribunais[49] contradiz aquela sabedoria convencional que M. Kriele, por exemplo, direcionou contra o enfoque funcionalista da argumentação jurídica defendido por Luhmann:

---

48 R. W. Gordon, Critical Legal Histories, *Stanford Law Review*, v.36, jan. 1984, p.57 e ss.; Unger, *The Critical Legal Studies Movement*, op. cit.

49 Altman, Legal Realism, Critical Legal Studies, and Dworkin, op. cit., p.205 e ss.

Jürgen Habermas

Luhamnn parece desconhecer a razão decisiva para a função legitimadora dos procedimentos [...]. Eles aumentam a possibilidade de que todos os pontos de vista relevantes sejam considerados e que a ordem temporal e material de prioridades seja discutida da melhor maneira possível; também aumentam a possibilidade de que as decisões sejam racionalmente justificadas. A institucionalização duradoura de procedimentos, além disso, aumenta a possibilidade de que as decisões do poder do Estado tenham sido justificadas no passado e venham a ser justificadas no futuro.[50]

Mas essa sabedoria é convencional também em outro sentido; ela exprime as suposições de racionalidade que, na qualidade de pressuposições contrafactuais, permanecem praticamente eficazes enquanto funcionarem como critérios aos quais a crítica e a autocrítica dos participantes pode apelar. As suposições de racionalidade perderiam seu significado operativo no instante em que deixassem de servir como critérios. Com isso, entretanto, todo tipo de crítica do direito perderia sua base.[51]

Não é só a existência desse tipo de crítica, exercida desde o aparecimento das escolas do realismo jurídico, que contesta a teoria de Luhmann. Também os resultados dessa crítica mostram que não é possível se sustentar por muito tempo a autonomia sistêmica do direito. A autonomia do sistema jurídico não está garantida de antemão simplesmente porque todos os argumentos de procedência extrajurídica são anexados aos textos legais e revestidos na linguagem do direito positivo: "O sistema jurídico obtém seu fechamento operacional por ser codificado pela diferença entre lícito e ilícito e nenhum outro sistema trabalhar com essa codificação. Com o código binário do sistema jurídico produz-se a certeza de que, quando se está no direito, está-se no âmbito do lícito, e não do ilícito".[52] Já se segue da crítica imanente das concepções positivistas do direito – como a feita por Fuller até Dworkin contra Austin, Kelsen e Hart – que a aplicação

---

50 Kriele, *Einführung in die Staatslehre*, op. cit., p.38-39.
51 Michelman, Justification (and Justifiability) of Law in a Contradictory World, op. cit.
52 Luhmann, *Ökologische Kommunikation*, op. cit., p.26.

do direito cada vez menos pode ser cumprida sem referência a finalidades políticas, à fundamentação moral ou à ponderação de princípios. Segundo os conceitos luhmannianos, entretanto, isso significa que se infiltram no direito conteúdos do código da moral e do poder; nesse sentido, o sistema jurídico já não poderia ser considerado "fechado".

Além disso, o caráter autorreferencial do sistema jurídico, linguisticamente assegurado pelo código do direito, tampouco exclui a possibilidade de que se imponham estruturas de poder latentes, seja mediante programas jurídicos indicados pelo legislador político, seja na forma de argumentos escusos pelos quais interesses juridicamente irrelevantes encontram acesso na jurisprudência.

É evidente que o conceito de autonomia sistêmica, mesmo possuindo referência empírica, não atinge a intuição normativa que vinculamos à "autonomia do direito". Só consideramos a práxis jurídica de tomada de decisão como independente se, em primeiro lugar, os programas jurídicos do legislador não violarem o cerne moral do formalismo jurídico e, em segundo lugar, se as expectativas morais e políticas, que inevitavelmente escoam para a jurisprudência, forem de fato fundamentadas, não sendo impostas pela mera racionalização de interesses juridicamente duvidosos. Max Weber tinha razão: somente a referência à racionalidade inerente ao próprio direito pode assegurar a independência do sistema jurídico. Mas na medida em que o direito também se relaciona internamente com a política, de um lado, e com a moral, de outro, a racionalidade do direito não é uma questão exclusivamente do direito.

II. Razão e positividade: sobre o entrelaçamento entre direito, política e moral

(I) Se quisermos esclarecer por que a diferenciação do direito nunca dissolve completamente seu entrelaçamento interno entre política e moral, recomenda-se lançar um olhar retrospectivo sobre o surgimento do direito positivo. Esse processo se estendeu na Europa do fim da Idade Média até as grandes codificações do século XVIII. Também nos países da *common-law* o direito consuetudinário foi configurado pelo direito romano sob a influência de juristas academicamente formados; isso foi acompanhado sucessivamente pelas condições de intercâmbio de uma economia capitalista em surgimento e de uma dominação burocrática constituída pelo Estado territorial. Em meio a esse processo entrecruzado, com muitas variantes e difícil de ser apreendido, gostaria de salientar apenas um aspecto que interessa particularmente a nosso contexto filosófico-jurídico. O que a positivação do direito significa filosoficamente pode ser explicado ante o pano de fundo da estrutura tridimensional do sistema jurídico medieval que entrou em decomposição.

De uma certa distância, podemos reconhecer em nossas tradições nativas correspondências com aqueles três elementos que, de acordo com os discernimentos de uma sociologia comparativa do direito, foram típicos da cultura jurídica dos antigos impérios em geral.[53] O sistema jurídico foi construído sob a cúpula de um direito sagrado, administrado de maneira exegética por juristas e teólogos; seu núcleo era constituído pelo direito burocrático, estabelecido em concordância com tradições jurídicas sagradas pelo rei ou imperador, que figuravam ao mesmo tempo como autoridade judicial suprema. Ambos recobriam o direito consuetudinário, em regra não escrito, que em última instância remetia a tradições jurídicas tribais. Na Idade Média europeia isso se apresentou de forma peculiar, pois o direito canônico da Igreja católica promoveu uma continuidade ininterrupta do alto nível técnico-jurídico e conceitual do direito romano *clássico*, enquanto que a dominação juridicamente empreendida por decretos imperiais e capitulares, mesmo antes da descoberta do *Corpus Justinianum*, conectou-se ao menos à ideia romana de *Imperium*. Mesmo o direito consuetudinário é tributário da cultura jurídica germano-romana das províncias romanas ocidentais e foi transmitida por escrito desde o século XII. Mas os traços essenciais repetem a estrutura conhecida em todas as civilizações [*Hochkulturen*] — a ramificação em direito sagrado e profano, pela qual, da perspectiva das grandes religiões mundiais, o direito sagrado é integrado à ordem do cosmos ou a acontecimentos salvíficos. Esse direito divino ou "natural" não está à disposição da dominação política. Ele especifica antes o espaço legitimador dentro do

---

53 R. M. Unger, *Law and Society*, Nova York, Simon and Schuster, 1976.

Facticidade e validade

qual o governante [*Herrscher*] exerce sua dominação profana ao assumir as funções da jurisprudência e da positivação burocrática do direito. Nesse contexto, Max Weber fala do "duplo reino da dominação tradicional".[54]

Esse caráter tradicional do direito também foi mantido na Idade Média. Todo o direito empresta sua validade da origem divina do direito natural interpretado em termos cristãos. Um novo direito só podia ser criado em nome da reforma ou restauração do bom direito antigo. No entanto, nessa compreensão jurídica tradicional já identificamos uma tensão interessante entre ambos os elementos do direito estatuído pelo governante. Enquanto autoridade judicial suprema, o governante é submetido ao direito sagrado. Só assim sua legitimidade pode ser transferida para o poder mundano. O prêmio de legitimidade para o exercício da dominação política deriva em geral da preservação respeitosa da ordem jurídica supostamente inviolável. Ao mesmo tempo, porém, o governante, do topo de uma administração organizada por meio de cargos oficiais, usa o direito como *medium*, conferindo a seus comandos uma obrigatoriedade coletiva (por exemplo, na forma de editos e decretos). De um lado, como um meio para o exercício burocrático da dominação, o direito pode satisfazer as funções de ordenação apenas se, de outro, mantiver seu caráter não instrumental, isto é, *indisponível*, na forma de tradições jurídicas canonizadas que o governante tem de respeitar jurisprudencialmente. Entre ambos os momentos – o da indisponibilidade do direito pressuposto nas regulações de conflito pelas Cortes e o da instrumentalidade do direito a serviço do exercício da dominação política – há uma tensão insolúvel. Ela permanece imperceptível desde que o fundamento sagrado do direito não seja contestado e a base do direito consuetudinário, firmado na tradição, esteja solidamente ancorada nas práticas cotidianas.[55]

(2) Quando se parte do fato de que essas duas condições podem ser cada vez menos satisfeitas nas sociedades modernas, é possível explicar a perspectiva interna da positivação do direito como uma reação a tais trans-

---

54 Cf. Schluchter, *Die Entwicklung des okzidentalen Rationalismus*, op. cit.

55 H. Schlosser, *Grundzüge der Neueren Privatrechtsgeschichte: ein Studienbuch*, Heidelberg, Müller, 1982.

formações. Na medida em que imagens religiosas de mundo cedem lugar a poderes privatizados de fé e as tradições do direito consuetudinário são absorvidas via *usus modernus* pelo direito de especialistas, a estrutura tridimensional do sistema jurídico se rompe. O direito é reduzido a uma única dimensão, assumindo então o lugar antes ocupado pela regulação burocrática da dominação. O poder de dominação política se emancipa da ligação com o direito sagrado, tornando-se soberano [*souverän*]. A ele recai a tarefa de, por força própria, preencher as lacunas que o direito natural administrado teologicamente deixou para trás por intermédio da legislação política. Por fim, todo direito deve derivar da vontade soberana do legislador político. Legislação, execução e aplicação das leis são três momentos dentro de um único processo circular, politicamente controlado; eles continuam sendo conservados mesmo depois que se diferenciam institucionalmente de acordo com os poderes estatais.

Desse modo, a relação entre os momentos da indisponibilidade e da instrumentalidade do direito se transforma. Hoje, em razão da diferenciação suficiente de papéis – em que se estabelece, como se sabe, o significado da separação de poderes –, os programas legais certamente têm precedência diante da jurisprudência. Mas como uma autoridade vinculante, equivalente àquela derivada da indisponibilidade do direito sagrado, ainda pode surgir de um direito político capaz de ser modificado arbitrariamente? O direito positivo conservaria ainda um caráter obrigatório se seu modo de validade não pode mais ser derivado de um direito prévio e superior, tal como no sistema jurídico tradicional? O positivismo jurídico deu respostas insatisfatórias a essas perguntas.[56] Em uma variante, o direito em geral é privado de seu caráter normativo, passando a ser definido apenas instrumentalmente: ele é considerado como o comando de um soberano (Austin). Com isso, desaparece o momento de indisponibilidade como mera relíquia metafísica. A outra variante do positivismo jurídico se atém à premissa de que o direito somente pode satisfazer sua função central de regulação judicial de conflitos se, nas próprias leis aplicadas, alguma normatividade for mantida no sentido de uma validade deontológica não imperativa. Esse momento,

---

56 N. Hoerster (ed.), *Recht und Moral*, Göttingen, 1972.

Facticidade e validade

entretanto, não pode mais estar vinculado aos conteúdos do direito natural, mas tão somente à forma do direito positivo (Kelsen). Dessa perspectiva, o sistema jurídico, separado da política e da moral e tendo a jurisprudência como seu núcleo institucional, permanece como o único lugar em que o direito é capaz de preservar sua forma por força própria e, com isso, sua autonomia. (Já tivemos oportunidade de ver essas duas teses na versão de Luhmann.) Os dois casos têm por consequência que a garantia metassocial da validade jurídica, assegurada anteriormente pelo direito sagrado, pode desaparecer *sem deixar qualquer substituto*.

As origens históricas do direito tradicional e moderno falam contra essa interpretação. Aprendemos com a antropologia que o direito precede o surgimento da dominação política, isto é, da dominação organizada de maneira estatal, enquanto que o direito sancionado pelo Estado e o poder estatal organizado pelo direito surgem simultaneamente na forma da dominação política.[57] Parece que foi o desenvolvimento arcaico do direito que possibilitou pela primeira vez o aparecimento de um poder político de dominação, em que poder estatal e direito estatal se constituem reciprocamente. Não é muito plausível, portanto, que em tempos modernos o direito possa ser completamente absorvido pela política ou absolutamente separado dela. Há alguma evidência de que estruturas específicas da consciência moral teriam exercido um importante papel na emergência da simbiose entre direito e poder político. A consciência moral exerceu um papel semelhante na passagem do direito tradicional para o direito profano, protegido pelo monopólio estatal da violência e colocado à disposição do legislador político. Esse momento de indisponibilidade, que também no direito moderno forma um contrapeso indispensável para a instrumentalização política do *medium* do direito, é tributário do entrelaçamento da política e do direito com a moral.

(3) Nas civilizações nascentes, essa constelação é produzida pela primeira vez com a simbiose entre direito e poder estatal. Nas sociedades tribais neolíticas, três mecanismos típicos estavam em vigor para a regulação de conflitos internos: práticas de autodefesa (contenda e vingança de morte), a invocação ritual de poderes mágicos (oráculo, duelo) e a mediação arbi-

---

57 Wesel, *Frühformen des Rechts in vorstaatlichen Gesellschaften*, op. cit.

trada como equivalente pacífico para a violência e a feitiçaria.[58] Falta ainda a tais mediadores a competência de decidir o conflito entre as partes de maneira *vinculante* ou com autoridade e de impor o veredito contra as lealdades de parentesco. Além desse caráter coercitivo, também faltam tribunais e procedimentos judiciais. Ademais, o direito continua tão estreitamente vinculado aos costumes e às representações religiosas, que é difícil definir o que são fenômenos genuinamente jurídicos diante de outros fenômenos da vida ética. Os conceitos de justiça que se encontram na base de todas as formas de regulação de conflito estão misturados com uma interpretação mítica do mundo. Vingança, retribuição e recompensa servem à restauração de uma ordem destruída. Essa ordem construída por simetrias e oposições se estende em igual medida tanto às pessoas e grupos de parentesco quanto à natureza e à sociedade em seu todo. A gravidade do crime se mede pelas consequências do ato, não pelas intenções do autor. Uma sanção tem o sentido de uma compensação pelo dano gerado, não o sentido de punir um autor que se tornou culpado pela infração de uma norma.

Essa representação concretista da justiça ainda não permite a separação entre questões de direito e questões de fato. Em processos jurídicos arcaicos, juízos normativos, ponderação razoável de interesses e afirmações de fato se confundem. Faltam conceitos como imputabilidade e culpa; propósito e negligência não são diferenciados. O que conta é a percepção de um dano objetivamente causado. Não há separação entre direito privado e direito penal; todas as infrações jurídicas são, por assim dizer, delitos que exigem uma compensação do dano. Tais distinções só se tornaram possíveis quando um conceito totalmente novo emergiu e revolucionou as representações morais. Refiro-me a um conceito de *norma jurídica* que independe de situações concretas, é estabelecido tanto acima das partes conflitantes quanto do árbitro imparcial e é prévia e intersubjetivamente reconhecido como vinculante. Em torno desse núcleo se cristaliza o que L. Kohlberg chamou de consciência moral "convencional". Sem um tal conceito de norma, o árbitro só poderia persuadir as partes conflitantes a estabelecerem um compromisso. Para tanto, sua reputação pessoal, devido a seu status, sua

---

58 Ibid., p.329 e ss.

Facticidade e validade

riqueza ou sua idade, pode ter exercido *influência*. Mas ainda lhe falta *poder político*; ele ainda não pode apelar à autoridade impessoalmente obrigatória da lei ou ao discernimento moral dos participantes.[59]

Proponho então o seguinte experimento mental. Suponhamos que antes de surgir algo como uma autoridade estatal, tenham se formado representações convencionais do direito e da moral. Nesse caso, um chefe tribal responsável pela mediação de conflitos já poderia se apoiar sobre o caráter vinculante de normas jurídicas reconhecidas; mas ele não poderia acrescentar à obrigatoriedade de seu veredito o caráter factualmente coercitivo de um poder de sanção estatal. Ainda assim, o papel de chefe da tribo, cuja função de liderança repousava até então unicamente em sua influência factual e prestígio, deveria se modificar significativamente logo que o conceito de uma norma moralmente vinculante passa a ser introduzida na atividade judicial. Três consequências são importantes nesse cenário. Em primeiro lugar, tal chefe tribal participaria da aura do direito administrado por ele como protetor de normas reconhecidas intersubjetivamente. A autoridade normativa do direito poderia ser transportada em geral da competência do juiz para o poder pessoal de mando do líder da tribo. De maneira imperceptível, o poder factual do influenciador se converte então no poder autorizado de um mandatário que poderia tomar decisões coletivamente vinculantes. Assim, em segundo lugar, a qualidade da própria decisão judicial se alteraria. Por trás das normas jurídicas moralmente obrigatórias estão não apenas a pressão da tribo por conformidade ou a influência factual de alguém proeminente, mas a ameaça de sanção de um soberano legítimo. Assim surgiria o modo de validade ambivalente do direito estatal, que mistura reconhecimento e coerção. Mas com esse direito estatal, em terceiro lugar, o soberano político obteria um *medium* com o qual poderia organizar cargos e funções e exercer burocraticamente sua dominação. Na qualidade de meio organizacional, o direito, junto com o aspecto da indisponibilidade do direito objetivo, também conserva um aspecto instrumental. De acordo com esse cenário, a consciência moral funciona como um tipo de catalisador na ligação entre direito e moral.

---

59 Pospisil, *Anthropologie des Rechts*, op. cit.

Jürgen Habermas

Ainda que essas reflexões também tenham um conteúdo empírico,[60] para mim se trata, antes de tudo, de esclarecer relações conceituais. Somente em imagens de mundo tornadas complexas se forma uma consciência moral de nível superior; apenas a consciência de normas tradicionalmente ancoradas e moralmente obrigatórias altera a jurisprudência e possibilita a transformação de poder factual em poder normativo; somente a disposição sobre o poder legítimo permite a imposição política de normas jurídicas; apenas o direito coercitivo pode ser utilizado para a organização do poder estatal. Se esse entrelaçamento entre moral religiosamente enraizada, dominação juridicamente legítima e administração estatal organizada conforme o direito for analisado em detalhes, fica claro que os conceitos positivistas de direito mencionados são insustentáveis.

(4) A redução de normas jurídicas a ordens do legislador político significaria que, na modernidade, o direito se dissolve na política. Com isso, porém, o próprio conceito do político também se decompõe. Sob essa premissa, a dominação política não poderia mais ser compreendida como poder juridicamente legitimado; pois um direito que ficou plenamente à disposição da política perderia sua força legitimadora. Tão logo a legitimação é apresentada como um feito *próprio* da política, temos de abandonar *nossos* conceitos de direito e política. A mesma consequência resulta da outra interpretação, de acordo com a qual o direito positivo pode manter sua normatividade por força própria, ou seja, mediante as operações dogmáticas de uma justiça fiel às leis, mas que se autonomizou diante da política e da moral. Assim que a validade do direito perder a referência moral a aspectos da justiça, que vai além das decisões contingentes do legislador político, a própria identidade do direito deveria se tornar difusa. Pois faltam aqui os pontos de vista legitimadores sob os quais o sistema jurídico poderia assegurar a preservação de uma estrutura determinada do *medium* do direito.

Pressupondo que as sociedades modernas não podem renunciar totalmente ao direito (nem exercer, sob o pseudônimo de "direito", um equiva-

---

60 Eder, *Entstehung staatlich organisierter Gesellschaften*, op. cit; Habermas, *Zur Rekonstruktion des Historischen Materialismus*, op. cit.

Facticidade e validade

lente funcional para uma prática *absolutamente diferente*, como, por exemplo, o controle de comportamento), a positivação do direito já produz o seguinte problema conceitual. Para o direito sagrado desencantado – e para um direito consuetudinário esvaziado e dessubstancializado –, precisamos encontrar um equivalente que permita manter no direito positivo *um momento de indisponibilidade*. E, de fato, tal equivalente foi desenvolvido na forma das teorias modernas do direito natural, que tiveram um impacto imediato não só na filosofia do direito, mas também nas doutrinas jurídicas e nas grandes codificações dos séculos XVIII e XIX.[61] Gostaria de chamar a atenção para dois pontos em nosso contexto: (a) no direito racional articula-se um novo estágio pós-tradicional de consciência moral, tornando o direito moderno dependente de princípios e convertendo-o em uma racionalidade procedimental. (b) As teorias do contrato social se desenvolvem em direções contrárias na medida em que colocam em primeiro plano, como fenômenos carentes de explicação, a positivação do direito enquanto tal ou sua necessidade decorrente de fundamentação. Mas, de um modo ou de outro, elas não conseguiram produzir uma relação plausível entre os momentos da indisponibilidade e da instrumentalidade do direito.

ad (a) O direito racional reage à desintegração do direito natural fundamentado em termos religiosos e metafísicos, bem como a uma desmoralização da política, que passa a ser cada vez mais interpretada de maneira naturalista e convertida em interesses de autoafirmação. Assim que o Estado, detentor do monopólio da violência, alcança um acesso exclusivo ao direito no papel de legislador soberano, o direito assimilado como simples meio organizacional corre o risco de perder sua referência à justiça e, com isso, seu caráter genuíno. Com a positividade de um direito que se torna dependente da soberania estatal, a problemática da fundamentação não desaparece, mas apenas se desloca em direção ao fundamento, agora débil, de uma ética profana, pós-metafísica e desacoplada das imagens de mundo. A figura central do direito privado burguês é o contrato. A autonomia contratual possibilita às pessoas de direito privadas a produção de direitos subjetivos. Na ideia do contrato social, essa figura é universalizada de modo interessante e utilizada para jus-

---

61 Wieacker, *Privatrechtsgeschichte der Neuzeit*, op. cit., p.249 e ss.

tificar moralmente a dominação exercida nas formas do direito positivo – dominação legal. Um contrato que cada indivíduo autônomo celebra com todos os outros indivíduos autônomos pode ter como conteúdo somente aquilo que todos, com base em seus próprios interesses, podem racionalmente querer. Por essa via, somente tais regulações estão em condições de contar com o livre assentimento de todos. Essa ideia procedimental básica revela que a razão do direito natural moderno é uma razão essencialmente prática – a razão de uma moral autônoma. Ela requer o discernimento entre normas, princípios de justificação e procedimentos – procedimentos mediante os quais examinamos se as normas podem contar com um assentimento universal à luz de princípios válidos. Na medida em que, com a ideia do contrato social, esse procedimento é utilizado para a fundamentação de ordens políticas constituídas juridicamente, o direito positivo é submetido a princípios morais. Da perspectiva de seu desenvolvimento histórico, isso sugere a hipótese de que, na passagem para a modernidade, a transformação da consciência moral cumpriu funções *pioneiras* para o desenvolvimento do direito.

ad (b) O direito racional surgiu em diferentes versões. Autores como Hobbes são fortemente fascinados pelo fenômeno da mutabilidade arbitrária do novo direito positivo, enquanto que autores como Kant se apegam sobretudo a seu déficit de fundamentação. Como se sabe, Hobbes desenvolve sua teoria sob premissas que eliminam tanto do direito positivo quanto do poder político todas as conotações morais; o direito estabelecido pelo soberano deve ser possível sem um equivalente racional para o direito sagrado desencantado. Contudo, ao formular uma teoria que também oferece a seus destinatários um tal equivalente racional, Hobbes recai em uma contradição performativa. O conteúdo manifesto da teoria, que explica o funcionamento amoral de um direito completamente positivado, cai em contradição com o papel *pragmático* da própria teoria, a qual, como se sabe, pretende explicar a seus leitores por que eles, enquanto cidadãos livres e iguais, poderiam ter boas razões para se decidir pela subordinação ao poder absoluto do Estado.

Posteriormente, Kant explicita as suposições normativas implícitas de Hobbes e desenvolve sua doutrina do direito desde o início no quadro de uma teoria moral. O princípio universal do direito, que fundamenta objetivamente toda legislação, resulta do Imperativo Categórico. Desse princípio supremo de legislação decorre, por sua vez, o direito subjetivo original de cada um a obrigar todos os outros parceiros do direito a respeitarem sua liberdade, na medida em que concorda com a igual liberdade de todos segundo leis universais. Enquanto, para Hobbes, o direito positivo, em última instância, é um meio organizacional da dominação política, para Kant o direito retém um caráter essencialmente moral. Mas também nessas versões mais maduras o direito racional encontra dificuldade para cumprir a tarefa que impôs a si mesmo, a saber, explicar racionalmente as condições de legitimidade da dominação legal. Hobbes sacrifica a indisponibilidade do direito em nome de sua positividade; em Kant, o direito moral ou natural, deduzido *a priori* da razão prática, impõe-se a ponto de ameaçar que o direito seja absorvido na moral: vale dizer, o direito é praticamente rebaixado a um modo deficiente da moral.

Kant insere de tal modo o momento de indisponibilidade nos fundamentos morais do direito que o direito positivo acaba sendo subsumido ao direito racional. Nessa concepção do ordenamento jurídico, pré-moldada pelo direito racional, resta pouco espaço para o aspecto instrumental de um direito que o legislador político pode utilizar para a configuração de suas tarefas. Após a implosão do baldaquino do direito natural cristão, permanecem como ruínas os pilares de uma política desencantada pelo naturalismo, de um lado, e de um direito convertido em mera decisão política, de outro. Kant reconstrói o edifício arruinado com uma simples substituição: o direito racional fundamentado autonomamente deve ocupar o lugar vago do direito natural de matriz religiosa e metafísica. Com isso, em comparação com o direito tradicional tridimensional, certamente se altera a função mediadora da administração da justiça, a qual havia transmitido a legitimação sagrada para o soberano e sua dominação burocrática; ela fica agora na retaguarda do legislador político e administra seus programas. Os poderes do Estado, que se diferenciaram entre si, caem todos à sombra de uma *res publica noumenon*, justificada pela razão, que deve encontrar na *res publica phaenomenon* o reflexo mais fiel possível de si mesma. A própria positivação do direito, concebida como a realização dos princípios do direito racional, ainda está submetida aos imperativos da razão.

Mas se a política e o direito são deslocados para a posição subordinada de órgãos de execução das leis da razão prática, a política perde sua competência legisladora e o direito, sua positividade. Por isso, Kant precisa recorrer às premissas metafísicas de sua doutrina dos "dois reinos" para, de um modo ainda contraditório, distinguir legalidade de moralidade.[62]

III. A substituição do direito racional pela ideia de Estado de direito

(I) O direito racional clássico não foi abandonado somente por razões filosóficas; as relações que deveria interpretar se tornaram muito complexas para ele. Logo ficou claro que a dinâmica de uma sociedade integrada pelo mercado não podia mais caber nos conceitos normativos do direito, nem permanecer *paralisada* dentro do quadro de um sistema jurídico projetado de maneira apriorística. Toda tentativa de derivar definitivamente os fundamentos do direito privado e público de princípios superiores teve de naufragar diante da complexidade da sociedade e da história. As teorias contratualistas eram demasiadamente abstratas – e, de modo algum, somente as de cunho idealista. Elas não haviam considerado os pressupostos sociais de seu individualismo possessivo. Nem reconheceram que os institutos fundamentais do direito privado (propriedade e contrato), assim como os direitos públicos subjetivos de defesa contra o Estado burocrático, só podiam promover a justiça por meio da condescendência de uma fictícia economia de mercado que opera em pequena escala. Simultaneamente, essas teorias contratualistas – e, de modo algum, somente aquelas que procedem de forma apriorística – eram demasiado concretas. Elas não haviam considerado suficientemente a transformação das relações de vida, subestimando a pressão por adaptação que, com o crescimento capitalista, acompanhou a modernização social em seu todo.

Na Alemanha, o conteúdo moral do direito racional kantiano foi inicialmente desdobrado pela teoria do direito e seguiu em desenvolvimentos

---

62 W. Kersting, *Wohlgeordnete Freiheit*, Berlim, De Gruyter, 1984, p.16 e ss.

Facticidade e validade

paralelos na dogmática do direito privado e na ideia de Estado de direito, embora no curso do século XIX tenha sido esvaziado de maneira positivista. Da perspectiva da ciência pandectista, o direito foi essencialmente absorvido no Código Civil administrado por juristas. Aqui, no próprio sistema de direito privado, e não por parte de um legislador político, os conteúdos morais do direito deviam ser assegurados.[63] F. C. von Savigny, que construiu todo o direito privado como um edifício de direitos subjetivos, concebeu, na esteira de Kant, que a forma do direito subjetivo seria em si mesma moral. Direitos subjetivos universais delimitam o domínio de disposição da autonomia privada e garantem a liberdade individual na forma de autorizações subjetivas. A moralidade do direito consiste em "fazer que a vontade individual dependa de um domínio em que ela possa ser soberana independentemente de toda outra vontade".[64] Porém, no curso do desenvolvimento factual do direito, logo ficou claro que os direitos subjetivos teriam algo de secundário diante do direito objetivo, sendo incapaz de fornecer a base conceitual para o sistema de direito privado em seu todo. Desde então, o conceito de direito subjetivo foi reinterpretado de maneira positivista e purificado de todas as associações normativas. Segundo a definição de B. Windscheid, os direitos subjetivos se limitam a converter os comandos da ordem jurídica objetiva em poder de comando de um sujeito de direito individual.

Um desenvolvimento paralelo pode ser traçado em relação à ideia de Estado de direito, a qual já havia sido introduzida por Kant, ainda que sob reservas hipotéticas. Os teóricos alemães do século XIX estavam interessados sobretudo na domesticação constitucional do poder administrativo do monarca. Durante o *Vormärz*,* Mohl e Welcker ainda afirmam que leis gerais e abstratas seriam o *medium* apropriado para uma promoção equitativa "da formação mais abrangente e racional possível das forças espirituais e

---

63 Coing, Das Verhältnis der positiven Rechtswissenschaft zur Ethik im 19, Jahrhundert, in: J. Blühdorn e J. Ritter (eds.), *Recht und Ethik*, Frankfurt/Main, Vittorio Klostermann, 1970, p.11 e ss.

64 Savigny, *System des heutigen Römischen Rechts*, op. cit., v.I, p.333.

* Literalmente, "pré-março", designando o período de tempo que antecede a revolução de março de 1848. (N. T.)

Jürgen Habermas

físicas" de todos os cidadãos.[65] Após a fundação do Império, Gerber e Laband já desenvolveram a doutrina da lei como comando de uma instância de legislação soberana, sem quaisquer restrições a seu conteúdo. Foi finalmente a esse conceito positivista de lei que constitucionalistas progressistas do período de Weimar, como Hermann Heller, recorreram para a defesa da legislatura parlamentar: "No Estado de direito, as leis são somente as normas jurídicas – e precisamente todas as normas jurídicas – positivadas pela assembleia popular legislativa".[66]

Retomo aqui o desenvolvimento alemão, certamente atípico, apenas porque é ali que a erosão de um conceito de lei moralizado pelo direito racional pode ser estudada de ambas as perspectivas, isto é, tanto da doutrina do direito privado, quanto de uma legislatura cada vez mais parlamentarizada. Nos países anglo-saxões, nos quais desde o início a ideia de Estado de direito, como *rule of law* [império do direito], foi acompanhada por desenvolvimentos democráticos, o devido processo legal – *due process* – foi apresentado como um modelo unificado de interpretação tanto para a legislação quanto para a jurisprudência. Na Alemanha, a destruição positivista do direito racional foi efetuada por caminhos separados. Por certo, a construção kantiana segundo a qual a política e o direito estavam subordinados aos imperativos morais do direito racional foi desmentida tanto pela dogmática do direito privado quanto pela teoria do Estado de direito – mas, em um caso, pelo ponto de vista da Justiça e, no outro, pelo ponto de vista do legislador político. Por isso, aqueles que, após o colapso da estrutura do direito racional, estavam menos convencidos da alternativa do positivismo jurídico puro tiveram de apresentar o *mesmo* problema em ambos os lados, mas de formas diferentes. Podemos dar a seguinte interpretação geral para esse problema. De um lado, os fundamentos morais do direito positivo não podem ser explicados na forma de um direito racional superior. De outro, porém, eles não podem ser liquidados sem deixar qualquer substituto, já que assim o direito seria privado do momento de indisponibilidade que lhe

---

65 Apud Maus, Entwicklung und Funktionswandel des bürgerlichen Rechtstaates, op. cit., p.13 e ss.

66 H. Heller, *Gesammelte Schriften*, v.II, Leiden, Sijthoff, 1971, p.226.

Facticidade e validade

é essencialmente inerente. Mas então é preciso mostrar como, no interior do próprio direito positivo, o ponto de vista moral de uma formação imparcial do juízo e da vontade poderia ser estabilizado. Essa exigência ainda não é satisfeita com a positivação de determinados princípios morais do direito racional como *conteúdos* do direito constitucional. Pois a questão aqui se refere justamente à contingência dos conteúdos de um direito modificável a bel-prazer. Por essa razão, gostaria de retomar a tese desenvolvida na primeira aula, segundo a qual a moralidade embutida no direito positivo possui a força transcendente de um procedimento que regula a si mesmo e que controla sua própria racionalidade.

Sob a pressão do problema de saber como a legitimidade pode surgir da legalidade, alguns sucessores de Savigny, insatisfeitos com a reinterpretação positivista dos direitos subjetivos, promoveram o direito científico dos juristas à fonte de legitimação. Em sua doutrina das fontes do direito, Savigny havia atribuído à Justiça e à dogmática jurídica a função, ainda modesta e secundária, de "trazer à consciência e apresentar de modo científico"[67] o direito positivo que nasce do costume e da legislação. Em contrapartida, perto do final do século, G. F. Puchta defendeu a tese de que a produção do direito não poderia ser deixada somente a cargo do legislador político, porque assim o Estado não estaria fundado no direito legítimo, isto é, não seria Estado de direito. Pelo contrário, indo além da aplicação do direito válido, a Justiça assumiria a tarefa produtiva, construtivamente orientada por princípios, de formação e complementação do direito válido. Esse direito dos juízes retiraria sua autoridade independente do *método científico de fundamentação*, ou seja, dos argumentos de uma jurisprudência que procede cientificamente. Puchta já oferece o ponto de partida para uma teoria que, da perspectiva da jurisprudência, remete as razões legitimadoras da legalidade à racionalidade procedimental inscrita no discurso jurídico.

Uma interpretação análoga é sugerida pela perspectiva da legislação, embora a discussão parlamentar esteja muito mais voltada à formação de compromissos, e não, como no caso do discurso jurídico, à fundamentação cientifica-

---

67 Apud W. Maihofer (ed.), *Begriff und Wesen des Rechts*, Darmstadt, Wissenschaftliche Buchgesellschaft, 1973, p.52 e ss.

mente disciplinada de juízos. Também deste lado, aqueles que não querem se resignar ao positivismo democrático das leis se veem diante da questão de saber com base em quais razões as leis obtidas por maioria parlamentar poderiam derivar sua legitimidade. Seguindo o conceito de autonomia de Rousseau, Kant já havia dado um passo decisivo ao fazer sobressair do próprio procedimento de legislação democrática o ponto de vista moral da imparcialidade. É sabido que ele apresentou o critério de universalidade como a pedra de toque da conformidade jurídica de cada uma das leis públicas – a saber, como se a lei "pudesse ter surgido da vontade unificada de todo um povo".[68] No entanto, o próprio Kant contribuiu para que logo fossem confundidos dois significados, completamente diferentes, de "universalidade" da lei: a universalidade semântica da lei geral e abstrata tomou o lugar daquela universalidade procedimental, que caracteriza a lei obtida de maneira democrática como expressão da "vontade unida do povo".

Na Alemanha, onde a discussão das teorias da democracia só ressurgiu no século XX, essa confusão teve duas consequências indesejadas. Inicialmente, ela permitiu ocultar o significativo ônus a ser satisfeito por uma teoria procedimental da democracia. Em primeiro lugar, uma teoria da argumentação deveria mostrar como, na formação parlamentar da vontade do legislador, discursos sobre as finalidades políticas e discursos de fundamentação moral se inter-relacionam com os controles jurídicos das normas. Em segundo lugar, deveria ser esclarecido como um acordo alcançado argumentativamente se distingue da negociação de compromissos e como, neste caso, o ponto de vista moral também pode ser levado em consideração nas condições equitativas para a formação de compromissos. Em terceiro lugar, sobretudo, ainda seria necessário reconstruir o modo como a imparcialidade da formação legislativa da vontade seria institucionalizada pelos procedimentos jurídicos – começando pela regra da maioria, passando pelas regras de ordenação das questões parlamentares e chegando ao voto e à formação da opinião, ou seja, à seleção e à distribuição de temas e contribuições na esfera pública política. Essa análise deveria poder se orientar por um modelo que apresentasse os pressupostos comunicativos necessá-

---

68 I. Kant, *Grundlegung zur Metaphysik der Sitten*, Werke, v.IV, §46.

Facticidade e validade

rios para a formação discursiva da vontade e para o equilíbrio de interesses em seu conjunto. Somente ante esse pano de fundo seria possível analisar o sentido normativo e a práxis real de tais procedimentos.[69]

Além disso, aquela confusão entre universalidade procedimental e universalidade semântica da lei parlamentar também tinha por consequência o possível ocultamento da problemática independente da aplicação do direito. Com efeito, mesmo que uma racionalidade procedimental moralmente rica estivesse institucionalmente consolidada na produção legislativa, normalmente as leis (quer se trate ou não do direito regulatório do Estado social) não adquirem a forma semântica e o grau de determinação que possibilitariam ao juiz sua aplicação meramente algorítmica. As operações de interpretação na aplicação de regras, como mostra a hermenêutica filosófica,[70] estão entrelaçadas com as operações de construção implícitas ao direito (no sentido de Dworkin). Por isso, o problema da racionalidade procedimental se instaura de maneira renovada para a prática de decisão judicial e para a dogmática jurídica.

Nos procedimentos legislativos, uma moralidade que migrou para o direito positivo pode se manifestar na medida em que os discursos políticos sobre finalidades se submetem às restrições do princípio de assentimento universal, ou seja, àquele ponto de vista moral que precisamos considerar na *fundamentação* de normas. Na *aplicação* de normas sensível a contextos, porém, a imparcialidade do juízo ainda não é satisfeita quando nos perguntamos o que todos poderiam querer, mas somente se levarmos adequadamente em consideração todos os aspectos relevantes de uma dada situação. Para se decidir quais normas – que em certas circunstâncias colidem entre si e têm de ser hierarquizadas à luz de princípios – podem ser aplicadas a um caso, é preciso esclarecer se a descrição da situação é adequada e abrangente considerando todos os interesses afetados. Como mostrou Klaus Günther,[71]

---

69 Neumann, *Juristische Argumentationslehre*, op. cit., p.70 e ss.; A. Kaufmann, Über die Wissenschaftlichkeit der Rechtswissenschaft, *Archiv für Rechts- und Sozialphilosophie*, Stuttgart, v.72, n.4, 1986, p.425 e ss.

70 Esser, *Vorverständnis und Methodenwahl in der Rechtsfindung*, op. cit.

71 Günther, *Der Sinn für Angemessenheit*, op. cit.

em contextos de fundamentação de normas a razão prática examina a *capacidade de universalização* de interesses; quando se trata da aplicação de normas, considera a apreensão *adequada* e *abrangente* dos contextos relevantes à luz de regras concorrentes. Os procedimentos jurídicos, pelos quais a imparcialidade da jurisprudência deve ser institucionalizada, precisam corresponder a essa ideia reguladora.

(2) Com essas reflexões, aponto para a ideia de um Estado de direito constituído pela separação de poderes, cuja legitimidade é extraída de uma racionalidade que promove imparcialidade aos procedimentos da legislação *e* da jurisprudência. Com isso, não se obtive mais do que um critério crítico para a análise da realidade constitucional. Contudo, essa ideia não se limita a confrontar abstratamente – ao modo de um dever-ser impotente – uma realidade que muito pouco lhe corresponde. Após o colapso do direito racional, a racionalidade procedimental que já migrou para o direito positivo assinala a única dimensão restante em que podem ser nele assegurados um momento de indisponibilidade e uma estrutura resguardada de intervenções meramente contingentes.

Somente do entrelaçamento de procedimentos jurídicos com argumentações, que se autorregulam a partir de princípios de universalização e adequação, é possível explicar a ambivalência irritante da pretensão de validade com a qual o direito se apresenta. A validade jurídica, garantida pela tomada de decisões competente, deve ser distinguida da validade social do direito efetivamente aceito ou imposto. Mas no próprio sentido complexo de validade jurídica se expressa uma ambivalência que o direito moderno deve a seu duplo fundamento de validade: o princípio de positivação e o princípio de fundamentação. Na pretensão de validade de normas morais, que, nos termos do construtivismo rawlsiano, são ao mesmo tempo construídas e *descobertas*, domina o sentido dos *discernimentos* morais análogo à verdade. Na pretensão de validade do direito positivo, adicionam-se a contingência do que é estabelecido e a facticidade da ameaça de sanção.[72] Todavia, a positi-

---

72 R. Dreier, *Rechtsbegriff und Rechtsidee: Kants Rechtsbegriff und seine Bedeutung für die gegenwärtige Diskussion*, Frankfurt/Main, A. Metzner, 1986.

Facticidade e validade

vidade de normas jurídicas procedimentalmente produzidas e constritivas é acompanhada e sobreposta pela pretensão à legitimidade. O modo de validade jurídica se refere, ao mesmo tempo, tanto à obediência politicamente esperada diante da decisão e da coerção, quanto à expectativa moral do reconhecimento racionalmente motivado de uma pretensão de validade normativa, a qual só pode ser resgatada pela argumentação. Os casos-limite da resistência legítima e da desobediência civil mostram que tais argumentações também são capazes de romper a forma jurídica na qual elas mesmas são institucionalizadas.[73]

A ideia de Estado de direito que abordei pelo enfoque de leitura da teoria do discurso não é excessivamente pretenciosa, mas brota do próprio solo da efetividade do direito. Isso se mostra claramente, afinal, pelo fato de que a autonomia do sistema jurídico só pode ser medida com base nessa ideia. Se fosse obstruída aquela dimensão segundo a qual a fundamentação juridicamente institucionalizada se abre para a argumentação moral, não saberíamos mais o que pode significar uma autonomia do direito para além da mera autonomia sistêmica. Um sistema jurídico não adquire autonomia por si mesmo. Ele só é autônomo se os procedimentos institucionalizados para a legislação e a jurisprudência garantem uma formação imparcial da opinião e da vontade e, por essa via, uma racionalidade moral de cunho procedimental ganha acesso tanto ao direito quanto à política. Não há direito autônomo sem a efetivação da democracia.

---

73 Sobre a desobediência civil, cf. Habermas, *Die Neue Unübersichtlichkeit*, op. cit., p.79-117.

II
Soberania popular como procedimento (1988)*

Quando consideramos a imponente história de seus efeitos, a Revolução Francesa "é dificilmente comparável a algum outro evento histórico".[1] Esse único enunciado incontestável explica por que quase todos os outros são discutíveis. Em nossos dias, uma nova controvérsia se desenvolveu: o debate sobre o fim da atualidade da Grande Revolução.

Ante o signo das despedidas pós-modernas, teria chegado a hora de também nos distanciarmos deste acontecimento exemplar sob cuja esteira vivemos ao longo de duzentos anos. O eminente historiador da Revolução Walter Markov, de Leipzig, já havia afirmado em 1967: "A Revolução Francesa nunca foi sentida pelas gerações seguintes como um episódio fechado em si mesmo, ou seja, como peça de museu".[2] Na mesma época foi publicada justamente a obra com que François Furet e Denis Richet destacaram um modo de considerar a Revolução a partir da história das mentalidades.[3] Uma década depois, quando a autocrítica da esquerda em Paris havia aprofundado a crítica pós-estruturalista da razão, Furet pôde afirmar laconicamente:

---

* A conferência, realizada em dezembro de 1988, foi publicada pela primeira vez em Forum für Philosophie Bad Homburg (org.), *Die Ideen von 1789: in der deutschen Rezeption*, Frankfurt/Main, Suhrkamp, 1989, p.7-36.

1 E. Schulin, *Die Französische Revolution*, Munique, C. H. Beck, 1988, p.11.

2 W. Markov, *Die Jakobinerfrage heute*, Berlim, Oulun Historiaseura, 1967, p.3.

3 F. Furet e D. Richet, *Die Französische Revolution*, Frankfurt/Main, G. B. Fisher, 1968, p.84.

"A Revolução Francesa terminou".[4] Furet quer escapar da área de influência de uma "historiografia testamentária", que concebe a Revolução Francesa como origem de um presente que nos orienta para a ação. Ele declara terminada a Revolução Francesa para que "a contaminação do passado" pela referência narcisista do presente tenha um fim.

Esse impulso para o arrefecimento e a cientificação não pode ser confundido com a tentativa mais recente de curar um presente supostamente contaminado pelo nivelamento normalizador de um outro passado, *negativamente* carregado. Os relógios da memória coletiva marcam um tempo diferente na França e na Alemanha. Enquanto lá as interpretações liberais e socialistas da Revolução determinaram a autocompreensão da nação, entre nós, após o primeiro entusiasmo de seus contemporâneos, as "ideias de 1789" sempre estiveram sob a suspeita de suas consequências terroristas. Isso valeu não somente para a autocompreensão alemã-prussiana de nação. Neste lado do Reno, somente após 1945 os laços de uma historiografia conservadora, inclusive agressiva e hostil, também foram rompidos.[5] Ora, as diferenças internacionais da história da recepção nada dizem sobre a verdade de uma tese; mas a mesma tese adquire um outro significado em diferentes contextos. À luz da revolução bolchevique, Furet busca responder à tradição que atribui à Revolução Francesa o papel de modelo. Esse contexto dialético dá razão à sua tese do fim da Revolução Francesa – e ao mesmo tempo a relativiza.[6]

Alguém que não é historiador tem pouco a contribuir com essa controvérsia. Ao invés disso, gostaria de começar perguntando, no âmbito da teoria política, se a força orientadora da Revolução Francesa encontra-se realmente esgotada. Trata-se para mim da seguinte questão normativa: aquela mudan-

---

4 F. Furet, *Penser la Révolution française* – edição alemã, *Vom Ereignis zum Gegenstand der Geschichtswissenschaft*, Frankfurt/Main, Ullstein Taschenbuchvlg., 1980.

5 Schulin, *Die Französische Revolution*, op. cit., p.9 e ss.

6 Essa relativização, todavia, foi proposta pelo próprio Furet: *La Révolution, 1780-1880*, Paris, Hachette, 1988; Id., La France Unie, in: F. Furet, J. Julliard e P. Rosanvallon (eds.), *La République du Centre*, Paris, Calmann-Lévy, 1988; cf. A. I. Hartig, Das Bicentennaire – eine Auferstehung?, *Merkur*, Stuttgart, v.43, ed.481, mar. 1989, p.258 e ss.

Facticidade e validade

ça de mentalidade que se efetuou nos anos da Revolução Francesa conteria aspectos a serem reivindicados de uma herança não esgotada? As ideias revolucionárias de 1789 permitem um enfoque de leitura que ainda se mostra informativo para nossa própria necessidade de orientação?

I

(1) A questão acerca dos elementos ainda não exauridos da Revolução Francesa pode ser discutida sob diferentes pontos de vista.

(a) Na França, a Revolução em parte tornou possível o desenvolvimento de uma sociedade civil móvel e de um sistema econômico capitalista, mas em parte apenas o acelerou. Ela promoveu processos que em outros lugares se efetuaram sem uma transformação revolucionária da autoridade política e do sistema jurídico. Entretanto, essa modernização econômica e social se perpetuou sujeita a crises, ainda que de uma maneira manifestamente profana. Hoje temos consciência dos perigos que ela trouxe com seus efeitos colaterais disfuncionais; o desenvolvimento inexorável das forças produtivas e a expansão global da civilização ocidental são experimentados mais como ameaça. A promessa irrealizável do projeto produtivista do capitalismo não pode mais convencer. A utopia da sociedade do trabalho se esgotou.

(b) Algo semelhante vale para o surgimento do aparato moderno do Estado. Como Tocqueville já havia notado, a Revolução Francesa significa para o processo de formação dos Estados e da burocratização, acima de tudo, uma aceleração de continuidades pregressas, de modo algum um impulso inovador. Hoje, esse âmbito estatal de integração perde cada vez mais suas competências, devido tanto à pressão de movimentos regionais quanto em virtude de organizações supraestatais e empresas que operam globalmente. Mesmo onde ainda sobrevive o *éthos* da racionalidade com respeito a fins, dificilmente ele oferece apoio às operações organizacionais imprevisíveis de uma administração estatal que programa a si mesma.

(c) Um produto genuíno da Revolução Francesa, no entanto, consiste naquele Estado nacional que pôde contar com a ampla mobilização do patriotismo de seus cidadãos. Com a consciência nacional, criou-se uma nova forma de integração para cidadãos libertos dos antigos laços dos estamentos e das corporações. A última geração de Estados, que teve origem na descolonização, ainda se orientou pelo modelo do nacionalismo francês. Mas as potências mundiais dos EUA e da URSS, em razão de suas sociedades multinacionais, jamais se integraram plenamente ao esquema do Estado-nação. E os herdeiros atuais do sistema europeu esgotaram todo o crédito depositado no nacionalismo, encontrando-se agora a caminho da sociedade pós-nacional.

(d) Parece restar somente um candidato para uma resposta afirmativa à questão sobre a atualidade da Revolução Francesa: aquelas ideias que inspiraram o Estado democrático de direito. A democracia e os direitos humanos formam o núcleo universal do Estado constitucional, que se desenvolveu em diferentes variantes a partir da Revolução Americana e da Revolução Francesa. Esse universalismo conservou sua vitalidade e sua força explosiva não apenas nos países do Terceiro Mundo e nos domínios soviéticos, mas também nas nações europeias, nas quais o processo de transformação das identidades ofereceu ao patriotismo constitucional um novo significado. Foi isso pelo menos que R. v. Thadden afirmou recentemente em um encontro franco-alemão em Belfort:

> Com 7% a 8% de imigrantes, as nações correm o risco de modificar sua identidade; em breve não poderão mais se conceber como sociedades mono-culturais caso sejam incapazes de oferecer pontos de integração que superem a mera procedência étnica. Sob essas circunstâncias, impõe-se a necessidade de retomar a ideia do cidadão [*Bürger*] como *citoyen*, que é a um só tempo mais aberta e menos rígida que a afiliação tradicional à nação.[7]

No entanto, se a institucionalização de liberdades iguais fosse a única ideia ainda promissora, então – como pensam muitos – bastaria lançar mão da herança da Revolução Americana: poderíamos sair da sombra do *terreur*.

Mas von Thadden não tira essa consequência. E o fato do palestrante recorrer às ideias especificamente francesas não se deve apenas à ocasião de

---

7 R. Thadden, Die Botschaft der Brüderlichkeit, *Süddeutsche Zeitung*, Munique, 26/27, nov. 1988.

Facticidade e validade

sua fala, proferida na abertura de celebração dos duzentos anos da Grande Revolução. No sentido de Rousseau, ele contrapõe *citoyen* e *bourgeois*; no sentido da tradição republicana, ele vincula os direitos civis e a participação política à fraternidade e à solidariedade. Em seu gesto ainda se reconhece o fraco eco de lemas revolucionários:

> A Europa dos cidadãos a ser construída necessita das forças da fraternidade, da ajuda mútua e da solidariedade, para que assim também os fracos, os necessitados e os desempregados estejam em condições de aceitar a comunidade europeia como um progresso em comparação às relações existentes. Esse apelo à promoção da fraternidade, ligado à ideia da cidadania, deve ser a mensagem central das comemorações dos duzentos anos da Revolução Francesa.

Diferentemente da Revolução Americana, que *resultou*, por assim dizer, dos acontecimentos, a Revolução Francesa foi *conduzida* pelos protagonistas na consciência de uma revolução. Furet também reconhece nessa consciência da práxis revolucionária "uma nova modalidade de ação histórica". Poderíamos também dizer que as revoluções burguesas – Holandesa, Inglesa e Americana – só tomaram consciência de si *como* revoluções após a Revolução Francesa. Nesse sentido, nem o intercâmbio capitalista de mercadorias (a), nem a forma burocrática da autoridade legal (b), nem mesmo a consciência nacional (c) e o Estado constitucional moderno (d) tiveram de surgir de transformações experimentadas *como* revoluções, "mas a França é o país que descobriu a cultura democrática por intermédio da revolução e que revelou ao mundo um dos mais fundamentais estados de consciência da ação histórica".[8] Nosso estado de consciência é caracterizado por dois aspectos: ainda apelamos à disposição para a ação e a uma orientação político-moral voltada para o futuro no desejo de reconstruir a ordem existente; simultaneamente, entretanto, parece que a confiança de uma transformação revolucionária das circunstâncias desapareceu.

(2) A consciência revolucionária é o berço de uma nova mentalidade, a qual é caracterizada por uma nova consciência do tempo, um conceito novo de prá-

---

8 Furet, *Vom Ereignis zum Gegenstand der Geschichtswissenschaft*, op. cit., p.34.

xis política e uma nova ideia de legitimação. São especificamente modernas a consciência histórica que rompe com o tradicionalismo de continuidades naturalizadas; a compreensão da práxis política, que se encontra sob o signo da autodeterminação e da autorrealização; e a confiança no discurso racional, por meio do qual toda autoridade política deve se legitimar. Sob esses três aspectos, um conceito pós-metafísico do político, radicalmente intramundano, penetra na consciência de uma população que se torna ativa.

Contudo, se olharmos respectivamente para os últimos duzentos anos, surge a dúvida se essa compreensão da política não se afastou tanto de suas ideias originais a ponto da consciência da revolução perder sua atualidade. Não se tornou desgastada precisamente a assinatura revolucionária que caracterizava especificamente os anos de 1789 e 1794?

(a) A consciência revolucionária se expressa na convicção de que um novo começo pode ser constituído. Nisso se reflete uma consciência histórica modificada.[9] A história universal, reduzida a um elemento singular, serve como um sistema de referência abstrato para uma ação orientada ao futuro, que é capaz de desacoplar o presente do passado. Por trás dela se encontra a experiência de uma ruptura com a tradição: transpôs-se o limiar de uma interação reflexiva com as tradições culturais e instituições sociais. O processo de modernização é experimentado como aceleração de eventos que, por assim dizer, se abrem à intervenção coletiva determinada. A geração presente se sente responsável pelo destino das gerações futuras, enquanto o exemplo das gerações passadas perde sua obrigatoriedade. No horizonte ampliado de possibilidades futuras, a atualidade do instante ganha proeminência ante a normatividade de um existente projetado apenas no presente. H. Arendt associou essa confiança enfática à nossa "natalidade", àquele sentimento comovente de expectativa por um futuro melhor, o qual sempre nos afeta ao olharmos um recém-nascido.

Todavia, essa vitalidade há muito tempo perdeu a forma de uma consciência revolucionária. Pois, nesse ínterim, a fluidificação de tradições pas-

---

9 R. Koselleck, *Vergangene Zukunft: zur Semantik geschichtlicher Zeiten*, Frankfurt/Main, Suhrkamp, 1979; Habermas, *Der philosophische Diskurs der Moderne*, op. cit., p.9 e ss.

Facticidade e validade

sou a ser permanente; a atitude hipotética diante das instituições e formas de vida existentes se tornou normal. A própria revolução tomou a forma de uma tradição: 1815, 1830, 1848, 1871 e 1917 formam as cesuras de uma história de lutas revolucionárias, mas também de decepções. A revolução desonera seus dissidentes, que não se rebelam mais contra outra coisa a não ser contra a própria revolução. Essa dinâmica autodestrutiva também se enraíza em um conceito de progresso já desacreditado por Walter Benjamin, que prescreve o futuro sem se lembrar das vítimas das gerações passadas. Por outro lado, os efeitos das revoltas juvenis e dos novos movimentos sociais em sociedades como as nossas levantam a suspeita de que a dinâmica cultural desencadeada pela Revolução Francesa se sedimenta na transformação menos explícita de valores de amplas camadas da população, enquanto a consciência esotérica da atualidade, da continuidade penetrante e da normatividade violada se retirou para o domínio da arte pós-vanguardista.

(b) A consciência revolucionária se expressa, além disso, na convicção de que os indivíduos emancipados são chamados a ser em conjunto os autores de seu próprio destino. Em suas mãos reside o poder de decidir sobre as regras e o modo de sua vida em comum. Eles produzem seu próprio contexto de vida na medida em que dão a si *mesmos*, enquanto cidadãos, as leis que querem obedecer. Tal contexto de vida é concebido como produto de uma práxis cooperativa centrada na formação política consciente da vontade. Uma política radicalmente intramundana é compreendida como expressão e confirmação da liberdade que emerge ao mesmo tempo da subjetividade dos indivíduos e da soberania do povo. No âmbito da teoria política, abordagens individualistas e coletivistas atribuem alternadamente um primado aos indivíduos ou à nação, colocando esses dois termos em uma disputa duradoura. Mas a liberdade política sempre foi concebida como liberdade de um sujeito que se autodetermina e se autorrealiza. Autonomia e autorrealização são dois conceitos-chave para uma práxis que encontra em si mesma seu próprio fim, a saber, a produção e reprodução de uma vida humanamente digna.[10]

---

10 C. Taylor, Legitimationskrise, in: *Negative Freiheit?*, Frankfurt/Main, Suhrkamp, 1988, p.235 e ss.

Também esse conceito holista de práxis política perdeu seu brilho e sua força motivadora. No penoso caminho para a institucionalização constitucional da participação igualitária de todos os cidadãos na formação política da vontade, as contradições que se inscreveram no próprio conceito de soberania popular se tornaram manifestas. O povo, de onde deve ser depreendido todo o poder organizado estatalmente, não forma um sujeito dotado de consciência e vontade. Ele surge somente no plural, não sendo capaz de decidir ou agir em conjunto *como* povo. Em sociedades complexas, os esforços mais sérios de auto-organização também se chocam com resistências que remetem à especificidade sistêmica do mercado e do poder administrativo. Antigamente, a democracia devia ser imposta contra o despotismo, que se via encarnado no rei, em parcelas da nobreza e no alto clero. Nesse ínterim, a autoridade política se despersonalizou; a democratização não lida mais com resistências genuinamente políticas, mas com os imperativos sistêmicos de um sistema econômico e administrativo altamente diferenciados.

(c) A consciência revolucionária se expressa, por fim, na convicção de que o exercício da autoridade política não pode ser legitimado nem em termos religiosos (apelando-se à autoridade divina), nem de forma metafísica (apelando-se a um direito natural fundado ontologicamente). Uma política radicalmente mundana pode ser justificada somente pela razão, fazendo uso dos meios de uma teoria estabelecida de maneira pós-metafísica. As doutrinas do direito natural racional se ofereceram para esse propósito. Elas haviam adaptado o conceito aristotélico de autoridade política – uma autoridade de livres e iguais sobre si mesmos – aos conceitos fundamentais da filosofia do sujeito, podendo com isso satisfazer tanto a compreensão acirradamente individualista da liberdade quanto uma compreensão universalista da justiça. Assim, a práxis revolucionária pôde ser compreendida como uma realização teoricamente informada dos direitos humanos; a própria revolução parecia ser deduzida de princípios da razão prática. Essa autocompreensão também explica a influência das *sociétés de penser* [sociedades de pensamento] e o papel ativo dos *ideologues* [ideólogos].

Esse intelectualismo despertou a desconfiança não somente de seus opositores conservadores. Pois a suposição de que a formação política da vontade seria imediatamente teorizável e poderia se orientar por uma mo-

Facticidade e validade

ral racional previamente consentida produziu consequências infelizes para a teoria da democracia e resultados ainda mais desastrosos para a práxis política. A teoria precisa resolver de uma vez por todas a tensão entre a formação soberana da vontade e o conhecimento racional apodítico; a práxis tem de lidar com aquela falsa auratização da razão, tal como se sedimentou no culto ao ser supremo e aos emblemas da Revolução Francesa.[11] Em nome de uma razão autoritária que precedia todo entendimento genuíno, pôde se desenvolver uma dialética dos oradores que desconhecia a diferença entre moral e tática, desembocando na justificação de um terror virtuoso. É por isso que de C. Schmitt a Lübbe, de Cochin a Furet, o discurso que desloca o poder para a palavra foi denunciado como um mecanismo que inevitavelmente provoca a dominação consensualmente velada dos oradores intelectuais, ou seja, que apela ao vanguardismo.[12]

(3) Nossa visão retrospectiva parece sugerir que a mentalidade criada pela Revolução Francesa se tornou tanto permanente quanto trivial: hoje ela não sobrevive mais na forma de uma consciência revolucionária, perdendo sua pregnância e utópica força explosiva. Mas teria essa mudança de forma paralisado suas energias? Parece evidente que a dinâmica *cultural* liberada pela Revolução Francesa *não* estancou por completo. Somente hoje ela criou as condições para um ativismo cultural despido de todos os privilégios de formação e obstinadamente subtraído da manipulação administrativa; no entanto, o pluralismo multifacetado dessas atividades, que não se circunscreve às delimitações de classe, opõe-se à autocompreensão de uma nação mais ou menos homogênea, embora a mobilização cultural das massas remeta a essa origem. Nos centros urbanos se delineiam os esboços de um intercâmbio social que é marcado ao mesmo tempo por formas de expressão socialmente desdiferenciadas e estilos de vida individualizados. Essa fisionomia ambígua é difícil de decifrar. Não se sabe ao certo se nesta "sociedade de cultura" se reflete apenas o "mau uso da força do belo" instrumentalizado comercial e eleitoreiramente — isto é, uma cultura de

---

11 J. Starobinski, *1789: Die Embleme der Vernunft*, Munique, Wilhelm Frank, 1988.

12 Em surpreendente acordo com C. Schmitt, cf. Furet, *Vom Ereignis zum Gegenstand der Geschichtswissenschaft*, op. cit., p.197 e ss.

massas semanticamente filtrada, privatista — ou se ela poderia representar a caixa de ressonância para uma esfera pública revitalizada, de onde brotou pela primeira vez a semente das ideias de 1789.

Tenho de deixar isso em aberto e me limitar, nas páginas seguintes, a argumentos normativos, com a finalidade de descobrir como uma república democrática radical normalmente deveria ser *pensada* se pudéssemos contar com a complacência de uma cultura política capaz de ressonância — uma república da qual não podemos nos apossar com base na visão retrospectiva de herdeiros afortunados, mas que conduzimos como projeto na consciência de uma revolução que se tornou ao mesmo tempo permanente e cotidiana. Não se trata de uma continuação trivial da Revolução com outros meios. É possível já apreender do *Danton* de Büchner o quão rápido a consciência revolucionária se recuperou das aporias do instrumentalismo revolucionário. A melancolia foi registrada na consciência revolucionária — a tristeza pelo fracasso de um projeto *todavia irrenunciável*. Tanto o fracasso quanto a irrenunciabilidade podem ser explicados pelo fato de que o projeto revolucionário ultrapassa a própria Revolução, subtraindo-se aos seus próprios conceitos. Por isso, tento traduzir em nossos conceitos o conteúdo normativo dessa Revolução incomparável, um empreendimento ousado que se impõe a um intelectual de esquerda que vive na República Federal à luz do duplo jubileu dos anos 1789 e 1949 — e que sente na carne o aguilhão de *outros* "jubileus": os princípios da Constituição não fincarão raízes em nossas mentes antes que a razão tenha se certificado de seu conteúdo orientador, que aponta para o futuro. Apenas como projeto histórico o Estado democrático de direito conserva um sentido normativo que aponta para além de seu caráter jurídico — uma força, ao mesmo tempo, explosiva e configuradora.

Na visão da teoria política, a história se torna um laboratório para argumentos. A Revolução Francesa, particularmente, constitui uma corrente de eventos enredada por argumentos: ela se envolve no manto dos discursos do direito racional e deixa vestígios eloquentes nas ideologias dos séculos XIX e XX. Pela distância das gerações mais novas, as disputas de visões de mundo travadas entre democratas e liberais, socialistas e anarquistas, conservadores e progressistas — sem nos apegarmos ao detalhe — oferecem a matriz fundamental de uma argumentação ainda hoje instrutiva.

Facticidade e validade

II

(1) A *dialética entre liberalismo e democracia radical*, intensificada pela Revolução Francesa, explodiu em todo o mundo. A disputa trata da possibilidade de se conciliar igualdade com liberdade, unidade com pluralidade, ou o direito da maioria com o da minoria. Os liberais começam pela institucionalização jurídica de liberdades iguais, concebendo estas como direitos subjetivos. Para eles, os direitos humanos desfrutam de um primado normativo diante da vontade do legislador democrático. De outro lado, os advogados do igualitarismo concebem a práxis coletiva de livres e iguais como formação soberana da vontade. Eles compreendem os direitos humanos como manifestação da vontade soberana do povo e a separação constitucional de poderes como *resultado* da vontade esclarecida do legislador democrático.

Desse modo, a constelação inicial é caracterizada já pela resposta que Rousseau havia oferecido a Locke. Rousseau, o precursor da Revolução Francesa, compreende a liberdade como autonomia do povo, vale dizer, como a participação igualitária de todos na práxis de *autolegislação*. Kant, o contemporâneo filosófico da Revolução Francesa, e que confessa ter sido "corrigido" por Rousseau, formula a questão da seguinte maneira:

> O poder legislativo só pode pertencer à vontade unificada do povo. Pois, como todo direito deve proceder do poder legislativo, este não deve por meio de sua lei poder fazer injustiça a ninguém. Ora, se alguém decreta algo contra um outro, é sempre possível que, com isso, cometa injustiça contra este, mas nunca naquilo que decide sobre si mesmo (pois *volenti non fit iniuria*). Portanto, somente a vontade concordante e unificada de todos, na medida em que cada um decide a mesma coisa sobre todos e todos sobre cada um, isto é, a vontade geral e unificada do povo, pode ser legisladora. (*Rechtslehre* [Doutrina do direito], § 46)

O ponto dessa reflexão é a unificação entre razão prática e vontade soberana, direitos humanos e democracia. Para que a razão legitimadora da autoridade não tome mais a frente da vontade soberana do povo e os direitos humanos não tenham de se ancorar em um estado de natureza fictício, como em Locke, uma estrutura racional é inscrita na própria autonomia da práxis de autolegislação. A vontade unificada do cidadão, só podendo se manifestar na forma de leis gerais e abstratas, se vê obrigada *per se* a uma operação, que exclui todos os interesses não universalizáveis e permite apenas aquelas regras que garantem liberdades iguais a todos. O exercício da soberania popular assegura ao mesmo tempo os direitos humanos.

Com os discípulos jacobinos de Rousseau, esse pensamento se inflamou em termos práticos, trazendo à cena os opositores liberais. Os críticos consideraram que a ficção da vontade homogênea do povo só podia ser efetivada ao preço do ocultamento ou da repressão da heterogeneidade das vontades individuais. De fato, Rousseau havia apresentado a constituição da soberania popular como um ato existencial de socialização por meio do qual os indivíduos isolados se transformam em cidadãos orientados ao bem comum. Tais cidadãos, desse modo, constituem os membros de um *corpo coletivo*, sendo sujeitos de uma práxis legisladora que se desprendeu dos interesses individuais das pessoas privadas meramente subordinadas às leis. A sobrecarga moral do cidadão virtuoso projeta uma grande sombra sobre todas as variedades radicais de rousseaunismo. A hipótese das virtudes republicanas só é realista para uma coletividade que conta com um consenso normativo previamente assegurado pela tradição e por um *éthos* compartilhado: "Quanto menos as vontades individuais correspondem à vontade geral – isto é, os costumes às leis – mais a força repressiva deve aumentar".[13] Portanto, as objeções liberais contra o rousseaunismo podem se apoiar no próprio Rousseau: as sociedades modernas não são homogêneas.

(2) Os oponentes acentuam a diversidade de interesses que precisam ser harmonizados e o pluralismo de opiniões que deve ser transposto em um consenso majoritário. Com efeito, a crítica contra a "tirania da maioria" aparece em duas diferentes variantes. O liberalismo clássico de Alexis de Tocqueville compreende a soberania popular como um princípio de igualdade que necessita de restrições. É o medo dos *bourgeois* ante a dominação dos *citoyen*: se a constituição do Estado de direito, baseada na separação de poderes, não *impõe limites* à democracia do povo, as liberdades pré-políticas

---

13 Rousseau, *Staat und Gesellschaft*, op. cit., p.53 (*Contrat social*, livro 3, cap.I).

Facticidade e validade

dos indivíduos são colocadas em perigo. Com isso, no entanto, a teoria dá um passo atrás uma vez mais: a razão prática, que se incorporou na Constituição, acaba se opondo novamente à vontade soberana da massa política. Ressurge então o problema que Rousseau pretendeu ter resolvido com o conceito de autolegislação. Por esse motivo, um liberalismo democraticamente esclarecido tem de preservar a intenção de Rousseau.

Por esse lado, a crítica não conduz à restrição, mas sim a uma reinterpretação do princípio da soberania popular; este poderia se manifestar somente sob as condições discursivas de um processo diferenciado de formação da opinião e da vontade. Ainda antes de John Stuart Mill vincular em seu trabalho *On Liberty* [Sobre a liberdade] (1859) liberdade e igualdade com a ideia de uma esfera pública discursiva, o democrata do Sul da Alemanha Julius Fröbel, em um escrito polêmico do ano de 1848, desenvolveu a ideia de uma vontade geral *pensada de maneira não utilitarista*, a qual deveria se formar mediante a discussão e harmonização das vontades livres de todos os cidadãos: "Queremos a república social, isto é, o Estado em que a felicidade, a liberdade e a dignidade de cada indivíduo sejam reconhecidas como fim comum de todos, e a perfeição do direito e do poder derive do *entendimento e do acordo de todos os seus membros*".[14]

Um ano antes, Fröbel havia publicado um *System der socialen Politik* [Sistema de política social],[15] em que vinculava de maneira interessante o princípio da livre discussão com o princípio da maioria. Ele exigiu que o discurso público exercesse o papel que Rousseau havia atribuído à força supostamente universalizadora da mera *forma* da lei. O sentido normativo da validez de leis que merecem assentimento universal não pode ser explicado com base nas propriedades lógico-semânticas de generalidade e abstração. Ao invés disso, Fröbel recorre às condições de comunicação sob as quais a formação da opinião orientada à verdade se deixa combinar com uma formação majoritária da vontade. Simultaneamente, Fröbel retém o conceito de autonomia de Rousseau: "Uma lei só existe para aquele que a fez e com a qual consen-

---

14 J. Fröbel, *Monarchie oder Republik*, Mannheim, 1848, p.6.

15 Id., *System der socialen Politik*, Mannheim, J. P. Grohe, 1847 (as paginações se referem à reedição de 1975).

tiu; para todos os outros, ela é um mandamento ou uma ordem" (p.97). Por isso, as leis demandam o assentimento fundamentado de todos. Mas o legislador democrático decide majoritariamente. Essas duas coisas apenas são compatíveis se a regra da maioria contiver uma relação interna com a busca pela verdade: o discurso público precisa fazer a mediação entre razão e vontade, entre a formação da opinião de todos e a formação majoritária da vontade dos representantes do povo.

Uma decisão da maioria somente é autorizada se seu conteúdo puder valer como resultado racionalmente motivado, mas *falível*, de uma discussão sobre o que deve ser aceito como correto, a qual é encerrada apenas *provisoriamente* pela necessidade de se decidir:

> A discussão permite que as convicções, desenvolvidas no espírito de diferentes seres humanos, gerem efeitos umas sobre as outras, esclarecendo-as e ampliando o círculo do seu reconhecimento. A [...] determinação prática do direito é resultado do desenvolvimento e reconhecimento da consciência jurídica teoricamente existente em uma sociedade, a qual, entretanto, [...] apenas pode ser operada por uma única via, a saber, a apuração e decisão por meio do voto majoritário. (p.96)

Fröbel interpreta a decisão majoritária como um acordo *condicionado*, como o consentimento da minoria em relação a uma práxis que se orienta pela vontade da maioria: "Não se exige da minoria que, ao abdicar de sua vontade, declare errônea sua própria opinião, nem mesmo se exige que ela desista definitivamente de seu objetivo, mas [...] que renuncie à aplicação prática de sua convicção até conseguir fazer valer suas razões e alcançar o número necessário de votos" (p.108).

(3) A posição de Fröbel mostra que a tensão normativa entre igualdade e liberdade pode ser dissolvida assim que se renuncie a um *enfoque de leitura concretista do princípio da soberania popular*. Diferentemente de Rousseau, Fröbel não implanta a razão prática na vontade soberana de um coletivo com a mera forma da lei universal, mas a ancora em um procedimento de formação da opinião e da vontade que estabelece quando uma vontade política, que não é idêntica à razão, tem a seu favor a presunção da razão. Isso poupa Fröbel

de uma depreciação normativa do pluralismo. O discurso público é a instância mediadora entre razão e vontade: "Para o progresso do conhecimento, a unidade de convicções seria uma infelicidade; nos assuntos da sociedade, a unidade do fim é uma necessidade" (p.108). A produção majoritária de uma vontade unificada só é compatível com o "princípio de igual validade da vontade pessoal de cada um" se estiver conectada ao princípio de "redução do erro no processo de convencimento" (p.105). E unicamente nos discursos públicos este princípio pode ser afirmado contra maiorias tirânicas.

Por isso, Fröbel postula a educação do povo, tanto um nível elevado de formação para todos quanto liberdade para manifestação teórica da opinião e propaganda. Ele foi o primeiro a reconhecer também o significado dos partidos para a política constitucional e a importância dos meios de "propaganda teórica" para as disputas entre os partidos políticos que concorrem pela maioria dos votos. Somente as estruturas públicas de comunicação podem evitar que os partidos de vanguarda se imponham. Deve haver apenas "partidos", não "seitas":

> O partido quer fazer valer seu fim particular no Estado, a seita quer superar o Estado com seu fim particular. O partido quer se tornar autoridade no Estado, a seita quer submeter o Estado à sua forma de existência. Na medida em que se torna autoridade no Estado, o partido se dissolve nele, a seita, na medida em que dissolve o Estado nela, quer se tornar autoridade. (p.277)

Fröbel estiliza os partidos ainda pouco organizados de sua época como associações livres que, fazendo uso principalmente de argumentos, seriam especializadas em influenciar o processo de formação pública da opinião e da vontade. Eles representariam o núcleo organizacional de um público de cidadãos que, ao discutir entre múltiplas vozes e decidir conforme a maioria, assume o lugar do soberano.

Enquanto em Rousseau o soberano *incorpora* o poder e seu monopólio legal, o público de Fröbel não é mais um corpo, mas somente *medium* para o processo polifônico de um poder de formação da vontade dissolvido em práticas de entendimento, o qual se mostra capaz de motivar racionalmente as decisões majoritárias. Assim, os partidos e a concorrência partidária na esfera pública política seriam destinados a dar continuidade ao ato rousseauniano do contrato social, de modo a transformá-lo por tempo indeterminado em uma "revolução permanente e legal", como diz Fröbel. Os princípios constitucionais de Fröbel despem a ordem constitucional de tudo o que nela havia de substancial; tais princípios, rigorosamente pós-metafísicos, não representam qualquer "direito natural", mas sublinham unicamente o procedimento de formação da opinião e da vontade que assegura liberdades iguais mediante direitos universais de comunicação e participação:

> Com o contrato constitucional, os partidos concordam que suas opiniões só podem produzir efeitos umas sobre as outras por meio de uma livre discussão, renunciando à execução de suas teorias até que possam atingir a maioria dos membros do Estado. Com o contrato constitucional, os partidos concordam em determinar a unidade dos fins pela maioria dos apoiadores de uma teoria, mas também em deixar sua propaganda a critério da liberdade de cada indivíduo e em reformular sua Constituição e legislação a partir do resultado de todos os esforços individuais, revelado nas eleições. (p.113)

Enquanto os primeiros três artigos constitucionais estabelecem condições e procedimentos de uma formação democrática racional da vontade, o quarto proíbe a inalterabilidade da Constituição e toda restrição *externa* à soberania popular procedimentalizada. Os direitos humanos não *concorrem* com a soberania popular, pois são idênticos às condições constitutivas de uma práxis autolimitadora de formação pública e discursiva da vontade. A divisão de poderes se explica, portanto, a partir da lógica de aplicação e execução controlada de leis desse modo produzidas.

III

(1) O discurso sobre liberdade e igualdade é retomado em outro plano no *conflito entre socialismo e liberalismo*. Essa dialética também já estava presente na Revolução Francesa quando Marat se voltou contra o formalismo das leis e debateu a "tirania legal", quando Jacques Roux reclamou que a igualdade das leis se dirigia contra os pobres e quando Babeuf criticou a ins-

Facticidade e validade

ticionalização de liberdades iguais em nome da satisfação simétrica das necessidades de cada um.[16] Essa discussão ganhou contornos claros apenas com o socialismo nascente.

No século XVIII, a crítica à desigualdade social havia sido dirigida contra as consequências sociais da desigualdade política. Bastavam argumentos jurídicos, isto é, do direito racional, para cobrar do *Ancien Régime* [Antigo Regime] as liberdades iguais do Estado constitucional democrático e da ordem burguesa do direito privado. À medida que a monarquia constitucional e o *Code Napoléon* [código napoleônico] se impunham, vinham à consciência desigualdades sociais *de outro tipo*. No lugar das desigualdades fixadas com os privilégios políticos, entravam aquelas que se desenvolveram primeiro no quadro da institucionalização de liberdades iguais com base no direito privado. Ora, tratava-se das consequências sociais da divisão desigual de um poder de disposição econômica exercido de maneira apolítica. Marx e Engels tomaram emprestado da economia política os argumentos com que denunciaram a ordem jurídica burguesa como expressão jurídica de relações de produção injustas, ampliando com isso o próprio conceito do político. Nesse sentido, não somente a organização do Estado estaria à disposição, mas também a constituição da sociedade em seu todo.[17]

Com essa mudança de perspectiva, vem à tona uma relação funcional entre estrutura de classe e sistema jurídico que possibilita a crítica ao formalismo jurídico e, portanto, à desigualdade substantiva de direitos formalmente iguais – ou melhor, iguais apenas textualmente. Porém, a mesma mudança de perspectiva ao mesmo tempo tira de foco o problema da formação política da vontade que se coloca agora com a politização da sociedade. Marx e Engels se contentaram com as alusões à Comuna de Paris e deixaram mais ou menos de lado as questões da teoria da democracia. Se considerarmos a for-

---

16 H. Dippel, Die politischen Ideen der französischen Revolution, in: I. Fetscher e H. Münkler, (eds.), *Pipers Handbuch der politischen Ideen*, Neuzeit, Von der Französischen Revolution bis zum europäischen Nationalismus, v.4, Munique, Piper, 1986, p.21 e ss.

17 O. Negt e E. T. Mohl, Marx und Engels: der unaufgehobene Widerspruch von Theorie und Praxis, in: Fetscher e Münkler, *Pipers Handbuch der Politischen Ideen*, op. cit., p.449 e ss.

mação filosófica de ambos os autores, sua rejeição generalizada ao formalismo do direito, e da esfera jurídica como um todo, também poderia ser explicada pelo fato de que eles leram Rousseau e Hegel exageradamente pelos olhos de Aristóteles, menosprezaram a substância normativa do universalismo kantiano e do Esclarecimento, e interpretaram de maneira excessivamente concretista a ideia de uma sociedade emancipada. Eles conceberam o socialismo como uma forma socialmente privilegiada de eticidade concreta, e não como a súmula das condições necessárias para formas de vida emancipadas, sobre as quais os *próprios* participantes teriam de se entender.

O conceito ampliado do político não atendeu a uma compreensão aprofundada dos modos de funcionamento, das formas de comunicação e das condições de institucionalização da formação igualitária da vontade. A representação holista de uma sociedade do trabalho politizada continuou prevalecendo. Os primeiros socialistas ainda confiavam que, a partir da própria produção corretamente instaurada, emergiriam espontaneamente as formas conviviais de vida dos trabalhadores livremente associados. Essa ideia de uma auto-organização dos trabalhadores teve de malograr ante a complexidade de sociedades desenvolvidas funcionalmente diferenciadas; e falharia mesmo se a utopia da sociedade do trabalho, como pensou Marx, fosse concebida como um reino da liberdade a ser alcançado com base em um reino da necessidade continuado e sistemicamente regulado. Mesmo a estratégia de Lênin de uma tomada do poder por revolucionários profissionais não podia substituir uma teoria política ausente. As consequências práticas desse déficit se mostram naquelas aporias em que até hoje o socialismo burocrático se enreda com uma vanguarda política engessada na *nomenklatura*.

(2) Por outro lado, os sindicatos e partidos reformistas, que operam no quadro do Estado democrático de direito, tiveram uma experiência decepcionante na realização do compromisso do Estado social, precisando se contentar com uma adaptação da herança liberal-burguesa e renunciar ao cumprimento das promessas de uma democracia radical. A afinidade intelectual entre reformismo e liberalismo de esquerda (entre E. Bernstein e F. Naumann, padrinhos da coalizão social-liberal) se baseia no objetivo co-

Facticidade e validade

mum da universalização dos direitos civis pelo Estado social.[18] Na medida em que o status do trabalho assalariado dependente é normalizado pelos direitos políticos e sociais de participação, a massa da população manteria a oportunidade de viver em segurança, com justiça social e bem-estar crescentes. Para impor esses objetivos de modo intervencionista, com base em um crescimento capitalista ao mesmo tempo disciplinado e nutrido, os partidos que chegam ao governo devem operar a alavanca do poder administrativo. De acordo com a concepção ortodoxa, a emancipação social seria alcançada pela via de uma revolução política que se apropriaria do Estado somente para destruí-lo. O reformismo só pode realizar a pacificação social pela via das intervenções do Estado social; mas, ao fazê-lo, os partidos são sugados por um aparelho estatal em expansão. Com o processo de estatização dos partidos, a formação política da vontade se transfere para um sistema político que cada vez mais programa a si mesmo. Esse sistema se torna independente das fontes democráticas de sua legitimação na medida em que consegue *extrair* da esfera pública a lealdade das massas. Portanto, o reverso de um Estado social razoavelmente bem-sucedido é aquela democracia de massas que assumiu os traços de um processo de legitimação administrativamente *controlado*. Ao âmbito programático corresponde aquele da resignação — tanto da aceitação do escândalo de um destino natural imposto pelo mercado de trabalho quanto da renúncia à democracia radical.

Isso explica a atualidade daquele *diálogo* que remonta ao começo do século XIX e que desde o início o *anarquismo* manteve com o *socialismo*. O que a revolução pequeno-burguesa dos *sans-culottes* já havia feito na prática só foi provido de razões e projetado teoricamente com a crítica social anarquista e com a discussão dos conselhos. Aqui as técnicas de auto-organização (como a consulta permanente, o mandato imperativo, a rotatividade dos cargos, o entrelaçamento dos poderes etc.) talvez sejam menos importantes que a própria forma de organização — as associações voluntárias.[19] Es-

---

18 O. Kallscheuer, Revisionismus und Reformismus, in: Fetscher e Münkler, *Pipers Handbuch der politischen Ideen*, op. cit., p.545 e ss.

19 P. Lösche, Anarchismus, in: Fetscher e Münkler, *Pipers Handbuch der Politischen Ideen*, op. cit., p.415 e ss.

tas apresentam apenas um grau mínimo de institucionalização. O contato horizontal no plano das interações simples deve se condensar em uma práxis intersubjetiva de deliberação e decisão que seja forte o suficiente para manter todas as *outras* instituições no estado fluido de agregação da fase de fundação, evitando que coagulem. Esse anti-institucionalismo se baseia nas antigas ideias liberais de uma esfera pública composta de associações, em que a práxis comunicativa de uma formação da opinião e da vontade controlada por argumentos pode ser efetuada. Quando Donoso Cortés acusa o liberalismo de ter erroneamente elevado a discussão a princípio de decisão política, e Carl Schmitt denuncia a burguesia liberal como a classe que se limita a discutir, ambos têm em vista as consequências anarquistas da discussão pública em sua capacidade de *dissolver o poder*. Esse mesmo motivo continua movendo os discípulos de Carl Schmitt em sua fantasmagórica luta contra os instigadores intelectuais de uma "guerra civil europeia".

Diferentemente da construção *jurídica* do estado de natureza, que se baseia em uma concepção racional e individualista do direito, a forma de organização das associações voluntárias é um conceito *sociológico*, que permite pensar de maneira não contratualista as relações livres de dominação que emergem espontaneamente. Assim, uma sociedade livre de dominação não precisa mais ser concebida como a ordem instrumental e pré-política que surge a partir de contratos, ou seja, de acordos conduzidos por interesses entre pessoas privadas que agem orientadas ao êxito. Uma sociedade integrada não pelos mercados, mas por associações, seria uma ordem política e, apesar disso, livre de dominação. Os anarquistas remetem a socialização espontânea a um impulso diferente daquele do direito racional moderno, não ao interesse de uma troca vantajosa de bens, mas à disposição ao entendimento capaz de solucionar problemas e coordenar a ação. As associações se diferenciam das organizações formais na medida em que o fim da associação não se autonomizou de modo funcional diante das orientações axiológicas e dos objetivos dos membros associados.

(3) Esse projeto anarquista de uma sociedade que emerge das redes horizontais de associações sempre foi utópico; hoje, sobretudo, ele fracassa diante da necessidade de controle e de organização das sociedades modernas. Interações controladas pelos meios do sistema econômico e do siste-

Facticidade e validade

ma administrativo são definidas justamente pelo desacoplamento entre as funções de organização e as orientações de seus membros; da perspectiva da ação, esse desacoplamento se manifesta como uma inversão entre fins e meios – como se, de maneira fetichista, o processo de valorização e o de administração assumissem cada qual uma vida própria. Mas a desconfiança anarquista pode ser convertida em uma orientação metodológica a ser dirigida criticamente a ambos os lados: tanto contra a cegueira sistêmica de uma teoria normativa da democracia que desconsidera a expropriação burocrática de sua base, como contra a alienação fetichizante de uma teoria dos sistemas que, despindo-se de todos os elementos normativos, exclui analiticamente qualquer possibilidade de uma comunicação da sociedade sobre si mesma.[20]

As teorias clássicas da democracia partem da ideia de que a sociedade exerceria por si mesma influência sobre o legislador soberano. O povo programa as leis, as quais, por sua vez, regulam sua própria implementação e a aplicação, de modo que os membros da sociedade, por meio das decisões coletivamente vinculantes da administração e da justiça, possam figurar como destinatários das regras e benefícios que eles programaram para si mesmos em seu papel de cidadãos. Essa *ideia de uma autoprogramação por meio das leis* apenas seria plausível com a suposição de que a sociedade em seu todo pode ser representada como uma associação em grande escala, capaz de determinar a si mesma pelos meios do direito e do poder político. Ora, o esclarecimento sociológico sobre a circulação factual de poder foi capaz de mostrar o que há de errado nessa ideia; também sabemos que a forma da associação não é suficientemente complexa para estruturar os contextos sociais de vida em seu todo. Mas não é isso que me interessa aqui. Antes, a análise conceitual da constituição recíproca entre direito e poder político nos mostra que, no próprio *medium* em que deveria transcorrer a autoinfluência legalmente programada da sociedade, já se inscreve o *sentido oposto de uma circulação autoprogramada* do poder.

Direito e poder precisam desempenhar funções mútuas antes de cada um assumir suas atribuições *próprias*, a saber, a estabilização das expectativas de comportamento e a tomada de decisões coletivamente obrigatórias. Assim,

---

20 Luhmann, *Politische Theorie im Wohlfahrtsstaat*, op. cit.

o direito confere ao poder (de quem retira seu caráter coercitivo) a forma jurídica (a quem o poder deve seu caráter obrigatório) – e vice-versa. Ora, cada um desses códigos requer uma perspectiva específica: o direito é normativo, o poder é instrumental. Da perspectiva do direito, tanto políticas quanto leis e intervenções necessitam de uma fundamentação normativa; já da perspectiva do poder, elas funcionam como meio e restrições para a reprodução do próprio poder. Da perspectiva da legislação e da justiça, verifica-se uma relação normativa com o direito; da perspectiva da manutenção do poder, apenas uma relação instrumental. Do ponto de vista do poder, a autoinfluência normativamente regulada por leis assume o sentido oposto de uma circulação autoprogramada do poder: ao controlar o comportamento dos eleitores, programar de antemão o governo e a legislação e funcionalizar o sistema judicial, a administração programa a si mesma.

No curso de desenvolvimento do Estado social, esse movimento de sentido oposto, já inscrito *conceitualmente* no *medium* de uma autoinfluência jurídico-administrativa, ganhou empiricamente cada vez mais espaço. Tornou-se claro então que o meio administrativo de implementação dos programas do Estado social de modo algum representa um *medium* passivo, como que isento de características próprias. De fato, o Estado intervencionista se fechou de tal modo em um sistema autocentrado e regido pelo poder, expulsando tão drasticamente os processos de legitimação a seu entorno, a ponto de obrigar uma modificação na ideia normativa de uma auto-organização da sociedade. Proponho fazermos uma distinção no próprio conceito do político de acordo com uma dupla perspectiva instrumental-normativa.[21]

Podemos distinguir entre o poder *produzido comunicativamente* e o poder *empregado administrativamente*. Desse modo, dois processos contrários se encontram e entrecruzam na esfera pública política: a produção comunicativa do poder legítimo, para a qual H. Arendt concebeu um modelo normativo, e a busca de legitimação do sistema político, com a qual o poder administrativo se torna reflexivo. Trata-se de uma questão empírica saber como se entrelaçam ambos os processos – a formação espontânea da opinião em esferas públicas autônomas e a obtenção organizada da lealdade das massas – e qual deles revela-se dominante em cada caso. Interesso-me sobretudo pelo

---

21 Habermas, *Die Neue Unübersichtlichkeit*, op. cit.

Facticidade e validade

fato de que, na medida em que essa diferenciação em geral se mostra empiricamente relevante, também a compreensão normativa de uma auto-organização democrática da comunidade jurídica precisa se modificar.

IV

(1) De início, apresenta-se a questão a respeito do modo de influência. Como o sistema administrativo em geral pode ser programado por políticas e leis que emergem dos processos de formação pública da opinião e da vontade, torna-se um problema o fato de que o sistema tenha de traduzir todos os requerimentos normativos segundo sua própria linguagem. A administração que opera no quadro das leis obedece a seus próprios critérios de racionalidade; da perspectiva da utilização do poder administrativo, não é considerada a razão prática de aplicação normativa, mas apenas a eficácia da implementação de um dado programa. Portanto, o sistema administrativo se relaciona primariamente com o direito apenas de maneira instrumental; razões normativas, que justificam na linguagem do direito as políticas escolhidas e as normas estabelecidas, são consideradas na linguagem do poder administrativo racionalizações adicionais para decisões previamente induzidas. Contudo, o poder político continua dependendo de razões normativas; isso se explica por seu caráter jurídico. Por isso, as razões normativas formam a moeda com que o poder político se torna válido. A partir da relação entre administração e economia conhecemos o padrão de controle indireto, de influência sobre mecanismos de autorregulação (por exemplo, "ajuda para a autoajuda"). Talvez esse modelo possa ser transposto para a relação da esfera pública democrática com a administração. O poder legítimo produzido comunicativamente é capaz de influenciar o sistema político ao reger o *pool* de razões a partir dos quais as decisões administrativas precisam ser racionalizadas. Nem tudo o que seria viável ao sistema político pode ser considerado "válido", já que a comunicação política que antecede suas decisões tem a capacidade de desvalorizar discursivamente, por meio de contra-argumentos, as razões normativas que lhes foram atribuídas.

Além disso, apresenta-se a questão da possibilidade de uma democratização dos próprios processos de formação da opinião e da vontade. Razões normativas só podem produzir um efeito de controle indireto se a produção dessas razões, por sua vez, não for ela mesma controlada pelo sistema político. Os procedimentos democráticos do Estado de direito têm o sentido de institucionalizar formas de comunicação necessárias para uma formação racional da vontade. Em todo caso, sob esse ponto de vista, é possível submeter a uma avaliação crítica o quadro institucional em que hoje se efetua o processo de legitimação. Com uma certa dose de imaginação institucional, é possível se pensar ainda como as corporações parlamentares existentes poderiam ser complementadas por instituições que expusessem o Executivo, e inclusive o Judiciário, a uma pressão mais forte de legitimação por parte dos clientes atingidos e da esfera pública jurídica. Porém, um problema mais difícil consiste em saber como garantir a autonomia da formação da opinião e da vontade já institucionalizada. Pois ela certamente só produzirá poder comunicativo se as decisões da maioria puderem satisfazer as condições mencionadas por Fröbel, ou seja, se forem realizadas discursivamente.

A conexão interna pressuposta entre formação política da opinião e formação política da vontade pode assegurar a racionalidade esperada das decisões somente se as deliberações no interior das corporações parlamentares já não forem conduzidas sob premissas ideologicamente *dadas*. A isso reagem as interpretações liberal-conservadoras do princípio de representação, a saber, com a blindagem da política organizada contra a opinião sempre manipulável do povo. No entanto, normativamente considerada, essa defesa da racionalidade contra a soberania popular é contraditória: se a opinião dos eleitores é irracional, então não é menos irracional a eleição de seus representantes. Esse dilema desloca nossa atenção para a relação não tematizada por Fröbel entre a formação política da opinião orientada para a tomada de decisão (em cujo âmbito estão as eleições gerais) e o entorno dos processos informais não institucionalizados de formação da opinião, os quais não se encontram sob pressão decisória. As hipóteses de Fröbel nos compelem à consequência de que os procedimentos democráticos juridicamente instaurados só podem levar a uma formação racional da vontade na medida em que a formação organizada da opinião, que conduz a decisões responsáveis dentro do quadro dos órgãos estatais, se mantém permeável a valores, temas, contribuições e argumentos livremente flutuantes de uma comunicação política circundante que, enquanto tal, não pode ser *organizada* em seu todo.

Por fim, a expectativa normativa de resultados racionais se funda na correlação entre a formação política institucionalmente constituída da opinião e os fluxos comunicativos espontâneos de uma esfera pública não programada para tomar decisões e, nesse sentido, não organizada. Nesse contexto, a esfera pública atuaria como um conceito normativo. As associações livres formam a intersecção de uma rede de comunicação surgida do entrelaçamento de esferas públicas autônomas. Tais associações são especializadas em elaborar e difundir convicções práticas, ou seja, em descobrir temas relevantes para toda a sociedade, contribuir com possíveis soluções de problemas, interpretar valores, produzir bons argumentos e desvalorizar outros. Elas só podem produzir efeitos de maneira indireta, a saber, alterando os parâmetros da formação constituída da vontade por meio de uma ampla mudança de valores e atitude. Que tais reflexões não perderam completamente o contato com a realidade social se vê pela crescente relevância que as mudanças de opinião, intransparentes em termos de cultura política, têm para o comportamento eleitoral da população. Mas aqui devemos nos interessar somente pelas implicações normativas dessa descrição.

(2) Seguindo H. Arendt, Albrecht Wellmer expôs a estrutura autorreferencial daquela práxis pública da qual emerge o poder comunicativo.[22] Essa práxis comunicativa tem a tarefa de estabilizar a si mesma; a cada contribuição central, o discurso público tem de manter ao mesmo tempo presente o sentido de uma esfera pública política não distorcida e o objetivo da própria formação democrática da vontade. Com isso, a esfera pública tematiza continuamente a si mesma em sua função; pois os pressupostos existenciais de uma práxis não organizável só podem ser assegurados por essa mesma práxis. As instituições da liberdade pública se encontram sobre o terreno instável da comunicação política daqueles que, ao fazerem uso delas, ao mesmo tempo as interpretam e as protegem. Esse modo de *reprodução autorreferencial* da esfera pública revela o lugar para onde são remetidas as expectativas de uma auto-organização soberana da sociedade. Com isso, a ideia de soberania popular é dessubstancializada. Pois mesmo a ideia de

---

22 Arendt, *Macht und Gewalt*, op. cit.; Habermas, Arendts Begriff der Macht, op. cit., p.228 e ss.

que uma rede de associações poderia tomar o lugar do corpo destituído do povo – como se fosse, por assim dizer, ocupar o assento vago do soberano – continua sendo muito concretista.

A soberania desse modo inteiramente dispersa não se incorpora mais nas cabeças dos membros associados, mas – se for possível ainda falar de incorporação – naquelas formas de comunicação sem sujeito que regulam o fluxo da formação discursiva da opinião e da vontade de tal modo que seus resultados falíveis possam contar com a presunção da razão prática. Uma soberania popular sem sujeito e anônima, intersubjetivamente dissolvida, retira-se para os procedimentos democráticos e para os pressupostos comunicativos exigentes de sua implementação. Ela se sublima naquelas interações pouco tangíveis entre uma formação da vontade institucionalizada no Estado de direito e as esferas públicas mobilizadas culturalmente. A soberania comunicativamente fluidificada se faz valer pelo poder de discursos públicos, o qual, apesar de ter sua origem em esferas públicas autônomas, precisa ser configurado pelos resultados de instituições democraticamente constituídas de formação da opinião e da vontade, já que a responsabilidade pelas decisões com consequências práticas requer uma clara imputabilidade institucional. O poder comunicativo é exercido no modo do sitiamento. Ele atua sobre as premissas dos processos de julgamento e decisão do sistema político sem a intenção de conquistá-lo, mas com a mera finalidade de fazer valer seus imperativos segundo a única linguagem compreensível pela fortaleza sitiada: ele gera um conjunto de razões com o qual o poder administrativo pode se relacionar instrumentalmente, mas que, devido a sua própria estrutura jurídica, é incapaz de ignorar.

Contudo, mesmo essa espécie de "soberania popular" procedimental não poderá ser operada sem o suporte de uma cultura política adequada, vale dizer, sem aquelas disposições mediadas pela tradição e pela socialização de uma população *acostumada* com a liberdade política: não há formação política racional da vontade sem a contrapartida de um mundo da vida racionalizado. Entretanto, para demonstrar que por trás dessa tese não se oculta mais uma vez o *éthos* da tradição republicana, vale dizer, aquela exigência de virtude que sempre sobrecarregou moralmente os cidadãos, é preciso explicar o que o aristotelismo político lograria com o conceito de *éthos*; precisaríamos explicar como, em princípio, é possível entrelaçar moralidade cívica

Facticidade e validade

e interesse próprio. Para que o comportamento político normativamente exigido seja *razoável*, a substância moral da autolegislação, que havia sido compactada por Rousseau em um único ato, precisa ser desdobrada nas várias etapas do processo de formação procedimental da opinião e da vontade, decompondo-a em inúmeras pequenas partículas. É preciso mostrar que a moralidade política só pode ser solvida em pequenas parcelas.[23] A respeito disso, gostaria apenas de apresentar uma reflexão ilustrativa.

Por que os representantes deveriam fazer que suas decisões dependessem, como gostaríamos de supor, de juízos corretos, formados de maneira mais ou menos discursiva, sem usar argumentos legitimadores meramente como pretexto? Porque as instituições são instauradas de tal modo que, em regra, eles não querem se expor à crítica de seus eleitores, pois os representantes podem ser sancionados pelos votantes na primeira oportunidade, ao passo que aqueles não possuem nenhum meio de sanção comparável contra estes. Mas por que então os eleitores tornariam seus votos dependentes, como estamos supondo, de uma opinião pública formada de maneira mais ou menos discursiva, ao invés de simplesmente não se importar com argumentos de legitimação? Porque, em regra, eles se limitam a escolher entre objetivos altamente generalizados e perfis vagos de partidos populares, percebendo seus próprios interesses somente à luz de conjuntos de interesses generalizáveis de antemão. Mas essas duas suposições não seriam irrealistas? Ora, no âmbito de nossas ponderações normativas a respeito de alternativas em princípio possíveis, tais suposições não são inteiramente irrealistas. Como vimos, os procedimentos democráticos instaurados de acordo com o Estado de direito poderiam gerar resultados racionais na medida em que a formação da opinião nas corporações parlamentares permanecesse sensível aos resultados de uma formação informal da opinião originada em seu entorno no âmbito de esferas públicas autônomas. Por certo, essa segunda suposição de uma esfera pública política não corrompida é irrealista; corretamente compreendida, porém, ela não é utópica em um mau sentido. Ela seria satisfeita conforme surgissem associações formadoras da opinião, em torno das quais esferas públicas autônomas podem se cristalizar, e, tornando-se

---

23 U. K. Preuss, Was heißt radikale Demokratie heute?, in: Forum für Philosophie Bad Homburg, *Die Ideen von 1789*, op. cit., p.37-67.

Jürgen Habermas

perceptíveis, não só transformassem, mas também delimitassem de forma inovadora e filtrassem criticamente o espectro de valores, temas e razões canalizados pelas mídias de massa, organizações e partidos. Mas, por fim, o surgimento, a reprodução e a influência de tais redes de associações continuam dependendo de uma cultura política liberal e igualitária, sensível aos problemas de toda a sociedade, decididamente provocativa, constantemente vibrante e capaz de ressonância.

(3) Suponhamos que sociedades complexas estariam abertas a uma tal democratização tão fundamental. Neste caso, logo seríamos confrontados com aquelas *objeções conservadoras* que, desde Burke, sempre foram levantadas contra a Revolução Francesa e suas consequências.[24] Em uma última rodada, temos de considerar aqueles argumentos com os quais mentes como De Maestre e De Bonald lembravam as consciências ingênuas, adeptas do progresso, quanto aos limites do exequível. Segundo eles, o projeto superexigente de uma auto-organização da sociedade desconsidera de maneira negligente o peso das tradições, ou seja, negligencia desenvolvimentos orgânicos de reservas e recursos que não podem ser multiplicados a bel-prazer. Na verdade, sabe-se que a compreensão instrumental de uma práxis que se limita a realizar uma teoria tem efeitos desastrosos. Robespierre já havia oposto Revolução e Constituição: a primeira serve à guerra e à guerra civil, a segunda, à paz triunfante. De Marx a Lênin, a intervenção teoricamente informada dos revolucionários só completaria a teleologia da história posta em marcha pelas forças produtivas. Mas esse tipo de confiança da filosofia da história não encontra mais apoio na soberania popular procedimental. Depois que o sujeito é subsumido pela razão prática, a institucionalização gradual de procedimentos de formação racional da vontade coletiva não é mais concebida como uma atividade ligada a fins, como uma espécie de processo de produção. Pelo contrário, hoje a *realização* controversa de princípios constitucionais universais já se tornou um processo permanente nos atos simples de legislação. Os debates que precedem as tomadas de decisão se efetuam sob as condições de uma mudança social e político-cultural, cuja

---

24 H. J. Puhle, Die Anfänge des politischen Konservatismus in Deutschland, in: Fetscher e Münkler, *Pipers Handbuch der Politischen Ideen*, op. cit., p.255 e ss.

Facticidade e validade

direção não se deixa controlar por intervenções políticas configuradoras, mas pode ser indiretamente acelerada ou inibida. Portanto, a Constituição perdeu o seu caráter estático; embora o teor textual das normas permaneça inalterado, suas interpretações estão em fluxo.

O Estado democrático de direito se tornou um projeto, ao mesmo tempo resultado e acelerador de uma racionalização do mundo da vida que vai muito além do aspecto político. O verdadeiro conteúdo desse projeto é a institucionalização gradualmente melhorada dos procedimentos de formação coletiva racional da vontade, os quais não podem prejudicar os objetivos concretos dos participantes. Cada passo nesse caminho tem repercussões sobre a cultura política e sobre as formas de vida. Porém, por outro lado, sem a contrapartida de uma cultura política e de formas de vida racionalizadas, não poderiam surgir formas de comunicação adequadas à razão prática.

Uma tal compreensão culturalista da *dinâmica* constitucional parece sugerir que a soberania popular deva se transfir para a dinâmica cultural de vanguardas formadoras da opinião. Essa suposição certamente alimenta suspeitas contra os intelectuais: ao dominarem a arte da palavra, podem atrair para si justamente o poder que alegam dissolver pelo *medium* da palavra. Mas uma coisa se opõe ao domínio dos intelectuais: o poder comunicativo só pode ser eficaz indiretamente, na medida em que restringe a atuação do poder administrativo, ou seja, do poder exercido de fato. A opinião pública não institucionalizada pode preencher uma tal função de sitiamento somente pela via de uma tomada de decisão responsável e organizada por procedimentos democráticos. É ainda mais importante o fato de que a influência dos intelectuais só poderia se condensar em poder comunicativo sob condições que excluem uma concentração de poder. Esferas públicas autônomas podem se cristalizar em torno de associações livres apenas se de fato se impuserem as tendências hoje perceptíveis de um desacoplamento entre cultura e estruturas de classe.[25] Os discursos públicos só encontram ressonância na medida de sua difusão, portanto apenas sob condições de uma participação ampla e ativa, que ao mesmo tempo possui um *efeito disseminador*. Por sua vez, essa participação exige o pano de fundo de uma cultura

---

25 H. Brunkhorst, Die Ästhetisierung der Intellektuellen, *Frankfurter Rundschau*, 28 nov. 1988.

política igualitária, despida de todos os privilégios de formação e que tenha se tornado amplamente intelectualizada.

Esse desenvolvimento reflexivo das tradições culturais de modo algum precisa se colocar sob a marca de uma razão centrada no sujeito ou de uma consciência futurista da história. Na medida em que estamos conscientes da constituição intersubjetiva da liberdade, desfaz-se a aparência possessivo-individualista de uma autonomia representada como posse de si. O sujeito que afirma a si mesmo e quer colocar tudo à sua disposição não encontra uma relação apropriada em qualquer tipo de tradição. A sensibilidade jovem-conservadora de Benjamin detectou na própria revolução cultural uma outra consciência de tempo, a qual afasta nossos olhares do horizonte de nossos próprios futuros presentes e os dirige de volta às pretensões levantadas em nossa direção pelas gerações passadas. Mas permanece uma reserva. A sobriedade de uma cultura de massas profana e incondicionalmente igualitária não se limita a superar o *páthos* daquela sobriedade sagrada, que pretende assegurar unicamente a posição social do profético. A necessária banalização do cotidiano na comunicação política também representa um risco para o potencial semântico do qual essa comunicação precisa se nutrir. Uma cultura sem aguilhão seria absorvida pela mera necessidade de compensação; ela se estenderia, nas palavras de M. Grefrath, como um tapete de espuma sobre a sociedade do risco. Nenhuma religião civil, por mais habilidosa que seja, poderia prevenir essa entropia do sentido.[26] Mesmo aquele momento de incondicionalidade que se expressa persistentemente nas pretensões de validade transcendentes de nossa comunicação cotidiana não é suficiente. Um *outro* tipo de transcendência está preservado na apropriação crítica ainda não exaurida da tradição religiosa, formadora de identidades, e *ainda* outro na negatividade da arte moderna. O trivial tem de poder ser rompido naquilo que é por excelência estranho, abissal, sinistro, que se recusa a ser assimilado ao previamente compreendido, ainda que não se esconda mais por trás dele privilégio qualquer.[27]

---

26 H. Kleger e R. Müller (eds.), *Religion des Bürgers: Zivilreligion in Amerika und Europa*, Munique, Kaiser, 1986; H. Dubiel, *Zivilreligion in der Massendemokratie*, manuscrito, 1989.

27 C. Menke-Eggers, *Die Souveränität der Kunst*, Frankfurt/Main, Athenaeum, 1988.

III
Cidadania e identidade nacional
(1990)*

Até meados dos anos 1980, a história parecia passar para o estado cristalino da "pós-história". Essa foi a rubrica de Arnold Gehlen para aquele estranho sentimento de que tudo se altera, mas sem que mais nada ocorra. *Rien ne va plus* – nada mais de fato surpreendente pode acontecer. Sob essa redoma de coerções sistêmicas, todas as possibilidades pareciam esgotadas, todas as alternativas eram congeladas e as opções ainda abertas se tornavam insignificantes. Entretanto, esse estado de ânimo se alterou. A história se pôs novamente em movimento, ela se acelera e está, inclusive, sobreaquecendo. Novos problemas deslocam velhas perspectivas. O mais importante é que eles chegam mesmo a abrir perspectivas de futuro a partir das quais finalmente percebemos de novo alternativas de ação.

Três movimentos históricos de nossa época contemporânea, tornada dinâmica, atingem a relação entre cidadania e identidade nacional: (1) A unificação alemã, a libertação dos Estados do centro da Europa Oriental da tutela soviética e os conflitos entre nacionalidades que irromperam por todo o Leste Europeu conferiram uma atualidade inesperada à questão acerca do futuro do Estado nacional. (2) A congregação da comunidade de Estados europeus, que será marcada pela entrada em vigor do mercado interno comum a partir de 1993, lança nova luz sobre a relação entre Estado nacional e democracia: os processos democráticos constituídos no quadro do Estado nacional ficam desesperançosamente ultrapassados perante a integração econômica efetuada

---

* Publicada como monografia em Erker-Verlag, St. Gallen, 1991.

no plano supranacional. (3) Os gigantescos movimentos migratórios das regiões pobres do Leste e do Sul, com os quais a Europa Ocidental será cada vez mais confrontada nos próximos anos, conferem ao problema dos asilados uma nova ordem de grandeza e de urgência. Com isso, intensifica-se a disputa entre os princípios universalistas do Estado democrático de direito, de um lado, e as pretensões à integridade de formas de vida cotidianas, de outro.

Esses três temas formam a ocasião para o esclarecimento conceitual de alguns pontos de vista normativos sob os quais podemos compreender melhor a relação complexa entre cidadania e identidade nacional.[1]

I. Passado e futuro do Estado nacional

Os acontecimentos na Alemanha e nos países do Leste Europeu, que há bastante tempo na República Federal foram conduzidos pela via da "sociedade pós-nacional", imprimem uma nova virada.[2] Muitos intelectuais, por exemplo, reclamaram do déficit democrático de um processo de unificação que foi efetuado no âmbito administrativo e econômico sem a participação dos cidadãos; hoje, eles se veem expostos à acusação de "arrogância pós-nacional". Essa controvérsia sobre o modo e o tempo da unificação estatal não se alimenta apenas dos sentimentos contrários das partes em conflito, mas também se explica por conceitos pouco claros. Um dos lados concebe a entrada dos cinco novos estados na República Federal como a restauração da unidade de um Estado nacional destruído há quatro décadas; dessa perspectiva, a nação se apresenta como a unidade pré-política de uma comunidade histórica de destino. O outro lado concebe a unificação estatal como a restauração da democracia e do Estado de direito em um território no qual, desde 1933, os direitos dos cidadãos tinham sido anulados de uma maneira ou de outra; dessa perspectiva, tanto a velha quanto a nova República Federal não era senão uma nação de cidadãos do Estado. Com essa terminologia republicana o conceito de Estado-nação perde justamente as

---

1 Agradeço a Ingeborg Maus e a Klaus Günther pelos conselhos críticos e estímulos.
2 P. Glotz, *Der Irrweg des Nationalstaates: Europäische Reden an ein deutsches Publikum*, Stuttgart, DVA, 1990; Habermas, *Vergangenheit als Zukunft*, op. cit.

conotações étnicas pré-políticas que acompanharam a expressão "Estado nacional" na Europa moderna. A dissolução do laço semântico em torno da cidadania e da identidade nacional leva em consideração o fato de que hoje a forma clássica do Estado nacional, com a transição da Comunidade Europeia para uma união política, encontra-se em dissolução. É isso o que nos ensina quando olhamos o seu surgimento na modernidade inicial.

Nos tempos modernos europeus, a forma pré-moderna do *império* que unifica muitos povos, tal como sobrevivera nas configurações do Sacro Império Romano-Germânico ou do Império Russo e do Otomano, não pôde mais se estabilizar.[3] Uma segunda estrutura, mais precisamente uma estrutura federativa de formação dos Estados, surgiu da faixa de cidades da Europa central. Sobretudo na Suíça, desenvolveu-se uma *federação* que é forte o bastante para compensar as tensões étnicas de uma associação multicultural de cidadãos. Mas apenas a terceira forma, a do *Estado territorial* administrado de maneira centralizada, conseguiu em longo prazo uma força estruturante para o sistema europeu de Estados. De início, ele surgiu — como em Portugal, na Espanha, na França, na Inglaterra e na Suécia — de reinos e, posteriormente, em virtude de uma democratização segundo o modelo francês, configurou-se na forma do *Estado nacional*. Essa formação estatal garantiu condições básicas sob as quais o sistema econômico capitalista pôde se desenvolver mundialmente. Pois o Estado nacional formou a infraestrutura para uma administração disciplinada pelo Estado de direito e ofereceu garantias para um espaço de ação individual e coletiva livre da intervenção direta do Estado. O que nos interessa, acima de tudo, é que ele criou a base para a homogeneidade cultural e étnica sobre a qual, desde o fim do século XVIII, a democratização do Estado pôde se impor — contudo, ao preço da opressão e da exclusão de minorias nacionais. O Estado nacional e a democracia procedem da Revolução Francesa como irmãos gêmeos. Culturalmente, eles se encontram sob a sombra do nacionalismo.

Essa consciência nacional é um fenômeno especificamente moderno de integração cultural. A consciência política de pertencimento nacional surge

---

3 Para o que se segue, cf. M. R. Lepsius, Der europäische Nationalstaat, in: *Interessen, Ideen und Institutionen*, Opladen, Westdeutscher, 1990, p.256 e ss.

Jürgen Habermas

de uma dinâmica que só pôde atingir a população quando esta, mediante processos de modernização econômica e social, foi arrancada de suas associações sociais corporativas, ou seja, foi ao mesmo tempo mobilizada e individualizada. O nacionalismo é uma formação de consciência que pressupõe uma apropriação de tradições culturais filtrada pela historiografia e pela reflexão. Ele surge em um público burguês culto e se dissemina pelos canais da comunicação de massa moderna. Ambos, a mediação literária e a disseminação jornalística, conferem ao nacionalismo traços artificiais; esse caráter de construto, por assim dizer, torna-o desde o início suscetível ao abuso manipulador por parte das elites políticas.

A história do surgimento do Estado nacional se reflete na história do conceito de "nação".[4] Entre os romanos, *natio* é a deusa do nascimento e da origem. A "nação", como *gens* e *populus* e em oposição a *civitas*, refere-se aos povos (geralmente "selvagens", "bárbaros" ou "pagãos") que ainda não são organizados em associações políticas. De acordo com essa terminologia clássica, nações são comunidades de mesma procedência, integradas tanto geograficamente por colônia e vizinhança quanto culturalmente pela comunhão de linguagem, costume e tradição, mas ainda não politicamente integradas segundo a forma de organização estatal. Esse significado de "nação" foi conservado durante a Idade Média e introduzido no século XV nas linguagens populares. Mesmo Kant afirma: "Aquela multidão, que mediante procedência comum se reconhece unida em um todo civil, chama-se nação (*gens*)". Mas, nos primórdios dos tempos modernos, surge uma terminologia concorrente: a nação como portadora da soberania. Os estamentos representam a "nação" perante o "rei". Desde meados do século XVIII, ambos os significados de "nação" se entrelaçam no sentido da comunidade de mesma procedência e de "povo do Estado". Com Sieyès e a Revolução Francesa, a "nação" se tornou a fonte da soberania estatal. A toda nação deve competir então o direito à autodeterminação política. No lugar do contexto étnico, entra a comunidade democrática da vontade.

---

4 Cf. o artigo "Nation, Nationalismus, Nationalität" em *Historisches Wörterbuch der Philosophie*, Stuttgart, v.6, p.406-414, 1984.

Facticidade e validade

Com a Revolução Francesa, portanto, o significado de "nação" é transformado de uma grandeza pré-política em um componente constitutivo para a identidade política dos cidadãos de uma comunidade democrática. Ao final do século XIX, a relação condicional entre identidade nacional atribuída e cidadania adquirida, democraticamente constituída, pode até mesmo se inverter. Daí, por exemplo, as famosas palavras de Ernest Renan *"L'existence d'une nation est [...] un plébiscite de tous les jours"* [A existência de uma nação é (...) um plebiscito de todos os dias] já se encontrarem em um contexto dirigido *contra* o nacionalismo. Após 1871, Renan pôde rechaçar a pretensão do Império Alemão sobre a Alsácia, referindo-se à nacionalidade francesa da população, apenas porque concebe a "nação" como uma nação de cidadãos e não enquanto comunidade de mesma procedência. A nação de cidadãos não encontra sua identidade nos traços étnico-culturais comuns, mas na práxis de cidadãos que exercem ativamente seus direitos democráticos de participação e de comunicação. Aqui, os componentes republicanos da cidadania se desprendem por completo do pertencimento a uma comunidade pré-política, integrada pela procedência, pela tradição compartilhada e pela linguagem comum. Observada a partir desses últimos traços, a fusão inicial da consciência nacional com a convicção republicana tinha somente uma função catalisadora.

O nacionalismo, mediado tanto científica quanto literariamente pela consciência histórica e pelo romantismo, fundou uma identidade coletiva que foi *funcionalmente* essencial para o papel de cidadão surgido na Revolução Francesa. No cadinho da consciência nacional, as características adscritas da origem são transformadas em outros tantos resultados de uma apropriação consciente da tradição. Da nacionalidade herdada se forma um nacionalismo adquirido, a forma do espírito constituída por força própria. Ele pôde fomentar a identificação do indivíduo com um papel que exige uma medida maior de engajamento pessoal — até mesmo de autossacrifício: o serviço militar obrigatório para todos foi apenas o reverso dos direitos civis. Na disposição para lutar e morrer pela pátria, em igual medida se mostram a consciência nacional e a convicção republicana. Isso se explica a partir da relação complementar em que originalmente se encontram o nacionalismo e o republicanismo: um se torna veículo de surgimento do outro.

Essa conexão sociopsicológica, todavia, não representa um vínculo conceitual. Independência nacional e autoafirmação coletiva contra nações estrangeiras podem ser compreendidas como um tipo coletivista de liberdade. Essa liberdade nacional não se coaduna internamente com uma liberdade genuinamente política dos cidadãos. Por isso, a compreensão moderna dessa liberdade republicana pode se desligar posteriormente do seio da consciência nacional da liberdade, da qual emergiu. O Estado nacional só havia estabelecido temporariamente uma conexão estreita entre *ethnos* e *demos*.[5] De acordo com seu conceito, a cidadania sempre foi independente da identidade nacional.

O conceito de cidadania é desenvolvido a partir do conceito de autodeterminação, que remonta a Rousseau. De início, a "soberania popular" havia sido compreendida como uma restrição ou inversão da soberania do príncipe, que resulta de um contrato entre povo e governo. Em contrapartida, Rousseau e Kant não conceberam a soberania popular como uma transferência do poder de dominação de cima para baixo ou como a divisão da dominação entre duas partes. Para eles, a soberania popular significa antes a transformação da dominação em *autolegislação*. O pacto histórico do contrato de dominação é substituído aqui pelo contrato social como um modelo abstrato para o modo de *constituição* de uma dominação que só se legitima mediante a autolegislação democrática. Dessa maneira, a dominação política perde o caráter de poder naturalizado: os resquícios da *violentia* devem ser eliminados da *auctoritas* do poder estatal. Segundo essa concepção, "somente a vontade unânime e unificada de todos, na medida em que cada um decide sobre todos e todos por cada um [...], pode ser legisladora" (Kant).

Com isso, não estamos nos referindo sem mais à universalidade substantiva da vontade de um povo, que deve sua unidade à homogeneidade prévia da procedência ou da forma de vida. O consenso disputado e obtido a cada vez em uma associação de livres e iguais se apoia, em última instância, apenas na unidade de um *procedimento* consentido. Esse procedimento de formação democrática da opinião e de tomada de decisão é diferenciado pela

---

5 M. R. Lepsius, Ethnos und Demos, in: *Interessen, Ideen und Institutionen*, op. cit., p.247-255.

Facticidade e validade

Constituição do Estado de direito. Em uma sociedade pluralista, a Constituição expressa um consenso formal. Os cidadãos querem regular sua vida comum segundo princípios que, por serem do interesse simétrico de cada um, podem encontrar o assentimento fundamentado de todos. Uma tal associação é estruturada pelas relações de reconhecimento recíproco sob as quais cada um pode esperar ser respeitado por todos na qualidade de livres e iguais. Cada mulher e cada homem deve encontrar um reconhecimento triplo: eles devem poder encontrar igual proteção e respeito em sua integridade como indivíduos insubstituíveis, como pertencentes a um grupo étnico ou cultural e como cidadãos, isto é, como membros da coletividade política. Essa ideia de uma coletividade política que determina a si mesma foi incorporada juridicamente de variadas maneiras em diversas Constituições, sobretudo nos sistemas políticos da Europa Ocidental e dos EUA.

No entanto, na linguagem dos juristas, "cidadania", *citoyenneté* ou *citizenship* possuem, há muito tempo, apenas o sentido de pertencimento a um Estado ou nacionalidade; só recentemente o conceito foi ampliado no sentido de um status de cidadão circunscrito pelos direitos civis.[6] O *pertencimento a um Estado* regula a correlação de pessoas ao povo de um Estado, cuja existência é reconhecida pelo direito das gentes. Apesar da organização interna do poder do Estado, essa definição de pertencimento, junto com a determinação do território nacional, serve à delimitação social do Estado. De acordo com a autocompreensão do Estado democrático de direito como uma associação de cidadãos livres e iguais, o pertencimento ao Estado está ligado ao princípio da voluntariedade. As características adscritivas da residência e do nascimento (*jus soli* e *jus sanguinis*) não fundamentam uma submissão irrevogável ao poder estatal soberano. Elas só servem como critérios de atribuição a um suposto consentimento implícito, o qual corresponde ao direito à emigração ou à renúncia ao pertencimento a um Estado.[7]

---

6 Para o que se segue, cf. R. Grawert, Staatsangehörigkeit und Staatsbürgerschaft, *Der Staat*, Berlin, v.23, n.1, 1984, p.179-204.

7 P. H. Shuck e R. M. Smith, *Citizenship without Consent: Illegal Aliens in the American Polity*, New Haven, Yale University Press, 1985, cap.1. O desacoplamento entre o sentido normativo do pertencimento a um Estado e as características adscritivas da procedência, no entanto, em lugar algum foi consequentemente desenvolvido.

Jürgen Habermas

Contudo, hoje as expressões "cidadania" ou *citizenship* não são utilizadas para indicar apenas o pertencimento à organização estatal, mas também o status substantivamente definido pelos direitos e deveres dos cidadãos. A Lei Fundamental não reconhece expressamente um status civil ao modo da cidadania ativa dos suíços;[8] mas, apoiada no Art. 33, inciso I da GG [Lei Fundamental], a dogmática jurídica configurou um conjunto de direitos e deveres de cidadania, principalmente os direitos humanos, para criar um status global concebido de maneira semelhante.[9] O problema da auto-organização da comunidade jurídica forma o ponto de referência para a concepção republicana, sendo os direitos políticos de participação e de comunicação o núcleo da cidadania. Grawert a concebe como "o instituto jurídico mediante o qual o indivíduo pertencente ao Estado é incluído de forma colaborativa no registro concreto das ações estatais".[10] O status de cidadão fixa principalmente os direitos democráticos que o indivíduo pode reflexivamente reclamar a fim de *modificar* sua situação jurídica material.

Na filosofia do direito, duas interpretações contrárias dessa cidadania ativa estão em conflito entre si. Na tradição liberal do direito natural que

---

O Art. 116 da GG [Lei Fundamental], por exemplo, introduz o chamado alemão de status, que, segundo os critérios de "declaração a uma comunidade cultural" afirmada objetivamente, permite que alguém pertença ao povo alemão sem ser pertencente a um Estado alemão; ele desfruta de um privilégio em relação à naturalização (hoje em dia, porém, contestado pela política constitucional).

8 R. Winzeler, *Die politischen Rechte des Aktivbürgers nach schweizerischem Bundesrecht*, Berna, Helbing & Lichtenhahn, 1983.

9 Hesse, *Grundzüge des Verfassungsrechts der Bundesrepublik Deutschland*, op. cit., p.113: "Na qualidade de direitos subjetivos, (os direitos fundamentais) determinam e asseguram o estado jurídico do indivíduo em seus fundamentos; na qualidade de elementos (objetivos) fundamentais da ordem relativa à democracia e ao Estado de direito, eles o introduzem nessa ordem, que, por sua vez, só pode ganhar efetividade pela atualização daqueles direitos. O status constitucional do indivíduo, fundamentado e garantido pelos direitos fundamentais da Lei Fundamental, é um status jurídico material, ou seja, um status de conteúdos concretamente determinados, que não está à disposição nem dos indivíduos, nem dos poderes estatais. Esse status constitucional forma o núcleo do status universal dos cidadãos, que é determinado junto a outros direitos fundamentais [...] pelas leis".

10 R. Grawert, Staatsvolk und Staatsangehörigkeit, in: Isensee e Kirchhoff, *Handbuch des Staatsrechts*, op. cit., p.684 e ss.

Facticidade e validade

parte de Locke, cristalizou-se uma compreensão instrumental-individualista do papel do cidadão; na tradição republicana da doutrina do Estado que remonta a Aristóteles, uma ético-comunitarista. Em um caso, a cidadania foi concebida segundo o padrão do pertencimento a uma organização que fundamenta um status jurídico; no outro, de acordo com o modelo da filiação a uma comunidade ético-cultural que determina a si mesma. Em um enfoque de leitura, os indivíduos permanecem fora do Estado, cuja reprodução – por exemplo, com contagem de votos e pagamento de impostos – depende de determinadas contribuições suas para que, em troca, eles continuem recebendo benefícios da organização. No outro enfoque de leitura, os cidadãos são integrados na coletividade política como partes em um todo, de tal modo que eles só podem formar sua identidade pessoal e social no horizonte de tradições comuns e instituições políticas reconhecidas. No enfoque liberal, os cidadãos não se distinguem essencialmente das pessoas privadas, que fazem valer seus interesses pré-políticos diante do aparelho do Estado; no enfoque republicano, a cidadania se atualiza unicamente na práxis coletiva de autodeterminação. Charles Taylor descreve essas duas concepções concorrentes de cidadania do seguinte modo:

> *One (model) focuses mainly on individual rights and equal treatment, as well as on a government performance which takes account of citizen's preference. This is what has to be secured. Citizen capacity consists mainly in the power to retrieve these rights and ensure equal treatment, as well as to influence the effective decisionmakers [...]. These institutions have an entirely instrumental significance [...]. No value is put on participation in rule for its own sake [...]. The other model, by contrast, defines participation in self-rule as of the essence of freedom, as part of what must be secured. This is [...] an essential component of citizen capacity [...]. Full participation in self-rule is seen as being able, at least part of the time, to have some part in the forming of a ruling consensus, with which one can identify along with others. To rule and be ruled in turn means that at least some of the time the governors can be "us" and not always "them".*[11]

---

11 Taylor, The Liberal-Communitarian Debate, op. cit., p.178 e ss. ["Um (modelo) se concentra principalmente nos direitos individuais e no igual tratamento, assim como em uma atuação do governo que leva em consideração as preferências dos cidadãos. É isso que deve ser assegurado. A capacidade dos cidadãos consiste sobretudo no poder de acessar esses direitos e garantir o tratamento igual, assim

Embora o modelo abrangente de uma coletividade à qual os cidadãos se entregam de corpo e alma seja, sob muitos pontos de vista, inadequado à política moderna, ainda assim ele oferece uma vantagem ante o modelo de organização segundo o qual os indivíduos se encontram isoladamente diante do Estado e só se relacionam com este por intermédio de uma relação de filiação especificamente funcional: fica claro que a autonomia política é um fim em si mesmo que ninguém pode realizar isoladamente na persecução privada de seus próprios interesses, mas que todos somente podem exercer em conjunto pela via de uma práxis intersubjetivamente partilhada. O status jurídico dos cidadãos se constitui por uma rede de relações igualitárias de reconhecimento recíproco. Ele requer que cada um adote a perspectiva do participante da primeira pessoa do plural – e não somente a perspectiva do observador assumida por um ator que se orienta pelo seu próprio êxito.

Porém, relações de reconhecimento garantidas juridicamente não se reproduzem por si mesmas, mas necessitam do esforço coletivo de uma práxis política [*staatsbürgerlich*] que não pode ser imposta por normas jurídicas. O direito coercitivo moderno não se aplica, com boas razões, aos motivos e sentimentos de seus destinatários. Um dever jurídico que obrigasse, por exemplo, a um exercício ativo dos direitos democráticos teria algo de totalitário. Por isso, o status de cidadão juridicamente constituído continua dependendo da *contrapartida* de um pano de fundo formado pelos motivos e sentimentos, não obrigatórios em termos jurídicos, do cidadão que age orientado ao bem comum. O modelo republicano de cidadania nos lembra que as instituições da liberdade asseguradas pelo Estado de direito apenas possuem valor em uma população *acostumada* com a liberdade política,

---

como influenciar aqueles que efetivamente tomam decisão (...). Essas instituições têm um significado inteiramente instrumental (...). Nenhum valor é atribuído à participação no governo em si mesma (...). O outro modelo, em contraste, define a participação no autogoverno como a essência da liberdade e como parte daquilo que deve ser assegurado. Isso é (...) um componente essencial da capacidade dos cidadãos (...). A plena participação no autogoverno é vista como capaz, ao menos parte do tempo, de formar uma parcela do consenso do governo, com o qual um indivíduo se identifica mutuamente com os outros. Governar e ser governado significa que, pelo menos em parte do tempo, aqueles que governam podem ser 'nós' e não sempre 'eles'" – N. T.]

Facticidade e validade

habituada a uma práxis de autodeterminação realizada pela perspectiva de um "nós". O papel de cidadão juridicamente institucionalizado precisa se enraizar no contexto de uma cultura política libertária. Por essa razão, os comunitaristas insistem que o cidadão deve se identificar "patrioticamente" com sua forma de vida. Taylor também postula uma consciência comum, que procede da identificação com as tradições conscientemente aceitas de uma comunidade constituída em termos de uma cultura política própria: *"The issue is, can our patriotism survive the marginalization of participatory self-rule? As we have seen, a patriotism is a common identification with a historical community founded on certain values [...]. But it must be one whose core values incorporate freedom"*.[12]

Isso parece contradizer nossa tese de que entre o republicanismo e o nacionalismo não há uma conexão conceitual, mas, sim, uma conexão historicamente contingente. Se considerarmos mais de perto, porém, segue-se da formulação de Taylor que os princípios universais do Estado democrático de direito carecem de alguma espécie de ancoragem na cultura política. Pois os princípios constitucionais só podem se configurar nas práticas sociais e se tornar força motriz para o projeto dinâmico de produção de uma associação de livres e iguais se forem constituídos de tal modo no contexto da história de uma nação a ponto de estabelecer vínculos com os motivos e sentimentos de seus cidadãos.

Ora, é isso que nos mostram os exemplos de sociedades multiculturais como a Suíça e os EUA, cuja cultura política, em que se podem enraizar os princípios constitucionais, de modo algum precisa se fundar sobre uma origem étnica, linguística e cultural comum a todos os cidadãos. Uma cultura política liberal forma somente o denominador comum de um patriotismo *constitucional*, que simultaneamente aguça o sentido da multiplicidade e da integridade de formas de vida coexistindo diferentemente em uma sociedade multicultural. Também em uma futura federação europeia esses *mesmos* princípios jurídicos precisam ser interpretados pela perspectiva de tradições

---

12 Ibid., p.178. ["A questão é a seguinte: nosso patriotismo pode sobreviver à marginalização de um autogoverno participativo? Como vimos, o patriotismo é uma identificação com uma comunidade histórica fundada em certos valores (...). Mas deve ser uma comunidade cujos valores centrais incorporam a liberdade" – N. T.]

e histórias nacionais *diferentes*. A própria tradição precisa ser de tal modo reapropriada a cada vez pela perspectiva relativizada de outras visões, a ponto de poder ser compreendida a partir de uma cultura constitucional supranacional partilhada pela Europa ocidental. Um ancoramento particularista *desse* tipo não anularia nada do sentido universalista da soberania popular e dos direitos humanos: a cidadania democrática não precisaria estar enraizada na identidade nacional de um povo. No entanto, independentemente da multiplicidade das diferentes formas de vida culturais, ela ainda exige a socialização de todos os cidadãos em uma cultura política comum.

II. Estado nacional e democracia na Europa unificada

O futuro político da Comunidade Europeia lança luz de outra maneira sobre a relação entre cidadania e identidade nacional. Como se sabe, o conceito de cidadania desenvolvido por Aristóteles foi originalmente talhado para o formato de cidades ou cidades-estados. A transformação de populações em nações que formam Estados, como vimos, ocorreu sob o signo de um nacionalismo que parece colocar as ideias republicanas em consonância com as grandes ordenações dos Estados territoriais modernos. Foi nas formas políticas desses Estados nacionais que se desenvolveu o intercâmbio econômico moderno. E da mesma maneira que o instituto burocrático do Estado, também a economia capitalista desenvolveu um sentido sistêmico próprio. Os mercados de bens, capital e trabalho obedecem a uma lógica própria, independente das intenções dos sujeitos. Ao lado do poder administrativo, tal como foi incorporado nas burocracias estatais, encontra-se o dinheiro, que se tornou um *medium* de integração social anônimo que se realiza por cima da cabeça dos participantes. Essa *integração sistêmica* entra em concorrência com a *integração social* que opera segundo valores, normas e entendimento, ou seja, mediada pela consciência dos atores. A *integração política* realizada pela cidadania democrática forma um aspecto dessa integração social geral. Por esse motivo, capitalismo e democracia se encontram sob uma tensão — frequentemente negada pelas teorias liberais.

O exemplo dos países em desenvolvimento mostra que de modo algum existe uma conexão linear entre o desdobramento do Estado democrático de direito e a modernização capitalista. Muito menos o compromisso do Estado social, que funcionou nas democracias ocidentais desde o fim da Segunda Guerra, realizou-se automaticamente. O desenvolvimento da Comunidade Europeia traz à tona, de uma outra maneira, essa mesma tensão entre democracia e capitalismo. Aqui ela se expressa na diferença vertical entre uma integração sistêmica da economia e da administração, que se dá no plano supranacional, e uma integração política efetuada somente no plano do Estado nacional. Por isso, a forma tecnocrática da Comunidade Europeia reforça em todo caso aquela dúvida que se apresenta diante das expectativas normativas ligadas ao papel do cidadão democrático. Essas expectativas já não eram em larga escala uma ilusão dentro das fronteiras do Estado nacional? A simbiose temporária entre republicanismo e nacionalismo não mascarou o fato de que o conceito de cidadão serve, no melhor dos casos, apenas para as relações simples de uma coletividade etnicamente homogênea e abrangente, que ainda se integra pela tradição e pelos costumes?

Da "Comunidade Econômica Europeia" surgiu hoje uma "Comunidade Europeia", que manifesta a vontade política de formar uma "União Política Europeia". Se desconsiderarmos a Índia, somente os EUA seriam um exemplo de uma tal construção estatal com pelo menos 320 milhões de habitantes. Os EUA, no entanto, formam uma sociedade multicultural que é unida pela mesma cultura política e (por enquanto) uma única língua, enquanto a União Europeia representaria um Estado de múltiplas nacionalidades. Assim, essa associação deveria conservar também certos traços daquela "Europa das Pátrias" a que se referia De Gaulle, mesmo que tal associação, por mais controversa que ainda pareça, fosse mais semelhante a uma República Federal do que a uma federação de Estados individuais parcialmente soberanos. Também os Estados nacionais que conhecemos até agora deveriam *conservar* nessa nova Europa uma potente força estruturante.

Entretanto, nesse árduo caminho em direção à União Europeia, os Estados nacionais apresentam um problema menos em virtude das pretensões de uma soberania insuperável, mas porque, até agora, os processos democráticos só funcionaram, ainda que de forma incompleta, no interior de suas fronteiras. Em uma palavra: até agora, a esfera pública política permaneceu fragmentada nos limites do Estado nacional. Por esse motivo, impõe-se a questão de saber se é possível haver uma cidadania europeia em geral. Com isso, não estou me referindo às possibilidades de ação política coletiva para além das fronteiras, mas à consciência da "obrigação em prol de um bem comum europeu".[13] Já no ano de 1974, Raymond Aron respondeu negativamente a essa questão. No âmbito supranacional de regulação, um mercado interno voltado ao grande território europeu logo foi instaurado com meios jurídico-administrativos, ao passo que um Parlamento europeu, com fracas competências, quase não pôde ser percebido do ângulo de visão de uma esfera pública política formada pelos Estados-membros. Até esse momento, os direitos políticos ativos de cidadania não ultrapassaram o quadro de referência do Estado nacional.

A jurisprudência da Corte Europeia se orienta pelas "Cinco Liberdades do Mercado Comum" e interpreta como direitos fundamentais o livre intercâmbio de mercadorias, a livre circulação de trabalhadores, o direito dos empresários de se estabelecer livremente, a liberdade de prestação de serviços, bem como a liberdade de fazer transações econômicas. Isso corresponde às competências que os tratados de Roma conferem ao Conselho de Ministros e à Alta Comissão no Art. 3. Isso se explica a partir do objetivo mencionado no Art. 9: "A base da Comunidade é uma união aduaneira que abrange a troca total de mercadorias". Nessa mesma direção seguem o mercado interno e a instauração planejada de um banco central autônomo. O novo nível de interdependências econômicas faz que esperemos uma necessidade crescente de coordenação também para outros campos da política, como o das políticas ambientais, fiscais, sociais, educacionais etc. Essa necessidade de regulação deveria ser desenvolvida segundo critérios que assegurassem relações iguais de concorrência primariamente sob a perspectiva da racionalidade econômica. Até agora, essas tarefas foram cumpridas por organizações europeias que formaram uma rede administrativa densa. De acordo com sua forma, as novas elites funcionais certamente foram religadas aos governos e às instituições de seus países de origem; de fato, porém,

---

13 P. Kielmannsegg, Ohne historisches Vorbild, *Frankfurter Allgemeine Zeitung*, 7 dez. 1990.

Facticidade e validade

elas já superaram seus contextos nacionais. Por outro lado, servidores profissionais formam uma burocracia descolada dos processos democráticos.

Com isso, os cidadãos se veem diante de uma bifurcação cada vez maior entre ser um mero afetado ou um participante. Um número crescente de medidas tomadas em âmbito supranacional afeta sempre mais cidadãos em dimensões mais amplas da vida. Já que o papel de cidadão até o momento só foi institucionalizado no quadro do Estado nacional, os cidadãos não têm possibilidades promissoras de tematizar e influenciar decisões europeias. M. R. Lepsius afirma de maneira lapidar: "Não existe uma opinião pública europeia".[14] Essa disparidade formaria então um desequilíbrio passageiro, capaz de ser resolvido pela parlamentarização da *expertocracy* [governo de especialistas] de Bruxelas? Ou nessas burocracias que operam segundo critérios de racionalidade econômica se desenha claramente apenas um desenvolvimento que há muito tempo avança de maneira implacável nos Estados nacionais – a autonomização de imperativos econômicos e uma estatização da política, que solapam o status de cidadão e desmentem sua pretensão republicana?

T. H. Marshall[15] investigou, a partir do exemplo da Inglaterra, a expansão dos direitos e deveres no desenvolvimento da cidadania em conexão com a modernização capitalista. A divisão sugerida por Marshall de direitos civis, políticos e sociais segue uma classificação jurídica conhecida. De acordo com esta, os direitos liberais de defesa protegem o sujeito de direito privado contra intervenções ilegais do Estado na liberdade e na propriedade; os direitos de participação política possibilitam ao cidadão ativo participar no processo democrático de formação da opinião e da vontade; os direitos sociais de participação garantem aos clientes do Estado de bem-estar social um salário mínimo e segurança social. Marshall defende a tese de que o *status* de cidadão foi sucessivamente ampliado e consolidado nas sociedades modernas. De início, os direitos democráticos complementaram os direitos negativos de liberdade; os direitos sociais, por sua vez, comple-

---

14 M. R. Lepsius, Die Europäische Gemeinschaft, Beitrag zum 20, *Deutschen Soziologentag*, Frankfurt/Main, 1990.

15 Marshall, *Citzenship and Social Class*, op. cit.

mentaram ambos os tipos de direitos fundamentais clássicos, ou seja, um círculo cada vez maior da população foi gradativamente adquirindo plenos direitos de filiação.

Mesmo deixando de lado os detalhes históricos, essa sugestão de um desenvolvimento mais ou menos linear aponta para o que sociólogos chamam em geral de "inclusão". Em uma sociedade cada vez mais diferenciada funcionalmente, um número cada vez maior de pessoas adquirem cada vez mais direitos a acesso e participação em uma quantidade cada vez maior de sistemas parciais – seja nos mercados, empresas e locais de trabalho, seja nos cargos públicos, tribunais e exércitos permanentes, seja nas escolas, hospitais, teatros e museus, seja em associações políticas e meios públicos de comunicação, partidos, dispositivos de autogestão ou parlamentos. Com isso, multiplicam-se para os indivíduos as filiações em organizações e se ampliam as possibilidades. Essa imagem de um progresso linear, contudo, se deve a uma descrição que permanece neutra em relação a ganhos e perdas de autonomia. Ela é cega diante do aproveitamento concreto do status de cidadão, permitindo ao indivíduo influenciar a transformação democrática de seu próprio status. Somente os direitos políticos de participação fundamentam o status jurídico reflexivo, porque autorreferente, de um cidadão. Em sentido oposto, as liberdades negativas e os direitos sociais de participação podem ser concedidos de maneira paternalista. Em princípio, o Estado de direito e o Estado social são possíveis sem democracia. Mesmo onde todas as três categorias de direitos estão institucionalizadas, como no "Estado democrático e social de direito" da Lei Fundamental, os direitos de defesa e os direitos de participação conservam uma face de Jano.

Os direitos liberais, que historicamente se cristalizaram em torno da posição social do consumidor privado, podem ser concebidos, sob pontos de vista *funcionais*, como a institucionalização de um sistema econômico controlado pelo mercado, enquanto, sob pontos de vista *normativos*, garantem liberdades individuais. Se, sob pontos de vista *funcionais*, os direitos sociais significam a instalação de burocracias do Estado de bem-estar social, sob pontos de vista *normativos* asseguram pretensões compensatórias à participação justa na riqueza social. Certamente, tanto as liberdades individuais quanto as seguridades sociais também podem ser consideradas uma base

Facticidade e validade

justa para aquela independência social que, pela primeira vez, tornou possível uma percepção efetiva dos direitos políticos. Porém, nesse caso não se trata de conexões necessariamente conceituais, mas empíricas. Pois direitos de liberdade e de participação podem muito bem levar a uma recusa privatista do papel de cidadão, que se reduz, com isso, às relações de um cliente com as administrações assistencialistas e prestadoras de serviço.

A síndrome do privatismo da cidadania e o exercício do papel de cidadão a partir dos interesses dos clientes se tornam mais prováveis quanto mais a economia e o Estado, que se institucionalizaram por intermédio dos mesmos direitos, desenvolvem uma lógica sistêmica própria e empurram os cidadãos para o papel meramente periférico de membros da organização. Os sistemas da economia e da administração têm a tendência de se fechar para seus entornos, submetendo-se somente aos imperativos do dinheiro e do poder. Eles destroem o modelo de uma coletividade que determina a si mesma pela práxis comum dos cidadãos. A ideia republicana básica da integração politicamente autoconsciente de uma "comunidade" de livres e iguais é decerto muito concreta e muito simples para as relações modernas, sobretudo ao pensar a nação como uma comunidade de destino etnicamente homogênea e que segue uma tradição comum.

Felizmente, o direito é um *medium* que permite uma ideia essencialmente mais abstrata de autonomia política. Hoje a soberania política do povo se retira para os procedimentos juridicamente institucionalizados e para os processos informais de uma formação mais ou menos discursiva da opinião e da vontade possibilitados pelos direitos fundamentais. Parto, assim, de uma rede de formas de comunicação diferenciadas, que devem se organizar de modo a conferir racionalidade à administração pública e, por essa via, disciplinar o sistema econômico sob pontos de vista sociais e ecológicos, sem minar sua própria lógica. Isso constitui um *modelo de política deliberativa*. Não se trata mais de um macrossujeito composto por um todo comunitário, mas de discursos anonimamente entrelaçados. Ele desloca o peso das expectativas normativas para os procedimentos democráticos e para a infraestrutura de uma esfera pública política nutrida por fontes espontâneas. Os direitos políticos de participação só podem ser hoje exercidos pela massa da população por meio de sua integração e influência na circulação in-

Jürgen Habermas

formal da comunicação pública, a qual não pode ser plenamente organizada, mas se sustenta sobre uma cultura política liberal e igualitária. Ao mesmo tempo, as deliberações nas corporações decisórias devem permanecer porosas aos temas, orientações axiológicas, contribuições e programas que afluem sobre elas a partir de uma esfera pública política livre de dominação. Apenas se fosse realizada uma tal correlação entre formação institucionalizada da opinião e da vontade, de um lado, e as comunicações públicas informais, de outro, a cidadania poderia, também hoje, significar mais que a agregação de interesses individuais pré-políticos e gozo passivo de direitos concedidos de modo paternalista.

Não posso aqui discutir mais a fundo esse modelo.[16] Mas para que possamos avaliar as oportunidades de uma futura cidadania europeia, ao menos algumas referências empíricas podem ser obtidas se nos voltarmos à história da institucionalização dos direitos de cidadania no quadro do Estado nacional. Evidentemente, é muito estreito o esquema segundo o qual os direitos dos cidadãos resultariam essencialmente das lutas de classe.[17] Outros tipos de movimentos sociais, sobretudo os provocados por migração e guerras, também puseram em marcha o desenvolvimento em direção a um status pleno de cidadania. Além disso, fatores que estimulam a juridificação de novas relações de inclusão também influenciam a mobilização política da população, ativando com isso direitos já existentes dos cidadãos.[18] Esses e outros achados similares permitem extrapolar as expectativas cautelosamente otimistas para o desenvolvimento europeu, sem nos condenar precipitadamente à resignação.

O Mercado Interno Europeu desencadeará uma grande mobilidade horizontal e multiplicará os contatos entre aqueles que pertencem a diferentes nacionalidades. Além disso, a imigração do Leste Europeu e das regiões pobres do Terceiro Mundo aumentará a pluralidade multicultural da sociedade. É certo que isso causará mais tensões sociais. Mas essas tensões, se forem produtivamente assimiladas, podem fomentar uma mobilização

---

16 Cf. neste volume Capítulo VII, seção II.

17 Turner, *Citizenship and Capitalism*, op. cit.

18 Barbalet, *Citizenship*, op. cit.

política que impulsione novos tipos de movimentos sociais, que sejam mais endógenos e surjam no quadro do Estado nacional (como os movimentos pacifista, ecológico e feminista). Isso reforçará a relevância de temas públicos no mundo da vida. Simultaneamente, aumenta a pressão de problemas que exigem respostas coordenadas em âmbito europeu. Sob essas condições, poderiam se desenvolver tecituras comunicativas nas esferas públicas europeias, formando um contexto favorável tanto para as corporações parlamentares de novas regiões que estão se fundindo quanto para um Parlamento Europeu dotado de competências mais fortes.

É verdade que, até agora, a política da Comunidade Europeia ainda não se tornou um objeto de controvérsias que desencadeasse efeitos sobre a questão da legitimação. As esferas públicas nacionais ainda se encontram, em larga escala, culturalmente isoladas umas em relação às outras. Pois elas se enraízam em contextos nos quais as questões políticas só adquirem significado sob o pano de fundo de cada uma das próprias histórias nacionais. Futuramente, entretanto, uma cultura *política* comum poderia se diferenciar das diferentes culturas *nacionais*. Poderia aparecer uma diferenciação entre uma cultura *política* europeia e as tradições *nacionais*, que se ramificaram desde o início da modernidade na arte, na literatura, na historiografia, na filosofia etc. Desse modo, um importante papel seria atribuído às elites culturais e às mídias de massa. Um patriotismo constitucional europeu, diferentemente do americano, precisa surgir das interpretações dos mesmos princípios universalistas do direito impregnadas por distintas histórias nacionais. A Suíça é um bom exemplo de como seria possível diferenciar a autocompreensão de uma cultura política comum a partir das orientações culturais das diferentes nacionalidades.

Para tanto, faz-se necessária menos uma autocertificação das origens comuns que remetem ao período medieval da Europa do que, pelo contrário, uma nova autoconsciência política correspondente ao papel que a Europa deve assumir no século XXI. Até hoje, a história universal concedeu à ascensão e queda dos impérios *uma única* saída. Isso vale tanto para os impérios do Antigo Mundo quanto para os Estados modernos – para Portugal, Espanha, Inglaterra, França e Rússia. Como exceção à regra, hoje a Europa como um todo se vê diante de uma *segunda* chance. No entanto, essa chance não pode mais ser aproveitada ao estilo de suas antigas políticas de poder, mas somente sob as premissas modificadas de um entendimento não imperialista e de uma aprendizagem com outras culturas.

III. Imigração e chauvinismo do bem-estar. Um debate

O diagnóstico de Hannah Arendt, segundo o qual os apátridas, as pessoas privadas de seus direitos e os refugiados definiriam a assinatura do século XX confirmou-se em um grau espantoso. As *displaced persons* [pessoas deslocadas], que a Segunda Guerra Mundial abandonou em meio a uma Europa destruída, foram substituídas há muito tempo por asilados e imigrantes, que afluíram do Sul e do Leste em direção à Europa pacífica e próspera. Os velhos campos de refugiados já não conseguem mais abarcar o fluxo das novas ondas migratórias. As estatísticas contam que, nos próximos anos, serão de 20 a 30 milhões de imigrantes unicamente vindos do Leste Europeu. Esse problema só pode ser solucionado com uma política comum por parte dos Estados europeus envolvidos. Nisso se repete uma dialética que já foi efetuada em menor escala durante o processo de unificação alemã. Os movimentos migratórios transnacionais atuam como sanções que obrigam a Europa Ocidental a dar conta de uma responsabilidade que lhe é imputada desde a bancarrota do socialismo de Estado. Ou empreendemos esforços eminentes para rapidamente melhorar as condições de vida nas regiões pobres da Europa Central e do Leste Europeu, ou seremos inundados por asilados e imigrantes.

Os especialistas têm discutido quais seriam os limites da capacidade de absorção de nossas próprias economias. Mas a disponibilidade de integração política dos que imigraram por razões econômicas também depende de como as populações nativas *percebem* as consequências sociais e econômicas da imigração. Esse deve ser o único discurso possível. Reações hostis de radicais de direita contra a invasão de estrangeiros aumentaram em toda a Europa. As camadas relativamente carentes — sejam elas ameaçadas pelo declínio social ou empurradas para os grupos marginais segmentados — identificam-se de maneira particularmente explícita com a supremacia ideologizada de seu próprio coletivo, rejeitando tudo aquilo que é estrangeiro. Vemos assim o reverso de um chauvinismo do bem-estar que cresce por todos os lados. Portanto, o "problema dos asilados" traz à tona mais uma vez a tensão latente entre cidadania e identidade nacional.

Um exemplo são os sentimentos nacionalistas e antipoloneses nos novos estados da Alemanha. O novo status adquirido de cidadão da República Federal esteve vinculado, nesse caso, à expectativa de que as fronteiras alemãs do bem-estar logo seriam alargadas em direção a Oder e Neisse. Muitos reagiam à sua nova cidadania com a satisfação etnocêntrica de, finalmente, não ser mais tratado como um alemão de segunda classe. Mas eles se esquecem de que os direitos dos cidadãos protegem a liberdade graças ao teor dos direitos humanos universais. O Art. 4 da Constituição da Revolução de 1793 já trata "Do status de cidadão", garantindo de maneira consequente a *todo* estrangeiro adulto que residia na França por um ano não apenas o pertencimento ao Estado, mas também os direitos ativos de cidadania.

Na República Federal da Alemanha, assim como na maioria dos sistemas jurídicos do Ocidente, o status jurídico dos estrangeiros, dos apátridas e das pessoas sem Estado ao menos se aproximava do status de cidadão. Uma vez que a arquitetônica da Lei Fundamental é determinada pela ideia dos direitos humanos, *todos* os habitantes desfrutam da proteção da Constituição. Os estrangeiros possuem os mesmos deveres, prerrogativas e proteção jurídica que os habitantes nativos; também em relação ao status econômico, existe tratamento igual, com poucas exceções. Essa grande quantidade de leis neutras em relação à pertença relativiza o verdadeiro significado da ausência de pertencimento ao Estado. Os componentes da cidadania em termos de direitos humanos são reforçados pelos direitos supranacionais, principalmente pelos Direitos Europeus de Cidadania, mesmo em consideração ao núcleo das possibilidades de configuração política. É digna de nota uma frase na fundamentação da decisão do Tribunal Constitucional alemão que data de 31 de outubro de 1990. Ele declara ser inconstitucional que os estrangeiros tenham direito de votar nas eleições municipais e distritais, ou seja, o sufrágio para estrangeiros, mas na fundamentação reconhece, ainda assim, o princípio invocado por seus requerentes:

Por trás dessa concepção é visível o entendimento de que corresponde à ideia de democracia, principalmente às ideias de liberdade nela contidas, a necessidade de produzir uma congruência entre os titulares de direitos políticos democráticos e aqueles que se sujeitam permanentemente a uma dominação estatal determinada. Isso é correto como ponto de partida [...].[19]

Essas tendências significam que não é possível obter do conteúdo normativo de uma cidadania amplamente desacoplada da identidade nacional qualquer ponto de vista que justifique políticas restritivas ou proteladoras no tocante ao asilo e à naturalização. Porém, permanece aberta a questão de saber se hoje a Comunidade Europeia, na expectativa dessas grandes correntes migratórias, pode e deve perseguir uma política para estrangeiros e imigrantes tão liberal quanto a dos jacobinos em sua época. A respectiva *discussão da teoria moral*, à qual me limito, gira em torno do conceito de *special duties*, aquelas obrigações especiais que só existem dentro das fronteiras sociais de uma comunidade. O Estado, certamente, forma uma comunidade jurídica concreta, impondo a seus integrantes obrigações especiais. Menos os que buscam asilo e mais os que imigraram por razões econômicas colocam os integrantes dos Estados europeus diante do problema de saber se é possível dar primazia aos deveres especiais daqueles que já pertencem ao Estado diante de obrigações universais, que ultrapassam as fronteiras estatais. Gostaria de recapitular essa discussão filosófica em cinco passos.

(a) Determinadas pessoas possuem *obrigações especiais* diante de outras determinadas pessoas com as quais têm "proximidade" como "integrantes", portanto, como membro da mesma família, como amigo e vizinho, como compatriota de uma mesma coletividade política ou de uma nação. Os pais têm obrigações especiais diante de seus filhos – e vice-versa; as representações consulares no exterior assumem obrigações especiais diante daqueles integrantes do Estado que carecem de proteção – e tais integrantes, por sua vez, têm obrigações perante as instituições e as leis de seu país. Com isso, estamos pensando, sobretudo, em deveres positivos que são indeterminados porque não exigem uma medida a ser rigorosamente fixada de presta-

---

19 *Europäische Grundrechtszeitschrift*, 1990, p.443.

Facticidade e validade

ção e solidariedade, dedicação e engajamento. Não esperamos que todos estejam sempre dispostos a oferecer qualquer tipo de ajuda. As obrigações especiais, que surgem da pertença a uma comunidade concreta, deixam-se compreender como uma atribuição social e uma especialização objetiva de tais deveres que inicialmente são indeterminados.

Sob pontos de vista utilitaristas, tentou-se fundamentar deveres especiais a partir da utilidade mútua que os integrantes de uma coletividade obtêm uns dos outros com base em seus benefícios recíprocos. Nesse sentido, também nações e Estados são concebidos como *mutual benefit societies* [sociedades de benefício mútuo].[20] De acordo com esse modelo, cada membro pode esperar que o proveito a longo prazo obtido por meio das relações de troca com os outros membros seja proporcional aos benefícios que ele mesmo oferece em suas interações. Daí se justifica uma reciprocidade entre deveres e direitos, proibindo, por exemplo, que se desfavoreça o trabalho de imigrantes. No entanto, o modelo não pode fundamentar deveres diante de membros com dificuldades de rendimento (deficientes, doentes, idosos) ou daqueles carentes de ajuda (por exemplo, estrangeiros em busca de asilo). O etnocentrismo instrumental das expectativas de utilidade recíproca sugeriria uma política de imigração que só permite residência a estrangeiros se houver uma perspectiva bem fundamentada de que eles não desequilibrariam a balança existente entre contribuições e benefícios (por exemplo, no sistema de seguridade social).

(b) Esse resultado contraintuitivo é motivo para abandonar a abordagem utilitarista em prol de um modelo em que os deveres especiais não sejam explicados a partir da utilidade recíproca de uma troca de benefícios entre os integrantes de um coletivo, mas das operações de coordenação de uma divisão moral de trabalho centralmente instaurada.[21] Pois obrigações especiais não variam na mesma proporção da distância social, como se as pretensões daqueles que nos são mais próximos sempre tivessem prioridade diante das pretensões dos que se encontram mais longe. Mesmo que essa intuição se

---

20 R. Goodin, What Is So Special about Our Fellow Countrymen?, *Ethics*, Chicago, v.98, n.4, jul. 1988, p.663-686.
21 Shue, Mediating Duties, op. cit., p.687-704.

aplique ao plano da família e da vizinhança, ela é enganosa na medida em que todas as pessoas para além do círculo imediato de conhecidos se encontram igualmente perto e longe de nós. Normalmente percebemos os "estrangeiros" sob a categoria do "outro", independentemente de pertencerem à mesma nação ou serem nossos concidadãos. Obrigações especiais diante dos "outros" não decorrem primariamente da pertença a uma comunidade concreta. Resultam antes da coordenação abstrata de ação de instituições *jurídicas*, que atribuem a determinados círculos de pessoas ou agentes determinadas obrigações, podendo assim especificá-las tanto em termos sociais quanto objetivos e tornar vinculantes deveres positivos que, de outra maneira, permaneceriam indeterminados. Segundo essa concepção, deveres especiais resultam de atribuições institucionalmente mediadas de responsabilidades específicas para determinar quem são os destinatários de acordo com uma divisão moral de trabalho. No quadro de uma tal divisão moral de trabalho regulada juridicamente, as fronteiras sociais de uma comunidade jurídica têm apenas a função de regular a distribuição de responsabilidades. Isso não significa que, em geral, nossas obrigações terminam junto com essas fronteiras. Pelo contrário, governos nacionais precisam se preocupar com o fato de que deveres positivos que cidadãos de um Estado possuem perante não membros, por exemplo, diante daqueles que buscam asilo, devem ser igualmente cumpridos. Com isso, no entanto, ainda não está respondida a questão sobre quais seriam tais deveres.

(c) O ponto de vista moral nos obriga a avaliar esse problema com imparcialidade, ou seja, sem tomar partido pela perspectiva do habitante de uma região próspera, mas considerando também a perspectiva de um imigrante que busca sua salvação, isto é: não apenas asilo político, mas também uma existência livre e digna. Como se sabe, J. Rawls propôs o experimento mental de uma posição original, na qual todos que nela se encontram ignoram em que sociedade nasceram e qual posição ocupam. No que concerne ao nosso problema, salta à vista o resultado de um exame moral efetuado com referência a uma sociedade mundial:

> Behind the "veil of ignorance", in considering possible restrictions of freedom, one adopts the perspective of the one who would be most disadvantaged by the restrictions, in this case the

perspective of the alien who wants to immigrate. In the original position, then, one would insist that the right to migrate be included in the system of basic liberties for the same reasons one would insist that the right to religious freedom would be included: it might prove essential to one's plan of life.[22]

Em todo caso, restrições legítimas do direito à imigração poderiam ser fundamentadas sob pontos de vista concorrentes, por exemplo, perante a exigência de evitar conflitos e pressões sociais de grande magnitude, que poriam seriamente em risco a ordem pública ou a reprodução econômica da sociedade. Pontos de vista ligados à procedência, linguagem e educação – ou mesmo a uma "declaração de pertencimento à comunidade cultural", como no caso dos "alemães de status" – não poderiam mais justificar algum tipo de privilégio para casos de imigração ou naturalização.

(d) Em contrapartida, os comunitaristas chamam a atenção para um fato que até aqui foi desconsiderado pelas abordagens individualistas mencionadas. As fronteiras sociais de uma coletividade política não possuem um mero significado *funcional*, como sugere o modelo da divisão moral do trabalho regulada juridicamente. Elas regulam antes a filiação a uma comunidade histórica de destino e a uma forma de vida política, que é constitutiva para a própria identidade do cidadão: *"Citizenship is an answer to the question 'Who am I?' and 'What should I do?' when posed in the public sphere".*[23] A filiação a uma coletividade política fundamenta deveres especiais, sob os quais se encontra uma identificação patriótica: *"Each member recognizes a loyalty to the community expressed in a willingness to sacrifice personal gain to advance its*

---

22 J. H. Carens, Aliens and Citizens: the Case for Open Borders, *The Review of Politics*, Cambridge, v.49, n.2, 1987, p.258. ["Por trás do 'véu da ignorância', ao considerarmos possíveis restrições à liberdade, adotamos a perspectiva daquele que seria o mais desfavorecido pelas restrições, o que, nesse caso, corresponde à perspectiva do estrangeiro que quer imigrar. Na posição original, portanto, é possível insistir que o direito à migração seja incluído no sistema de liberdades básicas pelas mesmas razões que podemos insistir que a liberdade religiosa também seja incluída: esse direito pode demonstrar ser essencial ao plano de vida de alguém" – N. T.]

23 H. R. Gunsteren, Admission to Citizenship, *Ethics*, Chicago, v.98, n.4, jul. 1988, p.752. ["A cidadania é uma resposta às perguntas 'Quem sou eu?' e 'O que eu devo fazer?' quando postas na esfera pública" – N. T.]

interests".[24] As reservas contra o modo exclusivamente moral e jurídico de considerar o problema se apoiam na concepção comunitarista de cidadania, a qual já foi discutida anteriormente. Embora não se mostre mais adequada às condições mais amplas de sociedades complexas, essa concepção salienta um componente *ético* que não pode ser ignorado.

O Estado moderno também representa uma forma de vida política que não pode ser absorvida na forma abstrata de uma institucionalização de princípios jurídicos universais. Essa forma de vida constitui o contexto *político-cultural* em que os princípios constitucionais universalistas têm de ser implementados; pois somente uma população *acostumada* com a liberdade pode manter vivas as instituições da liberdade. Por essa razão, M. Walzer afirma que o direito à imigração encontra seu limite no direito que uma comunidade política possui para preservar a integridade de sua forma de vida. De acordo com sua concepção, o direito do cidadão à autodeterminação inclui o direito à autoafirmação de sua própria forma de vida atual.[25]

(e) Contudo, esse argumento permite dois enfoques de leitura opostos. No enfoque comunitarista, devemos impor restrições normativas adicionais ao direito liberal à imigração. Às restrições funcionais que se seguem às condições de reprodução do sistema econômico e social são acrescidas restrições que asseguram a substância étnico-cultural de toda forma de vida. Com isso, o argumento conquista o sentido *particularista* segundo o qual a cidadania não está certamente entrelaçada com a identidade nacional, mas com determinadas identidades culturais historicamente marcadas. É assim que H. R. van Gunsteren, inteiramente no espírito de H. Arendt, formula a seguinte condição para a admissão da cidadania em uma coletividade democrática:

> *The prospective citizen must be capable and willing to be a member of this particular historical community, its past and future, its forms of life and institutions within which its mem-*

---

24 D. Miller, The Ethical Significance of Nationality, *Ethics*, Chicago, v.98, n.4, jul. 1988, p.648. ["Cada membro reconhece uma lealdade à comunidade, que se expressa na disposição de sacrificar o ganho pessoal para promover os interesses dela" – N. T.]

25 M. Walzer, *Spheres of Justice: a Defense of Pluralism and Equality*, Nova York, Basic Books, 1983, p.31-63.

Facticidade e validade

bers think and act. In a community that values autonomy and judgment of its members, this is obviously not a requirement of pure conformity. But it is a requirement of knowledge of the language and the culture and of acknowledgment of those institutions that foster the reproduction of citizens who are capable of autonomous and responsible judgment.[26]

A exigida competência de que é preciso agir "como cidadão dessa coletividade política particular (*this particular polity*)" deve ser compreendida, porém, de uma maneira totalmente diferente, a saber, em um sentido *universalista*, já que a própria coletividade política implementa princípios constitucionais universalistas. A identidade da coletividade política, que também não pode ser violada pela imigração, depende em seu todo primariamente dos princípios jurídicos ancorados na *cultura política* e não de uma forma de vida *étnica e cultural* particular. Por conseguinte, só podemos esperar dos imigrantes a disposição para se envolverem na cultura política de sua nova pátria, sem por isso precisarem abrir mão da forma de vida cultural de sua origem. A *aculturação política* exigida não se estende à totalidade de sua socialização. Antes, com uma nova forma de vida importada, os imigrantes podem ampliar e enriquecer aquelas perspectivas a partir das quais a Constituição política comum deve ser efetivamente interpretada: "*People live in communities with bonds and bounds, but these may be of different kinds. In a liberal society, the bonds and bounds should be compatible with liberal principles. Open immigration would change the character of the community, but it would not leave the community without any character*".[27]

---

26 Gunsteren, Admission to Citizenship, op. cit., p.736. ["O cidadão em potencial deve ser capaz e estar disposto a ser membro de sua comunidade histórica particular, de seu passado e futuro, de suas formas de vida e instituições com os quais seus membros pensam e agem. Em uma comunidade que valoriza a autonomia e o juízo de seus membros, obviamente não se trata de uma exigência de pura conformidade. Mas se trata de exigir que se conheça sua linguagem e sua cultura, identificando aquelas instituições que promovem a reprodução dos cidadãos que são capazes de um juízo autônomo e responsável" – N. T.]

27 Carens, Aliens and Citzens, op. cit., p.271. ["As pessoas vivem em comunidades com obrigações e limites, mas estes podem ser de tipos diferentes. Em uma sociedade liberal, obrigações e limites devem ser compatíveis com princípios liberais. A imigração aberta transformaria o caráter de uma comunidade, mas não deixaria essa comunidade sem qualquer caráter" – N. T.]

Dessa discussão, que acompanhamos de (a) a (e), revelou-se como resultado normativo que os Estados europeus deveriam se unir em torno de uma política liberal de imigração. Eles não podem se entrincheirar atrás da barreira do chauvinismo de bem-estar contra a multidão de pessoas que estão imigrando e buscando asilo. O direito democrático à autodeterminação certamente inclui o direito à proteção da própria cultura *política*, a qual forma um contexto concreto para os direitos de cidadania; mas isso não inclui o direito à autoafirmação de uma forma de vida *cultural* privilegiada. No quadro da Constituição de um Estado democrático de direito, variadas formas de vida podem coexistir em pé de igualdade. Contudo, elas devem se sobrepor em uma mesma cultura política, a qual, em contrapartida, deve se manter aberta a impulsos de novas formas de vida.

Apenas uma cidadania democrática que não se fechou de maneira particularista pode preparar o caminho para um *status de cidadão do mundo*, que hoje já toma forma em contextos políticos globais. A Guerra do Vietnã, as transformações revolucionárias no Leste Europeu e na Europa Central, assim como a Guerra do Golfo, são os primeiros acontecimentos de uma *política mundial* em sentido estrito. Por meio das mídias eletrônicas de massa, eles se tornaram simultaneamente presentes a uma esfera pública ubíqua. Tendo em vista a Revolução Francesa, Kant levou em conta as reações de um público participante. Naquela época, ele identificou o fenômeno de uma esfera pública mundial que só hoje se tornou realidade em um contexto de comunicação cosmopolita. Até mesmo as potências mundiais têm de contar com a realidade de protestos globais. Afinal, deu-se início à obsolescência daquele estado de natureza ainda persistente entre Estados belicosos que já perderam sua soberania. Mesmo que nos pareça ainda distante, a condição cosmopolita não é uma simples miragem. A cidadania estatal e a cidadania mundial formam um *continuum*, cujos contornos, ao menos, já se deixam revelar.

Posfácio*

De certo modo, um autor experimenta aquilo que disse com seu texto somente por meio da resposta dos leitores. Isso também lhe permite tomar consciência do que pretendeu dizer, dando-lhe a oportunidade de expressar com mais clareza o que gostaria de ter dito. Encontro-me nessa situação um ano após a publicação do livro – e depois da leitura de uma série de resenhas inteligentes, a maioria benevolente e, em todo caso, instrutiva. Certamente, o intérprete desfruta da vantagem de compreender melhor um texto do que o próprio autor; mas a este, dada a oportunidade de uma nova edição, pode ser oferecida a tentativa de assumir o papel de intérprete, recapitulando a ideia que, segundo sua compreensão, determina a estrutura de todo o livro. Ao percorrer esse caminho, é possível esclarecer também algumas das objeções levantadas nesse ínterim.

I

O direito moderno é formado por normas coercitivas, positivas e – de acordo com sua pretensão – garantidoras da liberdade. As propriedades formais da coerção e da positividade se vinculam à pretensão de legitimidade: ao fato de que às normas reforçadas com ameaças de sanção estatal, as quais

---

* Elaborado para a quarta edição, que foi revista e complementada com referências bibliográficas. Pela produção dessa lista de referências [versão alemã], agradeço a Sebastian Knell.

remontam a decisões modificáveis de um legislador político, vincula-se a expectativa de garantia recíproca da autonomia de todas as pessoas de direito. Essa expectativa de legitimidade se entrelaça com a facticidade da positivação e imposição do direito. Isso se reflete novamente no modo ambivalente da validade jurídica. Pois o direito moderno se dirige a seus destinatários com uma cabeça de Jano: eles podem considerar as normas jurídicas apenas como ordens que operam restrições factuais a seu âmbito de ação individual, abordando-as de maneira *estratégica* em vista das consequências calculáveis de uma possível violação, ou enxergá-las segundo uma atitude *performativa* como mandamentos dotados de validez, aos quais se obedece "por respeito à lei". Uma norma jurídica é válida quando o Estado garante as duas coisas ao mesmo tempo: de um lado, ele cuida do cumprimento médio das normas, impostas com sanções caso necessário, e, de outro, garante os pressupostos institucionais para a gênese legítima da própria norma, podendo ser obedecida a qualquer momento também por respeito à lei.

Onde se funda então a legitimidade de regras que podem ser modificadas a qualquer momento pelo legislador político? Essa questão se torna mais aguda em sociedades pluralistas nas quais imagens de mundo abrangentes e éticas coletivamente vinculantes encontram-se em decadência e a consciência moral pós-tradicional restante não oferece uma base suficiente para o direito natural antes fundamentado de maneira religiosa ou metafísica. A única fonte pós-metafísica de legitimidade é formada claramente pelo procedimento democrático de positivação do direito. Mas o que confere a esse procedimento sua força legitimadora? A teoria do discurso oferece a essa pergunta uma resposta simples, ainda que improvável à primeira vista: o procedimento democrático possibilita a livre flutuação de temas e contribuições, informações e razões, assegurando à formação política da vontade um caráter discursivo e, com isso, fundamentando a suposição falibilista de acordo com a qual os resultados alcançados de maneira procedimentalmente correta são mais ou menos racionais. Duas considerações falam *prima facie* a favor da abordagem fornecida pela teoria do discurso.

Considerado nos termos de uma *teoria da sociedade*, o direito satisfaz funções de integração social; junto com o sistema político constituído com

Facticidade e validade

base no Estado de direito, o direito assume uma garantia pelas perdas geradas por operações de integração social que falham em outros lugares. Ele funciona como uma correia de transmissão pela qual, em contextos concretos de ação comunicativa, transporta de forma abstrata, mas vinculante, as conhecidas estruturas de reconhecimento recíproco para as interações anônimas e sistemicamente mediadas entre estranhos. No entanto, a solidariedade – que constitui a terceira fonte de integração social, ao lado do dinheiro e do poder administrativo – emerge espontaneamente do direito de forma indireta: com a estabilização de expectativas de comportamento, ele assegura ao mesmo tempo relações simétricas de reconhecimento recíproco entre portadores abstratos de direitos subjetivos. A partir dessas semelhanças estruturais entre direito e ação comunicativa, explica-se por que os discursos, ou seja, formas reflexivas de ação comunicativa, exercem um papel constitutivo para a produção (e aplicação) de normas jurídicas.

Consideradas nos termos da *teoria do direito*, as ordens jurídicas modernas só podem extrair sua legitimidade da ideia de autodeterminação: os cidadãos devem poder a todo o momento ser compreendidos também como autores do direito ao qual estão submetidos na qualidade de destinatários. As teorias contratualistas conceberam a autonomia dos cidadãos em categorias do direito contratual burguês, quer dizer, na forma do arbítrio privado de partes contratantes. Porém, o problema hobbesiano de fundamentação de uma ordem social não pode ser satisfatoriamente explicado pelo encontro contingente de decisões racionalmente tomadas por atores independentes. Por isso, Kant dotou as partes no estado de natureza – como depois Rawls em relação às partes na posição original – com uma capacidade genuinamente moral. Após a virada linguística, oferece-se a essa compreensão deontológica da moral uma interpretação baseada na teoria do discurso: a comunidade jurídica não se constitui pela via de um contrato social, mas com base em um acordo obtido discursivamente.

A quebra com a tradição do direito racional, contudo, permanece incompleta enquanto a argumentação *moral* continuar servindo como padrão para o discurso constituinte. Pois, como em Kant, a autonomia dos cidadãos coincide com a vontade livre de pessoas morais, e tanto agora quan-

Jürgen Habermas

to antes a moral ou o direito natural formam o cerne do direito positivo.[1] A isso subjaz ainda a imagem jusnaturalista de uma hierarquia de ordens normativas: o direito positivo permanece subordinado ao direito moral e dele recebe sua orientação. Em realidade, porém, a compreensão da relação entre moral e direito é muito mais complicada.

A argumentação desenvolvida no livro tem por objetivo essencialmente demonstrar que entre Estado de direto e democracia há não apenas uma conexão histórica contingente, mas uma conexão conceitual ou interna. Como mostrei no último capítulo, isso se deixa notar naquela dialética entre igualdade jurídica e factual que, em contraposição à compreensão liberal do direito, traz à cena, de início, o paradigma do Estado social e nos pressiona hoje em direção a uma autocompreensão procedimental do Estado democrático de direito. O *processo democrático* carrega todo o fardo da legitimação. Ele precisa assegurar simultaneamente a autonomia privada e a autonomia pública dos sujeitos de direito; pois os direitos subjetivos privados não podem ser adequadamente formulados, muito menos politicamente impostos, se antes os próprios concernidos não puderem esclarecer em discussões públicas todos os aspectos relevantes para o tratamento igual ou desigual de casos típicos, nem mobilizar o poder comunicativo para a consideração de suas necessidades interpretadas de modo renovado. A compreensão procedimental do direito, portanto, ressalta os pressupostos comunicativos e as condições procedimentais da formação democrática da opinião e da vontade como a única fonte de legitimação. Ela é incompatível tanto com a ideia platônica de que o direito positivo pode obter sua legitimidade a partir de um direito superior quanto com a negação empirista de qualquer legitimidade que se encontra para além da contingência das decisões legislativas. Para demonstrar uma conexão interna entre Estado de direito e democracia, precisamos, por essa razão, tornar mais claro por que o direito positivo não se deixa simplesmente subordinar à moral (II), esclarecer como soberania popular e direitos humanos se pressupõem reciprocamente (III) e de que

---

1 Essa interpretação do direito privado kantiano é defendida por Maus, *Zur Aufklärung der Demokratietheorie*, op. cit., p.148 e ss.

Facticidade e validade

maneira o princípio de democracia possui raízes próprias, independente do princípio moral (IV).

II

(1) Moral e direito servem certamente à regulação de conflitos interpessoais; ambos devem proteger simetricamente a autonomia de todos os participantes e concernidos. Curiosamente, porém, a positividade do direito exige uma *divisão* da autonomia, para a qual não encontramos equivalente do lado da moral. Enquanto a autodeterminação moral é um conceito unitário segundo o qual cada um segue precisamente as normas que considera obrigatórias segundo seu próprio juízo imparcial, a autodeterminação dos cidadãos é exercida na forma duplicada da autonomia privada e pública. A autonomia jurídica não coincide com a liberdade em sentido moral. Ela admite em si dois outros momentos: a liberdade de arbítrio do ator que decide racionalmente, assim como a liberdade da pessoa que decide eticamente.

De início, os direitos subjetivos possuem o sentido de *desvincular* as pessoas de direito dos mandamentos morais de um modo bem circunscrito, concedendo aos atores espaços de ação para o arbítrio legítimo. Com esses direitos, o direito moderno torna válido em geral o princípio de que é permitido tudo aquilo que não é proibido. Enquanto na moral existe uma simetria elementar entre direitos e deveres, os *deveres* jurídicos aparecem apenas como consequência da preservação de *autorizações*, as quais assumem primazia conceitual. Porém, autonomia privada significa não apenas liberdade de arbítrio nos limites assegurados juridicamente; ela forma ao mesmo tempo uma capa protetora para a liberdade ética do indivíduo, de tal modo que possa perseguir seu próprio projeto existencial de vida, nas palavras de Rawls: sua própria concepção do bem.[2] Possui um caráter moral somente a autonomia da qual os cidadãos precisam fazer um uso comum na qualidade de colegisladores, para que desse modo todos possam usufruir simetricamente das liberdades subjetivas. Diferentemente da autonomia moral, que se encerra na capacidade de autovinculação racional, a autonomia de

---

2 J. Rawls, *Political Liberalism*, Nova York, Columbia University Press, 1992.

pessoas de direito inclui três componentes distintos: ao lado da autonomia dos cidadãos exercida em comum, a capacidade de escolha racional e de autorrealização ética.

O exercício da autonomia jurídica se bifurca no uso público de liberdades comunicativas e no uso privado de liberdades subjetivas. Essa diferenciação se explica pela positividade jurídica, que remonta às decisões coletivamente vinculantes das instâncias de criação e aplicação do direito, exigindo assim, por razões conceituais, uma separação de papéis, ainda que temporária, entre atores que estabelecem (e aplicam) o direito e destinatários que se encontram subordinados ao direito válido. Mas se a autonomia das pessoas de direito abrange mais do que a autonomia em sentido moral, o direito positivo não pode ser concebido como um caso especial da moral.

(2) Razões adicionais impedem uma hierarquização entre direito natural e direito positivo. Prescrições morais e jurídicas possuem referentes distintos e regulam respectivamente matérias específicas. O universo *moral* aberto no espaço social e no tempo histórico abrange *todas* as pessoas naturais em meio à complexidade de suas histórias de vida; nessa medida, a proteção moral se refere à integridade plenamente individualizada de cada indivíduo. Em contrapartida, uma *comunidade jurídica* localizada no espaço e no tempo protege a integridade de seus membros apenas na medida em que estes assumem o status de portadores de direitos subjetivos.

Também existem distinções quanto à extensão. As matérias carentes e passíveis de regulação jurídica são ao mesmo tempo mais limitadas e mais amplas do que os assuntos moralmente relevantes: mais limitadas porque apenas o comportamento externo, suscetível de coerção, é acessível à regulação jurídica; e mais amplas porque o direito, enquanto serve como meio de organização da autoridade política, empresta aos fins ou programas coletivos uma forma vinculante, não se *esgotando*, portanto, na regulação de conflitos interpessoais. Políticas e programas jurídicos podem possuir, dependendo do caso, um peso moral maior ou menor. Pois as matérias juridicamente carentes de regulação de modo algum dizem respeito *somente* a questões morais, mas se referem tanto a aspectos empíricos, pragmáticos e éticos, quanto ao equilíbrio igualitário entre interesses capazes de compro-

Facticidade e validade

misso. Por isso, a formação da opinião e da vontade do legislador democrático depende também de uma rede ramificada de discursos e negociações, e não apenas de discursos morais. Diferentemente da pretensão normativa de validade claramente delineada de mandamentos morais, a pretensão de legitimidade de normas jurídicas – como a própria práxis legislativa de justificação – se apoia em diferentes espécies de razões.[3]

Em suma, pode-se dizer que o direito possui uma estrutura mais complexa do que a moral porque (1) ao mesmo tempo possibilita e limita normativamente as liberdades subjetivas de ação (com a orientação a valores e interesses próprios) e porque (2) incorpora metas coletivas, de modo a tornar as regulações demasiadamente concretas para poder ser justificadas unicamente sob pontos de vista morais. Como alternativa para a subordinação jusnaturalista do direito à moral, recomenda-se conceber o direito positivamente reclamável como uma complementação funcional à moral: ele *desonera* as pessoas que agem e julgam das consideráveis exigências cognitivas, motivacionais e organizatórias de uma moral adaptada à consciência subjetiva – exigências essas derivadas de uma divisão de trabalho moral geralmente requeridas para os deveres positivos. O direito compensa, por assim dizer, as fraquezas funcionais de uma moral que, considerada da perspectiva do observador, fornece resultados frequentemente indeterminados em termos cognitivos e incertos em termos motivacionais. Mas a relação *complementar* de modo algum significa uma neutralidade moral do direito. Com efeito, razões morais se infiltram no direito por meio do processo de legislação. Mesmo quando pontos de vista morais não são suficientemente seletivos para a legitimação de programas jurídicos, a política e o direito devem estar em consonância com a moral – a partir de uma base comum de fundamentação pós-metafísica.[4]

---

3 Normalmente as questões políticas são tão complexas que têm de ser tratadas simultaneamente sob *aspectos* pragmáticos, éticos e morais. Entretanto, esses aspectos só podem ser separados *analiticamente*. Por isso (cf., neste volume, p.219 e ss.), a tentativa que busquei empreender de exemplificar diferentes tipos de discursos com base em questões concretas linearmente correlatas pode levar a engano.

4 Contudo, é preciso distinguir entre políticas e direitos fundamentados moralmente; nem todos os programas políticos legítimos fundamentam direitos. Assim, de um lado, razões morais fortes falam em prol de um direito individual a

A duplicação do direito em direito natural e positivo sugere a ideia de que as ordens jurídicas modernas devem *copiar* [*nachbilden*] uma ordem inteligível superior. O conceito de direito interpretado pela teoria do discurso navega entre os obstáculos do positivismo jurídico e do direito natural: quando a legitimidade do direito coercitivo, por princípio sempre modificável, é concebida nos termos de uma racionalidade procedimental e, em última instância, se reduz a um arranjo comunicativo apropriado para a formação racional da vontade do legislador político (e para a aplicação do direito), o momento de indisponibilidade da validade jurídica não precisa desaparecer em um *decisionismo* cego, nem ser preservado por uma moral que *ergue barreiras* ante a esteira da temporalidade. Portanto, sob as premissas modificadas da teoria do discurso, é possível reformular da seguinte maneira a questão inicial colocada pela herança do direito racional: quais direitos os cidadãos têm de reconhecer mutuamente quando decidem se constituir como uma associação voluntária de parceiros do direito e regular legitimamente sua vida comum com os meios do direito positivo? No *sentido* performativo dessa práxis constituinte já se encontra *in nuce* todo o teor do Estado democrático de direito. O sistema de direitos e os princípios do Estado de direito podem ser desdobrados a partir do sentido consumado nessa práxis, com a qual se compromete desde o primeiro ato de autoconstituição de uma tal comunidade jurídica.

No entanto, se temos de efetuar essa reconstrução do direito sem poder nos apoiar em um direito superior ou prévio dotado de dignidade moral, surgem como consequência das reflexões feitas até aqui dois problemas: (I) como entender a garantia simétrica da autonomia privada e pública se os direitos de liberdade, concebidos na qualidade de direitos humanos,

---

asilo político e a uma garantia jurídica correspondente (e contra a substituição por uma garantia meramente institucional fornecida pelo Estado). De outro, não há propriamente nenhuma pretensão jurídica individual à imigração, mesmo que as sociedades ocidentais se encontrem moralmente comprometidas com uma política liberal de imigração. No texto (p.678-679), não esclareci suficientemente essas distinções; cf., entretanto, meu Posfácio em C. Taylor, *Multikulturalismus und die Politik der Anerkennung*, Frankfurt/Main, Fischer, 1993, p.179 e ss.

Facticidade e validade

são situados na mesma dimensão do direito positivo, tal como os direitos políticos de cidadania? (2) Além disso, como compreender o princípio do discurso, entendido como critério para a legitimação do direito, se ele não pode mais coincidir com o princípio moral em virtude da relação de complementaridade defendida entre direito e moral?

III

A conexão interna entre Estado de direito e democracia explica-se conceitualmente pelo fato de as liberdades subjetivas de ação do sujeito de direito privado e a autonomia pública do cidadão se possibilitarem de forma recíproca. Na filosofia política, essa relação geralmente se apresenta de tal modo que a autonomia privada dos membros da sociedade é garantida pelos direitos humanos (os clássicos direitos à "liberdade, vida e propriedade") e pela *autoridade anônima das leis*, enquanto a autonomia política dos cidadãos do Estado é produzida pelo princípio da soberania popular e assume uma forma na *autolegislação* democrática. Nessa tradição, porém, ambos os elementos foram colocados em uma relação de concorrência não resolvida. O *liberalismo* que remonta a Locke se voltou desde o século XIX contra o perigo das maiorias tirânicas, postulando um primado dos direitos humanos frente à soberania popular, ao passo que o *republicanismo* que remonta a Aristóteles atribuiu primazia à "liberdade dos antigos", baseada na participação política, sobre as liberdades apolíticas "dos modernos". Mesmo Rousseau e Kant falharam na intuição que queriam trazer ao conceito. Os direitos humanos, que Kant resume no direito "originário" a iguais liberdades subjetivas de ação, não podem ser meramente impostos como limites externos ao legislador soberano, nem instrumentalizados por este como requisito funcional para seus fins.

Os direitos humanos ainda podem ser bem fundamentados enquanto direitos *morais*; mas tão logo sejam concebidos como parte do direito *positivo*, fica evidente que não devem ser imputados paternalisticamente a um legislador soberano. Os destinatários do direito não poderiam se compreender ao mesmo tempo como seus autores caso o legislador encontrasse os direitos humanos como fatos morais previamente dados para, depois, apenas vir a positivá-los. Por outro lado, apesar de sua autonomia, o legislador não deveria poder tomar decisões que atentassem contra os direitos humanos. Nossa abordagem se mostrou vantajosa para a solução desse dilema, uma vez que caracterizamos o direito como um *medium* de tipo especial e o distinguimos da moral por suas propriedades formais.

Para uma práxis constituinte, não basta introduzir um princípio do discurso sob cuja luz os cidadãos podem julgar se o direito que eles estabelecem é legítimo. Antes, as próprias formas de comunicação em que uma vontade política racional deve poder ser configurada de maneira discursiva necessitam de institucionalização jurídica. Na medida em que o princípio do discurso assume forma jurídica, ele se transforma em um princípio de democracia. Porém, para esse fim, o código jurídico enquanto tal precisa estar à disposição; e a instauração desse código exige que seja criada uma ordem de status para as possíveis pessoas de direito, ou seja, para pessoas que, enquanto portadoras de direitos subjetivos, pertencem a uma associação voluntária de parceiros do direito e podem reclamar efetivamente pretensões jurídicas. Sem a garantia da autonomia privada não pode existir algo como o direito positivo. E sem os clássicos direitos de liberdade, que asseguram a autonomia privada das pessoas de direito, não há *medium* algum para a institucionalização jurídica daquelas condições sob as quais os cidadãos podem primeiramente fazer uso de sua autonomia política.

Os sujeitos que pretendem regular legitimamente sua vida comum com os meios do direito positivo não são mais livres para escolher o *medium* em que podem efetivar sua autonomia. Na produção do direito, eles se limitam a participar como *sujeitos de direito*; não podem mais dispor sobre qual linguagem pretendem se servir para tanto. A procurada conexão interna entre "direitos humanos" e soberania popular consiste em que a exigência de institucionalização jurídica da autolegislação só pode ser satisfeita com a ajuda de um código que implica, *ao mesmo tempo*, a garantia de liberdades subjetivas de ação passíveis de ser juridicamente reclamadas. Inversamente, a distribuição igual desses direitos subjetivos (e seu "valor equitativo") pode ser satisfeita apenas mediante procedimentos democráticos, que fundamentam a suposição de que os resultados da formação política da opinião e da vontade são racionais. Desse modo, a autonomia privada e a pública se

Facticidade e validade

pressupõem mutuamente sem que uma possa reivindicar primazia diante da outra.

Essa ideia, que contém neste ponto uma crítica ao liberalismo, assustou os defensores do primado dos direitos humanos. Foi assim que Otfried Höffe, por exemplo, voltou-se contra o rebaixamento dos direitos *humanos* (cuja validade universal ele gostaria de fundamentar antropologicamente) a meros direitos *fundamentais*.[5] Quando se quer falar de "direitos" apenas no sentido do direito positivo, é preciso de fato fazer uma distinção entre direitos *humanos* como normas de ação moralmente justificadas e *direitos* humanos na qualidade de normas constitucionais positivamente válidas. Tais direitos fundamentais possuem um status diferente das normas morais – ainda que possam ter o mesmo significado. Como normas constitucionais positivadas e reclamáveis, eles são garantidos no interior do domínio de validade de uma coletividade política determinada. Mas esse status não contradiz o sentido universalista dos clássicos direitos de liberdade, que inclui todas as pessoas em geral e não somente aqueles que pertencem ao Estado. Também enquanto direitos fundamentais, eles se estendem a todas as pessoas na medida em que se encontram no domínio de validade da ordem jurídica: nessa medida, todos desfrutam da proteção da Constituição. Graças ao *sentido* de direitos humanos desses direitos fundamentais, na República Federal da Alemanha, por exemplo, a posição jurídica dos estrangeiros, refugiados e apátridas foi aproximada ao status de membro do Estado; eles desfrutam das mesmas proteções jurídicas e possuem um status semelhante de obrigações e benefícios de acordo com a letra da lei.[6]

A discrepância entre, de um lado, o conteúdo de direitos humanos dos clássicos direitos de liberdade e, de outro, a validade de suas positivações jurídicas, inicialmente circunscrita pelo Estado nacional, evidencia que o "sistema de direitos" fundamentado discursivamente aponta para além do

---

5 O. Höffe, Eine Konversion der Kritischen Theorie?, *Rechtshistorisches Journal*, Frankfurt/Main, n.12, 1993.

6 Com isso, não quero ocultar as limitações sempre existentes, em particular no tocante àqueles déficits do direito civil alemão, que já há algum tempo são discutidos sob os termos dos direitos comunais de sufrágio de estrangeiros e da segunda cidadania; cf., nos textos anexos, p.673 e ss.

Jürgen Habermas

Estado democrático de direito singular, dirigindo-se à globalização dos direitos. Como Kant havia visto, em virtude de seu conteúdo semântico, os direitos fundamentais demandam uma "condição cosmopolita". Com isso, para que a declaração de direitos humanos da ONU se transforme em um conjunto de direitos reclamáveis, não são suficientes apenas as cortes internacionais; pois estas só podem funcionar de modo adequado se a era dos Estados soberanos individuais for levada a termo por uma ONU *capaz não apenas de decidir, mas de agir e impor suas resoluções.*[7]

Com a defesa do primado dos direitos humanos, os liberais podem seguir a intuição plausível segundo a qual as pessoas de direito devem ser protegidas contra o emprego arbitrário do monopólio da violência por parte do Estado. Por isso, Charles Larmore defende que pelo menos *um* direito subjetivo – fundamentado moralmente – deveria preceder e restringir a formação democrática da vontade: "Ninguém deve ser coagido a se submeter a normas quando não é possível aferir racionalmente sua validade".[8] Em um enfoque de leitura benévolo, o argumento defende que pessoas que pretendem se constituir como uma comunidade jurídica aceitam *eo ipso* um conceito de direito positivo que inclui uma expectativa de legitimidade. Desse modo, a necessidade de fundamentação faria parte das implicações desse conceito de direito e, com isso, da práxis constituinte em geral. Em um enfoque de leitura menos benevolente, contudo, o argumento expressa a convicção particular de que a autoridade impessoal das leis é tão fundamental quanto a violência do Leviatã que elas deveriam acorrentar.

Essa figura de pensamento liberal, que se explica a partir de experiências históricas próximas, não faz justiça, entretanto, ao nexo constitutivo entre direito e política.[9] Ela confunde soberania popular com monopólio da violência [*Gewalt*] e falha na apreensão do sentido técnico, eminentemente não repressivo, de um poder [*Macht*] administrativo que surge por meio da forma jurídica – uma vez que tal poder se limita a ser exercido no quadro

---

7 Cf. o Posfácio de Habermas, *Vergangenheit als Zukunft*, op. cit.

8 C. Larmore, Die Wurzeln radikaler Demokratie, in: *Deutsche Zeitschrift für Philosophie*, Berlim, v.41, 1993, p.327.

9 Para uma análise dos conceitos fundamentais, cf., neste volume, Capítulo IV.

Facticidade e validade

de leis democráticas. Ela falha sobretudo quanto ao sentido da autonomia política exercida intersubjetivamente, constitutivo para toda coletividade política. Somente uma reconstrução de dois níveis é capaz de abarcar ambos os aspectos, partindo da socialização horizontal de cidadãos que se reconhecem *uns aos outros* em pé de igualdade e avançando em direção ao papel disciplinador que o Estado de direito exerce sobre a violência estatalmente pressuposta. Vê-se assim que os direitos liberais de defesa dos indivíduos diante de um aparelho estatal que monopoliza a violência de modo algum são originários, mas procedem de uma transformação de liberdades subjetivas de ação que foram admitidas de maneira *recíproca*. Os direitos subjetivos, ligados ao código do direito enquanto tal, adquirem apenas secundariamente o sentido negativo da delimitação de uma esfera privada que deve permanecer protegida contra a intervenção administrativa arbitrária. Direitos de defesa surgem apenas como *consequência* da diferenciação entre uma associação de parceiros de direito que administra a si mesma e uma comunidade jurídica organizada em termos estatais. Logo, os direitos de defesa surgem cooriginariamente ao princípio de uma administração conforme a leis, própria ao Estado de direito; por essa razão, na construção lógica do sistema de direitos, não lhes são atribuídos um valor posicional fundamental com o qual Larmore quis sustentar o primado dos direitos humanos.

IV

O direito positivo não pode mais extrair sua legitimidade de um direito moral fundado em uma ordem superior, mas apenas de um procedimento de formação presumivelmente racional da opinião e da vontade. Analisei mais de perto, sob os pontos de vista da teoria do discurso, esse procedimento democrático que empresta uma força legitimadora à positivação do direito nas condições do pluralismo social e de visões de mundo.[10] Nessa análise, parti do princípio – que aqui não poderei fundamentar mais a fundo – segundo o qual apenas podem pretender legitimidade as regulações normativas e os modos de ação aos quais todos os possíveis atingidos poderiam

---

10 Cf., neste volume, p.211-223 e p.386 e ss.

consentir na qualidade de participantes de discursos racionais.[11] À luz desse princípio do discurso, os cidadãos examinam quais direitos deveriam reconhecer reciprocamente. *Como* sujeitos de direito, eles têm de ancorar essa práxis de autolegislação no *medium* do próprio direito; eles mesmos precisam institucionalizar juridicamente os pressupostos comunicativos e os procedimentos de um processo de formação política da opinião e da vontade em que o princípio do discurso alcança aplicação. Portanto, a instauração do código jurídico, levada a cabo com a ajuda do direito universal a liberdades subjetivas de ação, precisa ser *complementada* pelos direitos de comunicação e de participação, os quais garantem iguais oportunidades ao uso público das liberdades comunicativas. Nesse percurso, o princípio do discurso recebe a forma jurídica de um princípio de democracia.

Dessa maneira, a ideia contrafactual de aceitabilidade universal de modo algum é absorvida ou neutralizada pela facticidade da institucionalização jurídica de discursos públicos, como Onora O'Neill parece supor.[12] Albrecht Wellmer reforça com razão que o

> conceito de legitimidade do direito sempre (possui) uma aplicação *contrafactual* [...]. No entanto, reside na própria lógica do conceito moderno de legitimidade que o aspecto comum das decisões seja realizado, tanto quanto possível, como uma decisão *factual* – já que se atribui a todos os concernidos um *direito* igual à participação nos processos coletivos de formação da vontade: essa é a ideia de democracia. Mas se as leis legítimas fossem de tal modo que todos os concernidos pudessem decidir conjuntamente, e se todos os concernidos – em princípio – tivessem um direito igual à participação nas tomadas de decisão

---

11 Cf., neste volume, p.152 e ss. A ideia de uma capacidade universal de consentimento esclarece o sentido da validade de normas de ação como uma aceitabilidade racional – capaz de ser reconstruída não apenas localmente. Essa explicação da validade deontológica se refere ao processo de fundamentação, não ao de aplicação das normas. Nessa escala, não é apropriada a comparação com uma máxima da práxis de decisão dos tribunais. Cf. N. Luhmann, Quod omnes tangit, *Rechtshistorisches Journal*, Frankfurt/Main, n.12, 1993.

12 O. O'Neill, Kommunikative Rationalität und praktische Vernunft, *Deutsche Zeitschrift für Philosophie*, Berlim, v.41, 1993, p.329-332.

coletivas, então fica evidente que o esclarecimento público e argumentativo de questões normativas tem de exercer um papel central em toda tentativa de efetivar [...] o direito legítimo e assegurar o reconhecimento de sua legitimidade. Argumentar em prol de uma norma jurídica – ou de um sistema de normas jurídicas – significa, nesse caso, a tentativa de, diante de todos os outros concernidos, mostrar as razões de por que todos aqueles que são bem-intencionados e possuem discernimento poderiam julgar a validade social dessa norma, ou dessas normas, como simetricamente boas para todos.[13]

Essa mesma tensão entre facticidade e validade, no entanto, já se apresenta no discurso moral, como em toda práxis de argumentação; ela só é intensificada no *medium* do direito e operacionalizada para a eficácia do comportamento.

Em contrapartida, Wellmer gostaria de reservar a ideia de uma capacidade de aceitabilidade universal, expressa no princípio do discurso, para a explicação da legitimidade do *direito*, sem vê-la estendida à validade de normas morais. Ele entende que a ética do discurso transpõe falsamente a conexão entre validade normativa e discurso real, que é dada no caso especial da validade jurídica, para a validade deontológica de mandamentos morais. Não nos interessa aqui a objeção enquanto tal;[14] porém, ele alerta para um problema de delimitação que, de fato, apresenta-se para a teoria discursiva do direito e da moral. Pois se o princípio do discurso não é empregado, como argumenta Wellmer, exclusivamente para a explicação do princípio da democracia, mas utilizado no geral para a explicação do sentido da avaliação imparcial de questões normativas *de todo tipo*, os limites entre a fundamentação pós-convencional de normas de ação em geral e a fundamentação de normas morais em particular correm o risco de desaparecer. Pois o princípio do discurso precisa ser estabelecido em um âmbito de abstração que ainda seja neutro diante da distinção entre moral e direito. De um lado, ele deve contar com um teor normativo suficiente para a avaliação imparcial de normas de ação; de outro, não pode coincidir com o princípio moral,

---

13 Wellmer, *Ethik und Dialog*, op. cit., p.121-122.

14 Para minha crítica a Wellmer, cf. Habermas, *Erläuterungen zur Diskursethik*, op. cit., p.131 e ss.; ver também Wingert, *Gemeinsinn und Moral*, op. cit.

porque se diferencia segundo aspectos supervenientes em princípio moral e princípio da democracia. Mas é preciso mostrar então em que medida o princípio do discurso já não esgota o conteúdo do princípio de universalização "U" da ética do discurso. Caso contrário, o princípio moral meramente ocultado no princípio do discurso seria novamente – como ocorre no direito natural – a única fonte de legitimação.

Dois conceitos centrais permanecem indeterminados na formulação proposta do princípio do discurso "D": "São válidas [*gültig*] apenas as normas de ação com as quais todos os possíveis concernidos poderiam consentir enquanto participantes de discursos racionais". Falta uma especificação das diferentes "normas de ação" (e dos correspondentes enunciados normativos), assim como dos diferentes "discursos racionais" (dos quais, inclusive, dependem as ações na medida em que seus procedimentos precisam ser justificados discursivamente). Com isso se mantém uma margem suficientemente ampla para derivar, mediante as especificações correspondentes, o princípio da democracia e o princípio moral a partir do princípio do discurso. Enquanto o princípio da democracia só encontra aplicação em normas que apresentam as propriedades formais de normas jurídicas, o princípio moral – de acordo com o qual as normas válidas são do interesse simétrico de todas as pessoas[15] – significa uma restrição aos gêneros de discursos em que são determinantes *unicamente* razões morais. O princípio moral não especifica o tipo de normas; o princípio da democracia não especifica as formas de argumentação (e negociações). Isso explica duas assimetrias. Enquanto os discursos morais são especializados em alguns tipos de razões e as normas morais são providas com um modo rigorosamente delimitado de validade deontológica, a legitimidade de normas jurídicas se apoia em um espectro amplo de razões, incluindo também razões morais. Enquanto o princípio moral, na qualidade de regra de argumentação, destina-se exclu-

---

15 Cf. a formulação de "U" em Habermas, *Moralbewußtsein und kommunikatives Handeln*, op. cit., p.131: "Toda norma tem de satisfazer a condição de que consequências e efeitos colaterais que resultarem previsivelmente de sua observação universal para a satisfação dos interesses de cada indivíduo podem ser aceitos sem coerção por todos os concernidos".

Facticidade e validade

sivamente à formação do juízo, o princípio da democracia não serve apenas ao saber, mas ao mesmo tempo à práxis dos cidadãos.

Quando determinamos a relação entre moral e direito desse modo, deixando de identificar a pretensão de legitimidade de normas jurídicas com a pretensão à justiça moral sob o título comum de "correção",[16] é possível manter em aberto a questão superveniente acerca da fundamentação *moral* do direito enquanto tal – vale dizer, o problema da passagem do estado de natureza para o estado de sociedade, tal como proposto pelo direito racional. O direito positivo, que na modernidade é resultado de um processo de aprendizagem, por assim dizer, apresenta-se em virtude de suas propriedades formais como meio apropriado para a estabilização de expectativas de comportamento; para tanto, não parece existir em sociedades complexas algum equivalente funcional. A filosofia se impõe uma tarefa *desnecessária* quando quer demonstrar que a organização de nossa vida em comum conforme o direito, ou seja, a formação de comunidades jurídicas em geral, não é algo recomendado apenas com base em motivos funcionais, mas algo moralmente imprescindível. O filósofo deveria se sentir satisfeito com a percepção de que, em sociedades complexas, somente pelo *medium* do direito é possível estabelecer com confiança relações moralmente necessárias de respeito recíproco mesmo entre estranhos.

V

O direito não é um sistema narcisisticamente fechado em si mesmo, mas vive da "eticidade democrática" dos cidadãos[17] e da contrapartida de uma cultura política liberal. Isso se mostra quando tentamos explicar o fato paradoxal de como o direito legítimo pode surgir da mera legalidade. O procedimento democrático de positivação do direito depende de os cidadãos *também* fazerem um uso orientado ao bem comum de seus direitos de

---

16 Cf. R. Alexy, *Begriff und Geltung des Rechts*, Freiburg, Alber, 1992.

17 Sobre o conceito de eticidade democrática, cf. Wellmer, Bedingungen einer demokratischen Kultur, p.173-196; A. Honneth, Posttraditionale Gesellschaften, in: M. Brumlik e H. Brunkhorst (eds.), *Gemeinschaft und Gerechtigkeit*, Frankfurt/Main, Fischer, 1993, p.260-270.

comunicação e de participação, o qual sem dúvida pode ser politicamente exigido, mas não juridicamente imposto. Da mesma maneira que todos os direitos subjetivos, também os direitos políticos dos cidadãos, segundo sua forma, se limitam a estabelecer esferas de liberdade de arbítrio, tornando obrigatório exclusivamente o comportamento legal. Não obstante essa estrutura, eles só podem explorar as fontes de legitimação da formação discursiva da opinião e da vontade se os cidadãos fizerem uso de suas liberdades comunicativas não exclusivamente *como* liberdades subjetivas de ação para a persecução de seus próprios interesses, mas *como* liberdades comunicativas para os fins do "uso público da razão". O direito só pode manter sua legitimidade se os cidadãos saírem do papel de sujeitos de direito privados e assumirem a perspectiva de participantes em processos de entendimento sobre as regras de sua vida em comum. Logo, o Estado democrático de direito depende dos motivos de uma população *acostumada* com a liberdade, o que não pode ser alcançado por meio de intervenções jurídico-administrativas. Isso explica por que, no paradigma procedimental do direito, as estruturas juridicamente não constritivas de uma sociedade civil viva e de uma esfera pública política não submetida ao poder devem portar uma boa parte das expectativas normativas, em especial, o fardo da gênese democrática normativamente esperada do direito.

Naturalmente, isso traz à cena o cético em sua dupla figura de cientista social e de jurista. Como um empirista, o primeiro nos ensina sobre as ideias impotentes fadadas a serem sempre desacreditadas em face dos interesses; como um pragmático, o segundo nos ensina sobre os duros conflitos que só podem ser enfrentados com a redescoberta de um Estado forte. Ainda assim, a abordagem da teoria do discurso introduz um elemento realista, na medida em que desloca as condições para uma formação política racional da opinião e da vontade do âmbito das motivações e fundamentos de decisão de atores individuais ou coletivos para o âmbito *social* de processos institucionalizados de deliberação e decisão. Desse modo, o ponto de vista estruturalista entra em jogo: procedimentos democráticos e arranjos comunicativos correspondentes podem funcionar como filtros que selecionam temas e contribuições, informações e razões, de tal modo que "contam" apenas os aportes relevantes e capazes de convencer. Apesar disso, vem à

Facticidade e validade

tona a questão de saber de que maneira uma autocompreensão exigente do direito e da democracia, que não foi pensada para "um povo de demônios", é em geral compatível com as condições funcionais de sociedades complexas.

Por outro lado, foi precisamente esse ceticismo que permitiu tematizar de modo geral a tensão entre facticidade e validade.[18] Uma teoria do direito que procede reconstrutivamente segue em seu investimento metódico a premissa de que a autocompreensão contrafactual do Estado democrático de direito se manifesta nas pressuposições inevitáveis e factualmente ricas em consequências das práticas correspondentes. Já o primeiro ato de uma práxis constituinte introduz na complexidade social a cunha de uma ideia inflamada. À luz dessa ideia de autoconstituição de uma comunidade de livres e iguais, as práticas cotidianas de produção, aplicação e implementação do direito estão inevitavelmente expostas à crítica e à autocrítica. Na forma de direitos subjetivos, as energias da liberdade de arbítrio, da ação estratégica e da autorrealização são ao mesmo tempo liberadas e canalizadas por uma coerção normativa, sobre a qual os cidadãos precisam se entender mediante procedimentos democráticos. Apenas sob a constrição de tais procedimentos pode-se fazer uso público das liberdades comunicativas garantidas pelo direito. A operação paradoxal do direito consiste em domesticar o potencial de conflito desencadeado por liberdades subjetivas, fazendo uso de normas que só podem se impor caso sejam reconhecidas como legítimas no solo instável das liberdades comunicativas desencadeadas. Uma violência que de outro modo bloquearia a força sócio-integradora da comunicação, transforma-se aqui, segundo a forma da coerção estatal legítima, em meio convertido da própria integração social. Com isso, a integração social assume uma forma reflexiva bastante peculiar: ao satisfazer sua necessidade de legitimação com a ajuda da força produtiva da comunicação, o direito utiliza o risco permanente de dissenso como o próprio aguilhão de discursos públicos institucionalizados juridicamente.

Frankfurt am Main, setembro de 1993
J. H.

---

18 Cf., neste volume, p.70-77.

Referências bibliográficas

AARNIO, A. *The Rational as Reasonable*: a Treatise on Legal Justification. Dordrecht: Springer, 1987.

ACKERMAN, B. *Social Justice in the Liberal State*. New Haven: Yale University Press, 1980.

_____. What Is Neutral about Neutrality? *Ethics*, Chicago, v.93, n.2, p.372-390, jan. 1983.

_____. The Storrs Lectures: Discovering the Constitution. *Yale Law Journal*, New Haven, v.93, n.6, p.1013-1072, maio 1984.

_____. Why Dialogue? *The Journal of Philosophy*, Nova York, v.86, n.1, p.5-22, jan.1989.

_____. *We the People*. Cambridge: Harvard University Press, 1991.

ALEXY, R. *Theorie der juristischen Argumentation*. Frankfurt/Main: 1978, 1990.

_____. *Theorie der Grundrechte*. Baden-Baden: Suhrkamp, 1985; Frankfurt/Main: Suhrkamp, 1986.

_____. Probleme der Diskurstheorie. *Zeitschrift für Philosophische Forschung*, Frankfurt/Main, v.43, n.1, p.81-93, 1989.

_____. Zur Kritik des Rechtspositivismus. In: DREIER, R. (ed.). *Rechtspositivismus und Wertbezug des Rechts*. Stuttgart: Franz Steiner, 1990. p.9-26.

_____. Antwort auf einige Kritiker. In: *Theorie der juristischen Argumentation*. Frankfurt/Main: Suhrkamp, 1990.

_____. *Begriff und Geltung des Rechts*. Freiburg: Alber, 1992.

_____. Eine diskurstheoretische Konzeption der praktischen Vernunft. In: MAIHOFER, W.; SPRENGER, G. (eds.). Praktische Vernunft und Theorien der Gerechtigkeit. Vorträge des 15. IVR-Weltkongresses in Göttingen, August 1991. v.1. Stuttgart: 1993. p.1-27 (*Archiv für Rechts- und Sozialphilosophie*, Beiheft 50).

ALTMAN, A. Legal Realism, Critical Legal Studies and Dworkin. *Philosophy & Public Affairs*, Nova Jersey, v.15, n.3, p.202-235, 1986.

Jürgen Habermas

APEL, K.-O. *Transformation der Philosophie*. 2v. Frankfurt/Main: Suhrkamp, 1973.

_____. Das Apriori der Kommunikationsgemeinschaft. In: *Transformation der Philosophie*. v.2. Frankfurt/Main: Suhrkamp, 1973.

_____. *Der Denkweg von Charles S. Peirce*. Frankfurt/Main: Suhrkamp, 1975.

_____. Sprachliche und Bedeutung, Wahrheit und normative Gültigkeit. *Archivo di Filosofia*, Milão, v.55, p.51-88, 1987.

_____. *Diskurs und Verantwortung*. Frankfurt/Main: Suhrkamp, 1988.

_____. Zurück zur Normalität? In: *Diskurs und Verantwortung*. Frankfurt/Main: Suhrkamp, 1988.

_____. Kann der postkantische Standpunkt der Moralität noch einmal in substantielle Sittlichkeit aufgehoben werden? In: *Diskurs und Verantwortung*. Frankfurt/Main: Suhrkamp, 1988. p.103-153.

_____. Diskursethik vor der Problematik von Recht und Politik. In: APEL, K.-O.; KETTNER, M. (eds.). *Zur Anwendung der Diskursethik in Politik, Recht und Wissenschaft*. Frankfurt/Main: Suhrkamp, 1992. p.29-61.

APEL, K.-O.; KETTNER, M. (eds.). *Zur Anwendung der Diskursethik in Politik, Recht und Wissenschaft*. Frankfurt/Main: Suhrkamp, 1992.

ARENDT, H. *Elemente und Ursprünge totaler Herrschaft*. Frankfurt/Main: Europäische Verlagsanstalt, 1955.

_____. *Vita Activa*. Stuttgart: 1960.

_____. *Über die Revolution*. Munique: Piper, 1965.

_____. *Macht und Gewalt*. Munique: Piper, 1970.

_____. *Das Urteilen*: Texte zu Kants Politischer Philosophie. Munique: Piper, 1982.

ARENS, E. (ed.). *Habermas und die Theologie*. Düsseldorf: Patmos, 1989.

ARENS, P. *Zivilprozeßrecht*. Munique: C. H. Beck, 1988.

ARNAUD, A. J.; HILPINEN, R.; WRÓBLEWSKI, J. (eds.). *Juristische Logik, Rationalität und Irrationalität im Recht*: Beiheft 8, Rechtstheorie. Berlim: Duncker & Humboldt, 1985.

ASSMANN, H. D. *Wirtschaftsrecht in der Mixed Economy*. Frankfurt/Main: Müller, 1980.

ATIYAH, P. S. *The Rise and Fall of Contract of Freedom*. Oxford: Oxford University Press, 1979.

BACHRACH, B. *Die Theorie demokratischer Eliteherrschaft*. Frankfurt/Main: Europäische Verlagsanstalt, 1967.

BARBALET, M. *Citizenship*. Stratford: Open University Press, 1988.

BAUR, F. et al. (eds.). *Funktionswandel der Privatrechtsinstitutionen*: Festschrift für L. Raiser. Tübingen: Mohr Siebeck, 1974.

BAYNES, K. *The Normative Grounds of Social Criticism*: Kant, Rawls, and Habermas. Nova York: Suny Press, 1992.

BECK, U. *Risikogesellschaft*. Frankfurt/Main: Suhrkamp, 1986.

_____. *Gegengifte*: Die organisierte Unverantwortlichkeit. Frankfurt/Main: Suhrkamp, 1988.

BECKER, W. *Die Freiheit, die wir meinen*. Munique: Piper, 1982.

BEINER, R. *Political Judgement*. Londres, Chicago: Methuen, 1983.

BENHABIB, S. *Critique, Norm and Utopia*. Nova York: Columbia University Press, 1986.

_____. Liberal Dialogue vs. a Critical Theory of Discursive Legitimation. In: ROSENBLUM, N. (ed.). *Liberalism and the Moral Life*. Cambridge: Harvard University Press, 1989.

_____. *Situating the Self*: Community, and Postmodernism in Contemporary Ethics. Cambridge: Routledge, 1992.

_____. Models of Public Space. In: *Situating the Self*: Community, and Postmodernism in Contemporary Ethics. Cambridge: Routledge, 1992. p.89-120.

_____. Feminism and the Question of Postmodernism. In: *Situating the Self*: Community, and Postmodernism in Contemporary Ethics. Cambridge: Routledge, 1992. p.203-242.

BENJAMIN, W. Der Surrealismus. *Gesammelte Schriften*. v.II, 3. Frankfurt/Main: Suhrkamp, 1974.

BERMBACH, U. Politische Institutionen und gesellschaftlicher Wandel. In: HARTWICH, H. H. (ed.). *Macht und Ohnmacht politischer Institutionen*. Opladen: Westdeutscher Verlag, 1989. p.57-71.

BETHGE, H. Aktuelle Probleme der Grundrechtsdogmatik. *Der Staat*, Berlin, v.24, n.3, p.351-382, 1985.

BIBÓ, I. *Die deutsche Hysterie*. Frankfurt/Main: Insel, 1991.

BLANKENAGEL, A. *Tradition und Verfassung*. Baden-Baden: Nomos, 1987.

BLÜHDORN, J.; RITTER, J. (eds.). *Recht und Ethik*. Frankfurt/Main: Vittorio Klostermann, 1970.

BOBBIO, N. *The Future of Democracy*. Cambridge: University of Minnesota Press, 1987.

_____. Gramsci and the Concept of Civil Society. In: KEANE, J. (ed.). *Civil Society and the State*. Londres: Verso, 1988. p.73-100.

BÖCKENFÖRDE, E. W. Grundrechtstheorie und Grundrechtsinterpretation. In: Neue Juristische Wochenschrift, 1974.

_____ (ed.). *Staat, Gesellschaft, Freiheit*: Studien zur Staatstheorie und zum Verfassungsrecht. Darmstadt: Suhrkamp, 1976.

_____. *Recht, Staat, Freiheit*: Studien zu Rechtsphilosophie, Staatstheorie und Verfassungsgeschichte. Frankfurt/Main: Suhrkamp, 1991.

_____. Das Bild vom Menschen in der Perspektive der heutigen Rechtsordnung. In: *Recht, Staat, Freiheit*: Studien zu Rechtsphilosophie, Staatstheorie und Verfassungsgeschichte. Frankfurt/Main: Suhrkamp, 1991. p.58-66.

BÖCKENFÖRDE, E. W. Entstehung und Wandel des Rechtstaatsbegriffs. In: *Recht, Staat, Freiheit*: Studien zu Rechtsphilosophie, Staatstheorie und Verfassungsgeschichte. Frankfurt/Main: Suhrkamp, 1991. p.143-169.

_____. Die sozialen Grundrechte im Verfassungsgefüge. In: *Recht, Staat, Freiheit*: Studien zu Rechtsphilosophie, Staatstheorie und Verfassungsgeschichte. Frankfurt/Main: Suhrkamp, 1991. p.146-158.

_____. Grundrechte als Grundsatznormen. In: *Recht, Staat, Freiheit*: Studien zu Rechtsphilosophie, Staatstheorie und Verfassungsgeschichte. Frankfurt/Main: Suhrkamp, 1991.

BOYLE, J. The Politics of Reason: Critical Legal Theory and Local Social Thought. *University of Pennsylvania Law Review*, Filadélfia, v.133, n.4, p.685-780, 1985.

BREST, P. The Fundamental Rights Controversy: the Essential Contractions of Normative Constitutional Scholarship. *The Yale Law Journal*, New Haven, v.90, n.5, p.1063-1109, 1981.

BRODA, C. (ed.). *Festschrift für Rudolf Wassermann*. Neuwied/Darmstadt: Hermann Luchterhand, 1985.

BRÜGGEMEIER, G. Wirtschaftsordnung und Staatsverfassung. *Jahrbuch für Rechtssoziologie und Rechtstheorie*, v.8, p.60-73, 1982.

_____. Justizielle Schutzpolitik de lege lata. In: BRÜGGEMEIER, G.; HART, D. (eds.). *Soziales Schuldrecht*. Bremen: Drucksachenlager d. Univ., 1987. p.7-41.

BRÜGGEMEIER, G.; HART, D. (eds.). *Soziales Schuldrecht*. Bremen: Drucksachenlager d. Univ., 1987.

BRUNKHORST, H. Die Ästhetisierung der Intellektuellen. *Frankfurter Rundschau*, 28 nov. 1988.

_____. Zur Dialektik von realer und idealer Kommunikationsgemeinschaft. In: DORSCHEL, A. et al. (eds.). *Transzendentalpragmatik*. Frankfurt/Main: Suhrkamp, 1993. p.342-358.

BUBNER, R. *Antike Themen und ihre moderne Verwandlung*. Frankfurt/Main: Suhrkamp, 1992.

_____. Das sprachliche Medium der Politik. In: *Antike Themen und ihre moderne Verwandlung*. Frankfurt/Main: Suhrkamp, 1992. p.188-202.

BUCHANAN, A. E. *Marx and Justice*: the Radical Critique of Liberalism. Londres: Rowman & Littlefield, 1982.

CALHOUN, C. (ed.). *Habermas and the Public Sphere*. Cambridge: The MIT Press, 1992.

CARENS, J. H. Aliens and Citizens: the Case for Open Borders. *The Review of Politics*, Cambridge, v.49, n.2, p.251-253, 1987.

COBB, R.; ELDER, C. The Politics of Agenda-Building: an Alternative Perspective for Modern Democratic Theory. *The Journal of Politics*, Chicago, v.33, n.4, p.892-915, nov. 1971.

COBB, R.; ROSS, J. K.; ROSS, M. H. Agenda Building as a Comparative Political Process. *The American Political Science Review*, Cambridge, v.70, n.1, p.126-138, mar. 1976.

COHEN, J. Deliberation and Democratic Legitimacy. In: HAMLIN, A.; PETTIT, B. (eds.). *The Good Polity*: Normative Analysis of the State. Oxford: Wiley-Blackwell, 1989.

COHEN, J.; ROGERS, J. *On Democracy*: toward a Transformation of American Society. Middlesex: Penguin Books, 1983.

COHEN, J. L.; ARATO, A. *Civil Society and Political Theory*. Cambridge: The MIT Press, 1992.

COING, H. Zur Geschichte des Begriffs "subjektives Recht". In: COING, H.; LAWSON, F. H.; GRÖNFORS, K. *Das subjektive Recht und der Rechtsschutz der Persönlichkeit*. Frankfurt/Main/Berlim: Alfred Metzner, 1959.

_____. Das Verhältnis der positiven Rechtswissenschaft zur Ethik im 19. Jahrhundert. In: BLÜHDORN, J.; RITTER, J. (eds.). *Recht und Ethik*. Frankfurt/Main: Vittorio Klostermann, 1970.

COING, H.; LAWSON, F. H.; GRÖNFORS, K. *Das subjektive Recht und der Rechtsschutz der Persönlichkeit*. Frankfurt/Main/Berlim: Alfred Metzner, 1959.

CONNOLLY, W. E. *The Terms of Political Discourse*. Lexington: 1974.

CZYBULKA, D. *Die Legitimation der öffentlichen Verwaltung*: Unter Berücksichtigung ihrer Organisation sowie der Entstehungsgeschichte zum Grundgesetz. Heidelberg: Müller, 1989.

DAHL, R. A. *A Preface to Economic Democracy*. Oakland: University of California Press, 1985.

_____. *Democracy and its Critics*. New Haven: Yale University Press, 1989.

DANIELS, N. (ed.). *Reading Rawls*. Oxford: Stanford University Press, 1975.

DENNINGER, E. *Staatsrecht*. Reinbek: Rowohlt, 1973.

_____. Verfassungsrechtliche Schlüsselbegriffe. In: BRODA, C. (org.). *Festschrift für Rudolf Wassermann*. Neuwied/Darmstadt: Hermann Luchterhand, 1985; republicado em: DENNINGER, E. *Der gebändigte Leviathan*. Baden-Baden: Nomos, 1990.

_____. Verfassung und Gesetz. In: ALBRECHT, P.-A. et al. *Kritische Vierteljahresschrift für Gesetzgebung und Rechtswissenschaft*. Munique: J. Schweitzer, 1986.

_____. *Der gebändigte Leviathan*. Baden-Baden: Nomos, 1990.

_____. Der Präventions-Staat. In: *Der gebändigte Leviathan*. Baden-Baden: Nomos, 1990.

DERRIDA, J. *Gesetzeskraft*. Der "mystische Grund der Autorität". Frankfurt/Main: Suhrkamp, 1991.

DEWEY, J. *The Public and its Problems*. Chicago: Swallow Press, 1954.

DIPPEL, H. Die politischen Ideen der französischen Revolution. In: FETSCHER, I.; MÜNKLER, H. (eds.). *Pipers Handbuch der politischen Ideen*. Neuzeit: Von der Französischen Revolution bis zum europäischen Nationalismus. v.4. Munique: Piper, 1986.

DOWNS, A. *An Economic Theory of Democracy*. Nova York: Harper and Row, 1957.

DREIER, R. *Was ist und wozu Allgemeine Rechtstheorie?* Tübingen: Mohr Siebeck, 1975.

_____. *Recht – Moral – Ideologie*: Studien zur Rechtstheorie. Frankfurt/Main: Suhrkamp, 1981.

_____. Recht und Moral. In: *Recht – Moral – Ideologie*: Studien zur Rechtstheorie. Frankfurt/Main: Suhrkamp, 1981.

_____. *Rechtsbegriff und Rechtsidee*: Kants Rechtsbegriff und seine Bedeutung für die gegenwärtige Diskussion. Frankfurt/Main: A. Metzner, 1986.

_____ (ed.). *Rechtspositivismus und Wertbezug des Rechts*. Stuttgart: Franz Steiner Verlag, 1990.

_____. *Recht – Staat – Vernunft*. Frankfurt/Main: Suhrkamp, 1991.

_____. Widerstandsrecht im Rechtsstaat? In: *Recht – Staat – Vernunft*. Frankfurt/Main: Suhrkamp, 1991. p.39-72.

DRYZEK, J. S. *Discursive Democracy*. Cambridge: Cambridge University Press, 1990.

DUBIEL, H. *Zivilreligion in der Massendemokratie*. Manuscrito, 1989.

DÜRKHEIM, E. *Physik der Sitten und des Rechts*: Vorlesungen zur Soziologie der Moral. Frankfurt/Main: Suhrkamp, 1991.

DWORKIN, R. *Taking Rights Seriously*. Cambridge: Gerald Duckworth, 1977; ed. alemã: *Bürgerrechte ernstgenommen*. Frankfurt/Main: Suhrkamp, 1984.

_____. *A Matter of Principle*. Cambridge: Clarendon Press, 1985.

_____. Principle, Policy, Procedure. In: *A Matter of Principle*. Cambridge: Clarendon Press, 1985. p.72-103.

_____. *Law's Empire*. Cambridge: Harvard University Press, 1986.

_____. Liberal Community. *California Law Review*, Berkeley, v.77, n.3, p.479-589, 1989.

_____. Foundations of Liberal Equality. In: DWORKIN, R. et al. *The Tanner Lectures on Human Values*. v.VIII. Salt Lake City: University of Utah Press, 1990.

EDELSTEIN, W.; NUNNER-WINKLER, G. (eds.). *Zur Bestimmung der Moral*. Frankfurt/Main: Suhrkamp, 1986.

EDER, K. *Die Entstehung staatlich organisierter Gesellschaften*: Ein Beitrag zu einer Theorie sozialer Evolution. Frankfurt/Main: Suhrkamp, 1976.

_____. *Geschichte als Lernprozeß?* Zur Pathogenese politischer Modernität in Deutschland. Frankfurt/Main: Suhrkamp, 1985.

EISENSTADT, S. N. (ed.). *Democracy and Modernity*: International Colloquim on the Centenary of David Ben-Gurion. Leiden: Brill, 1992.

ELLSCHEID, G.; HASSEMER, W. (eds.). Interessenjurisprudenz. Darmstadt: Wissenschaftliche Buchgesellschaft, 1974.

ELSTER, J. The Market and the Forum. In: ELSTER, J.; HYLLAND, A. (eds.). *Foundations of Social Choice Theory*. Cambridge: Cambridge University Press, 1986.

_____. *The Cement of Society*. Cambridge: Cambridge University Press, 1989.

_____. *Arguing and Bargaining*. Manuscrito, 1991.

_____. The Possibility of Rational Politics. In: HELD, D. (ed.). *Political Theory Today*. Oxford: 1991.

_____. Arguing and Bargaining in Two Constituent Assemblies. *The Storr Lectures*, Yale Law School, manuscrito, 1991.

ELSTER, J.; HYLLAND, A. (eds.). *Foundations of Social Choice Theory*. Cambridge: Cambridge University Press, 1986.

ELSTER, J.; SLAGSTAD, R. (eds.). *Constitutionalism and Democracy*. Cambridge: Cambridge University Press, 1988.

ELY, J. H. *Democracy and Distrust*: a Theory of Judicial Review. Cambridge: Harvard University Press, 1980.

ENNECCERUS, L. *Allgemeiner Teil des bürgerlichen Rechts*. Tübingen: 1959.

ESSER, J. *Grundsatz und Norm in der richterlichen Fortbildung des Privatrechts*. Tübingen: Mohr, 1964.

_____. *Vorverständnis und Methodenwähl in der Rechtsfindung*. Kronberg: 1972.

EUCHNER, W. *Naturrecht und Politik bei John Locke*. Frankfurt/Main: Suhrkamp, 1979.

EWALD, F. *L'Etat Providence*. Paris: Grasset, 1986.

FABER, H. *Verwaltungsrecht*. Tübingen: Mohr, 1987.

FERGUSON, A. *Versuch über die Geschichte der bürgerlichen Gesellschaft*. Frankfurt/Main: Suhrkamp, 1986.

FETSCHER, I.; MÜNKLER, H. (eds.). *Pipers Handbuch politischer Ideen*: Neuzeit: Vom Zeitalter des Imperialismus bis zu den neuen sozialen Bewegungen. v.3. Munique: Piper, 1985.

FISS, O. Objectivity and Interpretation. *Standford Law Review*, v.34, n.4, p.739-763, abr. 1982.

FORST, R. *Kontexte der Gerechtigkeit*: Politische Philosophie jenseits von Liberalismus und Kommunitarismus. Frankfurt/Main: Suhrkamp, 1994.

FORSTHOFF, E. (ed.). *Rechtsstaatlichkeit und Sozialstaatlichkeit*. Darmstadt: Wissenschaftliche Buchgesellschaft, 1968.

_____. *Der Staat der Industriegesellschaft*: Dargestellt am Beispiel der Budesrepublik Deutschland. Munique: C. H. Beck, 1971.

FORUM FÜR PHILOSOPHIE BAD HOMBURG (org.). *Die Ideen von 1789*: in der deutschen Rezeption. Frankfurt/Main: Suhrkamp, 1989.

FRAENKEL, E. *Deutschland und die westlichen Demokratien*. Edição, prefácio e posfácio Alexander v. Brünneck. Frankfurt/Main: Suhrkamp, 1991.

_____. Die repräsentative und plebiszitäre Komponente im demokratischen Verfassungsstaat. In: *Deutschland und die westlichen Demokratien*. Edição, prefácio e posfácio Alexander v. Brünneck. Frankfurt/Main: Suhrkamp, 1991. p.153-203.

_____. Parlament und öffentliche Meinung. In: *Deutschland und die westlichen Demokratien*. Edição, prefácio e posfácio Alexander v. Brünneck. Frankfurt/Main: Suhrkamp, 1991.

FRANKENBERG, G. Der Ernst im Recht. *Kritische Justiz*, Baden-Baden, v.20, p.281-307, 1987.

FRANKENBERG, G.; RÖDEL, U. *Von der Volkssouveränität zum Minderheitenschutz*: die Freiheit politischer Kommunikation im Verfassungsstaat: untersucht am Beispiel der Vereinigten Staaten von Amerika. Frankfurt/Main: Europäische Verlagsanstalt, 1981.

FRANKFURT, H. *The Importance of What We Know about*. Cambridge: Cambridge University Press, 1988.

_____. Freedom of the Will and the Concept of the Person. In: *The Importance of What We Know about*. Cambridge: Cambridge University Press, 1988. p.11-25.

FRASER, N. *Unruly Practices*. Oxford: University of Minnesota Press, 1991.

_____. Struggle over Needs. In: *Unruly Practices*. Oxford: University of Minnesota Press, 1991. p.161-190.

_____. Rethinking the Public Sphere. In: CALHOUN, C. Habermas and the Public Sphere. Cambridge: The MIT Press, 1992.

FREGE, G. *Logische Untersuchungen*. Göttingen: Vandenhoeck u. Ruprecht, 1966.

FRIEDMAN, L. M. Transformations in American Legal Culture 1800-1985. *Zeitschrift für Rechtssoziologie*, v.6, n.2, p.191-205, 1985.

_____. *Total Justice*. Nova York: Russell Sage Foundation, 1985.

FRÖBEL, J. System der socialen Politik. Mannheim: J. P. Grohe, 1847.

_____. *Monarchie oder Republik*. Mannheim: 1848.

FÜLLER, L. *The Morality of Law*. Chicago: Yale University Press, 1969.

FURET, F. *Vom Ereignis zum Gegenstand der Geschichtswissenschaft*. Frankfurt/Main: Ullstein Taschenbuchvlg., 1980.

_____. *La Revolution 1780-1880*. Paris: Hachette, 1988.

_____. La France Unie. In: FURET, F.; JULLIARD, J.; ROSANVALLON, P. (eds.). *La République du Centre*. Paris: Calmann-Lévy, 1988.

FURET, F.; RICHET, D. *Die Französische Revolution*. Frankfurt/Main: G. B. Fisher, 1968.

GADAMER, H .G. *Wahrheit und Methode*. Tübingen: Mohr, 1960.

GEHLEN, A. *Der Mensch*. Bonn: Athenäum, 1950.

GEHLEN, A. *Urmensch und Spätkultur*. Bonn: Athenäum, 1956.

GERHARDS, J.; NEIDHARDT, F. *Strukturen und Funktionen moderner Öffentlichkeit*. Berlim: WZB, 1990.

GIDDENS, A. *Profiles and Critiques in Social Theory*. Berkeley/Los Angeles: University of California Press, 1982.

GIEGEL, H.-J. (ed.). *Kommunikation und Konsens in modernen Gesellschaften*. Frankfurt/Main: Suhrkamp, 1992.

GLOTZ, P. *Der Irrweg des Nationalstaates*: Europäische Reden an ein deutsches Publikum. Stuttgart: DVA, 1990.

GLUSY, C. Das Mehrheitsprinzip im demokratischen Staat. In: GUGGENBERGER, B.; OFFE, C. (eds.). *An den Grenzen der Mehrheitsdemokratie*. Opladen: VS Verlag für Sozialwissenschaften, 1984. p.61-82.

GÖHLER, G. (ed.). *Grundfragen der Theorie politischer Institutionen*. Opladen: VS Verlag für Sozialwissenschaften, 1987.

GÖHLER, G. et al. (eds.). *Politische Institutionen im gesellschaftlichen Umbruch*. Opladen: VS Verlag für Sozialwissenschaften, 1990.

GOODIN, R. What Is So Special about Our Fellow Countrymen? *Ethics*, Chicago, v.98, n.4, p.663-686, jul. 1988.

GOODMAN, D. Public Sphere and Private Life: toward a Synthesis of Current Historiographical Approaches to the Old Regime. *History and Theory*, Middletown, v.31, n.1, p.1-20, fev. 1992.

GORDON, R. W. Critical Legal Histories. *Stanford Law Review*, v.36, p.57-125, jan. 1984.

GÖRLITZ, A.; VOIGT, R. *Rechtspolitologie*. Hamburgo: VS Verlag für Sozialwissenschaften, 1985.

GRAWERT, R. Staatsangehörigkeit und Staatsbürgerschaft. *Der Staat*, Berlim, v.23, n.1, p.179-204, 1984.

_____. Staatsvolk und Staatsangehörigkeit. In: ISENSEE, J.; KIRCHHOFF, P. (eds.). *Handbuch des Staatsrechts*. Heidelberg: Müller, 1987.

GRIMM, D. Reformalisierung des Rechtsstaats als Demokratiepostulat? *Juristische Schulung*, v.20, p.704-709, 1980.

_____. *Recht und Staat der bürgerlichen Gesellschaft*. Frankfurt/Main: Suhrkamp, 1987.

_____ (ed.). *Wachsende Staatsaufgaben*: sinkende Steuerungsfähigkeit des Rechts. Baden-Baden: Nomos, 1990.

_____. *Die Zukunft der Verfassung*. Frankfurt/Main: Suhrkamp, 1991.

_____. Rückkehr zum liberalen Grundrechtsverständnis? In: *Die Zukunft der Verfassung*. Frankfurt/Main: Suhrkamp, 1991. p.221-240.

_____. Der Wandel der Staatsaufgaben und die Krise des Rechtsstaats. In: *Die Zukunft der Verfassung*. Frankfurt/Main: Suhrkamp, 1991.

GRIMM, D. Verfassungsrechtliche Anmerkungen zum Thema Prävention. In: *Die Zukunft der Verfassung*. Frankfurt/Main: Suhrkamp, 1991.

_____. Interessenwahrung und Rechtsdurchsetzung in der Gesellschaft von morgen. In: *Die Zukunft der Verfassung*. Frankfurt/Main: Suhrkamp, 1991.

GUGGENBERGER, B.; OFFE, C. (eds.). *An den Grenzen der Mehrheitsdemokratie*. Opladen: VS Verlag für Sozialwissenschaften, 1984.

GUNSTEREN, H. R. Admission to Citizenship. *Ethics*, Chicago, v.98, n.4, p.731-741, jul. 1988.

GÜNTHER, K. *Der Sinn für Angemessenheit*. Frankfurt/Main: Suhrkamp, 1988.

_____. Ein normativer Begriff der Kohärenz: Für eine Theorie der juristischen Argumentation. *Rechtstheorie*, Berlin, v.20, p.163-190, 1989.

_____. Hero-Politics in Modern Legal Times. *Working Papers Series 4*, Madison, Institute for Legal Studies, Madison Law School, 1990.

_____. Der Wandel der Staatsaufgaben und die Krise des regulativen Rechts. In: GRIMM, D. (ed.). *Wachsende Staatsaufgaben*: sinkende Steuerungsfähigkei des Rechts. Baden-Baden: Nomos, 1990.

_____. Kann ein Volk von Teufeln Recht und Staat moralisch legitimieren? *Rechtshistorisches Journal*, Frankfurt/Main, v.10, p.233-267, 1991.

_____. Die Freiheit der Stellungnahme als politisches Grundrecht. In: KOLLER, P. et al. Theoretische Grundlagen der Rechtspolitik. *Archiv für Rechts- und Sozialphilosophie*, Beiheft 51, 1991.

_____. Universalistische Normbegründung und Normanwendung. In: HERBERGER, M. et al. Generalisierung und Individualisierung im Rechtsdenken. *Archiv für Rechts- und Sozialphilosophie*, Beiheft 45, 1991.

_____. Möglichkeiten einer diskursethischen Begründung des Strafrechts. In: JUNG, H. et al. (eds.) *Recht und Moral*. Baden-Baden: Nomos, 1991. p.205-217.

GUREVITCH, M.; BLUMLER, G. Political Communication Systems and Democratic Values. In: LICHTENBERG, J. (ed.). *Democracy and the Mass Media*. Cambridge: Cambridge University Press, 1990).

HÄBERLE, P. Grundrechte im Leistungsstaat. In: MARTENS, W. et al. *Veröffentlichungen der Vereinigung der Deutschen Staatsrechtslehrer*. v.30. Berlin/Nova York: De Gruyter, 1972. p.43-131.

_____ (ed.). *Verfassungsgerichtsbarkeit*. Darmstadt: Wissenschaftliche Buchgesellschaft, 1976.

_____. *Verfassung als öffentlicher Prozeß*. Frankfurt/Main: Duncker & Humblot, 1978.

_____. *Die Verfassung des Pluralismus*. Frankfurt/Main: Müller, 1980.

_____. Die offene Gesellschaft der Verfassungsinterpreten. In: *Die Verfassung des Pluralismus*. Frankfurt/Main: Müller, 1980. p.79-105.

Facticidade e validade

HABERMAS, J. *Theorie und Praxis*. Frankfurt/Main: Suhrkamp, 1971. [Ed. bras.: *Teoria e práxis*: estudos de filosofia social. Trad. Rúrion Melo. São Paulo: Editora Unesp, 2014.]

———. Dogmatismus, Vernunft und Entscheidung. In: *Theorie und Praxis*. Frankfurt/Main: Suhrkamp, 1971. [Ed. bras.: *Teoria e práxis*: estudos de filosofia social. Trad. Rúrion Melo. São Paulo: Editora Unesp, 2014.]

———. Die klassische Lehre von der Politik in ihren Verhältnis zur Sozialphilosophie. In: *Theorie und Praxis*. Frankfurt/Main: Suhrkamp, 1971. [Ed. bras.: *Teoria e práxis*: estudos de filosofia social. Trad. Rúrion Melo. São Paulo: Editora Unesp, 2014.]

———. *Legitimationsprobleme im Spätkapitalismus*. Frankfurt/Main: Suhrkamp, 1973.

———. *Zur Rekonstruktion des Historischen Materialismus*. Frankfurt/Main: Suhrkamp, 1976. [Ed. bras.: *Para a construção do materialismo histórico*. São Paulo: Editora Unesp, 2016.]

———. *Theorie des kommunikativen Handelns*. 2v. Frankfurt/Main: Suhrkamp, 1981.

———. *Philosophisch-politische Profile*. Frankfurt/Main: Suhrkamp, 1981.

———. Die Utopie des guten Herrschers. In: *Kleine politische Schriften I-IV*. Frankfurt/Main: Suhrkamp, 1981. p.44 e ss.

———. Arendts Begriff der Macht. In: *Philosophisch-politische Profile*. Frankfurt/Main: Suhrkamp, 1981. p.228-248.

———. *Zur Logik der Sozialwissenschaften*. Frankfurt/Main: Suhrkamp, 1982.

———. *Moralbewußtsein und kommunikatives Handeln*. Frankfurt/Main: Suhrkamp, 1983.

———. Diskursethik: Notizen zu einem Begründungsprogramm. In: *Moralbewußtsein und kommunikatives Handeln*. Frankfurt/Main: Suhrkamp, 1983.

———. *Vorstudien und Ergänzungen zur Theorie des kommunikativen Handelns*. Frankfurt/Main: Suhrkamp, 1984.

———. Was heißt Universalpragmatik? In: *Vorstudien und Ergänzungen zur Theorie des kommunikativen Handelns*. Frankfurt/Main: Suhrkamp, 1984.

———. Wahrheitstheorien. In: *Vorstudien und Ergänzungen zur Theorie des kommunikativen Handelns*. Frankfurt/Main: Suhrkamp, 1984.

———. *Der philosophische Diskurs der Moderne*. Frankfurt/Main: Suhrkamp, 1985.

———. *Die Neue Unübersichtlichkeit*. Frankfurt/Main: Suhrkamp, 1985. [Ed. bras.: *A nova obscuridade*. São Paulo: Editora Unesp, 2015.]

———. Gerechtigkeit und Solidarität. In: EDELSTEIN, W.; NUNNER-WINKLER, G. (eds.). *Zur Bestimmung der Moral*. Frankfurt/Main: Suhrkamp, 1986.

———. *Eine Art Schadensabwicklung*. Frankfurt/Main: Suhrkamp, 1987.

———. Die Screcken der Autonomie. In: *Eine Art Schadensabwicklung*. Frankfurt/Main: Suhrkamp, 1987.

———. *Nachmetaphysisches Denken*. Frankfurt/Main: Suhrkamp, 1988.

———. Der Philosoph als wahrer Rechtslehrer: Rudolf Wiethölter. *Kritische Justiz*, Baden-Baden, v.22, n.2, p.138-156, 1989.

HABERMAS, J. *Die nachholende Revolution*. Frankfurt/Main: Suhrkamp, 1990.

_____. *Strukturwandel der Öffentlichkeit*. Frankfurt/Main: Suhrkamp, 1990. [Ed. bras.: *Mudança estrutural da esfera pública*. São Paulo: Editora Unesp, 2014.]

_____. *Erläuterungen zur Diskursethik*. Frankfurt/Main: Suhrkamp, 1991.

_____. *Texte und Kontexte*. Frankfurt/Main: Suhrkamp, 1991. [Ed. bras.: *Textos e contextos*. Editora Unesp: São Paulo: 2015.]

_____. *Vergangenheit als Zukunft*. Zurique: Pendo-Verlag, 1991.

_____. Zum pragmatischen, ethischen und moralischen Gebrauch der praktischen Vernunft. In: *Erläuterungen zur Diskursethik*. Frankfurt/Main: Suhrkamp, 1991. p.100-118.

_____. *A inclusão do outro*: estudos de teoria política. São Paulo: Editora Unesp, 2015.

HABERMAS, J. et al. *Student und Politik*. Neuwied: H. Luchterhand, 1961.

HALL, S. (ed.). *Culture, Media, Language*. Londres: Hutchinson, 1980.

HALL, S. Encoding and Decoding in TV-Discourse. In: *Culture, Media, Language*. Londres: Hutchinson, 1980. p.128-138.

HAMLIN, A.; PETTIT, B. (eds.). *The Good Polity*: Normative Analysis of the State. Oxford: Wiley-Blackwell, 1989.

HANKISS, E. The Loss of Responsibility. In: MACLEAN, J.; MONTEFIORI, A.; WINCH, P. (eds.). *The Political Responsibility of Intellectuals*. Cambridge: Cambridge University Press, 1990. p.29-52.

HART, D. Soziale Steuerung durch Vertragsabschlußkontrolle: Alternativen zum Vertragsschlub? *Kritische Vierteljahresschrift für Gesetzgebung und Rechtswissenschaft*, Baden-Baden, v.1 (69), n.3, p.211-241, 1986.

HART, H. L. A. *Der Begriff des Rechts*. Frankfurt/Main: Suhrkamp, 1973.

_____. Rawls on Liberty and its Priority. In: DANIELS, N. (ed.). *Reading Rawls*. Oxford: Stanford University Press, 1975. p.230-252.

HARTIG, A. I. Das Bicentennaire:- eine Auferstehung? *Merkur*, Stuttgart, v.43, ed.481, p.258-264, mar. 1989.

HARTWICH, H. H. (ed.). *Macht und Ohnmacht politischer Institutionen*. Opladen: VS Verlag für Sozialwissenschaften, 1989.

HASSEMER, W. Juristische Hermeneutik. *Archiv für Rechts- und Sozialphilosophie*, Stuttgart, v.72, n.2, p.195-212, 1986.

_____. Rechtsphilosophie, Rechtswissenschaft, Rechtspolitik. *Archiv für Rechts- und Sozialphilosophie*, Stuttgart, v.72, n.2, Beiheft 44, p.130-143, 1991.

HAYEK, F. A. *Die Verfassung der Freiheit*. Tübingen: Mohr, 1971.

HELD, D. *Models of Democracy*. Oxford: Stanford University Press, 1987.

_____. *Political Theory and the Modern State*. Oxford: Stanford University Press, 1989.

Facticidade e validade

HELD, D. Citizenship and Autonomy. In: *Political Theory and the Modern State*. Oxford: Stanford University Press, 1989. p.214-242.

_____ (ed.). *Political Theory Today*. Oxford: Stanford University Press, 1991.

HELLER, H. *Gesammelte Schriften*. Leiden: Sijthoff, 1971.

HELLESNESS, J. Toleranz und Dissens. *Zeitschrift für Philosophie*, v.40, p.245-255, 1992.

HERBERGER, M. et al. (eds.). Generalisierung und Individualisierung im Rechtsdenken. *Archiv für Rechts- und Sozialphilosophie*, Stuttgart, Beiheft 45, 1991.

HESSE, K. *Verfassungsrecht und Privatrecht*. Heidelberg: Müller, 1988.

_____. *Grundzüge des Verfassungsrechts der Bundesrepublik Deutschland*. Heidelberg: Müller, 1990.

HILGARTNER, S. The Rise and Fall of Social Problems: a Public Arenas Model. *American Journal of Sociology*, Chicago, v.94, n.1, p.53-78, jul. 1988.

HIRSCH, J. *Der Sicherheitsstaat*: Das Modell Deutschsland, seine Krise und die neuen sozialen Bewegungen. Frankfurt/Main: Europäische Verlagsanstalt, 1980.

Historisches Wörterbuch der Philosophie, v.6. Stuttgart, 1984.

HOBBES, T. *Leviathan*. Neuwied: 1966.

_____. *Lehre vom Bürger*.

_____. *Vom Menschen – Vom Bürger*. Hamburgo: Felix Meiner, 1977.

HOERSTER, N. (ed.). *Recht und Moral*. Göttingen: 1972.

_____. *Verteidigung des Rechtspositivismus*. Frankfurt/Main: Hermann Luchterhand, 1989.

HÖFFE, O. *Politische Gerechtigkeit*. Frankfurt/Main: Suhrkamp, 1987.

_____. *Kategorische Rechtsprinzipien*. Frankfurt/Main: Suhrkamp, 1990.

_____. *Gerechtigkeit als Tausch?* Baden-Baden: Nomos, 1991.

_____. Eine Konversion der Kritischen Theorie? *Rechtshistorisches Journal*, Frankfurt/Main, n.12, p.70-88, 1993.

HOFMANN, H. Das Postulat der Allgemeinheit des Gesetzes. In: STARCK, C. (ed.). *Die Allgemeinheit des Gesetzes*. Göttingen: Vandenhoeck & Ruprecht, 1987. p.9-48.

HOLMES, S. Gag Rules or the Politics of Omission. In: ELSTER, J.; SLAGSTAD, R. (eds.). *Constitutionalism and Democracy*. Cambridge: Cambridge University Press, 1988. p.19-58.

HONNETH, A. *Kampf um Anerkennung*. Frankfurt/Main: Suhrkamp, 1992.

_____. Posttraditionale Gesellschaften. In: BRUMLIK, M.; BRUNKHORST, H. (eds.). *Gemeinschaft und Gerechtigkeit*. Frankfurt/Main: Fischer, 1993. p.260-270.

HONNETH, A. et al. (eds.). *Zwischenbetrachtungen im Prozeß der Aufklärung*. Frankfurt/Main: Suhrkamp, 1989.

HOY, D. C. Interpreting the Law: Hermeneutical and Poststructuralist Perspectives. *Southern California Law Review*, Los Angeles, v.58, p.135-176, 1985.

HOY, D. C. Dworkin's Constructive Optimism vs. Deconstructive Legal Nihilism. *Law and Philosophy*, v.6, n.3, p.321-356, dez. 1987.

HUBER, E. R. Rechtsstaat und Sozialstaat in der modernen Industriegesellschaft. In: FORSTHOFF, E. (ed.). *Rechtsstaatlichkeit und Sozialstaatlichkeit*. Darmstadt: Wissenschaftliche Buchgesellschaft, 1968.

HUBER, H. *Rechtstheorie, Verfassungsrecht*. Völkerrecht: Stämpfli, 1971.

_____. Die Bedeutung der Grundrechte für die sozialen Beziehungen unter den Rechtsgenossen. In: *Rechtstheorie, Verfassungsrecht*. Völkerrecht: Stämpfli, 1971.

IHERING, R. *Geist des römischen Rechts*. Leipzig: 1888.

ISENSEE, J.; KIRCHHOFF, P. (eds.). *Handbuch des Staatsrechts*. Heidelberg: Müller, 1987.

JOERGES, C. Die Überarbeitung des BGB, die Sonderprivatrechte und die Unbestimmtheit des Rechts. *Kritische Justiz*, p.166-182, 1987.

_____. Politische Rechtstheorie und Critical Legal Studies. In: JOERGES, C.; TRUBEK, D. M. (eds.). *Critical Legal Thought*: an American-German Debate. Madison: University of Wisconsin Law School, 1989. p.597-644.

JOERGES, C.; TRUBEK, D. M. (eds.). *Critical Legal Thought*: an American-German Debate. Madison: University of Wisconsin Law School, 1989.

JOHNSON, J. Habermas on Strategic and Communicative Action. *Political Theory*, v.19, n.2, p.181-201, maio 1991.

JUNG, H. et al. (eds.). *Recht und Moral*. Baden-Baden: Nomos, 1991.

KAASE, M. Massenkommunikation und politischer Prozeß. In: KAASE, M.; SCHULZ, W. (eds.). *Massenkommunikation*: Theorien, Methoden, Befunde. Opladen: Westdeutscher, 1989. p.97-117.

KAASE, M.; SCHULZ, W. (eds.). *Massenkommunikation*: Theorien, Methoden, Befunde. Opladen: Westdeutscher, 1989.

KAHN, P. W. Reason and Will in the Origins of American Constitutionalism. *The Yale Law Journal*, New Heaven, v.98, p.449-517, 1989.

KAHN-FREUND, O. Das soziale Ideal des Reichsarbeitsgerichts. In: RAMM, T. (ed.). *Arbeitsrecht und Politik*. Neuwied/Berlim: Luchterhand, 1966.

KALLSCHEUER, O. Revisionismus und Reformismus. In: FETSCHER, I.; MÜNKLER, H. (eds.). *Pipers Handbuch der politischen Ideen*. Neuzeit: Von der Französischen Revolution bis zum europäischen Nationalismus. v.4. Munique: Piper, 1986.

KANT, I. *Die Metaphysik der Sitten*. Ed. Wilhelm Weischedel. v.IV. Frankfurt/Main: Suhrkamp.

_____. *Grundlegung zur Metaphysik der Sitten*. Werke, v.IV.

_____. *Über den Gemeinspruch*. Werke, v.VI.

KAUFMANN, A. *Theorie der Gerechtigkeit*. Frankfurt/Main: Metzner, 1984.

Facticidade e validade

KAUFMANN, A. Über die Wissenschaftlichkeit der Rechtswissenschaft. *Archiv für Rechts- und Sozialphilosophie*, Stuttgart, v.72, n.4, p.425-442, 1986.

_____. Recht und Rationalität. In: KAUFMANN, A.; MESTMÄCKER, E.-J.; ZACHER, H. F. (eds.). *Rechtsstaat und Menschenwürde*: Festschrift für Werner Maihofer zum 70. Geburtstag. Frankfurt/Main: Vittorio Klostermann, 1986.

_____. *Rechtsphilosophie in der Nach-Neuzeit*. Heidelberg: Decker u. Müller, 1990.

KAUFMANN, A.; MESTMÄCKER, E.-J.; ZACHER, H. F. (eds.). *Rechtsstaat und Menschenwürde*: Festschrift für Werner Maihofer zum 70. Geburtstag. Frankfurt/Main: Vittorio Klostermann, 1986.

KEANE, J. *Democracy and Civil Society*. Londres: Verso Books, 1988.

_____ (ed.). *Civil Society and the State*. Londres: Verso Books, 1988.

_____. *The Media and Democracy*. Cambridge: Polity Press, 1991.

KELSEN, H. Wer soll der Hüter der Verfassung sein? *Die Justiz VI*, p.576-628, 1931.

_____. *Allgemeine Staatslehre*. Bad Homburg: 1968.

KENNEDY, D. Form and Substance in Private Law Adjudication. *Harvard Law Review*, Cambridge, v.89, 1976.

KERSTING, W. *Wohlgeordnete Freiheit*. Berlim: De Gruyter, 1984.

KIELMANNSEGG, P. Ohne historisches Vorbild. *Frankfurter Allgemeine Zeitung*, 7 dez. 1990.

KLEGER, H.; MÜLLER, R. (eds.). *Religion des Bürgers*: Zivilreligion in Amerika und Europa. Munique: Kaiser, 1986.

KNIEPER, R. *Nationale Souveränität*: Versuch über Ende und Anfang einer Weltordnung. Frankfurt/Main: Fischer, 1991.

KOCH, H. J. *Die juristische Methode im Staatsrecht*: Über Grenzen von Verfassungsund Gesetzesbindung. Frankfurt/Main: Suhrkamp, 1977.

KOHLBERG, L. *The Philosophy of Moral Development*: Essays on Moral Development. v.I. São Francisco: Harper & Row, 1981.

KOLLER, P. et al. (eds.). Theoretische Grundlagen der Rechtspolitik. *Archiv für Rechts- und Sozialphilosophie*, Stuttgart, Beiheft 51, 1991.

KÖNDGEN, J. *Selbstbindung ohne Vertrag*. Tübingen: Mohr, 1981.

KOSELLECK, R. *Vergangene Zukunft*: zur Semantik geschichtlicher Zeiten. Frankfurt/Main: Suhrkamp, 1979.

KOSLOWSKI, P. *Gesellschaft und Staat*. Stuttgart: Klett-Cotta, 1982.

KRESS, K. J. Legal Reasoning and Coherence Theories: Dworkin's Rights Thesis, Retroactivity, and the Linear Order of Decisions. *California Law Review*, Berkeley, v.72, n.3, p.369-402, maio 1984.

KREUDER, T. (ed.). *Der orientierungslose Leviathan*: Verfassungsdebatte, Funktion und Leistungsfähigkeit von Recht und Verfassung. Marburg: Schüren, 1992.

KRIELE, M. *Einführung in die Staatslehre*. Reinbek: Rowohlt, 1975; Opladen: VS Verlag für Sozialwissenschaften, 1981.

_____. *Recht und praktische Vernunft*. Göttingen: Vandenhoeck & Ruprecht, 1979.

KÜBLER, F. Privatrecht und Demokratie. In: BAUR, F. et al. (eds.). *Funktionswandel der Privatrechtsinstitutionen*: Festschrift für L. Raiser. Heidelberg: Mohr Siebeck, 1974.

_____. *Über die praktischen Aufgaben zeitgemäßer Privatrechtstheorie*. Karlsruhe: 1975.

_____ (ed.). *Verrechtlichung von Wirtschaft, Arbeit und sozialer Solidarität*. Baden-Baden: Nomos, 1984; Frankfurt/Main: Suhrkamp, 1985.

_____. Die neue Rundfunkordnung: Marktstruktur und Wettbewerbsbedingungen. *Neue Juristische Wochenschrift*, Heft 47, p.2961-2967, 1987.

KUHLMANN, W. (ed.). *Moralität und Sittlichkeit*. Frankfurt/Main: Suhrkamp, 1986.

KUNIG, P. *Das Rechtsstaatsprinzip*. Tübingen: Mohr Siebeck, 1986.

KURATORIUM FÜR EINEN DEMOKRATISCH VERFAßTEN BUND DEUTSCHER LÄNDER (ed.). *In freier Selbstbestimmung. Für eine gesamtdeutsche Verfassung mit Volksentscheid*. Berlim/Colônia/Leipzig: 1990 (Schriftenreihe der Heinrich-Böll-Stiftung, Heft 4, 1990).

LAKER, T. *Ziviler Ungehorsam*: Geschichte, Begriff, Rechtfertigung. Baden-Baden: Nomos, 1986.

LANGER, C. *Reform nach Prinzipien*: Zur politischen Theorie Immanuel Kants. Stuttgart: Klett-Cotta, 1986.

LARMORE, C. *Patterns of Moral Complexity*. Cambridge: Cambridge University Press, 1987.

_____. Political Liberalism. *Political Theory*, v.18, n.3, p.339-360, ago. 1990.

_____. Die Wurzeln radikaler Demokratie. In: *Deutsche Zeitschrift für Philosophie*, Berlim, v.41, p.327, 1993.

LEPENIES, W. *Melancholie und Gesellschaft*. Frankfurt/Main: Suhrkamp, 1969.

LEPSIUS, M. R. *Interessen, Ideen und Institutionen*. Opladen: Westdeutscher, 1990.

_____. Ethnos und Demos. In: LEPSIUS, M. R. *Interessen, Ideen und Institutionen*. Opladen: Westdeutscher, 1990. p.247-255.

_____. Der europäische Nationalstaat. In: LEPSIUS, M. R. *Interessen, Ideen und Institutionen*. Opladen: Westdeutscher, 1990.

LICHTENBERG, J. (ed.). *Democracy and the Mass Media*. Cambridge: Cambridge University Press, 1990.

LÖSCHE, P. Anarchismus. In: FETSCHER, I.; MÜNKLER, H. (eds.). *Pipers Handbuch der Politischen Ideen*. Neuzeit: Von der Französischen Revolution bis zum europäischen Nationalismus. v.4. Munique: Piper, 1986.

LÖWITH, K. *Weltgeschichte und Heilsgeschehen*. Stuttgart: Kohlhammer, 1953.

LÜDERSSEN, K. *Genesis und Geltung im Recht*. Frankfurt/Main: Suhrkamp, 1993.

LÜDERSSEN, K. Die Steuerungsfunktion des Gesetzes: Überformung oder Gegensteuerung zur Entwicklungstendenz einer Gesellschaft. In: *Genesis und Geltung im Recht*. Frankfurt/Main: Suhrkamp, 1993 .

LUHMANN, N. *Legitimation durch Verfahren*. Neuwied: 1969.

_____. Normen in soziologischer Perspektive. *Soziale Welt*, Baden-Baden, v.20, n.1, p.28-48, 1969.

_____. *Ausdifferenzierung des Rechts*. Frankfurt/Main: Suhrkamp, 1981.

_____. *Politische Theorie im Wohlfahrtsstaat*. Munique: Olzog, 1981.

_____. *Rechtssoziologie*. Opladen: Westdeutscher, 1983.

_____. Einige Probleme mit "reflexivem" Recht. *Zeitschrift für Rechtssooziologie*, Opladen, v.6, p.1-18,1985.

_____. *Die soziologische Beobachtung des Rechts*. Frankfurt/Main: Alfred Metzner, 1986.

_____. *Ökologische Kommunikation*. Opladen: Verlag für Sozialwissenschaften, 1986.

_____. Intersubjektivität oder Kommunikation. *Archivo di Filosofia*, v.LIV, 1986.

_____. Politische Steuerung: Ein Diskussionsbeitrag. *Politische Vierteljahresschrift*, v.30, n.1, p.4-9, mar. 1989.

_____. *Gesellschaftsstruktur und Semantik*. 3v. Frankfurt/Main: Suhrkamp, 1990.

_____. *Juristische Argumentation*. Manuscrito, 1991.

_____. *Beobachtungen der Moderne*. Colônia: Westdeutscher, 1992.

_____. Quod omnes tangit. *Rechtshistorisches Journal*, Frankfurt/Main, n.12, p.36-56, 1993.

MACCORMICK, N. *Legal Reasoning and Legal Theory*. Oxford: Clarendon Press, 1978.

MACINTYRE, A. *Whose Justice? Which Rationality?* Notre Dame/Indiana: University of Notre Dame Press, 1988.

MACKINNON, C. A. *Towards a Feminist Theory of the State*. Cambridge: Harvard University Press, 1989.

MACLEAN, J.; MONTEFIORI, A.; WINCH, P. (eds.). *The Political Responsibility of Intellectuals*. Cambridge: CUP Archive, 1990.

MACPHERSON, C. B. *Die politische Theorie des Besitzindividualismus*. Frankfurt/Main: Suhrkamp, 1973.

MAIER, C. S. (ed.). *Changing Boundaries of the Political*: Essays on the Evolving Balance between the State and Society, Public and Private in Europe. Cambridge: Cambridge University Press, 1987.

MAIHOFER, W. (ed.). *Begriff und Wesen des Rechts*. Darmstadt: Wissenschaftliche Buchgesellschaft, 1973.

MAIHOFER, W.; SPRENGER, G. (eds.). Praktische Vernunft und Theorien der Gerechtigkeit. Vorträge des 15. IVR-Weltkongresses in Göttingen, August 1991, v.I, Stuttgart 1993 (*Archiv für Rechts- und Sozialphilosophie*, Beiheft 50).

MANIN, B. On Legitimacy and Political Deliberation. *Political Theory*, v.15, n.3, p.338-368, ago. 1987.

MANSBRIDGE, J. Self-Interest in Political Life. *Political Theory*, v.18, n.1, p.132-153, fev. 1990.

MARCH, J. G.; OLSEN, J. P. The New Institutionalism: Organizational Factors in Political Life. *American Political Science Review*, v.78, n.3, p.734-749, set. 1984.

_____. Popular Sovereignty and the Search for Appropriate Institutions. *Journal of Public Policy*, v.6, n.4, p.341-370, 1986.

_____. *Rediscovering Institutions*: the Organizational Basis of Politics. Nova York: Free Press, 1989.

MARKOV, W. *Die Jakobinerfrager heute*. Berlim: Oulun Historiaseura, 1967.

MARSHALL, T. H. *Citizenship and Social Class*. Cambridge: Cambridge University Press, 1950; republicado in: *Class, Citizenship and Social Development*. Westport: Praeger, 1973; ed. alemã: *Bürgerrecht und soziale Klassen*. Frankfurt/Main: Campus, 1992. p.33-94.

_____. *Class, Citizenship and Social Development*. Westport: Praeger, 1973.

MARX, K. *Der 18. Brumaire des Louis Napoleon*. Berlim: 1953.

MASHAW, J. L. *Due Process in the Administrative State*. New Haven: Yale University Press, 1985.

MAUS, I. Entwicklung und Funktionswandel des bürgerlichen Rechtsstaates. In: TOHIDIPUR, M. (ed.). *Der bürgerliche Rechtsstaat*. v.I. Frankfurt/Man: Suhrkamp, 1978.

_____. *Bürgerliche Rechtstheorie und Faschismus*. Munique: Fink, 1980.

_____. *Rechtstheorie und politische Theorie im Industriekapitalismus*. Munique: Wilhelm Fink, 1986.

_____. Entwicklung und Funktionswandel der Theorie des bürgerlichen Rechtssta-ats. In: MAUS, I. (1986), p.11-82; também em: GÖHLER, G. (ed.). *Gundfragen der Theorie politischer Institutionen*. Opladen: Westdeutscher, 1987.

_____. Verrechtlichung, Entrechtlichung und der Funktionswandel von Institu-tionen. In MAUS, I. (1986), p.277-331.

_____. Die Trennung von Recht und Moral als Begrenzung des Rechts. *Rechtstheorie*, Berlim, v.20, n.2, p.191-210, 1989.

_____. Zur Theorie der Institutionalisierung bei Kant. In: GÖHLER, G. et al. (eds.). *Politische Institutionen im gesellschaftlichen Umbruch*. Opladen: VS Verlag für Sozialwissenschaften, 1990.

_____. *Zur Aufklärung der Demokratietheorie*. Frankfurt/Main: Suhrkamp, 1992.

_____. Basisdemokratische Aktivitäten und rechtsstaatliche Verfassung. In: KREU-DER, T. (ed.). *Der orientierungslose Leviathan*. Marburg: Schüren, 1992. p.99-116.

MAYNTZ, R. (ed.). *Implementation politischer Programme II*. Opladen: Westdeutscher, 1983.

_____. *Steuerung, Steuerungsakteure, Steuerungsinstrumente*, H. 70, Hi-Mon, Gesamthochschule Siegen, 1986.

MCCARTHY, J. E. *Semiotic Idealism*: Transactions of the Ch.S. Peirce Society. v.20. 1984.

MENKE-EGGERS, C. *Die Souveränität der Kunst*. Frankfurt/Main: Athenaeum, 1988.

MERRY, H. J. *Five-Branch Government*: the Full Measure of Constitutional Checks and Morgan. Urbana: Illinois University of Illinois Press, 1980.

MESTMÄCKER, E. -J. Der Kampf ums Recht in der offenen Gesellschaft. *Rechtstheorie*, Berlim, v.20, n.3, p.273-288, 1989.

_____. Die Wiederkehr der bürgerlichen Gesellschaft und ihres Rechts. *Rechtshistorisches Journal*, v.10, p.177-184, 1991.

MICHELMAN, F. I. Justification (and Justifiability) of Law in a Contradictory World. *Nomos*, v.28, p.71-99, 1986.

_____. Political Truth and the Rule of Law. *Tel Aviv University Studies in Law*, v.8 1988.

_____. Law's Republic. *The Yale Law Journal*, New Haven, v.97, n.8, jul. 1988.

_____. Bringing the Law to Life. *Cornell Law Review*, Ithaca, v.74, n.2, p.256-269, jan. 1989.

_____. Conceptions of Democracy in American Constitutional Argument: the Case of Pornography Regulation. *Tennessee Law Review*, Knoxville, v.56, jan. 1989.

_____. Conceptions of Democracy in American Constitutional Argument: Voting Rights. *Florida Law Review*, Gainesville, v.41, p.443-490, 1989.

MICHELMAN, F. I.; SULLIVAN, K. M. The Supreme Court, 1985 Term, Foreword. *Harvard Law Review*, Cambridge, v.100, n.1, p.4-77, nov. 1986.

MILLAR, J. *Vom Ursprung des Unterschieds in den Rangordnungen und Ständen der Gesellschaft*. Frankfurt/Main: Suhrkamp, 1967.

MILLER, D. The Ethical Significance of Nationality. *Ethics*, Chicago, v.98, n.4, p.647-662, jul. 1988.

MINDA, G. The Jurisprudential Movements of the 1980s. *Ohio State Law Journal*, Columbus, v.50, n.3, p.599-662, 1989.

MINOW, M. *Making All the Difference*: Inclusion, Exclusion, and American Law. Ithaca: Cornell University Press, 1990.

MOON, J. D. Constrained Discourse and Public Life. *Political Theory*, v.19, n.2, p.202-229, 1991.

MORLEY, D. *Family Television*: Cultural Power and Domestic Leisure. Londres: Routledge, 1988.

MÜNCH, R. *Theorie des Handelns*. Frankfurt/Main: Suhrkamp, 1982.

MÜNCH, R. Die sprachlose Systemtheorie: Systemdifferenzierung, reflexives Recht, reflexive Selbststeuerung und Integration durch Indifferenz. *Zeitschrift für Rechtssoziologie*, v.6, 1985.

_____. *Die Kultur der Moderne*. 2v. Frankfurt/Main: Suhrkamp, 1986.

NAUCKE, W. *Die Wechselwirkung zwischen Strafziel und Verbrechensbegriff*. Stuttgart: Franz Steiner, 1985.

_____. Versuch über den aktuellen Stil des Rechts. *Schriften der H. Ehlers-Akademie*, v.19, 1986.

NEGT, O.; MOHL, E. T. Marx und Engels: der unaufgehobene Widerspruch von Theorie und Praxis. In: FETSCHER, I.; MÜNKLER, H. (eds.). *Pipers Handbuch der Politischen Ideen*. Neuzeit: Von der Französischen Revolution bis zum europäischen Nationalismus. v.4. Munique: Pipers, 1986.

NEUMANN, U. *Juristische Argumentationslehre*. Darmstadt: Wissenschaftliche Buchgesellschaft, 1986.

_____. Rückwirkungsverbot bei belastenden Rechtsprechungsänderungen der Strafgerichte? *Zeitschrift für die gesamte Staatswissenschaft*, Tübingen, v.103, p.331-356, 1991.

OFFE, C. *Contradictions of the Welfare State*. Londres: Hutchinson, 1984.

_____. Challenging the Boundaries of Institutional Politics: Social Movements since the 1960s. In: MAIER, C. S. (ed.). *Changing Boundaries of the Political*: Essays on the Evolving Balance between the State and Society, Public and Private in Europe. Cambridge: Cambridge University Press, 1987. p.63-106.

_____. Bindung, Fessel, Bremse. In: HONNETH, A. et al. (eds.). *Zwischenbetrachtungen im Prozeß der Aufklärung*. Frankfurt/Main: Suhrkamp, 1989.

OFFE, C.; PREUß, U. K. Democratic Institutions and Moral Resources. In: HELD, D. (ed.). *Political Theory Today*. Oxford: Stanford University Press, 1991.

OGOREK, R. *Richterkönig oder Subsumtionsautomat?* Zur Justiztheorie im 19. Jahrhundert. Munique: Vittorio Klostermann, 1986.

O'NEILL, O. Kommunikative Rationalität und praktische Vernunft. *Deutsche Zeitschrift für Philosophie*, Berlin, v.41, p.329-332, 1993.

PAPIER, H. J. *Eigentumsgarantie des Grundgesetzes im Wandel*. Heidelberg: Müller, 1984.

PARSONS, T. *Sociological Theory and Modern Society*. Nova York: Free Press, 1967.

_____. On the Concept of Influence. In: *Sociological Theory and Modern Society*. Nova York: Free Press, 1967. p.355-382.

_____. *The System of Modern Societies*. Englewood Cliffs: Prentice-Hall, 1971.

PARSONS, T.; SHILS, E. *Toward a General Theory of Action*. Cambridge: Harvard University Press, 1951.

PARSONS, T.; BALES, R. F.; SHILS, E. *Working Papers in the Theory of Action*. Nova York: Talcot Parsons, 1953.

PATEMAN, C. *The Problem of Political Obligation*. Oxford: 1979.

PEIRCE, C. S. *Collected Papers*. v.I-VIII. Cambridge: 1966.

PERRY, M. J. *Morality, Politics and Law*. Oxford: Oxford University Press, 1988.

PETERS, B. *Rationalität, Recht und Gesellschaft*. Frankfurt/Main: Suhrkamp, 1991.

_____. *Die Integration moderner Gesellschaften*. Frankfurt/Main: Suhrkamp, 1993.

PITKIN, H. Justice: on Relating Private and Public. *Political Theory*, v.9, n.3, p.327-352, ago. 1981.

POCOCK, J. G. A. *The Machiavellian Moment*: Florentine Political Thought and the Atlantic Republican Tradition. Princeton: Princeton University Press, 1975.

_____. Virtues, Rights, and Manners: a Model for Historians of Political Thought. *Political Theory*, v.9, n.3, p.353-368, ago. 1981.

POPITZ, H. *Die normative Konstruktion von Gesellschaft*. Tübingen: Mohr Siebeck, 1980.

POSPISIL, L. *Anthropologie des Rechts*. Munique: C. H. Beck, 1982.

PREUSS, U. K. *Legalität und Pluralismus*. Frankfurt/Main: Suhrkamp, 1973.

_____. *Die Internalisierung des Subjekts*. Frankfurt/Main: Suhrkamp, 1979.

_____. Was heißt radikale Demokratie heute? In: FORUM FÜR PHILOSOPHIE BAD HOMBURG (ed.). *Die Ideen von 1789*. Frankfurt/Main: Suhrkamp, 1989. p.37-67.

_____. *Revolution, Fortschritt und Verfassung*: Zu einem neuen Verfassungsverständnis. Berlin: Fischer, 1990.

_____. Verfassungstheoretische Überlegungen zur normativen Begründung des Wohlfahrtsstaates. In: SACHßE, C.; ENGELHARDT, H. T. (eds.). *Sicherheit und Freiheit*: Zur Ethik des Wohlfahrtsstaates. Frankfurt/Main: Suhrkamp, 1990.

PUCHTA, G. F. *Cursus der Institutionen*. Leipzig: Breitkopf und Härtel, 1865.

PUHLE, H. J. Die Anfänge des politischen Konservatismus in Deutschland. In: FETSCHER, I.; MÜNKLER, H. (eds.). *Pipers Handbuch der Politischen Ideen*. Neuzeit: Von der Französischen Revolution bis zum europäischen Nationalismus. v.4. Munique: Pipers, 1986.

PUTNAM, H. Why Reason Can't Be Naturalized. *Synthese*, v.52, n.1, p.3-23, jul. 1982.

_____. *Vernunft, Wahrheit und Geschichte*. Frankfurt/Main: Suhrkamp, 1982.

RAISER, L. *Die Zukunft des Privatrechts*. Berlin: De Gruyter, 1971.

_____. *Die Aufgabe des Privatrechts*. Frankfurt/Main: Athenäum, 1977.

_____. Der Stand der Lehre vom subjektiven Recht im Deutschen Zivilrecht. In: *Die Aufgabe des Privatrechts*. Frankfurt/Main: Athenäum, 1977.

RAISER, T. *Rechtssoziologie*. Frankfurt/Main: Luchterhand, 1987.

RAMM, T. (ed.). *Arbeitsrecht und Politik*. Frankfurt/Main: Luchterhand, 1966.

RASCHKE, J. *Soziale Bewegungen*: Ein historisch-systematischer Grundriss. Frankfurt/Main: Campus, 1985.

RAWLS, J. Justice as Fairness: Political not Metaphysical. *Philosophy and Public Affairs*, v.14, n.3, p.223-251, 1985.

_____. *Theorie der Gerechtigkeit*. Frankfurt/Main: Suhrkamp, 1975.

_____. Kantian Constructivism in Moral Theory. *The Journal of Philosophy*, Nova York, v.77, n.9, p.515-572, set. 1980.

_____. The Tanner Lectures on Human Values 1982 (hg. von St. McMurrin), Salt Lake City, 1983.

_____. The Basic Liberties and their Priorities. In: The Tanner Lectures on Human Values 1982 (hg. von St. McMurrin), Salt Lake City, 1983.

_____. *The Domain of the Political and Overlapping Consensus*. Manuscrito, 1989.

_____. *Die Idee des politischen Liberalismus*. Frankfurt/Main: Suhrkamp, 1992.

_____. *Political Liberalism*. Nova York: Columbia University Press, 1992.

REGH, W. *Insight and Solidarity*: the Idea of a Discourse Ethics. Evanston, 1991. Dissertação (Filosofia) – Northwestern University.

_____. Discourse and the Moral Point of View: Deriving a Dialogical Principle of Universalization. *Inquiry*, v.34, n.1, p.27-48, 1991.

REHBINDER, E. Reflexives Recht und Praxis: Der Betriebsbeauftragte für Umweltschutz als Beispiel. *Jahrbuch für Rechtssoziologie und Rechtstheorie*, v.13, p.109-129, 1988.

RHODE, D. L. *Justice and Gender*: Sex Discrimination and the Law. Cambridge: Harvard University Press, 1989.

RICHARDS, D. A. J. Moral Philosophy and the Search for Fundamental Values in Constitutional Law. *Ohio State Law Journal*, Columbus, v.42, n.1, p.319-333, 1981.

RIDDER, H. *Die soziale Ordnung des Grundgesetzes*: Leitfaden zu den Grundrechten einer demokratischen Verfassung. Opladen: VS Verlag für Sozialwissenschaften, 1975.

RITTER, J. *Metaphysik und Politik*: Studien zu Aristoteles und Hegel. Frankfurt/Main: Suhrkamp, 1969.

RÖDEL, U.; FRANKENBERG, G.; DUBIEL, H. *Die demokratische Frage*. Frankfurt/ Main: 1989.

RÖDEL, U. et al. (eds.). *Autonome Gesellschaft und libertäre Demokratie*. Frankfurt/Main: Suhrkamp, 1990.

ROLKE, L. *Protestbewegungen in der Bundesrepublik*. Opladen: VS Verlag für Sozialwissenschaften, 1987.

RONIGER, L. Conditions for the Consolidation of Democracy in Southern Europe and Latin America. In: EISENSTADT, S. N. (ed.). *Democracy and Modernity*. Leiden: Brill, 1992. p.53-68.

RORTY, R. *Solidarität oder Objektivität*: Drei philosophische Essays. Stuttgart: Reclam, 1988.

Facticidade e validade

RORTY, R. Der Vorrang der Demokratie vor der Philosophie. In: *Solidarität oder Objektivität*: Drei philosophische Essays. Stuttgart: Reclam, 1988.

ROSENBLUM, N. (ed.). *Liberalism and the Moral Life*. Cambridge: Harvard University Press, 1989.

ROUSSEAU, J.-J. *Contrat Social III*, 1; ed. alemã: *Staat und Gesellschaft*. Munique: Goldmanns Gelbe Taschenbucher, 1959.

ROYCE, J. *The Spirit of Modern Philosophy*. Boston: Houghton, Mifflin and Company, 1892.

RUPP, H. H. Vom Wandel der Grundrechte. *Archiv des öffentlichen Rechts*, v.101, 1976.

RÜSEN, J., LÄMMERT, E.; GLOTZ, P. (eds.). *Die Zukunft der Aufklärung*. Frankfurt/Main: Suhrkamp, 1988.

RÜTHERS, B. *Die unbegrenzte Auslegung*. Frankfurt/Main: Athenäum/Fischer/Taschenbuch, 1973.

SACHßE, C.; ENGELHARDT, H. T. (eds.). *Sicherheit und Freiheit*: Zur Ethik des Wohlfahrtsstates. Frankfurt/Main: Suhrkamp, 1990.

SALGO, R. Soll die Zuständigkeit des Familiengerichts erweitert werden? *Zeitschrift für das gesamte Familienrecht*, ano 31, mar. 1984.

SAVIGNY, F. C. *System des heutigen Römischen Rechts*. Berlim: 1840.

SCHARPF, F. W. *Demokratietheorie zwischen Utopie und Anpassung*. Konstanz: Druckerei u. Verlagsanst. Universitätsverl., 1970.

_____. Verhandlungssysteme, Verteilungskonflikte und Pathologien der politischen Steuerung. *Politische Vierteljahresschrift* (Sonderheft "Staatstätigkeit"), v.19, p.61-67, 1989.

_____. Politische Steuerung und politische Institution. *Politische Vierteljahresschrift*, v.30, n.1, p.10-21, mar. 1989.

_____. Politische Steuerung und politische Institution. In: HARTWICH, H.-H. (ed.). *Macht und Ohnmacht politischer Institutionen*. Opladen: VS Verlag für Sozialwissenschaften, 1989. p.17-29.

SCHATTSCHNEIDER, E. E. *The Semisovereign People*: a Realist's View of Democracy in America. Nova York: Holt, Rinehart and Winston, 1960.

SCHEIT, H. *Wahrheit, Diskurs, Demokratie*. Freiburg: Alber Karl, 1987.

SCHELLING, T. *Micromotives and Macrobehavior*. Nova York: W. W. Norton & Co., 1978.

SCHELSKY, H. *Die Soziologen und das Recht*. Opladen: VS Verlag für Sozialwissenschaften, 1980.

SCHLOSSER, H. *Grundzüge der neueren Privatrechtsgeschichte*: ein Studienbuch. Heidelberg: Müller, 1982.

SCHLUCHTER, W. *Die Entwicklung des okzidentalen Rationalismus*. Tübingen: Mohr Siebeck, 1979.

SCHLUCHTER, W. *Religion und Lebensführung*. Frankfurt/Main: Suhrkamp, 1988.

_____. Beiträge zur Werttheorie. In: *Religion und Lebensführung*. Frankfurt/Main: Suhrkamp, 1988.

SCHMIDT, E. Von der Privat- zur Sozialautonomie: Vorläufige Gedanken zur abnehmenden Gestaltungskraft konventioneller juristicher Dogmatik im Privatrechtssystem Josef Esser zum 70. *JuristenZeitung*, v.35, n.5-6, p.153-161, mar. 1980.

SCHMIDT, J. Zur Funktion der subjektiven Rechte. *Archiv für Rechts- und Sozialphilosophie*, Stuttgart, v.57, n.3, p.383-397, 1971.

SCHMIDT, W. *Einführung in die Probleme des Verwaltungsrechts*. Munique: C. H. Beck, 1982.

SCHMIDT-ASSMANN, E. Der Rechtsstaat. In: ISENSEE, J.; KIRCHHOFF, P. (eds.). *Handbuch des Staatsrechts*. Heidelberg: Müller, 1987.

SCHMITT, C. *Die geistesgeschichtliche Lage des heutigen Parlamentarismus*. Berlim: Duncker & Humblot, 1926.

_____. *Verfassungslehre*. Berlim: Duncker & Humblot, 1928.

_____. *Der Hüter der Verfassung*. Tübingen: Mohr, 1931.

_____. *Über drei Arten des rechtswissenschaftlichen Denkens*. Hamburgo: Hanseatische Verlagsanstalt, 1934.

SCHNÄDELBACH, H. Was ist Neoaristotelismus? In: KUHLMANN, W. (ed.). *Moralität und Sittlichkeit*: das Problem Hegels und die Diskursethik. Frankfurt/Main: Suhrkamp, 1986.

SCHNUR, R. (ed.). *Zur Geschichte der Erklärung der Menschenrechte*. Darmstadt: Wissenschaftliche Buchgesellschaft, 1964.

SCHULIN, E. *Die Französische Revolution*. Munique: C. H. Beck, 1988.

SCHUMPETER, J. A. *Kapitalismus, Sozialismus und Demokratie*. Berna: A. Francke, 1950.

SCHÜSSLER-FIORENZA, F. Die Kirche als Interpretationsgemeinschaft. In: AHRENS, E. (ed.). *Habermas und die Theologie* Beiträge *zur theologischen Rezeption, Diskussion und Kritik der Theorie kommunikativen Handelns*. Düsseldorf: Patmos, 1989. p.115-144.

SEN, A. K. Rational Fools: a Critique of the Behavorial Foundations of Economic Theory. *Philosophy and Public Affairs*, v.6, n.4, p.317-344, 1977.

SHUCK, P. H.; SMITH, R. M. *Citizenship without Consent*: Illegal Aliens in the American Polity. New Haven: Yale University Press, 1985.

SHUE, H. Mediating Duties. *Ethics*, Chicago, v.98, n.4, p.687-704, jul. 1988.

SIMITIS, S. Zur Verrechtlichung der Arbeitsbeziehungen. In: KÜBLER, F. (ed.). *Verrechtlichung von Wirtschaft, Arbeit und sozialer Solidarität*. Baden-Baden: Nomos, 1984. p.73-166.

Facticidade e validade

SIMITIS, S. Selbstbestimmung: Illusorisches Projekt oder reale Chance? In: RÜSEN, J.; LÄMMERT, E.; GLOTZ, P. (eds.). *Die Zukunft der Aufklärung*. Frankfurt/Main: Suhrkamp, 1988.

_____. Wiederentdeckung des Individuums und arbeitsrechtliche Normen. *Sinzheimer Cahiers*, v.2, p.7-42, 1991.

SIMON, H. Rational Decision Making in Business Organizations. In: *Models of Bounded Rationality*: Behavioral Economics and Business Organization. v.2. Cambridge: The MIT Press, 1982.

SMART, C. *Feminism and the Power of Law*. Londres: Routledge,1989.

SMITH, T. *The Role of Ethics in Social Theory*: Essays from a Habermasian Perspective. Albany: Suny Press, 1991.

STARCK, C. (ed.). *Die Allgemeinheit des Gesetzes*. Göttingen: 1987.

STAROBINSKI, J. *1789*: Die Embleme der Vernunft. Munique: Wilhelm Frank, 1988.

STEINER, H. J. *Moral Argument and Social Vision*: a Study of Tort Accident Law. Madison: University of Wisconsin Press, 1987.

SUHR, D. Staat – Gesellschaft – Verfassung von Hegel bis heute. *Der Staat*, v.17, n.3, p.369-395, 1978.

SUMMERS, R. S. *Instrumentalism and American Legal Theory*. Ithaca: NCROL, 1982.

_____. *Lon L. Fuller*. Palo Alto: Stanford University Press, 1984.

SUNSTEIN, C. R. Interest Groups in American Public Law. *Stanford Law Review*, v.38, 1985.

_____. *After the Rights Revolution*: Reconceiving the Regulatory State. Cambridge: Harvard University Press, 1990.

TAYLOR, C. *Negative Freiheit?* Frankfurt/Main: Suhrkamp, 1988.

_____. Legitimationskrise. In: *Negative Freiheit?* Frankfurt/Main: Suhrkamp, 1988.

_____. Was ist menschliches Handeln? In: *Negative Freiheit?* Frankfurt/Main: Suhrkamp, 1988.

_____. *Sources of the Self*: the Making of the Modern Identity. Cambridge: Cambridge University Press, 1989.

_____. The Liberal-Communitarian Debate. In: ROSENBLUM, N. (ed.). *Liberalism and the Moral Life*. Cambridge: Harvard University Press, 1989.

_____. *Multikulturalismus und die Politik der Anerkennung*. Frankfurt/Main: Fischer, 1993. [Ed. port.: *Multiculturalismo*. Lisboa: Instituto Piaget, 1998.]

TEUBNER, G. Reflexives Recht: Entwicklungsmodelle des Rechts in vergleichender Perspektive. *Archiv für Rechts- u. Sozialphilosophie*, Stuttgart, v.68, n.1, p.13-59, 1982.

_____. Substantive and Reflexive Elements in Modern Law. *Law and Society Review*, v.17, p.239-285, 1983.

TEUBNER, G. Verrechtlichung – Begriffe, Merkmale, Grenzen, Auswege. In: KÜBLER, F. (ed.). *Verrechtlichung von Wirtschaft, Arbeit und sozialer Solidarität.* Baden--Baden: Nomos, 1984. p.289-344.

_____ (ed.). *Dilemmas of Law in the Welfare State.* Berlim: De Gruyter, 1986.

_____ (ed.). *Autopoietic Law: a New Approach to Law and Society.* Berlim: De Gruyter, 1988.

_____. *Recht als autopoietisches System.* Frankfurt/Main: Suhrkamp, 1989.

_____. Regulatorisches Recht: Chronik eines angekündigten Todes. *Archiv für Rechts- und Sozialphilosophie*, Stuttgart, Beiheft 54, p.140-161, 1990.

_____. Die Episteme des Rechts. In: GRIMM, D. (ed.). *Wachsende Staatsaufgaben*: sinkende Steuerungsfähigkeit des Rechts. Baden-Baden: Nomos, 1990.

THADDEN, R. Die Botschaft der Brüderlichkeit. *Süddeutsche Zeitung*, Munique, 26/27 nov. 1988.

THOMPSON, J. B. *Ideology and Modern Culture*: Critical Social Theory in the Era of Mass Communication. Cambridge: Stanford University Press, 1990.

TOHIDIPUR, M. (ed.). *Der bürgerliche Rechtsstaat I.* Frankfurt/Main: Suhrkamp, 1978.

TOULMIN, S. *The Uses of Argument.* Cambridge: Cambridge University Press, 1958.

_____. *Der Gebrauch von Argumenten.* Kronberg: Scriptor, 1975.

TOULMIN, S.; RIEKE, R.; JANIK, A. *An Introduction to Reasoning.* Nova York: Macmillan, 1979.

TRIBE, L. H. The Puzzling Persistence of Process-Based Constitutional Theories. *Yale Law Journal*, v.89, p.1063-1080, 1980.

TRUBEK, D. M.; ESSER, J. P. Critical Empiricism and American Critical Legal Studies. In: JOERGES, C.; TRUBEK, D. M. (eds.). *Critical Legal Thought*: an American--German Debate. Madison: University of Wisconsin Law School, 1989.

TUGENDHAT, E. *Einführung in die sprachanalytische Pilosophie.* Frankfurt/Main: Suhrkamp, 1976.

_____. *Selbstbewußtsein und Selbstbestimmung*: Sprachanalytische Interpretationen. Frankfurt/Main: Suhrkamp, 1979.

TUORI, K. Discourse Ethics and the Legitimacy of Law. *Ratio Juris*, v.2, n.2, p.125-143, jul. 1989.

TURNER, B. S. *Citizenship and Capitalism*: the Debate over Reformis. Londres: Unwin Hyman, 1986.

UNGER, R. M. *Law and Society.* Nova York: Simon and Schuster, 1976.

_____. *The Critical Legal Studies Movement.* Cambridge: Harvard University Press, 1986.

VARAIN, H. J. Die Bedeutung des Mehrheitsprinzips. In: GUGGENBERGER, B.; OFFE, C. (eds.). *An den Grenzen der Mehrheitsdemokratie*: Politik und Soziologie der Mehrheitsregel. Opladen: VS Verlag für Sozialwissenschaften, 1984.

Facticidade e validade

VOIGT, R. (ed.). *Abschied vom Recht?* Frankfurt/Main: Suhrkamp, 1983.

VOLLRATH, E. *Die Rekonstruktion der politischen Urteilskraft.* Stuttgart: Klett, 1977.

WALZER, M. *Spheres of Justice*: a Defense of Pluralism and Equality. Nova York: Basic Books, 1983.

_____. The Communitarian Critique of Liberalism. *Political Theory*, v.18. n.1, p.6-23, fev. 1990.

WEBER, M. *Wirtschaft und Gesellschaft.* Colônia: Mohr, 1956 (1964).

_____. *Rechtssoziologie.* Ed. J. Winckelmann. Neuwied: Hermann Luchterhand, 1960.

_____. *Methodologische Schriften.* Frankfurt/Main: Fischer, 1968.

_____. Über einige Kategorien der verstehenden Soziologie. In: *Methodologische Schriften.* Frankfurt/Main: Fischer, 1968.

WEBER, W. *Spannungen und Kräfte im westdeutschen Verfassungssystem.* Stuttgart: Vorwerk, 1951.

WEINBERGER, O. Der Streit um die praktische Vernunft. In: MAIHOFER, W.; SPRENGER, G. (eds.). Praktische Vernunft und Theorien der Gerechtigkeit. Vorträge des 15. IVR-Weltkongresses in Göttingen, August 1991, v.1, Stuttgart 1993 (*Archiv für Rechts- und Sozialphilosophie*, Beiheft 50). p.29-47.

WELLMER, A. *Ethik und Dialog*: Elemente des moralschen Urteils bei Kant und in der Diskursethik. Frankfurt/Main: Suhrkamp, 1986.

_____. Models of Freedom in the Modern World. *Philosophical Forum*, v.XXI, n.1, p.227-252, 1989-1990.

_____. Konsens als Telos sprachlicher Kommunikation? In: GIEGEL, H. J. (ed.). *Kommunikation und Konsens in moderner Gesellschaften.* Frankfurt/Main: Suhrkamp, 1992. p.18-30.

_____. Bedingungen einer demokratischen Kultur. In: BRUMLIK, M.; BRUNK-HORST, H. (eds.). *Gemeinschaft und Gerechtiget.* Frankfurt/Main: Fischer, 1993. p.173-196.

WESEL, U. *Frühformen des Rechts in vorstaatlichen Gesellschaften.* Frankfurt/Main: Suhrkamp, 1985.

WESTBROOK, R. B. *John Dewey and American Democracy.* Ithaca: Cornell University Press, 1991.

WIEACKER, F. *Privatrechtsgeschichte der Neuzeit.* Göttingen: Vandenhoeck & Ruprecht, 1967. [Ed. port.: *História do direito privado moderno.* 4.ed. Lisboa: Fundação Calouste Gulbenkian, 2010.]

_____. *Industriegesellschaft und Privatrechtsordnung.* Frankfurt/Main: Athenäum/Fischer/Taschenbuch, 1974.

_____. Das Sozialmodell der klassischen Privatrechtsgesetzbücher und die Entwicklung der modernen Gesellschaft. In: *Industriegesellschaft und Privatrechtsordnung.* Frankfurt/Main: Athenäum/Fischer/Taschenbuch, 1974.

WIETHÖLTER, R. Proceduralization of the Category of Law. In: JOERGES, C.; TRUBEK, D. M. (eds.). *Critical Legal Thought*: an American-German Debate. Madison: University of Wisconsin Law School, 1989. p.501-510.

_____. Ist unserem Recht der Prozeß zu machen? In: HONNETH, A. et al. *Zwischenbetrachtungen im Prozeß der Aufklärung*. Frankfurt/Main: Suhrkamp, 1989. p.794-812.

WILLKE, H. *Ironie des Staates*. Frankfurt/Main: Suhrkamp, 1992.

WINDSCHEID, B. *Lehrbuch des Pandektenrechts*. Frankfurt/Main: 1906.

WINGERT, L. *Gemeinsinn und Moral*. Frankfurt/Main: Suhrkamp, 1993.

WINZELER, R. *Die politischen Rechte des Aktivbürgers nach schweizerischem Bundesrecht*. Berna: Helbing & Lichtenhahn, 1983.

WRÓBLEWSKI, J. Legal Syllogism and Rationality of Judicial Decision. *Rechtstheorie*, v.14, n.5, p.33-46, 1974.

YOUNG, I. M. *Justice and the Politics of Difference*. Princeton: Princeton University Press, 1990.

ZACHER, H. F. Verrechtlichung im Bereich des Sozialen. In: KÜBLER, F. (ed.). *Verrechtlichung von Wirtschaft, Arbeit und sozialer Solidarität*. Baden-Baden: Nomos, 1984. p.14-72.

Índice onomástico

A

Aarnio, Aulis, 296-7n.56, 298
Abendroth, Wolfgang, 579-82
Ackerman, Bruce, 355, 395, 398
Alexy, Robert, 296-300, 302, 311, 325, 328, 332n.33, 523
Althusser, Louis, 85
Apel, Karl-Otto, 26n.4, 103n.31, 413, 588, 590
Arendt, Hannah, 161n.35a, 198-202, 204, 380, 469n.57, 628, 644, 647, 672, 678
Aristóteles, 33, 41, 48, 83, 143, 404, 566, 640, 661, 664, 689
Austin, John, 602, 606

B

Babeuf, Gracchus, 638
Bataille, Georges, 58
Becker, Werner, 372-3, 375-7
Beiner, Ronald, 361
Benjamin, Walter, 629, 652
Bernstein, Eduard, 103n.29, 640
Bethge, Hans, 510
Blumler, Jay, 479
Bobbio, Norberto, 387-8, 404
Böckenförde, Ernst-Wolfgang, 314, 316, 320, 322, 325-6, 330, 528n.49

Bodin, Jean, 384
Böhm, F., 501
Brest, Paul, 329
Bubner, Rüdiger, 27n.5
Büchner, Georg, 632
Burke, Edmund, 650

C

Cobb, Roger W., 481
Cochin, 631
Cohen, Joshua, 389-392, 467, 469-71, 485
Coing, Helmut, 136
Condorcet, 84

D

Dahl, Robert, 370, 404-8, 410-2
De Bonald, Louis, 650
De Gaulle, Charles, 665
De Maestre, 650
Denninger, Erhard, 314, 316, 318-9, 323, 331, 548, 584
Derrida, Jacques, 272n.20
Deutsch, Karl, 410
Dewey, John, 226, 388, 406
Dilthey, Wilhelm, 144
Döbert, Rainer, 113
Donoso Cortés, Juan, 642

Dreier, Ralf, 65, 486n.78
Droysen, Johann Gustav, 144
Durkheim, Émile, 58, 60, 107, 109, 118, 120n.49, 267
Dworkin, Ronald, 104-6, 256n.3, 257, 264-5, 267-80, 284, 287-90, 292, 296-7n.56, 298, 300, 307, 313, 318, 327, 331, 339, 379n.10, 485, 591, 602, 619

E
Eder, Klaus, 113
Eisenstadt, Shmuel Noah, 466
Elster, Jon, 220n.30, 422, 429-35, 437, 451
Ely, John Hart, 329, 337-41, 351, 356
Engels, Friedrich, 639

F
Ferguson, Adam, 81
Fiss, Owen, 291
Forst, Rainer, 30, 505
Forsthoff, Ernst, 546n.74, 579-80, 600
Foucault, Michel, 85, 123, 475
Fraenkel, Ernst, 242
Frankenberg, Günter, 30, 559n.89
Fraser, Nancy, 401
Frege, Gottlob, 43, 45-6, 70
Friedman, Lawrence M., 499
Fröbel, Julius, 635-8, 646
Fuller, Lon, 196n.11, 284, 580, 602
Furet, François, 623-4, 627, 631

G
Gadamer, Hans-Georg, 144, 214n.29, 272, 330
Gauss, Carl Friedrich, 443n.35
Gehlen, Arnold, 34, 57, 653
Gerber, Carl Friedrich von, 616
Giddens, Anthony, 121
Gramsci, Antonio, 466n.53

Grawert, Rolf, 660
Grefrath, M., 652
Grimm, Dieter, 314, 494
Gunsteren, Herman R. van, 678
Günther, Klaus, 25n.2, 30-1, 139n.20, 169, 216, 280, 282-4, 289, 298, 300, 303n.69, 552, 619, 654n.1
Gurevitch, Michael, 479

H
Häberle, Peter, 359n.70, 519
Harrington, James, 342
Hart, Herbert Lionel Adolphus, 128n.1, 196, 262-3, 269, 575, 597, 602
Hartmann, Nicolai, 325
Hegel, Georg Wilhelm Friedrich, 25, 28, 33, 35, 42-3, 80, 82-3, 97-8, 107, 118, 295, 438, 465, 640
Heidegger, Martin, 143
Heller, Hermann, 579, 616
Hércules, 274-80, 286-8, 290, 292, 294
Hesse, Konrad, 313, 505n.21
Hobbes, Thomas, 34, 60n.18, 62, 80, 136-40, 176, 189, 241, 342, 571, 574, 612-3
Höffe, Otfried, 139n.20, 158n.34, 691
Honneth, Axel, 539
Huber, Hanz, 326
Humboldt, Alexander von, 46
Husserl, Edmund, 40n.6, 43, 45, 56, 85, 443

I
Ihering, Rudolf von, 131, 568

J
Jano, 54, 122, 179, 471-2n.60, 668, 682
Jefferson, Thomas, 104
Jellinek, Georg, 519

K

Kahn-Freund, Otto, 492

Kant, Immanuel, 25, 42, 62-4, 67-8, 81, 128, 131, 136-7, 139-42, 148-9, 151, 153-4, 158, 160, 170, 173, 189, 200n.15, 226, 247, 301, 320, 436, 504, 566, 573-4, 590, 612-5, 618, 633, 656, 658, 680, 683, 689, 692

Keane, John, 480n.69

Kelsen, Hans, 131-2, 262, 311n.1, 312, 579, 602, 607

Kennedy, Duncan, 279

Kierkegaard, Søren, 143

Knell, Sebastian, 681n

Kohlberg, Lawrence, 113, 588, 608

Kriele, Martin, 211, 601

Kübler, Felix, 496-9

Kuhn, Thomas, 355

L

Laband, Paul, 616

Larmore, Charles, 397-400, 692-3

Lazarsfeld, Paul, 478

Lefort, Claude, 559n.89

Leiris, Michel, 58

Lênin, Vladimir Ilyich Ulianov, 640, 650

Lepsius, Mario Rainer, 667

Lévi-Strauss, Claude, 85

Locke, John, 81, 342, 379n.10, 633-4, 661, 689

Lübbe, Hermann, 631

Luhmann, Niklas, 27, 34, 85-6, 88-90, 114, 118, 132, 254, 427n.10, 438-9, 444n.36, 595-602, 607

M

MacIntyre, Alasdair, 400n.39

MacKinnon, Catharine, 531n.53

Macpherson, Crawford Brough, 572

Maquiavel, Nicolau, 188

Marat, Jean-Paul, 638

Markov, Walter, 623

Marshall, Thomas Humphrey, 121-2, 667

Marx, Karl, 28, 81-4, 97, 242, 320, 414-5n.56, 465, 572, 639-40, 650

Mashaw, Jerry L., 250

Maus, Ingeborg, 30, 316, 325, 330, 334, 557, 581-2, 654n.1, 684n.1

McCarthy, Thomas A., 30

Mead, George Herbert, 216, 427, 588

Mestmäcker, Ernst-Joachim, 517n.32

Michelman, Frank I., 257, 290, 341-2, 356, 358, 361, 364-6

Mill, John Stuart, 226, 635

Millar, John, 81

Minow, Martha, 538

Mohl, Ernst-Theodor, 186, 615

Moore, George Edward, 43

Münch, Richard, 123n.56

N

Natkin, Heide, 31

Naucke, Wolfgang, 578

Naumann, Friedrich, 640

Neumann, Franz, 546n.74

O

O'Neill, Onora, 694

Offe, Claus, 427, 437

P

Paine, Thomas, 81

Parsons, Talcott, 60, 80, 107-9, 116-8, 120, 122-3, 190-1, 195n.10, 288, 410, 461

Peirce, Charles S., 43, 46-50, 52, 70, 294

Perelman, Chaïm, 296-7n.56

Perry, Michael J., 329-30, 361

Peters, Bernhard, 30, 266, 409-10, 414n.55, 416, 422, 452, 454-5

Piaget, Jean, 113
Pocock, John Greville Agard, 342
Popper, Karl, 45
Preuss, Ulrich K., 527, 561
Puchta, Georg Friedrich, 130, 617

R

Raiser, Ludwig, 133-4, 503-4
Rawls, John, 80, 96-107, 112, 120, 124, 128, 210, 235, 264, 379n.10, 399n.35, 400n.39, 485, 587, 676, 683, 685
Regelsberger, Ferdinand, 131n.6
Renan, Ernest, 657
Ricardo, David, 82, 97
Richet, Denis, 623
Robespierre, Maximilien de, 650
Rödel, Ulrich, 236, 486, 559n.89
Rorty, Richard, 103
Ross, Jennie-Keith, 481
Ross, Marc Howard, 481
Rotteck, Karl von, 186
Rousseau, Jean-Jacques, 67, 141-3, 148-51, 176, 189, 247, 341, 357, 384, 574, 618, 627, 633-8, 640, 649, 658, 689
Roux, Jacques, 638
Royce, Josiah, 154
Rupp, Hans Heinrich, 514

S

Sartre, Jean-Paul, 143, 412, 443
Savigny, Friedrich Carl von, 130, 132, 134, 136, 148, 615, 617
Scharpf, Fritz W., 427n.10
Scheler, Max, 34, 325
Schleiermacher, Friedrich, 144
Schluchter, Wolfgang, 113, 114n.42
Schmidt, Eike, 520
Schmitt, Carl, 231n.40, 241-2, 311-2, 326, 546n.74, 579, 631, 642

Schumpeter, Joseph Alois, 424
Simitis, Spiros, 521-2, 525
Smith, Adam, 76, 82, 97
Steiner, Henry J., 496, 511
Sunstein, Cass R., 322-4, 354-55, 364-5, 367

T

Taylor, Charles, 661, 663, 687-8n.4
Teubner, Gunther, 91-5
Thadden, Rudolf von, 626
Thon, August, 132
Tocqueville, Alexis de, 625, 634
Toulmin, Stephen, 273, 292
Tourraine, Alain, 470
Tugendhat, Ernst, 143n.25

V

Vico, Giambattista, 84

W

Walzer, Michael, 392-3n.25, 678
Weber, Max, 80, 107-113, 115-7, 123, 197, 200, 493, 565-70, 572-7, 579-80, 585, 587, 594-5, 599-600, 603, 605
Welcker, Carl Theodor, 186, 615
Wellmer, Albrecht, 158n.34, 181n.39, 647, 694-5
Wieacker, Franz, 254, 492-3
Wiethölter, Rudolf, 519
Willke, Helmut, 422, 429, 438-40, 442, 445-6, 451
Windscheid, Bernhard, 131-2, 615,
Wingert, Lutz, 30, 70n.25, 695n.14
Wittgenstein, Ludwig, 263

Y

Young, Iris M., 529

SOBRE O LIVRO

Formato: 16 x 23 cm
Mancha: 27,8 x 48 paicas
Tipologia: Venetian 301 12,5/16
Papel: Off-white 80 g/m² (miolo)
Cartão Supremo 250 g/m² (capa)
1ª *edição Editora Unesp*: 2020
2ª *edição Editora Unesp*: 2021

EQUIPE DE REALIZAÇÃO

Capa
Vicente Pimenta

Edição de texto
Bianca Tavolari e Fábio Fujita (Copidesque)
Jennifer Rangel de França (Revisão)

Editoração eletrônica
Eduardo Seiji Seki (Diagramação)

Assistência editorial
Alberto Bononi
Gabriel Joppert

Impresso por :

gráfica e editora

Tel.:11 2769-9056